安徽省志

Chorography of Anhui Province

参事文史馆志

Counsellors and Research Institute of Literature and History

（1953—2005）

档案志

Archives

（1986—2005）

安徽省地方志编纂委员会办公室
Compilatory Commission of Anhui Chorography

方志出版社
Publishing House of Local Records

图书在版编目（CIP）数据

安徽省志. 参事文史馆志：1953—2005; 档案志：1986—2005 / 安徽省地方志编纂委员会办公室编.—北京：方志出版社，2018.9
ISBN 978-7-5144-2439-3

Ⅰ.①安… Ⅱ.①安… Ⅲ.①安徽—地方志 Ⅴ.①K295.4

中国版本图书馆CIP数据核字（2017）第136947号

安徽省志·参事文史馆志（1953—2005）
·档案志（1986—2005）

编　　者：安徽省地方志编纂委员会办公室编
责任编辑：李　静

出 版 人：冀祥德
出 版 者：方志出版社
　地址　北京市朝阳区潘家园东里9号（国家方志馆4层）
　邮编　100021
　网址　http://www.fzph.org
发　　行：方志出版社发行中心
　电话（010）67110500
经　　销：各地新华书店
印　　刷：安徽联众印刷有限公司

开　　本：889×1194　1/16
印　　张：27
字　　数：540千字
版　　次：2018年9月第1版　2018年9月第1次印刷
印　　数：0001-1500册

ISBN 978-7-5144-2439-3　定价：280.00元

安徽省地方志编纂委员会

主　任:王翠凤

副主任:傅　博　史涤云　郑训练　江刘伍　雷起平　郭德成

委　员:刘玉杰　沈小平　范荣晖　陈昌虎　李国庆　周　勤

胡再生　金　燕　夏　辑　柯文斌　王俊贵　陈超英

朱艾勇　林　海　潘海滨　刘少为　徐敬启　朱永东

黄　英　何长风　高俊文　张　健　项小龙　王大军

董恒康　程　胤　朱训义　李孝全　陈一胜　程潜龙

吴　静　施立业　樊忠厚　单　强　孙传琴　安润斌

佘方勇

曾任安徽省地方志编纂委员会成员

（按姓氏笔画为序）

马新民	王　信	王　洵	王守亚	王宇铭	王佛生
王金山	王林建	王学银	王宜斌	方志华	邓顺华
叶如强	田唯谦	毕美家	吕振凡	朱　宁	朱文根
仲建成	任兆祥	刘　泉	刘成典	刘志祥	刘战平
江明安	孙永吉	孙亚军	李　明	李　斌	李玉华
李迎春	李抗美	李明阳	李维勇	杨本清	杨绿章
肖桂兰	吴　行	吴　浩	吴韦人	吴世平	吴桂和
余　群	汪华东	汪建国	汪炳瑜	沈　毅	张　永
张少国	张正耀	张华建	张武扬	张岳峰	陈　平
陈亚萍	陈运才	陈素伟	林　红	罗　宏	罗建国
罗曙生	周　庆	周建春	郎　涛	郑　宏	赵卫弘
胡　冰	俞凤翔	洪治社	洪禹候	秦亚东	聂庆义
聂皖辉	莫　欣	夏邦文	夏育才	徐礼国	徐家声
高　莉	高维岭	郭　敏	郭本纯	黄发友	黄玉明
黄红文	黄家华	曹承锋	崔海燕	董　庆	董介林
蒋传华	蒋福亮	谢广祥	楚建平	蔡建平	樊　勇

《安徽省志》总编室

主　　任：郭德成

副 主 任：吴　静　吴良琴

成　　员：（按姓氏笔画为序）

王富宏　计媛媛　史五一　朱海滨　孙　平　苏爱梅

杜中文　李宇涵　杨永成　余祖本　张　军　周小平

胡　利　胡卫星　章慧丽

《安徽省志·参事文史馆志》审稿组

初　　审：吴良琴　王　兰

复　　审：吴　静　朱新中

核　　审：郭德成　白和平

《安徽省志·档案志》审稿组

初　　审：吴良琴　张　敏

复　　审：吴　静　程潜龙

核　　审：郭德成　黄玉明

审查验收

安徽省人民政府

《安徽省志·参事文史馆志》编纂委员会

主　　任：邱江辉　周　庆　白和平

副主任：蒋兆晴　朱新中　刘江颍　余家林

成　　员：张　杰　赵成功　王　兰

《安徽省志·参事文史馆志》编辑室

主　　编：汪书贵

执行主编：蒋维扬

副 主 编：王　兰　张长明

编　　辑：郏根斌　姚觉云　周华锋　王林松　聂元安　廉红红
尤家俊　杨　林　范建华　罗运高　王　晶　滑晓春
李　迪　陈　芳　苏　勤

《安徽省志·档案志》编纂委员会

主　　任：李学香（2008.10—2010.12）

潘祖华（2010.12—2016.4）

黄玉明（2016.4—　　　）

副主任：崔海燕　刘鲁平　程潜龙　胡华平　李　萍

委　　员：（按姓氏笔画为序）

王国健　王　勇　孙　婷　邱　旻　张　敏　束维兵

张皖生　秦加友　袁有响　黄学军　梁朝玉　薛培英

《安徽省志·档案志》编辑室

主　　编：程潜龙

副主编：张　敏

编　　辑：(按姓氏笔画为序)

张　莹　束维兵　何依群　汪海峰　周建武　徐向东

袁有响　曹　俊

总 凡 例

一、编纂《安徽省志（1986—2005）》，坚持以马克思列宁主义、毛泽东思想、邓小平理论、“三个代表”重要思想、科学发展观、习近平新时代中国特色社会主义思想为指导，坚持辩证唯物主义和历史唯物主义的立场、观点和方法，全面、客观、系统地记述1986—2005年间安徽省自然、政治、经济、文化、社会等方面的情况。

二、本志贯彻国务院《地方志工作条例》《安徽省地方志工作条例》，依法修志。

三、本志遵循中国地方志指导小组《地方志书质量规定》，力求存真求实、客观公正、全面系统，寓观点于记述之中。

四、本志各分志名称为《安徽省志·××志（1986—2005）》。

五、本志记述的地域范围为2005年的安徽省行政区域；时间上限为1986年，下限为2005年，少数分志的时限根据情况作适当上溯或下延，特色分志不设时限。

六、本志采用述、记、志、传、图、表、录等体裁，以志为主。各分志一般为篇章节条目体，部分为章节条目体，个别分志根据实际需要采用条目体。

七、入志人物坚持生不立传的原则，除人物志外，各分志坚持以事系人、人随事出的原则，不设人物录、人物简介。

八、本志采用规范书面语体文、记述体。表述力求严谨、朴实、简洁、流畅。语言文字、标点符号、计量单位等使用规范，按国家规定执行。

九、本志资料由各承编单位搜集整理，文中不注明出处。

十、本志采用省统计部门公布的法定数据，没有列入统计范围的，采用业务主管部门的统计数据。

十一、本志所涉组织、机构、法律法规、文件、会议等专有名称，第一次使用时用全称，简称括注于全称之后。各类译名以新华通讯社译文为准。

十二、本志所用地图均以安徽省测绘部门和有关部门绘制或审定的为准。

十三、本志设总凡例，各分志设凡例。

参事文史馆志

20世纪80年代，省政府参事杜庸（右）、黄伯亮（中）、周竞棠（左）在萧县郭庄进行农业问题调研

20世纪90年代，省政府参事郭崇毅（左一）和省文史研究馆馆员郭因（左二）等讨论“三农”问题

1996年2月，省委书记卢荣景（右三）、省长回良玉（右四）、副省长杜宜瑾（右五）、省政协副主席季家宏（右二）等出席省政府参事、省文史研究馆馆员春节茶话会

1996年夏，省政府参事农业组赴砀山果园调研

1998年10月，副省长、省政府参事室主任张平（后排左一）出席省政府参事室纪念农村改革20周年座谈会

2004年8月，省文史研究馆在合肥举办纪念邓小平百年诞辰系列活动

2005年5月，省文史研究馆馆藏书画精品展在黄山市举行巡展

2005年10月31日，省长王金山（前排右五）、国务院参事室副主任蒋明麟（前排右四）出席省政府参事室成立50周年纪念活动

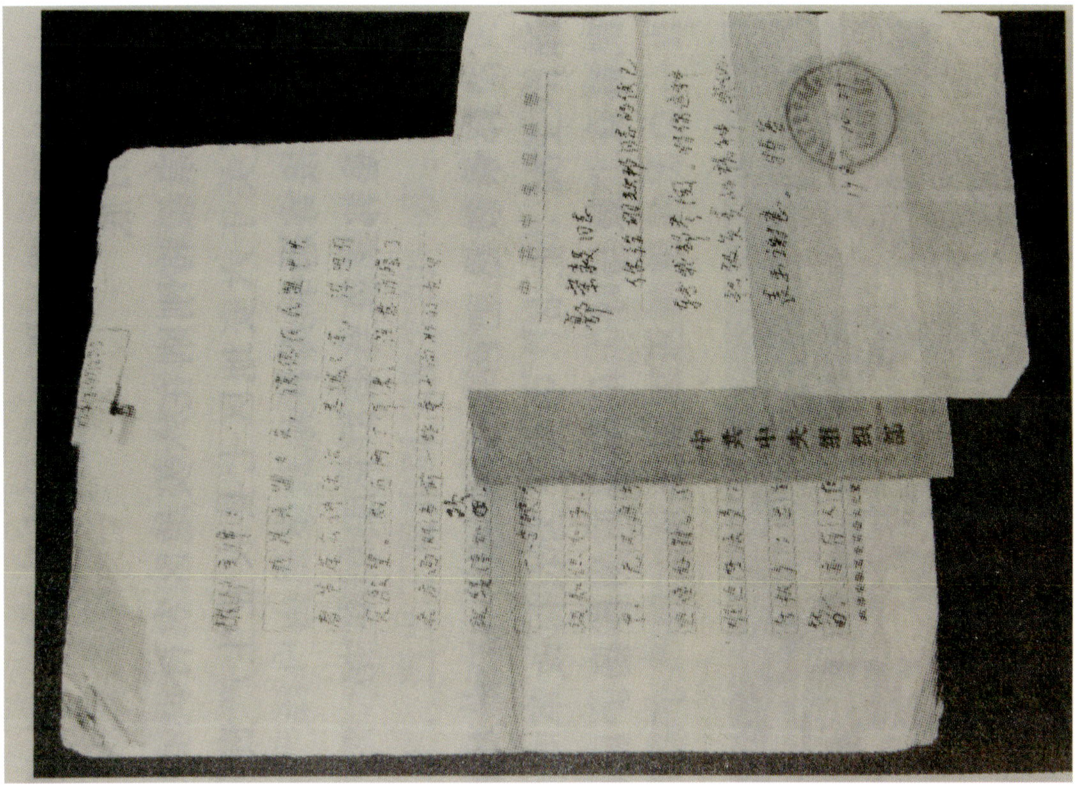

20世纪80年代初，省政府参事郭崇毅向中央领导直接建言材料及中央组织部复函

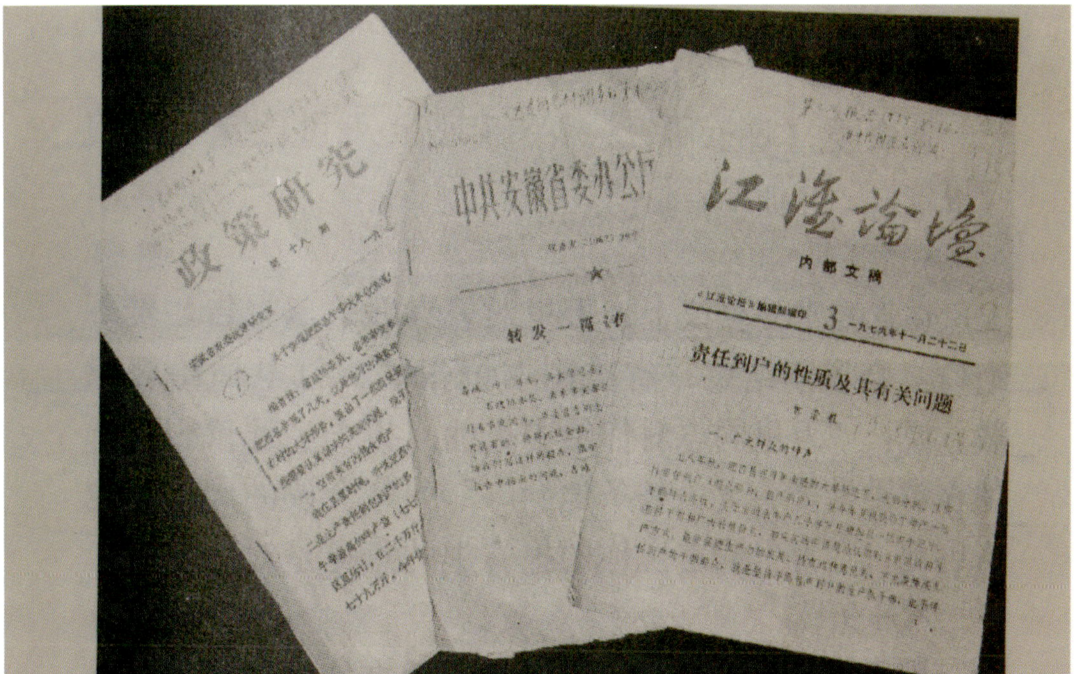

省政府参事郭崇毅多次将安徽省农村改革情况写成《报告》，呈送中共中央。图为1979年至1982年间有关部门印发的部分调查报告

省文史研究馆馆员萧龙士作品《香远益清》

凡　例

一、《安徽省志·参事志》（初用名），被纳入《安徽省志》不独立成卷。因省政府参事室和省文史研究馆合署办公，志书遂定名《安徽省志·参事文史馆志》。上限始于1953年，“概述”追溯至南北朝；下限迄于2005年，省政府参事郭崇毅事迹部分下延至2008年，以保持记事完整性。“概述”置于志书之首，“附录”于正文之后，表格则随文设置。

二、本志按照安徽省人民政府参事室（安徽省文史研究馆）的组织机构、参事工作、文史研究馆工作三方面确立提纲进行编写，记述安徽省参事、文史馆工作的历史和现状，侧重记述参事参政咨询、统战联谊、理论研究、重要事迹以及文史馆员的文史研究、书画创作、文化交流等。

三、本志为首次编修，在体例行文、详略安排、资料运用等方面，均遵循修志基本规则。

四、本志遵循“述而不作”原则，随文附录郭崇毅参事的重要事迹史料。专设附录集中编录了国务院、省委、省政府有关做好参事工作和文史研究馆工作的重要文件。

五、本志所存参事、馆员信息力求无遗缺。文史研究馆历史上的513位安置型馆员，因个人档案在特殊时期遗失，特辑录姓名以存。

六、本志所述“安徽省人民政府参事室”简称为“省政府参事室”，“安徽省文史研究馆”简称为“省文史馆。”

目　　录

Main Contents

概 述

一

“参事”作为官名最早出现在中国的南北朝时期，到隋朝，依然传承了这种官名，但执事范围都与今天截然不同。以后名称虽有改变，但类于谏官作用的制度设置一直延续下来。“参事”作为具有参谋性、咨询性的官职名称出现在清朝末年。辛亥革命后，北洋政府中央各部均有参事 2 人至 4 人，掌拟订与审议法律命令之事，官阶地位与各司司长同等。民国时期，作为各种辅佐政事的官员，无论北洋政府还是南京政府都设有“参事”一职。民国 10 年（1921）公布有《省参事会条例》，参事会有会长与省参事员。省参事员均由名人专任或兼任，是从事咨询及审议的人员。

设置政府参事制度是新中国国家政权建设和社会主义民主政治建设的一个创举。1949 年 10 月 28 日，新中国刚成立，为了充分发挥民主人士和社会贤达的参政议政作用，毛泽东、周恩来等老一辈无产阶级革命家借鉴中国历史上求贤立国的传统理念，将统一战线理论运用于国家政权建设，倡议设立参事室。中华人民共和国中央人民政府政务院（以下简称政务院）第 3 次政务会议首批任命政务院参事 32 名。不久，政务院制定《政务院参事室暂行工作简则》，明确规定参事室参与草拟政策、政令和法案；参与调查研究政策、政令的推行情况，负责政务院与所属各部委的工作联系等职能。参事室是中国政府序列中唯一的具有统一战线性质的组织机构，其任命或聘任的政府参事绝大部分是各民主党派和无党派人士中的高层专家学者和社会贤达。国务院参事由国务院总理聘任，地方政府参事由各地行政首长聘任。其基本职责是：参政议政、建言献策、咨询国是、统战联谊。1988 年以前，参事实行任命制，为终身参事；此后改为聘任制，首任期 5 年，任期届满，如因工作需要，可以续聘，最高任职年龄不超过 70 岁。

二

1949 年 11 月 11 日，国务院参事室（时为政务院参事室）成立。根据中共中央的要求，安徽积极进行参事室的筹建工作。1950 年 12 月 4 日，皖北行署即形成《皖北行署组织参事室及主任、副主任人选的意见》。1952 年 8 月撤销皖北、皖南行政公署成立安徽省人民政府。次年 3 月，安徽省人民政府改组为安徽省人民委员会。1955 年 3 月 4 日，安徽省人民委员会第一次会议通过政府机构设置方案，决定在省人民委员会工作机构序列中设立参事室。同年 5 月 19 日，国务院批准安徽省人民委员会机构设置方案，6 月 15 日，安徽省人民委员会转发国务院设立参事室的批复，安徽省人民委员会参事室正式成立。中国人民政治协商会议安徽省委员会副主席、安徽省科学技术协会主席程士范经国务院批准任省参事室主任，安徽省人民委员会副秘书长潘效安任省参事室副主任。省参事室为正厅级机构。在以后的领导干部配制上，室主任有的是副省级。"文化大革命"期间，安徽省人民委员会参事室名称有所变化。1985 年 5 月，更名为安徽省人民政府参事室（以下简称政府参事室）沿用至今。参事大多是民主党派成员或无党派人士，也有中共的专家、学者和富有宏观管理经验的领导干部。参事一般学识渊博、阅历丰富、社会责任感强，是某一行业系统的知名专家或学者，社会公认度高。政府参事可以直接向本级政府首长反映社情民意，或提出意见和建议。

安徽的参事工作起步较晚。省政府参事室成立时，首批任命 3 名参事；次年，又任命 2 名参事；到 1958 年，任命的参事已有 13 人。这一时期，参事们的任务主要是学习，根据省领导要求，也深入到农村、工厂了解社会主义改造及社会主义建设情况并及时向省领导反映，或协助省领导处理一些公文事务。这一时期，省政府参事室组织参事参加了国家关于包干制改薪金制的讨论及《中华人民共和国宪法》《中华人民共和国婚姻法》《中华人民共和国兵役法》的研究，并承担《安徽省分县地图说明》的编写和《安徽政报》的汇编等任务。1957 年的反右斗争扩大化也波及到省政府参事室。在"左"的思潮影响下，参事普遍被责令检查，有的参事还被错误地打成右派。从 1959 年到 1961 年，没有任命新参事，参事工作基本处于停滞状态。其时适逢三年困难时期，参事们与党和人民患难与共，节衣缩食，共渡难关。1962 年至 1966 年，相继任命 6 名参事，但处于当时的政治环境，参事工作基本没有大的作为。"文化大革命"时期，安徽的参事工作与全国一样，遭受重创。参事们接受造反派批斗，还一度被集体遣送到"五七干校"劳动改造。省政府参事室机关工作人员被遣散，档案资料被焚烧，机构陷于瘫痪。1975 年，邓小平同志复出主政，省政府参事室恢复工作，一直延续到 1988 年。此间，省政府参事室为中共安徽省委统战部管理，先后任命 16 名参事。1976 年"江青反革命集团"被粉碎后，新老参事以劫后重生的心情，积极为党和政府工作。1977 年，参事郭崇毅饱含感情，撰写一篇以介绍黄山风光和国民党起义人员生活为主题的散文《黄山休假一月》，被中国人民解放军福建前进广播电台采用，并对台联播半年之久，香港《大公报》《文汇报》分别在头版头条发表，对港台特别是为赴台国民党将领及时了解大陆形势政策，起到积极作用。

中共十一届三中全会极大地调动了参事的政治热情和工作积极性，他们为党重新确立解放思想、实事求是的政治路线欢欣鼓舞，率先在经济体制改革方面进行探讨和研究。1979 年前后，当肥西县及凤阳县小岗村农民自发实行包产到户和大包干，社会及决策层面引发激烈争论的时候，参事郭崇毅深入肥西县农村，挨村挨户深入调研，又到肥西县周边仍继续实行“大锅饭”的县市进行考察，对两种不同形式的生产方式产生的效益进行分析比较，据此连续撰写三篇调查报告，向省委和党中央反映，呼吁党和政府支持包产到户，对推动全国农村改革产生重要影响。

1984 年 4 月，中共中央办公厅、国务院办公厅印发新中国成立以来第一个指导全国参事工作的文件，即中共中央统战部制定的《关于省、自治区、直辖市人民政府参事室工作的意见》。文件指出：参事室是同级人民政府中统战性、咨询性工作机构，在政府秘书长领导下进行工作，同时对参事室的任务、领导关系、任命对象及生活待遇等也作出规定。中共安徽省委、省政府根据文件精神，调整省政府参事室领导班子，确定一名副省长分管参事室工作，省政府参事室的行政关系也由中共安徽省委统战部划转到省政府办公厅管理。

1988 年，是参事、文史馆工作发生转折的关键性一年。是年 6 月，国务院召开全国参事室、文史研究馆工作座谈会，会议形成《国务院关于改进省、自治区直辖市文史研究馆工作的通知》文件和《国务院关于加强省、自治区、直辖市参事室工作的通知》文件。这是新中国成立以来中央第一次召开的专门研究参事室、文史馆工作的全国性会议。其重大意义，理顺参事室的隶属关系，明确参事室是人民政府所属的工作部门，文史馆的宗旨是“敬老崇文”；确定参事室的机构特色为统战性、咨询性，文史馆机构特色为统战性、荣誉性；将参事任命制改为聘任制，从体制上保证参事室由安置型向工作型转变，文史馆馆员的聘任也由安置养老向文史研究及文化建设需要转变。安徽省政府将省政府参事室纳入省政府机构编制序列，并确定省政府秘书长领导省政府参事室工作，一名副省长分管。1990 年 9 月，省政府参事的选聘工作正式启动。是年年底，金定国被选聘为省政府参事。金定国是一位特殊的统战人士，其父金诵盘是孙中山先生最器重的爱将之一，金定国与蒋经国、蒋纬国及戴季陶之子戴安国，同为孙中山赐名，并遵孙中山之意结拜为兄弟。金定国被聘省政府参事一事在社会上产生很大影响。之后，金定国与蒋纬国一直保持通信往来。在参事任上，金定国多次接待海外客人，应邀在媒体发表文章和讲话，在改革开放初期为让海外了解安徽、推动皖台交流发挥不可替代的作用。1997 年，金定国逝世，蒋经国亲作挽词吊唁。1992 年，《安徽省人民政府参事室组织简则》印发，以法规形式确定省政府参事室的机构性质、工作任务、领导职数、参事选聘及管理、参事职责等，安徽省的参事工作由养老型向工作型转变迈出实质性步伐。

1991年至1992年，省政府从高校、科研院所、省直机关选聘7位具有专业特长和参政议政能力的专家学者为省政府参事，省政府参事室围绕经济建设中心调查研究的工作也随之展开。1995年，国务院办公厅印发《关于加强参事室工作的意见》《关于进一步做好文史研究馆工作的意见》，对加强参事室建设和进一步做好文史馆工作提出具体要求。省政府办公厅及时转发国务院办公厅两个文件，并提出贯彻要求：《政府工作报告》和某些法规、规章制度草案要征询参事意见；参事提出的意见和建议，政府相关部门应认真办理并及时反馈；各地、各部门、各单位对参事调研、考察的活动要热情接待，积极配合。是年，参事积极履行职责，提出10份建议。聘任制参事改善参事队伍的知识和年龄结构，为参事工作增添活力，省政府参事室参政咨询职能作用初步显现出来。省政府参事室成立40周年之际，省政府隆重召开庆祝座谈会，中共安徽省委、省人大、省政府、省政协四大班子主要领导均题词祝贺并出席会议。会后编印《安徽省人民政府参事室四十年》专辑。

1996年5月，省政府党组研究确定，安徽省人民政府参事室与安徽省文史研究馆合署办公。根据会议精神，省政府参事室增加两个内设机构，即参事业务处和文史业务处。是年，中共安徽省委决定，在省政府参事室设立中共党组，省直机关工委批准在省政府参事室成立机关党委；中共安徽省委常委、常务副省长汪洋批示，为省政府参事室解决参事业务经费，纳入省财政预算，并逐年增加。省政府办公厅批转省政府参事室《关于选聘省政府参事的意见》和省文史馆《关于选聘省文史研究馆馆员的意见》，是年选聘3名参事、10名馆员，全年形成14份参事建议，参政咨询工作有了新的发展。1997年，省政府选聘8名参事。1998年，省政府参事室组织参事围绕社会广泛关注的“三农”问题，赴省内外进行调研，探索解决影响农业增产、农民增收的途径。参事们在这一时期提出的必须把发展优质高效农业作为突破口，下大力气做好产后服务大文章，切实把农民的负担减下去，以及加强基层农技推广站建设、搞好农业结构调整、发挥农科教统筹在农业发展中的支撑作用等建议，在打造安徽农业强省、解决“三农”问题建设中发挥积极作用。是年5月，省政府在省政府参事室召开纪念农村改革开放20周年座谈会，常务副省长张平作重要讲话。他充分肯定省政府参事在改革开放中的作用，特别对郭崇毅参事讲真话、谏诤言，三次上书党中央呼吁推行农村体制改革的精神给予高度评价。1999年，省政府参事又围绕深化农村改革作系统调研，形成《安徽应尽快推行“第二次大包干”——谈农村税费制度改革》等建议。2000年，国务院参事室《参事工作通讯》第六期专刊介绍安徽省政府参事室工作，评价安徽的参事工作走在全国参事工作前列。2001年，全国参事工作座谈会在合肥召开，省政府参事室组织参事围绕中心建言献策、当好政府高参的经验，受到与会代表好评。《安徽日报》发表《大地不会忘记——记安徽省人民政府参事郭崇毅》、《中国经济时报》发表《一个参事室与两次农村改革》的文章，宣传安徽省政府参事及参事室在推动农村体制改革中发挥的重要作用。2001 年，新聘 11 位政府参事、10 位文史馆馆员。

2003 年，中共中央办公厅、国务院办公厅联合下发《关于进一步做好新时期政府参事工作的意见》，中共安徽省委办公厅、省政府办公厅联合印发《关于进一步做好新时期政府参事工作的实施意见》，从组织上，调整充实省政府参事室领导班子，选派得力干部任省政府参事室主任；从指导思想上，进一步明确参事工作的发展方向，把省政府参事室纳入省直部门统一考核范围。2004 年，省政府办公厅印发《安徽省人民政府参事室关于落实中共安徽省委办公厅、安徽省人民政府办公厅关于进一步做好新时期政府参事工作实施意见的具体办法》，科学界定省政府参事室工作的性质、地位、方向，对省政府参事室、参事及机关的职责、任务、工作程序及目标要求都作出明确规定。安徽的参事工作走上一条规范化、制度化的新路子。2005 年，省政府规定省政府参事室主任列席省长办公会议和省政府常务会议；明确省政府秘书长直接领导省政府参事室工作。省政府参事室理清发展思路，把为政府提供优质建议作为衡量参事工作的标准，为参事提供优质服务作为衡量机关工作的标准，全面推动参事工作的开展。省政府参事室领导精心组织并带头调查研究，撰写《关于吸引海外人员来皖服务的调研报告——创新机制，优化环境，吸引海外优秀人员来皖服务》，省长王金山、省委副书记王明方、常务副省长任海深及省政府秘书长张俊均作出批示。2004 年至 2005 年，省政府参事室向政府呈送建议 80 余件，为省委、省政府制定加快安徽崛起战略提供有力咨询。省长王金山评价省政府参事室及参事工作“是省委、省政府‘信得过、用得上、离不开’的一支重要力量”。此间，早期聘任的参事一批离任、一批续聘，加上新聘的 6 名参事，参事人数已有 28 人。2005 年，省政府参事室首次被评为安徽省精神文明建设先进单位。

三

文史馆是党和政府为团结和安排部分有文史专长和德、才、望兼备的老年知识分子而设立的具有统战性和荣誉性的文史研究机构，其宗旨是“敬老崇文”。中央文史研究馆的成立缘于毛泽东同志的亲自倡议。北京解放前夕，毛泽东同志表示，共产党对德高望重、生活困难的老学者的生活应有一个安排，要设一个机构。1951 年 7 月 29 日，政务院副总理董必武宣告“政务院文史研究馆成立”。

安徽省文史馆始建立于 1953 年 2 月，第一任馆长由毛泽东亲自提名的著名爱国民主人士、教育家、法学家光明甫担任。光明甫，清末秀才，在日本早稻田大学攻读政治经济学期间与章太炎、陈独秀交往，结识孙中山先生加入同盟会。1953 年 4 月，任省文史馆馆长兼任省教育厅厅长。后任全国政协委员、省政协副主席、省人大代表。

有《语故》《论文诗说》等专著。自建馆至2005年12月底，省文史馆历任馆长3位，副馆长16位。

“文化大革命”中，省文史馆停止活动。中共十一届三中全会后，省政府在1988、1995年2次发文，落实国务院文件精神，对馆员的选聘范围、条件、待遇和省文史馆的领导体制等作出规定。省政府参事室和省文史馆合署办公后，省文史馆进入健康发展的新时期。

馆员是终身荣誉称号，由省长聘任并颁发聘书。1978年以前聘任的馆员为安置型，领取生活费补贴，不办理离、退休手续；之后为工作型，开展文史研究及与其他文化建设相关的工作，馆员离退休时按有关规定办理离退休手续。1979年至1990年间未聘馆员。1991年，馆员选聘工作启动。省文史馆成立至2005年的52年间，聘任馆员542人，其中安置型馆员513人，工作型馆员29人；2005年当年，有安置型馆员7人，工作型馆员27人。安置型馆员中有前清翰林、进士、举人；有在文学、艺术、文化、历史、教育、传统医学等方面卓有成就和影响的文学家、翻译家、史学家、书画家、教育家、文物鉴定家、作曲家等。他们大多出生于19世纪末和20世纪初，历经世事沧桑，为民主革命胜利做过很多有益的工作。新中国成立后，他们躬耕不辍，或研究专业，或挥毫泼墨，或著书立说，为社会主义文化发展贡献他们的光和热。20世纪80年代以来，新选聘馆员多为学有专长、成就斐然的专家学者、书画艺术家。新、老馆员与时俱进，为弘扬中华民族传统文化、促进社会主义精神文明建设，为统战联谊和祖国统一大业作出了可贵贡献。

省文史馆成立初期，主要工作是在生活上照顾馆员，同时，依托馆员个人专长做些力所能及的工作。1988年12月，省政府转发国务院《关于改进省、自治区、直辖市文史馆工作的通知》，要求省文史馆按照“拾遗补阙、各展所长、量力而行、尽力而为”的原则，组织馆员开展各种文史研究、书画创作、编史修志、著书立说及海外联谊等活动。省文史馆积极支持和组织馆员发挥其“存史、资政、教化”的作用，“探寻古典，激发当代，启示未来”。1996年至2005年，省文史馆聘任24名馆员，同时聘请一批特邀书画师，加强队伍建设，省文史馆馆员在文化建设中的重要作用得到较为充分的发挥。

对中国现代史的研究卓有建树。省文史馆组织馆员撰写文史资料和学术论文2000多篇，编修地方志34部，出版馆员传、馆员个人专著和书画集等17部（册）。在2001年7月22日中国现代史学会召开的“现代中国社会转型问题研讨会”上，在2004年11月初安徽省陈独秀研究会、省文史馆等单位举办的“《新青年》与马克思主义早期传播”学术研讨会上，馆员积极发言并提交论文。2005年5月，张恨水诞辰110周年纪念会暨张恨水抗战作品研讨会在合肥举行，馆员对张恨水先生抗战作品中反映出的民族精神和民族气节给予充分肯定。同年6月16日，由省文史馆牵头，成立安徽省中华传统文化研究会，省政协主席方兆祥、省委副书记张平出席大会并为研究会揭牌。省文史馆还精心组织馆员进行建安文化、桐城文化、徽文化以及与其他文化现象的比较研究；进行老子、庄子、朱熹、李鸿章、陈独秀、胡适等历史名人的研究。

在书画艺术领域成就斐然。被誉为“诗书画三妙、德艺寿齐辉”的馆员萧龙士，开创“江淮大写意”画派，与馆员懒悟等并称“新安八老”，是“新安画派”的代表人物、安徽当代中国画坛的杰出代表、20世纪安徽美术界的奠基人。省文史馆6次举办萧龙士艺术研讨会，旨在进一步继承和发扬萧老“江淮大写意”的艺术成就。1997年年初，省文史馆精心遴选萧龙士、黄叶村、石克士、懒悟、胡苏明、葛介屏、刘惠民、郑伊农、朱白亭、郑正、汪北溪、林生若、方绍武13位新老馆员的书画精品，和穆孝天、郭因等专家学者的文史专著，进京参加全国文史馆成果展。胡锦涛在看到萧龙士《老来红》作品时，仔细地看了落款，评价说：“老先生90多岁还画得这么好。”中央统战部副部长刘延东当场题词：“文兴百业，史鉴千秋。”

在美学理论研究领域有新突破。馆员郭因较早提出“绿色美学”理论，其美学研究贴近现实、经世致用，具有自身特色，学术著作《艺廊思絮》《审美试步》拥有广泛读者。1998年3月，安徽省绿学文化与绿色美学学会召开“郭因美学理论研究”启动会。2000年年初，郭因馆员应邀赴台湾参加“国际生态艺术研讨会”，在台湾进行学术交流，作《绿色之梦》的学术报告，就“绿色文化和绿色美学”、大陆生态观念的发展状况等主题在台北接受台湾媒体专访。

各种文化活动有声有色。2000年后，省文史馆组织有影响的重大文化活动越来越多，并由单纯的组织馆员开展活动，向以馆员为主体，吸引带动社会文化名人广泛参与的文化交流和文化展示转变。与此同时，馆员咨政建言有序展开，围绕安徽乃至全国的文化建设和发展，馆员踊跃献计献策。在省文史馆的精心组织下，书画馆员们进社区、走乡村、下军营，泼墨挥毫，采风创作，不间断地举办各种形式的书画展览，笔墨丹青讴歌时代。2002年起，省文史馆每年都要赴三四个地市举行“省文史馆地市书画联展（巡展）”，由馆长或副馆长带队，送书画下基层，受到各地市的普遍欢迎和重视。主办“安徽历史文化名人系列讲座”，也是省文史馆推出的广具社会影响的工作之一。2005年4月8日，由省文史馆主办的“安徽历史文化名人系列讲座”在合肥开讲，“安徽历史与安徽人”“陈独秀与五四新文化运动”“浅述李鸿章”等极具安徽地域特色的内容受到听众的广泛欢迎。

各种社会公益活动影响深远。1998年8月，长江安徽段和淮河流域发生特大水灾，省文史馆组织馆员书画家以创作书画、义卖义捐的方式支援抗洪抢险，共赴时艰，彰显民族大爱。书画家们创作出30多幅作品，全部捐献给省生产救灾办公室。2003年和2005年，响应中央文史馆倡导，馆员书画家创作一批优秀书画作品，分别捐赠抗击“非典型性肺炎”医务工作者和中国赴海地海啸国际救援队，受到社会好评。52年来，省文史馆组织12场书画义捐活动，捐赠书画作品450幅，捐资数十万元；馆员在救助失学儿童、赈灾扶贫、书画义捐等各种慈善活动中，勇于承担社会责任，奉献爱心回报社会。

从1953年到2005年，安徽的参事文史工作经历新中国成立初期的起步、中期的停滞和改革开放时期的恢复发展，走过曲折发展的历程，取得非凡的业绩。特别是近年来，其职能作用的发挥得到充分展现。在政治上，省政府参事室（省文史馆）凝聚一大批社会贤达，使其成为与党和政府肝胆相照、荣辱与共的朋友。他们积极开展对外联谊活动，向国内外亲友宣传党的统战政策和改革开放政策，利用自己的影响为祖国的统一大业竭诚尽力。在经济社会方面，认真研究党和国家方针政策，广泛听取各阶层意见，搭建一条党和政府了解民情、集中民意、凝聚民智的桥梁，成为党和政府实行科学决策的高参和智库。在文化建设方面，他们发挥个人专长，潜心文史研究，切磋书画艺术，打造文化精品，为弘扬优秀的传统文化，坚持社会主义先进文化的前进方向竭尽所能。随着改革开放和民主政治的发展与进步，参事、馆员这个群体的作用将显得更加重要，参事文史工作的路子也将越走越宽广。

第一章　组织机构

第一节　机构沿革

安徽省人民政府参事室是隶属于安徽省人民政府的具有统战性、咨询性的政府行政工作机构。自1955年成立至2005年，省政府参事室经历了基本完成社会主义改造和全面建设社会主义时期、“文化大革命”时期和社会主义现代化建设新时期三个历史阶段。在历次机构改革中，省政府参事室机构不断加强，参事工作走出一条从荣誉性、安置型，转变为统战性、工作型的发展新路。

1950年，皖北人民行政公署请示在政府公署组建参事室。同年12月，华东军政委员会批复：“你署前呈拟组织参事室，并拟以程士范、蔡蹈和分任正副主任一案，经核同意。”1955年3月4日，安徽省人民委员会通过《关于设立工作部门和办公机构的决议》，决定在安徽省人民委员会工作部门中增设参事室。5月21日，国务院批准安徽省人民委员会关于工作部门和办事机构设置方案。6月15日，安徽省人民委员会参事室正式成立，为安徽省人民委员会领导的直属机构，正厅级单位。1958年，中共安徽省委决定，安徽省人民委员会参事室的政治思想工作划归中共安徽省委统战部管理；经费及行政事务等由安徽省人民委员会办公厅管理。1961年，省人民委员会参事室设置办公室，行政编制确定为13人。

1966年5月16日，“文化大革命”全面开始，省人民委员会参事室被迫停止正常工作，档案散失。不久，省人民委员会参事室撤销。

1975年8月，中共安徽省委批准恢复参事室机构。同年9月，成立安徽省革命委员会参事室，内设办公室，行政编制定为7人，各项工作划归中共安徽省委统战部管理。1980年1月1日起，原“安徽省革命委员会”改称“安徽省人民政府”。同年5月，“安徽省革命委员会参事室”更名“安徽省人民政府参事室”。1984年11月19日，省政府决定：省政府参事室在省政府秘书长领导下工作，其干部由中共安徽省委统战部安排、管理，有关行政事务由省政府办公厅代管。1988年11月11日，省长办公会议决定：将省政府参事室划归省政府领导，1位副省长分管，其机构、级别不变，组织人事工作由省政府办公厅代管。省政府参事室不再是“以养为主”的地方，而是一个服务于全省各项建设的“咨询性、统战性”工作机构。

1992年6月27日，安徽省机构编制委员会研究同意成立“安徽省海外联谊中心”，为省政府参事室直属县级事业单位。6月29日，省政府批准《安徽省人民政府参事室组织简则》。其中第二条规定：省政府参事室是省政府所属工作部门，是具有统战性、咨询性工作机构；省政府参事室在省政府秘书长领导下进行工作，在统战政策的贯彻和参事人事安排上，接受中共安徽省委统战部的指导。1996年，安徽省省直党政机构改革，5月，省政府参事室、省文史馆合署办公；安徽省海外联谊中心兴办的经济实体由于不再适应形势需要，省政府参事室对其所办企业、公司作出撤销、停办和脱钩处理。1996年5月9日，省政府办公厅下发《关于印发安徽省人民政府参事室职能设置、内设机构和人员编制方案的通知》，确定省政府参事室主要职责，内设机构为办公室、参事业务处、文史业务处（省文史馆办公室），行政编制16名、事业编制12名；机关党委、纪检、检察机构设置按有关文件执行。9月10日，安徽省人力资源和社会保障厅确定：省政府参事室领导和办公室、参事业务处、文史业务处、机关党委非工勤人员列入国家公务员制度实施范围，核定公务员职位22个，其中领导职位12个。

1996年7月，经中共安徽省委同意，设立中共安徽省人民政府参事室党组。

2000年，《安徽省人民政府机构改革方案实施意见》规定：省政府参事室为咨询性、统战性工作部门，不定级别，由省政府办公厅管理。2001年8月，省政府办公厅《关于印发安徽省人民政府参事室职能设置、内设机构和人员编制方案的通知》规定：政府参事室与省文史馆合署办公，不定级别，内设机构为办公室、参事业务处、文史业务处，单列编制28名（按照公务员制度执行）。其中，室主任1名，副主任3名（含兼省文史馆馆长1名），处级领导职数9名（含省文史馆副馆长、机关党委书记各1名）。12月，省人力资源和社会保障厅核定公务员设置职位22个。

2003年，《安徽省人民政府关于省政府秘书长、副秘书长工作分工的通知》确定，省政府秘书长分管省参事室工作，省政府一位副秘书长主持参事工作。

1955年至2005年，省委、省政府先后任命10位主任和12位副 主任。1996年7月，省政府秘书长张平任第一任党组书记，之后，省政府副秘书长王堪、邱江辉先后任党委书记。

1955—2005年安徽省参事室负责人一览表

表1—1

姓名	职 务	生卒年月	政治面貌	籍贯	任职时间
程士范	主 任	1892—1960	中共党员	安徽绩溪	1955.04—1958.04
金稚石		1888—1965.09	中共党员	安徽无为	1958.11—1964.11
苌宗商		1896—1976.01	中共党员	安徽泗县	1964.12—1966.05
龚意农		1900—1989	中共党员	安徽合肥	1976.01—1983.11
刘景素		1911.02—1986.07	民革成员	四川江油	1984.08—1986.07
陈天任		1914.11—2008.06	民革成员	安徽五河	1987.10—1990.12
陈基余		1933.04—	中共党员	安徽含山	1990.12—1992.02
陈者香		1932.08—	中共党员	安徽天长	1992.07—1992.08
陈基余		1933.04—	中共党员	安徽含山	1992.08—1993.08
张　平		1946.01—	中共党员	安徽萧县	1995.11—2003.06
邱江辉(女)		1953.07—	中共党员	江苏南京	2003.07—
潘效安	副主任	1903.12—1988.12	中共党员	安徽无为	1955.04—1965.04
刘儒林		1902.09—1980.04	中共党员	山东城武	1966.06—1978.01
马乐庭		1912.03—2010.09	中共党员	安徽五河	1975.11—1979.07
刘景素		1911.02—1986.07	中共党员	四川江油	1980.06—1984.08
陈乃杰		1931.04—	中共党员	江苏滨海	1984.08—1992.01
郭崇毅		1921.04—2002.08	民盟盟员	安徽肥西	1984.08—2000.10
李德亭		1933.08—	中共党员	安徽巢县	1991.02—1993.12
陶显斌		1933.02—	中共党员	安徽宣城	1993.07—1998.02
刘光胜		1947.10—	中共党员	安徽肥西	1995.10—
丁士匡		1939.04—	中共党员 民革成员	安徽安庆	1999.02—2004.06
王泽平		1947.01—	致公党成员	安徽明光	2003.06—
张立志		1949.07—	中共党员	河北唐山	2005.01—

1955—2005 年安徽省文史研究馆负责人一览表

表 1—2

姓 名	职务	生卒年月	政治面貌	籍贯	职级	任职时间
光明甫	馆长	1876.12—1963.01	中共党员	安徽桐城	副省	1953—1963.01
陶显斌	馆长	1933.02—	中共党员	安徽宣城	副厅	1993.11—1998.02
丁士匡	馆长	1939.04—	中共党员 民革	安徽安庆	正厅	2002.09—2009.05
郑曰仁	副馆长	1901.09—1984.12	中共党员	安徽庐江	副厅	1953—
郑伯川	副馆长	1885.00—1960.09	中共党员	安徽来安	副厅	1954—1960.09
于则周	副馆长	1900.05—1989.04	中共党员	安徽天长	副厅	1959.09—1982.08
周心抚	副馆长	1905.05—1982.03	中共党员	安徽巢县	副厅	1960—1972
李则纲	副馆长	1892.01—1977.03	民盟盟员	安徽枞阳		1976—1977.02
陈　明	副馆长	1918.02—2009.07	中共党员	上海	副厅	1978.08—1983.09
彭亚英	副馆长	1915.08—2006.06	中共党员	安徽临泉	副厅	1981—1983
王立仁	副馆长	1908.09—1997.11	中共党员 民盟成员	安徽涡阳	行政 17 级	1982.03—1990.11
赵小璧	副馆长	1924.01—2004.06	中共党员	江苏无锡	副处	1984.03—1990.11
高家瑞	副馆长	1930.11—	中共党员	安徽太和	正处	1987.11—1992.08
李建功	副馆长	1951.06—	中共党员	安徽蒙城	正处	1992.03—1994.03
刘光胜（兼）	副馆长	1947.10—	中共党员	安徽肥西	副厅	1996.03—2002.09
韦君琳	副馆长	1944.09—	民进成员	安徽宣城	正处	1996.10—
张立志	副馆长	1949.07—	中共党员	河北唐山	副厅	2003.07—

第二节　机关建设

20世纪80年代以来，省政府参事室结合自身工作实际制定了涵盖学习、党建、工作、管理等方面的23项工作制度，确保机关建设健康发展。

1956年制定《参事室组织规程》，规定省政府参事室的职责是对省政府政策、政令、法规、规章的研究、草拟；对各单位上报省政府上述文件的专案审议；对省政府上述文件实施情况的调查研究等。1988年8月，国务院发出通知，改革参事任命制，实行聘任制。省政府转发国务院通知，并在1990年9月，由省政府办公厅转发《关于选聘安徽省人民政府参事的意见的通知》，对参事选聘工作进一步规范化、制度化。

1992年6月，《安徽省人民政府参事室组织简则》正式颁布。

1995年6月，省政府办公厅转发国务院办公厅《关于加强参事室工作意见的通知和关于进一步做好文史研究馆工作意见的通知》，对重视发挥参事室在政府工作中的咨询作用进行规定。2000年12月，经省政府同意，建立参事调研课题审核批准制度。每年年初经广泛征求社会各界意见和反复酝酿，由省政府参事室向省政府提出遴选的年度拟开展参事调研课题的建议，经省政府批准后，由省政府办公厅向各地市和省直部门下发省政府参事专题调研课题安排的通知。省政府参事室制定调研方案，组织实施。

2003年9月，中共安徽省委办公厅、安徽省人民政府办公厅《关于进一步做好新时期政府参事工作实施意见》强调，省政府参事参与政府工作的基本职责是“参政议政、建言献策、咨询国是、统战联谊”。主要工作是围绕省委、省政府的中心工作，调查研究，提出意见和建议；对重要行政法规、规章草案及其他重要文件草案提出意见和建议；密切同社会各界的联系，及时反映社情民意；参加爱国统一战线工作。

省政府参事室机关根据上级部署，组织开展学习马克思列宁主义、毛泽东思想、邓小平理论和“三个代表”重要思想的思想教育活动，教育引导机关干部职工坚定共产主义理想信念。同时，以中共安徽省委党校、安徽行政学院为依托，有组织、有计划、持续不断地加强后备干部培训工作，推动学习型机关建设。2000年—2005年，50多人分别参加省委组织部、省直属机关工作委员会举办的各类培训进修班；组织开办机关干部培训班80余次，参训干部职工600余人次，参训率98%以上。

第二章　参事工作

政府参事，是同级人民政府工作人员，由同级人民政府首长聘任并颁发聘书。参事队伍主要由非中共人士中有代表性、有较大社会影响和较强参政议政能力的专家学者或社会上名望较高的人士组成。省政府参事参与政府工作的基本职责是“参政议政、建言献策、咨询国是、统战联谊”。省政府参事室是省政府主管参事工作的机构，负有对参事工作管理和为参事工作服务的职责。半个世纪以来，省政府参事室按照“恪尽职守、坦诚建言、因人而异、各展所长”的要求，以“打造精品建议，让更多的咨询成果进入政府决策”为目标，紧紧围绕中共安徽省委、省政府中心工作，积极组织参事建言献策。每年年初，省政府参事室组织参事讨论协商、初选出全年调研课题，经省政府参事室主任办公会研究审定后，报省政府批准，再由省政府办公厅行文下发至有关市、县（区）和省直相关部门，省政府参事室委派参事实施，并以《政府参事建议》形式上报省领导。

1955 年至 2005 年，安徽省有任命制参事 37 人，聘任制参事 40 人。

1988 年参事工作逐步恢复后，省政府参事室呈报参事建议 327 份，其中进入政府决策层面的建议占 50% 以上。省委书记王金山强调：省政府参事及参事工作者已成为省委、省政府“信得过、用得上、离不开”的一支宝贵力量。

第一节　参政咨询

参事通过多种方式进行参政咨询工作。省政府参事室广开渠道，精心组织，每年“两会”前召集参事审阅修改《政府工作报告》（讨论稿）；利用“直通车”形式，不定期请省政府领导当面听取参事的意见和建议；组织参事参加省政府法制部门组织的立法座谈会、论证会、听证会，以及会同省政府相关部门，邀请参事参加政风、行风评议等活动。

围绕全省经济社会发展中的全局性重大问题，开展重点专题调研，提出意见和建议，是省政府参事参政议政的一个重要方面。参事所进行的所有调研、考察以及提出建议，都是在省政府参事室的领导、组织下完成的。参事以对国家和人民崇高的责任感和使命感，下基层，察实情，建真言，献良策，在建国初期的政权建设、社会主义革命和社会主义建设、20世纪70年代末的“大包干”、90年代的农村税费改革中，直言进谏，为政府重大政策措施出台，促进经济社会发展做出了积极贡献。参事郭崇毅不顾个人安危，为推进包产到户三次上书党中央，被国务院参事室誉为“政府参事的楷模。”

上书推进包产到户

20世纪70年代末，在“左”的思想指导下，全省农业生产大幅度下降，农民生活十分困难。1979年6月，在目睹肥西县山南区实行生产责任到户、夏粮成倍增长的景象后，参事郭崇毅撰写出《关于参观肥西县午季大丰收情况的报告》，用事实将包产到户与“大呼隆”形成鲜明对比，建议领导和理论部门及时总结包产到户的成功经验。7月1日，他带着报告进京上书。8月，参事郭崇毅撰写《责任到户的性质及其有关问题》的报告，从理论上阐明：包产到户何以比公社化时能大增产，分析“不必要的十大忧虑”等当时争论激烈的问题。9月1日他将报告寄送中共中央。1979年10月至11月，参事郭崇毅针对坚持农业公社化制度、反对包产到户的情况，深入六安地区七个县调研，撰写出《关于六安地区七县农业生产责任制情况的报告》，回答社会广泛关注的十个敏感问题。11月26日，他将报告直寄中共中央。这就是参事郭崇毅的“三次上书”。1979年8月3日，安徽省委第一书记万里主持省委会，称赞说：“郭崇毅的观点是马克思主义的，报告的意见是对的，我们共产党人要向这位党外朋友学习。”

此后，参事郭崇毅又分别撰写《责任到户，势在必行——给中共安徽省委的一封信》《农业现代化中的新问题——论责任到户及其前景》《“小生产”与职业现代化——再论责任到户及其前景》《关于滁县地区农业生产责任制情况的报告》《呈邓小平同志的一封信——请求中央允许责任到户》《呈胡耀邦同志的一封信——请中央允许农民自行决定是否包产到户》等。《责任到户的性质及其有关问题》一文还获得“安徽省1978—1985年社会科学优秀成果”二等奖。

1980年4月，新华社安徽分社根据参事郭崇毅5个月内三次上书党中央的报告摘编成《安徽省政协委员郭崇毅对包产到户的看法》。19日，此文为《新华通讯社文稿》第995期刊载。是年5月，邓小平在一篇重要谈话中，为当时颇有争议的安徽农村改革做了结论：“农村政策放宽以后，一些适宜包产到户的地方搞了包产到户，效果很好，变化很快。安徽肥西县绝大多数生产队搞了包产到户，增产幅度很大。‘凤阳花鼓’唱的那个凤阳县，绝大多数生产队搞起了大包干，也是一年翻身，改变面貌。”

探索农村税费改革

较长时期以来，特别是20世纪90年代以后，安徽省农村中存在的乱收费、乱集资、乱摊派等“三乱”现象比较突出，农民负担过重的问题成为制约农业发展、农民增收和农村稳定的重大问题。省委、省政府高度重视减轻农民负担工作，采取一系列政策措施，取得一定成效，但是农民负担过重的问题并没有从根本上解决，农民群众反映强烈。1997年被聘任为参事的何开荫，聘任前即为寻找一条减轻农民负担、规范农村税费征收管理的新路子，进行扎实有效的探索，撰写《农村第二步改革的出路何在？》《发展农村商品经济的根本措施——关于深化农村改革的一些设想》《农业税费制度改革势在必行——兼论减轻农民负担的治本之策》等论文。聘任后，在省政府参事室的支持下，何开荫等参事继续进行积极探索和实践，为安徽省2000年起在全国率先进行农村税费改革试点，做了大量开拓性、先行者的工作。经过三年艰苦努力，安徽农村税费改革试点工作取得显著的阶段性成效。

1999年1月11日，参事何开荫在《安徽应尽快推行“第二次大包干”——谈农村税费制度改革》中强调：“第二次大包干”也是安徽农民创造的；在安徽推行“第二次大包干”条件已经成熟。4月26日，参事陈铠撰写《关于如何做好今年农业税费收缴工作的建议》，提出：乡村两级要提前做好统筹款的金额预算；加大村民代表对统筹款金额的拟定、收支工作的监督力度；实行村民公约制度。12月，参事何开荫在《关于农业税费制度改革新方案的设想》中，提出新形势下进行农业税费制度改革的10项具体方案。

2000年3月27日，参事何开荫在《农业税费改革可以有效地完善粮食购销政策》中建议：农业税制改革可与当前的粮食购销政策相结合。6月23日，此文在新华社《国内动态清样》（第1812期）刊登。

2001年3月，参事何开荫撰写《关于充实和完善农村税费改革方案的建议》。6月，参事何开荫撰写出《农村税费改革的又一项硬指标——农村义务教育必须确保》，请求中央财政一次性补助安徽50亿元缓解困难；将全省农村中小学一律收归县教育局统管，教师工资由县财政局发放；请求中央农村税费改革领导小组办公室允许并鼓励各试点省、市、县积极进行改革创新。8月，参事何开荫在《农村税费改革向前看——必须修正和完善试点方案》中提出新赋税制度方案设想，建议只设田赋、资源增值税（即农业税）两项，实行“税赋统筹，统一征收，财政结算，税赋分流”，采取“一道税、一道清”的办法。12月，参事何开荫、王景连提交《关于我省农村税费改革的调研报告》，建议：加大转移支付力度保乡镇工作运转；建立农民增收机制保证农民减负不反弹；每年义务工保留5至10个以利村级经济和公益事业发展。

2003年5月，参事何开荫撰写《农村税费改革应理顺征税体制——关于进一步完善农村税费改革的建议》，建议实行赋税制度。农户向集体（村民委员会）交地租即田赋，再由村民委员会向税务机关缴税。田赋标准按耕地常产的10%交实物地租，村民委员会向国家缴纳耕地常产5%税。乡镇机构中的农税单位可以裁掉。7月，参事何开荫撰写《农村税费改革应先理顺领导体制》，建议由国务院总理、副总理亲自领导这场继大包干以后的农村第三次重大改革；由中央农村工作领导小组主持；改革的办公室设在发展改革委员会这样的综合部门；由部委制订本部门的改革方案；由改革办公室统一协调全面深化农村改革的综合措施方案，先试点，后组织实施整体推进。

9月，参事何开荫撰写《谈农村第三次重大改革》。省长王金山9月16日批示："开荫同志所见确有道理，农村经济需要协调发展，农村改革需要整体推进，确需系统研究，统筹考虑，积极探索，稳中求进。请海深、树丛同志参阅并转农委、财政阅。"常务副省长任海深10月8日批示："请玉明同志参阅。"副省长赵树丛10月16日批示："何老思考的问题涉及到城乡经济社会统筹的诸多问题，很有见地。请体改办、农委、计委负责同志阅研。"省政府秘书长张俊也作出批示。

支持农村综合改革

从"家庭联产承包"到"农村费税改革"，安徽是中国农村改革的探路者。2005年，安徽宣布取消农业税。尽管免除农业税后县乡财政因此而带来的资金缺口全部由上级财政的转移支付来填补，但这并不能彻底根除积重难返的县乡负债弊病。由此，更深层面的以转变乡镇机构职能为重点的农村综合改革全面展开。省政府参事室组织参事积极投身其中，做了大量开拓性、推进性的工作。

1996年7月，参事丁剑、王传生、方介人撰写《农民负担太重了——关于蒙城县农民负担的调查报告》，反映农民负担过重及农业所处的弱势地位等问题。

1997年3月，参事何开荫撰写《彻底解决粮食购销体制问题必须进行农、财、粮、价、税、费联动的综合配套改革》。分析现行粮食购销体制存在的弊端，指出农村经济中的十大矛盾，通过总结太和县税费改革试点经验，提出改革粮食购销体制的设想和探索。《乡镇经济》1994年3、4期合刊刊载。

1998年3月4日，参事何开荫在《深化农村改革乃当前急务》一文中，从6个方面呼吁深化农村改革，指出农民要求实行"第二次大包干"。3月，参事严云绶、王传生、方介人、戴善仁、何开荫等撰写《乡镇机构设置与运作应该精干、高效和民主化——关于乡镇机构设置与运作情况的调查报告》，列举乡镇机构臃肿所产生的种种弊端，建议基层政治体制改革应从建立精干的机构入手，适应市场经济管理原则，扩大基层民主。11月16日，参事陈进撰写《从家庭承包到村民自治》，建议在稳定家庭承包制方面，把土地承包期再延长30年的政策落实好；进一步推进农业产业化经营，完善农村所有制结构；从政治体制改革的高度看待基层民主法制建设，从机制、制度上保证村民自治的实施，防止基层民主管理工作的越位和错位。

2000年6月13日，参事何开荫撰写《关于乡镇机构改革的建议》，建议遵循市场经济规律和需求，按照小政府、大社会的方针，政、事、企分离的原则，采取定岗定位、定制定责的办法精简机构，分流人员。同日，参事何开荫撰写《村级组织宜重新设置》，建议建立村公所作为乡镇政府设在行政村的派出机构；村民委员会作为村民自治组织和集体经济组织而继续存在，但须大幅度减员。

2004 年 6 月，参事何开荫撰写《深化体制改革将五级政府精简为三级政府》，建议农村改革的步骤分两个阶段，一是并小乡建大镇；二是地级市改为县级市，并认真做好地级市、乡镇一级政府机构、村民委员会、农村科技体制改革。省长王金山批示。

2005 年 1 月 25 日，参事何开荫撰写《乡镇管理体制改革是当务之急》，建议选一个乡镇开展农村综合改革试点，借鉴湖北省咸宁市咸安区横沟桥镇的经验，探索乡镇消肿减肥，从根本上解决农民负担过重的难题。3 月 9 日，参事何开荫撰写《关于农村综合配套改革的建议》，建议选择一个县，或在皖南、皖中、皖北各选一个乡镇，作为农村综合配套改革试点县或试点镇，探索全面深化农村改革的新经验，推动全国的农村改革和经济发展。副省长赵树丛批示。4 月 25 日，参事何开荫、樊美珍撰写《关于乡镇政府机构改革的新建议》，提出乡镇机构改革的具体办法：并乡建镇；内设机构尽量简化，按职能设四个办公室；撤并掉的小乡可设办事处；党政领导干部实行“两推两选”竞争上岗，交叉任职；事业单位“七站八所”改革等。同日，参事何开荫、樊美珍撰写《关于村级组织改革创新的建议——发展现代农业企业、走“村企合一”的道路》指出，要实现农民增收、农业增效、农村致富，必须改革创新村级组织，走“村企合一”的道路，因地制宜，围绕农业大力兴办加工业，从根本上解决小农经济与市场经济之间的矛盾。副省长赵树丛批示。10 月 24 日，参事何开荫撰写《加强和完善农村综合改革领导体制建设》，建议发展生产力与变革生产关系一起抓；树立通盘考虑的科学发展观；加强与完善领导体制建设。12 月 31 日，参事何开荫、王景连、樊美珍撰写《尊重群众首创精神，推动农村综合改革——后农业税时代要创新公共产品供给机制》，建议全省统一方案，加速推行乡镇机构改革；农技推广部门的改革要走向市场，切实为农民服务；创建农村市场经济的微观主体；将国家对农民的小额补贴改为兴办公益事业；加大农村综合改革试点县及推行力度。省长王金山 2006 年 1 月 13 批示：“请树丛同志阅研。这是一个很有针对性的调研报告。有事实，有根据，有分析，有参考价值。可摘要发内参性刊物。”副省长赵树丛 2006 年 1 月 14 日、2 月 4 日两次批示：“请刘奇同志、汪建国同志阅研。此文的许多重要观点和建议应在推进综合改革中学习、汲取”“请刘奇、建国同志阅，摘发税办简报。”

力促工业经济壮大

长期以来，安徽的工业经济成为一块短板。增长方式粗放、技术装备水平不高、企业创新能力不强、非公经济实力弱等问题一直困扰安徽工业经济的发展。遵照中共安徽省委、省政府“工业强省”的战略部署，省政府参事室组织参事对发展全省工业经济建言献策。

1992 年 12 月 26 日，参事夏继诚、汪宗启撰写《在改革开放中要加强对土地使用的管理》，建议凡设立开发区的，要先进行科学论证，再确定开发；制止滥设开发区，严格审批手续；杜绝对外商竞相“优惠比赛”；禁止炒卖土地。

1997 年 5 月，参事汪宗启、王传生、檀子平、焦瑞生撰写《关于合肥市企业破产试点情况的调查报告》。针对如何实现破产和实现资产重组的目的性问题，在破产重组中防止国有资产流失问题，及在破产过程中明确责任、严明法纪的问题提出建议。常务副省长汪洋批示。省政府《决策咨询》全文刊登。

1999 年 11 月，参事赵贺春撰写《对我省国有工业企业改革的几点建议》，建议对大中小型国有工业企业的改革模式，要有针对性地采用各种适用办法；将大中型国企改为股份制企业时，应注意按照程序，党企分开；对暂难实行股份制的大中型国企，可由政府委派厂长、经理，同时实行严格的干部管理制度和监督检查制度。

2003 年 11 月，参事彭本逵、王景连、陈有志撰写《关于企业改制的建议》，建议将改制“回头帮”纳入政府工作计划；以法制企，政企分开；省属企业集团由省直有关部门负责改制。12 月，参事疏开生撰写《我省能源、化工基地建设中若干问题的思考及建议》，建议优化发展思路，适当控制、调整煤炭、电力的建设规模和发展速度，以燃料化工为重点，集中力量加快煤化工基地建设。副省长任海深批示。

2004 年 3 月 22 日，参事疏开生撰写《关于降低计量器具检定收费标准减轻企业负担的建议》指出，提高企业使用计量器具检定收费标准，严重增加企业负担，新调整的收费标准，高出国家原定标准的 3~13 倍，甚至 35 倍。建议对制定计量器具检定收费标准举行听证会，或请专家进行论证，坚决把过高的收费标准降下来，杜绝部门利用职权乱收费现象，为企业发展营造一个良好的环境。副省长黄海嵩 3 月 29 日批示：“为文同志：此建议汤洪高同志（中央委员）也来信反映过，收费过高超出设备价值的几倍，明显增加了企业负担，请召集物价、质检等有关方面研究提出治本办法和长效机制的建议。”9 月，参事戴善仁、周道训、王景连、杨振斌，对安徽省汽车零部件产业发展情况进行为期一个月的调研，形成《加大汽车零部件支柱产业发展的力度——安徽汽车零部件产业的调查与思考》，建议加强对汽车零部件产业的扶持和指导力度，如建立省汽车及零部件产业联席会议制度，成立专业学会，提升自主研发能力等。副省长任海深 9 月 13 日批示：“请先发、福宏同志阅。汽车零部件产业发展应列入今后我省支柱产业发展和招商引资工作的重点。”副省长赵树丛 9 月 15 日也作出批示。

2005 年 5 月 30 日，参事王傲兰撰写《大力发展工业是安徽的崛起之道》，建议在今后的一二十年里，大力发展工业；制订全省中长期发展规划时，首先应明确到 2020 年前后，争取将安徽省的工业比重提升到 45% 至 50%；同时调整思路，在科学发展观的统领下，实行“优势、特色、集群、规模、东向”方针。6 月 21 日，参事崔文祥撰写《认真做好县级“十一五”计划中的信息化发展规划》，建议省发改委和各县政府在编制“十一五”计划中的信息化发展规划时，应将物理网络、组织网络和信息资源同步规划；把发展县级工业信息化作为重点。

促进农村经济发展

安徽是一个农业大省，加快发展农业和农村经济，增加农民收入，使安徽由农业大省发展为农业强省，是全省上下长期共同追求的目标，也是省政府参事发挥专长、重点支持的一个优势领域。

1987年5月，参事郭崇毅对皖南山区林业生产进行考察，撰写出《皖南山区林业情况考察》，建议对过去用非常手段毁坏的山林，采取非常措施挽救；在各级领导班子中设专职人员，负责恢复山区林业生产；大量投资种植速生林。

1992年5月16日，参事方介人撰写《简政放权，切忌一刀切——就我省林业工作站下放乡镇做法的几点看法及建议》提出：权衡林业站下放的利弊，积极大胆、慎重决策；重视林业部意见与外省林业改革的正反经验，结合我省实际重新决策；未充分调研之前，暂缓实施下放，也可根据不同自然类型区，分类指导。省委书记卢荣景、副书记孟富林及副省长汪涉云作批示。

1994年5月12日，参事郭崇毅撰写《对农业发展的几点意见与建议》，提出固定土地使用权及有偿转让机制两个问题，必须尽快明确；对有益于农业发展的群众要求与深化改革的措施，宜及时上报中央并制定试点办法，逐步推广；对农产品与生产资料价格需适时调查；对一些租卖土地地方的土地增值及流向问题妥善处理。

1998年12月29日，参事方介人撰写《关于改善我省林业建设的几点建议》提出：界定公益林与商品林，分类经营；加强天然林保护，继续开展封山育林；落实坡度25度以上退耕还林政策；加大林业投资力度。12月30日，参事方介人撰写《关于加快我省农业发展的几点建议》提出：确定安徽省农业发展方位，实事求是地进行农业结构调整；加快农业产业化发展；发挥农科教统筹在农业发展中的支撑作用；处理好农林水的相互关系。

1999年6月24日，参事方介人、陈铠、何开荫撰写《关于农民收入状况的调查报告》，建议调整农村经济结构，加快农村二、三产业发展，促进农村劳动力就地转移；以市场为导向，走市场农业、科技农业、效益农业的发展道路；强化政府服务功能，涉农部门为农民增收多做工作；切实减轻农民负担。同日，参事方介人、陈铠、何开荫等提交《关于山区农业综合开发与持续发展的调查及建议》，建议进行山区综合开发，制定长期综合开发规划，并作为系统工程组织实施；依法行政，奖惩挂钩，将山区综合开发纳入法制轨道；改变传统落后生产方式；保护利用山区自然资源、开发旅游产业。9月16日，参事何开荫撰写《依靠高新技术发展农业生产》，建议加快种植业结构调整，推广最新最优的牧草品种；发展畜牧业，开发并推广吐绶鸡、肉兔等草食性动物；建议外贸部门建立稳定的畜产品出口基地；开发并支持高新科技项目生物有机硒的开发应用。副省长张平批示。

2000 年 3 月 3 日，参事陈铠撰写《关于农业问题的两点建议》提出，各级政府在建立本地区农业科技示范园区时，充分利用好土地、人才资源，在农科所的原有基础上进行重组；安徽在制定规划、指导意见时，在粮改经部分中，对各种适种的经济作物如花生、蔬菜、水果要进行总量控制。3 月 8 日，参事何开荫撰写《关于农业产业化的思考》提出：实现农业产业化的关键在于发展农业企业。3 月 12 日，参事何开荫就发展畜牧和生物有机硒项目给副省长张平写信，副省长张平批示。4 月 20 日，参事陈进撰写《农村经济发展新阶段与经济结构战略性调整的思路和对策》，建议抓紧建立农产品产、销信息及预警、技术服务系统，辅之以政府的宏观调控系统；把市场作为产业结构调整、农业产业经营的前提和依据；围绕知识化、一体化，进一步扩大对外开放，开展对外合作，推进科技进步；围绕农村服务体系和小城镇建设，不断提高农村城镇化和市场化水平。6 月 14 日，参事方介人、陈铠撰写《树立信心，发挥优势，以名优特新产品拓展市场——关于实现我省农业东进战略的可行性及因应措施的调研报告》，建议积极开拓国内外市场，主攻江浙沪，推动农产品东进战略；择优扶强，加速农业产业化进程；着力开发环保产品。

2001 年 6 月 18 日，参事陈进撰写《以农业产业化带动农民增收——我省推进农业产业化工程的调查与思考》建议：培育农产品知名品牌，将名牌产品形成支柱产业，带动农民增收；加强产业组织建设，降低农民增收的市场风险。

2002 年 4 月，参事曹光明撰写《关于加快安徽省中药产业化发展的建议》，建议制定安徽中药产业化发展的近期与长远发展规划；加大对假药与劣药的监督与打击，建设全国性中药经营网络与信誉；促进中药产业与金融的合作。5 月，参事何开荫撰写《关于建立农业结构调整和农业科技成果转化基金的建议》，建议培育市场和市场主体，走现代农业产业化的道路；培养自己的 WTO 专家；设立农业结构调整和农业科技成果转化基金；选建一个改革开发试验示范县。

2003 年 2 月，参事陈铠撰写《在农业结构调整中要注意对有市场价值的农作物种质资源的保留》，建议在安徽全省进行一次农产品种质资源普查，弄清现存家底，发现一些传统稀有品种；对参与种（养）的地区和农户或单位，省财政应予补贴；尽快建立省级超低温冷库，以作为农作物种质资源库。副省长赵树丛批示：“此建议甚好，请省农委认真研究。”4 月，参事陈铠、赵锡琨、戴善仁、方介人撰写《关于遴选农业产业化龙头企业的建议》，建议制订省级龙头企业量化标准，注重对农民的带动作用；做到“公开、公正、公平”；遵照扶优扶强原则，按量化标准对指标进行动态管理，不搞区域间平衡。副省长赵树丛批示：“这个建议很好，请转农委阅参，农业产业化龙头企业的选定要公开、竞争，使其进一步发挥对产业经营的推动和导向作用。”6月，参事王基福、方介人撰写《大力发展油茶资源尽快满足市场需求》，建议有关部门大力宣传油茶优良性状、茶油诸多用途和市场的广阔前景；结合安徽省退耕还林工程，积极发展油茶林；对原有散生的油茶树加大垦复与管理；对贫困农户、龙头企业采取扶持政策。9月，参事方介人撰写《抓住新一轮治淮机遇 尽快启动退耕造林工程》，建议将沿淮湿地林业发展纳入沿淮综合治理总体规划；启动退耕造林工程，执行扶持政策；制定适宜当地条件的工程技术标准；搞好农业结构调整，及时妥善处理林权问题。11月，参事方介人撰写《特殊区域 特殊政策——从实际出发启动沿淮湿地造林工程》，建议沿淮地区向国家申请列入重点区域享受扶持政策；改对抗性农业为适应性农业，保护利用湿地，发展湿地林、牧、渔、农业，是可行之路；向国家申请沿淮湿地造林工程，省政府给予资金扶持。省长王金山11月21日批示：“请树丛参阅，能够争取的尽量争取。介人同志的建议很有道理。”副省长赵树丛11月23日批示：“请怀民同志阅研，可就沿淮易林法洼地结构调整问题提出方案，实施工程造林，申报国家支持。”省政府秘书长张俊11月19日批示：“方介人同志是省政府参事、林业专家。所提建议请呈金山省长阅。省林业厅函告办理情况。”12月，参事曹光明撰写《建设“安徽中药谷”的建议——关于安徽中药产业现代化发展的反思》建议：成立由省政府主要负责同志负责的安徽中药谷建设领导小组，制定扶植和支持中药产业发展的产业扶持政策，引导中药产业可持续发展，促进资本市场开放，积极引导民间资本合理注入中药谷建设。省长王金山12月17日批示：“请海嵩同志阅。”副省长蒋作君12月19日批示：“此建议很好。建设‘徽中药谷’既能保护国粹，又能培育新的经济增长点。请先发、开焰同志阅，并提出意见。”副省长文海英12月19日批示：“这是一个很好的建议，请先发同志阅研。”副省长黄海嵩12月24日批示：“请振超同志阅，在今后产业发展中予以参考、借签。省计委、卫生厅、经贸委函告办理情况。”

2004年2月，参事陈进撰写《解决农民新阶段增收难问题的思考和建议》，建议实施农产品和劳动力走出去的战略，各级政府在政策和资金上给予倾斜；坚持市场为导向，优化农产品结构，大力发展农产品加工业；加强职业技能培训。3月，参事陈进撰写《以农村沼气为抓手 全力推进生态安徽建设》，建议加大宣传领导力度，形成工作合力；加大工作力度，形成市场化办沼气的机制。副省长赵树丛3月25日批示：“请农委永春同志阅研，陈进同志意见很重要，发展沼气是生态富民的好路子，也是解决农村能源问题、增加农民收入的重要措施，这项工作要大力宣传，关键是要把国家支持的政策让农民知道，把发展沼气的好处让农民知道，发展规划要落实，服务措施要落实。”

2005年3月29日，参事陈进撰写《尽快做大做强我省农产品加工业》建议：进一步树立“名牌”意识，努力扩大市场份额，形成支柱产业；树立市场意识，有效利用和配置资源。副省长赵树丛批示：“陈进同志的调研报告很好，这是一个壮大县域经济、发展农业产业化的大课题，所拟建议请送农委、中小企业局阅参。”4月，参事何开荫、周道训、樊美珍、陈进撰写《霍邱、叶集、裕安区农村基层问题的调研》，指出要多渠道消化农村不良债务；加强农村基层干部队伍建设；规划和健全“一事一议”制度，大力发展农村公益事业。副省长赵树丛4月18日批示：“请刘奇、聂苏同志阅，这份调查中提出乡镇政府职能转变要注重‘公共事业管理和服务，主持正义和公道，营造经济发展环境’的思路是好的，关键是要搭建平台、载体和选好切入点。”6月7日，参事方介人、王基福、周道训、丁剑撰写《安徽省山区林业持续发展问题调研报告》建议：林区、林业、林农同等享有“国民待遇”；建立长期管理与投入机制，实行林业分类经营与分类管理；完善森林生态效益补偿制度，持续发挥森林生态效益；开创林业开发与资源保护双赢局面；开展封山育林与人工林中幼林扶育工程。副省长赵树丛批示。6月，参事陈进撰写《加快优质烟叶发展 推进皖烟迅速崛起——皖南优质烟叶生产情况的调查》。省长王金山，省委副书记王明方，副省长赵树丛、黄海嵩批示。同月，参事方介人、王基福、周道训、丁剑就山区林业可持续发展问题进行实地调研，撰写《安徽省山区林业持续发展问题调研报告》，指出林区、林业、林农是“三农”工作不可缺少的重要组成部分，应同等享有“国民待遇”。建议建立长期管理与投入机制，实行林业分类经营与分类管理；完善森林生态效益补偿制度，持续发挥森林生态效益；用科学发展观指导林业产业，开创林业开发与资源保护双赢局面。副省长赵树丛批示。7月，参事陈进撰写《加快秸秆固化成型技术的研发和应用试点工作——解决秸秆综合利用和焚烧污染问题的新途径》，指出我省作为农业大省，应加快对秸秆固化成型技术的研发和推广力度，并提出建议。省长王金山7月21日批示：“请柏泉同志阅研，这是农产品加工转化、实现循环经济的一个环节，是防止浪费、减少污染的一个途径，是建设节约型社会的一个举措，应当重视起来。可商科技厅逐步推广，早日见效！”副省长赵树丛8月15日批示：“请省农委会同合肥市研究一下这个问题，可否先搞一个试点。柏泉同志酌。”

献策环境治理与生态文明

1998年12月30日，参事戴善仁撰写《按生态经济规律发展我省经济的五点建议》提出，目前安徽生态环境亟待加速治理；形势要求安徽加速建成生态农业强省；要将安徽由旅游大省发展成为生态旅游强省；工业发展也要有生态经济学的观点；城市必须走可持续发展的生态城市的道路。

1999年4月，省政府参事室副主任刘光胜，参事严云绶、高泳田、戴善仁、方介人、焦瑞生、陈铠、赵贺春、丁剑，对清代淮军著名将领、台湾首任巡抚刘铭传的故居——刘老圩的开发保护问题进行考察，撰写出《关于刘老圩开发利用的考察报告》指出，刘老圩具有重要的开发保护价值，建议：省政府责成有关部门，把争取接管刘老圩一事纳入议事日程；接收后刘老圩的修缮开发，本着“谁投资谁受益”的原则，可以在省内、国内招商，也可引进外资、台资。省领导批示。

2000年1月，参事戴善仁撰写《青弋江、水阳江、漳河流域治理刻不容缓》指出，青弋江、水阳江、漳河流域洪涝灾害近年有愈演愈烈之势。国家早在18年前提出对青弋江、水阳江、漳河流域综合利用，迄今未见实施。建议安徽主动通过各种渠道，力促文件早日贯彻实施，并补充改善“二江一河”流域生态环境的相关内容，根治水患。10月，参事方介人、赵锡琨、戴善仁撰写《关于建立六股尖自然保护区的建议》，建议将六股尖建立成自然保护区，并纳入安徽经济、社会发展的重点，组织制订保护区规划与实施方案；以保护促开发，以开发养保护。

2001年1月，参事戴善仁撰写《屯黄公路亟待治理》，建议将屯黄公路沿线水土流失问题向国家、省政府申请立项，纳入国家基建计划进行工程治理；尽快恢复、保护山体植被；切实解决围绕屯黄公路建设的遗留问题；营造宽松投资环境。副省长张平批示。4月12日，参事高泳田、赵贺春撰写《建议立即采取有效措施对黟县古民居进行保护》，建议责成有关部门对黟县古民居遭受破坏的情况进行调查；组织有关部门深入调查研究，合理规划，另辟新址建立新的居民区；对原有保护古民居的规定进行一次清理，通过法律程序进行完善，同时广泛开展保护古民居的宣传教育活动。副省长蒋作君批示：“此建议很好。已派调研组进行调查处理。”7月，参事戴善仁撰写《关于我省环保工作的几点建议》指出：重视水污染的治理，更要重视预防；关注农村环保工作，减少农村面源污染；尽快将合肥建成国家环保模范城市；力促安徽著名风景区、历史文化名城和森林公园的环保工作更上一层楼；大力提倡、及早开发利用高科技、发展以垃圾为资源的环保产品；加强领导，全社会广泛参与。9月13日，省环保局函复戴善仁。7月，参事刘先平、王基福、韩也良对太平湖的生态，尤其是太平湖的四大水源进行调研，撰写《太平湖已遭污染，上游水土流失加剧，保护工作刻不容缓——关于太平湖生态保护问题的调查报告》。省长许仲林批示：“请岳忠、唯谦阅。保护太平湖水质和生态环境要予以高度关注。望责成有关单位研究，采取得力措施，解决好这个问题。”

2002年10月20日，参事戴善仁、彭本逵、高煜坤、丁剑撰写《发展循环经济 摆脱两难困境》，建言铜陵市全面治理环境，促进“循环经济试点市”建设。

2003年12月，参事刘先平、韩也良、王基福赴省林业厅、宁国板桥省级自然保护区、牯牛降和升金湖国家级自然保护区进行重点调研，撰写《对我省自然保护区建设的几点意见》。省长王金山12月22日批示："请树丛同志阅研。"副省长赵树丛2004年1月6日批示："请怀民同志阅研，对自然保护的建设管理问题，请提出一个综合的意见，研究一下，报省政府决策。"12月，参事刘先平、韩也良、王基福撰写《升金湖国家级自然保护区已遭严重破坏急需解决所有权、管理权、使用权分离的状况》。省长王金山12月22日批示："请唯谦及海英同志阅处。"副省长田唯谦12月24日批示："请唐怀民厅长并谢德新市长阅处，望重视'速议'。加强升金湖保护区的生态保护工作。请树丛同志阅示。"12月25日，副省长文海英阅。副省长赵树丛2004年1月6日批示："请林业厅对全省自然保护区管理处及问题，统筹研究，提高加强保护措施。升金湖管理请督促池州市依法管理保护。"

2004年3月，省政府参事室副主任王泽平、参事业务处处长汪书贵与省文明办组成联合调研组，进行创建"八百里皖江文明长廊"问题调研，执笔撰写出《关于创建"八百里皖江文明长廊"情况的调查报告》。省委副书记张平批示。

2005年7月，参事戴善仁、王景连、陈铠、何开荫撰写《保护和开发徽派古民居、古建筑——"歙南第一村"昌溪乡的调查报告》指出，打好黄山牌，不单是秀丽的自然景观，还包括珍贵的文化遗产。像歙县昌溪这样保护完好的徽派古村落、古民居、古建筑，在过去的徽州地区有七千多处，它们是承载和展示徽文化的天然载体，蕴含着丰厚的文化资源。应高度重视，强化措施，统一规划，整体保护，合理开发和利用，使人文景观和自然景观交相辉映。副省长文海英9月21日批示："此调研报告很好，建议可行，请蔚青局长组织相关人员就我省徽派古民居、古建筑群做一专题调研，统一规划，整体保护，合理开发、利用。这是不可再造的资源，一定要保护好。"12月，参事刘先平、陈有志、韩也良、杨振斌对巢湖治污问题进行调研，撰写《为建设皖中经济区，治理巢湖刻不容缓，引江济巢势在必行》。副省长田唯谦批示。

献计完善金融财政政策

创优金融生态环境，充分发挥金融对经济的支撑作用，省政府参事对此一直高度关注。在继续推进财政改革和体制创新、健全公共财政体制、加强财政监管、充分发挥财政在经济社会中的重要功能等方面，参事们出谋划策，踊跃建言。

1993年5月3日，参事王传生、汪宗启、夏继诚撰写《必须下大力气改善我省财政收支状况》建议：首先要节流；对1991年和1992年的省财政开支作一次检查；对行政机关和事业单位兴办企业的情况作一次检查；责成卫生厅对医疗单位乱收费、乱开处方现象进行整顿；对关系职工切身利益的开支应划出专款，及时拨发。6月10日，参事汪宗启、夏继诚撰写《强化管理机制，扶植经纪人活动》指出，目前安徽省经纪人活动与沿海城市比较稍有滞后，必须加以扶植，并使之走上法制化轨道。宜在工商行政部门内增设经纪人管理机构，负责协调和管理。

1994 年 6 月 15 日，参事王传生撰写《加强国家机关和事业单位房地产开发的管理，防止国有土地资产流失》，建议加强对划拨土地的使用途径与使用方式的管理；对与私人合作开发经营的房地产要查清资金来源、合作方式、合作目的、诚信程度，杜绝欺诈和损害国家利益的行为；完善法律法规。省长傅锡寿、常务副省长汪洋批示。

1998 年 10 月 13 日，参事何开荫撰写《国家财政亟应抱回丢失的“金娃娃”》，建议抓紧制定政策，将城镇国有土地市场放开，完全恢复国有土地的商品属性；以农业税费制度改革为突破口，深化农村综合改革。

2002 年 4 月，参事焦瑞生撰写《关于推进银企合作促其共同发展的建议》，建议各级政府简政放权，推动银企深化改革，构建新型、规范、健康合作关系；积极创造条件，促进银企资本融合发展；政府应促进银行利用优势，参与经营；加快完善个私企业融资支持体系，着力解决中小企业融资难；加快安徽金融体制改革步伐，发展商业性民营企业银行和政策性中小企业银行。

2004 年 5 月，调研组刘光胜、陈进、何开荫、陈有志撰写《关于深化我省农村信用社改革的几点建议》强调，提高资本金充足率和降低不良贷款比例是我省农村信用社深化改革的关键问题，也是全省需要全力以赴解决的主要问题。建议省政府要加强对信用社改革的领导，采取切实有效的措施加大对农村信用社改革的扶持力度，在剥离信用社不良贷款方面加大资金扶持力度，健全风险防范机制。副省长任海深 6 月 1 日批示：“请良庆、耀文同志阅。‘金融办’的成立，势在必行，应抓紧协调方案。否则，这方面的工作没有单位承担，对工作很不利。”7 月，参事陈进、方介人撰写《关于抓紧制订合作组织相关法规和扶持政策 加快培育我省农村专业合作组织的建议》，建议省里抓紧制定下发安徽省合作组织法规制度，尽快解决专业合作组织法律地位、法人资格不明的问题；简化手续，放宽登记条件；依法减免税收；加大财政和信贷资金扶持；改善专业合作组织生产、经营和流通环境。副省长赵树丛 8 月 5 日批示：“这个调查报告反映了萧县广泛发展农村专业合作组织的经验，指出的问题和建议很有针对性。请农委柏泉、许伟主任，财政厅仕安厅长阅研，在出台我省有关政策性意见时吸收采纳。此件呈昭耀书记阅。并送玉尧、首萌同志阅。”

2005 年 6 月 30 日，参事陈进撰写《关于应尽快争取将我省纳入农村金融民间借贷改革试点省的建议》指出，安徽是全国农业大省，在进行农村金融民间借贷改革试点中，应当赢得先机。副省长任海深批示：“建议很好。请金融办商人行合肥支行具体落实争取试点工作。”

支持非公经济发展

较之于江浙地区，安徽的非公经济起点低、摊子小、实力弱。省委、省政府大力支持非公经济发展，使安徽省的非公经济在 20 世纪末以后，无论是规模上，还是经济总量上，都有迅速提升。2005年，国务院印发《关于鼓励支持和引导个体私营等非公有制经济发展的若干意见》（又称“非公经济36条”），对推动全省的民间投资起到强有力的促进作用。

1999年9月，参事高泳田撰写《发展个体、私营经济要切实保护其合法利益》，指出安徽部分地区“三乱”现象屡禁不止，建议各地结合实际，制订出发展个体、私营经济的地方性法规，成立维权机构，清理过时文件，整顿执法队伍。

2000年2月，参事赵贺春撰写《关于鼓励和引导个人投资的建议》，建议政府创造良好的投资环境；指引投资方向，规划投资领域，包括鼓励个人投资国有经济，支持个人投资集体经济和股份制企业，鼓励、支持、引导个人投资兴办个体私营企业，引导帮助个人投资中外合资企业。10月，参事赵贺春撰写《政府在支持、辅导中小企业发展中充分发挥作用的几点建议》，建议政府以文件形式明确中小企业在国民经济发展中的地位和作用，建立健全法规体系；成立中小企业辅导机构；建立中小企业信息保证基金和担保公司，畅通融资渠道；提供多层次、多方面的经济技术服务，促进中小企业技术进步和产品升级；按照公平竞争原则，从政府采购份额中分出部分在中小企业招标。

2003年9月，参事周道训、王景连、高煜坤、莫增荣、陈有志撰写《关于合肥、芜湖、蚌埠市民营科技企业吸引、用好人才的调研报告》建议：进一步解放思想、鼓励和支持更多的科研人员到民营科技领域创业；认真优化政策环境；引导民营科技企业创新吸引、用好科技人才的激励机制；政府进一步转变职能，发展社会服务体系。副省长田唯谦批示：“调查深入、情况实在、观点新颖、针对性强、是个好调查报告，请人事、科技、国税、地税工商等部门予以重视和关注，吸收和采纳。”

2004年7月，参事陈进撰写《关于对加强我省县域经济发展研究的几点建议》，建议加强对全省县域经济现状和发展趋势的全面、系统的分析研究；注意对影响安徽县域经济发展的动态的、深层次问题的研究；加强对县域经济发展的个案的分析研究；加强县域经济研究的统一组织和协调。省委领导批示。11月16日，参事彭本逵撰写《关于推进小城镇建设工作情况的调研及建议》提出：省政府以乡镇行政区划调整为契机，实施积极的城镇化战略，合理规划，大力发展非农经济，加强城镇管理，推进城镇建设健康发展。副省长任海深批示。

2005年12月，参事杨振斌、何开荫、王景连、陈进、樊美珍对促进民营企业参与农业产业化问题进行调研，撰写《大力扶持民营企业参与农业产业化，实现农业大省向农业强省的历史性跨越》，分析安徽省民营企业参与农业产业化经营的基本情况，指出民营企业参与农业产业化经营中存在的主要问题，提出推动民营企业参与农业产业化的几点建议。省长王金山批示。

建言教育、医疗、文化、旅游事业

1998 年 12 月，参事戴善仁、高泳田、何开荫撰写《尊重生态经济规律，发展皖南名山旅游》，建议充分认识旅游事业的两重性；按生态经济规律办事，进一步改善皖南旅游名山的周边大环境；宗教名山要充分发挥宗教文化作用；进一步摸清旅游名山的动植物资源的家底，以便保护开发；调整林相。

1999 年 7 月，参事严云绶、高泳田撰写《关于中小学教师队伍建设情况的调查报告》，建议加强对经济文化发展较为滞后地区的教师队伍建设的支持，采取针对性措施，帮助这些地区缩小与先进地区的差距；努力抓好中小学教师队伍的继续教育，提高继续教育的质量与效果；稳定教师队伍；重视职业中学教师队伍的建设。省领导批示。

2000 年 2 月 29 日，参事丁剑撰写《对寿县历史文化名城的保护应加大投资力度》，建议省政府对该县加大投资力度，对历史文物进行抢修、维护；当地政府要做好规划，多方筹集资金，加强管理，积极做好文物保护和旅游开发建设工作。副省长张平批示："请省建设厅阅。寿县的文物保护和开发利用，首先要搞好县城的规划。城内如此拥挤，随着城镇化的进程，人口还要增加，这样没有出路，而城外又是地势低洼，易受水患，群众有顾虑不愿居住，如何处理好这个矛盾，要研究解决办法，这是前提。" 3 月 20 日，参事何开荫撰写《修复旌德江氏宗祠 开发"江村—上庄—龙川"历史文化旅游线》，建议省政府批款 200 万元作为启动资金，聘请专家作出规划，早日修复江村古村镇，将其与上庄、龙川规划成一条新的旅游线。省政府秘书长张俊批示。

2002 年 3 月 7 日，参事刘先平、严云绶、方介人、莫增荣、陈铠、陈有志、赵贺春、高玉坤、焦瑞生、王少石撰写《要像爱护眼睛一样爱护黄山 黄山决不能再建第四条索道》，建议立即取消黄山再建第四条索道计划，并对黄山的保护和开发作新的考察和评估。省长许仲林批示："请志平核查，是否有建第四条索道的说法？情况望告。" 12 月，参事周道训、莫增荣、何开荫、王少石撰写《关于尽快统筹解决农村义务教育"历史欠债"问题的建议》，建议把义务教育的"历史欠债"问题作为一个特殊问题对待；省政府责成教育厅、财政厅等相关部门，组织专门力量，准确统计"历史欠债"的具体数字；研究切实可行的解决办法，省、市、县三级政府按一定比例分期专款核付。

2003 年 11 月底，省政府参事室旅游经济考察组王景连、韩也良、赵锡琨、陈铠、彭本逵、王基福、王少石一行，在省政府参事室副主任刘光胜带领下，对云南省进行实地调研、考察，撰写出《关于云南省旅游产业发展的考察报告》。副省长文海英批示："这是一份很好的调研报告，蔚青、志轩、必方同志阅研。" 12 月，参事韩也良撰写《安徽旅游业发展的几项建议》建议：成立"两山一湖"（皖南）旅游管理的协调机构，整体打造"两山一湖"风景旅游区；成立旅游专家委员会（小组），直属省政府领导，参与旅游发展计划、规划等制订和审议；立即着手开发 2 至 3 处生态旅游示范区；

加强网站和电子商务方面的工作，改进推介促销方式和手段。副省长任海深2004年1月2日批示：“请蔚青同志参阅。”副省长文海英2004年1月16日批示：“请蔚青同志阅研。近期社会各界人士都很关心旅游业的发展，写了一些颇有见地的调研报告，并提出了很好的意见和建议，我已转请您阅研。大家对旅游业的关心是我们搞好工作的动力和源泉，望你们认真研究，并将其中好的意见和建议落实在今年的工作中。届时我将与你们专题研究一次。同时也请志轩、必方同志阅。”12月，参事戴善仁撰写《改善农村卫生医疗状况的几点建议》，建议将农村卫生医疗工作列入各级政府的考核内容；以乡镇卫生院为重点，健全和全面发挥农村卫生服务网络的作用；积极推广新型农村合作医疗制度；搞好农村环境卫生建设。省长王金山、副省长蒋作君批示。

2004年3月，调研组刘光胜、刘先平、韩也良、王基福撰写《对黄山加强旅游文化建设和发展文化旅游的建议》强调，要使黄山的旅游事业得到高速发展，首要的是“要有点雄心壮志”，科学的切实的举措，建立、发展旅游事业的系统工程。省长王金山4月1日批示：“请海英同志参阅，这确是一个值得重视的问题。”副省长文海英4月1日批示：“此建议很好，请蔚青局长认真阅之。2004年旅游工作重点之一是落实‘两山一湖’规划，这是规划实施方案绝好的参考资料。”4月，调研组王泽平、汪书贵、方庆生、朱训义、吴晓辉撰写《关于创建“八百里皖江文明长廊”情况的调查报告》，阐述了对创建文明长廊的认识和反映，指出准确定位是关键，并提出建议。省委副书记张平4月15日批示：“这份调研报告很有针对性，特别是创建活动一定要讲究实效，防止流于形式。请文明办对报告所提问题和建议认真研究，把这项工作抓实抓好。”

2005年6月，参事莫增荣、周道训、刘祖平、杨应芹、余恕诚等就安徽职业教育的发展和就业形势，深入滁州市及所辖的明光市、凤阳县实地调研，撰写《关于我省职业教育与就业问题的调研报告》。省长王金山、副省长田唯谦批示。7月20日，参事余恕诚撰写《关于在旅游业中加大文化内涵的建议》强调，安徽省属于文化方面的大量旅游资源尚未得到很好开发，建议由省旅游局组织专家，对安徽旅游方面的文化资源进行调查和专项研究，确定一批大的开发项目；对旅游系统工作人员加强文化培训；在修复、保护重要文化遗迹方面加大资金投入；举办相关的学术研讨会和纪念活动，提高安徽历史遗迹和人文景点的知名度。省长王金山、副省长文海英批示。9月26日，戴善仁、陈铠、何开荫、王景连撰写《造福于亿万农民的德政工程——农村合作化医疗调研报告》，指出新型农村合作医疗试点是深受农民欢迎的大好事，好事办实仍需知难而进，建议扩大试点范围，调整负担比例，适当加大省级支持，整合医疗资源，加强乡镇医院建设，发挥中医作用，积极培养中医人才，大病统筹为主，搞好医疗救助等。省委副书记王明方10月15日批示：“推进新型农村合作医疗制度，是落实科学发展观的一个重要措施，五中全会提出在‘十一五’期间要基本建立起此项制度。

请省卫生厅等有关部门认真总结经验，将其纳入建设社会主义新农村的整体规划，大力推进。”12 月 9 日，何开荫参事撰写《我省旅游业应向纵深发展》指出，安徽亟待开发文化旅游、地质旅游、农业观光旅游、生态农业旅游等，建议把自然风光与开发社会、经济、科技、文化紧密结合在一起，近期首先开发合肥大蜀山火山游、广德县的“竹海”观光游等。副省长文海英 12 月 21 日批示：“请江山局长阅研。此文有提示也有借鉴意义。关键是要找到旅游与文化的结合点及其表现形式。大蜀山的地质游可与合肥市探讨一下，如能开发出来，定是个热点。农业观光游可与明年重点推进的乡村旅游结合起来，先找到有条件也有积极性的乡村，重点扶持一下。请酌。”

建议加强食品安全工作

2000 年 8 月，参事陈铠撰写《关于加快解决我省粮菜果中农药残留问题的建议》，建议对农药产品结构进行调整，逐步淘汰一批高毒农药；加强农药市场监管，对违法、违规经营者予以惩处；严禁高毒、高残留农药在菜果茶等作物上施用；向农民发放“明白纸”，普及科学合理的用药知识；检测监测部门对农产品中的农药残留加强监测。

2002 年 1 月，参事陈铠撰写《尽快制定农产品质量标准 建立健全检验检测体系——关于提高我省农产品质量的建议》，建议加快完善监控农产品残留的立法工作；加快安徽农产品质量标准和食品安全标准体系建设；加快建设和完善安徽农药污染控制和农药残留监测网络体系；省政府组织科研技术力量，并从财政上予以支持。2 月，参事戴善仁撰写《关于加强我省食品安全的建议》，建议成立由主管的省、市领导任组长，农业、工商、质检等有关部门负责人参加的食品安全领导组，从组织上保证统一领导、统一规划、统一实施；加强宣传，提高认识；进一步完善有关食品安全的法律法规及实施细则；大力发展无公害农产品；加快安徽农产品质量标准和食品安全标准体系建设。

助力招商引资

1995 年 3 月 9 日，参事蔡国兴撰写《研究新情况，进一步做好对台联谊和引资工作》，建议制定保护台商投资合法权益的地方性法规；加强与台商投资联谊会的联络和引导；整顿现有对台机构，提高工作人员的政治素质和业务水平；成立台商投资中介机构或台商信息服务中心，服务于前来考察、投资、贸易的台商。11 月 8 日，参事金定国撰写《加强软硬件建设，改善外商投资经营环境》指出：引进外资应加强软件建设；加强管理，改善外商投资环境。

2005 年 7 月，参事陈铠撰写《加大对县以下招商项目管理工作的力度》，建议责成县一级政府，尽快对本县范围内乡镇引资项目及所创办的工业进行一次全面、彻底的检查和清理，对不符合环境要求、产品质量要求的企业，限期整改；省政府适时组织相关厅、局有关人员组成督查组进行清查，并对县以下的招商项目进行抽查；责成质监等部门对地条钢生产窝点依法严厉查处。副省长文海英批示。

建议创新社会管理

1994年6月1日，参事汪宗启、夏继诚撰写《就城市管理问题提两点建议》提出：禁止向16岁以下青少年和儿童出售香烟；夜间建筑施工须降低噪音。

1996年7月15日，参事方介人撰写《关于持续开展创建文明城市工作的建议》指出：安徽省创建文明城市工作有亟待加强与改进的地方：避免出现领导一抓，就突击行动，平时时紧时松的现象；创建活动中的老大难问题，要敢于触动；维护社会安定和群众切身利益。10月25日，参事汪宗启撰写《建议加强警报器使用的管理》，建议遵照公安部门有关规定，对合肥市警报器的配备和使用情况作一次清查；严格控制警报器配备范围；对配售警报器的单位须经严格审查合格后，方可发给许可证等。省领导批示。根据批示精神，安徽省公安厅印发了《关于特种车辆警报器和标志灯具使用证换发、整顿工作的报告》。

1997年3月21日，参事丁剑、方介人、檀子平、汪宗启、金定国撰写《关于城市垃圾分类处理的建议》，呼吁抓紧制定有关城市垃圾分类处理的办法，大力开展宣传教育活动，积极推行"三包一袋"行动。

建议重视人才队伍建设

1999年7月20日，参事戴善仁撰写《关于建立推荐、考核、任用干部责任制的建议》提出：对于推荐、考核、任用有严重问题的干部的直接责任者和主要决策者，实行相应的责任追究制度，是从源头上预防和治理腐败的有效措施。

2000年8月28日，参事方介人撰写《关于提高青少年综合素质 培养创新后备人才的建议》，建议进一步加强与重视对青少年的素质教育，引导学生在素质教育方面努力提高。12月，参事严云绶、方介人、赵锡琨、戴善仁、蔡世明撰写《广东省人才现象及对我们的启示》，建议安徽制定人才发展战略；培育人才市场，激活人才流动的机制；事业上营造吸引人才的岗位；政策上营造吸引人才的环境。

2002年6月，参事赵贺春撰写《我省人才流失的原因及对策》指出，中国去年加入WTO后，人才流失严重，形势严峻。建议确立新的人才观，把人才的思想政治教育落到实处；重视和体现人才价值；深化人事制度改革；完善人才培育、分配和保障机制。

2004年2月、3月，省政府副秘书长、省政府参事室主任邱江辉，副主任王泽平，参事业务处处长汪书贵对"吸引海外留学人员来皖服务"问题进行专题调研，撰写出《创新机制 优化环境 吸引海外优秀人才来皖服务》的报告，建议：提高认识，转变观念；加强领导，创新机制；摸清底数，加强联谊；加快引进，做好服务；加大投入，扶持创业；立足经济，重点引进；土洋并重，兼收并蓄；讲究策略，注意实效。省长王金山2月28日上批示："张俊同志，改善环境仍然是突出问题，可摘要转发各地阅。"省委副书记王明方2月29日批示："此报告对于我们筹备全省人才工作会议颇有价值，请人事厅、人才办阅研。”副省长任海深3月1日批示：“转耀文同志阅，可在省人才工作领导小组的统一组织下，充分发挥作用，努力做好工作。”省政府秘书长张俊2月27日批示：“送省人事厅和省人才工作领导小组办公室参阅。”9月，参事丁剑撰写《关于加强乞讨人员管理的建议》，建议有关部门通力合作，抓基层，抓源头，分清情况，区别对待。副省长任海深批示。

推进重大理论创新

1997年8月20日，参事戴善仁撰写《关于将“邓小平建设有中国特色社会主义理论”简称为“邓小平理论”的建议》。提出将“邓小平建设有中国特色社会主义理论”简称为“邓小平理论”。理由是：任何革命理论的形成的定名均有一个过程；用“邓小平理论”更能体现邓小平同志的理论对马列主义的重大发展和世界社会主义运动的巨大贡献；以“邓小平理论”来简称“邓小平建设有中国特色社会主义理论”更符合一般科学惯例。

2005年5月19日，参事戴善仁撰写《宜将“生态文明”明确列入社会主义文明建设》指出，新中国的成立，开辟了中国社会主义文明建设的新纪元。改革开放以来，我国与时俱进地先后提出精神文明建设和政治文明建设。随着“生态”在人类文明发展中的作用日显重要，以及新时期面临着人与自然和谐发展的重大任务，将生态文明明确列入中国社会主义文明建设，不仅十分重要，而且时机成熟。

附：参事历年撰写提交建议情况

1980 年

郭崇毅：《农业生产中亟待解决的三个问题》（8 月 9 日）；《呈党中央和中共安徽省委的一封信——反映庐江县抵制农业责任制造成减产 40% 的情况》（12 月 12 日）。

1981 年

郭崇毅：《岳西县林业生产与人民生活情况》（5 月 4 日至 21 日，与省政协常委江城、玛金联名撰写）；《故乡探访》（11 月）。

1982 年

郭崇毅：《关于肥西县收购油菜籽中出现的问题》（6 月）

1984 年

郭崇毅：《关于解决粮油涨库问题的建议》（6 月 6 日）

1987 年

郭崇毅：《关于整顿党政机关作风的建议》（8 月 2 日）

1988 年

夏继诚：《关于农村职业教育情况的调查报告》（3 月）

郭崇毅：《当前农村的隐忧》（5 月）

何开荫：《农村第二步改革的出路何在？》（10 月），省政府办公厅《政务内参》1990 年第 8 期全文刊载。

郭崇毅：《写给省委卢书记的一封信》（11 月 6 日）

1989 年

夏继诚：《关于贯彻国发（1988）58 号文件的意见的思考》（2 月）

夏继诚：《关于小汽车使用、维修、管理的意见》（3 月）

汤石僧：《关于贯彻国发（1988）58 号文件的意见的建议》（4 月）

夏继诚：《蚌埠铁路分局所辖津浦线和淮南线治安情况调查报告》（8 月）

1990 年

郭崇毅：《关于农业、林业生产和环境保护等问题》（4 月 19 日）

汤石僧：《反映与建议“整顿公司以权谋私和贪污受贿、住房以及房改问题”》

夏继诚：《丧葬制度必须改革的建议》（5 月 29 日）

1991 年

何开荫：《发展农村商品经济的根本措施——关于深化农村改革的一些设想》（4 月），《农民日报》6 月摘发于《农村情况》。

郭崇毅、李德亭：《关于肥西三河镇迫切要求堵口排水恢复生产的紧急报告 》（8

月 23 日）

李德亭、管体道、汪书贵：《关于开发砀山——走活主攻淮北一步棋》（11 月 20 日）

郭崇毅：《关于肥西县三河镇灾后问题的情况反映》（12 月 6 日）

1992 年

夏继诚：《关于提高医学教育质量调整现有医学教育院校的建议》（1 月 10 日）

郭崇毅：《请求解决岗头村沙咀的水利矛盾的报告——呈卢荣景、孟富林书记一封信》（2 月 22 日）

郭崇毅：《呈邓小平同志的一封信》（3 月 12 日）

杨衍明：《建立科技一条街搞活科技工业园》（3 月 24 日）

金定国：《消除不利因素，增强两岸感情》(3 月)

方介人：《简政放权 切忌一刀切——就我省林业工作站下放乡镇做法的几点看法及建议》（5 月 16 日），省委书记卢荣景、副书记孟富林及副省长汪涉云批示。

王传生：《应加强对兴办经济实体的宏观调控与指导》（9 月 25 日）

夏继诚、汪宗启：《宜对燃放烟花炮竹作出规定》。

王传生：《成由勤俭败由奢——关于严禁靡费之风的一点建议》（12 月 20 日）

1993 年

王传生、汪宗启、夏继诚：《必须下大力气改善我省财政收支状况》（5 月 3 日）

汪宗启、夏继诚：《赴金寨考察发现在经济发展中应注意的几个问题》（5 月 20 日）

夏继诚、汪宗启：《关于省女子劳动教养所调查报告》（6 月 5 日）

汪宗启、夏继诚：《制定行政法规，强化管理机制，扶植经纪人活动》（6 月 10 日）

檀子平：《关于及早筹建乡镇企业管理干部学校的建议》（6 月 11 日）

汪宗启：《挪用公款，如此惊人，深挖蛀虫，不能手软》（7 月 3 日）

调研组：《关于芜湖市经济开发面临困难的调查报告》（7 月 16 日）

调研组：《省政府参事对实施政府任期目标的意见和建议》（10 月 18 日）

陶显斌等：《阜阳地区落实政府任期目标考察报告》（12 月 18 日）

调研组：《关于豁免蒙洼蓄洪区沉淀农贷的建议》（12 月 30 日）

调研组：《关于将颍上县列为支持产粮大县发展县级经济县的建议》（12 月 30 日）

1994 年

王传生、汪宗启、檀子平等：修改《安徽省人民政府关于建立价格调节基金制度的通知》《安徽省禁止以不正当价格行为牟取暴利暂行规定》（草案）（5 月 10 日）

郭崇毅：《对农业发展的几点意见与建议》（5 月 12 日）

方介人：《我省花卉业的发展前景与对策》（5 月 18 日）

汪宗启、夏继诚：《就城市管理问题提两点建议》（6 月 1 日）

王传生：《加强国家机关和事业单位房地产开发的管理，防止国有土地资产流失》（6月16日），省长傅锡寿、常务副省长汪洋批示。

调研组：《关于我省“文房四宝”的考察报告》（12月20日）

调研组：《关于徽菜的考察报告》（12月22日）

调研组：《关于尽快解决泾县宣纸二厂机械化生产遗留问题的建议》（12月22日）

1995年

夏继诚、檀子平：《国有企业改革的几个实际问题和建议》（3月1日）

蔡国兴：《研究新情况，进一步做好对台联谊和引资工作》（3月9日）

调研组：《关于物价、腐败等热点问题的意见》（3月24日）

王传生：《对国家机关单位和社会团体对划拨土地的开发使用问题的建议》（3月25日）

杨衍明：《加快立法步伐严格执法工作》（9月27日）

金定国：《加强软硬件建设，改善外商投资经营环境》（11月8日）

调研组：《关于发展皖南旅游经济的考察报告》（12月20日）

1996年

檀子平、方介人、王传生：《关于我省“八五”期间市场建设和“九五”期间规划的建议》（1月18日）

顾隆筠、夏继诚、管体道、方介人、檀子平、王传生:《加强市场建设，搞活商品流通》（1月18日）

檀子平:《为发展国有企业进一言》（2月8日）

汪宗启：《建议公安机关对印制名片行业加强管理》（3月27日）

调研组：《关于食盐管理情况的几点反映》（4月3日）

汪宗启：《房改后的忧思及对策》（5月28日）

丁剑、王传生、方介人：《农民负担太重了——关于蒙城县农民负担的调查报告》（7月2日）

丁剑：《合巢芜高速公路名称不规范》（7月4日）

丁剑：《建卫生城市不能禁阻西瓜进城》（7月8日）

方介人：《关于持续开展创建文明城市工作的建议》（7月15日）

丁剑：《关于筹办纪念安徽建省330周年的建议》（9月9日）

汪宗启：《建议成立老年人权益保障法庭》（10月14日）

汪宗启：《建议加强警报器使用的管理》（10月25日），省领导批示。

方介人、陈铠：《关于宿县地区农技推广情况的调查报告》（10月30日）

方介人、陈铠：《关于宿县地区农技推广情况的调查报告》（10月）

丁剑：《戴震纪念馆亟待维修》（11 月 25 日）

王传生：《关于认真整顿机关单位的第三产业树立廉政典范的建议》（12 月 11 日）

1997 年

檀子平 :《对政府工作报告的几点意见》（1 月 24 日）

汪宗启：《执法要贯彻始终，莫让禁放爆竹成果付东流》（2 月 14 日）

方介人：《不要把领导拖进会海》（3 月 12 日）

丁剑、方介人、檀子平、汪宗启、金定国：《关于城市垃圾分类处理的建议》（3 月 21 日）

方介人：《分析现状，重点突破，确保基本实现八年绿化安徽的承诺》（3 月 25 日）

何开荫 :《彻底解决粮食购销体制问题必须进行农、财、粮、价、税、费联动的综合配套改革》（3 月），《乡镇经济》刊载。

檀子平、汪宗启：《关于尽快将 1997 香港回归祖国的历史增编入中小学教材的建议》（5 月 28 日）

汪宗启、王传生、檀子平、焦瑞生 :《关于合肥市企业破产试点情况的调查报告》（5 月），常务副省长汪洋批示。

丁剑：《关于加强地方志工作的建议》（6 月 28 日）

戴善仁：《关于将“邓小平建设有中国特色社会主义理论”简称为“邓小平理论”的建议》(8 月 20 日）

汪宗启：《“提前退休”须加控制》（10 月 22 日）

何开荫：《抗旱种麦有良方》（10 月 27 日）

戴善仁：《关于尽早加强董铺水库综合治理的建议 》（10 月 30 日）

严云绶、王传生、方介人：《关于恢复安庆铜矿所在马鞍、旗星、牧村三村行政区划的建议》（12 月 10 日）

方介人：《妥善处理科技社团登记问题》（12 月 24 日）

1998 年

赵贺春 :《请调整我省 2002 年“国内生产总值”指标的建议》（1 月 18 日）

王少石：《春节期间要严打车匪路霸》（1 月 26 日）

汪宗启、檀子平：《建议推广家庭病床并使之制度化、规范化》（2 月 23 日）

汪宗启、檀子平：《建议推广家庭病床，并使之制度化、规范化》（2 月 23 日）

陈铠：《合巢芜高速公路的管理尚需进一步加强》（2 月 27 日）

陈铠：《盛名之下合肥创建仍需努力》（2 月 27 日）

何开荫：《深化农村改革乃当前急务》（3 月 4 日）

何开荫：《认真贯彻科教兴省战略积极发展高新技术产业——关于成立安徽省科

教领导小组及其办公室的建议》（3月20日）

严云绶、王传生等：《乡镇机构设置与运作应该精干、高效和民主化——关于乡镇机构设置与运作情况的调查报告》（3月）

蔡国兴：《汲取先进经验 灵活对台贸易》（4月2日）

焦瑞生：《规范会计程序、强化会计监督》（4月9日）

檀子平、汪宗启：《关于地方政府机构精减的几点建议》（5月6日）

方介人、陈铠：《关于改进农村报刊发行工作的建议》（5月7日）

陈铠、方介人：《建议尽快组建农村经济信息服务网络》（5月8日）

汪宗启：《投递改革势在必行——关于报刊邮件投送到户的建议》（5月28日）

汪宗启：《关于当前一些企业急待整顿的情况反映》（5月28日）

方介人、陈铠等：《滁州市农民增产增收问题的调查报告》（5月）

方介人、陈铠、王传生等：《山东省宁津县、莱阳市发展合作经济组织，推进农业产业化经营的考察报告》（6月）

严云绶、高泳田:《关于中小学教师队伍建设情况的调查报告》(7月),省领导批示。

赵贺春、王传生等：《黄山市企业股份合作制改制考察报告》（7月）

方介人：《确立林业战略地位标本兼治、治山治水》（10月7日）

方介人：《关于加强参事参政咨询工作的几点建议》（10月7日）

汪宗启：《从医院见闻谈对医院整改的建议》（10月13日）

何开荫：《国家财政亟应抱回丢失的“金娃娃”》（10月13日）

赵贺春：《关于调整我省公路加油站布局的建议》（10月13日）

王少石：《关于职业教育的思考》（10月30日）

陈铠：《关于农业科研和农机推广问题的几点建议》（11月2日）

陈进：《从家庭承包到村民自治》（11月16日）

高泳田、戴善仁、何开荫：《应尽快批准‘九花圣境旅游发展股份有限公司’发行社会公众的股票》（12月7日）

严云绶：《关于保护学校体育活动场地的建议》（12月8日）

丁剑：《大水之后要大治血吸虫》（12月14日）

何开荫、高泳田、戴善仁：《关于拓宽五溪至九华山公路的建议》（12月17日）

高泳田、戴善仁、何开荫：《加强九华山肉身菩萨保护的反映》（12月17日）

赵贺春：《关于我省1999年宏观经济发展的几点建议》（12月29日）

方介人：《关于改善我省林业建设的几点建议》（12月29日）

戴善仁：《按生态经济规律发展我省经济的五点建议》（12月30日）

方介人：《关于加快我省农业发展的几点建议》（12月30日）

戴善仁、高泳田等：《尊重生态经济规律发展皖南名山旅游》（12月）

考察组：《陕、川旅游业考察报告》（12月）

刘光胜、方介人、赵贺春、檀子平、汪宗启、丁剑：《陕、川旅游业考察报告》（12月）

1999年

何开荫：《安徽应尽快推行第二次大包干——谈农村税费制度改革》（1月11日）

何开荫：《充分利用田埂地头、四旁隙地，扩大种植面积》（3月17日）

丁剑：《从“二钱”成果外流谈我省高新技术产业的政策》（3月25日）

陈铠：《关于我省农业生产中植物保护问题的建议》（4月16日）

调研组：《关于向省政府呈送“刘老圩开发利用考察报告”的报告》（4月20日）

陈铠：《关于如何做好今年农业税费收缴工作的建议》（4月26日）

刘光胜、严云绥、焦瑞生、戴善仁、高泳田、方介人、陈铠、赵贺春、丁剑：《关于加强肥西紫蓬山森林公园旅游资源开发的考察报告》（4月）

严云绥、高泳田、戴善仁、方介人、焦瑞生、陈铠、赵贺春、丁剑：《关于刘老圩开发利用的考察报告》（4月），省领导批示。

严云绥、高泳田：《关于中小学教师队伍建设情况的调查报告》（4月、5月），省领导批示。

方介人：《关于切实抓好与中国科技大学、中科院安徽分院共建工作的情况反映与建议》（5月5日）

赵贺春、高泳田、焦瑞生：《发展个体、私营经济是富民强省之策——关于芜湖、宣城等地发展个私经济的调查报告》（6月14日至19日）

方介人、陈铠、何开荫等：《关于农民收入状况的调查报告》（6月24日）

方介人、陈铠、何开荫等：《关于山区农业综合开发与持续发展的调查与建议》（6月24日）

严云绥、高泳田：《关于加强农村教育费附加管理的建议》（6月25日）

方介人、陈铠、何开荫：《清偿债务，理顺民心——六安地区暨霍邱县白莲乡清偿村级债务的调查报告》（6月）

戴善仁：《关于建立推荐、考核、任用干部责任制的建议》（7月20日）

刘光胜、丁剑、戴善仁、严云绥、高泳田、焦瑞生、陈铠、方介人、赵贺春：《关于合肥市旅游业的调查报告》（7月27日）

焦瑞生、高泳田、赵贺春：《关于建立和完善私营企业贷款担保的建议》（8月28日）

赵贺春、高泳田、焦瑞生：《发展个体、私营经济是富民强省之策》（8月31日）

丁剑：《对合肥筹办国庆50周年的两条建议》（9月6日）

高泳田：《发展个体、私营经济要切实保护其合法权益》（9月8日）

何开荫：《依靠高新技术发展农业生产》（9 月 16 日），副省长张平批示。

陈铠：《关于改善合肥市部分路段交通状况的建议》（10 月 15 日）

赵贺春：《对我省国有工业企业改革的几点建议》（11 月 29 日）

何开荫：《关于农业税费制度改革新方案的设想》（12 月 13 日）

2000 年

戴善仁：《青弋江、水阳江、漳河流域治理刻不容缓》（1 月 28 日）

戴善仁：《关于鼓励和引导个人投资的建议》（2 月 15 日）

戴善仁：《关于设立安徽历史文化名称保护专项资金的建议》（2 月 21 日）

丁剑：《对寿县历史文化名城的保护应加大投资力度》（2 月 29 日），副省长张平批示。

丁剑：《关于防止性病在我省传播的建议》（2 月 29 日），副省长蒋作君批示。

陈铠：《关于农业问题的两点建议》（3 月 3 日）

何开荫：《关于农业产业化的思考》（3 月 8 日）

何开荫 :《发展畜牧和生物有机硒项目》（3 月 12 日），副省长张平批示。

何开荫:《修复旌德江氏宗祠开发江村—上庄—龙川历史文化旅游线》(3 月 20 日)，省领导批示。

方介人：《以才兴业推动我省经济社会的全面发展》（3 月 21 日）

何开荫：《农业税费改革可以有效地完善粮食购销政策》（3 月 27 日）

戴善仁、丁剑：《历史文化名城的保护与开发任重道远》（3 月 30 日）

丁剑：《关于理顺黄山冠名的建议》（4 月 24 日）

严云绶、高泳田、何开荫：《关于高校后勤改革的调查报告》（4 月下旬）

方介人、陈铠：《树立信心，发挥优势，以名优特新产品拓展市场——关于实现我省农业东进战略的可行性及因应措施的调研报告》（5 月中旬）

蔡世明：《关于采取有力措施制止赌博现象泛起的建议》（5 月 24 日）

严云绶等：《关于挖掘教学资源潜力支持高校扩大招生的建议》（5 月 27 日）

赵贺春：《建议“将农业大省转变为农业强省”的提法改为“将农业大省转变为经济强省”》（6 月 6 日）

何开荫：《关于乡镇机构改革的建议》（6 月 13 日）

何开荫：《村级组织宜重新设置》（6 月 13 日）

方介人 陈铠：《树立信心发挥优势以名优特新产品拓展市场》（6 月 14 日）

蔡国兴：《关于加强老龄工作的建议》（6 月 15 日）

严云绶、高泳田、何开荫：《关于安医大要求将省立医院作为第二附属医院的情况反映》（6 月）

方介人：《关于提高青少年综合素质培养创新后备人才的建议》（8月28日）

陈铠：《关于加快解决我省粮菜果中农药残留问题的建议》（8月29日）

陈铠：《关于我省省级农业科研体制改革的建议》（9月19日）

方介人、赵锡琨、戴善仁：《关于建立六股尖自然保护区的建议》（10月10日）

赵锡琨、戴善仁、方介人：《搞好水土保持 再造秀美山河——关于黄山市水土保持情况的调研报告》（10月12日）

赵贺春:《政府在支持辅导中小企业发展中充分发挥作用的几点建议》(10月12日)

王少石：《关于治理合肥市空气污染的建议》（10月19日）

刘光胜、赵贺春、高泳田、焦瑞生、何开荫、丁剑、王少石：《借鉴浙江经济发展的经验，促进我省经济的快速发展——浙江个私经济发展考察报告》（11月22日）

张立志、严云绶、方介人、赵锡琨、戴善仁、蔡世明：《广东省人才现象及对我们的启示》（12月24日）

2001年

戴善仁、方介人、赵锡琨：《屯黄公路亟待治理》（1月4日），副省长张平批示。

何开荫：《关于充实和完善农村税费改革方案的建议》（3月20日）

陈铠：《建议加快在全省范围内扫除白色污染》（3月28日）

陈铠：《关于尽快组织松材线虫病防治研究攻关的建议》（4月11日），副省长张平批示。

赵贺春：《关于加强劳动力市场管理的建议》（4月12日）

高泳田等：《建议立即采取有效措施对黟县古民居进行保护》（4月12日），副省长蒋作君批示。

赵贺春：《建议我省尽快制定产权交易法规》（5月14日）

陈进:《以农业产业化带动农民增收——我省推进农业产业化工程的调查与思考》（6月18日）

何开荫：《农村税费改革的又一项硬指标：农村义务教育必须确保》（6月25日）

方介人、陈铠:《关于加强我省劳务输出管理维护劳工合法权益的建议》(7月9日)

方介人、王基福：《加强黄山景点植物资源和生态保护意识》（7月17日）

严云绶、赵贺春、高泳田：《关于合理利用有限的资金的建议》（7月18日）

刘先平、王基福、韩也良:《太平湖已遭污染 上游水土流失加剧 保护工作刻不容缓》（7月22日），省长许仲林批示。

戴善仁：《关于我省环保工作的几点建议》（7月27日）

何开荫：《农村税费改革向前看——必须修正和完善试点方案》（8月12日）

方介人、陈铠、戴善仁：《重视驻外机构窗口作用，服务本省经济文化建设——

赴省政府驻京、沪办事处的调研报告》（9月7日）

蔡世明：《濉河污染危及人民生命 切实断绝污染源迫在眉睫》（9月26日）

王少石：《把建立皖北地区古文化旅游网作为开发皖北富民强省的重要举措》（10月19日）

韩也良：《为加速发展从大局着眼建议将九华山地藏大铜像建造于九华山南麓》（11月27日）

何开荫：《将自然风光旅游与更高层次的文化旅游结合起来》（12月2日）

莫增荣：《关于推动我省体育水平跨上新台阶的建议》（12月3日）

丁剑：《关于栽树种草的建议》（12月4日）

赵贺春等：《关于正确使用民营经济概念改乡镇企业局为个体私营经济发展局的建议》（12月5日）

赵贺春、高泳田、严云绶、王景连：《合肥、安庆个私经济调查报告》（12月22日）

彭本逵：《关于进一步做好实施安徽省省级开发区条例的建议》（12月22日）

王景连、何开荫：《关于我省农村税费改革的调研报告》（12月24日）

2002年

丁剑：《关于加快种子建设的思考与建议》（1月4日）

余恕诚：《九华山乞丐成灾现象应引起重视》（1月7日）

余恕诚、韩也良：《关于恳请省政府加大安徽师大申请增列博士学位授予单位工作力度的建议》（1月9日）

陈铠：《尽快制定农产品质量标准建立健全检验检测体系》（1月17日）

莫增荣、高煜坤：《天长市义务教育形势和目前的主要问题》（1月30日）

戴善仁：《关于加强我省食品安全的建议》（2月6日）

刘先平、严云绶、方介人、莫增荣、陈铠、陈有志、赵贺春、高玉坤、焦瑞生、王少石：《要像爱护眼睛一样爱护黄山 黄山决不能再建第四条索道》（3月7日），省长许仲林批示。

焦瑞生：《关于推进银企合作促其共同发展的建议》（4月2日）

何开荫：《对当前经济工作的几点建议》（4月2日）

方介人：《关于扩大杨树种植规模发展杨树加工产业的建议》（4月3日）

曹光明：《关于加快安徽省重要产业化发展的建议》（4月8日）

何开荫：《关于建立农业结构调整和农业科技成果转化基金的建议》（5月15日）

刘光胜、赵锡琨、丁剑、方介人、戴善仁、周道训、高泳田、何开荫、赵贺春、陈铠、莫增荣、高煜坤、王景连、焦瑞生、陈有志：《关于合肥城市绿化的调研报告》（5月21日）

陈铠等：《改进贮藏条件促进砀山酥梨的外销》（6月12日）

陈铠、方介人、戴善仁、蔡世明：《加强安检工作提高砀山酥梨的市场竞争力》（6月12日）

严云绶、赵锡琨、方介人、何开荫、王基福：《关于皖南古民居的保护与开发利用》（6月18日）

赵贺春：《建议政府监察个私私营经济保护其合法权益》（6月19日）

赵贺春：《我省人才流失的原因及对策》（6月19日）

方介人、赵锡琨、严云绶、何开荫、王基福：《完善政策措施抓好退耕还林工程》（7月1日）

方介人、王基福：《保护种质资源强化良种工作》（6月24日）

赵锡坤、严云绶、方介人、何开荫、王基福：《加快水库除险加固步伐，确保人民生命财产安全——关于我省小型水库运行状况的调查报告》（6月）

何开荫、严云绶、王景连：《巧打火山牌发展合肥旅游事业》（7月18日）

陈有志：《关于批准保留 < 合肥市砍伐移植损伤树木花草和占用园林绿地补偿标准 > 的建议》（7月18日）

王少石：《当涂青山李白墓园保护在即》（7月31日）

陈铠：《虚心对待媒体评说树立安徽良好形象》（8月30日）

丁剑、莫增荣、严云绶、高煜坤：《加大政策力度切实留住人才》（9月12日）

高煜坤：《关于安徽六国化工股份有限公司磷石膏加工产品出售应享受免税优惠政策的建议》（9月12日）

戴善仁、彭本逵、高煜坤、丁剑：《发展循环经济 摆脱两难困境》（10月20日）

王景连、赵贺春、高泳田：《大力加强高校教师队伍建设提高教学质量》（10月21日）

丁剑：《关于开征塑料袋税的建议》（10月21日）

赵贺春、王景连、严云绶、焦瑞生、高泳田、周道训：《加大改制力度促进个私经济健康发展》（11月14日）

王基福、方介人：《保护古树名木防止滥挖盗卖》（11月20日）

严云绶、王景连、焦瑞生：《关于国家级历史文化名城亳州的保护与旅游开发的建议》（11月20日）

莫增荣、周道训、何开荫、王少石：《关于池州市农村义务教育的调研报告》（12月11日）

周道训、莫增荣、何开荫、王少石：《关于尽快统筹解决农村义务教育历史欠债问题的建议》（12月11日）

王少石、莫增荣、周道训、何开荫：《关于改变中小学教师编制比例的建议》（12月20日）

2003年

余恕诚：《积极推进对台交流，促进我省经济发展》（1月13日）

方介人、丁剑、陈铠、焦瑞生、高泳田、赵贺春、赵锡琨、何开荫、戴善仁、王少石、曹光明、刘先平、陈有志、高煜坤、周道训、王景连：《为合肥蓝图增光添彩》（1月20日）

赵贺春：《建议扩大高中和中专招生规模逐步普及高中教育》（2月12日）

刘光胜、丁士匡、王景连、曹光明、方介人、陈铠、焦瑞生、高泳田、赵贺春、赵锡琨、何开荫、戴善仁、王少石、刘先平、陈有志、高煜坤、周道训：《关于我省中药产业化发展的调研报告》（2月18日）

陈铠：《在农业结构调整要注意对有市场价值的农作物种资源的保留》（2月26日），副省长赵树丛批示。

陈铠：《建议省政府尽快出台安徽省农业结构调整的分区指导意见》（2月27日）

陈铠、赵锡琨、戴善仁、方介人：《关于遴选农业产业化龙头企业的建议》（4月21日），副省长赵树丛批示。

丁剑：《关于积极申报黄山世界地质公园的建议》（5月28日）

王基福、方介人：《大力发展油茶资源尽快满足市场需求》（6月9日）

王基福：《省政府应重视、加强皖南山区地质灾害防治工作》（6月10日）

陈铠等：《加大绿色食品开发力度促进我省农村经济快速发展》（6月26日）

赵贺春：《建议征收塑料袋生产税和流通税》（7月7日）

何开荫：《农村税费改革应先理顺领导体制》（7月25日）

丁剑：《关于安徽人口的思考及建议》（9月15日）

周道训、王景连、高煜坤、莫增荣、陈有志：《关于合肥芜湖蚌埠市民营科技企业吸引用好人才的调研报告》（9月19日），副省长田唯谦批示。

方介人：《抓住新一轮治淮机遇尽快启动退耕造林工程》（9月30日）

何开荫：《谈农村第三次重大改革》（9月），省长王金山、常务副省长任海深、副省长赵树丛批示。

王景连、陈有志、彭本逵：《关于宿州市县域经济发展的调研报告》（11月18日）

彭本逵、王景连、陈有志：《关于企业改制的建议》（11月18日）

蔡世明：《关于建立安徽省美术馆的建议》（11月18日），副省长蒋作君批示。

何开荫、王少石、王景连：《民工经济是实现全民小康的重要支柱产业》（11月18日）

王泽平：《关于国务院参事来皖进行粮食补贴问题调研的情况报告》（11月），省长王金山、副省长任海深批示。

方介人：《特殊区域特殊政策——从实际出发启动沿淮湿地造林工程》（12月4日），

省长王金山、副省长赵树丛批示。

戴善仁：《改善农村卫生医疗状况的几点建议》（12月4日），省长王金山、副省长蒋作君批示。

刘光胜、王景连、韩也良、赵锡琨、陈铠、彭本逵、王基福、王少石：《关于云南省旅游产业发展的考察报告》（12月8日），副省长文海英批示。

曹光明：《建设安徽中药谷的建议》（12月10日）。省长王金山，副省长蒋作君、文海英、黄海嵩批示。

刘先平、韩也良、王基福：《对我省自然保护区建设的几点意见》（12月15日），省长王金山、副省长赵树丛批示。

刘先平等：《升金湖国家级自然保护区已遭严重破坏急须解决所有权管理权使用权分离的状况》（12月15日）。省长王金山，副省长田唯谦、文海英、赵树丛批示。

韩也良:《安徽旅游业发展的几项建议》(12月22日),副省长任海深、文海英批示。

疏开生：《我省能源化工基地建设中若干问题的思考及建议》（12月22日），副省长任海深批示。

2004年

陈进:《实施农产品和劳动力两个走出去战略努力推进统筹城乡经济社会发展》(2月16日)

陈进：《解决农民新阶段增收难问题的思考和建议》（2月）

邱江辉、王泽平、汪书贵：《创新机制，优化环境，吸引海外优秀人才来皖服务》的报告（2月、3月），省长王金山、省委副书记王明方、副省长任海深批示。

王泽平、汪书贵：《关于创建“八百里皖江文明长廊”情况的调查报告》（3月），省委副书记张平批示。

陈进：《以农村沼气为抓手全力推进生态安徽建议》（3月11日），副省长赵树丛批示。

疏开生：《关于降低计量器具检定收费标准减轻企业负担的建议》（3月22日），副省长黄海嵩批示。

陈铠：《关于基层农技推广体系建设的建议》（3月24日），副省长赵树丛批示。

刘光胜、刘先平、韩也良、王基福：《对黄山加强旅游文化建设和发展文化旅游的建议》（3月24日），省长王金山、副省长文海英批示。

刘先平：《关于举办黄山文学节的设想》（3月24日）

方介人：《把握机遇开拓创新把我省三农工作推向新高度》（4月14日）

王基福:《关于建立完善的森林生态效益补偿制度促进山区林农增收的建议》（4月14日）

何开荫、戴善仁、刘先平、丁剑、陈有志、彭本逵：《学习海南旅游经验，促进安徽旅游经济发展》（4月26日）

刘光胜、陈进、何开荫、陈有志：《关于深化我省农村信用社改革的几点建议》（5月21日），副省长任海深批示。

刘光胜、陈进、何开荫、陈有志：《关于贵州省农村信用社改革试点工作调研情况汇报》（5月21日）

刘先平：《关于紧急组织专家修订《安徽省幼儿（学前班）用书》的建议》（5月21日），副省长田唯谦批示。

余恕诚：《采取有效措施做好三农工作促进农民增收》（5月25日）

何开荫：《深化体制改革将五级政府精简为三级政府》（6月28日），省长王金山批示。

陈进、方介人：《安徽农村合作经济组织调研报告》（6月28日），副省长赵树丛批示。

何开荫：《深化粮食购销体制改革全面实施农村市场经济》（6月29日）

陈进、方介人：《安徽省农村合作经济组织调研报告》（6月），省委副书记王昭耀、副省长赵树丛批示。

莫增荣、方介人、陈铠：《关于我省农民职业培训问题的调研报告》（7月9日）

王景连、陈进：《关于加快我省县域经济发展的几项建议》和《关于对加强我省县域经济发展研究的几点建议》（7月19日）

樊美珍：《关于加强我省食用菌产业发展的几点建议》（7月19日》）

陈铠：《提高政府工作水平加大对政府工作人员不作为行为的治理》（7月20日）

陈进、方介人：《关于抓紧制订合作组织相关法规和扶持政策加快培育我省农村专业合作组织的建议》（7月23日），副省长赵树丛批示。

周道训、莫增荣、疏开生：《关于整合智力支撑体系资源发挥咨询机构作用的建议》（7月23日）

陈进：《关于对加强我省县域经济发展研究的几点建议》（7月27日），省委副书记王昭耀批示。

刘光胜、疏开生、高煜坤：《安徽省淮河水污染治理调研报告》（9月1日）

戴善仁、周道训、王景连、杨振斌：《加大汽车零售部件支柱产业发展的力度》（9月7日），副省长任海深、赵树丛批示。

韩也良等：《关于尽早成立旅游生态研发中心实现科技创新试点的建议》（9月7日）

丁剑：《要对乞讨人员加强管理的建议》（9月8日），副省长任海深批示。

疏开生、高煜坤：《贯彻中央治淮精神全面提高治淮水平》（9月17日）

疏开生、高煜坤：《贯彻中央治淮精神，全面提高治淮水平——关于淮河治理工作的调研报告》（9月）

王泽平、杨振斌、陈铠、汪书贵：《我省整顿和规范市场经济秩序情况的调查》（10月）

刘光胜、戴善仁：《关于参加崔占福主任率团出访法国、德国和瑞士情况的报告》（10月28日）

王基福：《关于推广休宁县开发有机茶成功经验的建议》（10月27日）

陈进、王景连：《关于当前我省粮食生产流通领域的情况调查和建议》（11月4日）

彭本逵：《关于推进小城镇建设工作情况的调研及建议》（11月16日），副省长任海深批示。

陈进：《加强执政能力建设依法做好行政监察工作》（11月26日）

方介人、陈进：《安徽省农村合作经济组织调研报告》。

陈进：《澳大利亚、新加坡行政监督情况的考察和启示》（11月）

2005年

何开荫：《乡镇管理体制改革是当务之急》（1月25日）

何开荫：《关于农村综合配套改革的建议》（3月9日），副省长赵树丛批示。

陈进：《尽快做大做强我省农产品加工业》（3月29日），副省长赵树丛批示。

王泽平：《落实科学发展观 力推经济增长方式转变》（3月）

调研组：《开发和建设皖北旅游经济带的调研报告》（3月）

王景连、方介人、王基福、刘先平、韩也良：《开发和建设皖北旅游经济带的调研报告》（4月11日），副省长文海英批示。

彭本逵：《加快我省物流业发展的建议》（4月12日）

何开荫、樊美珍、周道训、陈进、王景连：《霍邱、叶集、裕安区农村基层问题的调查》，副省长赵树丛批示（4月12日）

方介人、王基福：《加强基层林业站建设保障林业持续发展》（4月13日）

何开荫、樊美珍：《关于乡镇政府机构改革的新建议》（4月25日）

何开荫、樊美珍：《关于村级组织改革创新的建议》（4月25日），副省长赵树丛批示。

陈进：《实现我省农业奋力崛起的建议》（4月26日）

王傲兰、崔文祥：《关于产业集群的报告》（4月）

高煜坤、彭本逵：《关于新型墙材产业的专题报告》、《淮南、铜陵、马鞍山市循环经济发展情况的调研报告》（4月）

余恕诚：《关于健全大学毕业生自主创业机制的建议》（5月19日）

戴善仁：《宜将生态文明明确列入社会主义文明建设》（5月19日）

王傲兰：《大力发展工业是安徽的崛起之道》（5月30日）

方介人、王基福、周道训、丁剑：《安徽省山区林业持续发展问题调研报告》（6月7日），副省长赵树丛批示。

陈进：《加快优质烟叶发展推进皖烟迅速崛起》（6月13日）。省长王金山，省委副书记王明方，副省长赵树丛、黄海嵩批示。

崔文祥：《认真做好县级十一五计划中的信息化发展规划》（6月21日）

陈进：《关于应尽快争取将我省纳入农村金融民间借贷改革试点省的建议》（6月30日），副省长任海深批示。

方介人、王基福、周道训、丁剑：《安徽省山区林业持续发展问题调研报告》（6月），副省长赵树丛批示。

莫增荣、周道训、刘祖平、杨应芹、余恕诚：《关于我省职业教育与就业问题的调研报告》（6月），省长王金山、副省长田唯谦批示。

王傲兰、崔文祥：《关于产业集群的调研报告》（7月4日）

高煜坤、彭本逵：《关于新型墙材产业的专题报告》（7月7日）

高煜坤、彭本逵：《淮南铜陵马鞍山市循环经济发展情况的调研报告》（7月7日）

戴善仁、王景连、陈铠、何开荫：《保护和开发徽派古民居古建筑的建议》（7月7日），副省长文海英批示。

丁剑：《关于遏制野猪猛增的建议》（7月11日），副省长赵树丛批示。

陈进：《加快秸秆化固化成型技术的研发和应用试点工作》（7月13日）。省长王金山、副省长赵树丛批示。

莫增荣等：《关于我省职业教育与就业问题的调研报告》（7月19日）

刘祖平等：《关于在我省建立职业教育独立评估体系的建议》（7月19日）

余恕诚：《关于在旅游中加大文化内涵的建议》（7月20日），省长王金山、副省长文海英批示。

何开荫、樊美珍：《推行农业综合改革必须建立强有力的领导体制》（7月25日）

陈铠：《加大对县以下招商项目管理工作的力度》（7月26日），副省长文海英批示。

刘光胜、王傲兰、陈进、方介人、何开荫、陈有志、周道训、王景连、王基福、杨振斌：《关于振兴东北地区老工业基地的考察报告》（8月18日）

刘光胜、陈进、王傲兰、方介人、何开荫、陈有志、周道训、王景连、王基福、杨振斌：《关于吉林省产品加工业的考察报告》（8月18日）

王景连：《建议尽快修建花亭湖赵河公路》（8月29日）

戴善仁、陈铠、何开荫、王景连：《造福于亿万农民的德政工程——农村合作化医疗调研报告》（9月26日），省委副书记王明方批示。

何开荫：《将天长市建成东向发展的桥头堡》（10月18日）

何开荫：《加强和完善农村综合改革领导体制建设》（10月24日）

樊美珍：《积极发展生物农药产业》（10月24日）

戴善仁、王景连：《抓住机遇，大力促进新安江流域生态共建共享机制的建立与实施》和《我省若干市县生态建设与环境保护》（10月）

王基福：《黄山市地质灾害隐患堪忧》（11月10日）

何开荫：《我省旅游业应向纵深发展》（12月9日），副省长文海英批示。

刘先平、陈有志、韩也良、杨振斌：《为建设皖中经济区治理巢湖刻不容缓，引江济巢势在必行》（12月21日），副省长田唯谦批示。

何开荫、王景连、樊美珍：《重视发挥东向发展“前沿阵地”的示范作用——关于对来安县汊河、和县乌江、当涂县博望三镇实行扶持政策的建议》（12月22日）

杨振斌、何开荫、王景连、陈进、樊美珍：《大力扶持民营企业参与农业产业化实现农业大省向强省的历史性跨越》（12月26日），省长王金山批示。

何开荫、王景连、樊美珍：《尊重群众首创精神推动农村综合改革》（12月31日），省长王金山、副省长赵树丛批示。

第二节　统战联谊

统战联谊体现政府参事工作的咨询性与统战性共同发展、相互依存的原则。在省政府参事室的领导组织下，参事利用海外社会关系广泛的优势，充分发挥桥梁纽带作用，通过书信、网络、出国探访、接待海外人员回乡来访等形式，积极开展海外联谊活动，推动全省引资、引智工作，为富民强省、祖国统一做出应有的贡献。至2005年年底，省政府参事室共接待境外华侨华人39人次；参加各类出国访问考察活动11次；参与国际性学术交流或书画展览21次；吸引外商投资8060万元。

省政府参事室（文史馆）在中秋、国庆和新春佳节举行参事、馆员茶话会，既能增进省领导对参事文史工作的深入了解，加强与参事、馆员的沟通，也能促进参事、馆员们彼此交流，齐心协力开展工作。1992—2005年，吴昌期、杜宜瑾、杨多良、李明俊、傅锡寿、龙念、汪洋、卢荣景、回良玉、季家宏、荣广宏、钱景仁、汪涉云、秦德文、蒋作君、战秋萍、徐立全、方兆本、王金山、卢家丰、郑牧民、王明方等省领导和省直部门相关领导出席茶话会27次。年年春节，岁岁中秋，省及相关部门领导同参事、馆员欢聚一堂，共话发展，场面热烈感人。

任命制参事时期，参事的任命主要考虑统战需要，团结旧中国时期的高级人员或

“社会贤达”，为祖国统一大业服务。如，1975年，原国民党将领唐乐山被特赦，其妻子及子女在美国、马来西亚和中国台湾地区。省政府参事室为利于开展海外统战工作，建议安排唐乐山任参事职务。4月，省委统战部通知，安排其为参事。1985年3月，省委统战部安排去台回归人员马君冶为省政府参事，等等。

参事遴选改革为聘任制以后，尤其是20世纪90年代以后，统战联谊工作得到较好开展。其中，蒋纬国异姓兄弟金定国被聘为省政府参事后，在促进海峡两岸交流中发挥出独特作用。1990年9月17日，经省政府批准，以省长傅锡寿名义聘任金定国为省人民政府参事。此事在社会上反响很大，国务院相关部门专门邀请金定国赴京晤谈，海峡彼岸已近暮年的蒋纬国写了一封长信表示祝贺。参事金定国也积极发展与蒋纬国先生的亲密关系，促进海峡两岸交流，聘任次年，即与蒋纬国来往书信4次、电传5次。参事金定国还在春节、中秋节等传统节日，通过媒体向台湾亲朋好友发表促进两岸统一的讲话。1992年3月，金定国列席省政协七届五次会议，作了“做好统战工作，加快实现祖国和平统一”的发言，提出消除不利因素，增强两岸感情的建议。1993年2月20日，省政府参事室海外联谊中心基金会举行新闻发布会，经基金会会长参事金定国联系，香港永联行贸易公司董事长闻儒根先生将500块手表捐赠给霍山县优秀教师，副省长杜宜瑾出席会议并讲话。1993年10月29日，蒋纬国致函金定国，对参事金定国积极传递两岸信息，为祖国统一事业积极工作表示赞赏，并介绍了其近期在海外为促进祖国统一开展的活动。11月中旬，参事金定国在上海与金大胜等知名人士会晤，交流两岸联谊情况。

1994年10月7日，美国西岸大学法学教授金大胜夫妇抵达合肥看望其叔参事金定国，并对安徽进行为期三天的访问。省委书记卢荣景会见金大胜夫妇。10日，金先生访问安徽大学，双方就安徽大学与美国西岸大学结为姐妹校的有关事宜进行磋商。1995年4月26日，蒋纬国先生复信金定国参事，再一次对金定国为发展海峡两岸关系所做的工作表示赞赏。1995年11月1日，省海外联谊中心基金会举办重阳茶话会，会长参事金定国邀请了在合肥投资、兴办实业的台湾企业、商界人士和合肥知名企业家畅叙友谊，并主持会议。1997年参事金定国逝世时，蒋经国还亲作挽词“手足情深，遗憾未晤”吊唁。

此外，省政府参事室的其他统战联谊活动也很快展开。

1992年1月25日，省政府举行首次参事、馆员春节茶话会。副省长吴昌期代表省政府向参事、馆员通报安徽1991年抗洪救灾工作情况和1992年全省经济社会发展规划，对参事、馆员在抗洪救灾中表现出的爱国主义精神给予热情赞扬。省政府参事室副主任郭崇毅就如何搞好参政议政、发挥参谋和咨询作用谈了体会和打算。副省长吴昌期代表省长向新聘任的参事颁发聘书。同年10月，参事、一级画师张宽的国画《竞艳》《傲寒迎春》选送日本参加展出，以纪念中日邦交正常化20周年。11月9日，应省政府参事室邀请，台湾文化商业大陆访问团一行15人到皖进行商业文化交流，洽谈投资。

1995年，省政府参事陈有志与外国法学专家进行学术交流。

2000年1月25日，省政府办公厅召开省政府参事、省文史馆馆员春节茶话会。省委常委、常务副省长张平到会并指出，省政府参事室的整体工作已进入全国参事室系统前列。新形势下，政府决策更需要参事提供参谋咨询。参事方介人、严云绶，馆员郑伊农、郭因在茶话会上发言。

2001年11月15日至23日，省政府参事、安徽师范大学教授余恕诚受台湾学术界邀请，赴台出席"海峡两岸学术交流互动与互通研讨会"。

2003年1月，省政府参事陈进率团出访美国，就新能源发展进行考察。12月2日，省政府参事方介人联系其移居美国的胞兄方立人先生捐款人民币30万元，兴建安庆市郊区杨桥镇"宏济希望小学"教学楼奠基。

2004年8月，应省政府参事曹光明的邀请，香港中佳实业国际控股有限公司董事长饶峰先生到皖考察中药产业化，并形成了由香港中佳实业国际控股有限公司投资8000万元人民币，重组华东中药工程集团有限公司的意向。7日，饶峰和曹光明正式签署协议，中佳国际大东方药业公司正式成立。9月7日，省政府副秘书长、省政府参事室主任邱江辉，副主任刘光胜会见美国加州大学洛杉矶分校财经系主任、终身教授方兴女士一行。由省政府参事方介人牵线搭桥，其兄美籍华人方立人先生捐资，在安庆市郊区兴建的"宏济希望小学"举行竣工典礼。9月，省政府参事室副主任王泽平会见日本友人石板浩先生。10月15日，省政府参事何开荫应香港城市大学公共及社会行政学系邀请赴港访问，就中国社会与经济发展，特别是农业问题进行学术交流。10月16日至28日，省政府参事室副主任刘光胜和参事戴善仁参加由国务院参事室组办的赴法国、德国、瑞士访问团，对有关政府咨询顾问机构进行考察。11月4日至27日，省政府参事室副主任王泽平参加由省国有资产监督管理委员会组办的企业国有经济布局与规划发展战略培训团赴德国。11月28日至12月10日，省政府参事方介人参加由国务院参事室组办的赴韩国、日本考察团，进行"农村经济合作组织问题"考察。

2005年5月，省政府副秘书长、省政府参事室主任邱江辉会见到皖捐资办学的美籍华人方立人先生之夫人秦韵琴女士。同年，省政府参事周道训参加由安徽省归国华侨联合会组办的德国、法国、意大利访问团出访；省政府参事室副主任刘光胜参加由安徽省科学技术协会组办的赴德国、巴西考察团，围绕"职业教育管理与发展"问题访问考察。

第三节　理论研究

省政府参事室高度重视参事工作理论研究和工作交流，加强参事工作的理论创新和制度化、法制化建设，积极参加、主办、协办全国性、省区性以及全省参事工作座谈会、理论研讨会，及时研究参事工作发展的新情况，总结参事工作新经验，探索发展中的新问题，全面推进学习型、创新型、服务型、和谐型参事队伍建设，组织参事、馆员统战理论政策学习培训班，丰富理论研究成果。至 2005 年，参加全国性的研究会议 6 次，省区性的研究会议 7 次，召开全省的研究会议 8 次，形成理论研究文章 42 篇。

1981 年 12 月 10 日，参事郭崇毅撰写《农业生产理论探讨三则——在昆明召开的全国农业生产责任制讨论会上的发言提纲》，指出农业实行责任到户符合马克思主义，农业责任到户不等于是“小生产”。农业上的根本失误在于不合理的生产关系即不按劳分配。

1991 年 10 月，华东地区参事室工作座谈会在山东省济南市召开。参事郭崇毅提交论文《我是怎样参政议政的》。

1992 年 5 月 8 日至 9 日，省政府参事室召开参事工作会议，围绕贯彻中央〔1992〕2 号文件和学习国发〔1988〕58 号文件精神，研究探讨参事室工作新路子。

1995 年 5 月 30 日，省政府办公厅、省政府参事室举行庆祝省政府参事室成立 40 周年座谈会，省政府参事室副主任陶显斌作《参政议政，大有可为》的发言。9 月 14 日，第二次全国参事室工作经验交流会在湖南长沙召开。省政府参事室副主任陶显斌作题为《选好题目，搞好调研，提高参政议政质量》的专题发言。

1996 年 10 月上旬，省政府参事室副主任刘光胜、参事业务处处长汪书贵应邀参加沈阳市政府参事室成立 40 周年庆祝会及在郑州召开的中南地区参事工作研讨会，总结探讨新形势下参事工作。

1997 年华东地区第四次参事室工作研讨会于 10 月 15 日至 20 日在黄山市召开，省政府参事室在会上作了题为《务实有为，开拓前进》的发言。

1998 年 5 月 15 日，在省政府参事室纪念农村改革 20 周年座谈会上，省政府参事室副主任、参事郭崇毅发言：《我的三次上书》，详述 1979 年三次上书党中央的过程，并指出理论根据。7 月，中南地区参事理论研讨会在广州召开。省政府参事室副主任刘光胜和参事业务处处长汪书贵应邀参加会议。刘光胜作《围绕经济工作建言献策，参事工作大有可为》的发言。

1999 年，国务院参事室成立 50 周年纪念会暨全国参事工作会议召开。省政府参事室副主任刘光胜作《参事工作大有可为——郭崇毅、何开荫参事为农村改革建言献策事迹的启示》的发言，严云绶参事提交论文《我的一点体会》。

2001年4月18日至21日，华东地区参事工作研讨会在沪召开。省政府参事室副主任刘光胜等应邀出席会议，并就参事室工作面临的新形势、新任务和新问题进行探讨。8月，省政府参事室在太平湖举办参事工作理论研讨会，提交论文：汪书贵《参事工作若干问题研究》；戴善仁《体现特色，发挥作用——浅谈新中国参事工作的存在与发展》；严云绶《找准切入点，提高建言献策的质量》；陈铠《受聘以来的几点体会》等。11月12日至11月22日，全国参事工作座谈会在合肥召开。省委常委、常务副省长张平出席会议。省政府参事室副主任刘光胜在会上作《总结经验，与时俱进，开拓创新》的发言。参事何开荫作《认真落实"三个代表"和中央统战工作会议精神，从建议农村税费改革成功谈参事工作的体会》的发言。

2003年7月，省政府参事室副主任刘光胜在全国参事工作座谈会上交流论文《抓住机遇，实现参事工作的新飞跃——学习中共中央办公厅、国务院办公厅关于进一步做好新时期政府参事工作的意见的体会》。9月，省政府副秘书长、省政府参事室主任邱江辉撰文《以"三个代表"重要思想为指导，努力开创我省参事工作新局面》。9月22日，省政府参事室工作座谈会在潜山县召开，主题是以"三个代表"重要思想为指导，进一步学习贯彻中共中央办公厅、国务院办公厅《关于进一步做好新时期政府参事工作的意见》和省委办公厅、省政府办公厅《关于进一步做好新时期省政府参事工作的实施意见》文件。11月，参事戴善仁在国务院参事室主任崔占福到皖调研召开的座谈会上，作《浅谈参事职责与参事工作——学习中央两办10号文件的体会》的发言。12月8日至12月12日，全国参事室工作会议在云南召开。参事业务处处长汪书贵作《认真履行岗位职责，精心组织参事调研》的发言。

2004年8月9日至13日，省政府参事工作理论研讨会在滁州市召开。省政府副秘书长、省政府参事室主任邱江辉作《争取让更多的参事咨询进入政府决策》主题报告。参事们提交下列论文：省政府参事室副主任王泽平《参事调研，贵在创新》；参事方介人《浅议参事建议出"精品"》；参事丁剑《关注社会，当好参事》；参事陈铠《迈过自身门槛，提高参事工作水平》；参事何开荫《从建议农村税费改革成功谈参事工作体会》；参事戴善仁《求真务实，为"安徽崛起"鼓与呼——兼谈我省参事工作》；参事高煜坤《关于参事调研选题的有关问题讨论；参事周道训《对做好参事工作的几点认识》；参事王景连《调整角色，摆正位置，一专多能，团结协作——谈做好参事工作的体会》；参事彭本逵《调研三得》；参事韩也良《新时期政府参事工作小议》；参事陈进《关于对搞好参事调研和课题组织的几点建议》；参事杨振斌《对政府参事工作的一点粗浅认识》；参事樊美珍《我对参事工作的认识和基本态度》。10月9日至10月12日，中国人民银行参事室到 安徽举办参事学习班，参事陈进应邀作《转换角色，当好参事》的发言；参事方介人发言《争当称职参事，做好参事工作》。

2005年7月15日，《江淮时报》刊发省政府参事室主任邱江辉、副主任王泽平理论文章《坚持基本政治制度，推进参事工作发展》。10月31日，省政府参事室成立50周年暨参事工作会议召开。省长王金山、国务院参事室副主任蒋明麟到会讲话，省委常委、组织部部长段敦厚，省政协副主席、省委统战部部长郑牧民出席会议，省政府秘书长张俊作工作报告。参事戴善仁发言《加强学习，锐意进取，积极履行政府参事的职责》。会议编辑出版大型画册《安徽省人民政府参事工作50年》、《参事工作文集》和《皖人轶事》。

第四节　参 事

任命制参事

刘全润（1901—1993）　辽宁沈阳人。曾任国民党军少将高级参谋。1955年任参事。

李法铭（1898—1983）　河北高阳人。曾任国民党军少将参谋长，中国人民解放军军事学院研究员。1955年任参事。

宣家杰（1914—1988）　安徽肥东人，中共党员。曾任省政府参事室秘书。1955年任参事。

杨树松（1903—1956）　安徽怀宁人，中共党员。曾任黄埔分校教育长。1956年任参事。

齐丹九（1901—1984）　安徽无为人，中共党员。省委工交办公室组长。1956年任参事。

李直峰（1903—1995）　山西原平人，民革成员。曾任国民党军少将参议、上海市政府参事。1957年任参事。

丁聘泉（1901—1976）　安徽六安人。六安专署粮食局副局长，1957年任参事。

胡志平（1904—2003）　安徽无为人，中共党员。省文史馆办公室主任。1957年任参事。

龚传文（1898—1988）　云南凤庆人。曾任国民党军中将军长。安徽省政协委员。1958年任参事。

任惠群（1910—1989）　安徽无为人，中共党员。曾任宣城第一师范校长。1958年任参事。

罗毅伦（1901—1985）　安徽当涂人。1949年12月起义。曾任国民党军少将主任参谋、中国人民解放军军事学院军事教员。1958年任参事。

祁建甫（1895—1984） 北京人。省民委委员，曾任华东炮兵转业大队队长。1958年任参事。

范孟骝（1914—1962） 安徽桐城人。曾任国民党军少将副师长。新中国成立后，任某部大队副（少将待遇）、南京军事学院教员。1958年任参事。

宗 炎（1914—1999） 辽宁盖平人，民革成员。曾任国民党军上校团长。1962年任参事。

黄为谋（1900—1969） 湖南衡阳人。早年参加革命，任师参谋长、省财贸干校副校长。1962年任参事。

胡贡球（1898—1995） 安徽天长人，中共党员。黄山林业学校校长。1964年任参事。

周竞棠（1905—1998） 四川金堂人，民革成员。曾任国民党军少将参谋长。1965年任参事。

杜 庸（1908—1987） 四川仁寿人，民革成员。曾任国民党军中将参谋长。1965年任参事。

周默君（1916—1982） 江苏海门人，中共党员。任合肥市法院院长等职。1966年任参事。

郭崇毅（1921—2002） 安徽肥西人，民盟盟员。任省政府参事室副主任、省政协常委。1975—2002年任参事。1984—2000年任省政府参事室副主任。曾为合肥解放作出贡献，1949年作为民盟代表赴京受到毛泽东等中央领导同志接见。长期进行调查研究，发表过多篇具有影响的调研报告，特别是努力推行农业生产责任制，三次上书中共中央，为推动农村经济体制改革作出重要贡献。

唐乐山（1914—1987） 浙江瑞安人。曾任国民党军国防部上校编审。1975年任参事。

张振玉（1915—2001） 山东莱西人，中共党员。省政府参事室办公室主任。1976年任参事。

洪 沛（1915—1991） 江苏盱眙人，中共党员。1937年8月参加革命。省政协副主席。1976年—1978年任参事。

周少毅（女）（1916—2004） 安徽肥西人，中共党员。副厅级待遇。1977年任参事。

盛家兴（1904—1985） 云南玉溪人，民革成员。曾任国民党军中将军长，省政协常委。1977年起任参事。

高 谦（1919—2005） 河北沙河人，中共党员。省工商联办公室主任。1977—1978年任参事。

顾隆筠（1907—1998） 湖南平江人，民革成员。曾任国民党军少将、省艺校总务处主任。1979年起任参事。

高 汉（1916—1984） 黑龙江兰西人，中共党员。任汪伪中央通讯社副总编。

1980 年起任参事。

管体道　1918 年 4 月生，山东郓城人，曾任国民党军副师长。1980 起任参事。

彭云生（1915—1989）　河南夏邑人，中共党员。安徽中医学院教务处处长。1980 年任参事。

史　迈（女）（1920—1988）　安徽枞阳人，中共党员。省人委信访办公室副主任。1980—1998 年任参事。

汤石僧（1906—2006）　安徽无为人，无党派。黄埔军校毕业，曾任国民党军上校参谋。1982 年起任参事。

张亚东（1912—1988）　安徽潜山人，特赦人员。省政协文史专员。1982 年起任参事。

夏继诚（1923—1997）　合肥人，民盟盟员。民盟安徽省委组织处处长。1984 年起任参事。

黄伯亮（1908—1990）　四川内江人，民革成员。曾任国民党军少将副师长，省政协委员。1984 年起任参事。

马君治（1913—1991）　安徽霍邱人，曾任国民党台北市政府办公室主任。1985 年起任参事。

詹　豪　安徽桐城人。特赦人员。因资料遗失，生卒年及聘任参事时间不详。

聘任制参事

金定国（1916—1997）　江苏吴江人，无党派。正处级待遇，与蒋经国、蒋纬国及戴季陶之子戴安国为异姓兄弟。1990—1997 年受聘为省政府参事。

汪宗启　1925 年 10 月生，安徽巢湖人，中共党员、民盟成员。省高级人民法院审判员。曾荣获全省政法系统先进工作者、省劳模、全国法院先进工作者等荣誉称号。1991—2001 年受聘为省政府参事。

杨衍明　1928 年生，山东青岛人，无党派。中国科技大学教授、博士生导师。1991—1998 年受聘为省政府参事。

王传生　1927 年 3 月生，安徽桐城人，无党派。省社会科学院法学研究所研究员，省政协委员。1992—2001 年受聘为省政府参事。

方介人（女）1936 年 1 月生，安徽安庆人，无党派。高级工程师。省政协委员。《安徽林业 1463 工程》等 4 项成果获原林业部、省科委颁发的科技进步奖，两次获中国林学会“陈嵘奖”。1992—2008 年，受聘为省政府参事。

檀子平　1929 年生，安徽望江人，民盟盟员。省政协委员，民盟省委联络委员会主任，编纂和著作近 60 万字。1992—2001 年受聘为省政府参事。

蔡国兴　1930 年 2 月生，台湾基隆人，中共党员。安徽省台联专职副会长。立过三次战功。1992—2001 年受聘为省政府参事。

张　宽　1921 年生，安徽涡阳人，民盟盟员。国家一级美术师，安徽省文史研究馆馆员。人物画《一个都不叫它跑掉》参加全国首届青年美展并荣获安徽省青年美展一等奖。先后在中国美术馆、南京博物院、美国亚利桑那州等六地举办个人画展。作品《冬荣》被中国美术馆收藏。1992—2001 年受聘为省政府参事。

陈　铠　1937 年 10 月生，北京人，民盟盟员。全国人大代表，省政协常委。研建了安徽省水稻主要病虫害（31 种）诊治专家系统（DCDIREC）。1996 年—2008 年，受聘为省政府参事。

丁　剑　1940 年 2 月生，江苏东台人，九三学社社员。副编审。著有《新编方志十二讲》（与人合写）《安徽掌故》，合作《安徽大辞典》被评为安徽省第三次社会科学优秀成果二等奖，撰写方志论文 40 多篇。1996 年—2008 年，受聘为省政府参事。

焦瑞生　1938 年 11 月生，安徽无为人，无党派。副教授、注册会计师。发表数十篇学术论文，其中《如何完善工业企业内部的经济责任制》获省科协优秀论文奖、《现代企业实行预算控制的新方法》被国家体改委选入《中国经济文库》《实现财会适度分离是现代企业实行科学管理的必由之路》编入《中国跨世纪战略文献》等。参编全国成人高校《会计原理》《工业会计》统编教材、主编《审计学》《工业企业财务管理》《会计学》等。1996 – 2004 年受聘为省政府参事。

赵锡琨　1936 年 12 月生，河南巩县人，无党派。高级工程师。省政协常委、省水利厅副厅长。合编《水工闸门》获 1978 年安徽省科技大会奖；合编《水工钢闸门》由水利出版社出版。1998 年获水利部劳动模范称号。1996—2004 年受聘为省政府参事。

高泳田　1930 年 11 月生，安徽蚌埠人，省政协委员、民革安徽省委常委、合肥市政协副主席。2000 年被评为中国国民党革命委员会全国先进个人。1997—2004 年受聘为省政府参事。

蔡世明（1935—2005）　安徽宿州人，中共党员。国家一级美术师。作品十多次入选全国性美展，或被中国美术馆和其他纪念馆收藏，或被选送国外展出。著作有《山水写生引导》《世界寓言画册》（获冰心图书奖）和《蔡世明画集》等。曾获鲁迅版画奖、版画功劳杯奖、第四届中国山水画荣誉金奖。作品《秋熟时节》编入《20 世纪中国现代美术全集》。1997—2004 年受聘为省政府参事。

王少石　1940 年 11 月生，安徽宿州人，无党派。国家一级美术师，省政协委员。作品曾参加首届全国书展、首届国际书展等。《红楼梦印谱》由江苏古籍出版社出版。《中国书法鉴赏大辞典》撰稿人之一。1995 年中央电视台曾在《东方之子》作专题介绍。1997—2004 年受聘为省政府参事。

赵贺春　1931 年 2 月生，安徽太湖人，民建成员。合肥工业大学教授、硕士生导师。享受国务院特殊津贴。国家自然科学基金会管理学科组同行评议专家，省政协委员。编著有《论提高工业经济效益》等书10余部。负责国家“八五”重点课题《社会主义工业经济效益研究》，获机械部教育司科技进步一等奖。另曾获省三项教学科研二等奖。《安徽省国有大中型企业改革问题研究》等项目负责人。1997—2004年受聘为省政府参事。

严云绶 1937年5月生，安徽桐城人，无党派。省古籍整理学术委员会副主任、省出版总社副社长、教授。发表论文《文学形象模式论略》等70余篇，主编并参与撰写《中华艺术文化辞典》，著作有《文学象征论》（合著）《诗词意象的魅力》等。1997—2004年受聘为省政府参事。

何开荫 1935年8月生，安徽天长人，无党派。高级农艺师，兼任安徽大学“中国三农问题研究中心”主任。出版《生态农业知识》《大豆栽培》《中国农村税费改革初探》《联产承包制新探》（合作）等专著多部；先后获“国家科技进步成果奖”、省部级“农牧渔业技术改进成果奖”等十多项。发表论文200余篇。1985年9月在《人民日报》发表系列论文，提出种植业“三元结构”观点。1988年10月，较早提出农村税费改革的建议。1997—2008年，受聘为省政府参事。

戴善仁 安徽休宁人，1936年11月生，致公党党员。研究员。省政协常委、全国政协委员、首届致公党安徽省委副主委兼秘书长。参与编写《科学前沿的哲学探索》获辽宁省优秀学术专著二等奖；负责“中子衍射仪”研制，获中科院科技进步二等奖、1987年国家科技进步三等奖；1989年获国防科工委颁发“献身国防科技事业荣誉证书与证章”；发表文章约80篇。1997—2008年受聘为省政府参事。

曹光明 1936年8月生，江苏南京人，无党派。华东中药工程集团董事长，研究员、博导。省政协常委。主编高校教材《中药制药工程学》。合编《安徽中药资源与开发应用》。完成国家重大科研项目20余项，荣获国家、省科技进步一、二、三等奖12项；2次获得国家“七五”和“八五”星火项目突出贡献先进工作者荣誉称号，2次被授予“安徽省劳动模范”，2005年评为安徽省十大“功勋徽商”。2001—2009年受聘为省政府参事。

莫增荣 1939年9月生，江苏赣榆人，无党派。省社会科学院研究员，享受国务院特殊津贴。出版著作有《中国教育》《中国教育精粹》《环境·生存·发展—社会科学研究机构比较》（合著）等多部。发表论文数十篇，著作和论文曾多次获奖。2001—2009年受聘为省政府参事。

刘先平 1938年11月生，安徽肥东人，无党派。编审。享受国务院特殊津贴。省政协常委、省作家协会副主席。著有《云海探奇》等二十多部作品。论文有《探险小说的审美和审美效应》等。《云海探奇》《千鸟谷追踪》收入“传世名著”。大自然探险纪实收入多种选本，被译成外文介绍到国外。作品先后获全国“五个一”工程奖、国家图书奖、中国儿童文学奖、宋庆龄文学奖等九个国家级奖项。中央电视台《东方之子》栏目和《人民日报》等媒体曾介绍其人其作。曾应邀赴国外访问、讲学。2001 年起受聘为省政府参事。

陈有志　1941 年 8 月生，江苏南京人，致公党党员。高级律师。安徽陈有志律师事务所主任；兼任省政府法律顾问。2005 年被评为诚信律师。参与撰写并出版大学法律专业课本《中国经济法概论》，发表多篇专业论文。1990 年编制的《律师事务所十大管理制度》被司法部采用并向全国推荐；1991 年作为中国法律代表团的代表出席第十四次世界法律大会；1993 年作为中国律师代表团成员出访东南亚国家。2001 年起受聘为省政府参事。

高煜坤　1945 年 10 月生，江苏无锡人，无党派。高级工程师。享受国务院特殊津贴。作为负责人进行的“安徽省辖淮河流域水资源保护规划”课题，1989 年获安徽省科技进步二等奖；参与进行的“皖北国土规划”课题，1991 年获安徽省环保局科技进步三等奖。2001—2006 年受聘为省政府参事。

周道训　1941 年 5 月生，安徽泗县人，中共党员。高级编辑，享受国务院特殊津贴。《安徽日报》副总编。参与主编的《实用宣传学》获安徽省第二次社会科学成果二等奖；经济学专著《市场经济与国有经济改革》获安徽省第四届社会科学优秀成果著作三等奖。2001—2006 年受聘为省政府参事。

王景连　1939 年 11 月生，安徽宿州人，九三学社社员。合肥工业大学教授。省政协委员。2 次参加国际学术会议和 6 次全国学术会议。在国家级和重要期刊发表学术论文 20 多篇，论文被中国人民大学以最新研究成果向海内外介绍，国内多家媒体转载、引用。2001—2010 年受聘为省政府参事。

王基福　1935 年 7 月生，安徽当涂人，九三学社社员。高级工程师。省政协常委。享受国务院特殊津贴。曾获安徽省优异成绩奖、安徽省五一劳动奖章、省先进科技工作者等称号；1992 年被评为黄山市有突出贡献中青年专家。2001—2006 年受聘为省政府参事。

彭本逵　1938 年 9 月生，安徽广德人，九三学社社员。高级工程师。铜陵市建委副主任、调研员，省人大代表。曾获铜陵市优秀知识分子、铜陵市劳模等称号；1990 年铜陵市政府记二等功；1997 年获铜陵市科技进步二等奖。2001—2009 年受聘为省政府参事。

余恕诚　1939 年 1 月生，安徽肥西人，无党派。享受国务院特殊津贴。安徽师范大学教授、博士点负责人。全国政协委员、省政协常委。曾获全国优秀教育工作者、安徽省师德先进个人、教育部全国首届百名国家级教学名师奖等。出版《唐诗风貌》《李商隐诗歌集解》（合著）等著作13部。独著和合著中获国家图书奖2项（其中1项集体）、全国古籍整理图书奖2项、省社科一等奖2项、教育部全国高校社科二等奖1项，其他省部级社科奖4项。发表论文100多篇。2001—2010年受聘为省政府参事。

韩也良　1932年7月生，江苏宜兴人，研究生，农工民主党党员。安徽师范大学教授。省政府技术顾问。享受国务院特殊津贴。主持省内外多项科研、规划项目，参与多项全国及国际性研究。在省内较早提出“旅游生态学”。发表论文百余篇，主编专著5部，参编、出版专著十余部。曾获国家自然科学二等奖、省科技进步奖、优秀图书奖、参政议政奖等多项；被国家教委、科委联合授予“全国高校先进科技工作者”称号。2001—2006年受聘为省政府参事。

李健民　1938年5月生，安徽枞阳人，无党派。中国科技大学教授、博士生导师、省政协常委。享受国务院特殊津贴。一项科研成果获中国科学院科技进步二等奖；超分子、微孔、中孔等纳微孔材料和光子晶体的研究获国家自然科学基金资助。发表论文160余篇，其中130余篇刊载于国际刊物并被美国《科学引文索引》收录。2003—2008年受聘为省政府参事。

疏开生　1937年1月生，安徽安庆人，民革成员。安徽理工大学教授。省政协常委。享受国务院特殊津贴。主持、承担国家科技攻关、部省重点项目等30多项，6次获部、省科技进步奖，3次获省、国家和国际发明奖，全国十年科技发明金杯奖和贡献奖。编著、出版《煤矿采掘基本知识》《矿井设计参考资料》等专著，发表《岩层移动非线有限元模拟研究》等30多篇论文，获全国优秀图书一等奖和多篇自然科学优秀学术论文奖。曾被民革中央评为全国先进个人。2003—2008年受聘为省政府参事。

陈　进　1943年11月生，江苏沭阳人，中共党员。高级经济师、注册会计师。省农委纪检组组长，兼任省政府农业专家顾问组成员。多次被财政部农财司聘为农村财务会计制度组成员，国家经贸委大中型企业厂长、经理考试命题组成员，农业部大中型企业考试命题组成员。曾参与中央农村领导小组起草中央农村工作文件和有关法规，多次参与省政府有关文件和法规的起草及有关决策、咨询活动。曾在中央电视台讲授农村财务会计课程。著有《农业企业经营学》《农村财务会计》等十多部著作。2003—2008年受聘为省政府参事。

杨应芹　1943年8月生，安徽巢湖人，无党派。安徽大学中文系教授、博士生导师，安徽大学出版社总编。国家重点社科项目《汉语大词典》的主要编纂者之一。曾合作整理研究清初诗人施闰章的著作，其成果《施愚山集》列为国家“七五”古籍整理规划项目，并于1994年获国家古籍优秀图书一等奖，《施愚山研究系列论文》获安徽省教委社科优秀成果二等奖。协助张岱年主编《戴震全书》(该书为国家“八五”古籍整理规划重点项目)，1998年该书获安徽省社科优秀成果荣誉奖，论文《戴震与水经注》

获省社科优秀成果二等奖。2004 年起受聘为省政府参事。

杨振斌　1944 年 5 月生，合肥人，中共党员。高级工程师、省工商联常务副会长。全国政协委员、全国人大代表。曾荣获全国政协优秀提案奖，多项议案被全国人代会列为提交审议议案。2004—2010 年受聘为省政府参事。

樊美珍（女）1944 年 2 月生，陕西西安人，民盟安徽省委常委。教授 安徽农业大学博导、硕导。享受国务院特殊津贴。安徽省科协系统十佳女科技工作者，省“三八”红旗手。发表论文 140 余篇，其中被 SCI 收录 3 篇，独著及合著专著 8 部，《中国虫生真菌研究与应用》第三、四卷主编。先后获省自然科学一等奖 1 项，省科技进步三等奖 3 项。主持省、部级科研项目多项。2004 年起受聘为省政府参事。

刘祖平　1945 年 8 月生，湖北武汉人，无党派。中国科学技术大学研究员、博士生导师。国家同步辐射实验室副主任。参与建设国家同步辐射实验室；曾出访美国斯坦福大学和德国 BESSY 研究所等进行合作研究。1996 年以来，作为工程项目经理兼总工程师，负责建设国家同步辐射实验室二期工程。曾被评为中科院优秀硕士生导师，中科院有突出贡献中青年专家。2005 年起受聘为省政府参事。

崔文祥　1944 年 12 月生，江苏无锡人，中共党员。高级工程师。省信息产业厅副厅长。担任课题组长的高压单晶炉等科研项目通过部级鉴定，填补了国内该领域空白。主持了安徽省信息产业“十五”规划的制定，主持和参与了安徽省信息产业发展思路研究。2005—2010 年受聘为省政府参事。

吴　奇　1955 年 3 月生，安徽芜湖人。博士、中国科技大学化学教授、美国物理学会会士（Fellow）、中科院院士。曾获首届郭沫若奖学金、德国洪堡研究奖学金、国家杰出青年基金、“求是”杰出青年学者奖、香港裘槎基金会杰出研究奖、中科院杰出青年科学家奖，被评为中科院优秀博士生导师。2003 年获国家自然科学二等奖。发表科学论文 260 多篇。2005 年起受聘为省政府参事。

王傲兰（1945—2007）　江苏常州人，九三学社社员。享受政府特殊津贴。安徽省经济研究所所长、省政府宏观经济分析专家组成员。曾参与安徽省“七五”—“十一五”时期经济社会发展思路及规划的研究编制，共同主持较重大研究课题 36 项。《科教兴皖保障体系研究》《关于库区移民企业及其资金管理的调研报告》等获国家计委和安徽省二、三等奖。曾被评为“安徽十大经济人物”。2005 年起受聘为省政府参事。

附：郭崇毅参事事迹史料

国务院参事室 中央文史研究馆 关于学习政府参事的楷模郭崇毅 崇高精神和模范事迹的通知

各省、自治区、直辖市人民政府参事室、文史研究馆，有关省辖市人民政府参事室、文史研究馆，中国人民银行参事室：

根据国务院领导同志关于要在全国各地政府参事室、文史馆系统开展学习郭崇毅参事活动的指示精神，国务院参事室、中央文史研究馆研究决定：结合当前正在深入开展的学习实践科学发展观活动，在国务院参事室、中央文史研究馆和各省区市政府参事室、文史馆系统，组织参事、馆员和机关干部认真学习政府参事的楷模——郭崇毅的崇高精神和模范事迹。

郭崇毅 1921 年生于安徽合肥，2002 年病故。他 1937 年 16 岁参加淞沪抗战；1946 年加入中国民主同盟，任皖西解放区三分区肥西南办事处主任；1949 年参加渡江战役和解放南京、上海战役；同年任民盟合肥分部主任委员、皖北区政协副秘书长；1949 年 12 月 4 日，郭崇毅参加民盟中央扩大会议，在中南海受到毛泽东主席的接见；曾蝉联安徽省政协委员 41 年、安徽省政府参事 27 年之久。

郭崇毅是这中国共产党的忠实诤友、人民群众的忠实代言人。1955 年和 1956 年，因坚持讲真话、不讲假话和违心的话，实事求是反映高级社浮夸和缺粮问题，曾两度付出沉重的代价；但他怀着报国为民的人生理想和对真理的执着追求，不因受到的不公正待遇而动摇退缩，继续深入农村调查研究，反映民生民意，忠实地履行参政议政、建言献策的职责。

党的十一届三中全会以后的 20 多年间，郭崇毅报送了近百篇调查报告和政策建议。特别是在 1978 年我国农村改革的前夕，他不顾个人安危，冒着巨大的政治风险，凭着敏锐的政治洞察力和大量调研得来的第一手材料，怀着对党和人民的赤胆忠诚，在短短五个月内，连续三次上书中央，直言进谏，其胆识令人敬佩。对发端于安徽肥西的“包产到户”这一农村改革新生事物，他满腔热忱地支持，并通过深入调研做出深刻理论阐述，为中央关于农村改革的重大决策，提供了十分珍贵的第一手材料。他的崇高精神与模范事迹，已载入了我国农村改革的史册。

12 月 5 日，人民日报、光明日报发表和新华社播发了通讯《政府参事的楷模——郭崇毅》。郭崇毅参事以天下为己任、实事求是、不计较个人荣辱得失的精神风范，是我们在新形势下进行社会主义现代化建设的宝贵精神财富。我们要紧密结合参事工作、文史馆工作和机关工作的实际，学习他热爱祖国、忠于人民的人生境界；学习他关注民生、心系百姓的爱民情怀；学习他深入实际、直面社会的求实精神；学习他淡泊名利、敢说真话的道德情操。我们要通过开展学习郭崇毅参事的活动，进一步增强责任感、使命感，切实改进调研方法和工作作风，更加紧密地团结在以胡锦涛同志为总书记的党中央周围，积极推动政府参事工作和文史研究馆工作的科学发展，为促进中国特色社会主义伟大事业发展而不懈努力。

二〇〇八年十二月五日

郭崇毅参事关于包产到户的三次上书：

关于参观肥西县午季大丰收情况的报告（摘要）

（1979年6月19日）

一、空前未有的粮食增产

肥西一是午季粮食成倍增产；二是生产责任制包到户的多。到了区里，情况就更具体。官亭区过去午季最高的年产量（1977年）只收麦669万斤，而今年午收据区里估计，在2000万斤以上，超产两倍。山南区1977年午季收麦579万斤，今年估产在2500万斤，比最高年产量增产三倍多。为了证实这奇迹般的丰收数字，我深入到社队走访调查，发现官亭公社历年麦收都在90余万斤，今年公社估计要收250万斤以上。

二、增产的主要原因

大旱之后，适宜麦子的生长。这是今年午季丰收的重要因素之一。但所以成倍的增长，则一致认为是包产到户这一措施调动了广大社员的积极性。山南区委汤书记介绍：去秋如不责任包到户，最多只能收一千二、三百万斤麦，要少收一半。

为什么责任到户就成倍地多收？经大家共同探讨，结论是因为它解决了三个问题：

1. 播种面积的扩大。
2. 肥料的增加。
3. 认真耕作、管理。

三、增产后个人、集体与国家的关系

肥西县丰收之后，到处喜气洋洋，责任到户的社员更是兴高采烈。目前麦子刚刚打下，社员正在日夜抢种。据官亭公社粮站统计，6月份已收进麦子3万多斤，从5月1日到6月12日，还收购陈粮（稻、米）151440斤。由此证明，农民有了粮食，国家确实也就有了。

四、社会秩序安定

肥西去年赌风盛行，迷信活动亦有抬头的趋势，但现在已看不到这些现象。农民都在披星戴月搞生产。没有一个闲人在街上游逛。汽车到上派，沿途经过都是小村镇，上下车秩序井然。

五、两种意见

现在在基层干部和农民中议论纷纷的是两种意见：一种说，包产只能到组，不能到户。他们认为，到组还是社会主义，到户就是资本主义。另一种是主张包产到户的。这种人在干部、群众中都占相当数量。他们说，只要按国家计划生产、分配，土地是集体的，包产到户，也还是社会主义的集体经济，不是资本主义。他们还认为，国家需要粮食，包产到户能多收，能多贡献，这才真正是为四个现代化出力。如果在一起“绑着穷”，那才是妨碍四个现代化。

六、两个问题

一是一些干部和社员问道：我们包产到户，土地还是集体的，既不能买卖，又不能拿它剥削别人，和工业上计件工资定额到人性质是一样的，为什么叫资本主义？

二是一些比较负责的社、队干部想不通，他们问：我们搞了20多年农业工作，往往把粮食搞减产，或者徘徊不前，就说大方向正确、路线正确；把粮食搞大幅度增产了，就说大方向错了、路线错了，这到底是什么理论？

七、我的几点认识

1. 我认为，在百年未遇的大旱情况下，今年午季肥西能获得如此特大丰收，是党中央和安徽省委的正确的农业政策，号召解放思想，提倡生产自主权等一系列指示的结果。如果“四人帮”没有打倒，他们不顾群众死活，能把减产虚报为增产，坚持“宁要社会主义的草，不要资本主义的苗”，山南、官亭两区的午收是不会一跃而翻两三番的。

2. 农村干部和社员提出的两个理论问题，带有相当的普遍性。建议有关搞理论工作的部门，及时研究解答，这对指导农业生产健康发展，有迫切的需要。

3. 肥西山南、官亭两区，在去年秋种时，大部分土地都已包产到户。现在大约仍有半数以上社队维持原状。如果允许他们继续搞一些时候，应当指导他们总结经验，订一些管理制度。这对促进生产发展更有好处。现在有不少干部一致公认包产到户可以大量增产，但又不敢帮助生产队和社员总结经验，制定管理办法，这是很大的问题，也是不正常的现象。如果长期不帮助包到户的队建立管理制度，不但会有“打破头，累死牛”的事，而且还可能出现更严重的纠纷。

责任到户的性质及其有关问题（摘要）

（1979 年 8 月 16 日）

一、广大群众的呼声

1978 年秋，肥西县在百年未遇的大旱胁迫下，大部分社、队实行责任到户（群众称为“包产到户”），使今年夏粮获得了增产一倍半的特大丰收。麦子由过去年产 5000 多万斤增加到 1.4 亿斤。基层干部和广大社员群众，都在实践中清楚地认识到当前用这种生产方式，最能促进生产力的发展。省委和县委于 8 月上旬作出不要强行取消责任到户的指示，维护了广大农村社员日益高涨的生产积极性。

二、责任到户是走社会主义道路

责任到户，到底是走资本主义道路，还是走社会主义道路？我在合肥西，农民多次向我质问：“我们包产到户，田地还是集体所有的，庄稼是按国家计划种的，分配和积累也是按生产队统一核算单位进行的。大家劳动吃饭，又不剥削别人，粮食收多了，自己又不能出口到外国，还都是按规定的价格，统统卖给国家，这怎么叫走资本主义道路？”我以为，这个问题提得很对，在马克思的学说中，未听说有生产资料公有制，又靠自己劳动吃饭的“资本主义”。责任到户，在今天的社会主义制度条件下，它同商品生产一样，已经不是为资本主义服务的形式，而是为社会主义服务的形式。

三、不必要的十大忧虑

自出现责任到户以来，有些不太了解农村情况的同志，有许多忧虑：

一曰：“只是一季丰收，不能证明责任到户的方式适应当前生产力的发展。”我认为，这个问题，只有农民自己来回答，才最有权威。农民直到现在，还把“责任田”称之为“救命田”。农民是经过反复实践而认识到责任到户的好处的。

二曰：“牛力、水利不好安排。”官亭公社夏老庄生产队队长袁友和说：“责任到户，用牛、用水麻烦是多些，但能够解决。现在是集体经济，只要队干部安排合理，是不会出问题的。”果然，这个生产队和其他许多生产队一样，在今年用水、用牛十分紧张的“双抢”季节，也并未发生过纠纷。

三曰：“生产计划、远景规划不好安排。”责任到户之后农民并没有脱离生产队的组织领导，凡是因地制宜，符合客观规律的计划、规划，农民是不会不执行的。

四曰：“抗灾能力薄弱。”集体农民确实比解放前的个体农民抗灾能力强。问题是，责任到户的农民，并没有离开人民公社这个集体，正如实行岗位责任制的工人，并未离开工厂一样，它的土地、劳力和公共积累，生产队是可以统一使用的。它并没有妨碍集体经济的优越性，不应当把他们当成旧式个体农民，更不能把它与过去的单干户混为一谈。

五曰：“劳力强弱不同，造成收入不平衡。”我认为，在按劳分配的社会主义社会，每个人收入不平衡，这是正常的现象。大量事实证明，不但劳力强的一季得了过去几倍收入，而且我访问了几家劳力弱的。他们也不同程度地增加了收入。

六曰：“助长个人主义。”责任到户是适应当前生产力的水平，是发展生产的需要。生产发展了，使农民感到集体经济有奔头，越干越有劲，这只能是助长集体主义，决不是助长个人主义。

七曰：“影响四个现代化。”农民不是这样认识。他们说：国家搞四个现代化，需要大量粮食和农产品，我们购买现代化机器，也需要大量资金。责任到户，可以更好地解决这两个问题，正是促进四个现代化而不是影响四个现代化。

八曰：“要防止暴富。”有人说，实行责任到户，怕有些农民“暴富”。这是很不必要的顾虑。在我们国家里．不准生产资料私有，不准放高利贷，不准人剥削人。如果“暴富”指的是贪污盗窃，投机倒把，那自有法律制裁，与经济管理体制是无关的。

九曰：“你说责任到户可以增产，为什么旧社会农民没有发财？”这个道理很容易明白：旧社会农民受地主和反动政府的重重剥削和压迫，当然不能致富。

十曰：“要实行责任到户，也要讲明是‘权宜之计’，不然，将来收不回来。”我以为，整个社会主义历史阶段是一个过渡时期，在此期间，生产力处于迅速地不断地发展变化的过程。为了适应这种变化，生产关系和上层建筑也应进行不断地调整和改革。我们实行某一项政策，时间有长有短，完全是为驾驭客观事物的发展规律。责任到户是适应农业生产力当前发展水平的一种适当做法，是社会主义生产关系的一个组成部分，并不是“异端”和“邪路”。

四、什么条件适宜责任到户

唯一的检验标准，就是看它是不是能够促进生产。过去，我们把生产力水平弃之不顾，说什么“人有多大胆，地有多高产。”给生产造成过极大的破坏。这个惨痛的教训必须记取。

责任到户应该订些什么制度？我认为，由于各个生产队的具体条件不同，订的制度就不可能千篇一律。领导机关只能根据党的路线、政策在总的方面提出几条原则，以防发生重大的偏向。怎样规定这些制度，只能由社员和干部自己去订。

五、是前进还是倒退

有些人一听到责任到户，就说：“你这是‘倒退’！”这句话当然不对。革命的目的是为了解放生产力，在目前的条件下，责任到户可以调动农民的积极性，可以增加生产，这就是前进。还有人听到农民要求责任到户，就叹气说：“群众觉悟低了，思想倒退了。”这也不符事实。现在农民敢于反映真实情况，要求责任到户，是思想进步的一种表现，决不能叫做“倒退”。

十一届三中全会以及五届二次人大会议上决定：“对经济管理体制和管理方法着手认真的改革”，在农业上实行“各种形式的责任制度”，这统统是沿着现实的道路，跨出勇往直前的步伐，并不是“倒退”！

肥西县不过是一个110多万亩土地的县，人口也不过73万。在部分地区实行包产到户，一季就多收了8000多万斤麦子，这在发展生产、促进“四化”上，是一件大事。我希望大家作进一步的调查和研究，以便领导上做出决策，以促进农业生产大幅度的上升。

关于六安地区七县农业生产责任制情况的报告（摘要）

（1979 年 11 月 26 日）

10 月中旬，省政协介绍江城、玛金同志和我到六安地区了解农业生产情况。从沿淮的冲积平原，到大别山区，直至巢湖之滨圩区，行程 2000 余里，历时 1 个多月。这时正是三秋大忙季节。所到之处，都在议论农业生产责任制的问题。

一、责任制对生产的促进

几个县、区的产量对比

六安地区今年仍然是一个灾年。据六安地委介绍，今年粮食总产约为 42 亿多斤，比 1978 年少 1 亿斤。至于六安地区各县之间，产量的增减则差异很大。凡是对责任制抓得比较紧的，就增；凡是过于谨慎或摇摆不定的，就减。

哪一种形式责任制增产幅度最大

据各县同志们的介绍，按照他们的调查的结果："不管哪种形式的责任制，比在队里'大呼隆'强。"但也都反映，责任到组，"还有个'小呼隆'的问题"。只有责任到户，才能最大限度地促进生产。

夏、秋两季都获丰收的山南区

山南区今年也遭受春旱、秋霖与虫、雹灾害，因为它 90%以上责任到户，今年仍然增产粮食 2628 万斤。按区里在沈店大队搞分配试点推算，全区人均收入由 72 元上升到 99 元，每人增收 27 元。全区今年的积累要达到 80 万元，人均收入达百元以上。我在山南开了烈、军属，干、工属座谈会，一户一户的算帐，除个别户有特殊情况外，收入都比过去增加。

两个大翻身大队

在官亭区，我着重到官亭公社两个大队调查。官北大队是中等队。去年秋种时都责任到户。今年共收 170 万斤粮食，比 1978 年增产 40 万斤。另一个高庄大队，是这个社里比较穷的。这个大队 15 个生产队，去年秋季就有 14 个生产队责任到户，今年增产粮食 70.5 万斤。

二、对责任到户的认识

我 6 月份到肥西参观时，就有人说，包产到户实质上是责任到户，是社会主义农业经济的一种管理形式。但也有不少人说它是"走资本主义道路"，一定会出现"穷的穷，富的富、帮的帮，雇的雇"。这一次在合肥西，这些议论大大地减少了。肥西县政策研究室 11 月 2 日打印的《肥西县建立各种形式生产责任制情况统计表》中，已经把"包产到户责任到人”正式列为四种责任制当中的一种。

三、责任到户是怎么产生的

我开始认为，肥西遭到百年未遇的大旱，是不得已而为之的。这次了解，使我想起了几句名言：“无论哪一种社会形态．当它还有发展余地的生产力没有展开以前，是决不会灭亡的；而新的物质条件没有出现以前，新的生产关系，也决不会出现的。”原来，在各处鼓励社员要求责任到户的，不是什么人的意志，而是客观经济规律在那里进行顽强的斗争。

四、一场激烈的争论

在几个县里，争论是激烈的。反对的人说：“不论包产到户能收多少粮食，中央文件不许搞，我作为一级党委负责人，要不要服从中央？”赞成的人说：“中央号召要我们解放思想，一切要从实际出发。包产到户能加快农业发展速度，符合中央要求，为什么不能搞？”万里书记10月中旬在听取六安、巢湖、滁县地委工作汇报时的插话记录，在合肥西透露之后，大家认为万里同志在农业问题上这些意见是符合实际情况和经济规律的。11月8日，我在山南区时，遇见官亭区巨新公社英雄大队书记陈本山，跑了几十里路，来向汤茂林书记问万书记的讲话是真是假？当汤书记说是有这个讲话时，陈本山同志非常激动。他告诉我说：“现在放心了，我们大队去年包产到户，今年有70%社员经济收入翻了番。只要再干两年，农民都要富起来了。”

五、干部的愿望

我们所到7个县，绝大多数县、区、社、队干部，都迫切希望中央和省委对责任到户问题，早日做个决定。

六、几个具体问题

是不是瓦解了集体经济

社会主义的农业集体经济，指的是按计划发展生产，为国家提供农产品，为集体提供积累，为社员增加收入。六安地区7个县提供的资料证明，凡是责任到户搞了一年的社、队，都达到了这个要求，是壮大了集体经济，不是瓦解了集体经济。

是否架空了生产队

责任到户的队，社员使用的土地，是与生产队签订合同承包的，耕牛、农具是生产队统一交给社员使用的，社员是以生产队为单位统一计划生产、上交各种农产品、提取各项积累的，水利也是由生产队统一安排的。现在生产队干部与社员一样干活，干、群关系融洽，生产队这一级组织在社员中威信也提高了。

能否对国家增加贡献

肥西县责任到户的区、社、队，从干部到社员，异口同声说只要到户搞三年，各种农产品都要翻一番。而多收的农产品，绝大部分都要卖给国家。

积累问题

根据各县的介绍，20 多年来，生产队的积累，帐面上年年有，实际是不存在的。这次在合肥西县山南、官亭两区，看到他们正在筹划把各个队的公积金存到信用社，把储备粮存到国家仓库，并且还发给社员每户一个存折，不准生产队随意动用。这个办法很受社员欢迎，都说从此真能为实现农业现代化积攒基金了。

“五保四属”问题

我在山南开了两次“五保四属”的座谈会。大家反映，包产到户，送给五保户的粮，比过去在生产队慢了一些，但并未影响他们的生活。我问了许多干、工属，他们都积极赞成责任到户，也有极个别人不想分到户的原因是怕烦神，或者没有干活的习惯，怕出力。

牛与农具问题

今年春季，土地分到户，干部又不敢帮助制订制度，确实有“累死牛”的。现在已经有制度：生产队把牛与农具折出价，交社员使用，一头牛的用户，很自然的成了耕作组。耕作组每年向生产队交折旧费。农具也是按此原则类推。

用水问题

今年春季已有了制度：大的提水站和灌溉渠是社、队管理的。一口塘或一个涵口，灌溉哪些土地，事先由生产队定下来，由用水户公推一个人，管理蓄水、用水，大家凑钱给他作为报酬，搞得井井有条。

副业问题

现在还有人说，包产到户能增产粮食，但社、队工、副业搞不起来了。我了解几个公社，凡是摆样子供人参观的工、副业摊子，确实都搞垮了。凡是能增加积累的，今年都比往年搞得更好。官亭公社社办的工、副业，去年产值是 80 万元，今年要增加到 120 万元。

致富之道问题

大家认为：将来彻底改变农村面貌，当然要靠机械化、现代化。按目前的条件，尤其是低产和多种经营上不去的地区，大家以为只有把土地责任到户，让田地多收些农产品，让绑在一起的劳动力腾出一部分，搞工、副业才有希望。

七、分配问题

以上几个具体问题，在合肥西的山南、官亭两区，已经无人谈论，因为实际上已经都经过社员讨论，有了解决的办法。在责任到户比较多的肥西县，现在倒出现了一个新的问题，就是用什么方法进行分配。从县、区、社、队干部直至责任到户社员，都赞成大包干式的分配方法，就是每一户社员，按承包合同，向生产队拿出七大缴（一、征购、超产、储备粮；二、油料；三、棉花；四、肥猪；五、公积金；六、公益金；七、生产队提留），其余都分给社员。这种办法简单易行。

八、几点意见

在严重的自然灾害袭击下，安徽这两年农业还能稳定地向前发展，集市贸易繁荣，人民生活改善，这是一个很大的成绩。7个县的同志们，在主观上也尽了最大的努力，想把农业生产责任制搞好。但从整个农村经济的实力以及少数干部的思想倾向来看，又使我们产生一个“大病初愈，余热未清”的感觉。为了迅速恢复和发展农业经济，我们认为：

一、关于“实践是检验真理的唯一标准”这个马克思主义认识论的基本原理，在农村中还要深入地、大张旗鼓地进行宣传，以扫除极“左”路线在某些同志头脑中遗留的严重影响。只有这样，干部思想才能彻底解放，才能从实际出发，改革农业管理体制，加快农业发展的速度。现在不从经济实效出发，还在抽象地谈论方向、路线，从概念出发，等着上级指示办事的人，仍不乏其人，对生产发展影响很大。

二、省委关于农业经济政策的《六项规定》，对落实生产队自主权以及按劳分配原则，起了很大的促进作用，是生产发展的一个重要因素。也有一些地方，至今还认识不足，对社员的正当要求和生产队的自主权，仍然采取硬压的办法，甚至造成大量减产也在所不惜。我们希望在贯彻三中、四中全会农业文件的同时，要强调一下上述两项原则，对那些违背生产队自主权、违背按劳分配原则，造成损失的人，要进行批评教育，情节严重的要负经济责任。

三、对各种形式的责任制，应一样对待。我省今年夏粮增产百分之二、三十的社、队，都受到表扬、鼓励，但是责任到户的地方，有的区、社、队增长两、三倍，却没有人敢表扬。肥西县山南区．是六安地区今年农业增产最突出的尖子，应当说，山南区委是对农业发展速度的严重性、紧迫性，理解得比较深刻的一级组织，但受不到应有的鼓励。区委书记汤茂林每次到县里开会，总是不敢吭声，低着头听人家冷嘲热讽，这是很不正常的。请省委调查这个问题，予有功者以应得的奖励，以促进农业生产加速前进。

政府参事的楷模——郭崇毅

（原载 2008 年 12 月 5 日《人民日报》）

郭崇毅参事秉笔直书，为中央农村改革的决策提供了重要的第一手材料。

28 年前的春夏之交，中国改革开放的总设计师邓小平在一篇重要谈话中，为当时颇有争议的安徽农村改革做了结论：“农村政策放宽以后，一些适宜包产到户的地方搞了包产到户，效果很好，变化很快。安徽肥西县绝大多数生产队搞了包产到户，增产幅度很大。‘凤阳花鼓’中唱的那个凤阳县，绝大多数生产队搞起了大包干，也是一年翻身，改变面貌。”

安徽省政府负责人在一次座谈会上动情地说：“谈起安徽农村改革，不能不想起一位可敬的老人，他不顾个人安危，凭着敏锐的政治洞察力和大量调研得来的第一手材料，冒着巨大的政治风险，连续三次上书中央，直言进谏，其胆识令人敬佩。他为农村改革所作的贡献，人民是不会忘记的！”

这位老人，就是最早向中央反映安徽农村包产到户、为中央决策提供重要参考的省政府参事郭崇毅。

五个月中三次上书中央，他要让最高决策者了解农村真实情况，了解农民对自主经营土地的企盼，让农村改革星火燎原。

1978 年，合肥地区遭遇了百年罕见的大旱，从春盼到夏，从夏盼到秋，没盼来一场透雨，晚稻颗粒无收，农民心急如焚。肥西县山南区委书记汤茂林按照省委“借地种保命麦”的指示，联系山南实际进一步放大胆子，将“借”字改为“分”字，把土地分包到农户，抢种保命麦。“借”与“分”一字之差，似乎比多少动员报告都灵验，全区男女老少夜以继日地挑水点种，硬是在一个月内抢种小麦 10 万多亩，油菜 48000 亩，占全区耕地面积 80% 以上。

第二年夏季，山南区获得历史上从未有过的大丰收。麦收时节，安徽省政府参事郭崇毅满怀喜悦回到山南家乡。他走村串户，查看实情。看到家家户户门前都是麦堆，有的农户用大被单缝成装麦的口袋，有的把麦堆在床上。夏季收获这么多粮食，连最精明的农民也始料不及。几个正在插秧的青年听说郭崇毅是省里来的干部，便说：“要是政府信得过，把田分给我们，保证年年丰收，给国家多交粮食！”

在昏暗的油灯下，郭崇毅萌生了一种使命感：山南区党委冒着风险闯出的路子，虽不为红头文件所允许，却分明抓住了真理。如果广大农村把生产关系调整到适合生产力发展水平，那该产生多么巨大的物质力量！他奋笔疾书赶写调查报告，要把山南的火种保护下来！

1979年6月19日，郭崇毅的调查报告《关于参观肥西县午季（夏季）大丰收情况的报告》，八千多字几乎是一气呵成。他满怀热情地记述了生产责任到户、夏粮成倍增长的生动景象；用令人信服的事实说明了包产到户与“大呼隆”形成的鲜明对比；介绍了丰收后个人、集体、国家各得其所，五保四属得到妥善安排；重点剖析了“包产只能包到组，不能到户，到组还是社会主义，到户就是资本主义”和“只要土地是集体的，按国家计划生产、分配，包产到户还是社会主义集体经济，不是资本主义”两种意见的是与非；建议领导部门和理论部门及时研究解答实践中提出的理论问题，总结包产到户的成功经验。

报告得到安徽省政府秘书长郑淮舟的支持，但他们共同感到事关重大，决非一省一地所能解决；而省委深得人心的改革当时正引起上上下下不同的议论。于是郭崇毅拿定主意，要到北京直接向党中央反映，让最高决策者了解农村真实情况，了解农民对自主经营土地的企盼。

1979年7月1日，郭崇毅选了个“吉日”进京上书。然而接待他的干部和亲友都给他泼冷水：红头文件明明写着“不许包产到户，不许分田单干”，这不是往枪口上撞吗！几经周折之后，老战友蒋树民指点他到中央制定农业政策的参谋部门——中国社科院农业经济研究所去试试。

郭崇毅找到阜成门外北小街2号农业经济研究所，王耕今所长和几位研究员热情接待了他。郭崇毅介绍了报告内容，阐述了当前农村不改革生产关系别无出路。他加重语气说：“你们研究农业，要能到我们肥西去调研，写一篇说明农业责任到户并不改变社会主义性质，那真是字字黄金！”王所长接过报告，嘱咐他三天后听回音。

三天后，郭崇毅大喜过望地得知，报告已经报送中央，中央领导同志给省委打电话支持安徽农民的首创精神。郭崇毅长出一口气，感到一身轻松：总算尽到了自己的职责。

然而，7月28日回到合肥，郭崇毅的神经又紧张起来。原来在他进京上书期间，肥西县委7月16日正式下发46号文件：“县委研究决定，重申不许划小核算单位，不许分田单干，不许包产到户。已经包产到户的生产队，要重新组织起来。”郭崇毅赶紧把报告通过省农委政策研究室主任周曰礼上报省委。8月1日，省委《政策研究》加按语全文刊登。8月3日，省委第一书记主持省委常委会研究农业问题，在会上一条一条念郭崇毅的报告，称赞说“郭崇毅的观点是马克思主义的，报告的意见是对的，我们共产党人要向这位党外朋友学习。”会后，分管农业书记和政策研究室主任直接到肥西，纠正了压制包产到户的错误做法。肥西县委又发出50号文件，允许继续推行包产到户。年底，肥西农村97%的村将土地包给了农户。

这一年8月，郭崇毅又应中国社科院农经所之约，写出《责任到户的性质及其有关问题》，对包产到户从理论上加以阐述，分析了“不必要的十大忧虑”，安徽省委印成单行本发到全省；11 月，又根据在六安地区调查写出《关于六安地区七县农业生产责任制的报告》，由中国社科院农经所印发，报送中央参阅。

1980 年 5 月 31 日，邓小平讲话了。他在《关于农村政策问题》的重要谈话中，充分肯定了安徽肥西县包产到户和凤阳县的大包干。8 月 16 日，郭崇毅给邓小平等中央领导同志写信，“恳切请求中央将农业文件中‘也不要包产到户’一段，改为生产队采取哪种形式生产责任制，由社员自行讨论决定”“在中央一再号召要按经济规律办事的同时，如果仍然由上面硬压着不准责任到户，反而会造成一些不必要的混乱与损失。”

1980 年 9 月，中共中央发布 75 号文件，农业生产责任制正式写进中央红头文件。由安徽肥西、凤阳等地点起的我国农村改革的星星之火，迅猛燃遍全国农村。

为讲真话他曾两度付出沉重的代价；但他无怨无悔，始终如一守着一条底线：坚持讲真话，决不说一句假话和违心的话。

在安徽省城，了解郭崇毅的人都对他敢于直言格外敬重，因为他曾为不讲假话和讲真话两度付出沉重代价。

郭崇毅早年参加革命，年轻时就是“老资格”，和省城许多干部比较熟悉。1955 年，治淮委员会一位领导干部以“莫须有”罪名入狱，郭崇毅连带坐牢。专案组要他揭发所谓“反党反革命”罪行，他坚持不说一句假话，不说一句违心的话。一年后，省委组织部长宣布为他平反，赔礼道歉。

然而不到半年，更大的灾难又悄然向他袭来。

1956 年冬，35 岁的郭崇毅受省政协委派到肥西农村视察。县粮食局副局长陪他来到全省合作化运动“标兵单位”肥光高级农业合作社。听到社主任汇报当年粮食产量 453 万斤，比上年增产 50% 时，郭崇毅高兴地说：“这样的丰收令人鼓舞，请把社里账册拿给我看看，以便给省上写报告。”当晚回到县里，在昏暗的油灯下，郭崇毅一笔一笔仔细核对账册上的数字，发现实际产量只有 285 万斤，比上年 316 万斤减产 10%。他顿时感到自己受骗了。

第二天一早，他约上粮食局副局长又来到肥光社，要找社主任问个究竟。“你们介绍的数字和账上的数字为啥不一样？”社主任回答说：“您既然看出来了就实说吧！我们汇报的增产数是今年春天在农业生产会上向全省提出的‘挑战数字’，实际秋季减产了。”郭崇毅问：“既然减产，为什么不如实上报？”回答说：“县里不准呀！肥光社是全省高级社的红旗，只能报增产，不准报减产，我有啥办法呢？”看着“红旗社”主任一脸无奈，郭崇毅没有指责，当即请他把合并高级社前四位初级社会计都找来，当面把减产上报增产的情况一一核对，最后请社主任写成书面材料，盖上肥光社公章和主任私章。

郭崇毅担心如此虚报会殃及农民口粮和种子、饲料粮，第三天又拉着副局长去看合作社仓库，并一连走访十几家农户。果然不出所料，社里仓库没留种子、饲料，农户口粮普遍不足。他又到附近的两个高级社察看，同样有浮夸和缺粮现象。一位社主任拉着郭崇毅的手说："郭委员，请你回省一定要向上面反映实际情况，不能把粮食都调走了，不然闹粮荒会饿死人的！"

郭崇毅不敢怠慢，一回到省城就抓紧写报告，实事求是地反映肥光社等几个高级社的浮夸问题，要求省委采取补救措施，防止出现粮荒。报告打印后，一位老同事劝他："你还年轻不知利害，这'马蜂窝'捅不得啊！"省委政法委的朋友认为如材料准确，农业上存在这样严重问题，应当无保留地向省委报告。

第二天的汇报会上，郭崇毅有理有据地讲了对肥光社等几个高级社浮夸问题的调查。"马蜂窝"炸窝了！有人在会上公开站起来批判他"蓄意反对农业合作化"，要他承认"造谣"。郭崇毅莫名其妙，反复引用事实说明调查完全属实。有关领导不由分说，会后安排了多场批判会。他视察过的几个高级社主任来了，他原以为能当面澄清真相，解除误会，不料几位社主任异口同声否认亲手写的减产报告，说"大社大增产，余粮吃不完"，弄得郭崇毅啼笑皆非、有口难辩。

于是，从"右派"到"极右"再到"现行反革命"逐步升级，最后郭崇毅竟以"现行反革命罪"判刑，送白湖农场劳改。

1962年"七千人大会"后那个早春，新任省委第一书记李葆华指示省委统战部从白湖农场接回郭崇毅，宣布他向省委反映情况是正确的，表示赔礼道歉。郭崇毅没有怨言，一首《一剪梅·留别白湖》表现了他金子一般的心：

堤上青青柳色鲜。蓦地言还，无限流连。几番回首好河山，一片风帆，一路阳关。

往事还该放眼看。一去如烟，共赴艰难。春风万里在身边。百草花繁，百鸟声喧。

参政议政，建言献策，拾遗补阙，是他对政府参事工作的理解；尊重事实，追求真理，淡泊名利，是他终生不懈的追求。

郭崇毅是一个非同寻常的人。1937年他才16岁，上海"八一三"抗战一打响，他就毅然离开家乡奔赴战场；后来又变卖家产组织游击队交给共产党，父亲登报声明和他永远脱离父子关系；1946年内战爆发，他加入中国民主同盟，其后进入皖西解放区任三分区肥西南办事处主任；1949年1月合肥和平解放、4月三野渡江战役、解放南京、上海，都有他的身影；1949年6月任民盟合肥分部主任委员、皖北区政协副秘书长；解放后蝉联安徽省政协委员41年、在省政府参事任上27年之久。

从加入民盟、进入政协，到担任政府参事，郭崇毅重新诠释历史上的"拾遗补阙"，经常就国家大事向党和政府提出意见和建议。"拾遗补阙"原是两千多年前司马迁在《报任少卿书》中说过的话，唐代武则天认为它对政治十分有益，于是就创设“拾遗”、“补阙”两个官职，用以延揽天下贤才，居其左右，向朝廷提供建议与“讽谏”。后世相沿，唐代大诗人杜甫、白居易当过“左拾遗”，宋代诗人晁无咎还任过“右补阙”。

郭崇毅认为，中国这样的大国搞现代化建设，经纬万端。虽然中华民族的精英和最大智力库大都在共产党内，但智者千虑，必有一失。日理万机的领导人，难免有考虑不到、计划不周的地方。自古国家兴亡匹夫有责，关心国家大事，积极建言献策，是一个民族兴旺发达的现象。恪尽职守，坦诚建言，因人而异，各展所长，是政府参事应尽的职责。

他似乎淡忘了合作化时因建言献策尝过的苦头，以及“文革”十年动乱经历的许多磨难，心里想的一直是国计民生。党的十一届三中全会公报发表了，他感到人民翘首以盼的春天终于来了。当天即以《临窗赏梅》为题，写了一首《贺圣朝》：

清香一缕新梅吐，点点天心露。纷纷蜂蝶怯冬寒，仍旧巢羁缚。

去年冷暖，何须相诉？又桃符朱户，春来振翅百花时，细寻阳关路。

乍暖还寒时节，郭崇毅不敢忘记政府参事的职责，于是有了关于包产到户的三次“上书”。今天重读30年前的三份“上书”，依然能够感受到字里行间的政治勇气和理论力量。实事求是和辩证思考，是郭崇毅所有上书和报告的主要特色。他善于参政议政，建言献策；擅长用事实说话，既全面看待问题又能敏锐地抓住本质，准确而鲜明地反映倾向性问题。

1982年，已经担任省政府参事室副主任的郭崇毅回肥西过春节，看到农民丰衣足食，也发现一些亟待解决的问题，便以《肥西县农村春节见闻》为题，给省委写报告，着重反映党风与干部作风、赌博与治安、农民承包的土地山林不稳定等问题。这个报告受到省委重视，省委办公厅以正式文件发到全省各县、区、乡。所加按语指出：“这个报告，对我们的工作有褒有贬，讲得比较全面、中肯，值得我们深思。一个党外人士能给我们写这样的报告，很够朋友。现特发给你们，请认真看一看。报告中指出的问题，各地都应引起注意，采取措施，抓紧解决。”

郭崇毅认为，类似党风、干部作风等问题，全国各地都不同程度存在。于是1982年8月上书中共中央，陈述六条意见：一、整顿党风问题；二、实行法制问题；三、任用干部问题；四、严明赏罚问题；五、党政干部实行责任制问题；六、广开言路问题。六千多字的报告，对中央和省、县干部指名道姓加以评论和批评。报告发出两个月没有回音，一位朋友来访，看过报告半开玩笑地说：“按当年反右标准，每一条意见都够判刑了。”10月下旬，中共中央组织部来信了：“你给中共中央的信已转给我部参阅，对你这种积极负责的精神，我们表示谢意。”

党的十一届三中全会之后二十多年中，郭崇毅向安徽省和中央一共写了近百篇调查报告和建议，反映了干部作风、农业政策、教育、统战等多方面的意见和建议。

1988 年夏，郭崇毅在安徽农村调查后写一篇报告，反映农村经济大发展，农民生活大提高，六大隐忧不容忽视：乡村盗窃、赌博之风日甚；有些干部作风颓废；违法谋私花招增多；关系网问题严重；新的浮夸又在抬头；一些地方干部缺乏“自我完善”。省委批转复查后，把复查报告送给郭崇毅，省委书记在报告上批示：“此报告可送郭崇毅同志一阅，衷心感谢郭崇毅同志本着对党对人民负责精神，向组织反映情况。有何意见，请继续反映。”

毛泽东在中南海的一番教诲，成为他一生的座右铭；他选择反映人民呼声、关心人民疾苦作为回报人民的主要方式。

1949 年 12 月 4 日晚，北京的一个初雪之夜。在中南海小客厅里，28 岁的郭崇毅和参加民盟中央扩大会议的代表一起，在这里接受毛泽东主席的接见。毛主席身穿黄呢军服，亲切地同他握手，问他是哪里人，做什么工作，有没有困难？他一一作了回答。更让郭崇毅难忘的是，毛主席两次从沙发上站起来，给代表们讲述全心全意为人民服务的道理：“在人民有困难的时候，做了好事，人民是不会忘记你们的！”郭崇毅坐在毛主席身边，字字句句听得真切。毛主席这一番关心人民疾苦的教诲，成了他一生的座右铭。

一个风华正茂、充满希望的年轻人，怎么也不会想到，中南海小客厅接见仅仅 5 年之后，自己却为讲真话、关心人民疾苦而接连落难。

郭崇毅是个刚强汉子，遭受不白之冤、老婆离婚依旧“男儿有泪不轻弹”。然而，女儿的一段经历却使他潸然泪下。他在白湖农场劳改时，家人四处流浪，9 岁女儿严重营养不良，流落到肥西县焦婆乡农村。一位穷苦无靠的刘老奶奶把孩子带到自己茅棚，把家中仅有的一只老母鸡杀了给孩子补养，老奶奶说：“我晓得，你爸爸是为我们老百姓说话去坐牢的。”

郭崇毅每忆至此，都深情地说，人民养育了我们，我们就要回报人民。人生还有什么感情比这更可贵呢！

安徽省政府参事室副主任汪书贵、省文史研究馆馆员徐承伦和郭崇毅既是同事，也是朋友。他们说，郭老是一个真正和人民息息相关的人。他之所以一到农村就能了解许多真实情况，就因为他和老百姓贴心，老百姓有什么心里话都愿意向他倾诉。郭老下乡一般都要进村入户走一走，看一看；经常是在村里转一圈，很多情况就了解了。常和郭崇毅下乡的司机们都说，郭老心很慈，他最看不得老百姓过苦日子，最受不了老百姓掉眼泪。他下乡经常让车送到村口，几天后再来接。前些年下乡吃饭都不兴给钱了，他还是坚持进村吃饭自己掏钱。

郭崇毅说，人民的恩情永远回报不完，他回报人民的主要方式就是反映人民心声，关心人民疾苦。

1991年，一场特大洪涝灾害袭击安徽，很多村庄房倒屋塌，人民生命财产受到威胁。年过七旬的郭崇毅为不能和青壮年一道抢险救灾而着急。他多次与参事室同志一道去灾区察看灾情，慰问灾民。8月23日，得知重灾区三河镇两县边界堤坝矛盾影响堵口排水，焦急万分，连夜草拟一份紧急报告，次日一早送到省长手中。省长很快在三河镇召开现场会，制定堵口排水方案，亲自坐镇指挥。三河镇的险情排除了，老郭才放下心来。

郭崇毅总是把人民看得很重很重，把自己看得很轻很轻。他收入不多，家徒四壁，律己很严。1981年他60岁上得过一场大病。这一年又要抱病去昆明参加农业改革会。“自觉老病一身，有如风烛”，于是行前写了《花甲留言》：“如在出发途中逝世，请就近火化，亲属只去一二人即可，费用在规定抚恤金中支付。不要人人都到，不可借此浪费财务。一切额外费用，均不得报销”，“我生天地间，如秋风黄叶，一庸才耳。因读毛泽东主席书，方置身于革命行列。解放以来，多半饱食终日，无所用心。享受待遇，恐已超出‘按劳分配’的制度。所幸诸子女尚能体察艰难，没有要我代他们营谋私利，实为我此生一大安慰。我死之后，仍盼一如既往，诸多自爱。”

饱受磨难的郭崇毅，有一种打不垮的内在坚定性、难不倒的乐观向上精神。花甲之后，到2002年81岁去世，他在政府参事岗位上抱病参政议政。正是在这一时期，他建言献策最多，对农村改革贡献也最大。

1993年，郭崇毅表兄、美籍历史学家唐德刚回合肥探亲。在聚会上，一些朋友谈起郭崇毅的坎坷人生，为他感叹。他当即站起来说，中华民族的历史，自清末以来内忧外患有如浩浩长江进入三峡地段：往来其中的人，确实要经历一些惊心动魄的礁石险滩、危崖恶浪；但是无限风光的十二巫峰，绵延数百里的锦绣山河，都蕴藏在这里。我1921年来到人间，正走在这个美丽的历史画廊中。不是坎坷，而是幸运。虽然碌碌无为，始终生活在我所热爱的人民中间，还是无怨无悔的！

第三章 文史馆工作

安徽省文史馆是具有统战性、荣誉性的机构，其宗旨是敬老崇文、尊贤尚德，主要职责是弘扬中华民族优秀的传统文化。省文史馆成立以来，特别是进入改革开放新时期以来，在省委、省政府的关心和重视下，在省委统战部和中央文史馆的指导下，省文史馆积极组织馆员修史编志、著书立说、资政建言，从事文史研究和书画创作，积极参加社会公益事业，开展海外联谊活动，为弘扬中华民族的优秀传统文化，发展壮大爱国统一战线，促进祖国的和平统一事业，发挥了独特作用。

20 世纪 80、90 年代，中央办公厅、国务院办公厅先后三次发文，对馆员的条件及聘任手续、馆员待遇、文史馆领导体制等作出具体规定。安徽省也出台政办〔1995〕40 号文件，使省文史馆工作出现新的活力和生机。1996 年 5 月，省政府参事室、省文史馆合署办公。

馆员为终身荣誉职务。1978 年前聘任馆员 513 人；此后聘任馆员 29 人。2005 年实有馆员 34 人。馆员多为学有专长、成就斐然的专家学者、书画艺术家。

第一节 文史研究

按照拾遗补缺、各展所长、量力而行、尽力而为的原则，省文史馆组织、支持、鼓励馆员“探寻古典，激发当代”，发挥其“存史、资政、教化”的作用，组织馆员为社会主义政治文明、精神文明、物质文明服务。历届馆员潜心研究，撰写文史资料 2000 多篇，200 多万字；编修地方志 34 部，60 万字；在美学、史学及诗词歌赋创作等方面出版一大批专著，为传播社会主义先进文化，作出重要贡献。1995 年 4 月，中央文史研究馆馆长、著名作家萧乾专为安徽省文史研究馆题词：“文以载道，以史鉴治”。

从事文史研究，整理撰写文史资料。2002 年 5 月，馆员、安徽大学历史系教授、安徽省陈独秀研究会副会长徐承伦参加“全国第七次陈独秀学术研讨会”，并在会上发言。7 月 22 日，又赴上海参加中国现代史学会召开的“现代中国社会转型问题研讨会”，并向大会提交论文并发言。2004 年 11 月，由省文史馆、省陈独秀研究会与中共怀宁县委联合举办“《新青年》与马克思主义早期传播”学术研讨会，馆员徐承伦提交论文《王星拱与陈独秀》。2005 年 5 月，张恨水诞辰 110 周年纪念会暨张恨水抗战作品研讨会在合肥举行，国务院参事室副主任陈鹤良、省政协副主席赵培根、省政府秘书长张俊、中央及地方 11 个省、市文史馆领导、在合肥馆员等专家、学者参会。研讨会上，专家、学者对张恨水先生抗战作品中反映出的民族精神和民族气节给予充分肯定，馆员徐承伦提交论文《论张恨水现象之独特意义》。

著书立说，传诸后世。1998 年，馆员张五鹏向省文史馆捐赠由他本人整理、台北市天工书局出版发行的《蟋蟀窝诗集》《乐真堂诗文集》《他山诗集》三部书。85 岁高龄的馆员张五鹏整理出桐城派晚期诗文 70 万言。《乐真堂诗文集》《他山诗集》还是他用蝇头小楷抄成的手迹影印本，陈立夫题写书名。是年，馆员方绍武的真书入选《当代书家五十人五体创作实录》光盘。光盘由江苏教育出版社、江苏省出版总社联合录制、出版发行。该光盘共五组 10 盘，收录的是目前国内最有代表性的优秀书法家，其创作基本反映当代书法创作最高水平。94 岁高龄的馆员程齐燮 20 多年来致力于考证“三天子都山”“黟山”和“黄山”三座山名的古代历史沿革，研究成果编成《资料集》，得到北京商务印书馆、上海辞海编辑室肯定。此外，馆员王成志、许孔璋都出版了个人著作。

开展美学理论和绿色生态学方面的研究。以馆员郭因为代表的美学研究涉及技术美学、艺术美学、绿色美学等领域，贴近现实，经世致用，具有自身特色。他早期提出“绿色文化与绿色美学”的一整套构想，初创“绿学派”，较早提倡以天人之间、人际之间、人的身心之间的三大和谐为核心，显示出其美学理论的前瞻性和创造性。1998 年，在安徽省政协七届一次会议上，馆员郭因《建议创造发展绿色产业和绿色标志产品的条件》的提案被评为优秀提案（馆员方绍武的《关于解决合肥水泥厂污染问题的建议》也被评为优秀提案）。11 月 21 日，“郭因美学理论研讨会”在合肥举行，省委常委、常务副省长汪洋致信祝贺。省政协、省委统战部及省军级老同志等专家学者 100 多人出席。2000 年年初，馆员郭因应邀赴台参加“国际生态艺术研讨会”，郭因是唯一被邀请的大陆学者。2002 年，远方出版社出版馆员郭因 30 余万字艺术理论专著《艺术美的创造与欣赏》。

主办“安徽历史文化名人系列讲座”，向全社会普及安徽的历史文化知识。2005 年 3 月 16 日，省文史馆组织馆员座谈，尝试举办文化名人讲座，旨在结合实际，发挥馆员专长，以实际行动实践文史资政。4 月 8 日，由省文史馆主办的“安徽历史文化系列讲座”在合肥开讲，馆员郭因主讲第一讲“安徽历史与安徽人”。此后，馆员、安徽大学历史系教授徐承伦讲述“抗日战争中的安徽战场”；全国政协委员、香港理工大学校长潘宗光教授讲述“佛教的现代观”，馆员徐承伦讲述“陈独秀与五四新文化运动”，馆员童本道主讲“浅述李鸿章”。至 2005 年年底，“安徽历史文化系列讲座”

一直延续未断。

探索和弘扬“江淮大写意”艺术。1990 年 1 月 17 日在合肥逝世的馆员萧龙士是中国当代杰出的书画艺术家和美术教育家，生前曾任省人大代表和省政协常委。1949 年至 1987 年，全国历届美展都有其作品。1949 年，著名画家陈之佛、张书旂、傅抱石等联名评价萧老绘画艺术：“先生精究六法，平素潜心苦志，悉心研摩，故下笔落墨，辄饶奇趣……盖正不流平板，奇不入险恶，于狂怪中求理，于卤莽中求笔者矣。”齐白石评其画荷：“龙士画荷，白石自谓不及也”。著名画家李苦禅称赞：“龙士哥画兰，老辣纷披，可称全国第一，当代无人可比。”1999 年 5 月 26 日，纪念萧龙士诞辰 110 周年艺术研讨会在合肥举行，收到论文 25 篇。五年后，省文史馆与省文联、萧龙士艺术研究会联合举办“纪念萧龙士先生诞辰 115 周年研讨会”，旨在缅怀萧老，探讨进一步继承和发扬萧老“江淮大写意”的艺术成就。2005 年 6 月 16 日，由省文史馆牵头，成立安徽省中华传统文化研究会，省政协主席方兆祥、省委副书记张平出席大会并为研究会揭牌。

创办《皖风》杂志。1997 年 7 月，省文史馆创办杂志《皖风》。中央文史研究馆馆长、著名书法家启功题写刊名。2004 年 5 月 1 日，《皖风》杂志改为报纸（试刊号）出版，该报为季刊，4 开 4 版，至当年年底试刊 4 期。执行总编辑为省文史馆副馆长张立志，执行主编为馆员费修竹。

第二节　书画创作

安徽历史上出现过许多书画大家。中国美术史上的“新安画派”、“龙城画派”为人熟知。馆员中就有不少来自书画艺术界。在省文史馆的精心组织下，馆员们继承传统，博采众长，勇于创新，以笔墨丹青勾勒江淮大好河山，展示安徽文化风韵，并通过各种形式的展览，检验实力，切磋技艺。1996 年至 2005 年，省文史馆共组织举办各类书画联展 10 次；馆员举办个展 8 次。

1997 年年初，省文史馆进京参加“全国文史研究馆成果展”。萧龙士、黄叶村等 13 位新老馆员的书画精品，穆孝天、郭因等专家学者的文史专著，以及省文史馆编印出版的著作《安徽省文史研究馆馆员画师书画集》、《馆员传》被遴选送展。萧龙士馆员《老来红》作品受到中共中央政治局常委、书记处书记、国家副主席胡锦涛的赞扬。7 月 14 日，省文史馆与松风竹雨社萧龙士艺术研究会、黄山画会在合肥亚明艺术馆联合举办“迎港归书画联展”，展出作品 150 余幅。12 月 12 日，馆员颜语赴洛杉矶参加中美电视台举办的文化艺术节交流活动，其山水画作品在“当代中国名画家书画精品展”上获“特别奖”金牌。

1998 年 5 月 12 日，为纪念已故馆员萧龙士先生诞辰 108 周年，馆员萧承震在合肥举办“萧龙士、萧承震父子馆员书画展”，展出作品 80 幅。10 月 16 日，省文史馆在合肥亚明艺术馆举办建馆 45 周年书画展，已故和现任馆员及特约书画师 108 幅作品参展。是年，朱白亭馆员参加第 17 回“日本水墨画国际公暮展”，获该展览第二等奖项“第 17 回外务大臣”奖。

1999 年 11 月 4 日，省文史馆举办“庆国庆迎澳门回归书画展”，共展出馆员、特约书画师书画作品 90 余幅。9 月 28 日，馆员萧承震在合肥包公园举行“萧承震近作展”，展出山水、花鸟、书法等近作 28 幅。

2001 年 5 月 25 日、6 月 8 日、6 月 15 日，由上海市、江苏省、安徽省三家省市文史馆共同举办的“庆祝中国共产党成立 80 周年书画联展”分别在上海市、南京市、合肥市开幕，展出三地书画馆员作品 80 幅，省文史馆馆长丁士匡均带队参展。10 月 23 日，《全国文史研究馆馆藏书画珍品展览》在中国革命博物馆举行，馆员萧龙士、黄叶村、葛介屏的遗作藏品以及馆员郑伊农、方绍武、萧承震的作品参展。是年，馆员刁远鹏的书法作品在广西桂林市联合举办的国际书画大展赛中获国际金奖。

2003 年 3 月，馆员萧承震在合肥举办个人书画展，展出近作 64 幅。11 月 6 日，省文史馆在合肥亚明艺术馆举行建馆 50 周年书画展，展出已故和现任馆员、特邀书画师作品 120 件。国务院参事室主任崔占福、省委副书记王明方、省政协副主席方兆本、省政府参事室主任邱江辉为开幕式剪彩。12 月 20 日，由馆员姜林和投资的“黄山市中国画研究院成立挂牌仪式暨举办姜林和、张培武中国画联展”在黄山市举行。

2004 年 4 月 14 日至 26 日，省文史馆从馆藏书画作品中挑选出 100 幅，先后赴蚌埠、亳州、阜阳三市举办巡展。巡展期间组织专场书画笔会，创作作品赠送当地政府。馆员郑伊农、萧承震、陈钦庭、刁远鹏、张良勋、张宽、郑正和部分特约书画师共创作作品 100 余件。5 月 16 日，“萧龙士先生诞辰 115 周年书画展”展出画作 200 幅，其中萧龙士遗作 50 幅。省委副书记杨多良、张平出席开幕式并讲话。8 月 17 日，由中央文史研究馆主办的“纪念邓小平同志诞辰 100 周年全国文史研究馆书画展”，共展出 33 家文史研究馆 250 余幅书画精品。省文史馆副馆长韦君琳和馆员方绍武、萧玉磊、刁远鹏、陈钦庭、萧承震的作品入选。9 月 25 日，省文史馆和中共安徽省委统战部联合举办“省直系统庆祝建国 55 周年书画作品展”，共展出省文史馆、省委统战部等 16 个单位书画作品 120 件。

2005 年 1 月 22 日，馆员姜林和画展在合肥举行，共展出其近期山水、花鸟作品 126 幅。4 月 22 日至 5 月 19 日，“安徽省文史研究馆馆藏书画作品巡展”分别在黄山市、宣城市和芜湖市举行。馆长丁士匡，副馆长张立志、韦君琳，将馆员郑伊农、萧承震、陈钦庭、姜林和、张良勋等创作的书画作品赠送当地政府。9 月 23 日，第 16 届国际美术展大会、美术特展分别在合肥国际会展中心和安美艺术中心举办，展出80个国家和地区的500幅美术作品。副馆长韦君琳，馆员郑震、颜语、萧玉磊、姜林和及部分特约书画师的作品参展。11月2日、12月3日，馆员姜林和的国画花鸟山水画个人展分别在江苏、浙江美术馆展出。11月19日，已故馆员张楚善的《张楚善书法集》首发式暨张楚善遗作展在马鞍山市举行。

第三节　公益活动

馆员热心公益事业，勇于承担社会责任。在省文史馆的组织领导下，馆员们在抗洪救灾、抗击“非典”、救助失学儿童、赈灾扶贫、书画义捐，以及各种慈善活动中，奉献爱心回报社会。至2005年，馆员已参与各类书画公益创作活动20次，捐赠活动25次。

1996年7月12日，省文史馆与萧龙士艺术研究会在合肥举办“情系灾区献爱心”书画义捐活动。馆员刁远鹏、方绍武、穆孝天、朱白亭、郑伊农、萧承震等和特约书画师黎光祖等共20余人，为战斗在阜阳地区抗洪一线的武警官兵捐献书画作品80余幅。

1997年5月12日，馆员萧承震参加中共安徽省直工委举办的捐助云南、贵州边远地区贫困失学儿童活动，创作捐赠书画作品10幅、捐款1000元。6月25日，省文史馆举行“迎港归”笔会，馆员刁远鹏、郑震、陈钦庭、季汉章、郑伊农、萧承震和特约书画师何瀚等创作书画作品50余幅收作馆藏。

1998年5月27日，在“功在千秋书画扶贫”笔会上，省文史馆副馆长韦君琳，馆员萧承震、方绍武等40余位书画家现场创作并将作品捐赠中国扶贫基金会。是年夏季，长江安徽段和淮河流域发生特大水灾。8月21日，馆员郑伊农、方绍武、刁远鹏、萧承震及何瀚等特邀书画师20余人，进行赈灾书画义捐创作活动，将创作的40余幅书画作品捐献给抗洪一线的武警官兵。11月23日，副馆长韦君琳，馆员郭因、方绍武、陈钦庭、萧承震、王成志等赴历史文化名城亳州采风，同名誉馆员颜语共创作书画作品20余幅赠送当地政府。

1999年9月25日，为庆祝澳门回归和国务院参事室成立50周年，省文史馆组织馆员方绍武、刁远鹏、陈钦庭、郑伊农、萧承震进行书画创作活动，作品赠送国务院参事室。

2000年5月15日，馆员郑伊农回乡探亲，创作书画作品60余幅，义卖得善款3万余元全部捐献给家乡母校养贤中学，重建被洪水冲毁的校舍。6月底，副馆长韦君琳回到母校宣城师范，向该校捐赠由他本人装帧设计的图书以及个人购买的图书，价值逾万元。

2001年，馆员方绍武联系香港协成行集团董事、总经理方润华先生，后者为家乡祁门县祁红小学捐款20万元人民币。

2002年4月28日，安徽省萧县慈善协会成立，馆员郑正、萧承震，特约书画师郭公达等为该协会作画20余幅。国庆前夕，刁远鹏馆员被中华慈善总会、文化部、全国妇联等有关方面授于慈善艺术家称号。刁远鹏20多年来将自己的大部分作品和稿酬用于助学、赈灾和扶贫，历年捐赠助学款3万元。11月15日，副馆长韦君琳携625册图书和VCD光盘捐赠母校宣州区新河中心小学。12月28日，馆员季汉章将其珍藏的72方古砚和15幅书法藏品捐赠给马鞍山市。马鞍山市政府按文物法规给予奖金，季汉章将奖金捐赠给家乡无为县兴办学校。

2003年6月1日，馆员方绍武、陈钦庭、张良勋、刁远鹏、萧承震，特约书画师吴雪等为奋战在抗击“非典”一线的医务工作者创作书画作品40余幅。7月10日，副馆长韦君琳向合肥图书馆捐赠由他绘编和编著出版的专辑《校园美术实用手册》、《比亚兹莱黑白装饰画选》《韦君琳花卉长卷画集》等书。9月14日，省文史馆组织书画家馆员和特邀书画师举行书画笔会，为安徽省沿淮地区遭受严重洪涝灾害赈灾义捐。馆员郑伊农、方绍武及特邀书画师郭公达、王涛等共创作了38幅作品。12月25日，省文史馆举办书画笔会，纪念毛泽东诞辰110周年。馆员张良勋、方绍武、刁远鹏、萧承震、陈钦庭，特邀书画师张翰等共创作书画作品60余幅用于馆藏。

2004年3月25日，馆员季汉章将第二批35方古砚台捐赠给安徽省马鞍山市采石风景区延园。马鞍山市特地在采石矶延园建了“季汉章藏砚阁”并为季汉章塑半身铜像。8月17日，为纪念邓小平诞辰100周年，省文史馆组织馆员郑伊农、陈钦庭、刁远鹏、张良勋、萧承震、郭因、徐承伦、宫为之参观邓小平生活和战斗过的渡江前线指挥部所在地肥东县瑶岗村，并创作20余幅书画作品赠送当地政府。10月23日，省文史馆、省民政厅及萧龙士艺术研究会共同举办“为第12届雅典残奥会冠军、教练员庆功献爱心捐画”笔会。馆员郑伊农、陈钦庭、萧承震、刁远鹏，特邀书画师韦书林等创作书画作品50余幅，全部捐献给残奥会运动员、教练员。

2005年1月24日，馆员、省书法家协会主席张良勋在其家乡宿州举行捐资助学仪式，向26名特困生捐资6万元。3月28日，为慰问参加印度洋地区海啸援救工作的中国救援队员，省文史馆组织馆员郑伊农、陈钦庭、萧承震、刁远鹏，特邀书画师丁培生、何瀚创作捐赠书画作品11幅。7月20日，为纪念抗日战争胜利60周年，馆员方绍武、郑伊农、张良勋、刁远鹏、陈钦庭、费修竹、徐承伦、萧承震，特邀书画师陈坚信等专程到肥东县新四军四支队东进抗日纪念馆参观，并为纪念馆创作出一批讴歌抗日战争的书画作品。

第四节 文化交流

1996年9月20日，省文史馆馆长陶显斌等赴京参加“全国文史研究馆成果书画展”，馆员萧龙士、郑伊农、方绍武、朱白亭、萧承震、穆孝天等作品参展，部分馆员为“安徽大厦”创作书画作品30余幅。

1997年12月12日，名誉馆员颜语应美国洛杉矶中美经济文化交流协会邀请，在美参加由中美电视台举办的文化艺术节交流活动。

1998年6月18日，山东省文史馆馆长于峰率馆员一行5人到皖采风，并与安徽文史馆馆员郑伊农、萧承震、陈钦庭等举行联谊笔会，创作书画作品10余幅用于馆藏。8月26日，省文史馆副馆长刘光胜、韦君琳等应邀参加江苏省文史馆建馆45周年书画展开幕式，馆员萧龙士、黄叶村、梅雪峰、颜语、郑震、方绍武、郑伊农、陈钦庭等人的作品参展。10月22日，中央文史研究馆在重庆市召开“全国文史研究馆工作交流会”，省文史馆副馆长韦君琳等出席。

1999年4月25日至5月24日，陈钦庭馆员应德国林道夫文化中心邀请，在德国北部城市布伦瑞克市举办个人书画艺术展览。共展出国画和书法作品40余幅。5月16日，江苏省徐州市举行萧龙士艺术馆开馆典礼。省文史馆馆长丁士匡，副馆长张立志、韦君琳，馆员陈钦庭、方绍武、郑伊农、郑正，特约书画师郭公达等出席。馆员萧承震捐赠乃父萧龙士及国内名人书画作品80余幅。6月下旬，全国文史研究馆馆长座谈会在昆明举行，省文史馆副馆长韦君琳参会。同年，韦君琳被菲律宾“中华逸吟神墨诗书画国际展委会”聘为名誉顾问。

2000年3月1日，江苏省文史馆副馆长朱云春率馆员一行到安徽参观交流，并举办两馆书画家创作联谊活动。10月12日至16日，副馆长韦君琳和馆员郑伊农一行赴郑州参加“全国文史馆工作交流会”。在同时举行的“全国文史研究馆书画联展”上，馆员郑伊农、郑正、陈钦庭、萧承震以及副馆长韦君琳的作品参展。11月22日至29日，省文史馆副馆长刘光胜、韦君琳，馆员郭因、郑伊农、陈钦庭、费修竹、萧承震一行13人赴福建省采风，并与福建省文史研究馆座谈交流。

2001年3月24日，馆员张宽应邀赴广东佛山参加“中国著名书画家雅集暨中国书画发展走向学术研讨会”。7月8日至13日，省文史馆副馆长韦君琳、馆员郑正、文史处处长余家林赴呼和浩特市参加“全国文史研究馆‘西部大开发’书画精品联展暨研讨会”。10月12日至19日，省政府参事室副主任、巡视员丁士匡，省文史馆副馆长韦君琳及馆员陈钦庭等一行 9 人前往浙江采风，两馆书画家创作的 40 余幅书画作品由浙江馆收藏。10 月 17 日至 19 日，江苏省文史馆朱云春副馆长一行到安徽采风，两馆书画家创作的 30 余幅书画作品由安徽省文史馆收藏。10 月 22 日至 26 日，省政府参事室副主任刘光胜、馆员萧承震一行 4 人赴北京参加在人民大会堂举行的“中央文史研究馆 50 周年纪念会”。是年，省文史馆副馆长韦君琳的《插花图》、馆员萧承震的《清香》和《雄踞图》分别被选入由台湾蓬莱民俗传统艺术文化协会主办的《2001 两岸书画名家精品集》。

2002 年 9 月 18 日，省政府参事室副主任刘光胜，省政府参事室副主任、省文史馆馆长丁士匡会见来自台湾的省文史馆特邀书画师刘正鹄先生。同年，应台湾萧县同乡会邀请，郑正馆员一行 10 人赴台进行为期一周的文化交流活动。同年，在中国桂林炎黄书画艺术研究院、台湾华夏士知学会联合举办的 2002 年海峡两岸书画交流大展赛中，馆员刁远鹏作品获一等奖。10 月 11 日，浙江省文史馆馆长助理安雪文一行 12 人到皖采风交流。10 月 21 日，沈阳市文史馆副馆长宋素华一行 4 人到皖考察。11 月 21 日至 26 日，省文史馆副馆长韦君琳，馆员郑伊农、徐承伦、费修竹、萧承震等赴江西革命老区采风。

2003 年 4 月 20 日至 24 日，省文史馆副馆长韦君琳，馆员陈钦庭、萧承震、姜林和一行赴郑州参加河南省文史馆建馆 50 周年庆祝活动。5 月 6 日，省文史馆馆长丁士匡一行 3 人前往广州参加广东省文史馆建馆 50 周年馆庆活动。9 月 16 日，省文史馆副馆长张立志一行 3 人前往杭州参加浙江文史馆成立 50 周年庆祝活动。11 月 6 日下午，省文史馆在合肥稻香楼举办建馆 50 周年系列庆祝活动。省长王金山、国务院参事室主任崔占福分别作重要讲话。中共安徽省委副书记王明方、张平，中共安徽省委常委、合肥市委书记车俊，安徽省政协副主席方兆本等领导出席。12 月 26 日，省文史馆馆长丁士匡一行 3 人出席江苏省文史馆建馆 50 周年系列庆祝活动。是年，馆员刁远鹏、郑伊农、方绍武、萧承震、陈钦庭、张良勋、萧玉磊、姜林和为江苏、陕西、广东、河南等兄弟省文史馆成立 50 周年创作并赠送祝贺书画作品 40 余幅。

2004 年 3 月 22 日，重庆市文史馆副馆长王群生一行 4 人到皖考察“安徽历史名人馆”。5 月 11 日至 17 日，安徽省文史馆和广东省文史馆在合肥久留米美术馆联办为期 7 天的书画联展活动。此后，两馆馆员书画作品联展又移师广州市举行。5 月 31 日，北京市政府参事室副主任、文史馆副馆长杨遇泰、王建国一行 7 人到皖考察。6 月 27 日至 29 日，国务院参事室召开的部分省、区文史馆工作座谈会在安徽省举行。8 月 25 日，日本高知县、中国合肥中日友好第 10 回纪念会在合肥久留米美术馆隆重举行。省文史馆馆员、中国文博博物研究员季汉章应邀参加。11 月 5 日至 9 日，馆员、省书法家协会主席张良勋应邀赴无锡参加第 2 届中日书法精品展。11 月 9 日，广东省政府参事室副主任、文史研究馆副馆长周义一行2人到皖考察。12月1日至19日，省政府参事室助理巡视员、省文史馆副馆长张立志参加由安徽省归国华侨联合会组办的商务考察团，赴澳大利亚、新西兰考察。

2005年6月15日至20日，陕西省文史馆与安徽省文史馆在亚明艺术馆举办为期7天的书画联展活动。其间，郑伊农等馆员与陕西馆的书画家创作的40余幅作品被安徽省文史馆收藏。6月26日至30日，省文史馆一行20人由馆长丁士匡带队赴西安参加“第2届‘长安雅集’全国文史馆书画展”系列活动，省文史馆50幅书画作品参展。9月20日，省文史馆副馆长韦君琳出席云南省文史研究馆举办的“回顾与展望——《云南文史》创刊20周年纪念研讨会”并发言。10月31日，馆员萧龙士、郑伊农、萧玉磊作品参加由中央文史研究馆和广东省文史研究馆共同主办的广、港、澳三地“全国文史研究馆书画艺术大展”。是年，省文史馆馆长丁士匡参加由省归国华侨联合会组办的赴巴西、阿根廷考察团；馆员方绍武的作品“书清代顾大申《春雨楼》诗”入选由香港天马图书有限公司出版发行的《微山湖国际书法碑林精品集》，馆员陈钦庭的作品入选并获荣誉奖。

第五节　馆员

安置型馆员（513人，个人档案在“文化大革命”中遗失）

吴授廷　史沛然　梅雪峰　房秩五　潘赞化　汪鉴衡　魏曙东　胡樵春
唐　伟　郭子清　吕芝生　方孝旭　方　勇　章道衡　程梦余　宣啸秋
章梅轩　岳丹秋　萧龙士　杜庆全　何瑞塘(女)　彭利华(女)　欧阳圣德
王凤仪(女)　黄蔚青(女)　方百殊　懒　悟　李光浩　蔡建候　周　恺
邵德贞　光安国　江柏龄　于则周　方林辰　强保华　张鼎食　宋效孔
江健生　姜鸣球　罗香山　鲍幼文　周心抚　张德流　李瑞珠　吴皖生
陶佩经　方楚青　黄韵湘(女)　汪协如(女)　朱伯建　马后文　刘仿鼎
陈北林　朱伟成　黄伯衡　朱济猛　蔡蹈和　张凌九　查世模　施乐渠
郑　汉　王然超(女)　吴伯敏　童车五　丁　宁(女)　汪伯威　袁学熙
史时凤(女)　施括乾　释性云　刘连奎　金白描　褚敬斋　李则纲　王伯年
余良农　凌孔彰　吴新丹　张如楫　赵韫如(女)　程跃芳(女)　许锡振
聂寅生　董曼尼(女)　张悲鹭　刘海尼(女)　邓剑秋　苏茂斋　刘有道
汪永洁　余芳心　潘仲文　贾文锦(女)　赵以勤(女)　曹步萧　卫立涛　黄叶村
程啸天　曹益丞　史廷林　张文炳　王梦熊　曹经甫　叶慕伊　顾世勋
马伯龙　王尧贞(女)　朱　竟　陈松年　赵元龙　方金鉴　杨陌仁　杨仲玉

吴建东　吴像章　胡苏明　王先镇　石克士　方怡昌　吕次山　杨贤维
朱光泽　夏达人　王家和　张泽民　陆赵玮　王葆仁　陶肇唐　乔　娟（女）
叶甘棠　李应凡　朱节勤　章梅轩　赵雨晴　穆紫岩　陈北林　何　杰
胡学伊　陈雁峰　蔡志锷　程　采　纪英才　操　廉　潘承钧　王甸平
胡杜叔　钱益封　潘寿田　徐阴之　郭鲁夫　江皖白　董石生　胡大昌
毕德修　郑初民　程齐夔　田世庆　程道生　王临川　王清香　王大衡
杨默红　朱文锦　汤介伯　于丹忱　周介臣　任祖汉　徐之操　郑弼臣
王敬堂　黎国琛　陈之仁　卯修文　杜庆生　林生若（女）　王述樵　施乐渠
潘承钧　纪英才　岳丹秋　吕凤毛　李　仁　翟厚基　王沛民　章凤书
王振纲　张五鹏　马华正（女）　杨洪英（女）　柏衡山　闵　苏　张莹清
黄保彝　方葆荃　胡薄泉　舒少衡　常其相　宁衡之　孙逸久　周涤尘
周　文　储作时　夏元生　张楚善　常法廉　樊跃祖　李向阳　张鹏侣
吴　东　刘惠民　翟继武　严惠民　程新琪　孙国英　黄鸦舟　卫道铸
胡师翰　卫立铸　吴晓生　胡学伊　方楚清　柏衡之　邓剑秋　葛介屏
朱运龙　史思群　蔡诚滋　徐炎东　胡渭清　陈恒青　盛士恒　陆仰平
宋期才　汪陵汉　权养之　陶枕秋　裴仲裕　袁子金　洪震久　苏寄生
蔡仲雄　蔡亚清　盛子敬　周佐成　朱运龙　吕荫南　张汉秋　祁云驭
徐朗宣　吕心泰　张从五　顾健堂　陈节庵　陈静山　王达才　沈　寂
王奎璧　王　叔　马晓东　周鲁岩　姚挹之　张骏丞　吴性天　吴授廷
武焜南　胡象明　张纪刚　汪东木　陈自忠　宋干卿　王成功　张耀宣
郭寿康　李五峰　汪鉴衡　史磊冰　刘彦遐　王静柏　龙松麟　徐虚阉
余福如　殷士奎　殷泽沛　张国药　吴健吾　何镇中　章啸衡　王葆卿
沙德轩　吴　东　唐　玮　宫笃生　鲍仲澄　张子射　王仲华　陈春圃
李振亚　易次九　许济之　朱介亭　汪谷逊　顾监时　朱以愚　金稚石
巫秀峰　魏继曾　蒋汉章　王拭之　程效洛　何著清　程咨予　朱道南
桂承之　金慰农　胡樵碧　唐则之　童汝川　徐介卿　柳惠民　胡息求
张九皋　何玉莲　戴超白　疏　达　王孟鸾　马以愚　李越凡　倪艳农
郭外山　王仁峰　郭寿松　方愚丞　殷善夫　季嚼梅　光慕尧　方晓沧
黄仰元　锁席卿　刘敬之　许介眉　孟　浩　张芝田　沈度如　李庭干
曹辅卿　朱益勤　郑伯川　杨继武　杲益斋　卞秉粲　江伯瑟　辛大同
梅树基　杜庆泉　褚俊斋　沈盐光　金少垣　李士宏　王伯雨　张师竹
彭毓澄　马晓垣　房尔清　徐裕恪　程旭福　刘天予　黄邦筠　方叔升
丁　锐　王先镇　赵　金　夏天演　方执卿　夏聘甫　赵唯一　赵雨琴

刘执夫	王风标	方善钦	陈奇训	曹翰卿	吴松堂	刘凤梧	陈国钧
王渭岩	王镜芙	冯简斋	李鸿金	王兰田	江柏岭	余文堂	熊醒午
张曙云	张　伯	廖梓英	吴少甫	李芳生	高振青	钱西林	张挺生
叶竹福	赵若均	彭显廷	陈尧卿	戴业涛	陈菊人	胡梦庄	袁怀靖
左伯琦	雪祥生	方化远	孙家知	周朗渠	王英生	王子宇	海玉堂
胡善元	孙梅先	张小琴	吴云孙	方槐三	章涣奎	王　建	吴良骥
胡菊人	沈子清	金友石	吴保章	张哲舆	凤熙甫	金冶吾	崔海崖
许正区	郭活泉	周德辅	张镜芙	李季康	余德吾	周林东	杨景伯
曾日新	李玉良	魏昆山	赵　玺	李鸿铣	张坤伯	赵仲适	吴砚甫
詹仪哉	张石因	郑秀淑	龚虚云	褚逮云	方君强	王养吾	方南丞
李培卿	徐希三	吴介三	戴文秀	许南溪	吴船星	潘宇安	李伯元
余良伦	王绍美	程炳文	章国宾	雷祥生	江健生	张杰一	张文烈
吴心泰	柏兰亭	龙赓唐	姚时中	王凤梧	张凌秩	江泽生	刘献凡
孙从光	凤鸣岗	胡亚良	刘一坤	程子林	李振球	杲德林	鲍朋成
施廉浦	张廷耀	宋沛生	叶树槐	郑中强	李光镇	程孟林	方静民
殷驯夫	朱少堂	黄培元	耿凤彩（女）	张石固	王成奎	潘仲文	刘笑高
张同瑞	柏毓文	宋伟年	杲剑愚	张善元	施乐丞	胡松叔	李子堂

工作型馆员

姓 名	性别	民族	籍贯	生卒年月	学历	党 派	特 长	聘任时间
郭 因	男	汉	绩溪	1926.07—	大学	民盟	美学研究	1978.04
颜 语	男	回	亳州	1920.02—	大专	无党派	书画	1991.08
郑 正	男	汉	萧县	1925.08—		无党派	书画	1991.08
朱白亭	男	汉	当涂	1925.02—1999.10	大学	无党派	书画	1991
方绍武	男	汉	祁门	1934.07—	大学	民盟	书画	1995.03
郑伊农	男	汉	宣城	1934.09—	大学	无党派	书画	1996.04
萧承震	男	汉	萧县	1942.08—		民革	书画	1996.04
穆孝天	男	汉	定远	1919.05—1996.10	大学		书法、文史	1991
郑 震	男	汉	合肥	1922.11—	大学	中共	书画	1997.06
刁远鹏	男	汉	肥西	1928.12—		民盟 中共	书法	1997.06
胡家柱	男	汉	合肥	1929.10—2011.02		中共	图书管理	1997.06
季汉章	男	汉	无为	1927.11—		中共	书法、 砚台鉴赏	1997.06
陈钦庭	男	汉	湖南	1933.01—		民进	书画	1997.06
王成志	男	汉	宿县	1938.01—2006.08		中共	文史	1997.06
张 宽	男	汉	定远	1921—2009.04	大学	民盟	书画	1999.01
姜林和	男	汉	黄山	1942.12—		农工	书画	1999.01
萧玉磊	男	汉	阜阳	1937.11—	大学	无党派	书画	1999.01
吴昭谦	男	汉	桐城	1932.06—	大学	无党派	文史	1999.01
费修竹	男	汉	江苏	1937.09—	大学	无党派	新闻	1999.01
徐承伦	男	汉	南陵	1933.12—	大学	中共	历史	2001.01
宫为之	男	汉	含山	1939—2008	大学	民革	方志	2001.01
徐永龄	男	汉	颍上	1937.07—	大学	无党派	文学	2001.01
许孔璋	男	汉	桐城	1934.02—	大学	无党派	古汉语	2001.01
童本道	男	汉	合肥	1938.08—	大学	中共	编审	2001.01
沙宗复	男	回	合肥	1937.10—	大学	无党派	编审	2001.01
张良勋	男	汉	宿州	1941.09—	大学	无党派	书画	2001.01
李山川	男	汉		1932.06—	研究生	致公	心理学	2001.01
谢采筏	男	汉	南陵	1937.10—	大学	民进	文学	2001.01
罗 屏	男	汉	上海	1943.01—	大学	中共	书画	2001.01

附　录

安徽省人民政府办公厅转发国务院办公厅《印发关于加强参事室工作意见的通知》和《关于进一步做好文史研究馆工作意见》的通知

皖政办〔1995〕40号

各行署，各地级市人民政府，省政府各部门、各直属机构：

现将国务院办公厅《印发关于加强参事室工作意见的通知》(国办发〔1995〕20号)和《印发关于进一步做好文史研究馆工作意见的通知》(国办发〔1995〕21号)转发给你们，并结合实际，提出如下贯彻意见，请一并遵照执行。

一、重视发挥参事室在政府工作中的咨询作用。今后,《政府工作报告》和某些法规、规章制度草案,事先可通过参事室征询参事的意见;参事对政府工作提出的意见和建议，有关部门应认真办理，并通过参事室及时反馈；各地、各部门、各单位对参事室组织的调查研究、考察等参政议政活动，要热情接待，积极配合。

二、认真做好推荐、聘任省政府参事和省文史研究馆馆员工作。各地、各部门要认真执行选聘参事、文史研究馆馆员的条件，积极推荐人选。属于地、市的，由行署、市人民政府推荐；属于省直的，由部门或单位直接推荐。并分别报送省政府参事室和省文史研究馆。

三、积极关心、支持参事室、文史研究馆的工作。各级政府和有关部门要切实帮助他们解决工作中的具体困难和问题,安排落实必要的业务活动经费和统战活动经费，逐步改善参事、馆员的工作条件。参事、馆员所在单位和当地政府要与他们保持经常联系，关心他们的生活，支持他们的工作。

四、加强参事室、文史研究馆的自身建设,改进和加强管理、服务工作。努力把参事、馆员的活动组织好、开展好，为巩固和发展党的爱国统一战线作出新的贡献。

安徽省人民政府办公厅

一九九五年六月十五日

中共安徽省委办公厅、安徽省人民政府办公厅关于进一步做好新时期政府参事工作的实施意见

皖办发〔2003〕13 号 2003 年 7 月 22 日

为贯彻落实《中共中央办公厅、国务院办公厅关于进一步做好新时期政府参事工作的意见》（中办发〔2003〕10 号）精神，经省委、省政府负责同志同意，现就进一步做好我省新时期政府参事工作提出以下实施意见。

一、充分认识新时期加强参事工作的重要意义

1. 加强参事工作是巩固和壮大党的爱国统一战线的客观需要。坚持和完善参事工作制度，对于加强党与党外人士的合作共事，巩固和发展最广泛的爱国统一战线，团结一切可以团结的力量，同心同德，群策群力，维护安定团结的政治局面，巩固党的执政基础，照顾同盟者利益，都有着重要意义。

2. 加强参事工作是发展社会主义民主政治，建设社会主义政治文明的有益措施。切实做好参事工作，有利于落实党的尊重知识、尊重人才的政策，有利于促进政府决策的科学化、民主化，减少工作中的失误。

3. 参事工作是政府了解民情、反映民意、集中民智、密切联系群众的重要渠道。参事有着较大的社会影响和广泛的社会联系，是政府智力支持系统的重要力量，受到社会普遍的尊重和信任，在客观反映人民群众、社会群体的利益要求，协调关系，化解矛盾，为改革开放和现代化建设创造良好的社会环境等方面，能发挥积极的作用。

二、进一步加强省政府参事队伍建设，充分发挥参事作用

4. 参事工作要把维护最广大人民的根本利益作为工作的出发点和落脚点。坚持以经济建设为中心，不断推进先进生产力的发展，努力为深化改革和扩大开放服务；坚持四项基本原则，不断发展社会主义民主政治，建设社会主义政治文明，努力为社会主义政治制度的自我完善和发展服务；坚持弘扬和培育民族精神，不断发展中国特色社会主义先进文化，努力为建设社会主义精神文明服务。

5. 省政府参事参与政府工作的基本职责是：参政议政、建言献策、咨询国是、统战联谊。主要工作是：围绕省委、省政府的中心工作，调查研究，提出意见和建议；对重要行政法规、规章草案及其他重要文件草案提出意见和建议；密切同社会各界的联系，及时反映社情民意；参加爱国统一战线工作。

6. 省政府参事是参事工作的主体。参事要以参事工作为主业、为本职，在省政府

参事室主任的领导下开展工作。参事可直接向省政府领导反映情况，提出意见和建议。

7. 省政府参事要认真履行职责，按照恪尽职守、坦诚建言、因人而异、各展所长的要求开展工作。要增强大局意识、责任意识，注重学习新知识、新理论，努力用新思想、新观点解决新问题。参事提出的建议或调查报告要注重质量，具有可操作性，切实为政府依法行政、科学决策发挥作用。

8. 省政府参事实行聘任制。参事队伍主要由非中共人士中有代表性、有影响和有较强参政议政能力的专家学者或社会上名望较高的人士组成。要注意聘任少数民族和宗教界爱国人士以及从港、澳、台和国外回来定居的社会知名人士，也可以聘任中共党员中知名度高、影响大的专家学者，但比例不得超过参事编制数的10%。参事以个人身份参与政府工作，在聘任工作中不强求各民主党派成员和无党派人士的平衡。

选聘参事，要注意严格掌握条件。既要考虑统战工作的需要，又要考虑政府工作的实际需要。参事首聘年龄一般为60岁左右，个别确因工作需要可高于65岁或低于55岁。省政府参事任期5年，任期届满，自然离任。因工作需要的，经征求所在单位同意，可以续聘，续聘期为3年。参事任职年龄一般不超过70岁。

9. 聘任省政府参事的程序是：先由省政府领导、各市人民政府、省直各单位、各大学推荐，然后由省政府参事室拟定人选进行考察，经研究并商省委统战部后，以省政府参事室党组名义报省政府党组审批，由省长颁发聘任书。

10. 省政府参事人数控制在30名以内，由省政府参事室掌握使用。受聘参事人事关系仍在其原单位，保留原级别及专业技术职称，但不占原单位职数。

11. 参事任职期间，原则上不办理退休手续。个别因特殊情况提出退休要求的，可按照有关规定办理。参事聘期届满，省政府参事室应及时通知其人事关系所在单位，达到退休年龄的，由参事人事关系所在单位按有关规定，为其办理退休手续。

12. 对参事的生活待遇要本着从优的原则给予照顾。参事聘任期间，享受人事关系所在单位在职人员的福利待遇。参事人员关系所在单位要对参事在政治上关心、生活上照顾、工作上支持，为其认真履行职责创造条件。各级政府和省政府各部门、各直属机构对省政府参事的调研考察活动，要提供工作和生活上的便利。

1988年及此前由省政府任命的参事，仍按照原规定安排好他们的生活。

三、进一步加强省政府参事室的建设

13. 省政府参事室是省政府主管参事工作的机构，具有鲜明的统战性和咨询性。省政府参事室要进一步加强对参事工作的管理，使其在政府工作中发挥应有的作用。

14. 要加强和改善省政府参事室党组工作，配备好省政府参事室的领导班子。领导班子中要有民主党派成员或无党派人士。

15. 省政府参事室要在邓小平理论和“三个代表”重要思想指导下，紧紧围绕加快发展、富民强省，全面建设小康社会的目标，结合我省经济体制改革、民主政治建设和文化建设的实际，不断研究探索做好新时期参事工作的新方法、新思路，提高参事参政的质量。对参事的意见和建议，要及时向政府领导和有关方面报送，并注意跟踪反馈。要积极贯彻党的统一战线政策，认真承办选聘参事工作，努力为参事创造良好的工作环境。

16. 加强省政府参事室机关工作人员队伍建设。通过学习、培训、交流，提高机关工作人员的思想政治水平和业务能力，增强统战意识和参谋服务意识，树立尊重参事、协商办事的良好作风。

17. 加强参事工作理论研究，及时分析参事工作中出现的新情况、新问题，不断总结实践经验，促进参事工作的完善和发展。

四、加强对参事工作的领导

18. 省委、省政府将进一步加强对参事工作的领导。省政府确定一位负责同志分管参事室工作，及时听取参事室工作汇报，向参事通报政府的重大决策，适当地给参事出题目、交任务，安排好参事的调研工作，帮助解决参事工作中遇到的困难和问题。

19. 省委统战部要在贯彻党的统一战线政策和参事遴选聘任等方面，加强对省政府参事室工作的指导；在统战理论研究、统战知识培训和统战工作经验交流等方面，对省政府参事室给予支持。省委统战部要确定一位负责同志联系省政府参事室工作。

20. 省政府有关部门要加强与有关方面协调，积极组织参事参加省政府召开的有关专业会议和省政府组织的专题调研，参加一些重大礼仪活动和外事活动。省政府参事可列席省人大、省政协会议。

关于印发《安徽省人民政府参事室关于落实中共安徽省委办公厅安徽省人民政府办公厅关于进一步做好新时期政府参事工作实施意见的具体办法（试行）》的通知

皖参字〔2004〕16号

各市、县人民政府，省政府各部门、各直属机构：

参事工作是党和政府工作的重要组成部分。在新的形势下，充分发挥参事参政议政、建言献策、咨询国是、统战联谊的作用，有着十分积极的意义。

为了进一步贯彻落实中办发〔2003〕10号和皖办发〔2003〕13号文件精神，更好地做好我省参事工作，省政府参事室结合实际情况，制定了《安徽省人民政府参事室关于落实中共安徽省委办公厅、安徽省人民政府办公厅关于进一步做好新时期政府参事工作实施意见的具体办法（试行）》，报经省政府和中共安徽省委组织部、省委统战部同意，现予印发，请遵照执行。

安徽省人民政府参事室

二〇〇四年二月十八日

安徽省人民政府参事室关于落实中共安徽省委办公厅安徽省人民政府办公厅关于进一步做好新时期政府参事工作实施意见的具体办法（试行）

为了进一步做好新时期的参事工作，加强我省参事工作的制度化、规范化建设，依据《中共中央办公厅、国务院办公厅关于进一步做好新时期政府参事工作的意见》（中办发〔2003〕10号）和《中共安徽省委办公厅、安徽省人民政府办公厅关于进一步做好新时期政府参事工作的实施意见》（皖办发〔2003〕13号）等有关文件，并报经省政府和省委组织部、统战部同意，特制定本具体办法。

一

（一）参事工作是政府了解民情、反映民意、集中民智、密切联系群众的重要渠道。加强参事工作是巩固和壮大党的爱国统一战线的客观需要，也是发展社会主义民主政治，建设社会主义政治文明的有益措施。

（二）参事工作要全面贯彻“三个代表”重要思想，把实现好、维护好、发展好最广大人民群众的根本利益作为出发点和落脚点。要坚持以经济建设为中心，不断推进先进生产力发展，努力为深化改革和扩大开放服务；要坚持四项基本原则，不断发展社会主义民主政治，建设社会主义政治文明，努力为社会主义政治制度的自我完善和发展服务；要坚持弘扬和培育民族精神，不断发展中国特色社会主义先进文化，努力为建设社会主义精神文明服务。

（三）省政府参事要认真履行职责，积极参加省政府和省政府参事室组织的参政议政活动，为政府依法行政、科学决策发挥作用。

（四）省政府参事室应主动会同省直有关部门，为参事提供良好的工作条件及服务保障，并逐步增加参事工作业务经费，确保专款专用。

二

（五）省政府参事实行聘任制。受聘参事人事关系仍在其原单位，保留原级别及专业技术职称，但不占原单位职数。

（六）选聘参事工作应本着积极慎重的原则，既要考虑统战工作的需要，又要考虑政府工作的实际需要，严格按照文件规定的条件和程序选聘。同时，要保持参事队伍与规模的相对稳定，以利于参事工作的持续发展。

（七）省政府参事应具备下列基本条件：

1. 认真实践“三个代表”重要思想，坚持解放思想，实事求是，与时俱进，具有大局意识，责任意识，努力学习新知识、新理论，善于运用新思想、新观点解决新问题。讲实话、办实事、求实效。

2. 身体健康、年龄在60岁左右，具有正处级以上职级或高级专业技术职务的在职人员。

3. 非中共人士中有代表性、有影响和有较强参政议政能力的专家学者或社会上名望较高的人士。

4. 少数民族和宗教界爱国人士以及港、澳、台和国外回来定居的社会知名人士。

5. 中共党员中知名度高、影响大的专家学者，但比例不得超过省政府参事编制数的10%。

（八）省政府参事人选的推荐

1. 省政府参事人选可由省政府领导、各市人民政府、省直各单位、各大学及省级人民团体和省属企事业单位推荐。

2. 省政府参事室党组依据选聘参事的条件和资格，集体研究确定考察对象。

3. 推荐的参事人选，必须由推荐单位（人）认真负责地写出推荐材料并署名，经参事业务部门到所在单位审核后，方可提交省政府参事室党组确定考察对象。对由个人推荐且被确定为考察对象的，须被考察对象所在单位补写正式报告。

（九）省政府参事人选的考察

1. 考察对象确定后先征求省委统战部意见，再由参事业务部门进行考察。省管干部还应先征求省委组织部意见。

2. 依据参事条件和资格，全面考察其德、能、勤、绩、廉，注重考察参政议政方面的能力。

3. 考察参事人选应当经过下列程序：

（1）组织考察组，制定考察工作方案。

（2）采取个别谈话、实地了解、征求意见、查阅资料、专项调查、同考察对象面谈等考察方法，经综合分析考察情况，同考察对象呈报单位党委（党组）主要领导成员交换看法形成一致意见。

（3）考察组根据考察情况和人选单位党委（党组）推荐意见，研究提出选聘建议方案，向省政府参事室党组报告。

（4）考察省政府参事人选征求意见的范围一般为：考察对象所在单位的领导成员；考察对象所在单位有关工作部门或内设机构负责人；其他有关人员。

（十）考察选聘参事，必须形成全面、真实、准确的书面考察材料，包括参政议政能力及主要表现和特长、主要缺点和不足、推荐和考察意见等内容。已经选聘的，建立参事考察文书档案。

（十一）省政府参事人选的酝酿、讨论决定和聘任：

1. 参事人选在考察和讨论决定呈报前应当充分酝酿，并征求省政府参事室分管主任的意见。

2. 省政府参事室党组讨论决定拟聘人选时，必须有三分之二以上的成员到会，并保证与会成员有足够的时间听取情况介绍，充分发表意见。与会成员对选聘人选，应发表同意、不同意或缓议等明确意见，在充分讨论的基础上，采取口头表决或举手表决等方式进行表决。对意见分歧较大或有重大问题不清楚的应当暂缓表决。

3. 拟聘任的参事人选以省政府参事室党组名义报省政府党组审批，由省长颁发聘任书。同时，省参事室行文给所聘参事单位，并抄送省直有关部门。

（十二）省政府参事首聘期 5 年，任期届满，自然离任。因参事工作特别需要，对在聘任期间工作成绩突出者，经省政府参事 室党组研究确定，并征得所在单位同意，报省政府党组批准后可续聘。续聘期为 3 年。参事任职年龄不超过 70 岁。

（十三）符合续聘条件的参事，在其聘期届满前三个月办理好续聘的呈报手续。自然离任的参事，由省政府参事室党组报省政府党组、省委统战部备案，并及时通知参事人事关系所在单位。

三

（十四）参事的基本职责是：参政议政、建言献策、咨询国是、统战联谊。主要工作是：围绕省委、省政府的中心工作，调查研究，提出意见和建议；对重要行政法规、规章草案及其它重要文件、报告草案提出意见和建议；密切同社会各界的联系，及时反映社情民意；参加爱国统一战线工作。

（十五）省政府参事应按照恪尽职守、坦诚建言、因人而异、各展所长的要求，在省政府参事室主任领导下开展工作。积极参加省政府和省政府参事室组织的参政议政活动，认真完成年度调研课题，撰写调研报告或参事建议（含社情民意的反映）。

（十六）参事可直接向省政府领导反映情况，提出意见和建议。省政府参事室也可采取多种形式，精心组织，不定期请省政府领导当面听取参事的意见和建议。

（十七）省政府参事应自觉遵守学习和议政制度（一般每月第一个周五为参事学习与议政日）。采取集中学习、座谈会、听报告、自学等多种形式，认真学习党的方针政策，加强专业知识的更新学习，加强参事工作理论研究，不断总结实践经验，与时俱进地提高参政咨询水平。

（十八）参事可向省政府提出立法建议，参加省政府法制部门组织的立法座谈会、论证会、听证会，对地方性法规、规章草案提出咨询意见。省政府参事室会同省政府相关部门，邀请参事参加政风、行风评议等活动。

（十九）省政府参事应利用海外社会关系广泛的优势，充分发挥桥梁纽带作用，通过书信、网络、出国探访、接待海外人员回乡来访等形式，积极开展海外联谊活动，推动我省引资、引智工作，为富民强省、祖国统一做出应有的贡献。

四

（二十）围绕全省经济社会发展中的全局性重大问题，开展重点专题调研，提出意见和建议，是省政府参事参政议政的一个重要方面。专题调研的课题，可由省政府领导提出，也可由参事根据省政府中心工作及社会反映强烈的热点问题提出。每年初，由省政府参事室召开全体参事会议，讨论协商、初步筛选确定全年调研课题计划，经省政府参事室主任办公会研究审定后，报省政府批准。

（二十一）专题调研课题计划经省政府领导批准后，由省政府办公厅行文下发至有关市、县（区）和省直相关部门，省政府参事室认真组织实施，保质保量地完成任务，并形成调研报告，以《政府参事建议》形式上报省政府领导。调研报告应真实地反映情况，客观地分析问题，科学地做出结论。提出的建议应具有前瞻性、针对性、可操作性，尽量做到专题专议，精干实用，努力打造咨询国是的精品。

（二十二）专题调研课题组本着自愿原则，由参事自行组成或由参事室协调组成，并协商产生或由参事室指定课题组长。要制定详细的调研提纲和调研方案，研究确定调研重点。对涉及到两个或两个以上课题组的交叉课题，由参事室分管主任协调，有些专题调研可与政府职能部门联合开展，以提高工作质量和效率。各级政府和省政府各部门、各直属机构对省政府参事的调研考察活动，要提供工作和生活上的便利。

（二十三）省政府参事室要认真编好《政府参事建议》。参事的调研报告、个人建议等，通过《政府参事建议》呈送省政府领导。如有批示，由省政府督查室负责督办，并及时向省政府参事室反馈。参事室业务部门要主动加强沟通联系，积极做好跟踪、反馈和落实工作。要善于运用新闻媒体，反映调研成果，加大宣传报道力度，进一步推动参政咨询工作。

五

（二十四）省政府参事室要会同省直有关部门积极创造条件，保障参事权利，改善参事待遇。

1. 省政府参事可以列席省人大、省政协换届会和一年一度的例会及有关会议。省委召开党外人士民主协商会、情况通报会等活动，可邀请省政府参事室党外代表参加。

2. 省政府领导定期不定期向参事通报政府重大决策、经济形势和有关工作情况，并给参事出题目、交任务。

3. 积极组织参事参加省政府召开的有关专业会议和专题调研。参加一些重大礼仪活动和外事活动。

（二十五）受聘参事人事关系仍在原单位，享受所在单位职级相同的在职人员的福利待遇。所在单位要在政治上关心、生活上照顾、工作上支持参事，为其履行职责创造条件。

（二十六）对参事生活待遇从优。参事外出考察调研，可按厅局级干部待遇安排住宿、交通等相关事宜。

（二十七）努力改善参事工作条件，设立“参事工作学习室”，订购一定数量、门类较全的重要报刊、资料，提供《省政府公报》，并利用现代通讯网络手段，为参事及时提供参政议政的有关信息。

（二十八）1988 年及此前由省政府任命的参事，仍享受原规定待遇。

六

（二十九）省政府参事室是省政府主管参事工作的机构，负有对参事工作管理和为参事工作服务的职责。参事室要加强机关工作人员队伍建设和管理，建立导向正确、依据科学、内容周密、重点突出的岗位责任制、考核标准和激励机制，并通过学习、培训、交流等方式，提高机关工作人员的思想政治水平和业务能力，增强统战意识和参谋服务意识，树立尊重参事、协商办事的良好作风。

（三十）省政府参事室机关工作人员要在政治上、思想上、行动上同党中央保持高度一致，牢固树立全心全意为人民服务的思想。具有较强的法制观念和组织纪律性，认真贯彻执行党的统一战线政策。有较好的工作作风，求真务实，团结协作，公道正派，清正廉洁。有强烈的事业心和责任感，具备同自己工作相适应的科学文化水平，工作严谨高效，认真负责。要善于总结实践经验，及时分析工作中出现的新情况、新问题，努力为参事创造良好的工作环境。

编纂始末

《安徽省志·参事文史馆志》（以下简称《参事文史馆志》）的编修是在安徽省地方志编纂委员会的统一部署下，于2011年3月正式启动的。时《安徽省志》其余各卷自2007年已进入续修，而《参事文史馆志》为首次编修，且国务院参事室及全国各省市参事室均无编修先例可循。横看无参照，侧看起步迟。褴褛开疆，时限紧迫，《参事文史馆志》的编纂任务可谓艰巨。

安徽省政府参事室领导十分重视志书编纂工作。编纂工作启动的同时，即成立编纂委员会，由参事室党组书记、主任邱江辉任主任，参事室党组成员、副主任蒋兆晴，副主任朱新中，副巡视员、副馆长余家林任副主任，朱新中分管修志工作。文史馆副馆长张杰和业务处主要负责人赵成功、王兰任编委会成员。省政府参事室原副主任汪书贵任主编，同时负责“概述”中参事工作内容的撰稿。9月起，增补省政府参事蒋维扬任执行主编，负责志稿总纂工作。王兰任副主编，负责修志中的组织协调，并承担“概述”中文史研究馆工作和部分志稿内容的撰稿。省文史馆馆员张长明任副主编，担任修志技术指导。编辑室成员：王林松、王晶、尤家俊、陈芳、李迪、杨林、苏勤、周华锋、郓根斌、范建华、罗运高、聂元安、滑晓春、廉红红，各自承担部分志稿撰写任务。

2011年4月6日，《参事文史馆志》编委会召开编纂工作第一次推进会，进行修志培训，布置修志任务。主任邱江辉对《参事文史馆志》的编纂提出十六字要求：加强领导，密切合作，集中精力，保质保量。4月7日，省政府参事室印发《关于征集<参事文史馆志>有关史料的函》。4月7日至8日，编辑室组织人员赴省质量技术监督局、省新闻出版局学习考察修志工作。4月11日至28日，编辑室集中组织人员进入本单位档案室查阅档案，复印史料，建立史料档案。4月14日，印发《参事文史馆志》编纂工作方案的通知，明确篇目大纲、编纂要求和资料收集任务的分工。

2011年4月29日，编委会召开《参事文史馆志》编纂工作第二次推进会，总结前一阶段材料收集工作，对史料补充收集工作进行再布置。5月9日至12日，编辑室组织人员赴国务院参事室查阅相关史料，共查阅档案428卷（册），复印资料675页，并建立了分类档案。至当年6月初，共收集整理各类档案史料8大类37盒，约200万字，资料目录3.4万字。

2011年6月10日，编委会召开《参事文史馆志》编纂工作第三次推进会暨志稿撰写培训会，总结前一阶段修志工作，部署安排下一步任务，并邀请《安徽省志》总编室责任编辑、省地方志办公室人秘处处长严希指导培训，志稿正式进入撰写阶段。8月11日至12日，17日至19日，在个人撰稿的基础上，编辑室分别组织两次集中撰稿。8月31日，27万字的《参事文史馆志》初稿形成。9月起，省政府参事蒋维扬接手《参事文史馆志》总纂工作。9月13日，编委会副主任朱新中、执行主编蒋维扬、副主编王兰参加了省地方志办公室举办的总纂业务研讨会。10月25日，17万字的总纂稿第一稿形成。在广泛征求意见的基础上，11月11日，编委会召开《参事文史馆志》修改工作座谈会，省地方志办公室人秘处处长严希到会指导，会后形成11万余字的总纂稿第二稿。12月1日至3日，副主任朱新中率主编汪书贵、执行主编蒋维扬、副主编王兰集中讨论修改志稿，在本志责任编辑严希的指导下，形成9万多字内容精炼、体例完整的总纂稿第三稿。12月12日，以总纂稿第三稿为内容的《参事文史馆志》印刷样本（一稿）付印。12月16日至19日，该志稿印刷样本送达29位相关领导、参事、馆员和专家，征求意见。12月29日，编辑室讨论推敲收集来的490条修改意见，进一步修改完善。2012年1月11日，《参事文史馆志》印刷样本（二稿）付印。

2012年1月16日，编委会召开《参事文史馆志》专家评审会，对《参事文史馆志》印刷样本（二稿）进行专题评审。省地方志办公室副主任吴静、人秘处处长严希、省志处处长王晖，省政府参事室老领导陶显斌，省政府参事苏更生、王世华，省文史研究馆馆员王少石、费修竹、潘立纲等有关领导和专家出席。与会人员对志稿给予肯定，认为体例规范，结构合理，内容丰富，文风朴实，特色鲜明，是一部比较成熟的志稿，有较高存史价值，并对志稿在突出主题、挖掘资料、行文规范诸方面的问题，提出建设性的意见和建议。评审会上，围绕志名、形式、年限、文字等问题，专家们进一步提出了修改意见和建议。主任邱江辉要求编辑室人员，要本着对历史和未来高度负责的态度，认真消化吸收专家们的评议意见，制定修改方案，对志稿精雕细刻，尽快形成送审稿送审，力争把《参事文史馆志》编纂成一部可读、可鉴、可用、可存，经得起历史检验的精品佳志。2月8日，编辑室召开专题会议，研究评审会上的专家意见建议，整理出10个方面的问题，形成修改方案，并对修改任务进行分工。2月10日至3月10日，编辑室组织李迪、陈芳、范建华、晁冰、廉红红、王林松等6名人员，对文史研究馆513名安置型馆员的信息和志书所需照片资料进行补充查找，查寻到100名安置型馆员的相关信息和10张照片资料，充实了志稿内容。11月20日，《参事文史馆志》送审稿正式形成。根据省地方志办公室的部署，送审稿后经省地方志办公室总编室三审、出版社三审、志稿会审。

2018年4月17日，省政府参事室召开《参事文史馆志》会审会。省地方志办公室主任郭德成、副主任吴静、省志处处长吴良琴、责任编辑张军，省政府参事室主任白和平、副主任朱新中、办公室主任王兰等参加了会审会。省地方志办公室主任郭德成、副主任吴静对《参事文史馆志》编纂工作给予肯定，并从志书编纂、体例结构、文字表述等方面，提出了具体修改要求。

回顾本志初乃白手起家、终则后来居上的编撰工作，令人心生感慨：一是室领导的大力支持和精心指导，他们审慎议定了本志书的指导思想和应遵循的原则，为编修工作指引了方向，这是编修工作得以完成的首要因素和重要保障；二是本志书凝聚了省地方志办公室、省档案局（档案馆）、省财政厅等部门，以及省政府参事、省文史馆馆员、室机关多位同志的辛勤汗水，方方面面的细致工作为本志打下了坚实基础，所以，本志书是集体力量和智慧的结晶；三是本志历史跨度大，综合要求高，编修时间紧，许多历史资料缺失，编修难度很大，如果没有修志人员高度负责、精益求精的态度和锲而不舍、默默奉献的精神，是很难完成的。所幸的是，尽管编修工作浩繁艰苦，终于众志成城，未负重望。安徽大学外语学院傅悦对目录进行了英文翻译和审核。在此，谨向提供资料和参与编修、审读、评审、统稿、总纂、核稿、审定、校对、录排及提供其他帮助的所有为本志编修工作作出贡献的单位和人员，表示衷心的感谢！唯愿本志能在服务读者中切实发挥存史、资政、教化的作用，这将是编者莫大的欣慰！

由于时间紧、经验不足，本志难免有讹错之处，敬请广大读者批评指正。

《安徽省志·参事文史馆志（1953—2005）》编辑室

2018年8月

档案志

1987年5月2日，安徽省经济委员会、省计划委员会、省科学技术委员会、省档案局联合召开全省科技档案工作会议

1989年4月，全国人大常委会法工委、国务院法制局、国家档案局联合检查组到安徽省检查档案法执行情况。图为检查组在省科委档案馆检查档案执法情况（左起：安徽省科学技术研究成果档案馆馆长陈声苗、省档案局副局长濮德祥、国家档案局主任张义顺）

1993年10月，档案利用者在芜湖市档案馆查阅档案

1994年10月25日，《安徽档案》创刊10周年纪念会在合肥召开，中共安徽省委秘书长季家宏（主席台右三）、省委副秘书长赵培根（主席台右二）、省档案局局长濮德祥（主席台右四）、省委宣传部常务副部长窦永记（主席台右一）、省新闻出版局副局长杨忠民（主席台右五）等出席会议

1995年10月，安徽省档案局局长濮德祥（左一）参加中国档案工作考察团出访荷兰、比利时，图为考察团在荷兰档案工作协会会场

1995年11月26日，安徽省档案局副局长严桂夫（右一）带领档案电视专题片《走向未来》摄制组在黟县档案馆拍摄

1996年9月2日至7日，第十三届国际档案大会在北京召开。会议期间，中共中央办公厅副主任、国家档案局局长、国际档案理事会副主席王刚（右一）参观“中国档案事业成就展·安徽馆”

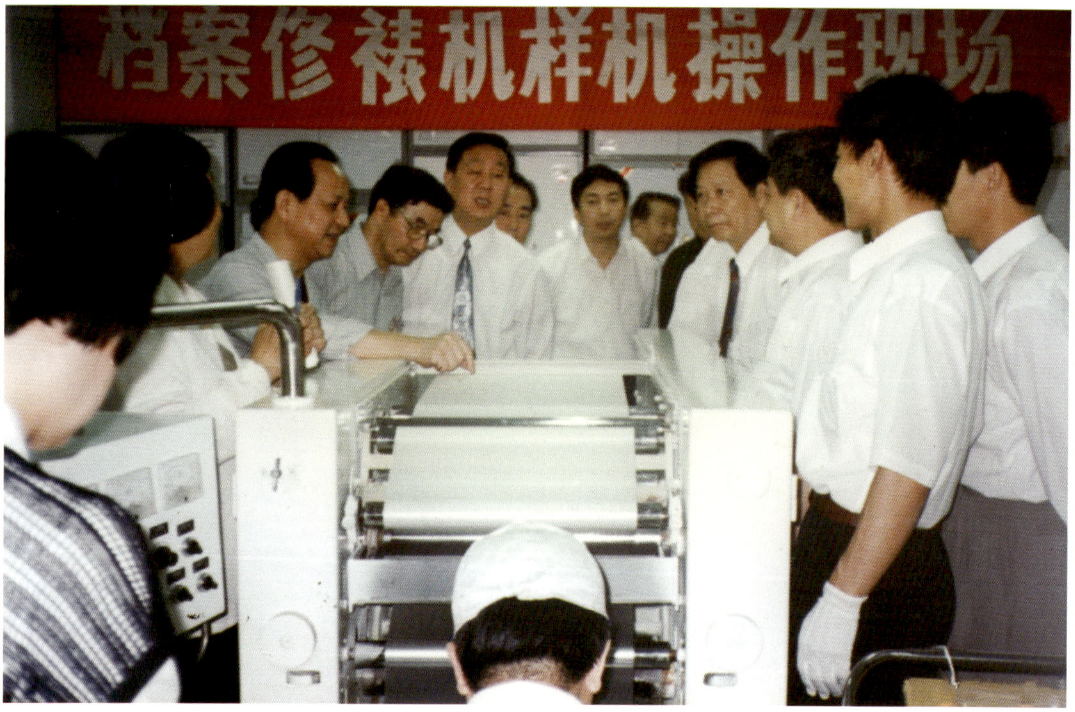

1997年6月9日，中共安徽省委副书记方兆祥（左三），省人大常委会副主任王秀智（右四），省委常委、秘书长季家宏（左五），省政府秘书长骆惠宁（左七）等到安徽省档案馆观看由安徽省档案馆研制的世界首台档案修裱机运行情况

1998年5月9日，安徽省档案馆晋升国家一级档案馆颁奖大会在合肥召开。中共安徽省委副书记方兆祥（主席台左六）、国家档案局副局长郭树银（主席台左五）、省人大常委会副主任朱维芳（主席台左四）、省政府副省长卢家丰（主席台左七）等出席会议

1998年6月2日，由国家档案局和美国马里兰大学倡议、安徽省档案局主办的徽州历史档案与徽州文化国际研讨会在黄山市召开

1998年7月19日，安徽省农业农村档案工作三项试点动员会在庐江县召开

2001年6月21日，安徽省档案工作代表团在加拿大渥太华国家档案馆考察

2002年9月7日，安徽省档案局在合肥市府广场开展纪念《中华人民共和国档案法》颁布15周年、《安徽省档案条例》颁布5周年活动

2004年2月27日，中共安徽省委宣传部向省档案馆捐赠毛主席像章

2004年3月16日，安徽省人民政府第12次常务会议审议通过《安徽省档案征集办法》，并以163号令予以发布。4月7日，省人民政府新闻办公室召开新闻发布会

2004年5月1日，《安徽省档案征集办法》开始施行。安徽省档案局举行街头宣传活动

2005年8月2日，全省档案信息化建设暨安徽省档案工作第一个地方标准《文书档案文件级目录数据库结构与著录细则》宣传贯彻会议在合肥召开

2005年8月14日至17日，安徽省档案局、安徽省档案馆主办的“纪念中国人民抗日战争胜利60周年图片展”在合肥市花园街广场展出

2005年10月19日，安徽省电子文件中心建设启动仪式在省档案局（馆）举行

2005年11月30日，全省档案管理模式改革现场会在和县召开。中共安徽省委常委、省委秘书长张学平（主席台左三），国家档案局副局长李明华（主席台左二），省政府秘书长张俊（主席台右二），省档案局局长李学香（主席台右一），巢湖市市长郑为文（主席台左一）等出席会议

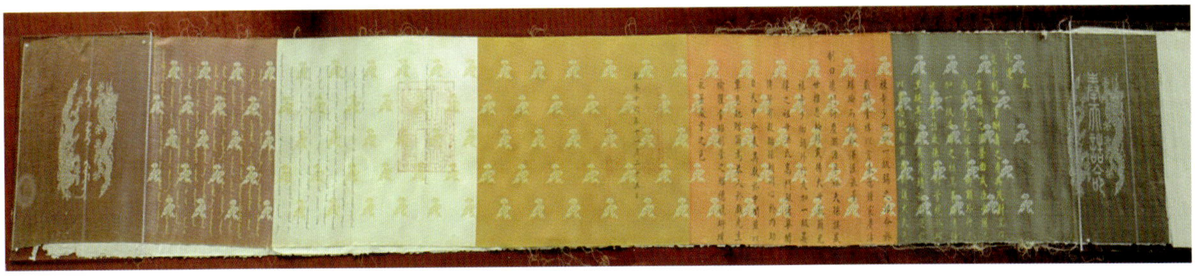

乾隆圣旨（安徽省档案馆馆藏）

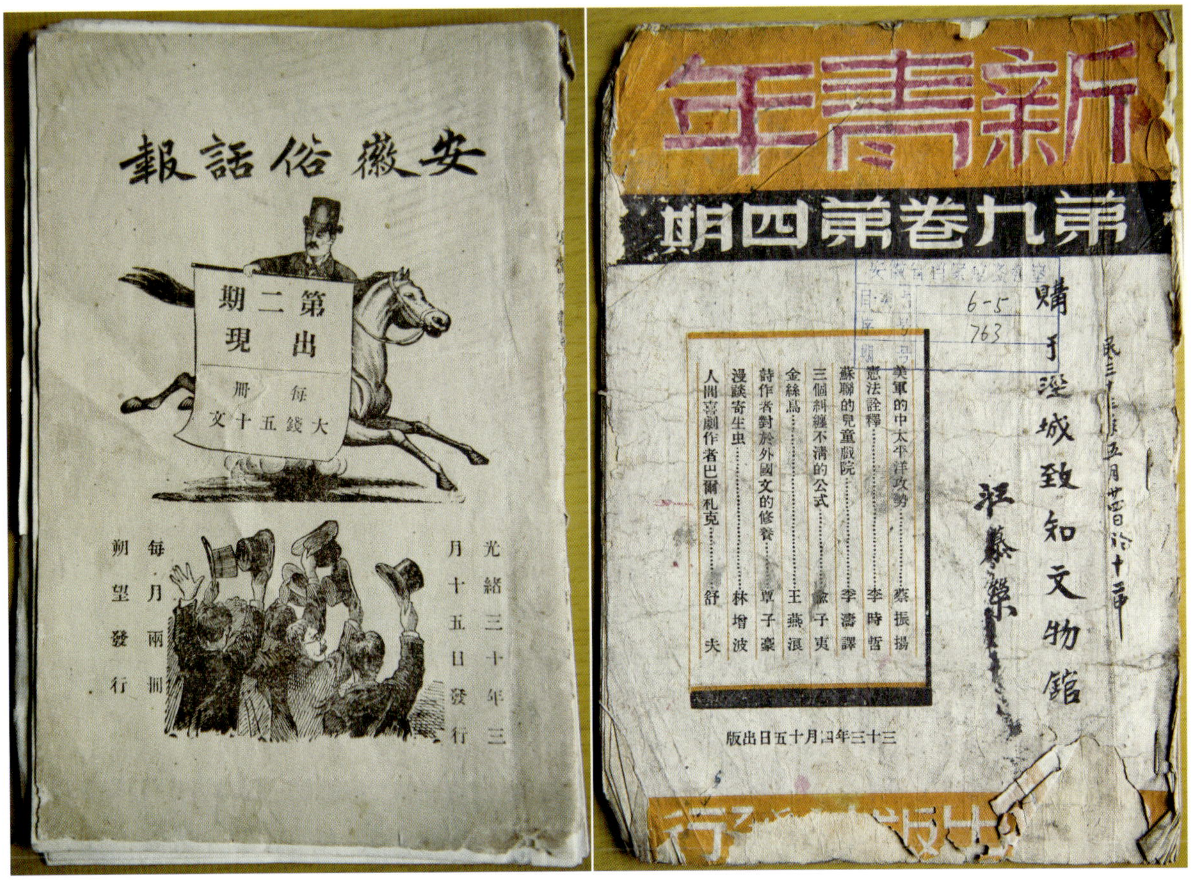

陈独秀创办的《安徽俗话报》和《新青年》（安徽省档案馆馆藏）

1943年7月29日，中国国民党安徽省执行委员会欢迎李宗仁大会签名（安徽省档案馆馆藏）

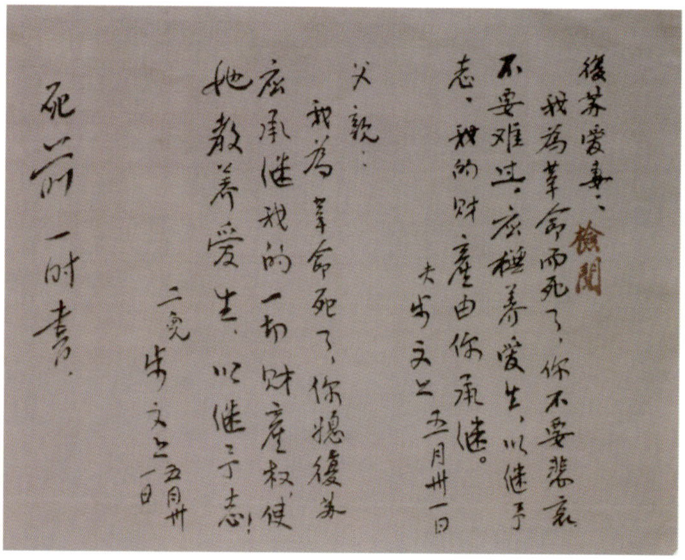

後芬愛妻：

我為革命而死了，你不要悲哀，不要难过，应極養愛生，以继予志，我的财產由你承继。

夫 步文 五月卅一日

父親：

我為革命死了，你媳後芬应承继我的一切财產权，使他教養愛生，以继予志！

二兒 步文 五月卅一日

死前一时書。

左图为王步文（首任中共安徽省委书记）1923年在安庆领导学生运动反对军阀曹琨贿选总统被通缉流亡上海的照片；右图为1931年5月31日王步文在安庆就义前给妻子和父亲的遗书（安徽省档案馆馆藏）

1952年8月25日，安徽省人民政府委员会第一次会议全体委员合影（安徽省档案馆馆藏）

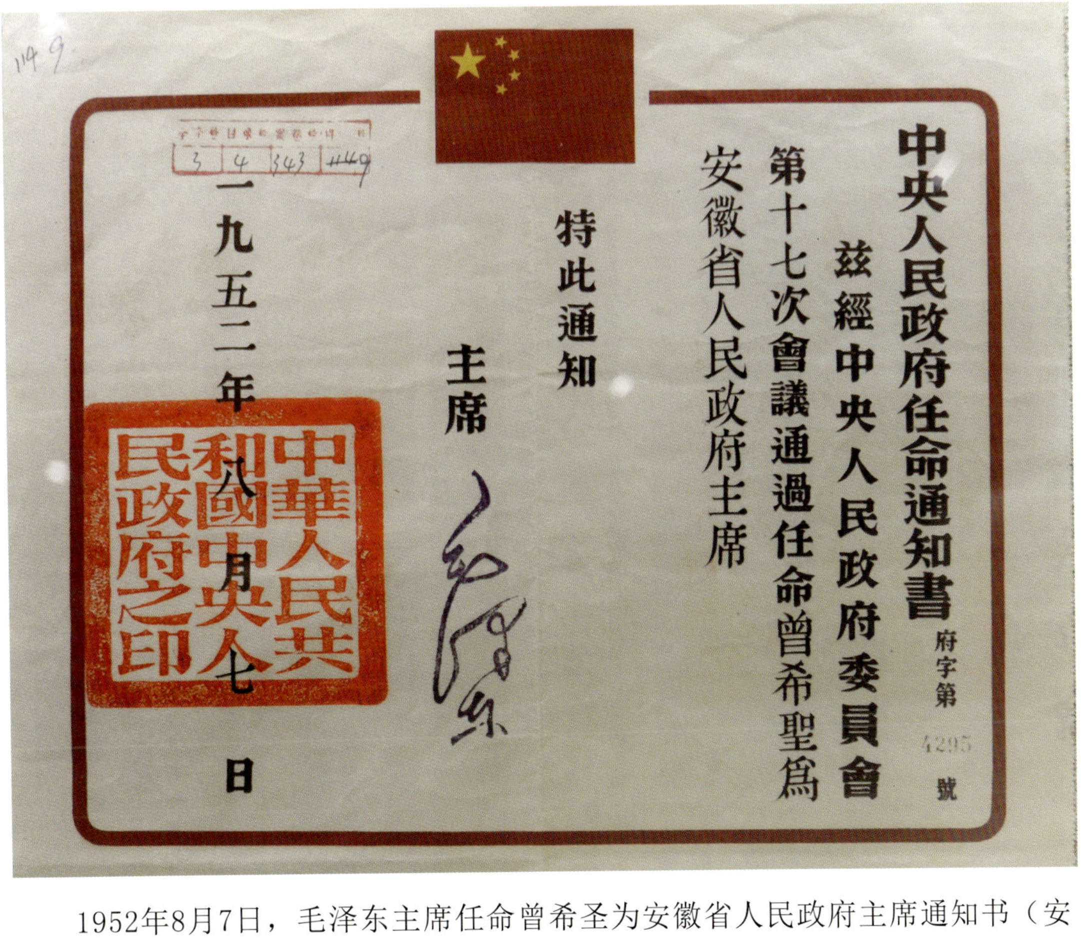

中央人民政府任命通知書

府字第4295號

茲經中央人民政府委員會第十七次會議通過任命曾希聖爲安徽省人民政府主席

特此通知

主席 毛泽东

一九五二年八月七日

中華人民共和國中央人民政府之印

1952年8月7日，毛泽东主席任命曾希圣为安徽省人民政府主席通知书（安徽省档案馆馆藏）

胡适手迹和《上川明经胡氏宗谱》（绩溪县档案馆馆藏）

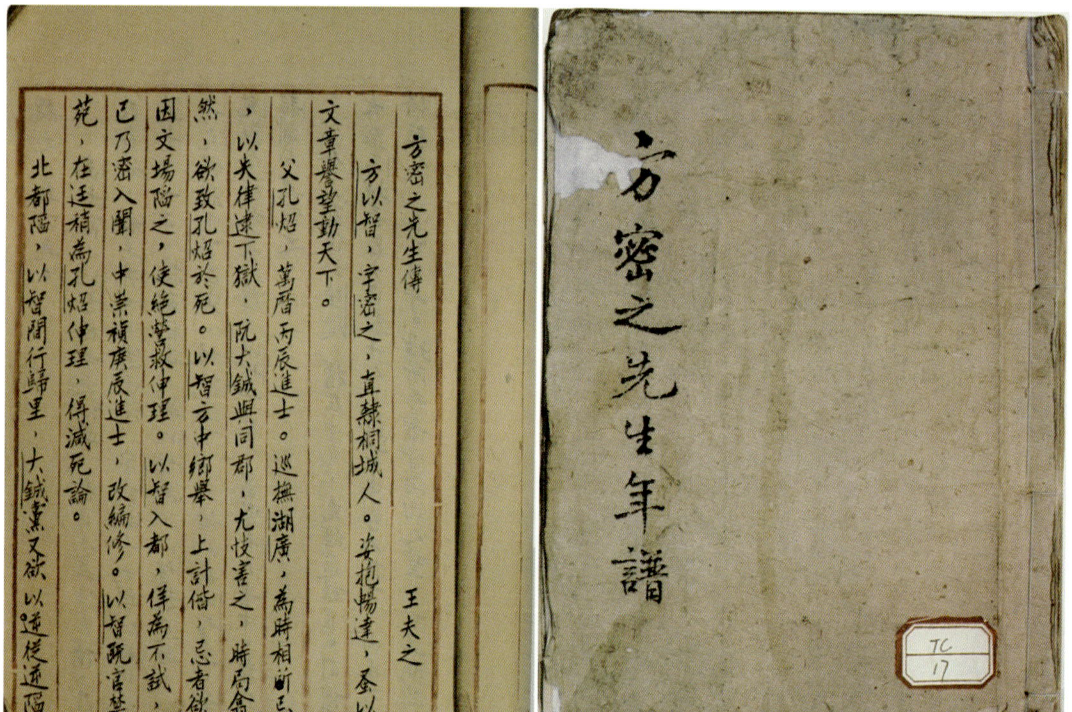

《方密之先生年谱》（桐城市档案馆馆藏）

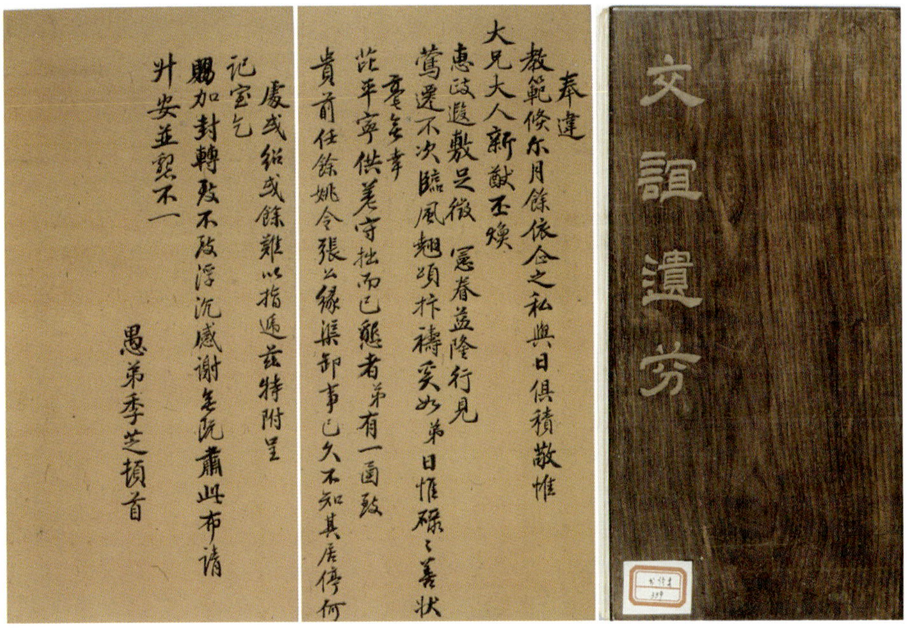

清嘉庆年间徽商书信集——《交谊遗芬》（歙县档案馆馆藏）

明代《推背图》（歙县档案馆馆藏）

20世纪20年代，在莫斯科铸造的马克思银像（旌德县档案馆馆藏）

元代书画家赵孟頫画作《扬鞭志在千里途》（歙县档案馆馆藏）

1999年扩建后的安徽省档案馆

2005年投入使用的合肥市档案馆

2001年落成的安庆市档案馆

1997年投入使用的池州地区档案馆

2003年投入使用的和县档案馆

2001年9月28日开馆的绩溪县名人档案馆

1987年3月27日开馆的芜湖市城建档案馆

1990年投入使用的马钢档案馆

凡　　例

一、本志记述内容，以类系事，全面、系统、客观记述 1986 至 2005 年 20 年间安徽省档案事业的发展过程，少数章节内容略有延伸。

二、本志结构层次，设置为章、节、目，部分目下设子目，节（目）下直陈其事。

三、本志表格排列按所在章编排顺序。如“表 3-2”为第三章第二表。

四、省档案馆建馆至 1985 年的馆藏在首轮志书中虽已记述，本志书为体现馆藏的完整性，将省档案馆建馆至 2005 年的馆藏系统记述。

五、县（市、区）档案局（馆）的基本情况在首轮志书未有详细记载，本志逐一加以记载，上限追溯到建置之始。

六、专门档案馆、部门档案馆、企业档案馆、高校档案馆大多成立于 20 世纪八九十年代，在首轮志书中未记载，本志对这些档案馆的历史和馆藏情况加以补录。

七、本志资料主要由全省各级各类档案馆提供。

八、本志附录收录安徽省档案工作法规、规章、标准及重要文件。

九、本志中的档案专业术语采用国家档案局的统一标准，统计数据以国家档案局制定的《全国档案事业统计年报》为准，年报缺项部分采用有关档案部门提供的数据。

十、涉及机构名称第一次用全称，以后用规范化简称。

目　　录

Main Contents

概　　述

档案是过去和现在的国家机构、社会组织以及个人从事政治、军事、经济、科学、技术、文化、宗教等活动直接形成的对国家和社会有保存价值的各种文字、图表、声像、数码等不同形式的历史记录，是宝贵的信息资源，是不可替代的社会记忆。档案工作是维护党和国家历史真实面貌的重要事业，是各项事业发展的一个重要基础。档案事业是中国特色社会主义事业的重要组成部分。中国共产党十一届三中全会召开以后，伴随着改革开放的春风，安徽档案事业进入新的发展时期。从 1986 年到 2005 年的 20 年间，在省委、省政府的正确领导和国家档案局的监督指导下，全省档案系统以邓小平理论和“三个代表”重要思想为指导，深入贯彻落实科学发展观，深化改革，锐意开拓，积极进取，推动档案事业发展取得显著成绩，为服务全省经济建设和社会发展做出了积极贡献。

一

档案馆综合水平普遍提高，档案馆网体系进一步健全，档案馆功能得到新的拓展。

1998 年 5 月 9 日，省档案馆晋升为国家一级档案馆。1999 年 4 月，马鞍山市档案馆成为全省首家通过目标管理省一级考评的档案馆。截至 2005 年年底，全省共有 64 家档案馆通过目标管理考评，晋升为省一级或二级档案馆。

2000 年 1 月 12 日，全省第一家乡镇综合档案馆——淮南市毛集镇档案馆正式成立。2002 年 12 月，省机构编制委员会办公室批复同意组建黄山风景区档案馆、九华山风景区档案馆。至 2005 年年底，全省共有各级国家档案馆 124 个，馆舍总建筑面积为 14.9 万平方米。

1997 年 12 月，省档案馆被省精神文明建设指导委员会命名为安徽省爱国主义教育基地。2002 年 7 月 31 日，省档案馆现行文件资料利用服务中心挂牌运行。到 2005 年年底，全省共有 54 家档案馆被命名为爱国主义教育基地，77 家档案馆开展已公开现行文件利用工作，32 家档案馆被确定为政府信息查询场所。

二

档案馆馆藏档案数量稳步上升，馆藏结构得到进一步优化，档案资源开发取得一定成果。

1986—2005 年，各级档案馆通过档案征集、接收等方式。征集到党和国家领导人在皖公务活动材料、徽州文书、《中国事变画报》等一批珍贵档案、资料；依法接收立档单位到期档案、撤并单位档案、破产企业档案等，馆藏档案数量逐年增加。至 2005 年年底，安徽各级各类档案馆馆藏纸质档案 5903567 卷、373635 件，录音、录像、影片档案 8749 盘（盒），照片档案 329824 张，底图 294273 张，电子档案 5569 盘（张），缩微胶片开窗卡 6400 张 / 卷片 51057 米，资料 2061633 册。

2002 年 3 月，安徽省档案馆收藏的《明代徽州土地产权变动和管理文书》，入选首批“中国档案文献遗产名录”。2003 年 10 月，黄山市档案馆收藏的《明代徽州江氏家族分家阄书》入选第二批“中国档案文献遗产名录”。《徽州历史档案总目提要》《中国档案精粹 • 安徽卷》《徽州文书档案》《安徽农村改革之路》等著作相继出版。档案电视专题片《走向未来》在中央电视台播出，并获得多个奖项。

三

档案信息化步入起步阶段。

1987 年，档案部门开始运用电子计算机辅助档案管理。2000 年，安徽省档案局成立档案信息化工作小组，起草《安徽省档案系统信息化建设三年实施方案》（2001—2003 年）。2001 年 5 月 1 日，省政府将档案信息化纳入安徽省“十五”重要领域信息化范围；9 月 18 日，省档案局印发《关于开展档案信息化建设试点工作的通知》，随后在蚌埠、芜湖、安庆及界首、宁国等市开展档案信息化建设试点。2002 年 10 月 14 日，省档案局成立安徽省档案信息化工作领导小组。2003 年，全省档案信息化建设试点工作圆满完成。同年 7 月，安徽档案信息网建成开通。2004 年 6 月 8 日，制订并发布安徽省档案工作第一个地方标准《文书档案文件级目录数据库结构与著录细则》（DB34/T 450–2004）；7 月 13 日，省档案局制定并发布《安徽省档案信息化建设实施意见（2003—2007）》。2005 年 5 月，“数字安徽”建设工作领导小组增补省档案局为“数字安徽”建设工作领导小组成员单位。2005 年 10 月 19 日，省档案馆在全国省级档案馆中率先挂牌成立安徽省电子文件中心。至 2005 年年底，全省档案部门共建成局域网 29 个，档案网站 17 个；机关、团体、企事业单位档案机构计算机拥有率、档案管理软件普及率均有较快增长。

四

档案行政管理不断加强，国家机构及社会组织档案工作逐步深化。

1989年1月，省档案局编印《文书立卷程序》，同年6月，颁发《安徽省省、地、市、县机关文书档案保管期限表》，开展机关档案业务规范化建设。1989年7月，省档案局印发《安徽省省直机关档案工作协作组章程》，实施按口管理、分类指导。2001年4月，国家行业标准《归档文件整理规则》（DA/T 22–2000）正式实施，省直机关随后贯彻，市、县（区）、乡（镇）机关自2002年起实施。自此之后，文件材料由“立卷”改为按“件”整理。

1990年3月，省档案局制定《安徽省机关档案管理升级试行办法》和《安徽省机关档案管理升级评分标准》，在全省开展机关档案管理升级活动。1999年5月，以机关档案工作目标管理考评取代档案管理升级评审。1988年1月，省档案局制定《安徽省企业档案管理升级实施细则（试行）》和《安徽省企业档案管理升级评分标准（试行）》，全面启动企业档案管理升级工作。1991年10月，该项工作因故暂停。1996年12月，省档案局制定《安徽省实施〈企业档案工作目标管理办法〉细则》，以目标管理取代企业档案管理升级活动。1992年1月，省档案局、省科委、省建设厅制定《安徽省实施〈科学技术事业单位档案管理升级办法〉细则》，组织开展科学技术事业单位档案管理升级活动。2001年4月，省档案局、省建设厅就进一步加强勘察设计单位档案工作目标管理作出部署。通过上述工作，机关（团体）、科技、企事业单位档案工作普遍得到加强。截至2005年，全省79%以上的县级以上机关建立综合档案室，1700家单位通过机关档案工作目标管理认定；86%的大中型企业和县级以上科技事业单位建立综合档案室。机关（团体）、科技、企事业单位档案工作步入标准化、规范化轨道。

农业和农村档案工作初见成效。1997年7月，省档案局、省农业厅、省乡镇企业局联合发出《关于进一步加强农业档案工作的通知》。同时，建立全省农业和农村档案工作联席会议制度。制度规定，不定期由省委、省政府分管领导召集，省直各涉农单位和有关部门领导参加会议，研究协调全省农业和农村档案工作中遇到的重大问题。1989年3月，省乡镇企业局、省档案局发出通知，要求做好乡镇企业档案管理工作；1998年7月，在全省范围内启动乡镇企业档案工作目标管理。2001年5月，省档案局、省建设厅联合部署开展小城镇建设档案管理情况调查。截至2005年年底，乡镇建档率达100%，合格率达85%；村级建档率达86%，合格率达51%。此外，农村税费改革、土地承包、农业普查等专项工作形成的档案得到有效管理。

社区档案工作适时开展。2003 年 9 月，省档案局、省民政厅印发《关于做好城市社区档案工作的意见》，指导全省社区建立档案工作。2004 年 6 月，省档案局、民政厅在马鞍山市召开全省社区档案工作经验交流会，全面推进社区档案管理规范化。至 2005 年年底，全省社区建档工作基本完成，社区建档率达 94%，合格率达 61%。

建设项目档案工作逐步规范。1987 年 5 月，根据省计委、省档案局《关于档案部门参加工程建设项目竣工验收的暂行规定》要求，档案部门开始参加建设项目竣工验收。1989 年 5 月，《安徽省基本建设项目竣工验收办法》明确规定档案部门派员参加项目竣工验收组织。1997 年 12 月，重点建设项目档案管理登记制度开始实施。1999 年 8 月，省重点建设项目档案管理登记纳入档案验收工作内容。1998—2005 年，省档案局先后组织对高速公路、煤矿、水利、冶金、化工、建材、航运、城市防洪、广播电视等 33 个省重点建设项目档案的专项验收。

五

档案教育、科研取得新成果。

1983 年，安徽大学在历史系开设档案学专业。1986 年，省档案局委托安徽广播电视大学开办档案专业班。1990 年年初，省档案局委托安徽广播电视大学开办档案专业证书班。1990 年 5 月 18 日，省档案局委托合肥经济管理学校开设档案专业中专班，并从 1990 年秋季开始招生。1998 年，安徽大学成立管理学院，档案学专业被并入其中。2002 年，安徽大学档案学专业开始招收硕士研究生。2004 年，省档案局委托安徽大学开办档案学专业硕士研究生课程进修班。各级档案部门积极组织在职人员参加档案学专业本科、大专自学考试，广泛开展专业证书教育、继续教育、岗位培训和技能培训。1986—2005 年，省档案局计举办档案专业继续教育班 63 期，培训人员 11537 人次，2001—2005 年累计进行岗位培训 13765 人次。全省档案系统干部队伍素质有了较大提高。

1986—1990 年，全省已初步形成以档案学会、科研管理机构为组织，以档案专业教师、档案学会会员为骨干，以档案工作者为基础的档案科研队伍，全省共交流档案学术论文 1500 多篇，有 4 项成果获国家档案局科技成果四等奖，5 项成果获省自然科学进步四等奖，7 项科研成果获省社会科学成果奖。1991—1995 年，全省交流学术论文 1200 余篇，有 18 项科研成果通过省部级鉴定，其中获省科技进步奖 8 项、省社会科学成果奖 2 项、中国档案学会优秀成果奖 5 项、首届中国档案学会青年档案学术奖 2 项。1997 年 6 月 10 日，国家重点科技项目、省档案局（馆）研制的档案修裱机样机通过国家验收组验收。验收组认为，样机的研制成功填补了国内外空白，是档案修裱由手工迈向机械的标志。2000 年 10 月，省档案局研制的档案修裱机荣获 2000 年度国家档案局优秀科研成果特等奖。1996—2000 年，全省共完成科研课题 13 项，获得省部级奖励成果 8 项。2003 年 12 月 1 日，由省档案局完成的《中国档案事业建设指标体系研究》项目荣获国家档案局 2003 年优秀科技成果奖一等奖。2004 年，省档案馆承担的“档案修裱机智能控制系统的研制”“档案库房空气过滤介质对比研究”同时获得国家档案局 2004 年优秀科技成果三等奖。

六

1987 年 9 月 5 日，《中华人民共和国档案法》正式颁布施行以后，安徽省通过制定档案法规、规章，建立档案执法机构、队伍，健全档案执法制度等方式，不断加强档案法制建设。全省档案事业逐步迈入依法管理轨道。1988 年 2 月 25 日，《安徽省档案馆开放档案实施办法》正式出台，全省各级国家综合档案馆保管的档案依照规定陆续向社会开放。1992 年 5 月 6 日，省政府颁布《安徽省档案管理办法》。1997 年 11 月 2 日，安徽省第八届人民代表大会常务委员会第三十四次会议审议通过安徽省第一部关于档案和档案工作的地方性法规——《安徽省档案条例》。2004 年 3 月 16 日，安徽省人民政府第 12 次常务会议审议通过《安徽省档案征集办法》。

1996 年，安徽省档案局设立法规处，具体负责档案法律、法规、规章的调研、起草、修订及宣传贯彻工作。1999 年 4 月，安徽省档案局成立由局长任组长的安徽省档案行政执法责任制工作领导小组，负责全省档案行政执法责任制的领导和考核工作。2001 年起，安徽省档案局分别将档案行政执法责任制列入全省档案事业发展“十五”“十一五”规划和年度计划，并指定专门机构、人员负责落实。

2003 年 4 月 3 日，省委办公厅、省政府办公厅印发《安徽省档案局（安徽省档案馆）职能配置、内设机构和人员编制方案》，将省档案局由过去的“省委、省政府直属事业单位”，改为“省委、省政府直属单位”，行政编制 5 名，解决了省档案局的执法主体资格问题。

1998—2005 年，省档案局与省政府法制办联合举办 7 期档案行政执法人员资格认证培训班，共有 405 人接受培训，均取得由省政府法制办颁发的行政执法资格证书。2005 年 4 月，安徽省档案局制定《安徽省档案局行政执法依据》文本。该文本分执法机关、执法依据、执法职权三个部分，其中执法依据涉及法律、行政法规、地方性法规、规章等 17 个。

1986—2005 年，安徽省档案事业取得了长足发展，档案资源建设、档案业务、档案信息化、档案教育科研、档案管理等方面取得了很大成绩。展望未来，信息化的迅猛发展，电子文件的大量生成与归档，必然引发档案工作方式和手段的重大而深刻的变革。随着社会主义市场经济体制的不断完善，信息公开法律法规的颁布实施和社会档案意识的增强，档案管理模式变革和档案信息资源开放开发进程必将加快，档案工作社会化程度必将进一步提高，档案工作的地位和作用将越来越重要，档案工作必将为全省经济社会发展做出更大贡献。

第一章　档案资源

1985 年以前，全省各级各类档案馆馆藏种类单一，多为“文化大革命”前的党政文书档案。1987 年《中华人民共和国档案法》颁布以后，档案馆采取多种方式，增加馆藏数量，改善馆藏结构，优化馆藏内容，提升馆藏质量。截至 2005 年年底，安徽省各级各类档案馆馆藏纸质档案案卷 5903567 卷，排架长度 94655 米，以件为单位档案 373635 件，排架长度 1164 米；录音录像影片档案 8749 盘，照片档案 329824 张；底图 294273 张；电子档案磁带 126 盘，磁盘 420 盘，光盘 5023 张；缩微胶片开窗卡 6400 张，卷片 51067 米；资料 2061633 册。

第一节　省档案馆馆藏

截至 2005 年年底，安徽省档案馆馆藏各时期档案 261 个全宗，其中，明清档案 1 个全宗、民国档案 61 个全宗、革命历史档案 12 个全宗、中华人民共和国时期档案 187 个全宗。上述 261 个全宗共有不同门类和载体的档案 288863 卷（件），其中，明清档案 3340 件、民国档案 60799 卷、革命历史档案 11575 件、中华人民共和国时期档案 213082 卷（件）。此外，馆藏各类图书资料 143639 册。

明清档案　安徽省档案馆馆藏明清档案 1 个全宗汇集，全宗号为 L046，共有档案 3340 件，其中明代档案 208 件，清代档案 3132 件。档案载体以纸质为主，共有 3317 件，另有缣帛档案 10 件，简牍档案 13 件。档案最早形成于明代弘治元年（1488 年），止于清代宣统末年（1911 年）。

明代档案 208 件，档案起止时间为明代弘治元年（1488 年）至崇祯十七年（1644 年）。明代成化、弘治、正德、嘉靖、隆庆、万历、泰昌、天启、崇祯年间均有档案留存。以嘉靖、万历、崇祯年间为多。明代档案大都为契约、户票、税票、合同、纳户执照、抄本、族谱、族规等。如明代嘉靖四十六年（1567 年）东关二图周文卖山赤契、万历十年（1582 年）七月三十日休宁县九都三图王周祥卖地赤契、崇祯五年（1632 年）五月休宁县程迁买程佛孝田地收割税票、隆庆四年（1570 年）汪氏统宗正脉等。

2002 年 3 月 8 日，经“中国档案文献遗产工程”国家咨询委员会评审，安徽省档案馆申报的《明代徽州土地产权变动和管理文书》，首批入选《中国档案文献遗产名录》。《明代徽州土地产权变动和管理文书》共有 8 件（见图 1-1—1-8，其中图 1-8 为歙县档案馆收藏档案），形成于明代正德九年（1514 年）至崇祯十六年（1643 年）。该档案文献为徽州休宁县、歙县土地买卖、产权转移、税赋割收、土地管理和田产登记等形成的经济文书，是明代中叶以后徽州地区土地管理情况的典型记载，对研究明代经济制度具有重要价值。

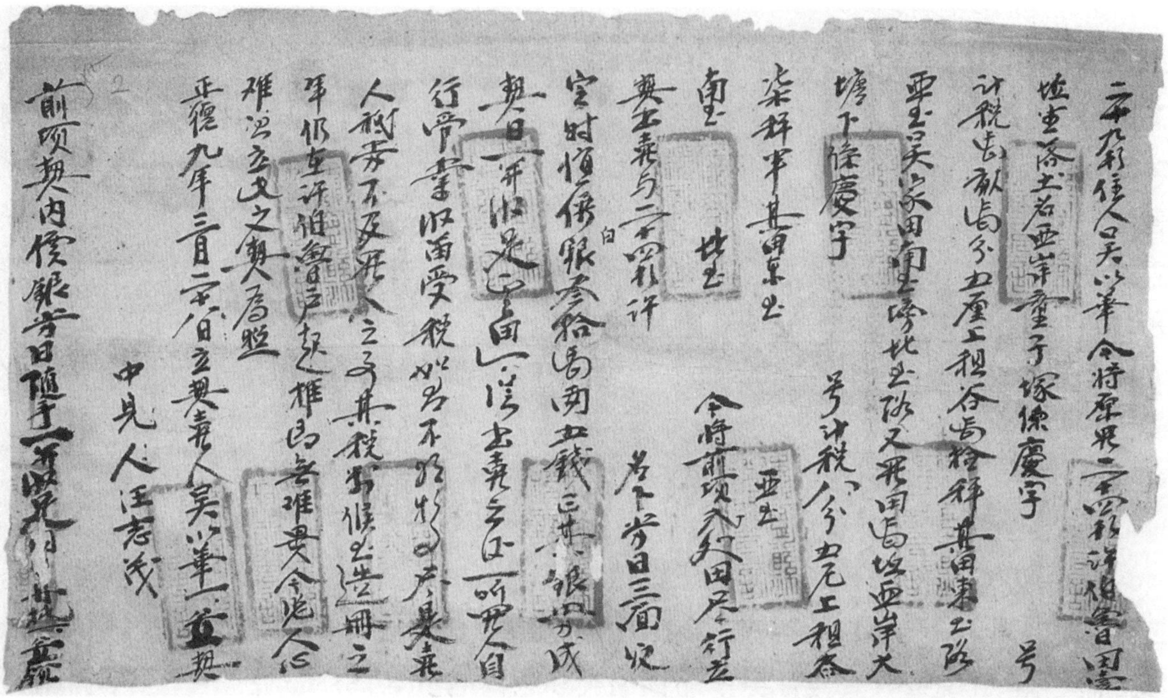

图1-1　卖田文契

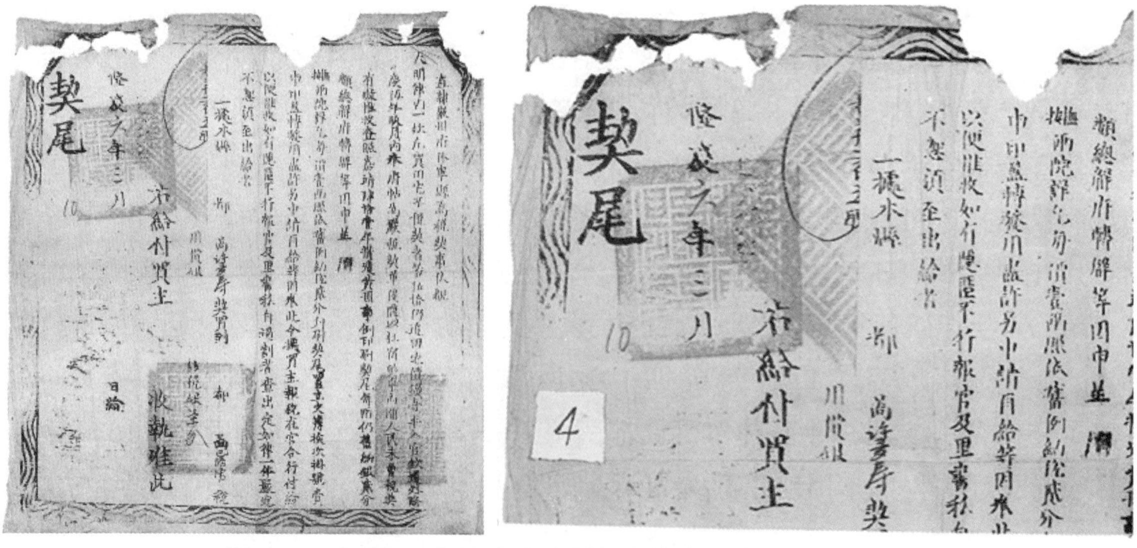

图1-2　契尾（右边为契尾的骑缝章和年代部分）

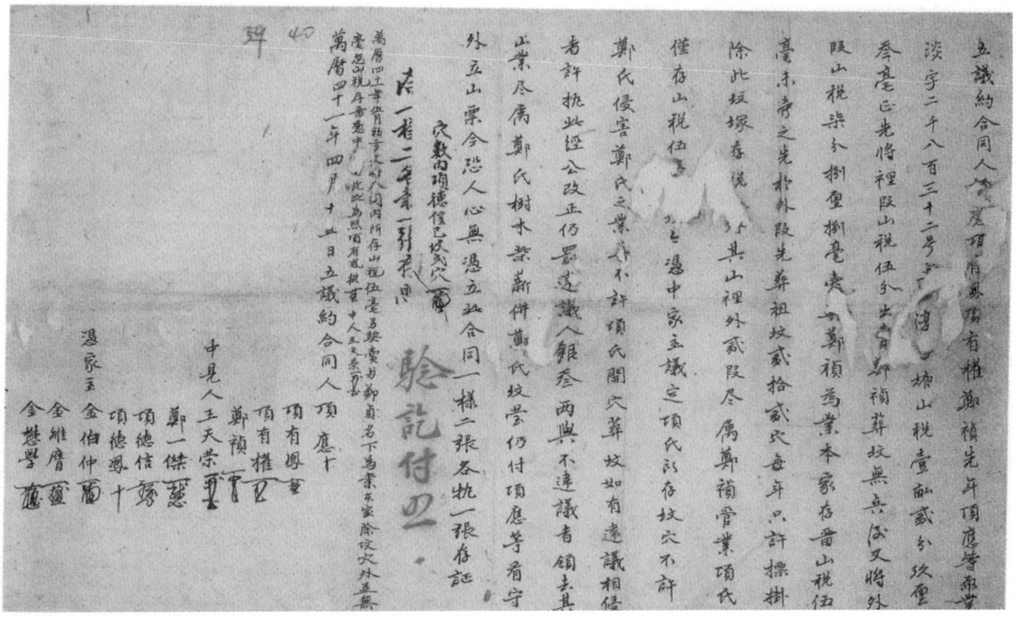

图1-3　山地管理议约合同

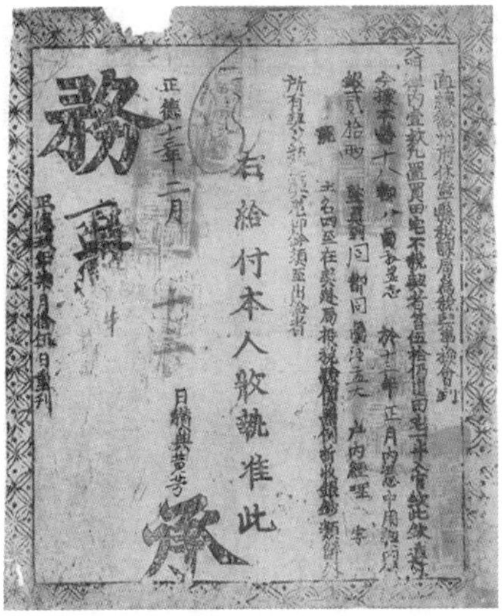

图1-4　休宁县税契文凭

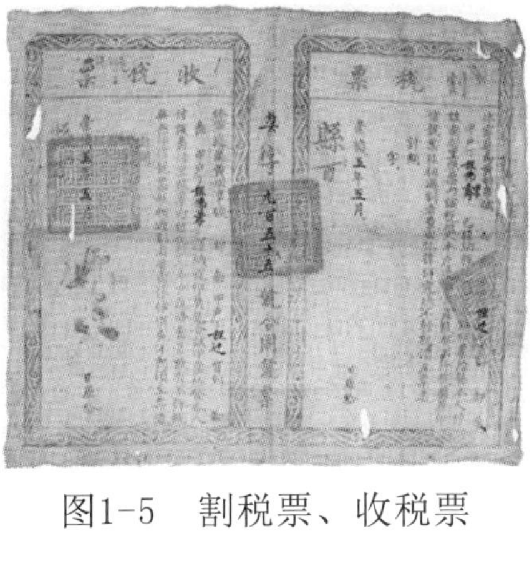

图1-5　割税票、收税票

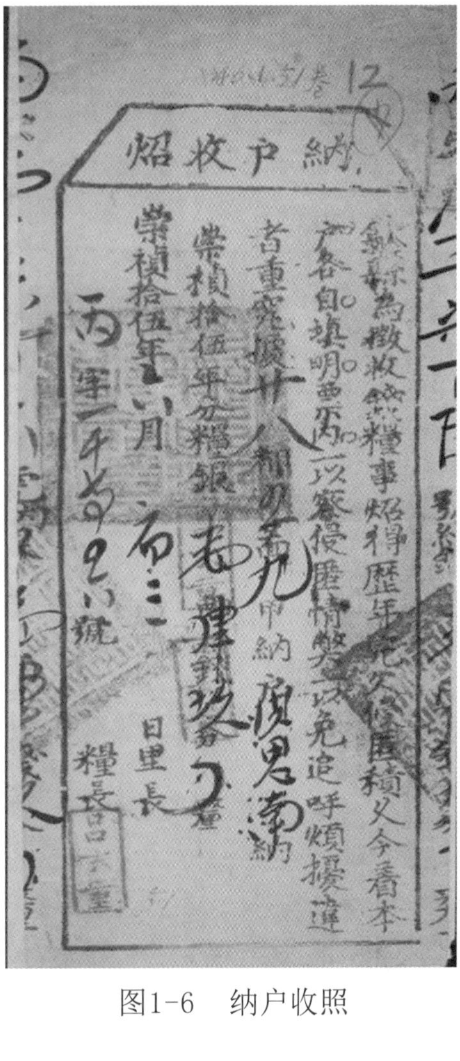

納户收照

图1-6　纳户收照

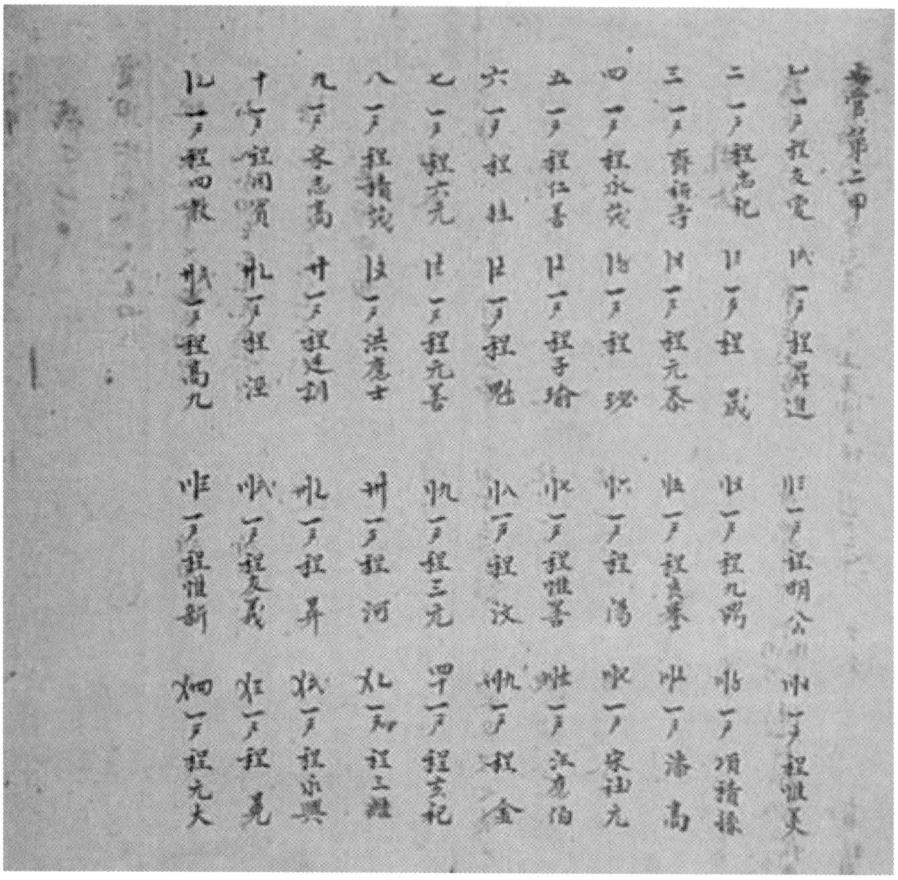

图1-7　推收底册

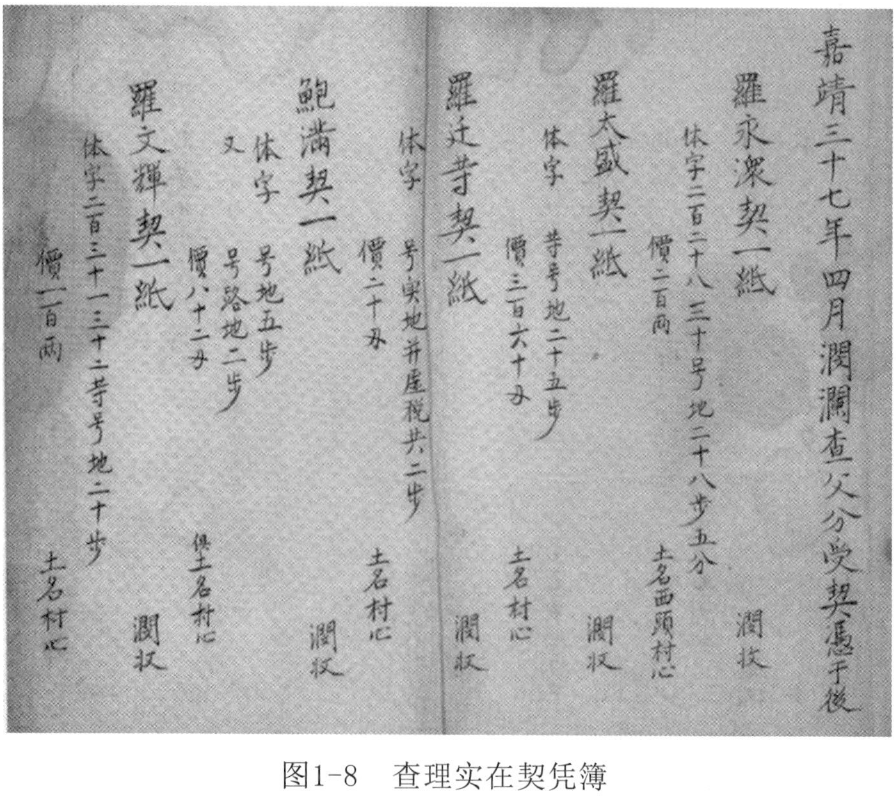

图1-8　查理实在契凭簿

清代档案3132件。清代档案内容较为丰富，涉及政务、土地、赋税、工商、诉讼、宗法等多个方面。

政务方面。诰命、敕命、谕旨、劄（札）文、告示、移文、照会、营规条约、门牌、监照、同官录、文凭、功牌等。如清代乾隆十六年（1751年）十一月二十五日乾隆皇帝兹以覃恩貤赠光禄寺少卿额外行走加一级吴炜之祖父吴尚选为朝议大夫光禄寺少卿加一级和赠吴炜之祖母洪氏为恭人的诰命、光绪丁未年（1907年）安徽同官录、光绪十三年（1887年）谕旨、清朝营规条约、光绪十六年（1890年）三月休宁县南乡二十五都四图瑶溪村第一甲第十一牌胡天祥户门牌、光绪三十四年（1908年）至宣统二年（1910年）旌德县官立高等小学堂甲班第六至九学期修业文凭、咸丰五年（1855年）五月二十四日国子监司业提督安徽全省学院为赏给黟县孙世业六品军功顶戴功牌、嘉庆十年（1805年）六月休宁县二十三都八图十甲张问乡户收税照会票等。

土地方面。地契、田契、山契、房契、业主执照、文约、承约等。如清代康熙三十八年（1699年）十二月十九日杨灿玉等兄弟三人卖田契、雍正三年（1725年）黟县朱义如卖地契、顺治十一年（1654）十月三日方阿黄卖庄基屋赤契、乾隆二十七年（1762年）黟县三都汪大理皇字五百四十四号田地的业主执照、光绪十二年（1886年）正月初一日毛玉堂为租李府名下基地一块坐落百家铺徽州码头上首河沿所立租基地文约事、同治二年（1863年）四月蔡才均等卖田与熊名下立杜卖田契及同治二年七月十二日曹宏江等佃户承到熊东名下原买蔡姓田立承约等。

赋税方面。鱼鳞图册、易知由单、串票、完纳钱粮执照、信票、税票、推单等。如清代康熙三年（1664年）休宁县二十四都六图四字三千零一号至四字三千六百零六号鱼鳞清册，康熙十一年（1672年）歙县三十六都三图三甲江淑心折色条编地亩便民易知由单，清代康熙六十年（1721年）四月初五日休宁县西南都一图九甲纳户程大顺输纳丁地银执照串票，光绪十三年（1887年）十月休宁县西南都一图五甲刘余庆户户丁勤生纳井边存田成塘税佥归税票，乾隆十六年（1751年）十二月吴泰望及吴沐先为已卖田地所立之推单等。

工商方面。执照、合同、股票、账簿等。如清代乾隆四十五年（1780年）祁门县十一都一图六甲汪浩隆花户执照，清代康熙五十七年（1718年）二月初二朱武初等六人为其土地神会祭奠事所立之合同，清代光绪甲辰年（1904年）八月十六日安庆正谊书局股票，乾隆五十五年（1790年）九月银钱支收账簿等。

诉讼方面。禀状、呈文、案卷、关提、四柱清册等，涉及南陵、休宁、祁门、旌德、绩溪、青阳、太平8个县。如南陵县刑房和承发房承办的自清代光绪十年（1884年）至二十三年（1897年）间28个案件审理详细材料。案件类型有财产纠纷、诈骗钱物、骗婚、拐骗人口、赖账、赖租、殴斗、风水和山林纠纷等。

宗法方面。宗谱、族谱、卖身契、墓图、祀簿、议单、收票、阄书等。如乾隆二十五年（1760 年）桂溪项氏族谱，光绪十七年（1891 年）腊月吉日吉时祁门县叶德三将亲女出卖与宁国府泾县朱老爷名下为义女所立杜卖身契，乾隆二十七年（1762 年）桂溪项氏均安门墓图及均安祠基税考，同治十一年（1872 年）十二月嘉骏、嘉烑、嘉祺立分家阄书，雍正四年（1726 年）休宁榆村程氏墓谱等。

民国档案 民国档案形成于民国元年（1912 年）至民国 38 年（1949 年），全宗涵盖政府及军事机构、司法机关、党派社团、企事业单位。此外，还有部分日军侵略安徽、日伪和汪伪政府地方机构的档案。

安徽省政府档案 安徽省政府前身为安徽省政务委员会。安徽省政务委员会成立于民国 16 年 4 月（1927 年 4 月），同年 8 月，经改组更名为安徽省政府。

安徽省政府档案分为两个全宗，全宗号分别为 L001、L047，共有档案 8671 卷，档案起止时间为民国 16 年至民国 38 年（1949 年）。档案内容主要有：

政务方面。选举事务所与中央政府、有关县府的来往文书，选举办法，选举结果，调查表，选民统计表，候选人名册，代表通讯录；省政府、秘书处、省法规委员会及有关厅处关于整理现行法规问题与有关单位的来往文书，各项工作实施办法、规章、规则、细则、制度；省政府及其厅、处和各县年度施政计划、工作计划、报告，安徽省战时施政纲领；省政府、皖南行署、厅、处工作报告，施政概况，行政报告，施政准则，省府巡视团对各县巡视报告和督导工作与县府来往文电；各类统计报表、调查报告表、统计方案，以及统计办法、手册和有关统计事项的训令、代电；省政府委员会议和谈话会议记录及《省政府委员会会议汇要》(后改名《会议汇编》)，《省政府委员会议记录——附议案汇编》会议录汇编，会议提案，工作报告，所属各厅、局、行署行政会议记录、纪要，各县党、政、军、特会议记录；反映民国时期安徽政治、经济、军事、文化、教育、组织、人事等方面发展情况的《安徽公报》《安徽省政府公报》《安徽省公报》等。

组织人事方面。中央国民政府和省政府颁布的省政府及各厅、局、处组织法、组织大纲、章程、通则、办事细则、机构编制；县政府组织法，各县沿革表；各机关启用印信、县长到职视事文件材料；人员录用考核办法，人员任用法，安徽省战时公务员任用标准草案，人事统一管理办法；各类人员委任令，聘书，任免，精简方面的工作报告、施政概况；公务员考绩法，专员、县长考绩法规，考试暂行条例，奖惩细则、条例，资格审查证件；职员薪俸规定办法，待遇标准，公务员退休、救济、抚恤、安家费、养老金，复员工作报告；人事动态登记表、调查表、统计表，职工花名册、保证书、履历表、资历证明、通讯录等。

民政方面。民政工作报告、施政报告，行政法规，组训手册、训令，年度视察报告，民政优抚，编修县志，组织简则；省政府关于整理省、市、县政区域、调整区划、地方自治、划分县界与各县府的来往文书；安徽省及一、三、五、六、八行政区域图，各县地图图表，日军侵华地图；省、县、乡编制沿革，蚌埠、无为、固镇、泗县等地一览图，郎溪、贵池、阜阳等县经济地图，含山、南陵等城区道线点分布图；省政府、皖南行署和第十专署关于乡镇改编问题，省政府与颍上、阜阳、凤台等十县关于军界整理问题的文书，各县沦陷收复情况的报告；市、县自治法草案、地方自治监督法、地方自治事项、权责划分办法等草案，民国 35 年（1946 年）各县自治工作推行情况及成果报告表，部分县有关地方自治问题给省政府的概况报告、施政计划，省政府拟定霍邱、歙县为模范县及示范大纲、实施办法；地籍实施计划及土地清册，公用土地管理办法，土地移转换发新权状、土地调查表、统计清册、土地纠纷材料；户政法规，全国户口统计总表，省人口统计报告表，出生死亡登记、更改姓名以及保甲制度的规定，国民身份证实调查表，户政人员考核奖惩材料；民众组训计划及工作进度表，难民救济、儿童救济、灾赈，成立非常时期难民救济委员会文件，省政府社会处民国 36 年（1947 年）、民国 37 年（1948 年）临时救济实施报告，社会处关于社会救济与各县救济院、孤儿院的来往文书，各县灾情报告、救济货款规定和采取的措施，省儿童教养院工作报告；省参议会组织条例、简则、法规汇编，大会会刊、决议、提案，临时参议会驻会报告书，大会提案、会议录、会议通讯，各县参议委员名册，县参议会成立、选举，参议长、参议员名册，议员辞职、罢免材料；禁烟、禁娼、禁赌、禁演黄梅戏等条例、训令、章程，戒烟所组织成立章程、人事任免，宗教、寺庙、礼俗、新生活运动材料等。

文教卫体方面。文艺、新闻出版、图书馆和文献、文物管理材料，省政府关于文物、文献搜集保管有关规定，文献委员会组织简则、人事、行政、文献征集工作材料；安徽省历代名人传略，风土、人情，“忠烈”录；张治中、冯玉祥、戴戟等名人题词，抗日将领戴安澜、蔡丙炎等人和个别同盟会员传略，张治中、李品仙、廖燕农（廖磊）传，抗战殉国将校传略，抗战忠烈事迹，殉国烈士调查表，各县抗战忠烈事迹，民国 26 年 8 月（1937 年 8 月）至民国 32 年 10 月（1943 年 10 月）抗战阵亡将士队号、级职、姓名、死亡事由清册，安徽抗战大事记，民众抗敌事迹汇编，各县沦陷记；省教育厅施政计划、施政概况、细则、纲要、暂行办法，全省教育计划、工作报告，概况统计表，改进私塾暂行规程；各类学校立案，校长和教师的委聘、待遇、训练；管理留日学生事务规程，发给留学生证书规程；教育学术团体，教育会材料，学校军训，青年学生从军、童子军工作，教材印制，教师证件；推行各县教育督导办法，督学规程，实施办法、要点，战区教育督导报告、战区督导员一览表，省教育厅关于六安、巢县、阜阳、安庆各县学校教育视导报告，巡回教学团工作报告；教育经费的计划、管理，有关事项和学产管理，军训费用，出国留学生待遇、奖学金、大学生助学金，外国留学生经费，公伤优抚补助；全省大、中、小学，师范学校，职业学校的设置、教学计划，教务，学校管理，部分学校毕业生分配规定，来往文书，统计报表；有关国民教育、社会教育、义务教育、补习班、特殊教育、中山民校和民教馆、教养院方面材料，社教纲要、章则、经费、社会教育工作进度表，国民教育实施纲要、服务规程、暂行办法，各县国民教育概况表，各市、县民众教育名单及特种教育名册；各类学校的教职员工花名册、证件、表册；省政府关于民政医疗规则办法，省医疗卫生机构设置，医疗检验实施防疫工作概况，省临时防疫委员会会议录，省卫生事务所民国 37 年工作报告，皖南行署关于卫生防疫、医师登记、医师法材料，卫生法令表册，办理环境卫生实施办法，医疗卫生事业概况统计；修正体育组织办法，工作纲要，体育运动工作的统计报告、体育经费、全省运动会材料等。

财政金融方面。省财政厅办事细则，各种规章制度，会议记录，施政报告，与各县关于财政收支实况、召开会议、财委会改组、税收、经费、拨款、审计、货物检查等问题来往文电；省财政厅民国 35 年元月编印的《抗战期间安徽财政概况》；财务制度、经费管理、会计事项、会计报表规定、办法、训令；预算清册，统计表，物价指数；各县地方概算表、预算书、县货物检查概算总说明，公款收支项目沿革表；省政府、财政厅、会计处关于审计工作规定、审计事务规则、工作报告，战时各县府名额经费图表，各机关就地审计工作实施办法；省政府、皖南行署与各县关于成立税务征收处、各区税务处、地方税捐处、县税征处等机构的来往文书，安徽省战时产销税征收办法、施行细则及税率章则，税票使用、管理，赋税征额，税费征收，税捐表册，各项赋税及省直接税局、货物税局、第十专署和战时产销税管所材料；田粮处会议记录，工作报告，组织规程，田粮征收办法，田粮业务统计，各县呈报土地田亩数和复查土地数、田赋征实征借配额表册及有关文书；粮政施政报告、法令、规章、办事细则、标准办法，田粮征收辑要，粮情月报表，粮产盈虚统计表，粮食登记规则，增产奖励办法，粮食调运概况，公粮管理处组织简章，粮政会议提案，粮食同业会材料等。

商业方面。行政院关于米粮商注册暂行条例，省政府关于市场商标、商业经营、商品物价、工商业开业等暂行条例，蚕丝产销计划，县商会概况表，外销物资产销表，进出口货物日报表，省政府盐务办事处关于盐务工作的条例、办法、会议记录等。

农林水利气象方面。行政院关于农业改进计划大纲，农业部的农业法规，林业部的林业法规，省政府造林计划，土地利用情况，农产品产量、粮情、农情调查表，冬季治虫实施办法，畜牧兽疫防治，省政府关于渔业救济物资处理，全国气象观测实施办法，气象测验计划等材料；中央水利部、黄河水利委员会、导淮委员会关于导淮工程计划、淮河流域复堤工程、鲁豫皖水灾调查材料，全国水利会议材料，黄河水委会会议记录；安徽水利概况，有关水利章则办法，工作计划报告，工赈委员会工作概况，淮域工赈工程情况报告书，工赈委员会第 2 ~ 6 次会议记录，黄泛整修会议议案，局长函件，处长视察淮域工程报告书，有关人事工作文件表册；淮域各县工程计划，工赈工程计划书，安徽境内淮河概况，淮河民国 9 年 (1920 年) 至 15 年（1926 年）最高水位，民国 21 年（1932 年）受灾区域图和施工涵闸统计表及淮域各县堤防造林材料；关于疏导黄泛，分黄入淝，分黄入涡，豫皖黄泛查勘团报告书，黄泛区水利工程整理方案及工程受益概况表；安徽省其他水利工程勘探、测量登记表，工程计划图、平面图、断面图、地形图，工程实施计划报告，工程会议记录；疏浚河道河流调查表、流域图，河流水位记载报告，青弋江、水阳江勘查报告、详图，钱塘江街口水利发电计划图表、实施计划，疏浚淝河、滁河、濉河整理计划、施工办法、工程进度情况；申请美援办理的水利工程计划、图纸（霍山通山渠、六安六堰塘、苏家渠）和整理巢湖、陈瑶湖形成的材料；各县兴修农田水利计划，工程效益、货款统计材料；淮河流域各县民国 29 年（1940 年）汛后所筑堤工调查表、工程计划、预算图表，工赈委员会视察防汛情况报告，民国 32 年受灾区域图，民国 35 年各河堤防溃决情形调查表，长江防汛计划，财政厅划拨赈款、各项水利经费、防汛经费，水利工程会计章则，财务公文、清册；各县水位、气象记载材料，水文气象月报表，各县气象测候所、水文水位雨量站的有关统计资料，统计分析；淮河沿岸水准固定标点位置图，水利工程处有关测量记录，以及安徽省境长江、淮河全图，淮堤纵横断面图，黄河汜区形势图，安徽省水道全图，淝河灌溉区图表底册等。

工矿、基建方面。经济部矿业管理章程，省政府关于基层经济建设实施计划，工业工程计划书、决算书，矿产调查图说材料，建设实施办法纲要、概况，工程进度表等。

交通运输方面。交通部组织法，省政府关于各县交通运输通则办法、章程，交通管理规则，铁路、水陆里程表，铁路测量图，铁路交通概况调查、检查方法，各项工程预、决算报表，工程设计图，施工规范，公路施工报告，监理法规，行车章程等。

巡按使署、省长公署方面。县治户口调查规则，警察厅户口调查规则，县团防简单、地方保卫团简单和办事规则，清乡办事简单规定；关于呈报民国 1—5 年（1912—1916 年）度内务统计表、人口、警察表册与芜湖、安庆、淮泗道尹和亳县、灵壁等 20 县知事的来往文书；各县呈报的县舆图，芜湖团防总局、保卫队名额、经费，筹办保卫团情形、裁撤芜湖县才防暨添设消防队等方面的名册、文件；关于望江县西套佃民禀请发照经营、减较鱼课，给示禁止偷窃事项的呈文、批复等。

皖南行署档案　民国 27 年 4 月 15 日（1938 年 4 月 15 日），国民政府行政院决定在屯溪（今黄山市屯溪区）设立皖南行政公署。民国 34 年 11 月 15 日（1945 年 11 月 15 日）皖南行政公署被撤销。

皖南行署档案全宗号为 L003，共有档案 6432 卷，档案起止时间为民国 16 年（1927

年）至民国38年（1949年）。该全宗主要由皖南行署及其所属22个县档案构成。全宗内含有少量省政府、皖北、皖中部分地区及其他单位的档案材料。档案内容主要有：

组织人事方面。皖南行署法规文件，组织规程，施政计划；各县施政计划，当涂、歙县等县县长巡视报告、政绩比较表、基础数字统计材料；第三战区委员会会议记录，敌后组织暂行规则，皖南特种委员会组织系统表，行政人员作用标准，资格审查表，人事登记册，歙县、休宁县等县县长交接、任命，一般工作人员任命、职员裁减，学员考核以及省政府各厅处职员名册，皖南行署职员录，公务员登记表，党政军干训班学员名册，干训所学员名册。

军事方面。第三战区长官部、皖南行署和各县政府关于皖南事变清剿新四军计划，新四军活动情况汇报表，悬赏捉拿项英、袁国平等新四军领导人，刘厚总枪杀项英经过，成立铜南繁绥靖指挥部专门负责清剿新四军零散人员，成立皖南特训处关押收训新四军被捕人员的文电；日军在皖活动和国民党军队及地方武装作战情况，安徽省及皖南民众总动员委员会组织、工作概况材料；各种军事章则、办法、条例、法规、法令，情报人员名册，谍报工作文件及会议录，防空、兵役、军粮、枪支弹药统计，国民兵团、保安团整训、人员装备、防守区域材料；立煌事变、茅坪惨案、日伪进窜大别山、进攻宣城、在青阳烧杀抢掠、敌机轰炸屯溪、宁国等材料；南陵、芜湖等县沦陷经过及各县沦陷调查表，财产损失调查表，沦陷区日伪军概况等材料。

民政方面。皖南各县户口异动、登记表，户口清册，户籍统计表，宣城等县清查户口表册，乡镇保甲清册，各县户政人员调查表；各县呈报的自然及人文概况调查表；地价评议委员会记录，宿县地价图、地价清册，各县土地清册，城市土地价册，当涂等县地籍整理处关于地价评议的文件；禁烟禁毒实施办法，芜湖警察局肃清烟毒实施计划草案，烟民登记册，销毁烟毒烟具统计表；各县参议会参议员名册，参议员选举情况会议记录，其他人民团体以及立煌、六安等县保民大会报告表；抚恤条例，优待出征人员家属规则，抗战家属抚恤金等文件。

文化教育方面。教育厅现行单行法规文件、工作周报、旬报，教育行政会议提案；安徽大学筹备、组建、学产材料，招考出国留学（欧美）公费生章程，应考体格检查表，留学生公费待遇；安徽各县教育表，中等学校分布图，皖南各县中小学校员生表册；改善教师待遇，审查小学教员资格办法，各种职业学校、师范学校、民众教育馆、各县民校等材料；省文献委员会简史，组织规程，工作日志，采集计划大纲，抗战殉国将领传，各县沦陷记，忠烈录，国内外大事记，抗战民谣、安徽著名人物的题词、诗歌以及戏曲、报刊等方面的材料。

警务方面。警察法则，警保法令，警务工作文件，警察局工作报告，各县警察局会议录，安徽省警察局人员登记表；抗战前后司法状况，司法经费、表册、单据，警察官佐薪饷表册，违警统计表；高等法院、地方法院、皖南行营办理的各种民事、刑事案件、汉奸案件以及通缉逃犯，地方监狱案犯口粮清册。

商业方面。商货运销登记办法，生丝、羊毛统购统销办法，竹木出口登记办法，棉花管制，管制皖省特种土产暂行办法；各类专卖条例、营利限制、贸易联合组织，日用品分营合作，平抑物价，市场管理、经营管理，工商团体管制，各县民国30年（1941年）生活必须品零售物价指数表；军民合作指导处法规、章则、工作文件，职员名册、工作报告、经费；粮食管理委员会组织法，粮政法令、粮食登记规则，粮食调剂，拨售公粮表册。盐务法令汇编，食盐管理以及查禁敌货规则，皖南行署收购新粮严防资敌办法。

财政金融方面。财政法令汇编，地方财政预决算，财政部颁发的财政章则，田赋征收办法，田赋款分配，田赋管理处工作报告，货运稽查处组织大纲，税务管理章则、法令，各项税捐表册，税率，清理敌伪产业，银行业务材料。

工农业方面。农林场组织规则、报告、施业计划，各县生产建设计划，荒山荒地垦殖，自然灾害，农业生产，粮食收成，经济作物生产、价格、产量，水利工作；工业管理办法，农工矿业产品陈列办法，各县中心工厂报表，个人申请开矿材料，邮电业务材料；皖南实业股份有限公司造纸、皮革、纺织、火柴等厂人事任免、考核、薪金、福利，股权、财产，业务报告，董事会联席会议等材料。

安徽省保安司令部档案　民国32年（1943年）以前，保安司令部仅有虚名，保安业务由保安处执行，保安处直隶省政府。民国32年4月省保安处、防空司令部撤销，归并于省保安司令部，省保安司令部改组成立。

安徽省保安司令部档案全宗号为L002，共有档案222卷，档案起止时间为民国元年（1912年）至民国38年（1949年），以民国29年（1940年）以后的材料为主，有少量档案分散在安徽省政府和皖南行署全宗内，也有其他部门的档案保存在本全宗。档案主要内容有：省保安司令部工作报告，办事细则，会议录，情况日报表等；民国30年4月（1941年4月）至民国31年6月（1942年6月）屯溪党政军联合谈话会议录，防空会议记录。中国国防军组织系统表，省保安团队改编办法，省保安司令部皖南指挥部编制表，保安一至十团官兵名册，独立中队官兵调查表，皖南行署主任黄绍耿任职材料。官佐经济思想保证书、军需人员保证书，日军编制表，伪组织概况调查表；省警务处、省会警察局等职员名册，保安第五团官兵薪饷证明册、领粮清册；民国37年（1948年）保安主管分配预算书、调整分配预算、追加预算、官佐薪津表等。皖南防空指挥部和防空会、航协会人事任免、官佐名册、薪饷册；防空指挥工作报告，防空旬报表，防空警备纲要，防空办法及实施方案，敌机动态，敌机轰炸损害统计表；航协会安徽分会征求会员办法和纪念防空节等材料。保安团队武器弹药月报表，省保安团队与新四军作战的战斗详报、政治周报、清剿办法等；记述刘伯承部进军大别山战斗情况、罗炳辉攻陷盱眙经过、皖东人民自卫军司令孙传家在定远、凤阳、淮南铁路等地活动情况材料；国民党地方武装配合正规军作战，以及搜集情报和“清剿”的材料；凤阳等县保安队与共产党部队作战的文书，保安五团与解放军作战的文书；共产党情况周报，关于当涂县县党部书记长杜正勋等涉嫌共产党的案件材料。省党部文件，党员证书，三青团团员名册，通讯录；党员登记，党员名册，党员月捐，党费缴介，征收新党员；宣传通报，政治通告，组织章程，对共产党宣传作战纲要；干部训练、军事训练，通讯录、同学录，国民代表大会通讯录，青年远征军官佐、士兵等通讯录，个人笔记；汪精卫组织概况调查表，良民证；民国初期部分县上报地图，保安五旅起义通电，自由党章程及名册，忠勇月刊等。

安徽省高等法院及分院档案　民国16年11月（1927年11月），安徽省高等法院由原省高等审判厅改建，驻怀宁。民国27年（1938年），安徽省高等法院迁重庆。民国28年7月（1939年7月）恢复省高等法院，驻立煌（今安徽省金寨县）。民国34年（1945年）抗战胜利后，省高等法院迁回安庆。民国38年2月（1949年2月），人民解放军逼近安庆，省高等法院迁往芜湖，继又移至屯溪。

安徽省高等法院及分院档案，分列于两个全宗，全宗号分别是L043、L055，共有档案4976卷，档案起止时间为民国18年（1929年）至民国38年（1949年）。L043全宗档案主要包括省高等法院，高二、高三分院，芜湖地方法院和芜湖警察局等单位的档案，共有档案2427卷。L055全宗档案主要包括省高等法院、合肥高等特种刑庭、高一至高四分院、各县地方法院、司法处等单位的档案，共有档案2549卷。档案主要内容有：颁布和解释有关特种刑事法令的文件，各项法律条文汇集，后方共产党处置办法，处理汉奸、限制共产党活动办法，土地管理办法，森林法等。法院组织法，法院工作规则、条例、提案、办法、大纲，司法公报等。机构成立、调整、撤销、地址迁移，启用印信，人员任免、辞职、人事调查考绩，任用审查，官员薪俸职工待遇，职员薪饷名册，人员名册，律师公会名册等。司法业务呈文、训令、查缉逃犯，监所政务，减刑处理，刑事裁定，判决书，23集团军总司令部汉奸暗号汇编；各院处理汉奸名册，办案成绩表，各种案件报表，执行徒刑、刑罚一览表，羁押犯人报表，刑事案件月报表，没收物品季报表，特种刑事案件收结簿，警务、证明、分案、会阅、值日、传览、评议簿等表册和传票、押票、提票。各种经费开支，收支计算书，会计表册，房屋缮修费、办公费、旅费、购置费，公务员医药费，监狱囚粮，人犯伙食标准。汪伪安徽省省长倪道烺、汪伪安徽省财政厅长唐少候、安庆日本领事馆调查员汪正和等人的案件材料；共产党嫌疑案、杀人、伤害、贪污、恐吓、抢劫、盗窃、强奸、诈骗、吸毒、赌博、侵害人权、渎职、各种债务、买卖契约、山场、田地产、房产纠纷、妨害兵役、违犯所得税等政治、刑事、民事案件材料。芜湖警察局办事细则，第九次工作会议纪录，违警案件，房捐征收细则，交通汽车管理暂行规则，汽车监察办法，管理人力车亦法，娱乐场所管理规则，接收伪警察局，招考警士，整理户口，成立戒烟所，没收烟土，划分警戒区，缉捕盗匪等警务工作文件材料和各种名册等。

安徽警察系统档案　安徽警察系统档案全宗号为L053，共有档案956卷，档案起止时间为民国27年（1938年）至民国38年（1949年）。档案主要内容有：

安徽省警察局关于长警记录册的文件材料，省会及各县警察局职员名册、人事任免文件，省党部等各机关职员调查表，省警务处、省会警察局关于火灾、匪情、机关经费计算书、储备券工作、禁烟禁毒、居民证、身份证、大赫问题的报告、指令、函、代电，省警务处关于遇匪、剿匪、受损、消耗子弹、查缉在逃人员等与有关单位的来往文书，省警务处关于新四军袭击县警所与相关县警局的往来文书及省政府和内政部的指令，部分县警察局关于遭匪袭击报告、取缔事项月报、组织警防团、调查密探的文件及省警务处、省政府及内政部的训令，省警务处关于各地匪情、八路军、新四军活动情况与各地警察局的来往文书，省警务处、各县警察局（所）关于工作月报表、户口统计表、新生报告表、警力调查表、治安状况调查、社会动态报告表、警察机构概况统计表、征收特捐数目表等材料，省警务处第一届全省警政会议记录、各县警察局会议记录、各县警察局冬防会议记录及报告、各县警察局办事细则、南京区治安会议记录，省警务处关于组织机构设立、领导关系变更问题的文件，淮南矿路警察总所各队官佐姓名、驻地分配表、教练所编制表、人员名册、静动态登记表、工作日报表等文件材料及党政军民联防督导组织规程。

汪伪安徽省警务处人事任免文件、警士教训所职员名册、行政工作概况、组织章程规则等材料。省警务处与省会警察局关于解决私运物资办法、查获旧币等来往文书，省警察局、警务处关于警察处组织规则等文件，省警务处、省政府关于各县联防和情报工作的文件，省警务处及各警察局组织机构系统表与组织法规等文件。省警务处与各地警察局关于警察出动计划情况、各地驻军情况、冬防办法、经费支出、枪械弹药月报表、人员变动、查禁烟土、社会治安、警备防备工作、警士教练所成立、查禁私运货物、民事纠纷处理等往来文书。各级警察机关编制大纲及各县局办事规则，各县自卫团概况调查表，各县警官所属部队驻地月报表，各县警察局薪饷津贴清单等材料。省政府、省警务处、芜湖等县警察局关于芜湖官陡门警察、自卫团被袭击、商号、保长、村民被被劫绑的往来文书，省政府、省警务处等关于治安防范、户口统计、国军驻地调查、行政概况旬报及陆云龙部投诚第二方面军等问题的文书材料，警务处关于各地新四军、八路军、游击队、国民党驻军活动情形的情报，各县警察局关于敌匪情汇报、旬报表、绥靖工作报告表及有关地图，警务处关于军事工作、情报工作与有关县警察局的往来文书，省警务处关于新四军攻打凤阳、天长与有关县局的往来文书。

军统、中统安徽站（组织）档案　军统、中统安徽站（组织）档案全宗号为L054，共有档案802卷，档案起止时间为民国20年（1931年）至民国38年（1949年）。档案主要内容有：军统安徽省站内外勤及全省各组人员名单，中统、军统安徽站特工公务员登记册、委任状、任用书、自传、保证书等材料，皖北站及其各组、队、台人员名单。军统安徽站徐耀庭、周名森等关于特工人员考查、任用、调派、机构调整、不法查处、经费、奖金等问题与南京及所属各队的来往文电，省站各室组队负责人之间来往密电、密函。皖南特训处有关第23集团军总司令部抄送皖南特训处感训自新分子调查表等材料，皖南特训处处理中共被俘人员、迫害中共游击队、迫害中共人员的办法等情况的材料。财政部缉私署与安徽缉私处等单位关于人员试用、任职、改调、去职、免职、雇用等情况的往来文书。西北青年劳动营第一批脱离中国共产党党籍学籍学生宣言及名单，省会警察局及励志社等单位毕业学生名册、申请书及通讯录。安徽、河南、湖北三省部分地区邮局邮检人员登记表，中统各县调查室统建会员名册、自首分子名册、自首书、保证书、审讯笔录、出卖中共人员等材料。

国民党安徽省党部档案　民国15年（1926年）国民党安徽省党部建立至民国37年（1948年）间，党部名称屡有变更。成立之初称为安徽省临时筹委员会，其后依次为安徽省党部执监委员会、安徽省党务改组委员会、安徽省党务临时执监委员会、安徽省党务改组委员会、安徽省党务指导委员会、安徽省党务执监委员会、安徽省党务整理委员会、安徽省党务特派员办事处、安徽省执行委员会。

国民党安徽省党部档案全宗号为L051，共有档案1097卷，档案起止时间为民国16年（1927年）至民国37年。档案按问题分为党务、宣传、党员管理、组训、社会团体及青运、防范中国共产党、党员申请书、名册、证书等八类。档案主要内容有：省党部工作大纲、工作报告、工作概况，登记表、党务概况统计表，会议记录；组织章程和规定，关于党组织成立、改选，党务工作人员任免，特工组织，党员管理、组训，征收新党员，党员总清查、重新登记等方面的文电及与各级党部来往函电。各种宣传资料、党员名册、调查表；戡乱期间县（市）行政改进方案，后方共产党处置办法，防范共产党活动、搜集共军情报、查禁进步书刊和反共宣传材料等。各县党部工作计划、报告、章则、办法，会议录、会议提案，经费文件，财产清册，党政军工作联系办法；党团统一文献，党团组织成立、改选，党员处分，捐党务基金、党员特别捐和党训材料；各种宣传材料，宣传通报；反共行动大纲，有关反共经费和共军情况与省党部来往文书，情报材料，防奸小组、肃奸队材料，特种汇报材料；动委会及对汉奸调查材料；各种社团组织规则、方案、备案公文，“伤兵之友社”“文化服务社”“中山室”，帮会材料，社会团体名册；党员名册、登记表、证书、入党申请书等。部分县青年党、白衣党、统一党、自由党党员名册、组训宣传、会议录、党务报告、支部简章；商会，各业公会，同乡会，抗敌协会，社会团体，理教，佛教，回教，红十字会等组织成立、统计表、职员会员名册。青运会组织、青年运动等方面的文件。

三青团安徽省支团部档案　三青团安徽省支团部档案全宗为L052，共有档案1055卷，档案起止时间为民国28年（1939年）至民国38年（1949年）。档案主要内容有：安徽支团部和各分团部三青团人员入团登记表及团员甄核表，安徽支团部筹备处团员证存根名册、团员简明册、团员干部救济抚恤名册。安徽支团部筹备处工作纪要日报表，安徽支团部第一次干部会议、第一至第九次干事会议记录、与国民党省执行委员联系会议、团的工作等文书材料。安徽支团部筹备处关于知识青年从军、团务宣传工作、转发防范共产党活动、本团改进方案、宣传反共、各地学潮等文书材料。安徽支团部筹备处关于各级团队、学校团队团务工作、团部干事会及团队编制、经费预算、各种规定、宣传要点、团务宣传工作等文书材料。安徽支团部与各分团部关于团员甄核、团员名册、人事任免、募集清寒学生奖助金、年终考核嘉奖、经费领款收据、报表、团务会议记录等情况的往来文书，各分团部与所属各区队关于团员名册、区队成立及人员任免等往来文书。安徽支团部、庐江分团部关于消费合作、体育工作实施要点讲习大纲、收复东北问题及宣传工作的命令、代电。皖东、庐山、第三战区青年夏令营同学通讯录、第九区行政干训班同学录，霍邱县分团部团员讲习班通讯录，安庆高级医职学校三清团员名册。三战区支团部工作总结报告，当涂县鞍山区队部关于人员武器弹药清册及工作报告。含山县三青团关于成立青年运动委员会等文书材料，和县三青团成立八周年庆祝办法及各县新生活运动促进会组织大纲等文书材料。六安分团部团务讲授大纲、告全国青年团员书等材料。中国童子军贵池理事会关于组织成立、组织章程、印信、旗帜、服装、办事细则、特刊、会议录、服务员申请登记表、人事任免、组训计划、训练大纲、课程书目等材料。

九华山佛教会档案　九华山佛教会档案全宗号为L014，共有档案39卷，档案起止时间为宣统元年（1909年）至民国38年（1949年）。档案主要内容有：安徽佛教会九华山分会成立大会宣言、简章，佛教会印模签章、组织通则、规程，佛教会职员表，正副会长改选，佛教会名誉会长聘请，佛教会建设委员会、公益理事会组织简则、理监事名册，启用图记，会议录。寺庙一览表，僧尼名册，庵堂、寺庙、楼殿、佛像募化修建。九华佛学院、蒙藏学校筹建、计划、经费材料，重修九华山志报告。青阳县公安局局长接事公函以及防止汉奸等乔装僧人上山等文件材料。

安徽省立图书馆档案　民国2年2月10日（1913年2月10日），安徽省立图书馆在安庆小南门文昌宫存古学堂正式开馆。民国16年（1927年）国民革命军抵达安庆，馆务陷于停顿，次年4月恢复。民国26年8月（1937年8月）抗战爆发，馆务又告停顿。

民国 27 年（1938 年）安庆沦陷，该馆所藏图书分散到桐城罗家岭和六安流波。民国 29 年（1940 年）将分散保存的图书选运到立煌县，建设馆舍加以保管。民国 32 年（1943 年）日军侵入立煌，图书馆被焚，民国 33 年（1944 年）再度恢复。民国 34 年（1945 年）抗战胜利后馆址迁合肥，民国 37 年（1948 年）迁宣城，后迁屯溪，年底迁回安庆原馆址，直至解放。

安徽省立图书馆档案全宗号为 L005，共有档案 66 卷，档案起止时间为民国元年（1912 年）至民国 38 年（1949 年）。档案散失严重，极不完整。档案整理不规范，卷内文件内容、时间较为混乱。档案主要内容有：该馆与省巡按使公署、省长公署、教育厅、财政厅关于经费开支、预决算等问题的来往文书；会计、统计报表，申请机关经费、办公费的呈文；工作人员月薪、待遇情况等材料。机构成立，领导人任免，印信启用，各项组织规程、章则等。该馆与他馆的业务交流，与各学术团体、机关、学校互赠书刊资料等材料；编辑先烈书籍，征集、收购书刊资料、参加展览等材料。行政计划、工作报告、出版物；馆舍修建、扩充、迁移等材料；馆刊《学风》杂志、单行书籍、书目、临时刊物等；外单位给该馆的函件材料，省政府、教育厅关于国民义务劳动、发行公债、防范共产党活动、查禁进步书刊、各项纪念活动等文件材料等。

安徽大学、安徽学院档案　安徽大学、安徽学院档案全宗号为 L048，共有档案 767 卷。主要包括安徽大学和安徽学院两部分档案。

安徽大学档案包括省立安徽大学形成的档案和国立安徽大学形成的档案，共 385 卷，档案起止时间为民国 17 年（1928 年）至 1950 年。档案主要内容有：教育部、教育厅关于院校改革、学术奖励、课程设置，论文竞赛等材料；校务会议录，行政组织，校刊校史，校址迁闽及疏散的文件；教授研究员赴美村料。安大设立情况，组织机构一览表，政治通讯录；人事任免、校长任职，职员考核，教员调查，有关委员会一览表，教职员薪金表，毕业纪念册；教育部关于教员著作证件送审、教工进修、聘任等材料。校务经费，购买图书仪器，学术研究补助，工资待遇，会计制度，增设新系，开办进修班等材料。救济、补助，建筑工程合同，财产目录，师范生待遇、办砖窑农场，医疗卫生等材料。从军青年复员复学、军训方面的文件。学校招生，学生实习，考绩，转学退学，休学复学，边疆学生待遇，皖籍学生奖金名册，学生在校证明书等材料。

安徽学院的档案包括安徽临时政治学院、安徽省立师范专科学校教学和科研等活动形成的档案，部分皖南分院的材料也归在本全宗，共 332 卷，档案起止时间为民国 30 年（1941 年）至民国 38 年（1949 年）。档案主要内容有：启用关防，集会演讲，学习要览，法令讲习大纲，实行导师制，省立师专复兴工作概况，安徽临时政治学院月报，安徽学院院务会议录。升学办法，讲师待遇，举办论文竞赛，学生服务证件，人事任调，学生籍贯调查，教职员工资表，院长交接，教职员聘任，安徽政治学院毕业生纪念册，学生名册，同学通讯录，师生请求参加社会活动等材料。经费、会计办法，院务行政，组织章则，招生会议录，校址迁移，校舍修缮，公费生审查，购买图书仪器，筹设实习工厂，校园区域图，各项费用概算表，预算编制表，文卷设备移交清册，学生捐金等材料。学生军训，从军，军训人员资格审查，教官任免，干训薪金，学生优待，军训图记印信等材料。转学，招生，学生请假，毕业证明，甄别学籍等材料。

银行系统档案　民国 25 年 1 月 16 日（1936 年 1 月 16 日），安徽省地方银行成立。民国 26 年 9 月（1937 年 9 月），改称总管理处。民国 35 年 12 月（1946 年 12 月），安徽地方银行改组为安徽省银行。民国 38 年 4 月（1949 年 4 月）解放前夕省行南迁屯溪。在皖中央银行主要包括中国银行、中央银行、交通银行、农民银行、中央合作金库、中央信托局、邮政储金汇业局等。

银行系统档案全宗号为 L006，共有档案 10909 卷（含会计档案 6543 卷），档案起止时间为民国 19 年（1930 年）至民国 38 年。包括安徽地方银行和中国银行、中央银行、交通银行、农民银行、中央合作金库、中央信托局、邮政储金汇业局等在皖机构的档案。档案主要内容有：

行政管理方面。银行章程、条例，组织规程，银行管理法令，金融、贷款、外汇管理、兑换、发行办法，非常时期管理银行暂行办法，会计制度规则，业务、人事规定，金库章程，国库款项暂行处理办法，审计规定。修正组织规程，行员从军办法、职员保证书、志愿书、证章、服务证、员工疏散，职员出国、进修、录用，发放奖金、抚恤金；征收劳军，枪支弹药报告表，人事、俸薪统计表，家庭状况调查表，工作月报表、省银行纪念刊。

组织人事方面。机构设立、裁撤、迁移，启用印章，更换印鉴，全国各行处印鉴样本；党务理事会议录，董事会议录，特别业务会议录，理监事联席会议录，会议通知，移交清册，国大代表选举，房地契租总清册。人事任免、调动、人事动态表、征用人员调查表，党员调查表，服务明细表；职工待遇、福利，行役工食，员工薪金，养老金、奖金、抚恤金，职工退职、生活补助费、医药费，董监事名册、职员名册、酬劳金名册、训练班名册、员生保证人登记薄、行警名册；各机关单位的机构建立、变更、撤迁、改换名称，启用印鉴、官章，就职日期，接印视事日期，更换印鉴及机构经费划拨等。

行务方面。接收汪伪金融机构，处理汪伪债券、库券办法，清查伪钞，金融财政、承办贴放、发展储兑业务，办理发放实物、化肥，各种业务报表、查询业务及中国红十字会概况表。兑换伪券、收兑金银币，铜元，外币、代兑破钞，查禁伪券，伪币处理，发行辅币券，推行法币，代购土产，收购金银，改订收金价等办法。推行储蓄、公益储蓄，代售储券、储蓄营业状况报表，存款利率、联行计息办法及存储业务等。转寄汇款、汇票、电汇，增加汇率，收取汇款手续费，更换领款印鉴，公债偿还，兑换金银，通汇章程等。

食盐贷换，房产、邮件、水火保险，以及办理保险业务等。地籍整理借款，农场贷款，黄淮汛贷款，茶叶贷款，贷款旬报，存放款利率，修正记账办法等。发放、推售战时公债、军需公债、救国公债、建国公债、同盟胜利美金公债，兑换券办法，奖券兑奖，金融物价报告等。金库管理，公库法，国库收支、税务表、税款，国库拨款、预算书，国库统一处理办法，公库出纳会计制度，分支库处理库款暂行办法，修正县市国税处理办法。经费报表，营业概算表，收付余额报告表，各种报表、预决算，总分类账，收入账，付出账、明细账、资本总账、支库分户账、开办费账、手续费账、现金账、存出金总账、关税账、库存账、各项开支账，总概算书，会计报告、银行账务处理等。

县行业务方面。各县会议记录，人事任免、调动、机构成立、启用印鉴，办理储蓄、汇兑，行员待遇；总账、分类账、收支概算书、各种决算表、收付余额报表、库存收支月报，各费收支日旬报表、经费开支表，利率汇率变动表、明细表、商业调查表，其他经费表，移交清册、文电稿簿、公文稿簿、股东名册等。

综合档案。妨害国家动员惩罚暂行条例，处置共产党办法，工作报告，各县各级组织纲要实施概况、会计收支程序、土特产收购销售；公安特刊、皖南行政刊、人事通讯刊物、干训团特刊、忠勇月刊、战时文化月刊、教育会季报、校刊；国民政府人员简历，安徽同官录（清光绪、宣统年间）、袖珍同官录、干训团同学录、通讯录，以及日伪中国青少年团章程、条例、纲要等。

安徽省邮电系统档案　安徽省邮电系统档案全宗号为L049，共有档案1416卷，档案起止时间为民国元年（1912年）至民国38年（1949年）。该全宗主要有安徽省邮政管理局、电政管理局、第二区电信局、安徽省电话局、皖南电话局等单位的档案。档案破损严重，排列较混乱，各机构档案互相交叉。此外，L00l宗6目有安徽省邮政局、交通部第二区电信管理局、安庆电话局、怀宁电信局等单位的档案。档案主要内容如下：交通部、邮政总局关于业务方面下达的通令、训令及通报、规章制度、公函；省邮政局、电信局有关邮政、电报、电话业务方面的规定、办法，与下属单位的来往文书及下属单位的工作报告、报表；民国33年（1944年）至民国37年（1948年）间的省邮政局局务会议记录，设计考核委员会议，消费合作会议及有关单位联席会议等会议记录；业务统计报表，工作报告及其他各种调查表、统计表。接收敌伪产业物资的文书材料，档案清册、发文底稿等。邮、电各局有关财务问题的通令、训令，有关经费，薪金、储金等业务训令；财务会议记录、财务开支、财政工作制度，会计账务，账目移交等有关规定；经费预算，财政状况统计表，会计清单账目表册，员工福利等文书；有关财务问题与外单位的来往文电，下属机关报送的开支预算书、费用表册，购置地产、房屋、家具等来函。机构成立，撤销、启用印信，组织章程、管理章程，省电报局一览表；人事调动、任免、录用、考核、奖惩，职工津贴，抚恤，退休金，福利，保险等方面

的文件、规定，局属办事处名册，各种调查表，人事统计表，职员任免表，履历表；学员论文、实习报告，实习日记、考试及格证书、案件材料等。邮运的各种规定、制度、办法、长途电话管理办法，交通部关于修改话务员章程的训令，汇款、邮资规定表，邮路时间表，邮路图简表；军邮、邮政事务函件，各种报表，长途电话费清单，班簿、电簿、账簿，电政局关于电报、电话业务方面的文件，电报密码表，底稿、收据，电报单，电报证章，维修电话线路等与各地来往文书；邮政、电政储蓄、汇兑、保险等业务通令，训令，储汇股的部分年度工作报告等。

市（县）档案　安徽省政区变动频繁，1911 年 1 月实行省、道、县三级制，1914 年 6 月，置淮泗、安庆、芜湖 3 道，共 60 县。1928 年 8 月废道，实行省、县两级管理体制，1932 年 4 月，设首席县制，全省划为 13 区，共 60 县。当年 10 月，废除首席县长管辖区，实行专员督察区作为省级派出机构，尔后，专区和辖县多有变化，至 1947 年 8 月，全省共辖 1 个市 63 个县，分属 10 个专区。

馆藏各市（县）档案 36 个全宗汇集，全宗号为 L007 ~ L042，共有档案 19362 卷。涉及六安县、合肥县、舒城县、霍邱县、霍山县、寿县、立煌县、怀宁县、安庆市、桐城县、望江县、潜山县、岳西县、宿松县、太湖县、青阳县、至德县、东流县、贵池县、铜陵县、泾县、庐江县、芜湖县、当涂县、含山县、巢县、和县、郎溪县、无为县、宣城县、广德县、繁昌县、南陵县、太平县、宁国县、祁门县、歙县、绩溪县、黟县、石台县、休宁县、旌德县、盱眙县、屯溪县、天长县、凤阳县、定远县、来安县、全椒县、嘉山县、宿县、砀山县、灵璧县、萧县、泗县、怀远县、五河县、临泉县、太和县、亳县、涡阳县、颍上县、阜阳县、蒙城县、凤台县、界首县、蚌埠市、淮南市等 68 个市（县）。各市（县）形成的档案，内容上差别不大，归纳起来，档案内容主要有：市（县）行政计划、施政纲要、工作报告、总结、会议记录，县长巡视报告，党政军联席会议材料，参议会会议材料。机关成立，组织章程，人事任免，名册，干部训练，人事管理条例，县长考绩办法、交卸任等材料。地方自治，户口调查，禁烟，赈济，工会、社团、寺庙调查材料。财政法令，会计规则、田赋、税务、粮食等文件，地方岁出岁入预算书等材料。教育会议文件，国民教育报告，学校一览表，教师训练，教育调查登记，各中学教育经费标准，教师待遇，教职员工履历表，人员名册、同学录。工商管理，农林水建建设，粮情报告，合作社报告，食盐调配，物品供应，进出口货物管理材料等。军民合作站，联防区署的文件，青年军讲义、反共宣传材料等。案件处理，汉奸罪行调查表，“共军案犯”材料，问讯笔录，惩治盗匪条例，通缉犯人，结论判决书，办案程序录等材料。县国民兵团官佐任免、章则法规、官兵名册、兵役法令、壮丁征集、组训、地方治安，警政，军民合作站报告表等，县常备队、自卫队、警保队名册材料。驻地军队军训、征兵、“清剿”、联防、防共抗战等材料，兵力驻地主官名表，官佐履历表，工作报告，常备队概况表，战斗报告，兵要地理，筹设军事情报所，自卫队、游击队名册。

企事业机构档案

国民政府行政院资源委员会华中矿务局马鞍山分矿、皖南电厂档案。全宗号为L050，共有档案344卷，档案起止时间为民国31年（1942年）至民国38年（1949年）。档案主要内容分述如下：

华中矿务局马鞍山分矿档案包括资源委员会华中矿务局及其所属马鞍山分矿、铜官山分矿保管所，桃冲分矿管理所、芜湖通讯处、凤凰山铁矿保管所、楼霞山锰矿保管所等单位的档案。档案主要内容有：

组织人事方面。资源委员会工作述要、概况、机构沿革、组织系统图、金属矿业，上海联合办事处组织规程、办事纲要，第十九区金属品冶制工业同业工会组织概况、章程及成立会议记录，全国同业联合会章程，资委会矿产测勘处年报等；华中矿务局（含筹备处）之成立、组织规程，概况、沿革、机构设置、组织系统表，华中矿务局上海办事处迁京及组织材料，华中矿务局工人励进会之成立及组织、规章等、华中矿务局工业协会、同业工会文件，华中矿务局矿产清理处、皖敌产清理处、安徽管矿局成立史略，局下属矿更名文件等；马鞍山分矿概况，沿革始末，迁址、组织系统表，马矿所属沿革图。在马矿设立交通、国家银行分支机构文件材料。资委会人事行政法规汇编、抚恤规则、参加工寿保险总名册，人事任免文件；华中矿务局（包括筹备处）主持人任免、职工名册、通讯录、金兰谱，大学生选用，复转安置，文武官员待遇调整办法、工资劳保、考勤考绩、奖惩、出国人员薪津标准、实物差额补助、医药补贴、子女教育补助，华申矿务局江南金属矿业有限公司、江西钨矿业有限公司人员名册，华中矿务局通讯兵学校、化学兵干训班、统计训练班等训练材料；马鞍山分矿技工分配表、技术员工名称及性能表、技术员审查名册、职员名册、登记表、调查表、任免等材料；向山矿、桃冲矿、经济部战时生产局苏浙皖区特派员办公处工人名册，寿险名册，人事任免材料，中央信托局芜湖办辜处、苏浙皖区敌伪产业处理局驻皖办事处、驻美代表袁恽震文电材料等。

业务方面。资源委员会驻皖办事处等关于矿床、贮量文件；浙江萤石矿调查，优质产品调查，国内重要矿产品陈列，凹山铁矿成份分析，探矿文件，矿产资料目录等；马分矿工程概况，图纸、统计表，工作日报表，工作简报，马鞍山分矿工程计划书；长兴煤矿复工计划，铜官山铜矿开发计划等；建设厅收回铜官山矿，福利、民益、裕凤公司，武义县五尾、石尤岗碎石矿区等产权矿权问题文件；出售铁矿砂，土煤、购买锰矿以及贮运方面的报表文件材料，器材设备工具调查报表，向山、南山矿动力设备等。

行政管理方面。资源委员会、华中矿务局及筹备处、马鞍山等矿会议录；资委会及华中矿务局在沪单位联合会议录，苏浙皖区特派员办公处第 2 ～ 6 次会议记录；资源委员会、局事业单位年报，民国 36 年（1947 年）度工作计划及年报、工作简报，月报、日报；下属单位工作安排与小结，华中矿务局民国 35 年（1946 年）度、37 年（1948 年）度年报；桃冲矿管理法令，财政制度专卷，专利法，资委会法规汇编，应变方针等；美大使馆盟会等外事文件。矿接收保管移交清册。财务经费预算文件表册以及文书、印信、财产，房屋、土建等方面材料。

党团军警治安方面。三青团 18 区队成立，马鞍山矿区队、慈湖区队等三青团员名册，青年工作队马鞍山分队人员名册，自卫队马鞍山矿场自卫队名单；马鞍山等矿井察所、防护团文件名册及概况，各矿要求派驻军队护矿护运等文件材料。

资源委员会皖南电厂的档案包括皖南电厂及其前身江南电力局筹备处两个阶段的材料。档案主要内容有：皖南电厂的组织沿革、历史情况，各课职掌；华中地区电气事业调查报告书，华中水电股份有限公司概况；人事局筹备处、皖南电厂人员名册，警卫队名单，军队、宪兵人员材料，人事调动、薪津调整，工人管理规则，职工评功记录，生活指数等。资委会重要会议记录，第一次总务会议，1946 年上海市供电审核委员会会议记录；钱塘江测绘计划，工程设计计划书，上海特别市工务局十七年业务报告；公司法，修正进出口贸易暂行办法，电气营业管理规则，电力器材使用和管理规则等。财务、经费、土地、房屋，医务材料；建造进水闸工程说明、出差等费用规定等。

交通部公路总局第一区公路工程管理局芜湖歙县工程处档案。民国 30 年（1941 年）交通部公路总管理处，在芜湖设立第三、第六工程处。民国 35 年 11 月 16 日奉交通部公路总局第一区公路工程管理局令撤销第三、第六工程处，在芜湖成立芜湖、歙县两个工程处。民国 36 年 12 月（1947 年 12 月）歙县工程处迁至屯溪。

交通部公路总局第一区公路工程管理局芜湖歙县工程处档案全宗号为 L004，共有档案 320 卷，档案起止时间为民国 30 年至民国 38 年。档案主要内容有：工程处员工调派令、职工名册、调查表、保证书，考勤、考核，人事任用条例等法规，人事调动、任免，抚恤、安葬，医药生育补助，退休待遇，薪饷清册，组织规程，养路组织系统，人员奖励组织规程，公路情报组织及办法等。工程预决算、概算，经费标准，公路、桥梁修建费，养路费，员工生活费，报销凭证，税单，备用金清单，职工借支表。现金簿，总账、分户账簿，差旅费概算表等。工程报告、进度表，比价单，图纸，验收报告单，京赣线公路路况、路面调查，徽屯、京赣、京汉线段工程图表，公路桥、涵修建，修路材料调运等。总务，公交处理，工作总结、报告，交通管理规则，公路施政纲要，房屋租约，财产移交，防共防奸等。查处贪污的文书，联席会议等会议录。

日伪政府机构档案　民国27年3月28日（1938年3月28日），中华民国维新政府在南京宣告成立，民国27年8月安徽省维新政府在蚌埠成立。民国29年3月30日（1940年3月30日），汪精卫成立伪中华民国国民政府，同年10月10日，安徽省维新政府改称安徽省政府。日伪政府机构档案主要包括日伪、汪伪安徽省政府、日伪安庆、蚌埠海关转口税局，日本华中矿业股份有限公司等单位的档案。

日伪、汪伪安徽省政府档案。日伪、汪伪安徽省政府档案混杂在“安徽省政府”和“皖南行署”全宗内，没有与国民党档案区分开来，档案数量400余卷。档案主要内容有：

民国28年1月（1939年1月）至民国34年6月（1945年6月）汪伪安徽省政府编辑出版的101期《安徽公报》。日本帝国在乡军人会庐州分会会则，日伪政府庆祝还乡周年纪念文件，安徽日伪各县政府组织规程，城乡组织规程，挤进保甲规则，编组甲保暂行规程；安徽地方自治状况，蚌埠、合肥、定远等地经济、小学状况调查表。省警务处组织规程、办事细则，蚌埠地区经济调整委员会纲要等。

日伪安庆、蚌埠海关转口税局档案。民国33年1月15日（1944年1月15日），成立安庆海关转口税局，民国34年日本投降，业务终止。民国33年5月10日，成立蚌埠海关转口税局，民国34年9月29日，奉国民党财政部令撤销。

日伪安庆、蚌埠海关转口税局档案的全宗号为L045，共有档案112卷，档案起止时间为民国32年（1943年）至民国34年。档案内容主要有：

安庆海关转口税局档案。组织机构建立、人事配置、调整、变迁文电，中日籍职员的委任、聘用、考试、调动、提升、解辞职、工资待遇、名册、证件等问题来往文电，总局批转上海、苏州税局、南京等外地关、所机构成立及与本关人事互调等问题的往来函电；海关总局和本关有关征税的规章制度、税收报告、免税报告、缉私报告单、货物动态月报表、调试品明细表、军需品证明书、行政财会报表等问题的请求、批复的往来文电。

蚌埠海关转口税局档案。组织成立、撤销文件和开设方针，中日籍职员的调派、任免、考试、升迁、变动、证件、工资、福利、婚丧、奖金、职员名册、全国海关受奖及考试及格名册等，上级机关批转上海、苏州、杭州等外地关、所人事调动的文电；海关税收方面的规章、制度、报表，货物完税价格表、免税护照、走私情况报告、物资移动调查表，大宗货物进口表，输出转口税账、经费分类账、财务报表，关员检查凭照、监查员记录簿，总税务司业务往来文电，蚌埠日本杂货协同委员会会议记录，支所工作日记簿等文件。

日本华中矿业股份有限公司档案。日本华中矿业股份有限公司档案混杂在华中矿务局马鞍山分矿档案中，分为组织人事、业务和总务三类，主要内容有：日本华中矿业股份有限公司本店组织配置一览表、组织系统表，华中矿业股份有限公司中央工作所组织章程，华中矿业股份有限公司桃冲发电所概况、配管图等，马鞍山制铁所始末、概况及其下属矿状况材料报告书等，日伪华中振兴公司组织材料，与日伪合作经营的马鞍山地区民营益华、福利民、宝兴等铁矿调查报告。华中矿业股份有限公司马鞍山分矿中央工作所，芜湖，徐州等出张所，马鞍山、铜官山、桃冲等矿业所日籍人员给调书，调查表、履历表及升格材料多华中矿业股份有限公司上海支社、南京支社楼霞山矿业所、粤汉支社铜凤矿业所、马鞍山等矿日籍职员名簿，中国从业员名簿，调查书、解职名册，日籍人员通讯录，金联会人员名册，西宅日人居民名单及日侨集中营的文件材料；华中矿业股份有限公司十二次营业报告书，马鞍山矿业所运输日记，华中矿业股份有限公司对浙、皖萤石矿、铁矿等矿产调查原始资料、图纸等材料，采矿日志；经济部苏浙皖区特派员办公处及华中矿务局筹备处（总处）接收日伪华中矿业股份有限公司及所属各矿、所矿权、产权，资产表报材料；接收华中矿业公司淮南矿产权材料；按收日伪矿产规定、接收华中矿业股份有限公司中央工作所日本制铁社等报告书、日铁资产整理清册；华中矿业股份有限公司及其四矿业所财务报告；日资日本赔偿文件，日占土地契约；华中矿业股份有限公司股东会议纪录等材料。

安徽省档案馆馆藏民国档案全宗名册一览表

表 1–1

全宗号	全宗名称	档案数量（卷）	起止时间
L001	安徽省政府	7994	1911—1949
L002	安徽省保安司令部	222	1912—1949
L003	皖南行署	6432	1929—1949
L004	交通部公路总局第一区公路工程管理局芜湖、歙县工程处	320	1941—1949
L005	安徽省立图书馆	66	1912—1949
L006	安徽地方银行及中央各行驻皖机构全宗汇集	10909	1930—1949
L007	六安、合肥、舒城县全宗汇集	393	1924—1949
L008	霍邱、霍山、寿县、立煌县全宗汇集	270	1913—1949
L009	怀宁县、安庆市全宗汇集	602	1912—1952
L010	桐城县全宗汇集	252	1917—1949

续表 1-1

全宗号	全宗名称	档案数量（卷）	起止时间
L011	望江县全宗汇集	428	1927—1949
L012	潜山县全宗汇集	239	1930—1949
L013	岳西、宿松、太湖县全宗汇集	203	1911—1949
L014	青阳县、九华山佛教会、至德县全宗汇集	284	1909—1949
L015	东流县全宗汇集	737	1936—1949
L016	贵池县全宗汇集	2800	1930—1949
L017	铜陵县全宗汇集	132	1928—1949
L018	泾县全宗汇集	1181	1927—1949
L019	庐江县全宗汇集	179	1927—1949
L020	芜湖县全宗汇集	2313	1927—1949
L021	当涂、巢县、和县、含山、郎溪县全宗汇集	389	1937—1948
L022	无为县全宗汇集	198	1933—1949
L023	宣城县全宗汇集	234	1927—1949
L024	广德、南陵、繁昌县全宗汇集	384	1921—1949
L025	太平、宁国县、陆军 21 军全宗汇集	63	1919—1949
L026	祁门县、茶改场、津浦铁路全宗汇集	109	1930—1949
L027	歙县全宗汇集	3369	1911—1949
L028	绩溪县全宗汇集	296	1930—1949
L029	黟县全宗汇集	318	1935—1949
L030	石台县全宗汇集	1425	1920—1949
L031	休宁县、屯溪商会全宗汇集	750	1927—1949
L032	旌德、盱眙县全宗汇集	171	1930—1949
L033	屯溪镇全宗汇集	255	1924—1949
L034	天长县全宗汇集	68	1943—1949
L035	凤阳县全宗汇集	224	1924—1948
L036	定远、来安、全椒、嘉山县全宗汇集	116	1920—1955
L037	宿县全宗汇集	353	1933—1949
L038	砀山、灵璧、萧县、泗县、怀远县全宗汇集	71	1914—1950
L039	五河县全宗汇集	105	1913—1949

续表 1–1

全宗号	全宗名称	档案数量（卷）	起止时间
L040	临泉、太和、亳县、涡阳、颍上县全宗汇集	122	1912—1951
L041	阜阳、蒙城、凤台、界首县全宗汇集	131	1923—1949
L042	淮南、蚌埠市全宗汇集	198	1930—1948
L043	安徽省高等法院及各分院全宗汇集	2427	1929—1949
L044	中央信托局苏浙皖区敌伪产业处理局	72	1945—1949
L045	日伪安庆、蚌埠海关转口税局全宗汇集	112	1943—1945
L047	安徽省政府公报、会议录	677	1912—1948
L048	安徽学院、安徽大学全宗汇集	767	1928—1950
L049	安徽省邮政、邮电局全宗汇集	1416	1912—1949
L050	资源委员会华中矿务局马鞍山分矿、皖南电厂全宗汇集	344	1942—1949
L051	国民党安徽省党部全宗汇集	1097	1927—1948
L052	三青团安徽省支团部全宗汇集	1055	1939—1949
L053	安徽警察系统全宗汇集	956	1938—1949
L054	军统安徽站中统安徽组织全宗汇集	802	1931—1949
L055	安徽省高等法院及各分院全宗汇集	2549	1929—1949
L056	安徽省及县各种训练团、所全宗汇集	302	1920—1949
L057	安徽省勘乱建国委员会及所属全宗汇集	43	1947—1949
L058	安徽省保安司令部皖南行营、安徽省军管区全宗汇集	215	1938—1945
L059	考试院安徽、江西考铨处全宗汇集	460	1924—1949
L060	二史馆档案复制件（党、政、军、特材料）	617	1919—1973
L061	安徽省清档办	343	1959—1973
L062	政治通讯录	1240	-
	合　计	60799	-

革命历史档案　安徽省档案馆馆藏革命历史档案，包括安徽早期共青团组织档案，中共安徽省委及所属组织档案，鄂豫皖苏区党政机关档案，安徽抗日根据地党政军机关档案，解放战争时期上下级文件，江淮解放区党政军机关档案，豫皖苏解放区党政军机关档案，华中七地委、行署、军分区档案，皖西解放区党政军机关档案，皖南游

击区党的领导机构档案，安徽省委第一任书记王步文档案，革命历史时期人员档案，共计 12 个全宗汇集，共有档案 11575 件。

安徽早期共青团组织档案　安徽省自 1922 年开始有社会主义青年团的组织活动，1925 年 1 月，社会主义青年团改称共产主义青年团。安庆是安徽省建立团组织最早的地区，1922 年春就有一批先进的青年学生成立了社会主义青年团的组织，1925 年 12 月，成立共青团安庆地方执行委员会。芜湖于 1922 年 12 月成立社会主义青年团组织，1923 年 1 月 5 日，成立社会主义青年团芜湖地方执行委员会。寿县建立团组织具体时间与安庆相近，1926 年 3 月，成立团寿县地方执行委员会。1925 年 12 月，宿县成立团宿县特别支部。1926 年 2 月，南陵县成立团南陵临时支部。

安徽早期共青团组织档案的全宗号为 G001，共有档案 134 件，档案起止时间为 1922—1927 年。主要是 1922 年 3 月至 1927 年 5 月间安徽各地早期共青团组织形成的材料，其中有少量共产党组织的文件，另有王稼祥的书信。档案都是以书信形式传递的密写文件，使用大量的密语、代号、谐音字，档案主要内容有：

各地团组织给团中央的工作计划、报告和支部、小组编组名单、团员统计、调查表等，宿县、蚌埠党组织的文件及团江浙皖区委 1924 年 9 月至 11 月的文件，王稼祥（1924—1928 年）写给王柳华、寿培、久长等的书信 16 封（复印件，原件送中央档案馆），中共“四大”材料，黄埔军校编印的《追悼廖仲恺、陈私霖两同志专辑》。

中共安徽省委及所属组织档案　1927 年 5 月，中共安徽省临时委员会在武汉成立，同年 8 月，省临时委员会返回芜湖。1927 年 11 月，中央决定取消安徽省临时委员会，由中央派巡视员指导安徽党的工作。1928 年 3 月，中央决定重新成立中共安徽省临时委员会。1929 年 5 月，中央再次取消安徽省临时委员会，将省临委所辖区域分为芜湖、安庆、六安、阜阳 4 个中心区域，并建立中心地方党部。1931 年 2 月 15 日，经中央批准，中共安徽省委正式成立，全省设霍山、安庆、合肥、屯溪四个中心县，并成立芜湖市委。同年 4 月，省委机关遭到严重破坏，主要负责人被捕牺牲。5 月，成立安徽省临时工作委员会，6 月，中央撤销了安徽省临时工作委员会，恢复芜湖中心县委，直属中央领导。

中共安徽省委及所属组织档案全宗号为 G002，共有档案 585 件，档案起止时间为 1927—1935 年。主要是 1927 年 8 月至 1935 年 3 月，中共安徽省临时委员会、安徽省委、各地党组织、群众团体，在国民党统治区坚持地下斗争时期形成的档案。这部分档案属中央档案馆馆藏，中共中央决定开放历史档案后，交省档案馆保存一套复制件。安徽省委及所属组织的档案，多系密写手抄，以通信形式传递。档案主要内容有：中共安徽省临时委员会、省委及所属组织领导机构建立和沿革情况，会议决议、工作计划、报告、指示、通告。中共中央历史文献和中央负责同志讲话，中央巡视员对安徽工作的指示、报告。各地地下党组织及个人形成的文件材料。共青团江浙皖省委、红军政治部、红军闽浙二区训练部关于共青团工作、白区作战、纪念“九·七”的宣言、布告。江苏省委关于安徽地方党组织工作的常委会会议记录及指示信。

鄂豫皖苏区党政机关档案　鄂豫皖苏区党政机关主要包括中共鄂豫皖边区特委、中央分局、中共鄂豫皖省委及所属特委、鄂豫皖边区苏维埃政府。

1930 年 3 月，成立中共鄂豫皖边特别区委员会，12 月，改组为中共鄂豫皖边特区临时委员会。1931 年 5 月，成立中共鄂豫皖中央分局和军委会，1932 年 10 月，中央分局和军委会率红四军主力离开根据地，转移到川陕边区。1932 年 1 月成立中共鄂豫皖省委，1934 年 11 月，省委奉命率红 25 军主力北上抗日。1930 年 6 月成立鄂豫皖边区苏维埃政府。

鄂豫皖苏区党政机关档案全宗号为 G003，共有档案 612 件，档案起止时间为 1927—1935 年。鄂豫皖苏区党政机关档案，是第二次国内革命战争时期，在湖北、河南、安徽三省边界大别山地区建立的革命根据地党政军领导机构、群团组织形成的档案的总称。这些档案均属中央档案馆馆藏，中央决定开放历史档案后，交给安徽省档案馆保存一套复制件。档案不齐全、不完整，不足以反映根据地的全面情况。档案主要内容有：中共中央关于鄂豫皖根据地的建党、建军以及重大军事行动的指示、决定等，各地武装起义的情况，红四军、二十五军、二十八军的组建、供给和历次反“围剿”的情况等。鄂豫皖边区根据地党的各级领导机构建立和发展变化及领导干部配备方面的文件。关于鄂豫皖根据地的开创和形成过程，各级苏维埃政权机构的建立，开展土地革命、发展生产，以及教育、财经、税收工作的文件。根据地党政军领导机构召开的各种会议决议、决定，颁发的各种办法、条例和中央分局扩大会议文件、省委扩大会议文件、苏维埃政府代表会议文件等。鄂豫皖边区根据地共青团、工会、农会、妇女等群众团体形成的文件。

安徽抗日根据地党政军机关档案　1937 年 10 月新四军在南昌成立，1938 年 4 月迁至安徽岩寺镇，后迁至泾县云岭。1941 年皖南事变后，中央决定重建新四军军部，驻安徽境内有二师、四师、七师，分别在淮南、淮北、皖中根据地坚持斗争。抗日战争胜利后，根据中央指示，新四军军部和主力转移到山东、苏北解放区，留下坚持根据地斗争的部队改编为华中野战军第六、七、八、九纵队。华中根据地在安徽境内有淮北、淮南和皖江根据地，是华中八个抗日根据地中的三个。

安徽抗日根据地党政军机关档案全宗号为 G004，共有档案 960 件，档案起止时间为 1934—1946 年。主要是新四军和安徽各抗日根据地各级党政军领导机构形成的档案。档案主要内容有：中共中央、中央军委关于抗日民族统一战线的方针政策和开辟华中抗日根据地及其发展方向等问题给新四军的指示文电。新四军党建、军事建设和政治工作的文件。军内党的组织建设、党代会、所属部队建制、发展、供给情况及对敌伪军宣传等有关文件。新四军各部队历年的工作计划、总结报告、战役总结、战绩统计等。安徽各抗日根据地的开辟、发展，基层政权建设、农村互助合作以及生产救灾、农田水利建设、交通运输、财粮工商税收、根据地金融机构建立、货币发行、民政优抚等文件材料。

解放战争时期各解放区党政军机关档案　包括江淮解放区党政军机关、豫皖苏解放区党政军机关、华中七地委、行署、军分区、皖西解放区党政军机关、皖南游击区党的领导机构等 5 个全宗汇集，共有档案 7079 件。

江淮解放区党政军机关档案全宗号为 G006，共有档案 2591 件。主要是 1948 年 5 月至 1949 年 4 月间，在安徽、江苏两省间的津浦、淮南铁路以东，陇海路以南，运河以西、长江以北地区建立起来的江淮解放区各级党政军领导机构形成的档案。

豫皖苏解放区党政军机关档案全宗为 G007，共有档案 2924 件。主要是 1946 年 12 月至 1949 年 3 月间，豫皖苏解放区各级党政军领导机构形成的档案。

华中七地委、行署、军分区档案全宗号为 G008，共有档案 323 件。主要是 1945 年 10 月至 1948 年 5 月间，淮北津浦路东解放区党、政、军领导机构形成的档案。

皖西解放区党政军机关档案全宗号为 G009，共有档案 1005 件。主要是 1947—1949 年间，刘伯承、邓小平率晋冀鲁豫野战军挺进大别山，开辟皖西解放区建立起来的各级党政军领导机构形成的档案。

皖南游击区党的领导机关档案全宗号为 G010，共有档案 236 件。主要是 1946—1949 年间，在安徽省长江以南坚持游击战争的中共皖南地方委员会及其所属组织形成的档案。由于是安徽、江苏、浙江、江西四省边界地区的跨省机构，安徽省收集保管的档案数量很少，只能局部地反映该地区某些方面的情况。

解放战争时期各解放区党政军机关具有相同的工作性质，所形成的档案在类别差别不大，归纳起来档案内容主要有：中共中央、中央军委、华中局、华东局等上级领导机关对各解放区的发展、巩固、建设和支援淮海、渡江战役的指示文电；淮海、渡江战役支前工作的组织领导，参军、扩军及军需粮草的供应、调运，民工运输、担架队的组织管理，伤病员救护、收容、转运和支前工作总结报告等。解放区各领导机构综合性工作报告、总结；会议文件、会议记录，领导人讲话、笔记和来往信件。各级党、政、军领导机构、工作机构及统战、群团组织的建立、人员编制、干部任免、调配、培养、奖惩方面的文件；整党整风、建党，党员、干部统计、登记及基层党的组织建设的文件。宣传工作的方针政策、宣传大纲、宣传品、时政学习材料、部分党政机关出版的“党刊”“工作通讯”，新华社江淮分社 1948 年 6 月至 1949 年 11 月间的全部电讯稿和部分广播稿。中小学教育工作计划、办法、学校编制、经费开支及教育会议文件。边区农村基层政权建设，划分阶级标准和政策；农村各阶级土地占有情况调查，开展土地改革的方针政策和办法、条例，土改典型经验介绍和土地会议文件。工农业生产、水利建设、交通运输、粮食、棉花、油料、军草的征收、管理、供应调运；城市工作条例，纪律、工商业及市场、物价管理、税收条例、办法、财政、金融等各项工作的方针政策性文件。根据地的行政概况，退伍军人转业安置，拥军优属、抚恤制度。南下各部队对皖南社会基本情况的调查及接管工作的文件材料，开赴皖南途中形成的材料，人员名册等。解放区反特、剿匪、锄奸、治安、保卫工作文件，敌情、社情通报，清理反动“帮会”的有关案件材料。

王步文档案　王步文(1898—1931),字伟模，安徽省岳西县斯桥乡人。1919 年就读于安庆六邑中学，后考入安庆省立第一师范学校。在“五四”运动中任安庆学生联合会委员。1921 年参加蔡晓舟发起的安庆社会主义青年团的创建活动。1923 年 10 月加入社会主义青年团，同年加入中国共产党。1924 年春，被派到上海大学社会系学习，后返回安庆帮助建立国民党(左派)第一区分部，同时与郑鼎一起恢复安庆学生联合会，任副主任委员。随后，回到家乡开展革命活动。

1925 年 6 月，王步文赴日留学。1927 年 2 月奉调回国，先后担任上海总工会青年部部长，中共安徽省委临时委员会委员、常委、组织部部长，中共皖中特派员、中共怀宁临时县委书记。同年 11 月，创建中共潜山特支。1931 年 2 月至 4 月，先后任中共安徽省委代理书记、书记等职，同年 4 月 6 日，在芜湖留春园楼主持省委工作会议时因叛徒出卖而被捕。1931 年 5 月 31 日在安庆北门外慷慨就义。

1997 年，王步文烈士的亲属将珍藏的王步文生前的档案资料、照片和遗物捐赠给安徽省档案馆，安徽省档案馆将王步文烈士的所有档案资料作为一个独立全宗，列入革命历史档案系列中保存。

王步文档案全宗号为 G011，共有资料、照片和遗物 172 件。档案起止时间为 1919—1931 年。档案主要内容有：王步文生前手迹 9 件，如王步文在安庆学生联合会成立大会上的演讲稿。王步文在革命活动中拍摄的照片 53 件，如 1920 年王步文在安庆六邑中学领导学生运动时与战友的合影，1924 年王步文在上海大学读书时与恽代英等人组织职工运动照片，1925 年王步文与方启坤青年时代的照片等。王步文的遗物 109 件，主要有王步文阅读过的《资治纲鉴》《诗经体注》《易经体注》《春秋体注》《书经体注》《礼记体注》《尔雅注疏》《四书备旨》《古唐诗合解》等书籍，以及王步文从事革命活动时使用过的砚台、文件包、手提藤篮、铜火锅和在上海从事党的秘密工作用过的胶木茶盘、茶具等。

图1-9　王步文烈士曾使用的圆形石砚

图1-10　王步文烈士曾使用的铜火锅

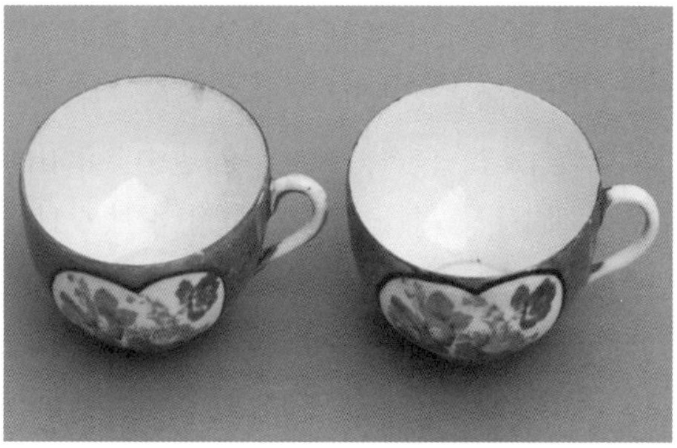

图1-11　王步文烈士赴日本留学时曾使用的瓷杯

图1-12　王步文烈士赴日本留学时曾使用的藤编提箱

图1-13　王步文烈士曾使用的皮革手提箱

安徽省档案馆馆藏革命历史档案全宗名册一览表

表 1-2

全宗号	全宗名称	档案数量（件）	起止年度
G1	安徽早期共青团组织全宗汇集	134	1922—1927
G2	中共安徽省委及所属组织全宗汇集	585	1927—1935
G3	鄂豫皖苏区党政机关全宗汇集	612	1927—1935
G4	安徽抗日根据地党政军机关全宗汇集	960	1937—1945
G5	解放战争时期上下级文件汇集	1851	1947—1949
G6	江淮解放区党政军机关全宗汇集	2591	1948—1949
G7	豫皖苏解放区党政军机关全宗汇集	2924	1946—1949
G8	华中七地委、行署、军分区全宗汇集	323	1945—1948
G9	皖西解放区党政军机关全宗汇集	1005	1947—1949
G10	皖南游击区党的领导机构全宗汇集	236	1946—1949
G11	王步文全宗	172	1919—1931
G12	革命历史时期人员档案	182	抗战时期
	合 计	11575	-

中华人民共和国时期档案 中华人民共和国时期档案，主要包括中华人民共和国成立以后中共皖南区党委、皖北区党委及行署，中共安徽省委、省政府(省人委、省革委会)及其所属的各部、委、办、厅、局和省人大、省政协、民主党派省级机构、群众团体省级组织、部分企事业单位、中央驻皖单位形成的档案。至 2005 年年底，馆藏中华人民共和国时期档案计有 187 个全宗，213082 卷（件）。

中华人民共和国时期档案数量大，保存完整，全面系统地记录了安徽省政治、经济、科技、文化、教育等方面的情况。档案内容主要反映安徽人民在中国共产党的领导下，经历中华人民共和国成立初期的经济恢复时期，组建各级人民政权机构，实行减租减息、剿匪反霸、土地改革、镇压反革命、“三反”“五反”，巩固新生的人民政权，恢复经济、发展工农业生产，提高和改善人民生活的情况；记述在社会主义革命和社会主义建设时期，安徽人民经历的合作化运动、人民公社化、对资本主义工商业改造和责任田、大包干等生产关系的变革及“肃反”“反右派”“反右倾”“四清”“文化大革命”等历次政治运动的全过程；记载安徽人民治理淮河、兴修水利、克服三年困难时期的艰苦历程；反映中共十一届三中全会后，安徽人民解放思想、实事求是，坚持改革开放，进行社会主义现代化建设，全面建设小康社会的奋斗历程；记录安徽人民抗击“非典”，学习“三个代表”重要思想，开展保持共产党员先进性教育等重大事件和活动的情况。

中共皖南皖北区党委档案　1949年5月成立中共皖南区委员会，1949年4月成立中共皖北区委员会。1951年12月，皖南、皖北区党委合署办公，1952年1月皖南、皖北区党委合并成立中共安徽省委。

中共皖南区党委档案全宗号为J001，共有档案184卷。中共皖北区党委档案全宗号为J002，共有档案148卷。上述两个全宗均为1949—1951年。档案主要内容有：皖南、皖北区党委召开的党委会议、地委书记会议记录，党代会文件、记录、领导人讲话稿。皖南、皖北地区各级党、政、军领导机构、工作机构的设置、人员编制，干部任免、调配、培养、奖惩和整党、建党、纪律检查工作的文件。关于党的方针政策和国内外形势宣传、教育及文化教育工作的文件。关于统战和民族、宗教工作的文件。基层政权建设、土地改革、划分阶级成份以及互助合作、农业生产、救灾、治淮工作的文件。剿匪、镇压反革命以及公安、保卫、司法工作的文件。城市工作，工业交通运输工作的文件。统战、青年团、妇女工作的文件。有关抗美援朝运动的文件材料。机关秘书行政工作的文件。

中共安徽省委档案　中共安徽省委档案全宗号为J003，共有档案13767卷（件），档案形成时间为1952—1994年。该全宗包括：省委及其办公厅1952—1967年和1978—1994年两个时间段的档案，省委办公室1971—1979年和省委整党指导委员会办公室1983—1987年的档案。省委1971—1978年的档案归入省革委会全宗。档案主要内容有：安徽省第一、二次党员代表大会文件，省委历次全委、党委、书记处会议文件、记录，全省地、市、县委书记会议文件，三、四、五级干部会议文件，工业书记会议及农业、工业、交通、财贸等各种专业会议文件、记录及省委领导人讲话稿。毛泽东、周恩来、刘少奇、陈云、谭震林等中央领导人视察安徽期间的重要讲话记录等。省委及其领导人参加重大活动的照片，省委和中央领导人在一些重要会议上讲话录音，省委办公厅历次厅务会议记录，省委办公室办公会议记录，省革委会办事组党的核心领导小组会议记录。全省党的组织建设，党、政、群领导机构设置、领导关系，人员编制及县级以上领导干部任免、调配、培养训练、奖惩、工资待遇等工作的文件。省委办公厅内部机构设置、人员编制、干部任免、调配及党员、干部统计，党员组织关系介绍信及办公厅党总支的文件。宣传、教育、文化、科学技术、卫生、体育工作的文件。全省农业互助合作化、人民公社化和粮、棉、油、茶业、林、牧、副、渔业的生产管理，水利建设，气象工作的文件材料。其中“大跃进”、反“五风”、1961年实行“责任田”、1962年改正“责任田”的文件材料比较齐全。国民经济计划、工业生产管理、技术改革、国防工业、基本建设、交通、邮电及小三线建设工作的文件材料。特别是工农业生产、大炼钢铁等方面的文件保存完整。财政、金融、税务、商业、外贸、供销合作、农贷以及物资交流，粮、棉、油、茶购销、调运工作的文件。检察、司法、公安保卫、军事民兵、镇压反革命、特赦战犯、右派分子改造和民政、优抚、人口统计工作的文件。统一战线工作，外事、侨务、对台工作，对资本主义商业社会主义改造工作的文件。三反、肃反、审干、整风反右派、反右倾、五反、四清、社教工作的文件及省委办公厅历次政治运动的文件和案件材料。全省人民来信来访工作会议文件和信访摘报信件案件调查等材料。工会、青年团、妇女工作的文件。皖南、皖北区党委会计档案，省委办公厅1960—1968年的会计档案。主要是记账凭证、账簿、报表、工资表册和转移证明材料等。

皖南北人民行政公署档案　皖南人民行政公署，简称皖南行署。1949年5月13日设立皖南人民行政公署，驻屯溪，同年8月迁至芜湖。1950年4月，改称安徽省皖南人民行政公署，同年9月又恢复称皖南人民行政公署。皖北人民行政公署，简称皖北行署。1949年4月15日成立，驻合肥。1950年4月，改称安徽省皖北人民行政公署，同年9月恢复称皖北人民行政公署。1951年12月19日，根据华东军政委员会决定，皖南行署与皖北行署合署办公，驻合肥。1952年8月，根据中央人民政府委员会第十七次会议决议，撤销皖南、皖北行署，成立安徽省人民政府。

皖南人民行政公署档案全宗号为J020，共有档案1617卷。皖北人民行政公署档案全宗号为J021，共有档案1928卷。两个全宗档案起止时间均为1949—1951年。皖南北人民行政公署职能相同，所形成的档案主要内容有：

组织人事方面。行署及各处局组织规程、机构成立、变动、人员编制、干部任免、调配等人事工作文件；全区基层政权建设，行政区划；实行土地改革规定的布告和土地房产所有证的指示；行署及办公厅的工作计划、总结、报告、会议记录、行政秘书及皖南区各界人民代表会等会议材料；行署有关剿匪、镇压反革命、抗美援朝、生产救灾和涉及各部门工作的重要指示、规定、办法、条例；中央和华东局颁发的各种方针、政策、决议、命令、指示。行署各级机关编制表、干部名册、登记表、统计表，干部任免、配备、调整、奖惩、教育工作的规定、指示、通知；人事工作会议及工作计划、总结材料；关于供给制工作人员津贴标准；高、中等学校学生毕业分配、生活待遇等文件材料。

民政方面。行署颁发的划乡建政实施办法的命令，加强基层政权工作建设的指示、行政区划；各县、市基层组织、户数、人口、土地面积统计图、表；拥军优属、复员安置、转业、评定残废等级工作指示；各县、市社会团体调查表、社会福利、生产救灾；关于贯彻执行《中华人民共和国婚姻法》的指示；处理接受外国津贴救济机关工作的文件；有关宗教事务及民政会议材料。

财政方面。财政人员编制、配备、统计表册；财政会议文件；财政、税收工作的规定、办法、标准以及财政、税收工作的统计报表；关于经费管理、供给标准、公粮征收办法、规定、指示；货币、金融工作及乡镇财政收支统计资料；财政预、决算等工作文件。关于财政、税务、工商工作及清仓核资的规定、指示，农业税、工商业税的规定、办法和经费、粮秣支出预算书；关于货币流通、走私问题的处理及工矿企业统计报表；粮棉及土特产、废金属、牛皮等收购工作的文件材料。

工商税务方面。关于工商行政管理条例、办法、规定、指示；本区工矿企业资源调查、商品报表，货物购销；商业、物价变更；土特产、花纱布、畜产、造纸及手工业工作方面的文件以及中国人民银行皖南分行、贸易公司等单位形成的文件材料。全区税务会议材料；税务人员奖惩、培训；税收工作条例、细则、办法，税源调查统计表；各种税率的规定、调整意见及稽征工作；对逃、偷、漏、抗税、伪造税票及货物查检情况和违章商品处理等文件材料。

交通方面。关于交通运输、邮电工作条例、办法、规定、通令、指示；交通运输会议材料；公路情况调查表和公路整修验收情况等文件材料。

农林水利粮食方面。关于农业、林业、水利及茶叶、棉花、蚕桑、畜产和水稻栽培、种子培育、病虫害防治、春耕、夏种、选种工作指示、规定、通知；全区耕地面、人口，农、林、牧、副业生产及水利工程、财务统计表；水利工程施工章则、细则、工程计划、实施方案；长江堵口复堤实施办法、计划草案；小型农田水利建设计划、总结、报表；江河修防工程及发展水利计划；召开各级水利局局长会议文件；有关防汛工作的文件材料。关于粮食工作的规定、指示、办法、总结、计划；粮食局长会议文件和记录；粮票发放、使用的规定及粮秣收支决算统计表；公粮征收和农业税征收办法、细则、总结、统计报表等文件材料。

文化卫生方面。文化教育章则、办法、指示和全区学校教育、教职员工、学生情况统计表册；有关文艺、广播和卫生工作方面的文件材料。关于医药、医政、卫生、保健工作的规定、办法、指示和血吸虫病防治计划；各级卫生机构、人员编制表；中等医药学校概况调查表，私立卫生机构及技术人员统计表和卫生人员专科医师调查表；卫生工作会议等文件材料。

安徽省人民政府档案　安徽省人民政府档案全宗号为J022，共有档案8157卷，档案形成时间为1952—1987年。该全宗包括安徽省人民政府及其办公厅档案，皖南、皖北行署合署办公期间档案，安徽省人委工、农、财、文办档案。档案主要内容有：

安徽省第一至三届人民代表大会材料，省政府、省人委历次委员会记录，省长办公会议纪要；省人委历次行政会议和办公厅召开的专门会议材料，省人委召开的专、市、县及一些专业部门会议形成的材料；省政府、省人委工作计划、总结和主要领导人在有关会议上的发言、报告材料，安庆、滁县等专署及所辖各县，合肥、蚌埠等市1952至1958年工作报告及各届人代会、社会主义建设积极分子代表大会材料，办公厅编制的《工作简报》等。机构成立、撤销、合并、分开、启用印章、人员编制、改变名称和领导关系、业务划分的通知、批复；国务院、省人委制定的省、县、乡等机构的组织通则，省政府工作部门的设置和专、市、县机构编制材料，县以上干部任免、调动与国务院、各专市县及省直单位来往文书，1953年省政府报请中央、华东局批准任命的省政府、省政协、各专市县负责人名单；有关干部、教职员工下放、病假待遇、长期供养、退职退休等问题与省直各单位及各专、市、县来往文书，干部、职工工资级别、福利待遇、奖惩等工作的规定、指示；人员处理、甄别，监察工作的报告、批复，大中专院校毕业生分配材料，组织、人事、劳动保护等工作的条例、章程。省人委与江苏、湖北、河南、江西等省关于区乡调整、划界问题的公函、通知；对六安专署、芜湖市等区划调整报告的批复，成立水上区乡（港）政权、成立人民公社、增设调整区镇建制、设立居委会等政权建设材料；征用土地、安置移民的通知、批复，凤阳县水库移民安置、兴修水利占用土地、拆迁民房等报告的批复，处理水利、山林、山草、湖草、土地纠纷问题的批复、公函，征兵、复退军人安置、追认烈士、优待烈军属、残废复员军人、评选拥军优属模范等工作的计划、命令和指示，了解灾区情况、慰问灾民、开展生产救灾、社会救济、劝阻农民盲目外流、游民安置等民政工作的报告、计划和指示。加强经济部门管理、财政收支、经费管理、行政费开支、压缩集团购买力、地方自筹资金的指示、通知；关于编制与调整预算决算的报告、批复，部分年度总决算书，发行货币、债券、现金处理、金银管理、资金冻结等金融工作材料，固定资产调拨、报废、企业扭转亏损、增加盈利的规定、通知；清理农贷、建立信用社等农村信贷工作材料，征收规费、契费、农业税、育林费、工商税的细则、标准；实行粮食计划收购、计划供应的命令和粮食统购统销材料，夏征、秋征及粮食调运、入库及农副产品收购、奖励等办法、规定；加强对粮油、茶叶、烤烟、棉麻、蚕茧、猪鬃等集市贸易工作管理材料，棉布、食糖等供应工作及有关外贸工作的批复、指示。安徽省各年度国民经济计划及执行情况材料，对地市县编制国民经济计划的命令，物资分配、调拨、供应、库存方面材料，基建图纸及工程安装材料，工业企业、劳动工资、计划工作等材料。农业生产、水产情况的检查报告，关于召开农业劳模会议、奖励增产模范等的通知、办法，人民公社政策、社员口粮标准等农村工作材料，做好种子、农机、农技推广和农业科研工作材料；防汛抗旱、防治病虫害材料。1954年长江流域防汛工作的总结报告，农机修理、排灌机械使用、水费征收等法规性材料，江河堤加固、河道疏浚、改流、雨量观测等水利气象工作材料，林场布局、山林所有权、树种采收、植树造林、森林防虫防火，林木收购、调运等林业工作的通知、会议纪要等。召开工业劳模会议、奖励护矿人员的通知，工业生产、安全用电、地质勘测材料、公路铁路修建养护、汽车更新、水泥船制造、交通秩序整理、渡口管理等工作的指示、办法，电信管理、无线电台设置材料。

此外，本全宗还有少量文化、教育、卫生、外事、统战、军事方面材料。

安徽省革命委员会档案　1966年5月，“文化大革命”在安徽全面开展，党政机关陷于瘫痪。1967年1月26日，省人委办公厅解体，成立“安徽省革命造反派总指挥部”。3月27日，中央决定对安徽实行军事管制，4月1日，安徽省军事管制委员会成立。1968年2月6日，成立安徽省革命委员会筹建工作组，4月18日，经中共中央、国务院、中央军委、中央文革小组批复同意，成立安徽省革命委员会。1969年11月15日，设立安徽省革命委员会党的核心小组。1971年1月重新成立中共安徽省委员会，省委和省革命委员会合署办公。1978年1月11日，省委、省革命委员会分开办公，成立安徽省革命委员会办公室。1979年2月27日，安徽省革命委员会办公室改为安徽省革命委员会办公厅。1980年1月1日，安徽省革命委员会改称安徽省人民政府。5月1日，原“安徽省革委会办公厅”改称为“安徽省人民政府办公厅”。

安徽省革命委员会档案全宗号为J019，共有档案5450卷，档案起止时间为1966—1977年。本全宗主要由“文化大革命”时期安徽省军事管制委员会及其工作机构的档案，安徽省革命委员会及其办事组、政工组、生产指挥组、毛泽东思想学习班1977年以前的档案和1971—1977年重新成立的中共安徽省委的档案构成。档案主要内容有：省军管会会议纪要，省革委会历次全委会会议、常委会议、办公会议，安徽省第三次党代会、省委全委会议、常委会议、工作会议、地市委书记会议、地市委领导成员读书班、理论学习讨论会及各种专业会议文件、纪要、记录和领导人讲话稿等。省革委会办事组、政工组、生产指挥组、省委办公室办公会议、电话记录等。省军管会、省革委会、省委关于省直属机关和各地、市、县革委会、党委、党组建设及其内部机构设置、人员编制，干部任免、调配，省直干部下放处理等组织工作的文件，党、团员组织关系介绍信存根。宣传、教育、卫生、体育工作文件，开展“革命大批判”“五七”干校、各类学习班，大专院校“教育革命”、撤并下迁、派遣工人宣传队和毕业生分配，知识青年“上山下乡”，城市医务人员、教师下放等工作文件材料。农、林、牧副渔业生产、管理文件材料，兴修水利、气象工作、农业学大寨、普及大寨县、农村基本路线教育方面的文件材料。工业、国防工业生产管理、交通运输、邮电、基本建设、小三线建设等方面的文件材料。粮食、财政、贸易等方面工作的文件。统一战线、外事、侨务和群众团体等方面工作的文件。政法、公安、军事、民兵、民政及全省行政区划等方面工作的文件材料。省革委会毛泽东思想学习班和清查“5•16”办公室形成的文件、学习讨论记录、简报、工作总结等材料。“文化大革命”期间省直、合肥市各群众造反组织形成的各种传单、小报。省革委会、省委及其办公室编印的《安徽通讯》《情况反映》等刊物和秘书行政工作的文件材料。

安徽省政协档案　1952年12月，皖南、皖北区政治协商委员会合并，成立中国人民政治协商会议安徽省委员会。1966年“文化大革命”中工作中断，1978年1月，省政协的机构重新建立恢复工作。

安徽省政协档案全宗号为全宗号J070，共有档案614卷，档案形成时间为1949—1968年。除安徽省政协本身的档案外，还含有皖南、皖北区政协委员会和抗美援朝分会的文件材料。档案主要内容有：安徽省历届人代会、省政协、安徽省抗美援朝分会、皖南、皖北区政协委员会和抗美援朝分会历次大会、委员、常委会议，主席、秘书长办公会议，各类专业会议文件、领导人讲话稿、大会发言稿、讨论记录和提案等材料。省政协机构设置、人员编制、干部任免、配备工作等文件。省政协关于组织各界人士学习、参观、视察和各类报告会、座谈会等活动材料。抗美援朝工作及和平签名、捐献、慰问志愿军活动等文件材料。“三反”“肃反”“反右派”“反右倾”“五反”“四清”及甄别平反工作等文件材料。对台湾工作的文件材料。文史资料委员会工作文件及其编印的《文史资料》等。省政协编印的《政协简报》及秘书、行政工作的文件材料。

安徽省总工会档案　安徽省总工会的前身是皖南、皖北区总工会筹备委员会。皖南、皖北区总工会筹备委员会分别于1949年10月、11月成立，1951年12月合署办公，1952年3月成立安徽省总工会，当年8月改称安徽省工会联合会，1961年7月仍改称安徽省总工会。1966年“文化大革命”中机构陷入瘫痪，工作中断。1973年7月重新成立安徽省总工会。

安徽省总工会档案的全宗号J057，共有档案3250卷，档案形成时间为1949—1988年（包括皖南、皖北区和安徽省总工会筹委会的文件）。档案主要内容有：皖南、皖北区总工会筹委会、省总工会召开的历次工人代表大会、职代会、劳模会议和省总工会委员、常委会议，党组会议，全省各专、市、矿工会主席会议的文件、记录、领导人讲话稿和历年的工作计划、报告等综合性材料。机构设置、人员编制、干部任免、调配、处分、工资级别和党的组织建设、党籍管理、党员、干部登记统计工作的文件材料。各个历史时期，围绕党的中心工作，开展劳动竞赛、先进班组活动及宣传、教育工作的文件。三反、肃反、审干、整风反右派、反右倾、新三反、四清等历次政治运动及甄别平反工作的文件材料。《安徽工运》《工作简报》《情况简报》《宣传简报》《大事记》等期刊资料。与各地市工会、各专业工会的来往文书。1969—1970年的会计凭证、账簿、报表等财会档案。

共青团安徽省委档案　共青团安徽省委员会的前身是新民主主义青年团安徽省工作委员会，于1952年1月由皖南、皖北团工委合并成立。1954年4月召开青年团安徽省第一次代表大会，选举产生新民主主义青年团安徽省委员会，1957年5月更名为共产主义青年团安徽省委员会。1966年“文化大革命”中机构瘫痪，工作中断，1969年团省机关撤销，1973年重建。

共青团安徽省委档案全宗号为J086，共有档案1332卷，档案形成时间为1949—

1990年（含皖南、皖北团工委、安徽省团工委和安徽省青年联合会、学生联合会的文件）。档案主要内容有：安徽省历次团代会，皖南、皖北团工委、团省工委、团省委委员、常委会议，团地、市委书记会议，青年劳动模范、积极分子会议文件、记录和领导人讲话稿及工作总结、请示报告、专题调查等材料。机构设置、人员编制、干部任免、配备、统计和团的组织建设、团籍、团费管理工作的文件材料。开展青年竞赛评比活动，评选“四好团支部”“五好青年”“优秀少先队辅导员”“青年突击手”以及扫盲、劳模等先进集体和个人的奖励材料。安徽省青年联合会、学生联合会及青少年工作的文件材料。“三反”“肃反”“反右派”“反右倾”“四清”等历次政治运动及甄别平反的文件材料。团省委编印的《团的工作情况》等资料。

安徽省妇联档案　安徽省妇女联合会的前身，是安徽省民主妇女联合筹备委员会，于1951年12月由皖北区民主妇女联合会和皖南区民主妇女联合会筹委会合并成立。1953年1月，安徽省第一届妇女代表大会选举产生省民主妇联第一届执行委员会。1956年省民主妇联会改称安徽省妇女联合会。“文化大革命”中机构瘫痪，工作中断。1973年10月恢复省妇联的机构。

安徽省妇联档案全宗号为J098，共有档案1488卷，档案形成时间为1950—1988年（含皖北、皖南区民主妇联筹委会及“文化大革命”期间省妇联革命领导小组的文件）。档案主要内容有：全省妇代会、妇女积代会，各专、市、县妇联主任联席会和省妇联召开的各种专业会议的文件材料和负责人讲话稿，省妇联委员、常委会议，党组、党支部会议记录等。省妇联机构设置、人员编制、干部任免、配备、妇女干部培养训练工作的文件材料及有关统计表。宣传、教育工作的文件，特别是宣传贯彻婚姻法、计划生育、妇幼保健工作的文件材料。“三反”“肃反”“反右派”“反右倾”“五反”“社教”等历次政治运动及甄别平反、右派摘帽工作的文件材料。省妇联编印的《妇女通讯》《妇工通报》《工作简报》等。

省民建、工商联档案　省民建是民建安徽省工作委员会的简称，1957年1月由省民建工作委员会选举产生。省工商联是安徽省工商业联合会的简称，1953年10月正式成立。1959年，省民建和省工商联协作联合办公。1966年1月“文化大革命”期间，省民建和省工商联停止办公与活动。1977年11月，省民建和省工商联恢复组织活动，各自成立临时领导小组。1980年，选举产生民建安徽省第一届委员会、省工商业联合会第四届执行委员会，临时领导小组活动结束，两个单位仍是合署办公。199年1月，省民建和省工商联分署办公。

省民建、工商联档案全宗号为J082，共有档案1395卷，档案起止时间为1952—1990年。档案的主要内容有：省民建、省工商联上报下达的工作报告、工作计划、工作总结和工作指导材料。历次代表大会、委员会、常委会议文件、记录、领导人讲话稿等。

省民建、工商联的机构设置，干部工作，机关内中共支部工作的文件和各类干部登记统计材料。宣传、教育工作，特别是围绕工商业改造、整风等党的中心工作开展的政治学习、座谈、辅导会等材料。整风、反右派、反右倾、五反等政治运动中形成的文件材料。经费收支，预算、决算等文件材料。省民建、工商联编印的《工作通讯》《工作简报》《工商界思想反映》等期刊。各专、市、县工商联的工作报告及其编写的工商业者联合会的历史资料。

安徽省档案馆馆藏中华人民共和国时期档案全宗名册一览表

表 1-3

全宗号	全宗名称	档案数量（卷）	起止年度
J001	中共皖南区委员会	184	1949—1951
J002	中共皖北区委员会	148	1949—1951
J003	中共安徽省委及其办公厅	13767	1952—1994
J004	中共安徽省委组织部	6210	1949—2002
J005	中共安徽省委宣传部	2043	1949—2003
J006	中共安徽省委统战部	1788	1950—1993
J007	中共安徽省委工业交通部	842	1951—1971
J008	中共安徽省委财政贸易部	238	1955—1966
J009	中共安徽省委农村经济委员会	3672	1949—2000
J010	中共安徽省委政法委员会	464	1955—1968
J011	中共安徽省委纪律检查委员会	7870	1950—1987
J012	中共安徽省直属机关委员会	1200	1949—1985
J013	中共安徽省委五人小组及其办公室	176	1955—1961
J014	中共安徽省委党校	231	1950—1966
J015	中共安徽省委整风、整社办公室	73	1957—1962
J016	中共安徽省委增产节约和五反、四清、社教办公室	121	1959—1993
J017	中共安徽省委文化革命小组办公室	26	1966—1966
J018	安徽省档案局	680	1949—1988

续表 1-3

全宗号	全宗名称	档案数量（卷）	起止年度
J019	安徽省革命委员会	5450	1960—1978
J020	皖南人民行政公署	1617	1949—1951
J021	皖北人民行政公署	1928	1949—1951
J022	安徽省政府及其办公厅	8157	1952—1987
J023	安徽省政法委员会	42	1952—1956
J024	安徽省文化教育委员会	51	1952—1955
J025	安徽省财政经济委员会	283	1952—1955
J026	安徽省经济和信息化委员会	438	1959—1968
J027	安徽省人民政府保密委员会	215	1951—1966
J028	安徽省老革命根据地建设委员会	18	1951—1955
J029	安徽省监察厅	653	1950—1959
J030	安徽省交通厅	6596	1950—2000
J031	安徽省农产品采购厅	67	1956—1957
J032	安徽省对外贸易局	636	1955—1975
J033	安徽省供销社	672	1949—1968
J034	安徽省省直机关事务管理局	1157	1961—1989
J035	安徽省人委对资本主义工商业改造办公室	72	1952—1956
J036	安徽省干部文化学校	170	1951—1959
J037	安徽省人民公社干部学校	19	1956—1965
J038	安徽省财政经济贸易干部学校	13	1958—1964
J039	中国茶叶公司安徽省公司	123	1950—1956
J040	中国畜产公司安徽省公司	21	1951—1956
J041	安徽生产建设兵团	3071	1969—1975
J042	安徽省选举委员会	37	1953—1958
J043	安徽省生产救灾办公室	42	1952—1954
J044	安徽省皖赣铁路建设指挥部	927	1955—1974
J045	安徽省革委会生产指挥组濉阜铁路建设指挥部	562	1969—1973
J046	安徽省机械工业厅	5150	1952—2000
J047	安徽省革委会“6910”工程指挥部	8	1969—1975
J048	安徽省轻工业厅	4338	1958—2000
J049	安徽省手工业管理局　安徽省手工业合作社联合社	478	1952—1983

续表 1-3

全宗号	全宗名称	档案数量(卷)	起止年度
J050	中国烟草公司蚌埠分公司	598	1965—1969
J051	安徽省文化厅	273	1952—1970
J052	安徽省民政厅	1206	1952—1970
J053	安徽省革命残废军人学校	372	1950—1963
J054	治淮委员会	1369	1950—1958
J055	安徽省水利厅	5404	1952—1988
J056	安徽省地质矿产勘查局	517	1958—1972
J057	安徽省总工会	3250	1949—1988
J058	安徽省劳动和社会保障厅	3271	1952—1990
J059	中共安徽省委精简办公室	48	1961—1964
J060	安徽省粮食局	1369	1952—1970
J061	安徽省油脂公司	130	1952—1956
J062	安徽省教育厅	1567	1952—2000
J063	安徽省统计局	5020	1950—1987
J064	安徽省冶金工业厅	4440	1958—2000
J065	安徽省化学工业厅	4330	1958—2000
J066	安徽省财政厅	1611	1952—1978
J067	中国建设银行安徽省分行	74	1954—1966
J068	中国交通银行安徽省分行	54	1952—1957
J069	长江水利委员会下游工程局安徽区江堤修防处	33	1949—1955
J070	政协安徽省委及其办公厅	614	1949—1968
J071	安徽省农业委员会	6136	1952—2000
J072	安徽省水产局	1520	1978—2000
J073	安徽省水产公司	34	1974—1982
J074	安徽省农村经济委员会	186	1975—1983
J075	安徽省贫下中农协会	201	1968—1983
J076	安徽省进出口管理委员会	74	1980—1983
J077	安徽省高等教育局	140	1979—1983
J078	安徽省国家税务局	265	1952—1969
J079	安徽省物价局	166	1956—1978
J080	安徽省外事办公室	925	1955—1989

续表 1-3

全宗号	全宗名称	档案数量（卷）	起止年度
J081	中共安徽省委文教部	63	1978—1983
J082	安徽省工商业联合会	1395	1951—1990
J083	安徽省气象局	863	1950—1969
J084	中国人民银行合肥中心支行	3168	1949—1990
J085	安徽日报社	426	1949—1988
J086	共青团安徽省委员会	1332	1949—1990
J087	安徽省卫生厅	5237	1952—1990
J088	安徽省人事厅	2767	1952—1985
J089	安徽省科学技术协会	58	1951—1966
J090	安徽省质量技术监督局	1002	1957—1990
J091	安徽省文学艺术界联合会	81	1950—1973
J092	中国人民建设银行蚌埠专业分行	827	1950—1958
J093	安徽省新闻出版局	1986	1952—1990
J094	安徽省体育局	1374	1952—1990
J095	安徽省广播电影电视局	694	1950—1987
J096	安徽省电力公司	400	1952—1966
J097	安徽省农垦总公司	9	1954—1968
J098	安徽省妇女联合会	1488	1950—1988
J099	安徽省林业厅	797	1952—1975
J100	安徽省发展和改革委员会	3305	1953—1987
J101	安徽省司法厅	415	1955—1957
J102	安徽省物资局	1225	1954—1966
J103	安徽省煤矿安全监察局	530	1958—1964
J104	安徽省商业厅	5160	1951—2000
J105	安徽省建设厅	419	1951—1966
J106	豫皖苏鲁边区党史办	24	1983—1986
J107	安徽省食品公司	165	1953—1975
J108	安徽省汽车运输公司	438	1950—1968
J109	安徽省百货公司	244	1950—1975
J110	安徽省五金交电化工公司	105	1962—1975
J111	安徽省饮食服务公司	75	1961—1975

续表 1-3

全宗号	全宗名称	档案数量(卷)	起止年度
J112	安徽省公路管理局	290	1951—1975
J113	安徽省航运管理局	411	1949—1969
J114	中国盐业公司安徽省公司	191	1949—1975
J115	安徽省淮河机械厂	574	1965—1986
J116	安徽省民族事务委员会　安徽省宗教事务局	527	1951—1989
J117	安徽省建筑设计院	100	1953—1975
J118	安徽省第一建筑工程公司	320	1966—1975
J119	安徽省建筑工程总公司木材加工厂	131	1951—1975
J120	安徽省通用机械厂	518	1965—1986
J121	安徽省第三建筑工程公司	289	1959—1975
J122	安徽省建筑工程总公司水泥制品厂	265	1957—1975
J123	安徽省建筑安装公司	493	1951—1968
J124	安徽省环境保护局	89	1980—1983
J125	合肥轴承厂	344	1958—1975
J126	合肥淝河汽车制造厂	317	1956—1975
J127	安徽省机械科学研究所	143	1957—1975
J128	安徽省第二建筑工程公司	353	1954—1975
J129	合肥叉车厂	527	1956—1975
J130	安徽省汽车配件公司	271	1961—1986
J131	安徽省医药公司　安徽省中药材公司	450	1955—1980
J132	合肥江淮汽车制造厂	861	1952—1975
J133	安徽省工业设备安装公司	488	1958—1975
J134	安徽省浦信化工厂	602	1966—1986
J135	安徽省皖中医院	154	1966—1987
J136	安徽省省立医院	342	1949—1975
J137	安徽省先锋机械厂	593	1967—1986
J138	安徽省皖东机械厂	556	1965—1986
J139	安徽省皖江机械厂	658	1965—1988
J140	安徽省淮海机械厂	1038	1965—1986
J141	安徽省药品检验所	105	1953—1975
J142	安徽省长江计量所	105	1974—1986

续表 1-3

全宗号	全宗名称	档案数量（卷）	起止年度
J143	安徽省卫生防疫站	554	1950—1975
J144	安徽省皖中机械厂	3285	1963—1991
J145	安徽省红旗木材厂	355	1969—1988
J146	安徽省江淮机械厂	652	1965—1986
J147	安徽省工业普查办公室	1594	1984—1989
J148	安徽省向阳机械厂	490	1966—1986
J149	安徽省皖西医院	192	1969—1986
J150	安徽省江南机械厂	513	1966—1986
J151	安徽省利群机械厂	521	1966—1986
J152	安徽省红星机械厂	715	1965—1986
J153	安徽省江北机械厂	574	1966—1986
J154	安徽省东风机械厂	637	1964—1986
J155	安徽省皖淮机械厂	717	1965—1986
J156	安徽省电影公司	76	1953—1975
J157	安徽省博物馆	63	1953—1975
J158	安徽省艺术学校	101	1956—1975
J159	安徽省图书馆	175	1950—1975
J160	安徽省皖西化工厂	321	1967—1986
J161	安徽省皖西机械厂	534	1965—1986
J162	安徽省话剧团	35	1950—1975
J163	安徽省徽剧团	19	1956—1975
J164	安徽省歌舞团	69	1951—1975
J165	安徽省黄梅剧团	54	1953—1975
J166	安徽省新河医院	432	1950—1985
J167	安徽省汽车工业公司	135	1975—1987
J168	安徽省化工研究院	148	1958—1975
J169	安徽省清理清查工作领导小组	311	1989—1990
J170	安徽省水利建筑安装公司	126	1960—1975
J171	安徽省土产日杂品公司	194	1952—1975
J172	安徽省清理整顿公司领导小组	43	1988—1992
J173	安徽省农业引用外资领导小组	395	1984—1991

续表 1–3

全宗号	全宗名称	档案数量（卷）	起止年度
J175	安徽省清房工作领导小组	48	1990—1992
J176	皖南农学院	916	1964—1990
J177	民革安徽省委员会	296	1950—1979
J178	中共安徽省委组织史办公室	582	1986—1999
J180	安徽省电子工业局	1636	1969—1992
J181	安徽省纺织总会	2157	1978—2000
J183	安徽省建材工业局	1568	1977—2000
J191	中共安徽省委讲师团	72	1982—1987
J200	安徽省国防科工办	2267	1964—2000
J204	安徽省乡镇企业局　中小企业发展局	396	1976—1991
J212	安徽省科学技术厅	5400	1953—1987
J222	安徽省经济体制改革委员会	889	1984—2001
J223	安徽省非典防治工作总指挥部	3160	2003—2004
J231	中共安徽省委保持共产党员先进性教育活动领导小组办公室	3547	2005—2006
	合　计	213082	–

资料　安徽省档案馆保存的资料大部分与馆藏档案有关，属史料范畴，现分为历史资料、革命历史资料和中华人民共和国成立后资料三部分，计 143639 册。主要包括不同时期公开和内部出版书刊、报纸，安徽省党史资料、文史资料，安徽通志、县志、族谱、大事记、传记、回忆录；中央及省直机关政府公报、简报、内部期刊、统计材料、年鉴、概览，以及“施政概况”“会议文件汇编”“法令汇编”等。这些资料内容涉及党政军法、文教卫体、农林水气、财政金融等各个方面，是馆藏档案的重要补充。

历史资料　馆藏历史资料共计 9522 册，分为党务、政务、军事、文教卫生、新闻出版、公检法、城建交通、财贸、农林牧渔、宗教、宗谱、杂志、外文资料、手抄本资料、报纸等 15 类。主要内容有：

党务类。有国民党中央执行委员会秘书处编印的《中央党务公报》，国民党安徽执行委员会编印的《安徽党务》《安徽党务公报》《安徽省党务新闻》《宣传通讯》，国民党安徽省党部编印的《指导通讯》。黄季陆主编的《总理全集》，安徽省政府教育厅翻印的《三民主义浅说》，中山丛书《建国方略》。国民党中央执委会宣传部编印的《总裁言论选集》，蒋中正著的《中国之命运》。国民党中央党史编纂委员会编印的《中国国民党党史概要》、新国民运动促进委员会编印的《中国青年团模范中国青少年团徽团章团旗条例》等国民党历史概要、党团章程、条例、训令、宣言、议案等。日伪政府资料有《维新政府一年来大事记》《维新政府成立初年纪念册》《汪精卫年谱》等。

政务类。有民国安徽省政府秘书处公报室编印的《安徽政务月刊》、立法院编译处编印的《中华民国法规汇编》、安徽省政府《现行法规辑要》《安徽概览》《安徽省公报》、张绵帆著的《中国政制问题》、谢瀛帆著的《中国政府大纲》、安徽政务委员会秘书处编辑的《安徽政治公报》，安徽省政府设计考核委员会编印的《安徽省年度行政计划》《安徽省民国三十四年施政计划》等工作期刊、汇编等。安徽民政厅编印的《安徽民政公报》《安徽民政工作纪要》《安徽省民政工作报告》《民政法规》等。安徽地方行政干部训练团编印的《安徽训练概况》《干训旬刊》，安徽省各县地方行政干部训练所同学录、学员通讯录，安徽省立第四中学、省立徽州中学、天柱中学等学校同学录。民国 28 年 1 月（1939 年 1 月）至民国 34 年 6 月（1945 年 6 月）出版的《安徽省公报》等。

军事类。有第五战区干部训练团参谋补习班印的《参谋业务》、朱兆萃主编的第三十一集团军抗战史话之二《台儿庄大会战》、国民革命军军事杂志社发行的《军事杂志》、中国空军出版社发行的《中国的空军》、军事委员会铨叙厅发行的《军事铨政月刊》等。2005 年征集进馆的《中国事变画报》《中国战时写真》《中国事变写真集》《中国事变圣战写真史》《画报跃进之日本》等日军侵华系列画报。

文教卫生类。文教法规有世界书局发行的《教育法令大全》、安徽省教育厅编印的《教育法令汇编》、中国文化服务社安徽分社印行的《民国教育章则汇编》、安徽省政府教育厅编译处编辑的《安徽现行教育法规汇编》等。教育期刊有上海商务印书馆编印的《教育杂志》、安徽省立图书馆编印的《学风》、中华教育界杂志社编辑的《中华教育界》、安徽教育厅编印的《教育公报》《安徽教育周刊》《安徽教育》《安徽教育月刊》《安徽教育行政周刊》、杭州正中书局发行的《战时中学生》等。卫生方面有军事委员会战时工作干部训练团第三团印发的《药物学概论》、中央国医馆秘书处编辑的《国医公报》、内政部编印的战时内务行政启用统计专刊第五种《卫生统计》等。

新闻出版类。有宣传部编印的《出版法暨施行细则》、申报月刊社发行的《申报月刊》、苏联大使馆新闻处编印的《新闻类编》、卜少夫主编的《新闻天地》、杨哲明编辑世界杂志社发行的《世界杂志》、韬奋编辑大众生活社发行的《大众生活》、安徽青年月刊社编辑的《安徽青年》、李伯嘉编辑发行的《出版周刊》、徽社编辑部编辑的《徽音月刊》、汪已文主编的《皖事汇报》、舒白林主编安徽人杂志社出版的《安徽人》、新亚月刊社发行的《新亚细亚》、文化建设月刊编辑的《文化建设》等书籍和杂志刊物。

公检法类。有最高法院判例编辑委员会编的《最高法院判例要旨》（上海大东书局）、方光第的《民事诉讼法第三至第九编》、立法院秘书处编的《立法专刊第二辑》、上海法学编译社出版的《律师办事手续程式汇述》、陈盛清著的《宪法要义》、世界书局印行的国民政府《现行六法司法法令合编》、国民大会代表立法院立法委员选举总事务所编印的《选举法规汇编》、中央陆军军官学校第三分校编的《法律学教程》、三民主义青年团安徽支团部编的《法令辑要》等法规汇编、辑要、教程和刊物。

城建交邮类。有中国建设出版社发行的《中国建设》、安徽省公路局编印的《安徽省公路航运业务概况》、中国建设服务社出版的《中建半月刊》、建设委员会印行的《建设》、现代邮政月刊社出版的《现代邮政》、全国邮务总工会宣传部发行的《中华邮工》、安徽邮务工会宣传科发行的《安徽邮工》、安徽省驿运管理处编印的《安徽省驿运管理处施政概况》《安徽驿运》、安徽实业杂志编辑年刊行的《实业杂志》等。

财贸类。有中央银行经济研究处编印的《中央银行月刊》、安徽省银行月刊室编印的《安徽省银行月刊》、安徽限政月刊编辑的《安徽限政》、安徽省政府财政厅秘书处编印的《安徽财政公报》、安徽省政府会计处编印的《安徽省各县地方预算书》、安徽省财政厅编印的《安徽财政一览》、安徽省财政厅印行的《税务法令汇编》等。

农林水气类。有水利部统计室编印的《水利事业统计辑要》、安徽省水利局编印的《安徽省水利报告》、中央气象局编印的《气象汇报》、农村合作出版部编行的《农村合作》、中国合作图书社编印的《中国合作》、安徽省建设厅第五科编印的《安徽合作》、实业部中央农业实验所农报社编印的《农报》、王劲草著的《安徽省农业概况调查》、安徽省茶叶管理处编印的《安徽茶讯》等。

宗教类。有杨类斯译的《我们的宗教》、圆瑛法汇著的《大佛顶首楞严讲义》、朱佐豪译的《中国圣母会考》、L.L.R.MORROW 著冯瓒璋译的《我的公教信仰》、中华全国基督教协进会月刊《中华归主》等。

宗谱类。有《范氏宗谱》《桐城桂林方氏宗谱》《皖桐徐氏宗谱》《潜川张氏宗谱》《濡须孙氏宗谱》《南阳疏束宗谱》《礼和曹氏宗谱》《濡须傅氏宗谱》《练川袁氏宗谱》《桂溪项氏族谱》《歙东竦源济阳江氏族谱》《陇西李氏宗谱》等。

方志类。有《安徽通志》《重修安徽通志稿》《皖省志略》等省志，以及徽州、宁国、安庆、池州等 4 个府府志、49 个县志和大别山、琅琊山、齐山岩洞、大观亭等山水志。这些志书纂修年代从明代嘉靖年间开始到 20 世纪 80 年代，大部分纂修于清代康熙、乾隆、嘉庆、道光、光绪及民国初年。

手抄本资料。有陈和山的《世界文化史讲话》、方仁朴著的《复旦附中皖校周记》、宋庆龄著的《广州脱险记》等。

外文资料。有桂林新生书局印行的《新中国》（英汉对照）、芜湖天主堂印书馆印的《芜湖气象规测》（法文）、伊藤武雄著的《安徽的米》（日文）、社会经济调查所编的《芜湖米市调查》。

报纸。馆藏历史时期报纸3572册，形成时间为1889—1949年。安徽省报纸3287册，其中省报有《皖报》《安徽日报》《安徽省国民日报》等3种，其他是地、市、县报纸。安徽省报纸中，馆藏利用率比较高的有《皖报》《安徽日报》《徽州日报》《芜湖工商日报》4种，馆藏数量比较多的有《芜湖工商日报》《皖报》《安徽日报》《徽州日报》《太平公报》《大江日报》《安庆新报》《淮上日报》等。外省报纸有102种（含重名的），涉及15个省市和1个军队单位。上海的有《时事新报》《文汇报》《东南日报》《中央日报》《中华日报》《申报》《新闻报》等36种；北京的有《世界日报》《华北新报》2种；南京的有《中央日报》《申报》《民国日报》《救国日报》《三民导报》等20种；重庆的有《中央日报》《大公报》《民主报》等4种；其他省市的报纸，有湖北13种、河南7种、江苏3种、湖南2种、天津3种、广西4种、福建3种、山西、江西、浙江、新疆和三十三集团军各有1种。外文报纸有《字林西报》《大陆报》《纽约时报》《自由西报》《人民世界》5种，均为英文报纸，共计164册。清朝报纸有《京报》《申报》《同文沪报》《新闻报》《飞报》《奇新报》《方言报》《中国小报》《花月报》《繁华报》《寓言报皇朝掌故丛谈》《中外日报》《神州日报》《天锋报》《大共和日报》15种，共计19册。

革命历史资料　馆藏革命历史资料670册，形成时间为1904—1949年。主要内容有：

中国共产党早期出版物有《共产党》《布尔什维克》《觉悟》《新青年》《向导》《少年中国》《斗争》《红旗》等刊物、书籍。中国共产党抗战时期及解放战争时期出版物：有《军事文集》《战役总结汇编》《毛泽东的人生观与作风》《勃海通讯》《党的城市政策与商业政策》等书籍、刊物。共产党领导人著作有陈独秀《独秀文存》、恽代英《政治学概论》、王明《论反帝统一战线问题》及《论马列主义决定策略的几个基本问题》、李达的《现代社会学》、李季的《马克思其生平其著作及其学说》。还有毛泽东、刘少奇、周恩来、董必武、邓小平、陈云等人的全集、选集论著和文选等。安徽地方革命斗争资料有党史、军战史料及老同志回忆录，各县上报的革命斗争史资料和少量党刊原件等。革命历史报纸主要有《晨报》《大公报》《解放日报》《劳动》《先驱》《工人之路》《热血日报》《新中华报》《红色中华》《红旗日报》《红旗》《新华日报》《华商报》《拂晓报》《冀中导报》《抗敌报》《淮南日报》《江淮日报》《新闻日报》《人民报》等31种。大部分报纸是人民出版社和中央档案馆影印本，少部分为原件。

中华人民共和国成立后资料　馆藏中华人民共和国成立后资料133447册，形成时间为1949—2005年。分为综合类、党务、政务、军事国防、统战、政法、财政金融、工交邮电、方志、史料、期刊、工具书、经典著作、文学艺术、农林水气、档案、科技情报、行政秘书、计划经济统计、文化教育、商贸、内参、其他、报纸等25类。主要内容有：

综合类。有国际文献选辑、人民手册、1976—1986十年政治大事记、中国省情、中华人民共和国条约集、今日安徽、安徽省情、安徽省情手册、安徽发展战略、安徽社会科学概览、安徽社会科学概览、扩大对外开放的有关优惠政策摘编等。

党务类。有中共皖北皖南区委文件选编(1949—1951)、中共中央关于土地改革中的各社会阶级的划分及其待遇的规定(草案)、中共安徽省第一次代表大会发言汇集、中共中央文件选集（1925—1947）、中国共产党全国代表大会会议文件汇编、西南区土地改革运动资料汇编、安徽省土地改革资料、中共华东局关于土地改革的指示、华东土地改革工作资料、中共中央关于资本主义工商业改造问题会议的文集、中共统战部关于对民主人士中的右派分子处理意见、党的纪律检查工作文件汇编等。

政务类。有各种会议材料，包括历届全国和安徽省党代会、人代会、政协、妇女代表大会、工会代表大会，省社会主义建设积极分子大会、英模大会，各种工作会议的文件汇集、会刊、公报、领导人报告、大会发言集、提案办理情况、代表名单等；全国人大、中央和地方政府、全国政协历届负责人名录；国务院公报、全国人大公报、政府工作报告、中华人民共和国大事记、中华人民共和国经济大事记，华东政报，皖南、皖北政报，安徽政报、安徽省情，当代安徽大事记；各种文件汇编、政策法令汇编、中华人民共和国条约集、工作手册、资料等。

军事类。有三大战役支援工作总结、中国人民解放战争四年战绩、抗美援朝战争的经验总结、中国工农红军第二十五军战史、中国历史战争史、中国人民解放军战史；中国人民解放军将帅名录、刘邓大军征战记、中外名将录、解放军将帅传、新四军在皖南、淮海战役；安徽民兵斗争史话、歙县军事志等。

统战类。有中共中央、中央人民政府及各主管部门和省有关统战、少数民族、宗教、华侨以及爱国人士工作的政策文件汇编、概况介绍、统计资料，省管爱国人士名册等。

政法类。有五十年代“肃反”“三反”“五反”的政策法令文件汇编；公、检、法工作资料；法规选编、法律手册、普法工作资料等。

财政金融类。有1950年以来中央、华东局、省有关财政、经济、工农税务、金融、信贷、价格、市场管理等方面的政策、法令、法规，会计、审计制度、意见，统计资料、工作手册等。

工交邮电、农林水气、贸易类。涉及工交邮电、农林水气、贸易方面的各种法规、文件汇编、会议材料、统计资料等。安徽省矿产储量表、钢铁分布调查报告、轻工业三十年基本情况、基本建设三十二年（1949—1980年）以及典型经验、调查报告、设计说明书、手工业企业目录等工业方面的材料。《安徽交通概况》《铁路十年》（1949—1958 年）、《公路调查资料》等交通方面的材料。农村工作调查资料、农家收支调查分析报告、农业通讯、农业科技成果汇编，曾希圣著“论‘三改’对防灾保收和争取丰收的重大意义”及“三改”工作参考资料，农业互助合作、人民公社化、农业生产责任制资料，安徽省粮食工作大事记（1949—1984 年）。林业知识手册，防汛、水文、水利建设、淮河治理等农林方面的材料。《工农业商品比价问题调查研究资料汇编》《安徽省粮食经济资料》《安徽省供销系统财务主要指标历史资料》、价格改革宣传提纲等粮油、供销、商业、外贸方面的资料。

计划经济统计类。有经济法规选编，计划法资料选编，统计学；安徽省发展国民经济的第二个五年计划控制数字建设表(1958–1962)，《三个五年计划平均每年发展速度查用表》，安徽 1978 年国民经济计划和主要商品购销调拨计划。《安徽省国民经济基本情况》《安徽经济资料》等国民收入、财政经济方面材料。统计年报、统计年鉴、《安徽省十年建设成就统计资料》《安徽省三十年国民经济统计资料》等。

文化教育类。主要内容有国家教育主管部门和中华人民共和国成立初期华东军政委员会文教主管部门和安徽省关于文教卫生工作有关政策、法令、文件汇编，《华东区中等教育、初等教育概况》《华东高等学校情况汇编》《皖南区文化艺术工作概况调查统计表》，安徽省《文教、卫生统计资料》《三十年教育统计资料》（1949—1978）、《高等教育概况》《卫生事业情况》《血吸虫病防治资料》《传统剧目汇编》《广播十年》（1949—1958 年）以及体育资料等。

期刊类。综合性期刊主要有《新华月报》《新华文摘》《红旗》《半月谈》《求是》《人民文学》《人物》《新华半月刊》《近代史研究》《文史知识》《瞭望周刊》《中共党史研究》《中国行政管理》《军事历史》《新观察》等。省直机关内部期刊主要有《安徽工作》《江淮文史》《安徽统战》《安徽党风》《党员生活》《安徽纪检》《安徽农业科学》《安徽农村通讯》《安徽教育》《安徽体育科技资料》等。在皖高等院校学报，主要有中国科技大学、合肥工业大学、安徽大学、安徽医学院、安徽医科大学、安徽农学院、安徽省委党校等高等院校的学报。档案报刊资料主要有《档案工作》《中国档案》《档案学通讯》《档案工作简报》《安徽档案工作通讯》《外国档案工作动态》《安徽档案》等。“文化大革命”时期报刊资料，主要有《安徽省革命大批判经验交流会材料选编》《大批判专刊》《大毒草〈风雷〉出笼黑幕》《安徽八·二七快报》《革命造反报》《安徽工人》等。

史料类。主要有图书资料、文史资料、党史资料等，如洋务运动、天下郡国利病书、正文献通考、中共党史参考资料、党的组织与建设、新编民国史丛稿，毛泽东、刘少奇、恽代英、陈独秀、王明等著名人物传记和回忆、论著等。20 世纪 60 年代出版的部分外国的历史、地理、政治、军事、经济、外交、文学、政党、警察等方面的资料。名人议论、著作、回忆录、传记等，如赫鲁晓夫、勃列日涅夫等人的议论集，杜勒斯、田中角荣、休漠等人的论著，艾森豪威尔、艾奇逊、肯尼迪、西哈努克等人的回忆录，铁托、戴高乐、梅特涅等的传记。

报纸。截至2005年年底，馆藏中华人民共和国成立后报纸33种，共2148册。其中《新华日报》《皖北日报》《皖南北联合报》《新闻日报》《健康报》《解放日报》《经济参考报》《科技日报》《团结报》《安徽法制报》《安徽经济报》《中国妇女报》《新书报》《安徽文化报》《安徽体育报》《中国环境报》《资料报》《安徽叉车报》《安徽富民报》《电脑报》等20种报纸，有的停刊，有的未再收集。至2005年，继续收集的报纸有《经济日报》《人民日报》《光明日报》《文汇报》《解放军报》《工人日报》《中国青年报》《中国体育报》《安徽日报》《安徽工人报》《安徽青年报》《法制日报》《中国档案报》等13种。

第二节　省辖市档案馆馆藏

合肥市档案馆　馆藏档案99个全宗，91925卷，上架排列总长度1252.9米。档案分为历史档案和中华人民共和国成立后档案两部分。历史档案汇集共有档案23卷，属永久保管，档案的主要内容是：清同治十一年（1872年）的地契；国民党合肥县政府关于合肥地区地价方面的文件和清册，及物价指数、工人生活指数表；1945—1946年田房契和佃户租账册；安徽省立、私立中学同学录；紫蓬山西庐禅寺难民垦植文书。中华人民共和国成立后档案共98个全宗91902卷，全面系统地记录合肥市政治、经济、科技、文化等方面的情况，是合肥各条战线、各个行业的综合记录。

馆藏资料13493册。其中，馆藏嘉庆年间编修的《合肥县志》及光绪十一年（1885年）的《续修庐州府志》较为珍贵。报纸有《人民日报》《解放日报》《光明日报》《北京日报》《安徽日报》《合肥晚报》、香港的《文汇报》《大公报》《明报》以及台湾的《中央日报》。

淮北市档案馆　馆藏档案111个全宗，主要保存建市以来党群系统、政府系统县级以上单位（包括撤销单位）的档案，档案门类主要有文书、会计、科技、土地、婚姻、计生、企业退休职工档案及照片、录音、录像等档案117425卷（件），排架长度为1447米。录音录像25盘，照片1178张，底图68张，其中企业退休职工档案达51258卷，涉及企业135家。

档案馆现存资料21231册，主要内容有：马、恩、列、斯、毛泽东著作，周恩来、刘少奇、邓小平等领导同志的文选；党史资料、中共中央文件汇编、淮北市党代会文件汇编、组织工作文件汇集等；国务院公报、全国人大常委会公报、淮北市人代会会刊和文件汇编以及人事和编制、劳动工资、外事工作、知识分子政策等文件汇编选编；法规汇集和选编、公检法工作、历代战争史、将帅录、军事文选、革命烈士传等；文史资料、人物传记、中外名人回忆录、各地志书、组织史、世界各国地理、地图册、文物、考古等；各种经济年鉴、统计资料等。

宿州市档案馆 馆藏档案主要有文书档案、科技档案、财会档案、声像档案、照片档案等门类，共计28661卷，声像档案2盘，照片档案410张。其中，中华人民共和国成立前档案65卷，主要是1948年中共宿县地委、宿县专署成立前原江淮三地委形成的文书档案。中华人民共和国成立后档案28596卷，主要内容有：中共宿县地委、宿县专署及其所属现行机关、撤销机关形成的档案。这部分档案反映中华人民共和国成立后各个历史时期宿县地区政治、经济、文化教育发展情况和所取得的成就，特别是中共十一届三中全会以来改革开放所取得的重大成就，是宿县地区历史发展面貌的真实记录。

馆藏资料13267册，分为报纸、期刊杂志、书籍三类。

蚌埠市档案馆 馆藏文书档案117561卷、照片档案5783张、录音录像档案37盘。主要包括中共蚌埠市委、市政府、市人大、市政协、市纪检委、蚌埠市革委会和其他市直机关、团体、银行、保险、部分事业单位的档案；市辖东、中、西区1950—1980年的档案等。档案主要内容有：党和国家领导人毛泽东在蚌埠的合影照片，刘少奇、董必武、邓小平、李先念及部分国家各部门负责人在蚌埠视察的照片、文字记录，江泽民视察屈台村、高科技园区的照片和录像带，李四光关于怀远地质的签名信；1953—1997年选民证；撤销的省地质局、市钢铁厂、大洪山铁矿、二药厂档案；纪检、五反、肃反、整风案件档案；下放知青档案；工业普查档案等。其中淮河流域图、蚌埠市建市筹备工作报告、中华民国训政时期约法、解放军渡淮浮桥照片等，均为重要的档案史料，具有很高的历史价值。

馆藏资料有报纸、图书、档案编研材料三类，共计24290册。其中有1925年的《热血报》、1927年的《汉口民国日报》、1935年的《救国时报》、1948—1960年的《拂晓报》、1949年的《新民主报》、境内解放前的《湘报》《江淮日报》《皖北日报》《安徽省蚌埠市参议会成立大会会刊》及境内解放后的《人民日报》《安徽日报》《蚌埠日报》等国内主要报纸和部分海外报纸。

阜阳市档案馆 馆藏档案213个全宗，13万多卷、件、册。其中中华人民共和国成立前档案552卷，包括民国档案326卷、革命历史档案226卷、中华人民共和国成立后档案128896卷；录音录像档案36盘，照片档案3425张，底图55张，光盘档案4张。

革命历史档案，主要有中共中央对阜阳“四九”起义的批示及有关珍贵资料，中共中央、中原局、豫皖苏区、皖北苏区六、四、三地委的文件；阜阳县委、市委、市政府和阜北、阜南县委、民主政府进行革命活动形成的新区建立、干部管理、组织监察、追捕敌军、农业生产、生产救灾等方面的文件及党员、干部登记、统计表册等。

土地、房产档案，主要有土地改革时形成的农村土地陈报存根，土地调整时形成的土地、房屋所有证存根和农业税土地常年应征产量分户登记清册。

党政机关、群众团体、企事业单位档案，主要记载中华人民共和国成立后阜阳政治、经济、科学、文教等方面的情况，是整个馆藏档案的主体部分。

艺术档案，1984年以来，档案馆收集、整理具有地方特色的曲剧、诗歌、绘画、金石、摄影、书法、剪纸、文学创作等作品。还收集近百年艺术界名流简介，经过加工整理，复印、照像汇制成册。

监察档案，中华人民共和国成立以来，对阜阳市部分党员干部所犯错误调查处理档案2320卷。

照片档案，收集中华人民共和国成立以来有关工农业生产、科技成果、上级领导视察、党政领导工作活动及党代会、人代会、政协会议等照片。

科技档案，馆藏有1958年中国农业科学院沼气研究所在阜阳进行沼气研究形成的档案；濉阜铁路指挥部移交的阜蚌段施工文件、图纸和阜阳城防空设备、办公楼施工图纸等科技档案。收集、整理编纂阜阳自公元前49—1984年大事记，阜阳自清朝时至中华人民共和国成立后机构沿革、建置情况；阜阳自公元前39—1986年自然灾害情况，阜阳历次党代会、历届人代会概述和阜阳党政领导演变情况资料。

馆藏资料12426册，主要有：明代万历年间兵部尚书张鹤鸣的族谱、阜阳城宁氏族谱、田氏族谱；明朝正德《颍州志》、嘉靖《颍州志》、清朝乾隆《颍州志》、道光《阜阳县志前编》、民国《阜阳县志续编》；1952年至今的《阜阳日报》；有关名胜古迹颍州西湖的史料等。

淮南市档案馆 馆藏档案97个全宗，125549卷，上架排列长度1700米。档案起止年度为清宣统二年（1910年）至2005年。另保存有录音、录像、影片档案16盘，照片档案1465张，电子档案24张。

馆藏中华人民共和国成立前档案5个全宗1699卷，档案形成时间为1910—1949年，为清末民初时期设在淮南矿区的企业、事业机构形成的，这些档案比较详细、真实地反映了淮南煤矿自清末民初开办以来的沧桑经历。中华人民共和国成立后档案共有92个全宗123850卷，档案形成时间为1949—2005年。从来源上来分，主要包括三个部分：市级党政机关、群众团体及其直属的有关企事业单位形成的档案；在特殊情况下形成的市级有关部门和单位的档案，属于被撤销单位的档案；通过征集散存在社会上的档案。比较全面、系统、真实地反映了淮南自中华人民共和国成立以来，特别是改革开放以后在政治、经济、文化、教育、科技等方面取得的翻天覆地的变化和风雨历程。

馆藏资料共969种10578册，主要有期刊、报纸、图书、内部刊物、内部文件汇编等。

滁州市档案馆 馆藏档案73个全宗，共计41169卷、612件。馆藏档案按内容与成分分为革命历史档案、中华人民共和国成立后文书档案、科技档案、专门档案、声像档案五大类。主要内容有：1943—1949年间，苏皖第七行政区、路西区、淮南区等党政军机关形成的档案；完整的农业大包干的相关材料，内容包括：凤阳县小岗村18户农民包产到户3条规定及复印件（原件收藏在中国历史博物馆内），省、地、市三级党委、政府部门关于滁县地区农业大包干所制定的各项方针、政策、规定、会议记录、经验总结等文件材料，各级领导视察滁县地区农业大包干情况形成的档案材料；原隶属于安徽省地质局的345地质队在滁工作期间（1959—1962年），从事地质勘探活动所形成的地质档案；抗日战争时期拍摄的反映皖东军民抗日斗争的照片；著名书画大师林散之、著名书法家费新我、武中奇、刘子善等的书法作品；刘少奇来皖东50周年纪念书画展展品。

馆藏资料18265册，分为文献资料、图书、报纸、杂志四大类。其中，珍藏有光绪二十二年（1896年）版《滁州志》《滁县乡土志》《滁州市地名录》《琅琊山志》等。

六安市档案馆 馆藏档案112个全宗，72835卷（其中革命历史档案49卷），另有9148（件），案卷排架长度1668米。革命历史档案主要是1926—1949年皖西三地委、合肥中心县委和鄂豫皖苏区开展革命斗争、党的建设、干部任免等文件材料。中华人民共和国成立后档案主要有：市委（地委）、市政府（行署）、地区革命委员会的全部档案，主要是市（地）委常委会议、市（地）委会议，市政府（行署）党组会议、办公会议，地区革命委员会会议记录；市委（地委）、市政府（行署）召开的重要会议、指导工作的意见、办法、报告、总结、通知。1966—1978年地区革命委员会期间档案。市（地）直各部、委、办、局，群众团体以及部分撤销单位和改制破产企业的档案，内容包括政治、经济、政法、民劳、人事编制、工交财贸、金融、农林水利、水产、科技、文化、教育、卫生、体育等工作的计划、总结、报告；部分单位的会计档案、公证档案和破产改制企业文书、科技、会计档案。撤销单位档案内容有土改、镇反、肃反、三反五反、整风反右派、反右倾、甄别平反、城市四清、农村社教、“文化大革命”、粉碎江青反革命集团、揭批查等档案材料；原六安县、六安市合并撤销的档案。

馆藏资料1000余种，6000余册，上架排列长度85米。分历史资料、内部资料、图书、报刊杂志四个部分。主要有：嘉靖年间的《寿州志》《卞京遗迹志》，万历年间的《顺天府志》，清朝顺治年间的《庐江县志》《颍上县志》，乾隆年间的《长安志》《盐城县志》《西湖新志》，道光年间的《巢县志》《芍陂记事》，同治十一年（1872年）的《六安州志》；1938年1月至1947年2月的《新华日报》合订本等。

马鞍山市档案馆　馆藏纸质档案 16 个门类，100 多个全宗，主要档案资料 18.2 万卷（册）。主要包括建市以来党政群机关、部分重点企事业单位的文书档案，全市重大活动档案，国有破产和改制企业档案，婚姻档案以及部分工商、土地、交通、工业普查、人口普查、省级国际吟诗节等档案。现有档案中较为珍贵的有清末民初的矿山史资料以及“文化大革命”期间形成的档案资料。

馆藏档案资料 1.5 万余册。馆藏最早的图书资料是清代刻本，有《李白诗文集》《昭明文选》《千字文》《四书章句集》等。较为重要的有 1938—1947 年的《新华日报》，1946—1948 年的《人民日报》，以及“文化大革命”期间的《革命造反报》《革命大批判》《马鞍山战报》《马钢工人报》等。还有反映马鞍山市历史发展的图书、史志等。

巢湖市档案馆　馆藏中华人民共和国成立后档案 61 个全宗，共 51727 卷，其中文书档案 25339 卷（件），会计档案 26388 册（盒）。另有印章档案 360 枚。馆藏中华人民共和国成立后文书档案主要有以下几方面：

党群机关档案。包括巢湖地委及其所属委、办、室和共青团、工会、妇联、党校等系统的档案。主要有会议记录、纪要、决定、指示、工作计划总结、领导人讲话等材料。

政府机关档案。包括巢湖行署及其所属委、办、局等单位的档案。主要有政治、经济、军事、文化、卫生、科技等方面情况的材料。

地区革委会档案。主要包括“文化大革命”和革委会中的“第一线指挥部”“四大组”（即办事组、政工组、生产指挥组、人保组）及其所属“毛著”发行办公室、“四反”办公室、“五七”办公室等单位的档案。

历次政治运动档案。包括土地改革、“四清”运动，“文化大革命”、基本路线教育、揭批江青反革命集团等历次政治运动的档案。

馆藏资料共计 5645 册，分为内部发行资料、书籍、报纸、刊物、志书五类。其中，志书主要有《续修庐州府志》《历阳典录》《无为州志》《巢县中庙志》《巢县志》《无为大堤志》等。报刊主要有《人民日报》《安徽日报》《新华月报》《新华文摘》《国务院公报》《巢湖报》等。

芜湖市档案馆　馆藏档案共有 117 个全宗，84499 卷，1295 件，其中中华人民共和国成立前档案 2123 卷（包括民国档案 2036 卷，革命历史档案 87 卷），中华人民共和国成立后档案 82376 卷，1295 件。录音、录像 32 盘，照片 5165 张，磁盘、光盘 28 张。档案内容构成主要为：中央领导视察芜湖工作时的题名、题词、照片等；中共芜湖市委、市人大、市政府、市政协、市纪委和市直各部、委、办以及市级临时机构，撤销单位、关、停、并、转企业，在政治、经济、文化、科技等活动中形成的各门类、各种载体的档案；部分科技、声像、会计、人事档案以及房产、工商、气象、土地等专门档案；三反五反、整风、反右、四清、“文化大革命”等政治运动档案；芜湖长江大桥公路工程部分档案和 2000 年中国（芜湖）旅游商品博览交易会档案；“傻子瓜子”创始人年广久的名人档案。

馆藏资料 36091 册，分为书刊杂志、史料汇编和报纸三个部分。其中，报纸主要有 1950 年至今的《人民日报》、以及《光明日报》《解放日报》《安徽日报》《芜湖日报》。1938—1947 年的《新华日报》。1916 年 1 月至 1949 年 1 月的《民国日报》（影印本），还有少量 20 世纪 20 年代至 40 年代的各类报纸等。

宣城市档案馆　馆藏中华人民共和国成立后档案 36000 卷（件），档案门类主要有：文书档案、会计档案、实物档案、人事档案、照片档案、重大活动档案、名人档案等。文书档案共 63 个全宗，29743 卷，主要为皖南宣城专区、芜湖地区、宣城地区三个时期形成的档案。皖南宣城专区档案 699 卷，形成时间为 1949—1951 年。芜湖地区档案 20144 卷，形成时间为 1952—1957 年。宣城地区档案 9476 卷，形成时间为 1980—2000 年，另有少量撤地设市后 2001、2002 年的文书档案。会计档案 309 卷。实物档案 285 枚（块），主要是印章、标牌。人事档案 384 卷。

馆藏资料 18896 册（本）。馆藏资料主要是 1925—2001 年公开发行、内部编辑的出版物。主要有报纸、刊物、文件汇编、统计资料、辞典、史志、军事资料、图书、地图等。

铜陵市档案馆　馆藏档案 111 个全宗，82996 卷，1195 件，档案排架长度 1494 米。其中中华人民共和国成立前档案 1 个全宗，案卷 90 卷。中华人民共和国成立后档案 110 个全宗，58065 卷，1195 件，科技档案 788 卷，会计档案 14557 卷，企业退休人员档案 9496 卷，声像档案 46 盒，照片档案 4129 张，底图 7233 张，板图 655 张。档案主要内容有：中华人民共和国成立前档案，除 78 份清代、民国时期地契外，主要是日伪、国民党统治时期，铜陵及其周边地区的矿产资源勘探报告，采、选、冶、运等技术资料，人员设备配备、土地关系演变、资产交接等；现行机关、企事业单位档案，这是馆藏档案的主体，由建市以来市级领导机构、直属机关、临时机构、部分企事业单位的档案和铜陵有色公司系统（原矿务局）档案所构成。这些档案集中反映了建市以来全市政治、经济、文化、教育、金融和群众团体的活动情况和历史真实面貌；专门档案，主要有企业退休人员档案和科技档案、会计档案、工业普查档案、青铜文化博览会档案等；特殊载体档案，分照片、磁性载体（录音、录像、磁盘等）、书画题词、荣誉和印章等类别。

馆藏资料 17200 册，主要有《铜陵县志》（嘉靖）、《池州府志》（嘉靖）、《铜陵民间故事》《铜陵民俗》《新华日报》、历年的《铜陵日报》《铜陵有色报》《铜化集团报》等。

池州市档案馆　馆藏中华人民共和国成立后档案 51 个全宗，22504 卷（件）。主要内容有中华人民共和国成立后各种会议材料；组织机构设置、人员编制、领导班子配备、干部任免、工作分配、干部录用等材料；工业、轻手工业、交通、财税、金融等工作材料；池州地委办公楼建设的基建档案；池州地委行政科、地区财税局、地区外贸局等所形成的会计档案；池州地委、行署和革委会及其直属机关在历次机构改革、变迁过程中所更换的印章；党和国家领导人到池州和九华山视察的照片；江泽民、姚依林等的题字手迹；傩戏、傩舞、祭祀活动材料。

馆藏中华人民共和国成立前革命历史档案 72 件，主要有中华人民共和国成立前中国共产党及其领导下的人民政权、机构、军队、团体在革命活动过程中形成的有关发动群众、借证、会师、剿匪、反霸、武装、交通、农运、贸易、人口等方面的档案，以及池州地区参加淮海战役人员登记册，坚持皖南斗争牺牲干部登记表和各级干部统计表、干部逃跑处分决定登记表册等。

馆藏资料 1942 册。主要为文献资料、图书、期刊、报纸等。文献资料主要是历年中共中央、国务院、省委、省政府、省革委会文件汇编、组织史、地方志、劳模、统计资料等。图书主要是政治、经济、军事、科学、文化等方面的图书。期刊主要是《新华文摘》《党员生活》《半月谈》《安徽工作》《安徽政报》《档案工作》《中国档案》《档案学研究》《安徽档案》等。报纸主要是《安徽政报》《人民日报》《池州日报》等。

安庆市档案馆　馆藏档案 189 个全宗，113953 卷。馆藏档案主要分为三个部分：第一部分旧政权档案；第二部分革命历史档案；第三部分中华人民共和国成立后，地市直机关、群众团体、企业事业单位日常工作形成的档案。主要有“非典”防治档案资料，历届黄梅戏艺术节形成的各类档案资料，陈独秀研究会档案资料、照片，王步文家书、照片，毛泽东、李鹏、朱镕基、温家宝、李克强等党和国家领导人视察安庆资料、照片、题词，“文化大革命”期间安庆各造反派组织的传单、战报、大字报、照片等档案资料。1954 年、1998 年安庆长江防汛抗洪抢险材料，安庆历史名人齐世钦、皖峰、严凤英、张轼、许梅花、吴良珠等名人档案资料。

黄梅戏档案是该馆的特色档案，有历届安庆黄梅戏艺术节的档案资料，如举办艺术节的总体方案、实施意见、工作计划、会议纪要、领导讲话、工作汇报、贺词、贺电、艺术节期间演出的剧本、剧照等；《天仙配》《巾帼县令》《柳暗花明》等黄梅戏剧本、曲谱；《富贵图》录像带，《梁山伯与祝英台》《莫愁女》等唱片，《徽州女人》等画册；全国、全省黄梅戏青年演员电视大奖赛和广播大奖赛获奖曲目、获奖演员照片、证书；《天仙配》《女驸马》《打猪草》等传统黄梅戏剧目演出及严凤英、韩再芬、王凤枝、丁同等著名演员剧照；各种演出节目单、海报、宣传画及海内外报刊对黄梅戏演出的报道、评论等。

馆藏资料 35193 册，主要有中共创办的第一张日报——《热血日报》及中华人民共和国成立前《新华日报》、陈独秀主编的《安徽俗话报》、中华人民共和国成立后的《安庆报》《安庆日报》等各种报刊；《二十四史》《资治通鉴》等各种文史资料书籍；国民经济统计资料；《安庆府志》、安庆地区、安庆市及所辖各县志书、各种专业志等。

黄山市档案馆　馆藏明代及以前档案共84件，主要类别有：房屋、土地契约、推单、族产管理、分家阄书、族谱、归户票、鱼鳞清册等。时间最早的档案是南唐保大三年（945年）的谕文。

清代档案共5959件（册），主要类别有：土地、赋税、工商、宗法、政务、文化、教育、医学、邮政、司法、民俗等。

民国档案共10010件（册），形成时间为民国元年（1912年）至民国38年（1949年）。主要内容有：皖南行署、国民党组织、三青团、皖南各县政府、保安团、警察局、军队及司法机关的党职员团职员名册，学员通讯录、保甲编册、委任状以及宣传、教育、工商、税务、司法、邮电、情报、公路管理、经费开支情况等材料，反映国民党统治下徽州的政治、经济、军事、科教文化等方面的情况。

革命历史档案共544件（册）。按文件形成单位划分在11个全宗内，起止年限为1949年1月至1949年9月，主要内容有：中共徽州地委、专署以及所属党校、民政、建设、财政、税务、工商、教育、卫生等职能部门所形成的档案。

馆藏中华人民共和国成立后档案63个全宗，25591卷（件），上架排列长度为399米。其中1949年到1988年原徽州地委行署人民团体及部委办局等地直机关和撤销的直属企事业单位所形成的档案共44个全宗，有文书档案12852卷，专门档案2983卷，科技档案31卷，照片档案286张。1989年成立黄山市以后的文书档案8678卷，照片档案1856张，电子档案3张。馆藏中有全市旅游发展规划景区的建设与开发、党和国家领导人在黄山市考察指导等公务活动中形成的文件材料及国内外重要的会议、文化节、体育赛事等重大活动在黄山市举办及黄山市主办、承办和接待过程中形成的旅游特色档案。

馆藏资料8645册，分为内部发行资料、书籍、报纸、刊物四类。书籍主要有：反映徽州地方特色的人文历史、风土民俗等社科类、史志类书籍，如《徽州名胜古籍简介》《徽州历史掌故》《徽州地理》《徽州水文年册》《明清徽商资料选编》《徽州墨模雕刻艺术》等。史志主要有《徽州府志》《屯溪市志》《徽州地区简志》《安徽年鉴》《黄山年鉴》《黄山统计年鉴》以及原徽州地区各下辖县县志、徽州革命斗争史等。报纸主要有民国21年（1932年）至37年（1948年）《徽州日报》64册，民国31年（1942年）至34年（1945年）《中央日报》16册，其他中华人民共和国成立前报纸38种178册。中华人民共和国成立后的报纸有1961年至今的《人民日报》《安徽日报》《解放军报》《新华月报》《新华文摘》《国务院公报》等。1953年创刊至今的《徽州报》《黄山日报》。

馆藏珍品简介：

明代江氏家族分家阄书。为明代徽州歙县芳坑江氏家族在明代永乐至万历近200年间三次分家形成的协议文书，共有三件，纸质载体。这是迄今为止发现的徽州现存下来最早的分家文书。它完整地记录明代江氏家族五代人三次分家的情况，具有连续性，对研究中国封建社会民间家庭和宗法制度传承，准确认识中国民间基层家庭的构成与演变，中国民间社会的历史变迁等问题，具有重要的价值。2003年国家档案局将此列入《中国档案文献遗产名录》。

江氏家族档案。为歙县芳坑江氏家族自万历三年（1575年）至民国38年（1949年）所形成的档案，共95件，纸质载体。这是迄今为止发现保存最完整、时间跨度最长的徽州家族档案，完整地反映江氏家族的起源、繁荣、衰落的过程。主要内容有：家谱、契约、账簿、信函、票据等。是研究封建社会家族演变和宗法制度以及徽州社会变革，经济兴衰的依据。

谕祭文书。为南唐保大三年（945年），礼部左侍郎吴松来歙县代南唐李璟皇帝祭已故南唐柱国上将军江祯形成的谕祭文书，共一件，纸质载体。这是迄今为止发现最早的徽州文书抄件。它记载南唐皇帝李璟对江祯功绩的肯定和对其子江威、江郑、江董的封赐。是研究封建时期政治制度的可靠依据。

第三节　县（市、区）档案馆馆藏

合肥市瑶海区档案馆　馆藏档案4347卷693件，主要以文书档案为主，有少量的资料、书籍、旧印章等。内容涉及常委会记录、办公会纪要、党代会材料、人代会选举以及有关组织机构、经济建设、文明创建、拥军优属、机构改革、人事任免、表彰先进等。

合肥市庐阳区档案馆　馆藏档案5个全宗，3117卷(件)，其中1982—2001年2074卷，2002—2004年1043件。以文书档案为主，另有部分会计档案、基建档案、声像档案、印章档案和土地档案。馆藏图书资料17种,1325册。

合肥市蜀山区档案馆　馆藏档案22个全宗，4903卷1478件。其中文书档案3694卷1478件、专题档案243卷、声像档案41卷（盒）、会计档案775卷、基建档案48卷、设备档案16卷、实物档案86件、档案汇编8种。资料5997册（份）。

合肥市包河区档案馆　馆藏档案34个全宗，计3万多卷。以文书档案为主，另有部分会计档案、基本建设档案、照片档案、印模档案和名人档案。馆藏资料图书有九大类，192册，杂志59种，1254册。合计1446册。主要有工具书《安徽百科全书》

《中国历史通俗演义》《档案管理学》等；汇编资料《合肥市郊区志》《合肥市郊区组织史志》等。

长丰县档案馆 馆藏档案 43 个全宗，31200 卷（件）。分为文书档案、专门档案、声像档案、会计档案、实物档案、科技档案等门类。其中专门档案 9 个全宗，共 2.3 万卷件，主要有退伍军人档案、纪检档案、四清档案、各类普查档案（工业普查、人口普查）等。馆藏图书资料 2468 册（卷）。

肥东县档案馆 馆藏档案 68 个全宗，58471 卷。以文书档案为主，还有会计档案、基建档案、照片档案、实物档案、农村退伍士兵档案、土地证清册和一些特色档案。特色档案主要是党和国家领导人以及知名人士为渡江战役总前委旧址纪念馆的题词和字 54 件，20 世纪五六十年代肥东籍的全国著名女民歌手殷光兰的有关材料 4 件。资料 7369 册。

肥西县档案馆 馆藏档案 88 个全宗，5.4 万卷（件），分为文书档案、人事档案、诉讼档案、会计档案、声像档案等门类。馆藏内有少量清代志书和民国档案。馆藏珍贵档案有农业生产责任制发源地肥西县山南镇小井庄首创包产到户档案，淠史杭引水灌溉工程建设档案，周恩来总理视察该县肥光高级农业生产合作社的档案，诺贝尔奖金获得者、美籍华人杨振宁博士客居三河镇的档案材料等。

馆藏资料 5326 册，有清嘉庆《合肥县志》、续修《庐州府志》《巢湖志》等。

濉溪县档案馆 馆藏档案 136 个全宗，335099 卷（册），包括文书、会计、科技、印模、声像、劳动人事、知青档案和土地、矿产资源、婚姻登记、房产、违纪处理、农业税等专门档案。藏有党和国家领导人刘少奇视察濉溪县卧龙湖、邓小平视察双堆烈士陵园等照片、题词，清末族谱，中华老字号商标，民间泥塑实物等珍贵档案资料和实物。

亳州市谯城区档案馆 馆藏档案 87 个全宗，案卷总计 42059 卷 4215 件，照片 3231 张。其中“文化大革命”全宗上山下乡知青办公室档案记载有 1968—1977 年期间外地和本地在亳州下乡知识青年名单，《土地房产所有证存根》档案记录了 1952 年土地改革时期，当时的亳县人民政府划分给区乡农户的土地和房产情况。馆藏资料 6990 册，有《三曹诗选》《曹操集》《曹操集译注》《曹子建集》以及清道光、光绪年间编印的《亳州志》。《古井贡酒》较详细地记述了古井贡酒发展的历史、成就及其独特风格。

蒙城县档案馆 馆藏档案 97 个全宗 40116 卷 7802 件。主要有文书档案、人事档案、房产土地证档案、下放知青档案、革命历史档案、民国档案、农业纳税清册、农村二轮承包合同档案、科技档案、声像档案和电子档案。馆藏档案保存年代最早的是清朝同治年间的圣旨和讣告。馆藏资料 7040 册，最早的是 1915 年重修的《蒙城县志》，1924 年编写的《蒙城县政书》及《豫皖苏反攻小报》。

涡阳县档案馆 馆藏档案121个全宗，32968卷。中华人民共和国成立后档案主要分为文书档案、人事档案、纪检（监察）档案、房产土地证档案、人口普查档案、下放知青档案、农税清册档案等门类。革命历史档案起止年代为1946—1949年，主要有任弼时同志讲话、豫皖苏文件、中共豫皖苏边区三地委、六区委文件和雪涡县委有关文件。明清档案有清朝同治十一年（1872年）十月九日皇帝圣旨两轴。馆藏资料8584卷（册），主要有《涡阳县志》《捻军始末》《新四军四师在涡阳》《老子出生地涡阳》《涡阳土壤》等。

利辛县档案馆 馆藏档案18913卷(件、册)，主要分为文书档案、土地房产档案、会计档案、纪检监察档案、实物档案等门类。资料5450册(张)。

宿州市埇桥区档案馆 馆藏档案147个全宗，181520卷（册），主要是原宿县档案馆和宿州市档案馆1993年合并前的档案资料及后续接收的专门档案。馆藏档案分为文书档案、专门档案、声像档案、会计档案四个门类。其中声像档案主要有党和国家主领导人刘少奇、邓小平、乔石等视察活动形成的照片；宿县全国劳动模范和地方党政军领导人的合影；反映土改、抗美援朝、农业合作化、大跃进、“文化大革命”等各个历史时期形成的照片；宿县领导人到西德、法国、日本、泰国考察活动的照片；中国共产党建党以来在宿州工作过的革命老前辈座谈录音、录像等。符离集烧鸡档案和马戏艺术节档案是该馆的特色档案。馆藏有近万册图书资料。

砀山县档案馆 馆藏档案66个全宗，69906卷（册），以件为单位档案10905件，照片档案63卷（册），资料21591册，起始年代为1949年。照片档案主要有胡耀邦主席到砀山视察的照片、砀城老照片等。

萧县档案馆 馆藏档案62个全宗，35581卷。分为文书档案、干部档案、纪检档案、土地征用档案、科技档案、音像档案、书画档案、戏剧艺术档案等门类。萧县享有“国画之乡”的美誉，书画档案为萧县档案馆的特色档案，馆内现存有阎梓昭、刘德超等书画家的评价材料、作品、获奖证书照片等。馆藏各种资料9039册，其中有清嘉庆《萧县志》、清同治《续萧县志》等。

灵璧县档案馆 馆藏档案118个全宗，38569卷，由革命历史档案、民国档案和中华人民共和国成立后档案三大部分组成。革命历史档案（1946—1949年）21卷；民国档案（1917—1949年）23卷；中华人民共和国成立后档案38525卷。馆藏资料8538册，分为文件汇编、史志谱牒、公共图书、报纸期刊、声像实物等5类，具有地方特色的资料有皮影戏道具（驴皮）6件、磬石雕刻11件、大理石器物4件等。

泗县档案馆 馆藏档案资料137个全宗，32000余卷（册）。档案分为文书档案、科技档案、专业档案、声像档案、人事档案（包括死亡档案）5种。保存年代最早的有清乾隆年间至民国年间的地契；革命历史档案主要内容有泗县行政区划、泗南县管镇区详图、革命人物和烈士照片；石梁河农民暴动回忆录、抗日战争和解放战争回忆录；旧政权档案主要内容有党、政、特、警人员证件、任用书、登记表、逮捕令、官佐简历、士兵清册，安徽省立泗县中学校舍平面图等；日伪泗县政府档案主要内容有政军特警人员履历表、公务人员所得税扣缴清单等；中华人民共和国成立后档案涵盖乡科级以上党政机关、群众团体和部分企业、事业单位。资料有清康熙年间《泗州志》、光绪年间《泗虹合志》《泗州杨尚书遗诗》、戚继光著《戚门十三剑》等。

蚌埠市龙子湖区档案馆 馆藏档案2736卷（册）4567件。分为文书档案、审计档案、统计档案、烈士档案、收养档案、案件档案、会计档案、“非典”档案、实物档案、寄存档案10个类别。资料3594册。

蚌埠市蚌山区档案馆 除区委、区政府机关在1951—1980年形成的250卷文书档案存于蚌埠市档案馆外。区档案馆档案共10个全宗，起止年代1952—2007年。其中文书档案6000卷1万件，专门档案20万件。馆藏资料2000册。

怀远县档案馆 馆藏档案58个全宗，36512卷。其中明清档案12卷，民国时期历史档案18卷，中华人民共和国成立后文书档案36482卷，专门档案8628卷，声像照片档案231册。图书资料、报纸15268册。

五河县档案馆 馆藏档案64个全宗，38505卷，6万多件，资料2.1万多册。

固镇县档案馆 馆藏档案79个全宗，25126卷（册、张）。其中，文书档案23136卷，包括历史档案192卷，土地房产陈报472卷等。另有印模档案280枚，照片档案1710张。馆藏资料5355册。

颍上县档案馆 馆藏档案48003卷，分为旧政权档案、革命历史档案、中华人民共和国成立后档案3大类。馆藏图书资料共8483册（本）。主要有《颍上县志》《颍州府志》《颍上县国民经济统计资料》《颍上县情》《颍上革命史料选》《颍上县历年来洪涝灾害综述》《慎城春秋》《颍上古今》等。

界首市档案馆 馆藏档案65个全宗，62154卷，分为文书档案、专业档案、专题档案三个门类。馆藏资料9531册，主要为图书、报刊、杂志、画报等。具有特色的为《范氏家谱》《陈氏家谱》等。

临泉县档案馆 馆藏档案86个全宗，55840卷6411件。其中中华人民共和国成立前档案106卷，包括民国档案和革命历史档案。中华人民共和国成立后档案包括文书、专门、科技、声像档案。专门档案有纪检案件、法院诉讼、下放知青、农业税清册、土地证存根、退离休死亡干部等。馆藏资料6642册。

阜南县档案馆 馆藏档案165个全宗，17708卷。其中革命历史档案23卷，有皖北苏区六、四、三地委文件；阜南县民主政府进行革命活动形成的新区成立、干部管理、组织监察，淮海战役民兵支前，镇压反动会门、地主武装，农业生产、生产救灾等方面的文件；中华人民共和国成立后的档案 17685 卷，有温家宝总理视察阜南录音录像带 1 盘，京九铁路指挥部移交的施工文件、图纸以及部分单位楼房施工图纸 4 卷。馆藏资料 959 卷（册）。

太和县档案馆　馆藏档案 60 个全宗，308738 卷，主要是中华人民共和国建立后形成的档案，分为文书档案、专业档案两类。专业档案有土改时期的土地证存根、一轮二轮农业土地承包合同、地籍档案等。馆藏资料 10985 册，存有清代《太和县志》《三国志》《中国通史》等史志图书。

淮南市谢家集区档案馆　馆藏档案 74 个全宗， 10482 卷、36147 件，作废印章档案 198 枚，荣誉证书 56 件，奖杯、奖牌 11 件。特色档案有文物古迹、著名人物资料 5 卷，地名录 1 册。馆藏资料共有 2798 册。

凤台县档案馆　馆藏档案 72 个全宗，31720 卷，以件保管 1890 件，录音、录像、影片档案 39 盘，照片档案 785 张，磁盘 11 张。馆藏档案以文书的档案为主，主要收集有：县委、县政府中华人民共和国成立以来形成的各种档案资料，还有中华人民共和国成立以来县纪委形成的档案。特色档案以声像档案为主，主要收集有江泽民总书记等党和国家领导人到凤台视察的部分照片以及县花鼓灯艺术团赴英国、芬兰等地演出的剧照。

滁州市南谯区档案馆　馆藏档案 80 个全宗，计 32277 卷，分为民国时期的历史档案、革命历史档案和中华人民共和国成立后形成的档案。中华人民共和国成立后形成的档案主要是滁县（1949—1983 年）、原县级滁州市（1984—1992 年）和南谯区党委、政府，各乡镇及其所属单位，以及撤销单位的档案。中华人民共和国成立馆藏资料 11611 册，有《滁阳志》《滁州志》《朱氏家谱》等。

天长市档案馆　馆藏档案 56 个全宗，16426 卷，主要包括中华人民共和国成立前的革命历史档案，中华人民共和国成立后的文书档案、会计档案等。馆藏资料分为 18 大类，5025 册，主要有嘉靖《天长县志》《胡氏谱序》等。

明光市档案馆　馆藏档案 105 个全宗，44700 卷，资料 15600 册。其中有民国 7 年（1918 年）李氏十九代孙李泽恒编写的《岐阳李氏家谱》4 卷，1939—1949 年革命历史档案 24 卷，1932—1948 年民国档案 98 卷。馆藏档案从 1918—2003 年，包括市直各单位、各乡镇档案和部分企业档案，档案门类以文书档案为主，另有会计档案、科技档案、人事档案和特殊载体档案。

全椒县档案馆　馆藏档案 103 个全宗，33375 卷，起止年代为 1911—1988 年，主要包括旧政权档案（48 卷）、中华人民共和国成立后文书档案、专门档案、照片档案、会计档案和基建档案。有照片档案 1140 张，底图 642 张。资料 12194 册。

来安县档案馆　馆藏档案 64 个全宗，44178 卷 4600 件，分为文书、会计、审计、声像、人物、专门等各门类。起止年代为 1933—2005 年。馆藏照片档案分为 12 类 372 张，其中有罗炳辉、张云逸、江泽民、温家宝等同志生活、到来安视察的照片，另外还有刘少奇同志1958年为《来安报》的题词及“给来安县委一封信”的手迹完好地保存下来，此件于1980年送安徽省档案馆保存。馆藏资料近5000种1.5万多册。起止年代为清道光十年（1830年）至2005年，其中清道光十年出版的线装《来安县志》较为珍贵。

凤阳县档案馆 馆藏档案123个全宗，32009卷，主要包括文书档案、会计档案、科技档案、人事档案、企业档案和音像档案等。馆藏资料19562册，有康熙年间编纂的《凤阳府志》和《凤阳县志》。

定远县档案馆 馆藏档案92个全宗，总案卷数178本，约8万卷。资料11500册，保存有县明嘉靖年间纂修的《定远县志》、中华民国21年（1932年）纂修的《定远县志·大事记》和《修改定远县志初稿·舆地考·疆域》等。

六安市金安区档案馆 馆藏档案全宗27个，18243卷9664件，照片8233张，光盘3张。主要保存1979—2005年六安市金安区党政机关文书档案。馆藏资料8215册。

六安市裕安区档案馆 馆藏档案54个全宗，27351卷、899件，照片档案246张，底图282张。主要有：明清档案156卷，1935—1949年革命历史档案4卷，1919—1948年旧政权档案1261卷，中华人民共和国成立后至1992年六安县有关机关、群体组织、农村各区（镇）、乡镇街文书档案，裕安区直机关、企事业单位文书档案25930卷。专门档案有：革命烈士档案、下放知青档案、第一次全国普查档案、1948—1965年复退伍军人档案、1950年六安县土地房产所有证、“四清”运动阶级成分登记、农税清册等。馆藏资料116种4368册，有同治十一年（1872年）续修的《六安州志》、民国9—23年（1920—1934年）和1959年、1986年修纂的《六安县志》。

寿县档案馆 馆藏档案105个全宗，47176卷（件、盘、张）。包括文书档案、科技档案、专业档案、实物档案、声像档案、电子档案、民生档案，还有字画、宗谱、剪纸、烟标等各种门类、不同载体的档案。其中历史档案计94卷，有光绪二十八年（公元1902）两江总督部堂西林巴图鲁穆某颁发的枪法奖扎一件，今馆内仅存复印件。革命历史档案计41卷。中华人民共和国成立后档案计47005卷（件、盘、张），有知识青年上山下乡档案、历次区划调整、机构变更，历次重大活动的档案；国家、省、市领导人到寿县视察、检查工作形成的照片及1991年寿县遭遇百年不遇的洪水灾害，广大干群的抗洪救灾的照片。资料8000余册（本）。

霍山县档案馆 馆藏档案67个全宗，纸质档案34759卷3925件，音像档案23盘，照片400张。中华人民共和国成立前档案207卷，其中民国档案193卷、革命历史档案14卷。资料4909册（卷、本），分为历史资料、图书资料、报纸、工作笔记4大类，起止年代为1660—2001年。比较珍贵的有清代不同版本的《霍山县志》、同治十一年（1872年）的《六安州志》、嘉庆年间的《六安直隶州图》。

霍邱县档案馆　馆藏档案26064卷，按时期分为革命历史档案、民国档案、中华人民共和国成立后档案。馆藏资料8711卷（本），有清光绪七年（1881年）《安徽通志》、明嘉靖二十九年（1551年）《寿州志》等。

金寨县档案馆　馆藏纸质档案116个全宗，76224卷、4892件，照片452张，光盘4张，资料7921册。馆藏档案主要内容包括县直党政机关、事业单位、乡镇党委政府履行职能、发展经济、促进社会和谐文明建设、保护自然生态等形成的文书档案、婚姻登记档案、优抚档案、地名档案、行政区域勘界档案、退伍及复员军人档案、林业“三定”档案、知青下放档案、库区移民档案、解放初土地房产证存根、土壤普查档案、工程项目档案等。

舒城县档案馆　馆藏档案205个全宗，76157卷。包括革命历史档案、历史档案、中华人民共和国成立后档案三大部分。自1958年8月成立至2005年年底，馆藏的主要档案有文书、科技、会计、人事、案件、教学、地籍、农税、声像、人口普查、林业“三定”等种类。馆藏的历史资料、图书资料和报纸刊物资料共15280册，分为政治、法律、科技、经济计划、文学史料、语言文学、军事地理、综合8大类，具有明显的地方特色。

当涂县档案馆　馆藏档案106个全宗，119836卷、14355件。资料10030册。珍贵档案有《明通鉴》《太平府志》《当涂县志》《当涂腾飞》（字画）及部分珍贵照片。

含山县档案馆　馆藏档案78个全宗，20673卷。主要是中华人民共和国成立后的文书档案，也有少量的革命历史档案和民国时期的历史档案。馆藏档案以纸质为主，还包括录像、录音、照片等载体的档案。馆藏资料14303册，其中有《钦定四库全书总目》《历阳典录》等古籍。

和县档案馆　馆藏档案105个全宗，312787卷、57677件。专业档案19种，包括婚姻、优抚、计生、地籍、知青、公证、基建、会计等门类，总计242378卷，占馆藏档案77%。馆藏资料8267册，主要是各类书籍和报纸。其中，清代同治六年（1867年）刻印的《历阳典录》，光绪十四年（1888年）刻印的《直隶和州志》较为珍贵。

无为县档案馆　馆藏档案91个全宗，107005卷。“文化大革命”档案为馆藏特色。馆藏有《嘉庆无为州志》《续修庐州府志》《巢湖志》《通鉴注商》《皇明文献通考》《钦定续文献通考辑要》《无为县释名》等珍贵历史资料。

庐江县档案馆　馆藏档案99个全宗，61676卷（册），分为文书档案、专业档案、会计档案、人事档案、科技档案、声像档案、特色档案等门类。特色档案主要有清代乾隆、嘉庆、光绪等年间保存的土地、房产等契约600件，世界第七次何氏宗亲恳亲大会会议材料及活动照片，地方奇石艺术档案，农业和农村档案试点工作形成的材料及照片档案。馆藏资料7500册，其中，光绪版《庐江县志》和《续修庐州府志》尤为珍贵。

芜湖市镜湖区档案馆 馆藏机关、街道、改制破产企业 34 个全宗档案，3846 卷、8255 件，分为文书、会计、科技、声像、人事、实物档案 6 个门类，资料 120 册。

芜湖市鸠江区档案馆 馆藏档案 25 个全宗，文书档案 13341 卷（件），会计档案 4353 册。

芜湖市新芜区档案馆 馆藏 1952—2005 年区机关、街道、企事业单位 60 个全宗档案，55230 卷、4019 件，分为文书、会计、科技、声像、人事、实物档案 6 个门类，资料 2082 册。

芜湖县档案馆 馆藏档案 79 个全宗，39761 卷。主要有文书、专业、会计档案；下放知青档案；婚姻、退伍军人档案；专业档案；死亡干部档案；组织、监察、检察案件档案；皖赣铁路建设档案；黑沙湖渔场、火龙岗小煤矿等企业档案。馆藏资料 90 种 4318 册，主要有《芜湖县报》《芜湖县党史资料通讯》《芜湖县组织史资料》《芜湖县志》《芜湖县文史资料》《芜湖县统计年鉴》《芜湖县交通志》《芜湖县水利志》《芜湖县土壤志》《芜湖县财政志》《芜湖县易太镇志》《荆山文艺》等。

繁昌县档案馆 馆藏档案 76 个全宗，93 个立档单位 31148 卷（册）949 件。其中，文书 22440 卷、归档文件 949 件，科技档案 32 卷，声像档案 10 卷，会计档案 925 卷，专门档案 8741 卷。馆藏档案以中华人民共和国成立后档案为主体；馆藏民国政权档案 57 卷，有民国县政府、三青团组织、自卫队、乡公所、裕繁铁矿（现为马钢桃冲铁矿）案件、田赋地契等档案，其中有 1921 年北乡里远冲、大干冲、小干冲等处试探煤矿矿区图。馆藏资料有光绪二十九年《太平府志书》、1937 年《繁昌县志书》、1929 年版《海商法》等，其中 1958 年的《繁昌报》还记载有当年繁昌大放卫星“亩产四万三”的相关报道。

南陵县档案馆 馆藏档案 153 个全宗，84499 卷、7566 件。其中敌伪档案 81 卷，解放初期土地改革土地证档案 720 卷。各类书刊、杂志、报纸合订本等 39000 余册。家谱 22 本，清宣统二年（1910 年）南乡契簿一本。

宣城市宣州区档案馆 馆藏档案 99 个全宗，42163 卷。包括中华人民共和国成立后宣州区各机关、事业单位档案，区、乡、镇和部分企业单位档案及中华人民共和国成立前档案。革命历史档案数量极少，大部分是回忆录和复制件，原件仅数份，如向阳烈士亲笔所书的《1944 年宣三区半年总结》等，中华人民共和国成立前的旧政权档案计 461 卷。馆藏资料 14455 册，较珍贵的资料有中央警官学校甲级警官训练班名册（第一期）、中央陆军军官学校通讯录（第六期、第二十一期）、1948 年安徽省宣城中学高中第二届毕业纪念册、清代《宁国府志》、清代《宣城县志》，另有《毛主席语录》《国际歌》唱片各一张等。

郎溪县档案馆 馆藏档案 110 个全宗，28815 卷，其中文书档案 22407 卷，科技档案29卷，专业档案6379卷，照片档案649张，资料325种，计4301册。馆藏图书资料共有1392册，其中报纸120册，较为珍贵的图书有嘉庆年间的《广德府志》，郎溪历史上第一部县志——清嘉庆年间《郎溪县志》。报纸有中华人民共和国成立初期的《郎溪报》等。

广德县档案馆 馆藏档案69全宗，59271卷（册），其中文书档案26415卷，科技、会计、土地、房产、林业、婚姻等专业档案18500卷，书籍、资料14356卷。

宁国市档案馆 馆藏档案73个全宗，80839卷。其中晚清、民国、革命历史档案各有1个全宗共计1259卷；中华人民共和国成立后档案有70个全宗73114卷，其中土改、契约、林业“三定”、人事、死亡干部、工业普查、人口普查、农业税清册、出国人员等专门档案4895卷，财务档案1571卷（袋）；馆藏资料24856册，内容包括政治、经济、法律等，其中较为完整的有各级党报。

泾县档案馆 泾县档案馆共保存清代、民国、革命历史档案和中华人民共和国成立以来形成的77个全宗档案24951卷。主要馆藏档案有清代档案30卷；民国档案252卷（其中县政府档案103卷，安徽省地方银行泾县办事处档案35卷，民国时期零散历史档案89卷，宗谱档案25卷）；革命历史档案35卷，中华人民共和国成立后的文书档案74个全宗18696卷（件）；专门档案主要内容有婚姻档案，共有5938卷。此外还有印章、笔墨等实物档案和书画档案等。馆藏图书资料共有7447册，其中报纸1683册。比较珍贵的有清嘉庆年间的《泾县志》《宁国府志》，报纸有《宣报》《申报》《大公报》等。

绩溪县档案馆 馆藏档案的种类有文书档案、专门档案、财务档案、声像档案、名人档案、实物档案等，共保存清代、民国、革命历史档案及中华人民共和国成立以来共116个全宗的70162卷（件）档案。其主要内容有：鱼鳞清册、各类契约、修寺合同书、捐官、旌恤、旌表、告示、贡卷、税谱、盐商执照等官方文书；徽州地委、徽州军分区政治部及苏浙皖赣武装、绩溪县地方政府关于开展政治、农村财政税务、文教卫生工作以及军干校招生、职务任命、军人家属抚恤等工作形成的文书档案；土地房产档案、土地承包档案、林业“三定”档案、独生子女审批档案、婚姻登记档案、各类普查档案（工业普查、人口普查、土壤普查）、农税档案等，还有名人档案以及其他载体形式的实物档案（雕版、石碑、字画）、声像、光盘等。

馆藏图书资料9120册（卷、件）。内容有不同时期的郡县志；有不同姓氏家族谱谍资料；有反映政治、军事、文化等方面内容的丛书、刊物、杂志；报纸有《申报》《人民日报》《皖南日报》等十余种；有绩溪籍名人、学者的著述，如胡适的《尝试集》《胡适自传》《胡适文存》等，汪静之的《诗歌原理》《李杜研究》等，章基嘉的《青藏高原气象学进展》，程良骏的《三峡涛声》等，此外还保存着绩溪地方单位编辑出版的专业志、单位志，以及单位或个人编辑出版的地情书，如：《胡适与故乡》《走进绩溪山村》《绩溪徽商》《徽派三雕》等。

馆藏珍贵档案资料简介：

鱼鳞清册：记载顺治六年的丈量土地清册；是原歙县地域（现归绩溪）暑字号土地丈量登记清册，共5卷。这是研究当时该地域的自然风貌、农业生产状况及清初的土地税管理制度等极有价值的查考凭证。

买契汇集：记载康熙年间歙邑五都二图（现归绩溪）农户周子吉的购地契约。年代自康熙二十五年（1686年）至康熙六十一年（1722年），共成交77次。

木刻雕版：记载清末绩溪城内金紫胡氏大家族整理先人著述刊校印行的原版，共有5箱235版。多数为双面刻版。

《徽州府绩溪县官仓沿革调查表》：这件档案记载光绪三十四年（1908年）调查徽州府和绩溪县官仓兴衰过程的档案。该档案内容丰富，时间跨度长，对研究徽州明清时期社会经济状况有重要凭证价值。

族谱资料：馆藏共19部，这些族谱记载着葛、汪、许、刘、洪、王、周、耿、章、柯、曹、黄、杨、胡、余、冯、舒、程、张、戴、方21个姓氏的家族史。其中最早的是明代隆庆二年（1568年）形成的，最晚的是民国35年（1946年）版。其中《明经胡氏宗谱》《金紫胡氏宗谱》《龙川胡氏宗谱》尤为珍贵。

《三国志人名引得》手稿：该部手稿共6册，由绩溪县金紫胡氏人、原台湾大学国文教授胡不归编纂。

旌德县档案馆　馆藏档案103个全宗，73256卷（件），其中历史档案945卷（件），主要为鱼鳞册、契约、宗谱、字画、志书等；革命历史档案166卷（件），实物档案马克思银质塑像1件为全国仅有；中华人民共和国档案72145卷，主要为文书、财会及各类专业档案。馆藏图书资料共计18329册，其中图书22类4698册，报刊、杂志等230种13631册。

铜陵县档案馆　馆藏档案120个全宗，54316卷(件)，有文书档案、会计档案、专业档案、科技档案、声像和实物档案等多个门类，其中珍藏有土地册、林业“三定”、知青上山下乡、婚姻、二轮土地承包合同、农村税费改革，审计、统计、名人、宗谱等专门档案。馆藏资料8263册，起止年代为明嘉靖二年（公元1523年）至2005年。

池州市贵池区档案馆　馆藏档案58个全宗，有文书档案、会计档案、印模档案、林权改革档案、基建档案、土改档案、宗谱档案以及名人字画等。文书档案共24635卷（册、件），其中中华人民共和国成立前为重点档案，计38卷，分别为明清时期档案13卷（明朝2卷，清朝11卷），内容主要以民间有关契约为主，另有少量的官方契税及太平天国帅印图案一份。民国档案22卷，内容主要有民间契约，官方布告、通告，处理官司的各种资料，有关会议记录、章程、代表证、凭证，天主教、包氏宗祠有关资料及浙江省军区发号司令部职员表等。革命历史档案3卷，主要内容是县委有关会议通知、总结及记录；县政府启印、任免、区划等方面的总结、通知、表格、报告计划等；县委组织部新党员登记表。中华人民共和国成立后档案24597卷。照片档案630张。名人字画主要是原全国政协副主席陈锦华题“百荷公园”一幅。馆藏图书、资料8714册。

青阳县档案馆　馆藏各种档案31182卷。其中文书档案共81个全宗、合计26308卷。其他各类专门档案计有：土地房产档案406卷、房改公证档案3452卷、地名档案131卷、科技档案142卷、会计档案699卷、谱牒档案2套计44卷，以及照片档案827张、印章档案305枚，名人书画真迹若干件。较为珍贵的档案有清代民间契约文书，以及民国时期的学校档案与侵华日军罪行调查清册等。馆藏《吴越钱氏宗谱》22卷，为世居九华山西麓杜村乡五阳村的钱氏族人所修，并由钱氏族人委托青阳县档案馆寄存。其族系五代十国时吴越国主钱镠曾孙、纳土归宋的钱俶之子钱惟演后裔，于南宋中期（公元13世纪初）由浙江台州辗转经新安（徽州）与青阳龙口迁来定居，历时已达800余年。该谱上承钱镠亲撰《大宗谱》和钱惟演《庆系谱》，经历代屡次重修、续修，现存民国20年续修“笃伦堂”木刻线装《光裕谱》与公元2001年续修电脑打印线装《新华谱》两种版本。其中卷一除卷首载有钱镠、钱惟演手书《大宗谱序》《庆系谱序》真迹，以及宋理宗钦赐谱序和历修谱序，并有《武肃王八训》（即钱镠遗嘱）、《家规》《家礼图》和始于宋代《流光谱》、奉钱镠为一世祖的钱塘吴越钱氏《百字行》外，还有钱氏《世系总图》《钱塘派图》，和青阳、铜陵、南陵等各支派总图；卷二至卷十九主要为青阳花塘、茗山、华西派各房、贵池官庄岭及祁门支派世系图。末三卷为列传、诏命、表帖、赞、记、志、铭、图、考、艺文、序跋、杂录等，其中包括钱氏始祖篯铿（彭祖）、吴越国三代五王与元朝末年青阳著名义军领袖、明太祖朱元璋敕封靖难忠节昭勇将军钱清的传记，和唐昭宗赐钱镠丹书铁券文与征其率部讨伐叛乱藩镇的手敕、钱镠《谢赐铁券表》与《献玉玺帖》、钱俶《纳土表》与宋太宗《褒收江南制》等重要历史文献，对于研究钱氏宗族的起源、繁衍、流徙、播迁，乃至唐末、五代以至宋初百余年间的历史演变，以及元末乱世青阳一带义军蜂起之实况，具有相当宝贵的史料价值。

另有各种资料、图书16433卷（册），较为珍贵的有明代弘治年间的《徽州府志》、明代万历年间的《青阳县志》、嘉靖年间的《池州府志》、光绪年间的《安徽通志》《九华山志》。民国初年线装本《舆图略释》《历代通鉴辑览》。郭沫若、老舍于1964年来青阳时手书毛泽东诗词真迹。

石台县档案馆　馆藏档案42个全宗，11445卷，照片档案578张，资料4888册。从内容上分为历史档案、革命历史档案和中华人民共和国成立后档案。历史档案主要为清代和中华民国时期的房契、地契；革命历史档案形成时间为1949年，主要内容有机构设置、干部任免、粮食征购、生产救灾等；中华人民共和国成立后档案以文书档案为主，主要包括中共石台县委、政府，石台县革委会及所属部、委、办、局、群众团体以及 17 个乡镇的档案。

东至县档案馆 馆藏档案 35 个全宗，12674 卷，历史档案复制件 356 卷。革命历史档案主要有中共东流、至德县委形成的文书档案以及革命斗争史大事记、调查提纲，北伐军二次攻打秋浦、进军东流情况资料，高山根据地待查资料、红色歌谣等；照片档案主要有 1999 年汛期国务院总理朱镕基视察东至县的照片，1996 年长江大堤东至境内杨墩站出险国务院副总理姜春云等领导人视察的照片等。馆藏资料 9848 卷(册)，具有特色的有明嘉靖年间的《池州府志》，地方名人资料《周悫慎公全集》《周学熙诗集》等。

九华山风景区档案馆 馆藏档案 5 个全宗，8416 卷(件)，历史跨度 200 余年，较早的档案有清乾隆至民国期间的历史档案、佛教档案等。比较完整保存了九华山风景区 1978 年正式对外开放后所形成的档案，以纸质档案为主，还包括录像、照片、光盘等载体档案和实物档案。其中较为珍贵的有党和国家领导人到九华山视察的珍贵照片和名人书画等档案。馆藏资料 2554 册，主要包括史志、期刊、杂志、报纸、图书、工具书以及介绍九华山的书籍等。

怀宁县档案馆 馆藏档案有 50 个全宗，33231 卷（册、件）。有文书档案、科技、会计、审计、纪检、地籍、干部、土改证、林业“三定”、工农业普查等专门档案及照片、音像、印章等特殊载体档案。档案内容主要是中华人民共和国成立以来怀宁县委、县政府机关、群众团体、民主党派及部分企事业单位在政治、经济、科学、文化等各方面工作中形成的各种档案，也有明清档案和革命历史档案。馆藏资料 19792 册，其中有《安徽通志》《安庆府志》《怀宁县志》《二十四史》《资治通鉴》。1950 年以来的《人民日报》《安徽日报》《安庆日报》《怀宁报》等报刊资料及一批工具书。

桐城市档案馆 馆藏档案 133 个全宗， 73569 卷。中华人民共和国成立前档案 98 卷册，主要有清嘉庆至光绪年间的田契，民国时期有国民党官员委任令、聘请书、考核表，以及国民党桐城地方政府公报、职员录等，还有民国 37 年桐潜县爱国民主第二区政府的布告等。中华人民共和国成立后的档案，有中共桐城（县）市委、政府、人大等 179 个单位的文书、科技、会计、人事、人口普查、声像、实物档案等。馆藏资料 10035 卷，分为图书、刊物、报纸、内部资料 4 类。其中珍贵的有：由吴汝纶题名清光绪三十年在日本国印刷的《大清全地图》；明清以来各个时期的桐城县邑图；从元延佑年间（1314 年）以来修建及重修桐城圣庙的图纸；清康熙、乾隆年间桐城父子双宰相张英、张廷玉及“桐城派”文学代表方苞、戴名世等人的著作；全套完整的《钦定全唐文》；清康熙年间的《全桐纪略》，道光七年的《桐城续修县志》，以及历修县志和县内外名志；民国时期的《大公报》《民权报》《朝报》《东方杂志》等全国性报刊，以及《桐城三日刊》《民声报》等桐城地方报纸，还有本地历史名人方以智、潘赞化等人的著作、手迹等。

枞阳县档案馆　馆藏档案46092卷，最早档案始于1946年。其中革命斗争史档案35卷、革命历史档案10卷、中华人民共和国成立后的文书档案152个全宗20142卷、专门档案25763卷、农业科技档案62卷。馆藏资料14616册，有《安徽通志》《安庆府志》《桐城县志》《桐城修筑纪略》《浮山志》等。

潜山县档案馆　馆藏档案80个全宗，共37111卷。档案种类有文书档案、林业“三定”档案、人事档案、会计档案、声像档案等。馆藏清乾隆至民国时期的历史档案76卷，主要是清乾隆、嘉庆、咸丰、同治、光绪、宣统时期关于田地、房屋买卖、分关契约；民国时期关于田地、房屋买卖、分关契约、田赋征册；国民党党、军、警系统纪念册、同学录、花名册、通讯录；民国时期潜山县农职、东南中学、景忠中学、潜山县中学等同学录等。馆藏资料8231册，有清乾隆及民国《潜山县志》、新编《潜山县志》及各专业志；《潜山县地图》《潜山县地形图》《潜山县原貌图》《天柱山风景名胜区图》等。

太湖县档案馆　馆藏档案130个全宗，约11万卷，资料13800册，档案资料主要分县委、县政府、乡镇、专业档案、图书资料五大类。其中珍贵的资料有新文化运动时期1908年的《安徽白话报》、太湖县最早创办的1912年《太湖镜报》、明代时期太湖北中人撰稿的《王大枢西征录》等。

宿松县档案馆　馆藏档案有60个全宗，34082卷（件），分为历史档案、革命历史档案和中华人民共和国成立以后档案三个部分。其中，历史档案有：清朝档案12卷。从康熙三十二年（1693年）至宣统三年（1911年）形成的田地、房屋、山场买卖契约、字据、公议书、兵饷照票、崇义祠碑文和安徽省高等巡警学堂发给的个人毕业证书、天主教入教名册等；民国档案743卷。1912—1948年的宿松县党部、参议会、县政府警察局、干训所、民政科、教育科、建设科、财委会及红十字会、天主堂、同善社等机关、民间组织形成的档案，职工和会员名册、毕业证书、同学录、通讯录和第八、第十批日本战犯名单以及日本、伪政权物资移交清册等。革命历史档案18卷，主要有革命烈士杨学源（曾任中共蕲太工委副书记、新红十军游击队司令）于1933年写的《宿松青年学生应走的路》《我的一九三三年》等六篇遗作。县人民民主政府会议、人民代表大会、修堤救灾、民政优抚等方面的总结、汇报、记录、信件、布告、登记表以及中国人民解放军第三野战军“渡江船工光荣证”等。中华人民共和国成立后档案37462卷（件），主要是宿松县各党政机关、人民团体、企事业单位在社会主义改造建设各项活动的真实记录。包括文书档案、科技档案、会计档案、专业档案、声像档案等。馆藏资料11167册。

望江县档案馆 馆藏档案39个全宗，24848卷。中华人民共和国成立前档案412卷，其中民国档案402卷，革命历史档案10卷，中华人民共和国成立后档案24436卷。中华人民共和国成立后档案有全县党政群机关的文书档案，纪检档案、干部档案、工人档案、土地档案、林业“三定”、地名普查、税收清册、企业改制等十余种专门档案，以及反映望江地理、历史风貌的照片档案等。馆藏资料12513册，藏有自明朝万历22年（1594年）至1997年间编写的《望江县志》以及《望江方言志》等。

岳西县档案馆 馆藏档案41个全宗，32486卷（件），包括文书档案、科技档案、实物档案、声像档案、会计档案及土地房产所有权证、土地清册、土地承包书，山林证照存根档案等。特色档案主要有革命历史档案、党和国家领导人到岳西县视察的照片、冶溪镇名木古树照片、省级文化名镇响肠镇古建筑档案等 。并将王步文等革命烈士生前革命活动的场所及生活用品的照片及红28军活动情况的照片数字化处理为电子档案。

黄山市屯溪区档案馆 馆藏档案64个全宗， 38531卷、34729件，录音录像影片档案8盘，照片档案2358张，其中：历史档案共5个全宗1292卷，起止年代为1819年（清嘉庆二十四年）至1949年。其中茶业同业公会档案869卷，公济局档案96卷，清朝和民国年间田赋档案126卷，屯溪旧政权档案63卷（多为复制件），家谱档案138卷。革命历史档案涉及市军管会和市委、市政府等共14个全宗65卷，形成时间为1949年5月至9月。馆藏资料5723册，有《徽州府志》《徽州地区简志》《新安人物志》《屯溪市志》《屯溪地名录》《屯溪诗钞》《休宁县志》《休宁话记略》《方泳涛医案》和《戴震全集》等。

黄山市徽州区档案馆 境内原属歙县管辖，所属的2区1镇7乡1987年年底以前的文书档案，全部移交歙县档案馆保管，并订立有档案查阅利用协议。2003年起，印发全区首批76个单位全宗号，并开始接收部分单位到期档案进馆。至2005年年底，区档案馆共接收15个区直建档单位6277卷、1573件到期文书档案进馆。

黄山市黄山区档案馆 馆藏档案102个全宗，98030卷、38905件。历史档案，有明清时期档案117卷，民国时期（1938—1949年）各机关、团体和个人活动形成的档案史料，如国民党防护团、抗敌协会、三战区战地服务团、县政府、县立初级中学等组织和团体形成的会议录、同学通讯录、通告、指令、训令、密令、代电、委任书、章则办法、各种人员花名册等；文书档案，包括中华人民共和国成立以来政治、经济、工农业生产、财粮贸易、金融、科学、文化、教育、卫生等方面的工作计划、总结、会议记录、来往信件等；专门档案，包括企、事业单位的技术资料，城乡居民社保档案，林业“三定”档案，会计档案、土地档案、死亡干部、婚姻、信访、艺术、史志等档案；照片及实物档案，主要包括中央、省级领导来黄山区活动的照片、影像及各单位及组织重大活动的照片、影像；各种奖旗、奖牌、印章等档案。资料类，有图书资料、期刊、工具书、旅游专题和其他5个方面，共有5055册，其中有《太平县志》(清嘉庆版)、《二十中史》等，还有区档案馆编纂的《太平县简介》《黄山区历史上自然灾害备忘录(1508—1991)》《土地改革行政区划对照表》《原精简参加农业生产退职人员登记表》等。

歙县档案馆　馆藏档案163个全宗，57714卷、6649件，馆藏资料7486册。档案分为历史档案和中华人民共和国成立后的档案两大部分。

历史档案：宋、元、明、清、民国历史档案787卷，3300件。主要有圣旨、文告、宗谱、地籍、税票、字画、碑刻、书札、手迹等，时间跨度为南宋庆元二年（1196年）至民国38年（1949年）。其中大多为原件，有的则属稀世之宝。档案除纸质载体外，还有部分铁、铜、木竹、石、布载体的档案。

宋代档案有3件：南宋庆元二年（1196年）宁宗任命谢深甫为御史中丞的敕书（长67.5厘米、宽40厘米）；南宋谢叠山（1226—1289年）的半身画像与程元凤（1199—1268年）的像赞手迹（长65.5厘米、宽40厘米）。程元凤系南宋歙县第一任状元，首任佑相国，于南宋宝佑年间为谢枋（叠山）画像作跋，谢枋和文天祥同榜进士，南宋金兵侵入，被金所俘，拒不投降，绝食饿死。历史上称叠山先生为“义骨芳馨”，此件手迹距今800多年，殊属难得；文天祥（1236—1282年）为谢氏族谱作的序文手迹（长64厘米、宽40厘米）。南宋民族英雄文天祥为谢氏族谱的题跋以行草书于白麻纸，据初步鉴定为文天祥40岁以前所作，跋文86字，阐明族谱立传、留像的原则及其千世流传的意义，言简意赅，内涵甚丰，颇具史料价值和书法鉴赏价值。

明万历九年（1581年）的鱼鳞册240多张，明文徵明手迹、清王茂荫奏稿抄件等。

极具地方特色的资料，如：新安画派、新安医学、徽派建筑、徽派版画、徽派篆刻、徽派盆景、徽州四雕（砖石木竹雕）、艺术、徽商、徽州土特产等；名胜古迹、自然风貌等方面的资料，如《徽州古迹简介》《徽州中药资源名录》《新安揽胜》《新安人物志》《明清徽商资源选编》《徽州明代住宅》等。

中华人民共和国成立后的档案：主要内容是中华人民共和国成立后歙县机关团体、企事业单位形成的文书档案，其中有各机关单位工作计划、规划、总结、报告，区划调整、机构建立与撤并、人员编制、干部任免处分和落实政策的文件材料、各类会议材料、统计报表，基础数字汇编等。这些档案比较集中、系统地反映解放后歙县县委、歙县人民政府贯彻执行党和国家的各项路线、方针、政策，带领全县人民进行经济社会建设的情况。

馆藏专题档案有土地房产所有证存根、房契、地籍分户登记清册、农业税土地常年产量清册、人口普查、工业普查、林业“三定”、技术职称、婚姻、地基审批等档案。

馆藏声像档案有照片档案、录像带、光盘。内容主要是歙县新闻、交通项目建设、重大活动、重要事件、档案馆工作等。

馆藏珍品简介：

赵孟頫《扬鞭志在千里途》画作。赵孟頫（1254—1322），字子昂，号松雪道人、水精宫道人，浙江湖州人，元代书画家，官至翰林学士承旨。工书法，尤精正、行书和小楷，人称“赵体”。擅绘画，博通前人技法，学古能变。能用书法技巧写古木竹石。其书画开一代风气，对当时和后世影响较大。

明代绘制的推背图。推背图是一种民间预言后代兴亡变迁的图书。全书共有 64 幅图像，每幅图像之下有谶语，并附诗四句。其诗多模棱两可，便于附会。因最后一图为二人前后推背而行，并有诗曰“千千万万说不尽，不如推背去归休”而得名。

官府准建贞节牌坊档案。贞节牌坊是官府为表彰那些遵守传统伦理道德，出嫁从夫、夫死守节、从一而终的妇女而准许建立的一种纪念性建筑物。

《交谊遗芬》书信集。此件档案是清嘉庆年间（1796—1820 年）在江苏扬州、泰州和浙江杭州经商的歙县人正泓、胜璧、季芝等写给在家乡的兄长梯云的信函，经过精心装裱而成的书信集，起名《交谊遗芬》，意为交往和友谊留下的美好记忆。书信的内容真实反映徽商的好儒、商业经营、资本积累、交通往来及其子弟参加科举考试等诸多情况，是研究徽商发展及后期衰败过程的原始材料。

杨慎《廿一史弹词注》。杨慎（1488—1559），字用修，号升庵。四川新都人。明代文学家。正德间试进士第一，授翰林修撰。学识广博，能文、词及散曲，对民间文学也颇重视，著作达一百余种。明世宗时，以直言极谏，谪戍云南永昌。杨慎《廿一史弹词注》共八册，内容是对《廿一史弹词注》中所涉及的史实加以注释，为杨慎谪戍云南时所作。

王茂荫奏稿（抄本）。王茂荫（1798—1865），字椿年、子怀。安徽歙县人。道光进士。历任御史、侍郎等职。该奏稿（抄本）共收录王茂荫从咸丰元年（1851 年）九月到咸丰八年（1858 年）七月向皇帝奏事的五十五份奏章。

聂尚恒《痘疹活幼心法》。这是诊治幼儿痘疹的医书。明万历三十九年（1611 年）聂尚恒作。书中详细论述幼儿痘疹的受病根源、医理，介绍辩证、炮制用药、痘疹发病不同阶段的调治方法，以及用药禁忌等，并附有医案和古今治痘要方。

休宁县档案馆 馆藏档案 77 个全宗，41652 卷（件）。主要内容包括：文书档案、科技档案、会计档案、人事档案、土地房产档案、人口普查档案、林业“三定”档案、职改档案、工业普查档案、革命历史档案、土地赋税档案、字画、实物档案、声像档案。

馆藏清代档案有鱼鳞图册、清册、房地契等。其中珍藏的一批鱼鳞图册全国罕见。鱼鳞图册是古代官府为按土地征派赋税而编造的土地档案，因册中所绘田亩按次排列如鱼鳞而得名，简称“鱼鳞册”。

馆藏鱼鳞册共1138卷，推收实征底册135卷，从清顺治四年（1647年）开始编造，一直使用到民国32年（1943年）。这些鱼鳞册按照《千字文》的顺序排列编号，系统而详细地记载休宁县全境33都（古代区划），总计321174块田地的名称、面积、地形、四至、土质、业主和税额，以及在绵延300年的使用过程中土地权属变化和赋税交纳情况的记录，对于研究清代徽州地区的土地、赋税和社会经济状况具有重要的史料价值。

馆藏资料9413册。内容包括：经典文献、哲学、社会科学、自然科学、综合性图书资料、报纸、史志等。特色资料有《休宁县志》（嘉庆版和道光版）、《徽州府志》（弘治本）、《海国图志》（咸丰二年）。

黟县档案馆　馆藏档案有72个全宗，共24947卷（件），按形成的年代分为中华人民共和国成立前档案和中华人民共和国成立后档案两大部分。

中华人民共和国成立前档案，即历史档案，有948卷(件)，其中明清及明清以前时期档案564件，民国时期档案257件，明清、民国时期档案主要有执照、内阁知事、状式、信札、邮品、人事命令、名册、房地契约、租簿、阄书、票据、安葬簿、宗谱、贡墨、碑刻、雕刻木质书籍印刷板、书画、印章、画像等；革命历史档案，即1949年10月1日前，黟县境内中国共产党及其领导下的政权、军队、团体在工作活动中形成的文书材料127卷（件）。

中华人民共和国成立后档案有24136卷，分为六大门类：文书档案18588卷，科技档案158卷，人事档案676卷，会计档案1618卷，专题档案3048卷和声像档案48卷。

在专题档案中，有土地专题档案2768卷，内容有土改运动时全县的土地证存根、房产清册、土地关系表，1953—1985年全县卖买房屋换契存根等；有林业专题档案209卷，内容有林业“三定”、林业责任制等；还有全县第三次人口普查、工业普查、土址普查和全县土地第一、二轮承包档案等。

馆藏珍品简介：

南宋《黄箓法坛龙简》。该龙简石刻，形成于南宋嘉泰元年八月十九日（公元1201年），距今有800年。该石碑长为40.5厘米，宽12厘米，厚1.3厘米；石碑淡绿色，为楷书阴刻，全文205个字。该龙简记载黟县会昌乡延福里（原碧山乡）汪义端（枢密副使之孙——监察御史）为母亲程氏超度亡魂所设的家庭法坛，法坛连开五昼夜，由胡安中法师主持。法坛斋事结束时，用该石刻记载法坛祭祀情况，“诣坟茔之所投送龙简”以慰被超度者亡灵。该龙简是徽州南宋民间道教祭祀活动的原始记录，是珍贵的历史档案，它对研究徽文化以及当时人们的社会风俗、道教文化都具有重要的史料价值，是现今发现最早有文字记载的徽州历史档案。

鸡毛信实寄信封。该信封是民国14年（1925年）由芜湖寄往黟县的实寄信件。

信封长 155 毫米，宽 74 毫米，白色纸质，封面及封底均为竖式书写。正面文为“黟县城中绪昌布号速转百户王立培君”，落款为“茂权缄”。信封右上印有“长街状元坊口”，左边印有“芜湖申报会馆”。戳记为“WVHV。十四年七月一日。芜湖”。信封背面写有：“如再不理即传票仍由黟县转勿谓言之不预也”。左角贴有中华民国邮政帆船邮票三分的 4 枚，一分的 1 枚，均加盖芜湖邮戳。中间盖有“YIXIE。十四年七月五日。黟县”邮戳。信封背面接缝处均加贴淡黄色封条，封口处粘有一根长 90 毫米的白色鸡毛，横贯两端，此信封品相完好，无破损，无拆口，信封内设有信件，是一封完整的鸡毛信实寄封。该实寄封曾参加第十三届国际档案大会档案珍品展，是了解中国民国时期邮政状况以及徽商活动的主要实物，是中国现今发现最为完整的鸡毛信实寄封。

八宝贡墨。清朝乾隆年间研制的益寿八宝贡墨，是一件不可多得的档案珍品。该贡墨长为 6.8 厘米，宽为 1.2 厘米，厚为 0.7 厘米。正面印文“益寿 • 新安孙连元监制八宝贡墨”，另一是“鹤立松枝”图案，图案头有日出，松下有海浪。该贡墨量较轻，四周少许磨圆，是由多种名贵中药村制成，磨墨时散发出清香，据说所磨成的墨还具有止血功能。此贡墨是徽州艺人进贡朝廷专制的精墨，经文物专家鉴定属国家二级文物，是珍贵的艺术品和实物档案。

日本古邨的木板彩色水印画。该木板彩色水印画一套，共十二幅，品相完整，保存较好，无破损。据考证，它是日本著名画家古邨先生的真迹，大约形成于 20 世纪三四十年代，经文物专家鉴定，属国家二级文物。画的内容主要是鸟、鱼禽、兽和花卉，所画之物皆栩栩如生。据专家介绍，古邨先生的板画在日本国内仅存八幅，由此更显此套板画的珍贵。

查氏土地产权变动文书。该文书共 66 件，最早的形成于 1643 年，最晚的形成于 1943 年，是一套较完整的家庭土地变动文书。此文书种类多，有卖地、典志、当地、契约、有土地分割阄书、业主执照、割税推单、土地议约、户部执照、丧葬计开、便民易知田单、业户陈报收据等。这其中大部分是自契及私文书，少量是官文书。查氏家庭居住地离西递村三华里左右，是当时一个大家族。这套土地产权变动文书对研究徽州历史文化和明、清、民国的土地管理具有重要价值。

馆藏资料共有 5221 册（件），其中历史资料 374 册（卷），中华人民共和国成立后资料 4847 册（件）。

祁门县档案馆　馆藏档案 93 个全宗，50921 卷、8569 件，分为清代档案、民国档案、革命历史档案和中华人民共和国成立后档案，资料总数 7917 册。

清代档案。形成时间始于顺治四年（1647 年），止于光绪三十年（1904 年）。档案内容大多数是田、地、屋契约和验契纸、推单以及收税征册。

民国档案。多数是省档案馆的复印件。其内容主要有从 1914—1949 年关于祁门县施政计划、修建县府、茶叶改良概略和三战区祁门站官佐简史册；有民国10年（1921年）至34年（1945年）时期的《前线日报》《申报》《民国日报》《时代日报》等报纸；另有起止年度为1912—1949年4月的商会档案53卷。

革命历史档案。主要内容有第二次国内革命战争时期国共合作文献、中共祁门第一个党支部临时委员会、县委会、中共贵祁县委等材料；有陈毅、李步新等老一辈无产阶级革命家在祁门舍会山开展游击活动、红军改编和召开皖赣边区特委会等文献和领导人的回忆材料；有解放战争时期中共黟休祁县委会、中共黟祁石太边区委会、中共婺休工委会等领导人的书信、文件、回忆录等。

中华人民共和国成立后档案。全面记录祁门县的政治、经济、科技、文化等方面的情况。

第四节　专门档案馆馆藏

截至2005年年底，安徽省有12个省辖市设立了城建档案馆，具体是合肥市、淮北市、蚌埠市、阜阳市、淮南市、六安市、马鞍山市、芜湖市、宣城市、铜陵市、安庆市和黄山市。12个城建馆馆藏档案总量为401410卷、28323件，资料30905册。

合肥市城建档案馆　合肥市基本建设技术档案馆（简称“合肥市城建档案馆”）成立于1981年8月，是全市集中统一保管城市建设档案的专门档案馆，负责接收、保管城市规划、建设及管理活动中形成的各类重要档案，并面向社会提供利用服务。馆藏档案86816卷（件），声像档案15962盒（张），图书资料3442册。馆藏中较有特色的档案主要有以下几种：

城市规划档案。由总体规划、分区规划、详细规划三部分组成，系统地记录了合肥城市规划的历程和变迁，引领了合肥城市建设的发展和壮大。其中，1951年编制的《合肥市布局示意图》和《合肥市市区道路计划草图》，是合肥解放后最早的规划图。

建设工程管理档案。由工业建筑、民用建筑、临时建筑、杂项建筑4个部分组成。其形成最早年代为1950年。主要内容包括基建计划、建设地点的定点申请报告、批复文件、定点位置图、总平面图、全套设计图纸、建筑工程执照存根等。

道路工程档案。档案最早形成年代为1950年。主要形成单位为市政工程设计部门。1964年由市城建局组织编写的《道路修建简史》，收录城市道路历次修建情况的详细材料，按一路一卷形式编写，内容较为充实、详尽，从路名的考证到修建拆迁的具体数字及今后的展望均有介绍。

城建照片档案。馆藏照片约4000余幅。形成最早年代为1932年。其中近千幅20世纪70年代前的城建历史照片十分珍贵，如30年代的“合肥四牌楼”、40代年“合肥前大街”、50年代的合肥航拍、60年代的合肥市政建设等，是城市建设历史的缩影。

建筑工程竣工档案。竣工档案是建设工程真实、完整、准确的记录。至2000年年底，市城建档案馆共接收竣工档案3000余卷。这些竣工档案在工程改建、扩建、维修中，发挥重要的凭证作用。

《沧海桑田——世纪回眸看合肥》。此专集采用图文并茂的形式，再现合肥由1949年解放时的5.2平方公里的小城发展为现在的120平方公里园林城市的城市建设的历史足迹。

淮北市城建档案馆 淮北市城建档案馆成立于1985年7月。馆藏档案资料12336卷，地形图1174张，底图2078张，照片6520张，录像带58盘，馆藏资料3480册。主要有城市规划、勘测、建筑管理、市政工程、公用设施、邮电、供电、交通、人防、环保、工业与民用建筑、城市地下管网工程类别。

城市勘测类。主要是淮北矿务局1984年和1994年两次航测的包括淮北市区在内的航测图、萧濉矿区航测地图。

地形图，主要是淮北市1951—1997年间部分年代部分地区的各种比例尺的地形图。

城市规划类。濉溪市（淮北市前身）总体规划，濉溪市城镇分布图、濉溪市北区用地分布图，淮北市北区总体规划图集（1979—2000年），消防、人防、环卫、公共交通、园林等专项规划，各工矿居民点、主城区海官新村、新华巷住宅小区、淮北火车站、汽车站、两官广场等公共设施的规划图，主要企业如电厂、酒厂等平面布置图。

城市建设管理档案。主要是由市规划管理部门提供的自1979年至今的历年建设项目的用地审批、规划审批档案及部分年度的建设许可证存根；市建筑部门提供自1978年以来形成的建筑管理和其间部分年度的工程质量监督档案。

市政公用设施类。道路工程档案有主要道路调查表、统计表，淮海路、相山路、古城路、孟山路、闸河路、濉溪路等道路的设计、施工图、纵横断面图。

桥涵工程档案有濉溪路、孟山路、相山路、东岗楼四座立交桥、淮北火车站洞涵等的设计、施工、竣工档案。

排水工程档案有全市下水道普查图，给水工程档案有市北区供水管网图。煤气工程档案有城市煤气工程可行性研究报告，煤气干网图，渠沟5万立方米、高岳5万立方米储气柜竣工资料。

工业建筑档案类。主要有电厂、煤矿、纺织厂、化工、酒厂等中央、地方企业的厂房、车间等设施档案。

民用建筑档案。住宅建筑档案有各企事业单位的新建、扩建、改建的住宅楼、部分单身宿舍楼，房管局的统建楼，各开发公司开发的商品住宅楼等。

蚌埠市城建档案馆 蚌埠市城建档案馆于1984年批准成立，1985年10月正式开展工作。馆藏档案40329卷、图纸13999张、照片21972张、录音录像影片档案257盘、图书资料6014册。主要包括综合类、城市勘测、城市规划、城市建设管理、市政工程、公用设施、交通运输、工业建设、民用建筑、名胜古迹、园林绿化、环境保护、水利防灾、地下管线普查等专业档案及声像档案共18大类。

占馆藏最多的是城市建设管理档案，该类档案包含1951年以来房屋建筑规划审批档案，1965—1984年征拨土地档案，城市地名档案等。

城市勘测档案包括全市工程地质勘察、水文地质普查、全市各时期各种比例的地形图、航空地形图、市区各种比例的编绘地图。

工业与民用建筑工程竣工档案，主要是城市各生活小区、商业用房、工厂等房屋建筑的竣工档案。

具有特色的档案是声像档案，它从不同的角度拍摄并反映蚌埠市新旧面貌、重要建筑物、桥梁、道路、园林、风景等，真实、形象地再现蚌埠市城市建设发展的历程。

阜阳市城建档案馆 阜阳市城建档案馆成立于1988年4月。馆藏档案收集范围划分为：综合类，城市勘测类，城市规划类，城市建设管理类，市政工程类，公用设施类，交通运输类，工业建筑类，民用建筑类，名胜古迹、园林绿化类，环境保护类，城市建设科研类，县（村）镇建设类，人防、军事工程类，水利、防灾类，工程设计类，地下管线类，声像类共18大类。

馆藏城市基本建设档案和文书、会计、人事档案32669卷，图纸3740张，照片1165张，47盘录音、录像带，资料664册。案卷排架长度816米。

城市基本建设档案。时间最早的是1972年的阜城镇集体建房规划许可证存根和1979—1986年的征拨土地档案。20世纪70年代末80年代初，阜城第一批住宅小区甜水井新村和文峰新村的开发建设，形成馆藏最早的民用建筑档案。

规划档案。主要包括城市总体规划档案、详细规划档案、规划基础档案、分区规划档案和城市规划建设管理档案等。其中，城市规划建设管理档案在整个规划档案中所占比重较大。

市政工程类档案。包括阜城各主干道、桥梁档案、图纸。

声像档案。大多是反映近两年城市建设新貌的照片、录音、录像。

各类测绘原图、地形图 存有1977年阜阳市1/10000地形图，2000年阜阳城区内涝图及阜城各地段测绘原图等珍贵城建档案。

其他城建档案。包括综合类、城市勘测类、公用设施类、园林绿化、村镇建设类等。

会计、文书和人事档案。存有1977年以来阜阳县城建局、阜阳县建设局及市建委部分会计档案；1987—1995年，市建委文书档案，市建委系统人事档案。

馆藏资料。1949—1988年建设法规汇编，安徽省法规规章汇编，安徽省情，阜阳市志及阜阳地区 1973—1986 年国民经济统计资料，中国城市防洪概览等重要文献资料。

淮南市城建档案馆 淮南市城建档案馆成立于 1981 年 4 月。馆藏档案 14633 卷，地形图 1174 张、照片 2411 张、底图 949 张。主要内容有：

城市勘测类。主要是淮南市的航测图，图历簿、控制片、精密立体测图手簿、调绘片及航空底片、照片等。

工程地质档案。主要是 20 世纪 50 年代、60 年代淮南市部分工厂、矿区的地质勘测报告、地质钻孔资料、水文地质资料及 1985 年至今各项基建工程的地质勘探资料。

城市规划档案。主要有淮南市和部分市辖区的城市总体规划图，以及主要道路、住宅小区、供水管网、供电线路规划图等。还有林业、环保、园林等专业规划图。

城市建设管理档案。主要是由市规划管理及建筑部门提供的历年各单位各类建筑申请书及土地划拨、新建、改建、临时建筑的审批档案，附图等。

市政水利工程档案。道路工程档案有城市主要道路及部分公路的调查表、统计表、道路的设计、施工图、纵横断面图等。桥涵工程档案有淮河大桥、城市主要公路桥、地道桥及部分洞涵的设计、施工、竣工档案。排水工程档案有全市下水道普查图，市第一灌溉工程图及部分单位道路的下水道纵横断面图。防洪工程档案有淮河人海水道勘测报告，淮南市防汛工作图、防汛资料，老龙眼水库放水涵洞工程图，淮河干流纵横断面图等。

公用设施档案。给水工程档案有田家庵地区给水接点图及部分地区的供水管网设计、施工竣工档案，四水厂竣工档案等。煤气工程档案有煤气规划、设计、施工、竣工等图纸档案，以及其主干管凝水井、阀门示意图等。供电工程档案有淮南市电力系统图、结构图及线路走向图，变电所进线图等。电信工程档案主要有全市通信管道竣工图和增容工程电缆线路工程图等。

交通运输类。铁路工程档案有阜合铁路、阜淮铁路、淮河大桥铁路部分、望峰岗编组站，淮南化肥厂及部分煤矿等专用线路的设计、施工、竣工档案。公路工程档案有淮河大桥公路部分结构图，田寿公路工程预算、说明及图纸。水运工程档案有淮南市港口建设资料。

工业建筑档案。主要有电力、机械、钢铁、化工、轻纺、煤矿、食品、铸造等地方的厂房、车间等建筑设施档案。

民用建筑档案。住宅建筑档案有各企事业单位的新建、扩建、改建的住宅楼，单身宿舍楼及房产局、房屋开发公司的统建楼。办公楼建筑档案有市委、科委、邮电局及市部分区委、党政、机关，部分厂（矿）的办公楼。文化、教育建筑档案有影剧院、俱乐部、新华书店、大专院校、中学、小学等设施的工程档案。卫生、体育设施档案有市第一、二、三人民医院，干部疗养院及部分矿医院、区医院、体育场等设施的档案。

商业（含服务业）、储存仓库设施的档案主要有百货商店、食品商店、旅社、饭店、银行、粮店、冷冻厂、粮食仓库、油库等设施的工程档案。

环境保护档案。主要有废水利用设计，化肥工业废水排水规划，有毒污水排放情况的初步调查报告。

人防、军事工程档案。主要有人防工程档案、1987 年人防建设会议材料、1985 年人防建设规划等。

六安市城建档案馆　六安市城建档案馆成立于 1992 年 9 月。馆藏档案按建设部颁布的分类大纲共分大类 18 个，属类 104 个，小类 371 个，基本涵盖城市建设的全领域。至 2005 年，除水利防灾、环境保护类资料未进馆外，其他 16 大类已陆续进馆。其资料来源及具体内容大致可分为六大部分：

各级各类规划、土地、建筑、房产、建筑执照存根以及文书档案。主要是原城关镇及原六安县遗留下来的档案；市规划管理处、设计院、建委城建科、村镇科清理移交的 1979 年建市后的建筑工程档案。包括市政工程、村镇规划、建筑设计、规划审批等档案。

建设工程竣工档案。共进馆建设工程竣工档案 1200 卷。

村镇建设档案。原县级六安市村镇建设工程档案。包括小城镇建设规划设计、村镇居民点规划、土地利用规划、小集镇市政建设工程设计、农民建房审批等档案。

声像档案。主要有 20 世纪 50 年代六安城区的老照片；20 世纪 60 年代航拍的六安全貌图片；老城改造、新区开发和城市建设的重大活动、江淮分水岭工程等图片，以及各类建设工程跟踪拍摄的录相带、幻灯片 405 张。

图书报刊资料。现存约 3000 册，主要分类为专业书籍、建筑工程用书、城市规划、建筑设计、政策法律法规、档案专业用书、文史资料以及十多年的《人民日报》合订本、《中国建设报》《土地报》《环境报》《摄影报》《档案报》等。

建设工程图纸以及设计底图。自建市以来的市政建设如道路、桥梁、自来水管网、排水设施、园林绿化、环卫、公交等图纸资料。最早的是 1964 年第一次绘制的城市规划图及其文字资料。

马鞍山市城建档案馆　1982 年 3 月，“马鞍山市城市建设档案室”改名为“马鞍山市城市基建档案馆”，1984 年 10 月，“马鞍山市城市基建档案馆”改为“马鞍山市城乡建设档案馆”，简称为马鞍山市城建档案馆。馆藏档案 6 万多卷，分别有综合、城市勘测、城市规划、城市建设管理、市政工程、公用设施、交通运输、工业建筑、民用建筑、名胜古迹园林绿化、环境保护、城建科研、工程设计、地下管线等城建档案，上架排列长度为 2400 米，资料 2000 册。档案主要内容有：

1958 年马鞍山市现有控制布置图及厂区布置图、本市地形图、航测图。

城市总体规划、详细规划、工程规划和专业规划档案。最早是马鞍山市20世纪50年代第一次规划示意图。

1983年、1984年市统计局编写的马鞍山市国民经济统计资料，1980—1989年全市工业、民用建筑工程地质报告。

土地征用、划拨、建筑执照、市政公用工程管理，道路、桥梁、涵洞、排水、防洪档案。

给水、供气、城市照明、环卫、供电、电信档案。铁路、水运、工厂、电厂（电站）、仓库、矿山档案。

雨山湖公园征地材料、采石公园1∶1000规划图、太白楼修缮方案、报告、部分建筑施工图，全市绿化规划图等。

1986年市人防工事工程，马鞍山、人头矶、九华山、西山、荷包山等山下的地下人防工程详图等。环境污染调查报告、环境监测年鉴档案。

市设计院移交的工业、民用建筑设计材料。1985年以来，全市各建设单位、施工单位报送的各建设项目工程档案材料。水产养殖厂施工图纸。

市管网投资建设公司2005年移交的全市2004年管线道路工程档案。

反映城市重点工程建设和城建档案馆开展大型活动所留下的声像档案资料。

芜湖市城建档案馆 芜湖市城建档案馆成立于1984年3月。馆藏档案、资料25527卷（张），底图11455张，图书资料9208册，名人字画51幅，照片2556张，录相带123盒，录音带166盒。馆藏档案主要内容有：

城建综合类。城市建设法律法规、计划统计、城建档案工作等。

城市勘测类。地形测量、摄影测量（分别为航测照片、航测底片、航测遥感成果等）、地图、工程地质、水文地质等。

城市规划类。城市总体规划、详细规划（分别为分区规划、小区规划、风景区规划等）、国土规划、规划基础材料（分别为城市经济、城市人口、城市资源、城市历史沿革）等。

城市建设管理类。土地管理、建设用地规划管理（土地的征用与划拨）、城市建设规划管理、房地产管理、地名管理、建筑管理等。

市政水利工程类。道路（含广场）、桥梁（含涵洞、隧道、地下通道等）、水利工程、防洪、排水、防灾抗震工程等。

公用设施类。给水、供气、公交、环卫、供电、电信（含广播、电视台站）等。

交通运输类。铁路、公路、水运、航空等。

工业建筑类。工厂、矿山等。

民用建筑类。住宅、行政办公、教育、卫生、商业服务、金融保险等。

名胜古迹园林绿化类。公园、绿地苗圃、名木古树、纪念性建筑（含名人故居）、城市雕塑、名胜古迹、古建筑等。

环境保护类。环境普查、环境监测、环境治理、自然保护等。

城市建设科研类。城市规划、建设、建筑科技及城市现代化管理方面的课题研究等。

县（村）镇建设类。芜湖市所辖三县部分城镇建设档案。

人防军事工程类。人防与军事两项内容。

城市管线类。管线综合（城市地上、地下综合管网）、管网普查、专业管线、庭院管线等。

工程设施类。工业建筑设计、民用建筑设计、市政工程设计、军事工程设计、交通运输工程设计、环保环卫工程设计、园林工程设计等。

城建资料。主要有《芜湖城市建设大事记》《芜湖市古树名木资料》《芜湖市道路名称历史沿革》《芜湖市道路改造简介》《芜湖市住宅小区基本情况汇编》《芜湖桥梁》《芜湖房地产开发指南》《芜湖市城市桥梁建设》《城市防洪资料汇编》《芜湖雕塑》《芜湖市征地图册》《芜湖城市排水堤防泵站建设》《芜湖市城市建设之最》《芜湖市主要道路历史沿革》等。

宣城市城建档案馆　宣城市城建档案馆成立于2005年5月。馆藏档案29622卷（张、盒），主要是城市规划与建设方面的科技文件材料，包括城市勘察、城市规划、城市建设管理、市政工程、公用设施、交通运输、工业建筑、民用建筑、名胜古迹、园林绿化、环境保护、水利、防灾 、工程设计及声像资料等。

铜陵市城建档案馆　铜陵市城建档案馆成立于1982年2月。馆藏档案18339多卷（张），其中案卷15776卷，底图1109张，照片档案1410张，录像档案450分钟，图书资料1029册。馆藏档案中最早的为民国27年（1938年）铜陵市地形图；最大的接收项目为铜陵长江大桥工程档案。馆藏城建档案分为18大类，98个属类，299个小类，涉及城市勘察、城市规划、城市建设管理、市政工程、交通、工业民用建筑、名胜古迹与园林、人防水利、地下管线和声像等档案。主要内容如下：

综合类。主要保存有建设法规、办法，大中型建设会议文件，市中长期发展计划规划，省市建设统计资料及附近地市有关总体规划等。

城市勘测类。主要保存有地质勘察报告，地陷调查；部分地区水文地质图、矿区地质地形图、市区三角导线、水准测量；地形图；航测片及彩图。其中，有解放前地形图2卷，共19张。

城市规划类。主要藏有区域、行业规划，总体规划，各区详细规划，县乡镇规划、移民建镇规划等；规划基础资料有铜陵市沿革，行政区划、年鉴、大事记、城市建设志，建委系统各部门志，人口资料。

城市建设管理类。主要藏有铜陵近年来用地选址，用地规划，工程设计方案审查，工程质量管理及有关土地、地名管理等档案。

市政工程类。主要藏有铜陵市主要道路网图、桥梁情况统计；市区道路规划、建设，立交桥、天桥和铜陵长江大桥工程；历史排水状况，市区排水施工及改造工程，泵站设施等档案。

公用设施类。主要藏有市一、二、三水厂，市区供水管线；煤气焦化厂，煤气工程气柜，石油液化气站工程；公交设施、线路；市电力系统配电网规划，发电厂一、二期工程，有关供配电线路；电信有关设施建设；路灯管线设计安装等档案。

交通运输类。主要有沪铜铁路铜芜路段、有关厂矿铁路专用线、车站；公路交通规划、汽车站工程、市郊公路；港口发展规划、大型码头等工程档案。

工业建筑类。主要藏有专业油库、粮库、食品、纺织、煤炭、矿山、有色冶炼、建材、化工、冶金、机械加工、铸造、电子、印刷等建筑档案。

民用建筑类。民用建筑是馆藏最多的一个类，主要有市区住宅及小区、商住楼、商办楼、办公楼、影剧院、工人俱乐部、文化官、体育馆等。

名胜古迹园林绿化类。主要有公园、景点、游园、绿化带、绿地、城市雕塑工程建设等档案。

环境保护类。有环境污染调查、排水排污现状；有关厂矿污水、大气污染调查、环境监测年鉴，质量报告、污水处理，白暨豚养殖场建设等档案。

城市建设科研类。有水污染研究、水处理研究和水域功能研究等档案。

人防军事类。有人防工程简介档案。

水利防灾类。有水旱灾害概况、调查报告，洪水淹没区调查，江堤防洪设计，防洪墙建设，排涝设计，泵房建设等。

地下管线类。铜陵市公用设施普查，自来水公司管网图等。

声像档案。照片有建市初市貌和近年来反映城市管理、建设及面貌的照片 1000 多张（其中 727 张有底片），有原建设部部长侯捷、俞正声、省委书记王太华和省长许仲林等领导视察铜陵市政建设的照片多幅。

安庆市城建档案馆 安庆市城市建设档案馆成立于 1986 年 6 月。馆藏档案 118925 卷（张），照片 7160 张、磁带 114 盘，实物档案 38 件。馆藏档案包括综合类、城市勘测类、城市规划类、城市建设管理类、市政工程类、公用设施类、交通运输类等 18 类档案资料。

馆藏历史珍贵档案：中华民国、中华人民共和国建国初期老照片 50 张。尤为弥足珍贵的馆藏是清朝同治十一年 (1872 年) 九月至光绪三年 (1877 年) 十二月、光绪十一年 (1885 年) 四月至中华民国 2 年 (1913 年) 十二月、光绪三十一年 (1905 年) 九月至中华民国 2 年十月不同时期的房地契档案。

黄山市城建档案馆 黄山市城建档案馆成立于 1993 年 10 月。馆藏档案资料 3 万余卷，底图153张，蓝图近4万张，照片123册，录像带40盒，录音带10盒，剪报35卷，城建图书资料1450册，此外还有展版、模型等。

按照规定，参照省建设厅《城市建设分类大纲》，并且结合黄山市城建档案资料的实际情况，编制《黄山市城建档案分类大纲》，共有17个大类，80个属类。在所有档案资料中，民用建筑类工程档案资料占馆藏量的75%左右。馆藏重点管理的档案资料主要有以下三大类：

城市建设工程档案。包括工业、民用建筑工程；市政基础设施工程；公用基础设施工程；公共交通基础设施工程；园林建设、风景名胜建设工程；市容环卫建设工程；城市防洪、抗震、人防工程；军事工程除军事禁区以外的穿越市区的地下管线走向和有关隐蔽工程位置图等。

建设系统各专业管理部门档案。包括城市规划、勘测设计、施工、园林、风景名胜、环卫、市政公用、房地产管理、人防等部门形成的业务管理和业务技术档案等。

资料。包括城市规划、建设及管理的方针、政策、法规、计划等有关文件、科学研究成果和城市历史、自然、经济等方面的基础资料等。

第五节　部门档案馆馆藏

截至2005年年底，安徽省共有部门档案馆5个，分别为安徽省科学技术档案馆、安徽省气象档案馆、安徽测绘档案资料馆、安徽省水文档案馆、安徽省地名档案馆。

安徽省科学技术档案馆　安徽省科学技术档案馆成立于1988年8月（其前身为安徽省科学技术委员会档案科，成立之初原名为安徽省科学技术研究成果档案馆，1992年1月更名为安徽省科学技术档案馆），为县级全民所有制事业单位，是永久保管安徽省科技成果档案的基地，也是社会各界开发利用科技成果档案资料的信息中心。

馆藏档案资料4万余卷。主要有：1953年以来，全省科技管理（文书）档案；1958年以来，省级科技成果（含获奖成果）档案；1966年以来，专门档案（声像、基建、会计、职称改革档案、民办科技企业职称档案、死亡干部档案等）；1980年以来，科技报刊、资料、图书。其中，文书档案：有反映安徽省解放以来科技工作发展变迁、历史沿革、党政管理方面的珍贵历史资料；有1958年至今全省科技事业发展规划、计划、统计、政策法规、条例等科技管理文件。声像档案：有江泽民总书记参观安徽省经济成果展、安徽省首届技术成果交易会及安徽省首届高新技术展览会等珍贵历史图片以及宣纸机械化生产等珍贵的录像资料。科技成果档案：有安徽省解放以来各行业取得的重大科技成果材料，包括技术发明、产品开发、技术研究、推广应用、软科学、科技管理、科技著作等。其中，获国家科技进步奖、星火奖、发明奖、自然科学奖、科学大会成果奖 400 余项；获安徽省科技进步奖、星火奖、农村科技奖、自然科学奖、科技成果奖、科学大会成果奖 7000 余项。

安徽省气象档案馆 1986 年 1 月，安徽省气象档案馆成立，集中统一管理全省的各类气象科技档案和各地交流的气象资料。主要馆藏档案资料有：

气象科技管理档案：主要有各种气象业务管理方面有关部门规范、规定、方法和技术指导等。各种气象电码，包括地面、高空、天气分析、气候、农气报告和海洋船舶气象观测报告电码。安徽省各气象台站的台站档案，主要包括台站的基本情况，观测、气候资料、农业气象、预报等方面的变动情况。

气象记录档案。主要有黄山气象站地面气象观测记录簿、自记纸；安徽省各气象站地面、高空、日射、农业气象观测记录年、月报表；安徽省地面气象年鉴、累年值气象资料、各台站的逐日气象资料、各台站农业区划资料和安徽省异常气象年表等地面气象记录整编资料；东亚地面天气图、华东地面天气图和中国区域天气图等各类天气图。

气象业务技术和服务档案。主要有气象旬报、月报、年报，由省气象台编制；各种大气、气候分析材料；全省各地气候评价；全省各地农业气候资源分析与区划；全省各台站 1983 年以来每年上报的“灾害性大气预报和服务工作报告表”。

气象科学技术研究档案。存有自 1979 年开始设安徽省气象科技成果奖或科技进步奖以来的所有科研档案。

馆藏资料。中国气象局下发的各种资料；中国地面气候资料；单要素气象资料；中国地面气象记录月报；中国高空气象记录月报；1956 年元月至今的历史天气图；各兄弟省市气象部门整编出版的气象资料；各种业务技术资料；此类资料还包括国家气象局和各兄弟省市气象部门赠送及交换的天气预报、气候评价以及农业气象资料等。此外，还有一部分国外气象、水文资料，海洋调查资料以及农业、地理等方面技术资料。

藏有天气、气象、气候、农业气象、人工控制天气和农业、天文、水文地质、地理、外语、计算机等各种图书 4500 余册，杂志 700 余册。其中，以《气象学报》年代最早，气象档案馆藏有民国 38 年（1949 年）五月中国气象学会出版的《气象学报》第二十卷一至四期（本卷为竺可桢先生六旬寿辰纪念专刊）。

安徽省测绘档案资料馆 安徽省测绘档案资料馆又名安徽省基础测绘信息中心，隶属于省测绘局，业务上接受国家基础地理信息中心（兼国家测绘档案资料馆）和省档案局的指导。1983 年 10 月，在省测绘局资料室的基础上成立了省测绘资料中心。1988 年 3 月，更名为省测绘档案馆。1997 年 10 月，原省测绘档案馆和省测绘科学研究所合并，组建新的安徽省测绘档案资料馆，其主要职责是：承担全省基础测绘成果数据和测绘档案资料的管理、分发、服务、应用，承担省级基础地理信息系统建设、数据库建设和“数字安徽”地理空间基础框架工程以及测绘科研、技术开发工作。

馆藏测绘科技档案5000余卷（其中中华人民共和国成立前档案34卷），案卷排架长度约160米。其中，航空摄影测量档案近3000卷，主要包括图历簿、文档簿、控制片、调绘片、加密片、外业控制计算成果、内业加密成果、DTM地形数字资料等；大地测量档案300多卷，主要有三角点和水准点点之记、成果表、标志委托保管书等三角导线测量和水准测量档案，还有安徽省大地水准面精化GPS网档案、天文测量档案和重力测量档案等；地籍测绘档案近100卷，主要包括地籍测绘过程中产生的地籍控制点成果表、界址点测量记录等有关内外业档案；地图制图档案1000余卷，可划分为普通地图制图档案、专题地图制图档案、地图集制图档案三类；摄影与遥感档案30多卷，主要内容为航摄登记表、鉴定表、索引图、验收报告等；测绘管理档案100余卷，包括测绘生产计划、测绘成果保密检查、测量标志普查、测绘资料销毁清册等方面档案。馆藏测绘成果与资料有地形图、数字化测绘成果、大地成果、航空摄影与卫星遥感资料。其中有：多种基本比例尺地形图约89万张，主要包括全省1/150万、1/100万、1/50万、1/25万、1/20万、1/10万、1/5万、1/1万和部分地区1/2.5万地形图、地级市市区1/5千地形图等；覆盖全省的1/1万和1/5万数字线划图、数字正射影像图、数字高程模型、数字栅格图，1/10万DRG，1/25万DLG等；覆盖全省的Ⅰ、Ⅱ、Ⅲ、Ⅳ等国家三角点和水准点成果，Ⅰ、Ⅱ级军用控制点成果，华东、华中区域大地水准面精化GPS网成果及水准成果（安徽省范围）；不同年代航摄的覆盖全省的1/1.3万～1/3.5万和部分城市1/4千比例尺的航摄底片近10万张，全省范围1/2万～1/3.5万比例尺的航摄影像扫描数据3万多片，以及大量的不同分辨率的安徽省卫星遥感影像数据。

安徽省水文档案馆 安徽省水文局信息中心（档案馆）成立于2005年9月，为正科级建制。它既是省水文局档案管理工作的职能部门，又是保存和提供利用档案信息资源的业务部门。馆藏档案按历史时期分为3个全宗，即民国时期档案、治淮委员会时期档案和省水利厅主管时期档案。主要有水文档案、水文年鉴、水资源、洪水评价、水土保持方案等科技档案及文书、会计档案。保存最早的水文档案是1912年的淮河各站水位月报。至2005年，水文测验原始档案100917卷（册）；水文年鉴150卷（册）；民国时期水文原始档案1110卷（册）；照片117张；文书档案759卷、7862件；会计档案2206卷（册）；水资源、洪水评价、水土保持方案等科技档案66卷（册）。

安徽省地名档案资料馆 安徽省地名档案资料馆的前身是安徽省地名委员会办公室，隶属于省测绘局。1990年该办整建制划归省民政厅。1997年8月，安徽省地名办公室更名为安徽省地名档案资料馆，县级建制。其主要职责是：负责全省地名档案资料的收集、整理、保管、利用等工作；负责指导地、市地名档案资料管理工作。馆藏档案资料按形成的时间可分为：20世纪80年代数万人参加、历时8年完成的全省地名普查资料 4460 卷、地名卡片 74901 张、地名录 3200 本、地名图 858 幅；20 世纪 90 年代 2 万多人参加、历时 3 年完成的地名补更成果 32 万余份；作为安徽省地名办公室行使行政职能时形成的文书档案资料。

第六节 企业档案馆馆藏

20 世纪 80 年代末 90 年代初，铜陵有色金属（集团）公司、淮南矿务局、淮北矿务局、马钢（集团）控股有限公司等企业先后建立档案馆，集中统一管理本企业的档案。

铜陵有色金属集团控股有限公司档案馆 1989 年 1 月，铜陵有色金属集团控股有限公司档案馆成立。截至 2010 年年底，馆藏档案共 29 个全宗，41169 卷，案卷上架排列长度为 830 米，起止时间为 1940—2010 年 。

馆藏文书档案分为民国时期档案和中华人民共和国时期档案。其中：民国时期的档案共 16 卷，档案形成时间为民国 29 年（1940 年）至民国 33 年（1944 年），主要内容有：民国时期华中矿业股份有限公司形成的事业概况报告书、调查迅报、地质探矿与矿业开发调查报告。中华人民共和国时期的档案共 41153 卷，3367 件，档案形成时间为 1950—2010 年，主要有公司及各单位历年生产、经营工作规划、计划、总结；组织机构建立与干部任免方案、通知；劳资、征地、工伤处理及会议材料；各项规章制度、各种统计报表、职工名册等。这些档案比较集中、系统地反映公司中华人民共和国成立后各时期的变化情况，是集团公司历史发展的缩影。

铜官山铜矿工程处、铜官山矿务局、铜陵有色金属公司三个时期形成的部分文书档案和科技档案，现存放在铜陵市档案馆，档案起止时间为 1949—1981 年。经集团公司研究同意，已对存放在铜陵市档案馆的这部分档案进行数字化转换。共扫描 87591 页(其中 A4 幅面 63289 页，A3 幅面 12151 页)。扫描后的档案以 JPG 图片格式进行存储，经过图像处理，共计 68GB 存储量，形成备份光盘共计 17 张。

馆藏科技档案共 1789 卷，透明底图 1844 张，底图 34 张，主要反映 11 个立档单位部分地测、基建、设备和科研项目的文字材料与图纸。

馆藏声像档案包括录音、录像带 21 盒，照片档案 1239 张。主要内容包括 1965 年国家领导人毛泽东、周恩来在全国冶金工作会议上与代表合影的照片，公司领导参加有关全国性会议、上级领导到公司检查指导工作以及公司举行重大活动的音像档案。

馆藏企业改制、停产、社会职能移交档案 14362 卷、2158 件。

馆藏图书资料 1749 册，共 25 种。

淮南矿业（集团）有限责任公司档案馆 1989 年 11 月，淮南矿业（集团）有限责任公司（原淮南矿务局）档案馆成立。馆藏档案 54 个全宗，115439 卷（件、张、册、盒）；

资料11810本（册）。其中：解放前全宗主要包括1936—1948年日伪时期的土地契约、移交清册、会议记录、收还销存股票等；淮南矿务局全宗主要包括1949—1998年淮南矿务局在生产活动中所形成的党务、行政、科研、地测、经营、生产技术、基建工程、房地产、重点工程、会计等方面的文字材料、图纸、声像、照片、实物等；淮南矿建公司全宗主要包括该公司在1973—1986年所产生的文书档案和会计档案；大通矿全宗主要包括该矿在1949—1978年所产生的文书档案和技术档案；九龙岗矿全宗主要包括该矿1950—1982年所产生的文书档案和技术档案；谢三矿全宗主要包括该矿在1956—1989年所产生文书档案和会计档案；凿井工程处全宗主要包括该处在1983—1993年所产生的文书、会计和荣誉档案；三十九工程处全宗主要包括该处在1957—1995年所产生的文书、技术和会计档案；二道河工程指挥部全宗主要包括该部在1957—1965年所产生的文书档案；淮南矿业（集团）有限责任公司全宗主要包括该公司从1998年5月22日正式改制以后所产生的各类档案。

淮北矿业（集团）有限责任公司档案馆　1990年，淮北矿业（集团）有限责任公司(原淮北矿务局)档案馆成立。至2005年年底，馆藏档案320295卷，录音、录像、影片档案1925盒，照片档案29517张，电子档案磁盘308张、光盘167张，馆藏资料32553册。主要内容有：

文书档案。外来文件办理完毕后的材料；集团公司及机关部（处）室制发的各种文件资料；重要会议材料及会议记录；集团公司与有关单位签订的合同、协议等种类文书材料；《淮北矿工报》全年报纸合订本及其他应归档的重要文字资料。

技术档案。各生产矿井矿建、土建、安装工程资料；各厂及其内部铁路运输资料；公司机关家属住宅重点工程资料；集团公司内重大改扩建工程资料。

地质勘测档案。矿区煤田、生产、工程、水文、储量、补勘设计和资源地质档案。

声像档案。省级以上领导到集团公司视察参观所拍摄的录音、录像、照片及底片；重大项目开工典礼、重要活动所拍摄的录音、录像、照片及底片；省级以上领导及重要外事活动所拍摄的录音、录像、照片及底片；记录集团公司重要活动的纪录片、专题片等；矿区电视台“新闻节目”年度光盘；其他应归档的重要音像、图片。

实物档案。记载集团公司及所属各单位、机关部（处）室历史变迁的种类实物资料；集团公司以及机关各部（处）室获省级以上各类奖状、奖杯、证书、牌匾、荣誉册；上级机关和友邻单位赠予集团公司具有纪念意义和保存价值的实物；上级领导和重要来宾为集团公司所题的题词、字画；集团公司发展中有纪念意义的物品；其他具有保存价值和史料价值的实物。

会计档案。财务处、机关财务科、资金中心的凭证、账簿、报表等。

科学技术研究类。获集团公司以上科研成果的档案。

图书资料。《列宁全集》《经济管理大辞典》《安徽工业企业名录》《安徽经济年鉴》《淮北统计年鉴》《中国工业五十年》《淮北矿务局志》《组织史》、大事记、各种汇编、人事工作选编及工具书等。

马钢（集团）控股有限公司档案馆 1990年11月，马钢（集团）控股有限公司档案馆（简称马钢档案馆）成立，为副县级建制。截至2010年年底，馆藏档案62个全宗，馆藏档案案卷177681卷，案卷排架长度4868米，以件为单位的档案48748件，排架长度120米，录音、录像档案1022盘，照片档案4263张，底图7771张，缩微胶片的平片114张。档案形成时间为1936—2009年，主要包括科技档案、文书档案、会计档案三大部分。

馆藏文书档案包括中华人民共和国成立前的历史档案和中华人民共和国成立后的档案，解放前的历史档案现存634卷，其中本馆保存314卷，安徽省档案馆保存320卷。中华人民共和国成立后的文书档案以马钢公司机关历年形成的文书档案为主体，共有案卷79088卷（件）；馆藏科技档案79024卷，其中：科学技术研究档案585卷，工程项目档案75028卷，其他科技档案3411卷；馆藏会计档案以公司财务部门所形成的会计档案为主体，1937—2009年的会计档案共61195卷。

馆藏图书资料1100册，来源有两部分，一部分是从科技档案经鉴定转化而来，另一部分是编研材料，文件汇编，各种书刊、杂志，内部资料，政策法规汇编，工具书和公司的各种统计资料等。

第七节 高校档案馆馆藏

20世纪80年代以来，合肥工业大学、安徽师范大学、中国科技大学、安徽农业大学、安徽大学等高校先后建立档案馆。高校档案馆既是高校档案管理的行政部门，又是永久保管和提供利用高校档案的科学文化事业机构。

合肥工业大学档案馆 1989年9月，合肥工业大学档案馆成立，为校直属机构，正处级建制。保存有合肥工业大学（1946—2006年）、安徽工学院（1954—1997年）、安徽水利电力学院（1952—1970年）3个全宗。截至2006年年底，馆藏案卷43364卷（册）、单件25150件，照片两万余张，共分为党群、行政、外事、教学、科研、基建、仪器设备、财会、出版物、产业、声像与实物等12大类。馆藏档案真实地记录了合肥工业大学从建立到发展、壮大的60多年的历程，其中，较为珍贵的有：反映合肥工业大学的建立、发展、壮大历程的材料；反映学校60余年的发展过程中一直得到党中央、国务院、老一辈无产阶级革命家和中共安徽省委、省政府的关心、支持的材料（1954年中共安徽省委、省政府决定“淮南煤矿工业专科学校”迁址到省会合肥扩建为合肥矿业学院、1958年9月16日中共中央批复同意成立合肥工业大学、1960年10月22日中共中央决定增加合肥工业大学为全国重点大学、1958—1961年刘少奇、朱德、邓小平、董必武、陈毅等党和国家领导人到校视察工作等）。尤为珍贵的是时任中共中央副主席的邓小平同志在1979年视察黄山期间为合肥工业大学题写的校名手迹；1995年，中共中央总书记、国家主席江泽民，国务院总理李鹏、副总理李岚清等为合肥工业大学五十周年校庆的题词手迹等。此外，还有近20年来学校获得的国家级、省（部）级科技奖励的金、银、铜牌以及各种成果证书等。

安徽师范大学档案馆　1992年4月，安徽师范大学档案馆成立，处级建制。馆藏档案始于1916年，反映了学校80多年来创建、变迁、发展的真实历史，现有省立安徽大学、国立安徽大学、省立安徽学院、合肥师范学院、安徽师范大学、芜湖师范专科学校6个全宗共8万余卷（件），其中民国档案145卷，其余都是中华人民共和国成立以后的档案。内容包括省立安徽大学（1928年4月—1939年8月）、国立安徽大学（1946年4月—1949年12月）、省立安徽学院（1940年3月—1949年12月）、安徽大学（1949年12月—1954年8月）、安徽师范学院（1954年8月—1960年5月）、合肥师范学院（1958年7月—1970年1月）、皖南大学（1960年5月—1968年8月）、安徽工农大学（1968年8月—1972年12月）和安徽师范大学（1972年12月至今）等不同历史时期的档案。2005年6月原芜湖师范专科学校（1958年5月—2005年6月）档案也整体并入本馆。档案馆集中统一管理全校党群、行政、教学、学籍、科研、基建、设备、出版、财会、外事、声像、实物等12个门类档案。珍贵档案资料有毛泽东、刘少奇、陈毅、胡耀邦、李鹏、乔石、曾希圣、李岚清等领导以及郭沫若、丁玲、苏雪林、顾毓琇、钱学森、魏巍、王蒙等知名作家、科学家的题字、照片等。藏有学校各个时期的毕业证书实物档案700多件，以及1949年6月南京市军事管制委员会派军代表靳树鸿接管国立安徽大学的任命书、解放初期安徽大学印模等历史档案。此外，档案馆珍藏的“国立安徽大学关防”和“省立安徽学院关防”这两枚民国时期铜质印章，因见证着学校的悠久历史而被誉为“镇馆之宝”。

中国科学技术大学档案馆　1992年11月，中国科学技术大学档案馆成立，处级建制。馆藏档案2个全宗，即中国科技大学全宗和合肥经济技术学院（1999年，整建制并入中国科技大学）全宗，共7.4万卷、18.4万件。馆藏始于1958年，主要有中国科技大学在40多年的办学历程中形成的党群、行政、教学、科研、人事、基建、外事、财会、出版物、声像、实物等各类档案以及部分文献资料。珍贵档案主要有：建校初期的档案资料和郭沫若、郁文、严济慈、赵九章等校领导和著名科学家的手稿，中共中央书记处批准创办中国科技大学的文件，中共中央批准中国科学院中国科技大学几个问题的报告，国务院关于将中国科技大学等高校列入国家重点建设项目的批复，中国科学院创办少年班的文件及中共中央、国务院关于中国科技大学历任党委书记、校长的任免文件等党政档案；获国家级教学成果奖的“超常教育”档案，历届学生学籍档案，1978 年以来的全部博士生、硕士生的学位毕业论文，出国研究生、本科生档案等教学档案；获国家级发明奖、技术进步奖、国内外专利的 300 余项科研成果档案以及中国科学技术大学教师在国内外学术杂志上发表的科技论文等科研档案；学校在北京、合肥两地进行基本建设留存的基建档案；声像档案有反映建校初期学校生活全貌的系列老照片，陈毅、聂荣臻、谭震林、郭沫若、江泽民、胡锦涛等党和国家领导人来校视察的照片，杨振宁、李政道、李远哲、吴健雄、袁家骝、陈省身、任之恭、萨拉姆、霍金等国际知名学者来校访问和严济慈、华罗庚、钱学森、赵忠尧、赵九章、贝时璋、吴文俊、郭永怀等著名科学家在中国科学技术大学执教的照片；实物档案中有郭沫若、邓小平、江泽民等党和国家领导人和严济慈、周光召、吴文俊、杨振宁、李政道、丁肇中等著名科学家的题词，中国科学技术大学首任校长郭沫若的办公用品，严济慈、赵忠尧、郭永怀、钱临照等著名科学家生活用具和书信，以及中国第一台加速器——70 万电子伏特质子静电加速器。

安徽农业大学档案馆 2004 年 7 月，安徽农业大学档案馆成立，正处级建制。截至 2010 年年底，馆藏档案总数 88778 卷（件），分为党群、行政、教学、科学技术研究、基建、仪器设备、出版、财会、声像、个人学术、荣誉、实物等 12 个门类，馆藏档案始于 1934 年。

安徽大学档案馆 2006 年 11 月，安徽大学档案馆成立，正处级建制。馆藏有文书、学生、教学、科研、人事、财务、基建、声像、实物等各类档案资料（包括原安徽银行学校和安徽财政学校并入档案）13 万卷（件），其中文书档案 25732 卷（件），人事档案（教工死亡）299 卷，各类学生档案 27814 件（包括专科生、本科生、硕士生、博士生、留学生和各类成人教育学生），教学档案 23266 卷，科研档案 528 卷，财务档案 19300 余卷，基建档案 2661 卷，声像档案 1700 件，实物档案 503 件，两校区共移交各类档案 5403 卷，馆藏资料 18900 卷（册）。

第二章 档案机构

安徽省档案工作机构包括县级以上档案行政管理部门、各级各类档案馆和机关、团体、企业事业单位及其他组织档案室（处、科）。1986—2005年，安徽档案机构逐步健全。2005年全国档案事业统计年报显示：安徽全省有省级档案行政管理部门1个，专职人员33人（其中女性11人）；省辖市级档案行政管理部门17个，专职人员197人（其中女性63人）；县级档案行政管理部门100个，专职人员492人（其中女性183人）；国家综合档案馆108个，国家专门档案馆16个，大中型企业档案馆、文化事业单位档案馆、科技事业单位档案馆共计13个；省直机关单位114个，其中档案处（科）16个，档案室98个；市直机关档案室1296个，其中档案处（科）15个，档案室1281个。

第一节 省档案局（馆）

机构沿革

内部机构演变情况 1985年7月25日，中共安徽省委、安徽省人民政府转发《中共中央、国务院批转〈关于调整我国档案工作领导体制的请示〉的通知》，决定继续实行党、政档案工作统一管理的原则，各级档案管理机构既是党的机构，又是政府机构，列入政府序列。各级档案局和档案馆仍合署办公。省档案局是省人民政府的直属机构，改归省政府领导（日常工作由政府秘书长直接领导）。设6个职能处室。

办公室：负责文书处理、公文拟稿、人事保卫、行政财务、会议接待、车辆管理以及协助局馆领导掌握情况、协调内外部关系等。

业务指导处：负责组织、监督、指导对全国档案工作方针、政策、法规的贯彻执行；制定全省性档案管理规章、制度、办法；对全省各单位的档案工作进行检查、监督、指导。

宣传教育处：制定全省档案干部教育计划；协助有关院校开办档案专业教育；组织协助各专业主管机关举办档案业务培训班；办理“安徽省档案学会”的日常事务；编辑、出版、发行《安徽档案》等。

档案管理处：负责接收管理1949年以来省直各机关、团体、企事业单位须永久和长期保存的档案；征集保管各种历史档案；对省馆馆藏档案进行整理、鉴定、统计和提供利用；根据《中华人民共和国档案法》的规定，公布开放档案。

档案科研技术处：规划和统管全省档案科学技术研究工作；进行省馆馆藏档案的缩微和检索，筹建全省档案缩微中心；复制、修裱、抢救省馆馆藏的破损档案。

编研处：根据社会和史学研究需要，制订省档案馆档案史料编研规划和计划；编辑出版档案史料，组织和参与有关档案史料编纂学术研究活动。

1995年，根据省委办、省政府办《印发安徽省档案局（档案馆）职能配置、内设机构和人员编制方案》，省档案局与省档案馆一个机构、两块牌子，为省委、省政府直属事业单位（正厅级）。省档案局（馆）重点抓好省直机关档案工作和各地、市档案局（馆）业务工作以及省内国有大中型企业、国家和省重点工程、重大科研项目的档案工作，不再管理档案工作的具体业务。将县市级档案馆、地市县级直属单位档案室定级和升级的考核权及档案管理省二级以下先进单位的审批权，中级以下档案专业技术职务评审权，省以下重点工程和科研项目档案工作，科以下档案干部的培训工作下放到各地、市档案局（馆）。档案干部培训教育、《安徽档案》杂志编辑出版、档案科学技术研究、档案业务培训咨询服务等工作逐步转移到所属事业单位。省档案局（馆）履行档案事业行政管理和档案保管利用两种职能。设6个职能处室和机关党委。

办公室：协助局（馆）领导组织管理机关工作，协调机关各处室工作关系；制定局（馆）各项工作制度，起草有关文件和综合性文字材料；负责会议组织、文电处理、统计年报、档案管理、信访、保密及机关行政事务管理等工作；负责财务、人事、劳资管理工作；负责全省档案系列专业技术职务评聘的宏观管理及有关工作。根据工作需要，对外可用“人事处”印章。

监督指导处：负责监督、指导省直单位档案工作和省内国有大中型企业、国家和省重点工程、重大科研项目的档案工作及各地、市档案局（馆）档案业务工作；总结推广档案业务工作的典型经验；监督、指导全省档案馆网布局及档案馆库的修建、改造；协助研究制定有关档案法规、规章、技术标准、业务规范；组织档案工作人员业务操作技能培训。

法规处：负责全省档案法制建设，宣传、贯彻、实施《中华人民共和国档案法》《安徽省档案管理办法》等法律、法规；组织档案执法监督、检查；查处违反档案法律、法规的重大案件；负责全省档案干部教育工作的宏观管理，研究制订全省档案干部教育培训规划，组织档案干部专业培训；负责组织、协调档案宣传工作，编辑出版《安徽档案》，承办省档案学会日常工作。

机关党委：负责局（馆）机关和直属事业单位的党群工作。

办公室、监督指导处、法规处、机关党委为局机关处室。

档案保管处：负责承办接收省直单位及有关组织机构按规定移交进馆的档案、资料；

负责馆藏档案资料的科学保管工作，维护档案安全，对馆藏档案资料进行整理、鉴定、销毁、统计和编制档案检索工具、全宗介绍等；负责档案库房日常调卷工作；协助并参与编史修志和编辑、公布档案资料工作。

档案科技处：负责承办接收省直单位及有关组织机构按规定移交进馆的科技档案，开展提供利用工作；组织协调全省档案科研工作，研究制定全省档案事业科研发展规划和档案科研规章制度，协同有关部门组织档案科研立项、鉴定、评奖、推广工作；负责对全省档案现代化管理与保护技术工作进行规划和指导；对馆藏档案进行缩微复制；修复馆藏破损档案；开发微机管理档案工作；负责本局（馆）技术设备的维护工作。

档案征集利用处：负责承办对散存在社会上的珍贵档案、资料进行调查、征集工作；负责馆藏档案、资料对外调阅利用、咨询、服务工作；负责馆藏档案、资料和机关日常复印工作；组织全省档案、资料目录的交流工作，筹建全省档案、资料目录中心；参与编史修志，编辑、出版档案史料，并对档案史料编纂理论、业务进行研究。

档案保管处、档案科技处、档案征集利用处为馆内处室。

省档案局（馆）事业编制为80名。其中，局（馆）领导职数4名（1正3副）；处级领导职数19名（含机关党委专职副书记1名）。

2003年，根据《中共安徽省委、安徽省人民政府关于省委、省政府直属事业单位机构改革的实施意见》，确定安徽省档案局（安徽省档案馆）职能设置、内设机构和人员编制方案。省档案局与省档案馆系一个机构、两块牌子，为省委、省政府直属单位，正厅级建制。履行全省档案事业行政管理和档案保管、利用双重职能。内设6个职能处室：

办公室（加挂人事处牌子）：协助局（馆）领导处理日常工作；负责文稿起草、会议组织、文电处理、档案管理、统计年报、信访、保密、安全保卫、机关财务等工作；负责局（馆）机构编制、人事管理工作；负责全省档案专业技术资格评审的有关工作；负责机关离退休人员的管理服务工作。

法规处：负责全省档案法制建设，宣传、贯彻、实施《中华人民共和国档案法》《安徽省档案条例》等法律、法规；依法开展档案执法监督、检查，查处违反档案法律、法规的重大案件；负责全省档案干部培训工作；承办省档案学会的日常工作。

标准化建设处：负责研究拟定全省档案事业发展中长期规划和专项计划及档案技术标准、业务规范，并组织实施；负责指导、协调省直和市、县及专项档案业务工作；指导全省档案馆网布局调整及设施建设。

科技信息处：负责研究拟定全省档案事业科研发展规划和年度实施计划；承担档案保护技术标准和规范的制定及普及工作，促进档案科研成果的推广应用；负责全省档案信息化建设，指导档案数字化、网络化建设，承担省档案局（馆）计算机局域网的管理工作。

保管处：负责接收省直各单位及其他组织按规定移交省档案馆的档案资料，核准机关、单位提前或推迟向档案馆移交档案；按照规定鉴定、整理、保管、统计省档案馆馆藏档案资料，有计划地对馆藏资料进行缩微复制，对破损档案进行修复，确保档案的安全、完整，最大限度地延长馆藏档案资料的寿命；参与档案史料编辑工作。

征集利用处：负责征集散存在社会上的珍贵档案资料；负责馆藏档案资料和其他文件资料对外利用和服务工作；承担全省档案资料目录数据库建设，定期编辑、公布向社会开放的档案目录；承担现行文件的利用和服务工作；负责按有关法律法规审核携带、运输、邮寄出境的档案或者档案复制件，审核向国家档案馆以外的境内组织或个人出卖、转让、赠送的非国有档案；承担馆藏档案资料的研究、编辑工作。

机关党委办事机构，按有关规定执行。

省档案局（馆）编制74名（行政编制5名，事业编制69名）。其中局（馆）领导职数4名（1正3副），内设机构处级领导职数19名（正处7名，含机关党委专职副书记1名；副处12名）。

2004年6月18日，根据《安徽省机构编制委员会办公室关于同意省档案局（馆）增设整理编目处的批复》,安徽省档案局馆增设整理编目处，增加处级领导职数1正1副，主要职责是负责对馆藏档案原件的整理、鉴定、著录、编目、录入等工作。

省档案局内部机构和编制沿革　1986年5月16日，省编委批复同意，省档案馆增加10名事业编制，增加后计定事业编制60名。

1988年4月4日，经省编委同意，省档案局原档案管理一处改称“档案管理处”、原档案管理二处改称“档案科研技术处”。

1988年5月12日，省编委批复同意，省档案馆增加10名事业编制，增编后计定事业编制70名。

1988年6月27日，省档案局批复同意，设立安徽省档案馆服务部，属集体所有制性质，经费实施独立核算，自负盈亏。

1989年5月18日，经省直机关党群分党委批准：由高红妹、叶良富、卢秀芳、王丽华、李银标、王继伦、王书赓等7位同志组成“中共安徽省档案局机关总支委员会”。高红妹任书记，叶良富（专职）、卢秀芳任副书记。

1989年6月26日，省编委批复同意，省档案局教育处更名为档案宣传教育处。

1991年7月23日，省编办批复同意，保留安徽省档案馆。核定事业编制70名，人员结构为：领导职数4名，专业技术人员40名，行政管理人员15名，工勤人员11名。

1992年2月29日，省直属机关劳务服务公司批复同意，成立安徽省档案局劳动服务公司。

1992年12月21日，省编办批复同意，成立安徽省缩微技术服务中心，为省档案局直属事业单位，人员编制由省档案局自定，人员经费预算形式为自收自支。

1995年，根据省委办、省政府办《印发安徽省档案局（档案馆）职能配置、内设机构和人员编制方案》，省档案局与省档案馆一个机构、两块牌子，为省委、省政府直属事业单位（正厅级）。设6个职能处室和机关党委：办公室、监督指导处、法规处、机关党委、档案保管处、档案科技处、档案征集利用处。

1996年12月20日，经省委批准，安徽省档案局、安徽省档案馆参照试行国家公务员制度。

1997年8月20日，省编办同意，省档案馆档案保管处内设“历史档案保管部”和“现行档案保管部”，均为科级建制。

1997年9月3日，经省档案局机关党员大会选举，产生省档案局第二届机关党委。

1997年3月底，省档案局（馆）机关完成机构改革，实施“三定”方案和参照试行国家公务员制度管理工作，此次机构改革后，省档案局（馆）设办公室、监督指导处、法规处、机关党委（共青团、工会、妇委会、文明办）、监察室、档案保管处、档案科技处和档案征集利用处。

1997年8月13日，省编办批复同意，省档案微缩技术服务中心增挂安徽省档案事务所牌子，不定机构级别，核定事业编制5名。

1997年11月3日，批准安徽省档案事务所、安徽省档案缩微技术服务中心成立。

2003年，在省直党政机关机构改革中，省档案局和省档案馆为一个机构、两块牌子，被确定为省委、省政府直属单位，正厅级建制。设6个处室，即办公室(加挂人事处牌子)、法规处、标准化建设处、科技信息处、保管处、征集利用处。

2004年6月18日，安徽省机构编制委员会办公室批复同意省档案局（馆）增设整理编目处，增加处级领导职数1正1副。

2004年8月24日，安徽省机构编制委员会办公室批复，同意安徽省档案缩微技术服务中心增挂安徽省档案局（馆）机关服务中心的牌子。

2004年11月12日，省编办批复，同意省档案局（馆）机关服务中心（省档案缩微技术服务中心）人员编制结构为：主任1名，管理人员1名，专业技术人员3名。

2004年12月23日，省委组织部批复，省档案局增设1名处级非领导职数。核定非领导职数12名，其中调研员5名，助理调研员7名。

省档案局相关人事变动　1986年4月14日，经省委同意，省档案局顾问王书赓离职休养。

1987年10月24日，经省委同意，省档案局局长、党组书记黄秀成离职休养。

1987年10月29日，省政府决定，高红妹任省档案局副局长。

1988 年 6 月 24 日，省政府决定，田荣耕任省档案局局长。

1988 年 11 月 29 日，省委决定，田荣耕任中共安徽省档案局党组书记。

1990 年 5 月 19 日，安徽省人民政府决定任命濮德祥为省档案局（馆）长，严桂夫为省档案局（省档案馆）副局（馆）长，免去田荣耕省档案局（馆）长职务。

1990 年 6 月 14 日，中共安徽省委组织部同意田荣耕离职休养。

1992 年 2 月 19 日，省政府任免通知，任命濮德祥为省档案馆馆长，王志铨、高红妹、严桂夫为省档案馆副馆长。

1996 年 4 月 4 日，省政府任免通知，任命严桂夫同志为省档案局（省档案馆）局长（馆长），丁双林为省档案局（省档案馆）副局长（副馆长）。刘振明为省档案局（省档案馆）助理巡视员。

1996 年 4 月 15 日，中共安徽省委组织部通知，任命严桂夫为省档案局（省档案馆）党组书记，丁双林、刘振明任省档案局（省档案馆）党组成员，濮德祥不再担任省档案局（省档案馆）党组书记职务。

1996 年 8 月 12 日，中共安徽省纪律检查委员会同意金来根任省档案局党组纪检组组长（副厅级）。

1996 年 8 月 19 日，中共安徽省委组织部通知，任命金来根为省档案局（省档案馆）党组纪律检查组组长、党组成员。

1998 年 12 月 31 日，省政府任免通知，任命崔海燕为省档案局（馆）副局长（副馆长）。

2002 年 11 月 18 日，省政府任免通知，任命李银标为省档案局（馆）助理巡视员。

2003 年 4 月 7 日，中共安徽省委任命严桂夫为省工商行政管理局党组书记，免去其省档案局党组书记职务。4 月 8 日，省政府任免通知，任命严桂夫为省工商行政管理局局长，免去其省档案局（省档案馆）局长（馆长）职务。

2003 年 9 月 14 日，中共安徽省委组织部任职通知，黄玉明任省档案局党组成员。9 月 28 日，省政府任免通知，任命黄玉明为省档案局（省档案馆）副局长（副馆长）。

2004 年 1 月 18 日，中共安徽省委任命李学香为省档案局局党组书记。

2004 年 2 月 4 日，安徽省人民政府任命李学香为省档案局（馆）局（馆）长。

安徽省档案局（馆）领导班子成员更迭表

表 2-1

局（馆）长				副局（馆）长			
姓名	性别	籍贯	任职时间	姓名	性别	籍贯	任职时间
黄秀成	男	江苏如皋	1983.6—1987.10	田荣耕	男	江苏六合	1983.6—1988.11
				王志铨	男	山西阳泉	1983.6—1994.4
				濮德祥	男	安徽来安	1983.6—1990.5
田荣耕	男	江苏六合	1988.11—1990.5	王志铨	男	山西阳泉	1983.6—1994.4
				濮德祥	男	安徽来安	1983.6—1990.5
				高红妹	女	安徽芜湖	1987.10— 1994.9
濮德祥	男	安徽来安	1990.5—1996.4	王志铨	男	山西阳泉	1983.6—1994.4
				严桂夫	男	安徽桐城	1992.2—1996.4
				高红妹	女	安徽芜湖	1987.10— 1994.9
严桂夫	男	安徽桐城	1996.4—2003.4	丁双林	男	安徽宿州	1996.4—2008.2
				崔海燕	女	安徽寿县	1998.12—
				刘振明	男	安徽临泉	1996.4—1999.9（助理巡视员）
				金来根	男	安徽宣城	1996.8—2001.10（纪检组长）
				李银标	男	安徽砀山	2002.11—（助理巡视员）
李学香	男	安徽长丰	2004.1—2010.10	丁双林	男	安徽宿州	1996.4—2008.2（2003.4—2004.2 主持工作）
				崔海燕	女	安徽寿县	1998.12—
				李银标	男	安徽砀山	2002.11—2005.9（助理巡视员）
				黄玉明	男	安徽桐城	2003.9—

干部队伍　截至 1987 年年底，省档案局（馆）共有在职人员 71 人。文化程度：大学毕业或肄业 47 人，高中（中专）21 人，初中及以下 3 人。档案专业程度：大学毕业或肄业 13 人，训练班 58 人。档案专业技术职务：研究馆员 1 人，副研究馆员 13 人，馆员 27 人，助理馆员 11 人。

1992 年年底，局（馆）共有在职人员 77 人。文化程度：大学本科 19 名，占总人数的 24%；大专 33 名，占 42%；中专 20 名，占 26%；高中 3 名，占 4%；初中 2 名，占2.6%。档案专业程度：大学本科11人，占总人数的14%；大专5人，占6.5%。档案专业技术职务：研究馆员2人，副研究馆员12人，高级专业技术职务占总人数的18%；馆员26人，占34%；助理馆员19人，占24%。

1996年年底，局（馆）共有在职人员65人。文化程度：大学本科30名；大专13名；中专10名；高中6名；初中6名。档案专业程度：大学本科7人；大专1人。档案专业技术职务：副研究馆员10人，馆员21人；助理馆员5人。

2005年年底，局（馆）共有在职人员74人。文化程度：硕士研究生1名，占总人数1.4%；硕士研究生班1名，占总人数1.4%；大学本科48名，占总人数65%；大专12名，占总人数16%；中专3名，占总人数4.1%；高中2名，占总人数2.7%；初中1名，占总人数1.4%。档案专业程度：大学本科7人，占总人数9.5%；大专2人，占总人数2.7%。档案专业技术职务：副研究馆员3人，占总人数4.1%；馆员18人，占总人数24%；助理馆员3人，占总人数4.1%。

安徽省档案局（馆）在职干部文化程度统计表

表2-2 单位：人

<table>
<tr><th rowspan="2">时间</th><th colspan="7">文化程度</th><th colspan="2">档案专业程度</th><th colspan="4">档案专业技术职务</th></tr>
<tr><th>博士研究生</th><th>硕士研究生</th><th>大学本科</th><th>大专</th><th>中专</th><th>高中</th><th>初中</th><th>大学本科</th><th>大专</th><th>研究馆员</th><th>副研究馆员</th><th>馆员</th><th>助理馆员</th></tr>
<tr><td>1987年</td><td>-</td><td>-</td><td>47（肄业）</td><td>-</td><td colspan="2">21</td><td>3</td><td>13（肄业）</td><td>58（训练班）</td><td>1</td><td>13</td><td>27</td><td>11</td></tr>
<tr><td>1992年</td><td>-</td><td>-</td><td>19</td><td>33</td><td>20</td><td>3</td><td>2</td><td>11</td><td>5</td><td>2</td><td>12</td><td>26</td><td>19</td></tr>
<tr><td>1996年</td><td>-</td><td>-</td><td>30</td><td>13</td><td>10</td><td>6</td><td>6</td><td>7</td><td>1</td><td>-</td><td>10</td><td>21</td><td>5</td></tr>
<tr><td>2005年</td><td>-</td><td>1</td><td>48</td><td>12</td><td>3</td><td>2</td><td>1</td><td>7</td><td>2</td><td>-</td><td>3</td><td>18</td><td>3</td></tr>
</table>

第二节　省辖市档案局（馆）

省辖市档案局、档案馆均为一个机构、两块牌子，是市委、市政府直属正处级单位，行使档案行政管理和市直单位档案保管利用两项职能。对全市档案工作实行统筹规划，对市直单位档案工作实行监督指导，并负责市直单位档案的接收、整理、保管和提供利用工作。至2005年年底，17个省辖市档案局（馆）在编人员共为288人，其中具有大专以上文化程度的为257人，占全部人员的89.2%；馆藏档案资料139.8万卷（册），档案馆总建筑面积46377平方米。

合肥市档案局（馆）　合肥市档案局（馆）原是中共合肥市委、合肥市人民政府直属机构。1997年10月，在全市党政机构改革中，定为中共合肥市委、合肥市人民政府直属事业单位，保留档案事业行政管理职能。1998年7月，市档案馆晋升为安徽省二级综合档案馆。2002年7月，该局馆又被定为中共合肥市委直属事业单位，内设办公室、监督指导处、综合教育处、收集编目处、保管利用处、技术处等6个处室。2004年9月，市档案馆晋升为省一级综合档案馆。

该局馆原位于合肥市委办公楼五楼，建筑面积1200平方米。2005年，位于合肥政务区的新馆建成并交付使用。新馆总建筑面积1.1万平方米，分为档案库房、查阅档案用房、档案业务和技术用房、宣教活动用房、办公用房和其他用房等多个区位，满足档案馆“两个基地，一个中心”（档案安全保管基地、爱国主义教育基地、档案利用中心）的功能需求，是当时全省面积最大的国家综合档案馆。

淮北市档案局（馆）　淮北市档案局（馆）为市委、市政府直属机构，以市委管理为主，人员编制14人，内设机构为3科1室。1986年，档案馆建成使用，面积2070平方米。至2005年年底，该馆设备有明显改善，陆续配备自动报警和灭火设施、空调器、去湿机、复印机、温湿度测定自动控制仪、照相机、录音机、计算机、服务器等。在信息化建设方面，初步建成馆藏档案目录数据库，录入各类目录信息6万条。该馆是淮北市爱国主义教育基地、安徽省一级综合档案馆。

亳州市档案局（馆）　2000年，组建地级亳州市。2001年6月，亳州市档案局（馆）成立，为市委、市政府主管全市档案工作的直属事业单位，列入党委序列，内设办公室、业务监督指导科，编制10人。成立之初，主要是履行档案业务监督、指导之责，并开展已公开现行文件利用工作。

宿州市档案局（馆）　宿州市档案局（馆）的前身为宿县地区档案局（馆）。1989年11月，宿县地区地方志办公室并入地区档案局。1997年机构改革中，明确档案局（馆）为地委、行署直属事业单位，纳入党委序列管理，内设办公室、监督指导科、档案管理科、档案征集利用科、方志科5个职能科室。1999年6月，撤销宿县地区，成立地级宿州市，原宿县地区档案局（馆）更名为宿州市档案局（馆）。档案馆楼于1985年10月动工，1988年11月启用，建筑面积2228平方米。2003年4月，档案馆新馆在宿州市行政新区动工建设，2006年9月投入使用，建筑面积为3400平方米。自1988年1月以来，分三次对外开放档案6081卷。2002年12月，宿州市现行文件利用服务中心正式挂牌成立。截至2005年年底，馆藏档案资料41928卷（册）。

蚌埠市档案局（馆）　1995年9月，蚌埠市档案局（馆）由原市政府领导、市政府秘书长具体负责改由市委领导、市委秘书长具体负责，即由政府编制序列改为市委、市政府事业单位，保留档案事业行政管理职能。1996年1月，市委批准成立市档案局党组。经过 1998 年、2002 年的两轮机构改革，至 2005 年，编制 17 人，内设办公室、监督指导科（法规科）、档案管理科和科技征集编研科。

1991 年，蚌埠市档案馆成为全省首家达到省一级先进的地市级综合档案馆。1993 年，成为全省首家馆藏量超过 5 万卷的地市级综合档案馆。1995 年，荣获“全国档案系统先进集体”称号。

阜阳市档案局（馆） 1986—1995 年为阜阳行署档案局（馆）。1996 年 1 月撤地建市，原阜阳地区档案馆、行署档案局改为阜阳市档案局（馆），定编 43 人，设 4 科 1 室（业务指导科、编研科、管理一科、管理二科、办公室）。撤地建市期间，阜阳市档案馆及时对撤销的原县级阜阳市 74 个市直机关、团体及企事业单位的档案进行接收，并于 2003—2004 年进行全面清理和整理。

淮南市档案局（馆） 淮南市档案馆成立于 1959 年。1980 年市委决定成立市档案局，与市档案馆合署办公。1983 年，市编委批准市档案局（馆）内设秘书编研科、业务指导科、档案管理科 3 个科。1988 年，秘书编研科撤销，设立档案史料编研科和办公室。1996 年，市委决定成立市档案工作领导小组，分别由市委和市政府分管负责人任正、副组长，加强对档案工作的领导。同年 11 月，市档案馆晋升为省一级先进档案馆。1998 年过渡为参照公务员法管理单位，编制 18 人。2001 年 6 月，市档案馆完成改扩建，总建筑面积 2500 平方米，其中库房 1678 平方米。

滁州市档案局（馆） 前身为滁县地区档案局（馆）。1993 年 1 月，滁县地区和县级滁州市撤销，设立地级滁州市，滁县地区档案局（馆）更名为滁州市档案局（馆），列入政府序列。1997 年 11 月，该局（馆）纳入党委序列，1998 年列为市委、市政府直属事业单位，由市委管理，内设办公室、监督指导科、档案管理编研科。2005 年 10 月，市编委批准档案管理编研科调整分设为档案管理科和征集编研科。

六安市档案局（馆） 前身为六安地区档案局（馆）。1986 年 1 月，由六安地委领导改为行署领导，作为行署的直属局。1996 年 6 月，确定为地委、行署的直属事业单位。1997 年 5 月，局（馆）机关工作人员参照公务员管理。2000 年 3 月，六安地区档案局（馆）更名为六安市档案局（馆）。2006 年 9 月，搬入市行政中心，建筑面积 3000 平方米。

马鞍山市档案局（馆） 马鞍山市档案馆成立于 1958 年 12 月，市档案局成立于 1979 年 12 月，局馆合署办公，为市委、市政府主管全市档案事业的综合管理部门。1987 年，该局（馆）列入市政府序列。2005 年，内设办公室、监督指导科、档案管理科、宣传教育编研科、信息技术科、档案征集科、机关党支部和安全保卫部，定编 24 名。该馆为省一级先进档案馆、市爱国主义教育基地，并 1991 年被评为全国档案系统先进集体。

巢湖市档案局（馆） 1999 年巢湖撤地设市，巢湖地区档案局（馆）更名为巢湖市档案局（馆）。2002年机构改革中，市档案局（馆）被确定为市委直属事业单位，内设办公室、监督指导科、档案管理科，编制13名。2005年4月，搬至市行政中心综合楼，新馆建筑面积为1800平方米。

芜湖市档案局（馆）　芜湖市档案馆始建于1960年6月，1981年10月成立档案局，局、馆合署办公，内设办公室、指导科、法宣科、管理科、编研科5个职能科室，编制20名。1988年8月档案馆楼建成启用，建筑面积为3300平方米，其中库房2200平方米。该局（馆）先后获得市目标考核优秀单位、市级文明单位等多项荣誉，2002—2004年连续三年获省档案局年度评估先进单位。芜湖市档案馆1996年晋升为省一级先进档案馆，2005年被命名为市爱国主义教育基地。

宣城市档案局（馆）　1985年，宣城地区档案局作为宣城地委、行署直属机构，划为行署编制序列。1990年5月，局（馆）机关科室由芜湖搬迁至宣城办公。1995年8月，被确定为地委直属事业单位，由行署改归地委领导。2000年6月，宣城撤地设市，宣城地区档案局（馆）更名为宣城市档案局（馆）。2002年6月，市地方志编纂办公室并入市档案局，实行“一套人马、三个机构”，内设办公室、监督指导科、档案管理科、方志编纂科，编制19名。市档案馆楼于1989年3月建成使用，面积1274平方米，其中库房面积666平方米。

铜陵市档案局（馆）　铜陵市档案馆成立于1958年12月，1980年1月市档案局成立，局、馆合署办公。1995年8月，明确为市委、市政府直属事业单位，内设办公室、监督指导科、法教科、档案管理科、编研科。2002年编研科撤销，定编14名。市档案馆楼于1995年12月建成使用，建筑面积2448平方米，其中库房1665平方米，配有比较齐全、先进的档案保管设施设备。2005年，市档案馆在新建的市行政中心设立机关联合档案室，负责各单位档案的集中统一保管和利用。

池州市档案局（馆）　1988年9月，池州地区第三次组建，正式成立地区档案局、地区档案馆，合署办公，列入行署直属局，定编13名。同年12月，核定内设机构。1991年，对内设机构进行调整。2002年，被确定为市委、市政府直属事业单位，内设办公室、综合指导科、档案管理科和档案史料编研科。1993年8月，将安庆市档案馆代为保管的原池州地区1980年以前的近1万卷档案资料接收进馆。1997年10月，档案馆楼建成，建筑面积2470平方米，其中库房1570平方米。2000年晋升为省二级先进档案馆。

安庆市档案局（馆）　1988年11月，安庆地区行署档案局（馆）和原安庆市档案局（馆）合并，组建为地级安庆市档案局（馆），内设办公室、档案管理一科、档案管理二科、业务指导科、档案教育科和档案史料编纂办公室。1996年6月，晋升为省一级先进档案馆。1997年4月，该局（馆）赞助创办的全国首家由档案部门赞助的希望小学挂牌开学。1999 年 1 月，市档案局成立市民素质教育学校，2 月，获市文明单位标兵称号。同年 12 月，被评为全国档案系统先进集体。2001 年 2 月，新的市档案馆大楼投入使用，建筑面积 5014 平方米，其中库房 3320 平方米。2002—2004 年，连续三年在省档案局组织的省辖市档案工作年度评估中获得第一名。

黄山市档案局（馆） 1987 年 11 月，徽州地区撤销，设立黄山市。1988 年 4 月，徽州地区档案局（馆）更名为黄山市档案局（馆）。1989 年 1 月，增加 3 名行政编制；12 月，增设城建档案管理科，增加 2 名事业编制。1998 年，确定为市委、市政府直属事业单位，内设办公室、监督指导科、档案管理科、科教编研科，编制

第三节 县（市、区）档案局（馆）

至 2005 年年底，全省共有 100 个县（市、区）设立了档案行政管理部门，92 个县（市、区）建立了国家综合档案馆。档案局（馆）共有在编人员 909 人，其中具有大专以上文化程度的 662 人，占全部人员的 72.8%。馆藏档案资料总数为 445.1 万卷（册），档案馆建筑面积总计 87263 平方米。

合肥市瑶海区档案局（馆） 1997 年 7 月，合肥市东市区档案馆成立。1998 年 5 月，区档案馆正式挂牌，编制 3 名，配置一间办公室和两间 45 平方米库房。2002 年，合肥市区划调整，东市区档案馆更名为瑶海区档案局（馆）。2004 年 5 月，建立现行文件服务中心。6 月，随区政府机关搬迁至区机关政务中心大楼，用房面积扩大到 200 多平方米。硬件设施按照升级达标要求，逐步配齐。同年 9 月，经省档案局考评，晋升为省二级档案馆。

合肥市庐阳区档案局（馆） 1998 年 7 月，合肥市中市区档案馆成立，为副科级事业单位，隶属于中市区区委办公室，编制 3 名，领导职数 1 名，办公用房、库房面积约 50 平方米。2002 年 6 月，合肥市行政区划调整，成立庐阳区，庐阳区档案局（馆）随之成立，为一个机构，两块牌子，直属区委领导，为正科级事业单位；增编 1 名，共 4 名编制，领导职数 2 名。2003 年 3 月，内设办公室、法制编研科、业务指导科、保管利用科 4 个机构。2004 年，随区委、区政府搬迁至区新办公大楼，档案用房面积增至 600 平方米，其中办公用房 100 平方米，技术用房和档案库房 500 平方米，配备的设施设备有微机 3 台、光盘刻录机 1 台、激光和喷墨打印机各 1 台、复印机 1 台、档案柜 60 组、密集架 8 列、资料柜 4 组、目录柜 1 组、空调 3 台、除湿机 1 台、消毒机 1 台、吸尘器 1 台、照相机 1 部、摄像机 1 部、电视机 1 台等。9 月，晋升为省二级档案馆。同年，被区委宣传部确定为区爱国主义教育基地。

合肥市蜀山区档案局（馆） 1995 年 12 月，合肥市西市区档案馆成立，库房 15

平方米。2000年，区委、区政府办公楼搬迁，档案馆随迁至新办公楼9楼，总面积150平方米，其中库房面积为52平方米，配备密集架、计算机、复印机、除湿机、扫描仪、打印机、照相机、防磁柜、消毒柜等设备。2002年8月，合肥市行政区划调整，成立蜀山区，组建蜀山区档案局，与区档案馆合署办公，为区委、区政府直属事业单位，正科级建制，定编3名，领导职数1名。2004年，晋升为省二级档案馆。

合肥市包河区档案局（馆） 1984年4月13日，合肥市郊区档案馆成立，事业编制4名。1985年8月，区委常委会议研究决定区档案馆划归区政府办公室领导。同年9月15日，确定馆址位于区委、区政府大院内二楼，有档案工作用房150平方米。1988年2月，市编办批准其为副科级事业单位。1997年6月27日，增加1名事业编制。同年9月28日，区编委批准成立郊区档案局，局馆合一，为隶属于区政府领导的正科级事业单位。2001年10月11日，内设办公室、综合业务室2个机构。2002年3月，合肥市行政区划调整，更名为合肥市包河区档案局（馆）。同年6月，改为区委直属事业单位。2004年9月，晋升为省二级档案馆。2005年年底，搬迁至包河区政府北楼二楼，档案工作用房210平方米，配有中央空调、电子监控、火灾警报系统以及移动密集架、消毒柜、除湿机、计算机、复印机、打印机、扫描仪、数码相机等设备。该馆是区委、区政府指定和命名的政府信息公开场所、爱国主义教育基地、青少年教育基地。

长丰县档案局（馆） 1965年5月23日，长丰县档案馆成立。当年，在县人民委员会机构设置中，还有“长丰县档案管理科”，科、馆合署办公，定编3名，实配2人。建馆初期，业务工作尚未全面展开，虽名为档案馆，实为县委、县人委办公室的一个不完备的综合档案室，主要任务是承担县委、人委文书档案的收集、整理、保管，不负责对全县档案业务工作的指导。“文化大革命”开始后，档案馆名存实亡，业务工作中断。1968年县革命委员会成立后，下设四大组（政工组、生产指挥组、人民保卫组、办事组），档案工作由革委会办事组负责。1974年办事组内设档案室，直到1975年县档案馆才恢复，任命1名馆长，选派1名工作人员。1979年，县档案馆在县委的直接领导下，开始抓基本建设和业务工作，恢复后的档案馆位于县委大院内，由建馆初期的3间平房，发展到10间，总建筑面积为270平方米。1984年10月，县档案局成立，局（馆）合署办公，编制由3名增至5名。1985年冬，明确县档案局（馆）既是县委机构，又是政府机构，列入政府序列，日常工作由县政府直接领导。1997年，确定编制为7名。2004年夏，新档案馆楼建成使用，为四层单体建筑，建筑面积1060平方米，总投资93万余元，楼内设有档案库房、调阅大厅、图书资料室、保管室、整理室、档案展示室、办公室等用房。

肥东县档案局（馆） 1959年4月，肥东县档案馆成立，为正科级单位，配备干部4人，档案用房为140平方米的平房。1975年8月，县革委会成立档案小组，与档案馆合署办公，属革委会办事组领导。同年，县革委会投资近2万元，修建500平方米的二层砖混结构档案馆楼房。1980年10月，县档案局成立，与县档案馆合署办公，为正科级单位，配备干部8人。1992年，对档案馆楼进行抗震加固。1998年7月，局（馆）被定为县委、县政府直属事业单位，委托县委办公室管理，内设监督指导科、管理科和办公室，配备干部9人。2000年4月，县档案馆楼房拆建，馆藏档案临时搬迁到县委大会场三楼会议室。2002年10月，县政府投资600万元新建的档案馆综合楼在原址建成使用，该楼共六层，其中五、六两层为档案局（馆）用房，面积1100平方米，比原库容增加596平方米。先后购置档案资料柜架44组（个）、密集架90多立方米、复印机1台、扫描仪1台、除湿机2台、吸尘器1台、空调5台、电脑5台。2005年，添置5节铁皮档案柜50组，安装154立方米密集架和防光窗帘，另配备二氧化碳灭火器12个，装备电子监控系统1套。至2005年年底，配备干部7名，其中局（馆）长1名，副局（馆）长2名，科室领导职数3名。1987年，被评为安徽省档案工作先进单位。

肥西县档案局（馆） 1958年10月，肥西县档案馆成立，隶属于县委、县人委领导。1963年8月，县档案管理科成立，作为县委、县政府工作部门，主管全县档案工作，与县档案馆一个机构、两块牌子。“文化大革命”期间，县档案工作机构被撤销。1976年4月，县档案馆恢复。1981年5月，县档案局成立，与县档案馆合署办公，编制5名，隶属于县委、县政府双重领导，履行全县档案事业行政管理和档案保管利用两种职能。1985年，县档案馆共有库房14间，面积122平方米，1987年增加到138平方米，1996年为188平方米。1997年对库房和资料室进行调整，库房面积为150平方米，2000年库房面积增加到210平方米。2002年8月，明确县档案局（馆）为县委、县政府直属事业单位，参公管理，主要履行主管全县档案事业、档案行政执法、档案干部队伍教育培训、新兴领域档案工作、档案保管利用、档案宣传等职能，定编8名，内设监督指导科、档案保管科2个职能科室。2005年，县档案馆对县委原办公小楼二楼进行整修、加固，增加档案库房，面积为275平方米。1996年，被省人事厅、省档案局评为“安徽省档案系统先进集体”。

淮北市相山区档案局 相山区综合档案室始建于1975年，为区机关唯一档案室，是由文书、人事、民政、财会档案组成的“四合一”综合档案室，负责区委、区人大、区政府、区政协、区纪委及区委各部门的文书档案收集、整理、立卷、归档工作。1996年10月，在区综合档案室的基础上组建区档案局，为区委、区政府直属事业单位，级别为正科级，编制5名，共有办公面积20平方米，库房1间。2004年11月，区档案局成立区现行文件利用服务中心。2005年5月，被区委、区政府命名为区爱国主义教育基地。至2005年年底，区档案局面积扩至300平方米，其中库房5间、面积100

平方米，办公室 2 间，会议室 1 间。

淮北市杜集区档案局（馆）　杜集区综合档案馆始建于 1984 年，1996 年 6 月成立杜集区档案局，2005 年有库房 4 间，面积 130 平方米。

淮北市烈山区档案局　烈山区档案局成立于1996年，2005年有库房面积98平方米。

濉溪县档案局（馆）　1958 年 11 月 14 日，将县委、县政府两个档案室合并成立濉溪县档案馆，既是县委的机构又是县政府的机构，由县委办公室主任直接领导，有专职干部 2 人，开始实行党政档案统一管理。1963 年 6 月 5 日，成立濉溪县人民委员会档案科，1964 年 1 月 20 日，更名为濉溪县档案管理科，与档案馆合署办公，人员增至 3 人。“文化大革命”期间，人员调出，档案工作随之停止。1980 年恢复整顿后，确定 3 名档案人员。同年 9 月 9 日，县委、县政府决定撤销中共濉溪县委办公室档案科，成立县档案局，恢复县档案馆，局馆合署办公，档案馆归档案局领导，局长为正科级，馆长为副科级，由县委办公室主任分工负责，县政府办公室一名负责人分管档案工作，人员增至 5 人。1996 年，明确县档案局与县档案馆一个机构、两块牌子，为县委、县政府直属事业单位，局长和馆长为一人，县委副书记和县政府副县长分管档案工作。至 2005 年年底，内设办公室、监督指导股、管理利用股 3 个股室，实有 12 人。县档案馆建立时，馆址设在原县人委机关院内，占用平房 12 间，其中库房面积 72 平方米。1978 年 5 月，档案馆随县革委会搬迁至原老县委院内，占有房屋 7 间，其中库房 4 间。1988 年 7 月，在现县政府后院新建一座档案楼，建筑面积 1360 平方米，其中库房 1080 平方米，1989 年 8 月搬进使用至今。馆舍建筑设计是双层隔热墙、小窗、双层门、屋顶混凝土现浇结构，墙内有防震柱，库房地面是 107 地胶，一楼为水磨石地面，基本上达到防潮、隔热、防火、防盗、防光、防震要求。1994 年 10 月，晋升为省二级档案馆。1999 年，被县委命名为青少年教育基地。2000 年，晋升为省一级档案馆，被县政府授予集体三等功，获评为全省档案系统先进集体。

亳州市谯城区档案局（馆）　1952 年亳县人民政府内设档案室，1954 年中共亳县委员会也建立档案室。1958 年 10 月 9 日，县委、县政府两个档案室合并，建立“亳县档案馆”。1963 年 7 月 26 日，设立“亳县人民委员会档案管理科”，与县档案馆合署办公。1973 年 8 月 1 日，成立“亳县革命委员会办事组档案管理小组”，1978 年 1 月 30 日，改为“县委办公室档案组”，与县档案馆一个机构、两个牌子。1979 年 1 月 12 日，县革委会将县委办公室档案组改为“亳县档案馆”和“亳县革命委员会档案管理科”，合署办公，既是党委机构，又是革委机构，由县委办公室主任直接领导。1980 年 4 月 3 日，设立“亳县档案局”，与亳县档案馆合署办公。1986 年 3 月，亳县撤销、亳州市（县级）建立，档案局、档案馆遂改为“亳州市档案局”“亳州市档案馆”，档案局由县委办公室领导，划为市政府职能局。1989 年市档案局（馆）定编 8 名，其中行政编制4名、事业编制4名。1992年增加事业编4名，编制增至12名。1997年2月，市档案局改为市委、市政府直属事业单位，与市档案馆一个机构、两块牌子，保留档案事业行政管理职能，由市委办公室管理。同年10月，内设业务监督指导股、内务管理股，定事业编制12名，其中馆（局）领导职数3名（1正2副），股级领导职数2名。1998年2月，亳州市由省直接管辖，档案局（馆）在业务上脱离阜阳市，由省档案局直接指导。市档案局(馆)领导于1999年9月高配一级(局长副处级、副局长正科级)，机构级别不变。2000年5月，地级亳州市设立，原县级亳州市调整建制划为谯城区，县级亳州市档案局(馆)随之更名为"谯城区档案局（馆）"，由谯城区委办公室管理。2002年12月17日，区史志办公室与区档案局（馆）合署办公（保留史志办牌子），人员转入区档案局（馆），定领导职数1正3副，人员编制不变。2004年8月19日，内设办公室、内部业务管理股、业务技术监督指导股、党史股和方志股5个股室，股级职数5名。该馆1958年初建之时，馆址设在亳县县委大院东南角的一个小四合院内，有古老式砖瓦结构房屋12间，库房面积不足100平方米。1984年4月9日，迁入与县委办公楼连体的四层砖混结构新档案馆，馆舍位于新办公楼的东段二、三、四层，建筑面积960平方米，其中库房建筑面积510平方米，档案保管条件得到改善。1992年11月，晋升为省二级档案馆。1987年、2001年，两次被评为全省档案系统先进集体。

蒙城县档案局（馆） 中华人民共和国成立初，蒙城县委、县人委分别设立档案室。1958年11月两个档案室合并，建立县档案馆，编制2名，负责馆内工作。1963年9月，建立县档案管理科。1971年设档案管理小组，1977年5月恢复成立档案管理科。1980年1月成立档案局，局、馆合署办公。1991年，编制11名，内设秘书股、内部管理股、资料编研股、业务指导股。1992年晋升为省二级档案馆。1998年明确县档案局为县委、县政府直属事业单位，与档案馆一个机构、两块牌子，保留档案事业行政管理职能，由县委办公室管理，事业编制12名，内设办公室、业务指导股、内部管理股、资料编研股。至2005年年底，共有干部职工14人，其中具有档案馆员职称5人、助理馆员2人。该馆最早位于县城老城隍庙的西头，仅有房屋3间。1956年年底，迁到城隍庙的后面，有房屋4间。1962年6月迁到圣人殿内。1964年迁到大殿后10间标准库房，面积150平方米。1975年建档案楼，1977年投入使用，砖混结构，面积820平方米。

涡阳县档案局（馆） 1958年10月14日，涡阳县档案馆成立。1963年5月6日，涡阳县人民委员会档案管理科成立，与涡阳县档案馆一个机构、两块牌子，列入县人委的编制序列，是县委、县人委的直属机构。1968年8月24日，成立涡阳县人民委员会档案科、档案馆革命领导小组。1971年，涡阳县档案科、档案馆撤销，档案工作由涡阳县革命委员会办事组秘书小组管理。1979年12月，恢复成立涡阳县人民政府档案科、中共涡阳县委档案馆。1980年2月5日，涡阳县人民政府档案科改为涡阳县人民政府档案局、中共涡阳县委档案馆改为涡阳县档案馆，归口县委办公室。1988年9月，中共涡阳县委将县档案局、档案馆改归县政府领导，归口县政府办公室。1998年3月，明确局（馆）为县委、县政府直属事业单位，设置人秘股、业务指导股、内部管理股、资料编研股，由归口县政府办公室改归县委办公室。1974年秋，在县委院内兴建新档案馆，为砖木结构，建筑面积600平方米，办公、阅览用房约140平方米，档案库房约300平方米。档案馆配有防火、防盗红外线自动报警器、计算机、复印机等设备。

利辛县档案局（馆）　利辛1965年5月1日建县，同日成立利辛县人民委员会档案管理科，行政编制1名，事业编制3名，为县人委办公室内设机构。1968年8月28日"利辛县人民委员会档案管理科"更名为"利辛县档案科革命领导小组"，隶属于革委会办公室领导。1973年6月19日，"利辛县档案科革命领导小组"更名为"利辛县革委会办事组档案管理小组"，为办事组内设机构。1974年，增加行政编制3名。1978年6月8日，撤销"利辛县革委会办事组档案管理小组"，成立"利辛县档案局"和"利辛县档案馆"，两块牌子、一套机构、合署办公，既是党的机构又是革委机构，由县委办公室领导。1980年，局（馆）列入政府机构，受县委、县政府双重领导。1998年6月，明确局（馆）为县委、县政府直属正科级事业单位，设置办公室、档案业务指导股、档案管理股，编制9名。该馆有新旧两址，皆位于县委院内。旧址建筑面积480平方米。1999年3月，局馆办公场所和重要档案库房移入新址，新址占地900平方米。2002年8月对馆库重新进行装修，更换添置部分设备设施。库区配有档案柜橱88套，吸尘器1台，去湿机1台，报警器1个，干粉灭火器40部，温湿度测量仪2个，计算机2台，复印打字机1台，数码摄像机1部。利辛县档案局（馆）曾于1981年3月、1985年4月被阜阳地委、行署授予"先进档案馆"荣誉称号，1996年1月受到县委、县政府通令嘉奖。

宿州市埇桥区档案局（馆）　前身为由宿州市档案局（馆）（1980—1992年）、宿县档案局（馆）于1992年合并成立的宿州市档案局(馆)。宿县档案馆于1958年10月28日建立，至1966年有专职干部2人。1967年1月至1973年12月因"文化大革命"，档案馆职能自行消失。1974年1月至1976年6月，设宿县档案小组，办公人员2人。1976年6月在县委办公室内设立档案科，增加至4人。1981年3月成立档案局，局、馆是一个机构、两块牌子、合署办公，属县委办公室直接领导。1981年年底，国家机构改革，局、馆列入政府编制序列。1988年9月，核定编制为10人。1985年9月，局、馆划归县政府领导。1980年2月原宿县城关镇从宿县分离出去，设立为宿州市（县级建制）。1980年9月，宿州市档案局（馆）成立，隶属于宿州市政府领导。1992年年底宿县与宿州市合并，成立新的宿州市，原宿县档案局（馆）、宿州市档案局（馆）、宿县地方志办公室、宿州市地方志办公室四家合并为一个单位——宿州市档案馆筹备组。1993 年 5 月成立宿州市档案局（馆），人员达到 24 人。1997 年核定事业编制 17 人。1998 年 5 月，宿县地区行署撤销，建立省辖宿州市，原宿州市更名为埇桥区，宿州市档案局（馆）随之更名为埇桥区档案局（馆），内设办公室、监督指导股、档案管理股、法制监察股和方志编研室。2002 年 7 月 28 日，核定局（馆）机关事业编制为 15 人。1987 年之前，档案馆馆藏档案数量很少，档案库房面积很小，全部是木质柜子，设备简陋。1987 年之后，搬至新建的档案馆大楼，建筑面积 1269 平方米，馆舍建筑设计为双层门，双层小窗，地下为 1.5 米厚的防震沙，一、二、三层均为水磨石地面，库房门均为防火门。1995 年以后逐年增加空调、去湿机、吸尘器、复印机、照相机、电视机、防磁柜、电脑、灭火器、监控等设备，铁皮档案架 207 组，木质档案柜 14 套，五节铁皮柜 12 套，木质图书、资料架 55 套，密集架 110 立方米，陈列柜 10 个。2001 年，晋升为省一级档案馆。2003 年 3 月，被埇桥区政府评为 2002 年政风评议"满意单位"。同年 6 月，被中共埇桥区委评为全区防控"非典"工作"先进基层党组织"。

砀山县档案局（馆）　砀山县档案馆于 1958 年 11 月 15 日，由县委档案室和县人委档案室合并成立。1963 年 7 月 1 日，成立砀山县档案管理科。1966—1976 年"文化大革命"期间，档案管理机构撤销，属办事组领导。1977 年 4 月，成立县委办公室文档科。1981 年 5 月 15 日，成立砀山县档案局，与档案馆合署办公，属县委办公室直接领导。1985 年 10 月 15 日，档案馆划归县政府领导，编入政府序列。1997 年 8 月 3 日，砀山县档案馆与档案局、地方志编纂委员会办公室合并为一个机构、三块牌子，为县委、县政府直属事业单位，由县委管理，正科级建制，内设监督指导股、档案管理股、方志股和办公室。砀山县档案馆自建馆以来历经两次搬迁，现址在县委办公楼的西侧一楼，竣工于 1981 年 1 月，总面积 745 平方米，库房面积 475 平方米，为砖混结构。馆内配有灭火器 、去湿机、温湿度计、复印机等。

萧县档案局（馆）　萧县档案馆成立于 1958 年 9 月 10 日，编制 4 人，首任馆长由县委办公室主任兼任。1961 年，档案馆并入县委办公室，保留 2 人。1963 年 7 月 20 日，县人委档案科成立，与县档案馆合署办公，编制 4 人。1966 年 5 月"文化大革命"开始后，档案馆工作陷于瘫痪，人员离散。1976 年档案馆工作恢复。1981 年，萧县档案局成立，与县档案馆合署办公，县委办公室主任兼任局长，设副局长一名。1982 年副局长同时任档案馆馆长，另设副馆长 1 名。1985 年 10 月，档案局（馆）列入政府序列，编制 7 人。1991 年设局长 1 名、馆长 1 名，编制不变。1997 年 8 月 23 日，经县委、县政府批准，萧县地方志编纂委员会办公室并入档案局，县档案局与县档案馆、县地方志编纂委员会办公室一个机构、三块牌子，为县委、县政府直属事业单位，由县委管理，正科级建制，内设 4 个职能股，机关事业编制 15 名。2002 年 7 月 30 日，核定事业编制 14 名，其中局长 1 名，副局长 2 名，股级领导职数 6 名，内设 5 个职能股。1958 年档案馆成立时，有库房5间，资料室兼办公室2间，皆为砖瓦平房，地址在县委院内。1976年档案馆迁移到原县委常委会议室的3间大房里。1979年在县委院内建造一幢档案楼，其中库房9间、调阅室1间、办公室2间，另外还有3间平房为陈列室，总面积为395平方米。1989年总造价35万元的新档案馆楼开工建设，1992年完成砖混主体两层建设，由于资金不足，基建停工。2002年在多方协调筹措下复工建设，于当年完工并投入使用，总面积1300平方米，至此档案馆总面积达1800平方米。2005年投入5万元改造档案库房，新增空调5台、计算机2台、传真机、彩色打印机各1台，档案设施设备的紧缺得以缓解。萧县档案馆现为省二级档案馆。

灵璧县档案局（馆）　1951年、1952年，分别在县委秘书处、县政府秘书室设置档案室。1958年11月，成立县委档案工作委员会，同时合并县委、县人委两个档案室，建立灵璧县委档案馆，配备3名专职干部。1959年1月，灵璧县委档案馆改称灵璧县档案资料馆。1963年10月，成立灵璧县档案管理科，与档案馆合署办公，两块牌子，一套人马。1966—1972年年底，馆内只有2人负责日常工作。1971年9月，任命1名人员为档案馆负责人。1974年2月，县革命委员会办事组代管档案馆，并配1名兼职馆长。1978年5月，县委办公室设立档案科，与档案馆合署办公，并任命副科长1名、兼档案馆馆长，隶属于县委办公室领导。1980年6月，撤销档案科，成立直属县委、县革委会领导的灵璧县档案局，局馆一套人马，两块牌子，合署办公，配1名副局长兼档案馆馆长。1982年撤销县革委会，成立灵璧县人民政府，县档案局隶属于县委、县政府双重领导，县委办公室代管。1985年机构改革，县档案局列入县政府序列。1986年1月，档案局改为正科级建制，设局长兼馆长1人，仍为政府序列，由灵璧县人民政府直接领导，档案局、馆合署办公，两块牌子，一套人马，事业编制。1997年，灵璧县党政机构改革，根据县政府《关于做好县直各部门、各直属事业“三定”工作的通知》精神，保留灵璧县档案局与灵璧县档案馆，一个机构、两块牌子，为县委、县政府直属事业单位，正科级建制，由县委领导，内设机构为3个职能股和1个秘书岗位，局馆事业编制增加到11名，领导职数1正2副，股级职数为4名。2002年县直机关机构改革，根据县委、县政府《关于灵璧县党政机构改革方案的实施意见》精神，灵璧县档案局（馆）是县委负责全县档案管理工作的直属事业单位，内设机构为4个，撤销法规股，增设征集利用股和办公室，人员编制、领导职数不变，其中档案馆馆长由1名副局长兼任。1958年，县档案馆馆址设在县委办公大楼西院，有库房、办公室18间，总面积384平方米。1965年迁入新馆址，18间平房，砖木结构，面积为330平方米。县档案馆大楼于1988年动工修建，1996年竣工交付使用。按框架结构五层设计，建筑面积1028平方米，投资总额33.5万元。除办公用房外，设有6大间库房，还设有专门的业务指导培训室、会议室、微机室、目录室和现行文件资料利用服务中心等。

1991年4月、2001年3月，两次被授予全省档案系统先进集体称号。2000年10月，晋升为省一级档案馆。

泗县档案局（馆） 1958年，泗县档案馆成立，利用原泗县县衙的3间大堂为馆址，单独办公，兼做库房之用，建筑面积为130平方米。1964年春，县档案馆迁入原县委书记处办公地址，面积为216平方米，其中库房面积为146平方米。1981年8月20日，成立泗县档案局。1986年5月2日，泗县档案局划归县人民政府领导，列入政府编制序列，增加事业编制3名，事业编制总数达11名。1987年8月11日，县编委同意县档案局内设业务指导股、档案管理股，另设秘书1名。1996年11月21日，县委、县政府下发《关于印发泗县县直党政机构改革实施方案的通知》，泗县档案局改为县委、县政府直属事业单位，为正科级建制，保留档案事业行政管理职能，与档案馆一个机构两块牌子，委托县委办公室管理。1997年6月6日，县编委印发《泗县档案局（档案馆）职能配置、内设机构和人员编制方案》，同意县档案局（档案馆）内设办公室、监督指导股、管理股3个股（室），机关事业编制10名，其中，局（馆）长1名，副局（馆）长1名，股级领导职数3名。1998年10月至1999年6月，省、县两级政府共投入111.7万元，兴建档案馆综合办公楼，建筑总面积1662平方米，其中档案库房面积为396平方米。2000年8月，档案馆搬迁至大成殿北面的新档案大楼。2001年，县委、县政府下发《关于印发泗县县直党政机构改革实施意见》，同意设置泗县档案局（与泗县档案馆、泗县地方志办公室一个机构三块牌子），为县委、县政府领导授权承担全县档案、地方志工作行政管理的直属事业单位。2002年，县编委印发《关于印发泗县档案局职能配置内设机构和人员编制规定的通知》，同意县档案局（县档案馆、县地方志办公室）内设办公室、档案管理股、监督指导股、方志股4个职能股（室），定机关事业编制11名，其中，局长1名，副局长1名，股级领导职数6名。2005年11月，档案馆随县委、县政府整体搬迁至经济开发区行政中心一楼，总建筑面积为453平方米，其中档案库房面积为160平方米。

蚌埠市龙子湖区档案局（馆） 前身是中共蚌埠市东市区委办公室的档案室，1950年设立。1989年5月30日，经蚌埠市编委批准，成立区档案馆，为副科级事业单位，隶属于区政府，核定事业编制2名，经费由区财政全额拨款。1997年机构改革后，区档案馆进入党委序列，划为区委领导。2004年1月，国务院批准调整蚌埠市部分行政区划，东市区更名为龙子湖区，东市区档案馆相应更名为龙子湖区档案馆。同年12月，加挂区档案局牌子。区档案馆用房建筑面积180平方米，馆内有档案、资料柜11套（个），密集架4列，并有复印机、照相机、摄像机、温湿度测试仪、吸尘器、空调、计算机、打印机、报警器、缝纫机等，安装防盗门，配备消防设施。

蚌埠市蚌山区档案局（馆） 1989年7月，蚌埠市中市区档案馆正式设立，为副科级独立事业单位，定事业编制 2 名，隶属于区政府领导。至 1990 年有办公室兼库房一间，25 平方米。1995 年 12 月，转归区委办公室管理，档案馆用房增加到 4 间计 100 平方米，分设办公室、微机室、调阅室和库房。1997 年 1 月，晋升为省二级档案馆。2002 年 11 月，增加 1 名事业编制。2003 年 12 月，被区委宣传部命名为区爱国主义教育基地。2004 年，中市区更名为蚌山区，中市区档案馆相应更名为蚌山区档案馆。同年 12 月，区档案馆加挂区档案局牌子。自 2001 年起，区档案馆先后新置微机 3 台、彩色喷墨打印机 3 台、空调器 2 台、扫描仪 1 台、电子报警器 1 台、档案柜 34 套、自动报警器 1 台、温湿度计 1 台。

怀远县档案局（馆）　怀远县档案馆成立于 1958 年 11 月，由县委、县人委两个机关档案室合并而成。1959 年 11 月 16 日，改称“怀远县档案资料馆”。1963 年 6 月 18 日，怀远县人民委员会档案管理科成立，科、馆合署办公。1963 年 10 月，恢复“怀远县档案馆”名称。1975 年 2 月，成立怀远县革命委员会办事组档案小组和怀远县革命委员会档案馆。1977 年 7 月，成立中共怀远县委办公室档案科，同时撤销县革委会办事组档案小组。1980 年 4 月，县委批准成立怀远县档案局，怀远县革命委员会档案馆恢复“怀远县档案馆”名称，局、馆合署办公。1984 年 3 月，县级机构改革，撤销县档案局，保留县档案馆。同年 7 月，县委下文保留县档案局建制。1986 年 6 月，县档案局由县委领导改为县人民政府领导，局、馆仍合署办公，档案馆归档案局管理，编制 6 人。1991 年定编 9 人，内设办公室、业务指导组、档案管理组及编研组。1997 年 12 月，怀远县档案馆晋升为省二级档案馆。2001 年 3 月，荣获全省档案系统先进集体。怀远县档案馆建馆之初，面积仅 135 平方米，其中档案库房面积为 60 平方米。1977 年拆除旧库房，1979 年在原址筹建一幢档案楼，面积为 900 平方米，1980 年竣工使用。全楼共三层，第一层为办公室，第二、三层为档案库房。到 2005 年年底，有铁质档案柜 152 套，木制档案柜 18 套，木制资料架 18 个，铁质报架 10 副，卡片柜、文件柜 6 套，并配备复印机、打字机、照相机、录音机、缝纫机以及吸尘、温湿度测试、灭火、空调等设备。

五河县档案局（馆）　1958 年 12 月，五河县档案馆成立。1963 年 9 月成立“五河县人民委员会档案科”，档案馆同时撤销。1966—1972 年，档案工作停顿，人员全部调出，档案无人管理，由当时的五河县革命委员会办事组代管，临时放在三间屋内暂存。1973 年 11 月，在县革命委员会办事组下设档案小组。1977 年 1 月，重新设立档案馆。1980 年 11 月，五河县档案局成立，与县档案馆合署办公，编制 8 人。1989 年 5 月，县档案局（馆）划归县人民政府领导。1991 年现馆建成投入使用，三层框架结构，建筑面积 1090 平方米，设有 12 个库房。1997 年 9 月，县档案局（馆）为县委、县政府直属事业单位，编制减为 7 人。1999 年 12 月，晋升为省二级档案馆。2002 年 9 月，五河县政府下发《关于印发五河县档案局（馆）职能配置、内设机构和人员编制方案的通知》，明确县档案局（馆）为县委、县政府直属单位，依照公务员管理，内设监督指导股、管理编研股。

固镇县档案局（馆） 固镇县档案馆于1965年建县的同时成立，隶属于县委。1976年9月，县委办公室内设档案科。1980年5月，固镇县档案局成立，与县档案馆合署办公。1985年12月，该局（馆）改属县政府领导。1997年机构改革，明确局馆为县委直属事业单位。档案馆于1994年年底建成使用，建筑面积1023平方米。1995年12月，晋升为省二级档案馆。

颍上县档案局（馆） 1955年以前，颍上县档案工作由县委办公室和政府办公室直接管理，各设档案室一个。1955年6月，成立颍上县档案局，属县政府领导。1956年3月，撤销档案局，文件、资料均交县政府办公室。1958年8月，成立颍上县档案资料馆，隶属于县委领导。1963年7月，成立颍上县人民委员会档案科，与档案馆合署办公，一套人马，两块牌子，属县委领导。1973年10月，成立颍上县革命委员会办事组档案管理小组。1976年1月，县委成立保密、档案领导小组，下设办公室。1977年3月，恢复档案科和档案馆，科、馆合署办公，属县委领导。1979年档案馆楼建成并投入使用，两层砖混框架结构，建筑面积733.13平方米。1980年6月，成立颍上县档案局，局、馆合署办公，直属县委、县政府领导。1997年机构改革，明确局馆为县委、县政府直属事业单位，保留档案事业行政管理职能，归口县委办公室，内设办公室、业务指导股、内部管理股、资料编研股。1998年，核定编制20人。该馆为省二级档案馆，两次受县委、县政府表彰为文明单位。

界首市档案局（馆） 1958年9月17日，县委档案室和县人委档案室合并建立界首县档案馆，配备工作人员4名。1958年11月，界首、太和两县合并为首太县，界首县档案馆相应改称首太县档案馆，工作人员增至6人。1959年4月，撤销首太县，首太县档案馆遂改称界首县档案馆，工作人员仍为4人。1959年7月18日，界首县档案馆改称界首县档案资料馆，配备兼职馆长1人，专职副馆长1人，工作人员3人。1962年12月28日，明确县档案馆既是党委机构，又是政府机构，由县委办公室主任直接领导。1963年8月28日，设立界首县档案管理科，与县档案馆合署办公，一个机构，两块牌子，配备副科长（兼副馆长）1人。1968年8月，界首县革命委员会成立，档案工作属县革委会办事组办理。1969年9月，档案工作由县革委会办事组秘书小组办理，配备档案工作人员2人。1972年2月25日，分设县革委会办事组机要小组，档案工作由机要小组办理，配备档案工作人员2人。1974年9月21日，分设界首县革委会办事组档案管理小组，配副组长1人、工作人员2人。1977年3月15日，随着县直属机关的机构调整，撤销档案管理小组。同年6月6日，设立界首县革命委员会档案管理科和中共界首县委办公室档案馆，合署办公，一个机构两块牌子，由县委办公室主任直接领导，配副科长（兼副馆长）1人，工作人员3人。1980年1月24日，撤销县革委会档案科、县委办公室档案馆，成立界首县档案局、界首县档案馆，一个机构两块牌子，既是县委的直属机构，又是政府的直属机构，配副局长（兼副馆长）2人，工作人员3人。1984年3月，在界首县机构改革时，将界首县档案局正式列入县政府编制序列，县档案馆予以保留，定编10人，其中行政编制3人，事业编制7人，配正、副局（馆）长各1人，工作人员4人。1989年9月，界首撤县复市，原界首县档案局（馆）更名为界首市档案局（馆）。1997年12月，明确局（馆）为市委、市政府直属事业单位，内设办公室、业务指导股、档案管理股、资料编研股4个职能股室，人员编制14名。1999年以前，局（馆）位于原县委大院内，仅有档案库房和其他办公用房15间，建筑面积300平方米。1999年9月，局（馆）用房开始拆迁，局（馆）搬迁至中原路河北汽车修配厂租房办公。2001年10月18日，新档案馆大楼落成并投入使用。新档案馆大楼位于市委大院西北部，为主体三层、局部四层的全框架结构，建筑面积2350平方米，其中档案库房面积1000平方米。库房内安装200立方米的档案密集架，配备除湿机、温湿度仪、空调、档案防磁柜、档案消毒柜、消防栓等设备。办公区内，一楼为档案调阅室，二楼、三楼为办公室，局部四楼为会议室。

临泉县档案局（馆）　临泉县档案馆成立于1958年9月29日，是县委、县政府的直属机构。1963年5月16日设立“临泉县人民委员会档案管理科”，与县档案馆合署办公。1973年11月，成立“县革委办事组档案小组”。1980年5月30日，成立“临泉县档案局”，属县政府职能局，局馆合署办公。1993年3月，档案局退出政府序列，对外保留档案局牌子，档案馆为县委、县政府直属事业单位，正科级建制。1997年8月，恢复档案局，与档案馆一个机构、两块牌子，属县委、县政府直属事业单位，归党委系列，内设秘书、业务指导、管理、编研等4个职能股。县档案馆楼于1986年3月投入使用，馆址在县委院内，砖混结构，投资37万元，建筑面积1416平方米，其中库房面积720平方米。1991年晋升为首家省一级档案馆，获“八五”“九五”期间全省档案工作先进集体。

阜南县档案局（馆）　1954年阜南县委、县政府在办公室下面分别设立档案室，负责党政机关档案工作。1958年11月14日，经县委批准撤销两个档案室，成立“阜南县档案馆”，编制4人。1959年3月7日，县委将“阜南县档案馆”更名为“阜南县档案资料馆”，1962年11月21日又恢复“阜南县档案馆”名称。1963年5月3日，成立“阜南县人民委员会档案科”，与档案馆合署办公，一个机构，两块牌子，隶属于县委办公室领导，编制4人。“文化大革命”期间，为保证档案安全，县档案馆工作人员将重要档案搬运到县人武部军管。成立县革命委员会后，档案馆改称“县革委会机关档案室”，隶属于县革委会办事组下设秘书小组领导。1973年在县革委会机构调整中，恢复县档案馆。同年9月20日县革委会办事组成立“档案管理小组”，组、馆合署办公，编制4人。1978年秋，县档案馆搬入县委、县政府办公楼，档案库房160平方米，办公用房40平方米。1980年3月28日，成立“阜南县档案局”，编制9人，局馆合署办公，一个机构，两块牌子，正科级单位。1997年11月20日，县编委批准阜南县档案局与县档案馆一个机构，两块牌子，为县委、县政府直属事业单位，事业编制10人，领导职数3名（一正两副），内设秘书、业务指导、资料编研、内部管理4个股。2000年，经县政府协调从县委招待室购商品楼150平方米。

太和县档案局（馆）　1958年11月，太和县委档案室和县人委档案室合并成立县档案馆，归属县委秘书室管理，负责接收和保管县委、县人委及其所属机构的档案，并联系区乡和县直单位的档案业务。同月，太和县与界首县合并成立首太县，两县档案馆合并为首太县档案馆。1959年4月，首太县撤销，恢复太和、界首两县，两县档案馆随之恢复。1963年9月，太和县档案管理科成立，事业编制，与县档案馆一个机构，两块牌子。“文化大革命”初期，县档案馆受到冲击，1966年10月至1971年6月被迫封馆。1968年9月，县革委会办事组成立后，县档案工作由县革委会办事组秘书小组负责。1974年3月，设立县革委会档案管理小组，由县革委会办事组领导。1976年3月，太和县被评为阜阳地区“档案工作先进县”。1977年11月，县革委会档案管理小组改称县革委会档案管理科，科级建制，与档案馆合署办公。1980年1月，撤销县革委会档案管理科，成立县档案局，与县档案馆合署办公，系县委直属机构，归口县委办公室管理。1984年6月，全县体制改革，县档案局（馆）核定行政编制7名。1986年，县档案馆馆址设在县委院内（太和县人民中路46号），共有房屋13间，建筑面积310平方米。1987年7月，县委、县政府调整档案工作领导体制，县档案局（馆）由县委序列调整为县政府序列，归口县政府办公室管理。1993年1月，中共太和县档案局党组成立。1995年6月，县档案馆用房拆迁，原址新建县档案馆楼。县档案馆搬至县老干部活动中心院内，借用县老干部活动中心房屋6间，其中库房4间，办公室及调阅室2间。8月，县档案馆楼开工建设，新楼为五层砖混结构，建筑面积1580平方米，其中库房面积900平方米，总投资145万元，档案库区和办公区分设，库区一楼、二楼按使用档案密集架承载强度进行设计。1995年11月2日，中央办公厅副主任、国家档案局局长、中央档案馆馆长王刚为太和县档案馆题写馆名。1996年10月，县档案馆楼建成并投入使用。1997年2月，县档案局（馆）由县政府组成单位调整为县委、县政府直属事业单位，保留档案行政管理职能，归口县委办公室管理。1998年1月，县编委明确县档案局（馆）编制9人，其中，领导职数1正2副，另设纪检组长1名，内设办公室、业务指导股、档案管理股、资料编研股。2001年3月，县档案局被省人事厅、省档案局评为“全省档案系统先进集体”。

淮南市田家庵区档案局(馆) 1984年10月,田家庵区档案馆成立,系综合性档案馆,隶属于中共田家庵区委办公室，为田家庵区文化事业机构。田家庵区档案馆于1991年在全省市辖区率先晋升为省二级综合档案馆，1999年通过省档案局复审考评，保持省二级先进称号。在“八五”（1990—1995年）和“九五”（1996—2005年）期间，被评为省、市档案系统先进集体。档案馆库房面积40平方米，库房配有空调、去湿机、防盗报警器、灭火器等设备。

淮南市大通区档案局(馆) 1984年11月,大通区档案馆成立,为区委的工作机构。1995年10月,机构改革期间,档案馆又重新归入区委工作序列,隶属于区委办公室管理,属副科级文化事业机构。档案馆总建筑面积120平方米，其中库房有效使用面积60平方米。

淮南市谢家集区档案局（馆） 谢家集区档案馆的前身是区机关档案室。1986年1月，区政府下文成立区档案馆，隶属于区政府办公室，是区文化事业机构，副科级建制，编制3人。1995年区档案馆划归区委办公室管理，级别不变。1998年8月12日，经淮南市编委批准，成立谢家集区档案局，局馆合一，一个机构、两块牌子，参公事业单位，副科级建制，编制3人。同年12月，区档案馆晋升为省二级档案馆。2000年，被省人事厅、省档案局表彰为全省档案工作先进集体。区档案馆馆址位于区政府前楼四楼，有库房5间，办公室2间。

淮南市八公山区档案局(馆) 1984年8月,八公山区档案馆成立,系综合性档案馆,副科级建制，隶属于区委办公室分管。1998年7月，改为政府职能局，列入政府序列，定编3人。档案馆总建筑面积96平方米，其中库房使用面积60平方米。

淮南市潘集区档案局（馆） 1984年8月12日，潘集区档案馆成立，隶属于区政府办公室。1995年，机关机构改革，列入区委工作序列，成为区委办公室直属机构，副科级事业单位。馆荣誉室20平方米，库房面积50平方米。

淮南市毛集实验区档案局（馆） 毛集实验区档案馆的前身是毛集镇档案室，成立于1994年。1997年7月,综合档案室被省档案局批准为全省首家乡镇级档案馆。1998年,综合档案室晋升为省二级先进。毛集实验区成立后，为档案馆配备编制3名，内设综合科，科长1名，档案管理员2名，工委办公室主任兼馆长。档案馆位于实验区综合楼五楼，馆舍面积140平方米，库房面积100平方米，馆内配置档案柜32组，监控、电脑、空调、打印机、去湿机等档案保管保护设施齐全。

凤台县档案局(馆) 1981年,凤台县档案局成立,与县档案馆一个机构、两块牌子,事业编制5人，为正科级职能局，由县委办公室主管。1983年12月，撤局留馆。1984年10月，恢复局建制。1985年11月，改归县政府办公室主管。2003年，县编委明确档案局（馆）领导职数及内设机构，并将县地方志办公室设在县档案局，为副科级建制，人员列入公务员管理范围，局（馆）定编11名，其中局长1名，副局长2名，地方志办公室主任1名，内设的人秘股、档案管理股领导职数5名，副科级非领导职数1名。2005年，实有人数12人。县档案局（馆）原先总面积232平方米，其中库房面积147平方米。1996年7月，总投资60多万元建设的4层总面积1310平方米的新库房大楼投入使用，同时配置铁质档案柜组88套。2005年新增铁质档案柜组100套，计算机2台，空调5台，复印机1台，放像机、照相机各1台。2000年1月，县档案馆晋升为省二级档案馆。

滁州市琅琊区档案局（馆） 1993年1月，琅琊区设立，区档案馆随之成立，并明确为正科级建制，划归区党办口管理。1995年8月，区档案局成立，局馆合一，未设内设机构。2004年9月，区委办将区档案局（馆）的职责正式界定为履行档案事业行政管理和档案保管利用双重职能，内设人监股、监督指导股、档案管理股和编研股4个机构，其中档案管理股和编研股为一套机构、两块牌子，局（馆）面积为90平方米。

滁州市南谯区档案局（馆） 1958年12月，滁县档案馆成立，位于文德街原滁县县委大院内。1964年7月，滁县档案管理科设立，与县档案馆为一套机构、两块牌子。1978年，迁至东大街县政府大院内的两幢平房，面积为352平方米。1980年6月，滁县档案管理科更名为滁县档案局。1983年12月县改市后，滁县档案局（馆）更名为滁州市档案局（馆）。1992年4月，造价48万元、建筑面积1297平方米的三层档案楼建成使用。1993年1月，滁县地区改为省辖滁州市，原县级滁州市撤销，其区域分设琅琊、南谯两个区。原滁州市档案局也随之撤销，档案馆成建制设在南谯区，更名为南谯区档案馆，归区政府序列。1995年设立南谯区档案局，与区档案馆为一个机构，两块牌子。1997年5月，在机构改革中保留档案局、馆，并设置人事监察、业务指导、档案管理、编研4个内设科，同时改为区委序列。2003年，南谯区档案馆晋升为省一级档案馆。

天长市档案局（馆） 1958年11月，炳辉县档案资料馆成立。1960年1月，改称为天长县档案馆。1963年8月，设立天长县档案管理科，与档案馆合署办公。“文化大革命”期间，档案馆工作基本停顿。1975年6月，恢复天长县档案馆，与同时成立的县革委会办事组文书档案小组合署办公。1976年9月，县革委会办事组撤销，成立县委办公室，原县革委会办事组文书档案小组改名为县委办公室文档组，仍与档案馆合署办公。1980年1月，撤销文档组，成立天长县档案局，继续与档案馆合署办公。1981年5月起，属县委、县政府办公室双重领导，县委主管。1985年4月，改列县政府编制序列。1993年12月，天长撤县设市，天长县档案馆更名为天长市档案馆，与天长市档案局合署办公，仍列市政府编制序列。2004年2月，根据《关于天长市党政机构改革方案的实施意见》规定，设置市档案局（档案馆），为市委直属单位，参照公务员管理，内设档案管理科、监督指导科，机关事业编制6名，其中局（馆）长1名，副局（馆）长1名。10月，根据市委常委会决定，将市委党史办公室、市地方志编纂委员会办公室并入市档案局，并对外挂市委党史办公室、市地方志编纂委员会办公室的牌子。12月，市编委批复市档案局内设办公室、市委党史办公室党史编研股、市地方志编纂委员会办公室方志编研股、档案股4个机构。天长市档案馆成立之初，在炳辉县人民委员会旧楼上办公，仅有办公室1间、库房两间，共计面积为40平方米。1959年5月，迁至县委大院内，有平房7间，约80平方米。1983年3月，县政府拨款22.5万元，在县委大院内建设一幢建筑面积1096平方米的三层档案馆楼，其中库房690平方米，于1984年9月竣工投入使用。

明光市档案局（馆）　1958年，嘉山县档案馆成立。1984年，嘉山县档案局成立，与县档案馆一个机构、两块牌子。1987年档案馆楼建成使用，占地284平方米，总建筑面积1135平方米，其中库房建筑面积762平方米。1994年5月31日，经国务院批准撤销嘉山县、设立明光市，嘉山县档案局（馆）更名为明光市档案局（馆）。2002年机构改革后，明光市档案局（馆）成为市委、市政府直属事业机构，编制为6人。2004年5月，局（馆）干部列入参照国家公务员制度管理范围。

全椒县档案局（馆）　1958年9月1日，县委和县人委机关档案室合并成立全椒县档案馆，配备工作人员5人，隶属于县委办公室领导。1964年2月3日，成立全椒县档案科，与县档案馆合署办公。"文化大革命"期间，县档案工作机构被撤销。1975年8月，恢复成立县档案馆，隶属于县革委会序列。1976年3月，县革委会成立档案小组，与县档案馆合署办公。1980年3月，成立全椒县档案局，与县档案馆合署办公，定编7人。1987年8月，县档案局（馆）改归县人民政府序列，日常工作由县人民政府主管。1992年核定编制12名，其中行政编制2名，事业编制10名。1993年4月，县档案局降格为副科级。2002年8月，局（馆）升格为正科级建制。2003年7月，县委党史研究室、县地方志编纂委员会办公室并入县档案局（馆），保留牌子，同时明确县档案局（馆）为县委、县政府直属事业单位，由县委管理，保留行政职能，内设人秘股、监督指导股、编研管理股。县档案馆1958年年初建于县人委大院，1963年搬迁至中共全椒县委大院，总建筑面积291平方米，为砖瓦结构平房。1991年6月，在县委、县政府大院建成新档案馆楼，总建筑面积1320平方米，其中库房面积770平方米，总投资45万元。2002年5月，因县委、县政府大院拍卖，县档案馆楼拆迁，临时搬迁至人民银行办公楼。2004年，县政府拨款105万元把在建的广电大厦第七层作为档案馆库，面积为1044平方米。1991年4月，被评为全省档案系统先进集体。1992年12月，晋升为省一级档案馆。

来安县档案局（馆） 1958年12月9日，来安县档案馆成立，隶属于县委，定编3人。1964年1月，来安县档案管理科成立，与档案馆合署办公，编制5人。1969年撤销档案科，在县委办事组秘书小组设档案员2人。1971年12月，县革委办事组增设档案小组。1976年11月，成立县革委办公室档案组，同时恢复档案馆工作。1980年3月，成立来安县档案局，与档案馆合署办公，编制5人，隶属于县委。1986年，档案局（馆）划归政府系列，编制7人。1992年增编至9人。1995年，档案局（馆）为县政府职能部门，定编9人，实配8人。1999年，档案局（馆）划为党委系列，为县委、县政府直属事业单位，定编9人，实配6人。同年2月5日，经县编委批准，内设监督指导、编研、档案管理3个股。2002年9月11日，定编8人，实有7人。2003年12月12日，县档案馆被县委、县政府命名为县爱国主义教育基地。2004年1月2日，晋升为省一级档案馆。县档案馆楼于1988年11月15日动工，位于县委大院内，砖混结构，建筑面积1580平方米，总投资200万元。

凤阳县档案局（馆） 1958年12月7日，县委、县人委办公室档案室合并，成立凤阳县档案馆和凤阳县档案工作领导小组，隶属于县委办公室。1963年5月12日，成立县档案管理科与县档案馆合署办公。1969年，成立凤阳县革命委员会办事组，下设档案小组。1976年4月6日，成立中共凤阳县委办公室档案组，成立凤阳县档案局，与县档案馆合署办公。1983年11月8日，县级机构改革，县档案局纳入政府序列，由县政府常务副县长直接分管，日常工作由县政府办公室协调。县档案馆楼于1985年建成，建筑面积1186平方米。1999年12月，凤阳县档案馆晋升为省一级档案馆。2000年，被省人事厅、省档案局表彰为全省档案系统先进集体。

定远县档案局（馆） 1958年11月，定远县委、县政府档案室合并，成立定远县档案馆，隶属于县委、县政府双重领导。1963年8月，成立定远县档案管理科。1966年“文化大革命”，档案工作人员被精简下放，档案工作名存实亡。1976年，定远县成立县革命委员会办事组，下设档案小组。1980年4月，档案小组改为定远县档案局（馆），局、馆合一，县档案馆作为县委工作机构，日常工作由县委办公室管理。1987年8月，归县政府序列，由副县长分管，日常工作归政府办公室管理。20世纪80年代至2005年，定远县档案馆库房由原来的砖木结构房屋5间增加到9间，面积由原来90平方米增加到162平方米，另有三间砖木结构办公室。

六安市金安区档案局（馆） 1979年六安市（县级）成立，1980年8月成立六安市档案馆，挂靠市委办公室。办公、库房各2间，共96平方米。1981年8月，成立市档案局。1985年8月15日，明确局（馆）由市政府管理。1991年3月20日，总投资28万元、建筑面积1098.9平方米的三层档案楼在市政府大院内落成启用。1992年12月9日撤销六安市、六安县，成立新的六安市（县级），六安市档案局（馆）与六安县档案局（馆）合并。1993年4月9日，核定编制18人，内设监督指导科、档案管理科和史料编研科，配秘书1名。1996年，被评为“八五”期间全省档案系统先进集体。1997年1月10日，市编委批准市档案局（馆）为市委、市政府直属事业单位，保留档案工作行政管理职能，一个机构、两块牌子，内设监督指导科、档案管理科、史料编研科、办公室。1999年12月撤销六安市，设立金安区、裕安区，成立六安市金安区档案局（馆）。2000年5月29日，区编委批准区档案局（馆）内设监督指导科、档案管理科、办公室3个机构，编制8人。2002年8月14日，核定局（馆）机关事业编制5人。

六安市裕安区档案局（馆） 1986年，六安县档案局（馆）内设档案管理组、业务指导组和办公室，归属县政府序列。1988年，共有行政编制3人，事业编制7人。1992年12月，六安市、县合并为新的县级六安市，同时六安市档案局（馆）和六安县档案局（馆）合并，成立新的六安市档案局（馆），内设业务指导科、档案管理科和办公室，编制17人。1999年12月六安撤市分区，将原县级六安市撤销，分设为金安区、裕安区，同时明确裕安区档案局（馆）一个机构、两块牌子，为区委、区政府正科级参照公务员管理单位，编制8人。2000年6月19日，经区编委批准，内设监督指导科、档案管理编研科和办公室。2002年12月，确定为区委、区政府直属事业单位，定编6人。1986—1992年2月、1999年12月至2005年4月，局（馆）位于市区内云露街32号裕安区委、区政府大院内第三幢楼，面积560平方米。其中1992年2月，六安县与县级六安市合并，档案馆搬至人民路57号，档案库房分为两处。2005年4月，局（馆）随区政府机关迁至龙河西路裕安区政务中心附一楼东，档案馆现有面积650平方米（其中：库房面积400平方米，国家重点档案特藏室26平方米）。

寿县档案局（馆） 1958年12月，寿县档案馆成立。1980年1月23日，寿县档案局成立，与县档案馆两块牌子、一个班子。1986年属政府编制序列。1993年3月2日，县档案局（馆）、党史研究室、县地方志办公室合署办公，为事业编制，是县委、县政府直属单位，委托县委办公室管理。1993年7月，档案馆楼正式投入使用，建筑面积1446平方米，其中库房面积840平方米。1998年，晋升为省二级档案馆。2005年，晋升为省一级档案馆。2004年12月，被县委、县政府命名为寿县青少年爱国主义教育基地。

霍山县档案局（馆） 1959年1月12日，霍山县委秘书室、县人委秘书室合并成立霍山县档案馆，隶属于县委办公室。“文化大革命”时期，档案工作遭受挫折。1972年，县档案馆恢复，档案馆隶属于县革委会办事组秘书小组。1980年4月，在县委办公室内设档案科，档案科和档案馆一套人马、合署办公。1981年9月，县档案局和档案馆合署办公，是县委、县政府直属机构。1986年6月，霍山县档案局(馆)列入政府编制序列，实行党政统一管理，局、馆合署办公。1987年5月，总投资18万元的三层档案楼建成使用，建筑面积967平方米，其中库房面积504平方米。1996年11月，县档案局（馆）与县地方志办公室、县党史办公室合并，一个机构、四块牌子，为县委直属事业单位，实行党政统一管理。1998年6月，县党史办公室划出，县档案局（馆）、县地方志办公室一个机构、三块牌子，为县委直属事业单位，下设秘书科、管理科、指导科、县志科，编制11名。1998年后，陆续添置消火栓、电脑、复印机、扫描仪、打印机、装订机、去湿机、空调、吸尘器、自动温湿度记录仪等设施设备。2000年省档案局扶持3万元，购置铁质档案柜50套，更换所有木质柜。2001年，县政府拔给10万元，添置办公桌椅、空调机、除湿机、数码照相机、数码摄像机、数码彩电、音响设备、彩色喷墨打印机、自动温湿度记录仪、电动缝纫机、装订机、防磁柜、目录柜、卡片柜等设备，布置档案展览室。2001年1月，被命名为县爱国主义教育基地，并晋升为省一级档案馆。

霍邱县档案局（馆） 1956年春，霍邱县委、县人委机关分别设立档案室。1959年9月，两个档案室合并，成立县档案资料馆。1963年7月，成立县档案管理科，与档案资料馆合署办公。1968—1975年，科、馆撤销，业务归县革委会办事组秘书小组管理，有3人从事档案工作。1976年3月，恢复县档案馆。1980年5月，成立县档案局，局馆合署办公。1987年定编7人，受县委办公室领导。1988年1月，县档案局由县委办主任直接领导改归为县政府领导，由副县长分管，局、馆仍合署办公，档案局既是党的机构，又是政府机构，列入政府编制序列。1992年，建筑面积800多平方米的新档案馆建成使用，位于县委办公大楼西半部。1993年3月，县地方志办公室并入档案局。4月，内设档案管理股、业务指导股、方志编纂股和1名股级秘书。1996年10月，档案局成建制改为县委直属事业单位，与档案馆、地方志办公室一个机构、三块牌子。11月，县编委核定档案局事业编制12名，其中领导职数3名。1997年1月，业务指导股改为监督指导股，秘书改为办公室。2002年10月，档案局（档案馆、地方志办公室）被确定为主管档案工作和方志编纂工作的县委、县政府直属事业单位，编制10名。2003年7月，县档案馆被命名为六安市爱国主义教育基地。

金寨县档案局（馆） 1949年，金寨县委、县政府秘书室均设档案室。1956年，县委、县人民委员会档案室合并。1959年7月3日，成立"金寨县档案资料馆"，定编2人，既是党的机构也是政府机构，由县委办公室代管，有8间房屋共计180平方米，档案柜架22组。1966—1969年，县档案馆处于瘫痪状态。1970年起，县革委会办事组档案室逐步恢复行使档案馆职能。1973年7月，重新建立金寨县档案馆。1975年，成立县革委会档案小组，与档案馆合署办公。1981年1月5日，县档案局成立，与县档案馆合署办公，为县委、县政府直属机构，定编6人。1984年1月，明确县档案局（馆）为县委工作部门。11月，总投资27万元、总建筑面积1805平方米的新建档案大楼竣工，1985年9月20日正式投入使用。1986年4月，县档案局(馆)划归政府管理，编制12人。1990年3月，县编委批准县档案局(馆)内设业务指导股、管理股、编研股。1991年，县档案局(馆)荣获全国档案系统先进集体，县档案馆晋升为省二级档案馆。1997年3月，县编委批准县档案局(馆)为县委直属正科级事业单位，内设办公室(挂法规股)、业务指导股、管理股，定编12人。2002年9月，明确县档案局(馆)为县委、县政府直属正科级直属事业单位，定编11人，内设办公室、监督指导股、管理利用股，法规股职能并入监督指导股。2005年，县财政累计投入7万元，对档案馆一楼库房进行改造，并安装档案密集架183立方米。至2005年年底，局(馆)实有工作人员7人，其中本科3人、专科2人、高中2人。

舒城县档案局（馆） 舒城县档案馆成立于1958年8月30日，隶属于县委办公室。1963年5月27日，县人委决定增设档案管理科，同档案馆合署办公，直属县人委。“文化大革命”期间，机构撤销。1975年4月11日，档案馆恢复，隶属于县委办。1981年3月20日，成立县档案局，与档案馆合署办公，为县委、县政府直属机构，由县委办分管。1984年体制改革，机构定为档案馆（保留档案局名义），隶属于县委办。1986年1月，县档案局（馆）列入县政府编制序列，由一名副县长分管，事业编制11人。1997年3月17日，确定档案局（馆）为县委直属事业单位，内设人秘、监督指导和管理3个股室，事业编制15人。2002年10月10日，内设办公室、监督指导和管理3个股室，核定编制9名。县档案馆大楼于1983年11月动工，1984年11月24日竣工，同年12月交付使用。档案馆大楼总建筑面积为1415平方米，分为办公和库房两部分，各三层。办公部分建筑面积695平方米，为普通砖混结构。库房建筑面积720平方米，为钢筋混凝土框架结构。1993年，县档案馆晋升为省二级先进档案馆，1999年，晋升为省一级档案馆。1991年，县档案局获“七五”期间全省档案工作先进集体。2001年，县档案局再次荣获全省档案工作先进集体。

当涂县档案局（馆） 中华人民共和国成立初，当涂县委、县政府分别建有档案室。1958年12月，两室合并，成立“当涂县档案资料馆”，后改称“当涂县档案馆”，属县委、政府两个办公室直接领导。1975年11月，成立县革委会档案馆，隶属于县革委会办事组领导。1980年3月，成立当涂县档案局，局、馆合署办公，编制6人，隶属于县政府领导。1985年9月，列入政府编制序列。1986年9月，增加2名编制。1997年6月，档案馆楼建成使用，总投资158万元，总建筑面积1497平方米，其中库房面积1000平方米。1997年，划归县委领导，参照实行公务员制度，下设监督指导和档案管理两个职能股，定事业编制8人。2003年12月，晋升为省一级档案馆。

巢湖市居巢区档案局（馆） 前身为巢县档案局（馆）。1959年6月，巢县档案馆成立。1964年8月，成立巢县档案管理科，与县档案馆合署办公，受县委、县人委双重领导。1977年1月，成立中共巢县县委办公室档案组，与县革委会档案馆合署办公，归属县委办公室领导。1980年10月，成立巢县档案局，与县档案馆一个机构、两块牌子。1984年1月，撤销巢县建制，成立巢湖市，县档案局（馆）随之更名为巢湖市档案局（馆），属市委办公室领导。1986年9月，列入政府编制序列，归市政府领导。1996年6月，改属为市委直属事业单位。1999年巢湖地区撤地设市，巢湖市更名为居巢区，巢湖市档案局（馆）更名为居巢区档案局（馆）。1993年建成档案馆楼，建筑面积2450平方米。1996年1月，晋升为省二级档案馆，1997年12月，晋升为省一级档案馆。2001年3月，被评为全省档案系统先进集体。

含山县档案局（馆） 1959年6月15日，含山县档案资料馆成立。1963年6月21日，成立县档案资料科，与县档案资料馆合署办公。1972年，成立县革命委员会档案资料馆，档案工作由县革委会办事组管理。1978年，县革委会档案资料馆改名为“含山县档案馆”。1980年9月20日，县档案局成立，是县委和县政府直属机构，与档案馆合署办公，两块牌子，一套人马，归属党办口。1985年9月24日，县档案局改为县人民政府领导，列为县政府编制序列。2002年机构改革中，县档案局（馆）被确定为县委直属事业单位，一个机构、两块牌子，内设人秘股、业务股，编制7名，参照公务员管理。县档案馆位于原县委、县政府大院内，独门小院，三层小楼，一层和党史办、机要室合用办公区，二层库房。县档案馆总建筑面积783平方米，其中库房建筑面积243平方米。2005年，在县行政中心新区建设总建筑面积为2700平方米的新档案馆。

和县档案局（馆） 1958年9月，和县档案馆成立，配备2名专职档案干部。12月，和县、含山两县合并，1959年3月成立和含县档案资料馆。6月，和县、含山两县分开，恢复和县档案馆。1963年7月，成立县人民委员会档案科，同年12月，更名为和县档案管理科。1966年5月，档案机构被撤销。1970年11月，成立和县革命委员会档案馆，属县革委会办事组领导。1977年6月，县委办公室内设“和县革命委员会档案小组”，与县档案馆合署办公，编制4人。1980年3月，撤销县委办公室内设的档案组，成立县档案局，与县档案馆合署办公，属县委直属事业单位，归口“党办”管理，正科级建制，配备5名档案干部。1985年10月，县档案局划归县政府编制序列，为县政府直属局，编制11人。1996年2月，县党政机构改革中，县档案局改为县委直属事业单位，与县档案馆一个机构、两块牌子。1997年6月，内设办公室（编研股）、业务指导股、档案管理股。2002年5月，档案管理股改为库房管理股。2003年4月，库房管理股加挂“现行文件服务中心”牌子，增加事业编制1名。2003年新馆建成使用，建筑面积2636平方米，其中库房面积1054平方米，馆内设有密集架1000立方米。

无为县档案局（馆） 1958年9月27日，无为县档案馆成立，定编3人，直属县人委。1980年5月10日，县档案局成立，与档案馆合署办公，定编7人，归属县委、县政府。

2004 年 11 月，占地面积 1670 平方米、总建筑面积 2500 平方米的档案馆楼建成使用。档案馆楼由办公楼和库房楼两幢独立楼房组成，库房楼为五层封闭环廊全框架混凝土结构，设置高标准防火防盗门，双层镀膜玻璃铝合金小窗，库房用灯配置防紫外线灯罩，每平方米承重 1.2 吨，符合档案馆建筑设计规范要求。至 2005 年年底，内设业务指导股、库房管理股、编研股和办公室，定编 14 人。1991 年被国家档案局、人事部授予“先进单位”称号，1999 年被命名为“无为县爱国主义教育基地”，同年 11 月晋升为省一级档案馆。

庐江县档案局（馆）　1958 年 10 月 25 日，庐江县档案馆成立，直属县人委管理，工作人员 3 人。1959 年 1 月 21 日，党政档案实行集中管理后，县档案馆由县委办公室领导。1960 年 4 月，归属县委直接领导，工作人员 5 人。1970 年 7 月，县档案馆被撤销，由县革委会办事组秘书小组兼管档案工作。1976 年 6 月恢复县档案馆，直属县委管理。1977 年 6 月，成立县委、县革委会办公室档案组，与县档案馆合署办公。1980 年 10 月，成立县档案局，局馆合一，为县委、县政府直属事业单位，定编 5 人。1986 年 10 月，县档案局（馆）改属县政府直接领导，为政府组成单位。1996 年 6 月，全县党政机构改革，县档案局（馆）为县委、县政府直属事业单位，定编 8 人，内设秘书和业务指导股、管理股。2002 年 6 月，明确县档案局（馆）为县委、县政府直属事业单位（正科级），内设监督指导、档案管理两个职能股，定事业编制 8 名。1999 年 3 月，县档案馆大楼建成使用，总投资 110 万元，总建筑面积 1400 平方米。2000 年 12 月，县档案馆晋升为省一级档案馆。2001 年，县档案局（馆）被评为全省档案系统先进集体。

芜湖市镜湖区档案局（馆）　1987 年 9 月，镜湖区档案馆成立，副科级单位，设馆长 1 人，馆员 2 人。2001 年 6 月，镜湖区档案局成立，为区政府管理的正科级直属事业单位，与区档案馆合署办公。区档案馆原址在芜湖市环城西路 17 号原区政府大楼四楼。2000 年 12 月，迁至北京东路区政府新办公大楼一楼。新馆使用面积 200 平方米，其中库房面积 160 平方米，安装 17 列密集架。2004 年档案用房面积增加到 250 平方米，其中库房面积 210 平方米。

芜湖市鸠江区档案局（馆）　1990 年 5 月 30 日，鸠江区档案馆成立，使用原芜湖市郊区档案馆办公室和库房。1991 年 5 月 17 日，搬迁至区政府位于原芜湖市九华山路 288 号办公楼的北楼 6 楼西侧。1999 年 9 月 19 日，随区政府搬迁至芜湖市天门山中路与解放东路交汇处区政府办公楼东附楼 3 楼，库房和设备逐渐有扩大和改善，建筑面积 550 平方米，其中库房使用面积 250 平方米，办公室两间，调阅室 1 间，会议室 1 间，其他用房 2 间。2005 年，区档案馆晋升为省二级档案馆。

芜湖市新芜区档案局（馆）　1952 年，新芜区机关档案室成立，设专职档案员 1 名，隶属于区委办公室。1981 年，党政档案统一管理。1987 年 11 月 17 日，区档案馆成立，系全民事业单位，编制3名。1996年，区政府常务会研究同意设立区档案局，局馆合一。1999年12月，区档案馆建成，位于区政府大楼7楼的北半楼，档案用房总面积440平方米，其中库房314平方米，设有阅览室、现行文件利用室、调阅室及办公室等辅助用房。2002年7月16日，明确区档案局（馆）为区委、区政府直属事业单位，编制4名。2001年4月，区档案馆晋升为省二级档案馆。2004年，获芜湖市档案信息化工作优胜奖。

芜湖县档案局（馆） 1953年，芜湖县委、县政府分别成立档案室。1958年11月，两个档案室合并成立芜湖县档案馆。1981年8月，成立县档案局，局馆合一。1986年年底编制6人，实配6人。2005年10月前，县档案馆位于始建于1974年的县委办公大楼一楼，馆库面积234平方米，橱柜107套。2005年10月，搬迁至新建的县行政中心大楼附楼，基本按照档案馆要求建筑设计，面积1500平方米，安装密集架160多立方米，配备中央空调、去湿机、复印机、数码摄相机、数码相机、中央消防控制系统、监控系统等现代化设施设备，设有现行文件利用中心、信息查询利用中心。

繁昌县档案局（馆） 1951年，繁昌县委、县人委设立档案室。1959年1月8日，成立县档案馆，定编4人。1980年6月，成立县档案科，和档案馆一个机构、两块牌子，是县委、县革委会的直属机构，归县委办领导，定事业编制5人。同年12月，县档案科改为县档案局。1981年3月，县档案局列入政府序列，行政编制5人。1984年3月撤销档案局，保留档案馆，归口县委办。同年8月又恢复档案局，局、馆再度合署办公，定编8人。1993年6月，档案局退出政府序列，转为县政府直属事业单位，名称为“繁昌县档案馆”，保留行政职能，编制6人。1996年7月，列编为县委直属正科级事业单位，局（馆）首次内设办公室、监督指导科2个职能科室，编制7人。2002年8月，列编为县委、县政府直属事业单位，编制5人。1987年馆址在县政府大院内党群大楼三楼，为砖木结构，建筑面积390平方米，仅有办公用房、库房，没有调阅用房。1999年8月，迁入县检察院大楼7—9层办公，建筑面积为1500平方米。1997年，晋升为省二级档案馆。2001年，被评为“九五”期间全省档案系统先进集体。

南陵县档案局（馆） 1958年9月，南陵县档案资料馆成立。1973年4月，更名为南陵县档案馆。1980年12月，成立南陵县档案局，局、馆合署办公，为县委直属单位。1986年12月，改为县政府管理。1993年5月，撤销县档案局，保留县档案馆为县政府直属事业单位。1996年9月，恢复县档案局，与县档案馆合署，作为县委、县政府直属单位，定编8人。1997年3月，内设监督指导科、管理科、编研科和办公室。2002年5月，县档案局（馆）定为县委、县政府直属事业单位，定编7人，参照公务员管理，内设业务指导科、编研科、管理科。2002年前，档案库房为三层独立砖混小楼，装具以铁皮柜、木制柜为主，设备设施相对简陋。2002年，搬迁至县党政综合大楼西侧的二层裙楼，为二层框架结构，底层架空，全部按照密集架库房设计，装配350立方米密集架、消防自动报警设备和自动灭火系统，建筑面积约 2500 平方米，总投资约 350 万元。1993 年、1997 年，县档案馆先后晋升为省二级、省一级档案馆。1999 年 11 月，县档案局（馆）被人事部和国家档案局表彰为全国档案系统先进集体。

宣城市宣州区档案局（馆）　中华人民共和国成立初，宣城县委、县人委分别建立机关档案室。1959 年 2 月，两个档案室合并成立宣城县档案资料馆，属县委序列，由县委办公室主任兼馆长。1963 年 3 月 23 日，成立宣城县档案资料管理科，与档案资料馆合署办公，1965 年 4 月 11 日撤销。1968 年 8 月，“宣城县档案馆”易名“宣城县革命委员会档案馆”，归县革委会办事组领导。1980 年 8 月，“宣城县革命委员会档案馆”更名为“宣城县档案馆”，属县委序列。1980 年 8 月 18 日，成立宣城县档案局，与档案馆合署办公，对内一套人马，对外两块牌子，属县委序列，由县委办公室主任分管。1985 年 10 月 1 日，县档案局改属县人民政府序列，归县人民政府领导。1987 年宣城县撤县设市，“宣城县档案局（馆）”随之命名为“宣州市档案局（馆）”，档案局属政府序列，档案馆属市委序列。1992 年 4 月，在全市机构改革中，市档案局被撤销，档案部门退出政府序列；市档案馆为正科级事业单位，除履行自己原定职能外，还行使市档案局原定职能。1996 年 12 月，恢复“宣州市档案局”，局（馆）合署办公。1997 年 5 月，明确市档案局 (馆) 为市委直属事业单位。同年，由于旧城改造，市档案局 (馆) 由市委大院搬至宣城地区档案局办公。2000 年 12 月，宣州撤市设区，宣州市档案局 (馆) 随之命名为“宣城市宣州区档案局 (馆)”。2002 年 4 月，区委党史办公室、地方志编纂办公室与档案局（馆）合署，一个机构、四块牌子，编制由 12 人增至 17 人。

郎溪县档案局（馆）　1952 年年底、1953 年 2 月，郎溪县委、县人委先后设立档案室。1958 年 11 月 29 日两室合并，成立郎溪县档案馆，属县人委办公室领导，1959 年改属县委办公室管理。1963 年 11 月 28 日，县档案管理科成立，与档案馆合署办公。“文化大革命”期间，档案工作停顿。1978 年县政府划地拨款建起总面积为 300 平方米、有 12 间平房的档案馆，四周围墙，独成一院。1979 年 4 月，恢复县档案馆。1980 年 12 月，郎溪县档案局成立，与档案馆合署办公，隶属于县委办领导。1985 年 10 月，改属县政府领导。1993 年郎溪遭遇特大洪水侵袭，县档案馆库房浸泡洪水长达一月之久，省档案局、县政府急拨 9 万元在原址兴建一座三层砖混结构的档案馆楼，建筑面积 600 平方米。1999 年再次遭受百年未遇的特大洪水袭击，档案馆楼二楼进水，损坏严重，档案局（馆）搬至县城最高处原公安局院内。2002 年，县地方志编纂办公室、党史研究办公室与档案局（馆）合署办公，一个机构、四块牌子，内设办公室、档案管理股、业务指导股、史志编纂股，定编 11 人。

广德县档案局（馆）　1958 年 11 月，中共广德县委和广德县人民委员会档案室合并成立“广德县档案馆”，配备专职档案干部 2 人，在县人委办公室直接领导下进行工作，当时是“五合一”机关（即：档案馆、资料室、业务指导室、县委档案室、人委档案室）。1959年，县档案馆改属县委领导，配专职副馆长1人。1963年11月，广德县档案管理科成立，与县档案馆合署办公。1969年在县革命委员会办事组秘书小组下设档案室，配专职档案员1人。1973年7月恢复县档案馆，当时称为“广德县革命委员会档案馆”。1980年11月，成立广德县档案局，与县档案馆合署办公。1983年属县委办公室。1985年档案局划归县政府序列。1996年为县委办公室直属事业单位。2002年5月，县委党史办公室、县地方志办公室与县档案局合署办公。1986年，有库房296平方米，平房砖瓦结构，有档案橱柜156套，去湿机3台，复印件1台，吸尘器1台。1992年，迁至农业局办公楼，总面积528平方米，其中库房面积350平方米。至2005年年底，有档案柜217组、去湿机6台、电脑5台、复印机1台。

宁国市档案局（馆） 1958年11月，宁国县档案资料馆成立。1963年7月，设立宁国县档案管理科，与档案资料馆合署办公。1968年8月，县革委会成立后，档案工作划归革委会办事组下设的秘书小组管理。1977年4月，县革委会成立档案领导小组。1981年2月，成立县档案局，恢复县档案馆，局馆合署办公，为正科级事业单位，属县委序列，受县委、县革委会双重领导。1985年8月，划归政府序列，归县政府领导。1993年，内设库房管理股、业务指导股、秘书编研股。1996年年底，县档案馆晋升为省二级档案馆。1997年宁国撤县设市，5月，宁国县档案局（馆）随之更名为宁国市档案局（馆），为市委、市政府直属事业单位，内设秘书编研科、监督指导科和档案管理科。2002年3月，市档案局（馆）与市地方志办公室合署办公，属市政府直属事业单位。12月，市档案馆晋升为省一级档案馆。2005年2月，市档案局（馆）（市地方志办公室）与市党史研究室合署办公，编制19人。1981年县档案馆恢复前，档案用房为砖木结构的平房，总建筑面积150平方米，其中库房面积为76平方米。1982年9月，迁入新建楼房，总面积增至326平方米，库房面积增为94.5平方米。1991年11月，在馆旁扩建的、建筑面积为936.6平方米的两幢新楼房竣工使用，库房面积增至614平方米。2001年9月，迁至城北政务新区，投资200万元兴建新馆，建筑面积1600平方米，其中库房1000平方米。

泾县档案局（馆） 1958年12月15日，泾县县委、县人民委员会两个档案室合并组建泾县档案馆。1963年10月，泾县档案管理科设立，与县档案馆合署办公。1982年1月，县档案局成立，与县档案馆合署办公。1990年5月，县档案馆新楼竣工，属钢筋混凝土结构，建筑面积为761.7平方米。1993年3月，撤销县档案局，保留县档案馆，系半局级事业单位，不列入政府序列，属县委办代管。7月，县编委批准县档案馆承担原档案局的行政管理职能。1995年12月，县档案局（馆）被评为“八五”期间全省档案工作先进集体。1996年6月，县委常委扩大会议听取县档案馆汇报，决定恢复县档案局，为正科级事业单位。1997 年 7 月，县“三改”领导组批准县档案局（馆）内设办公室、档案管理股、监督指导股，核定编制 10 名。1999 年 6 月，设立珍贵档案室，购置防盗门窗，将历史档案、资料、题词、书画作品等集中保管。2002 年，县档案局（馆）与县志办合署，一个机构，三块牌子，内设办公室、监督指导股、档案管理股、地方志编纂股，事业编制 12 名。2004 年 5 月，着手新建总建筑面积为 3000 平方米的泾县档案行政大楼。

绩溪县档案局(馆) 1958 年 12 月，绩溪县档案资料馆成立，配备档案专职干部 5 人，馆舍设于原县委机关大院内（现今江南第一学宫）的“文昌殿”。1963 年 4 月，更名为绩溪县档案馆。1964 年 2 月，绩溪县档案管理科成立，与档案馆合署办公，定编 3 人。同年，搬迁至文昌殿前砖木结构的新建平房，面积 150 平方米。1968 年 8 月，绩溪县革命委员会成立，科、馆被“精简”，降格为档案室，隶属于县革委会办事组秘书小组，仅配备 2 人维持工作。1978 年 11 月，绩溪县档案馆恢复，隶属于县委办公室。1980 年 9 月，绩溪县档案局成立，与县档案馆合署办公，定编 4 人，系县委、县政府直属事业单位。1984 年 3 月，县档案局列入政府序列，编制增加至 6 人。1986 年，县档案局列为县政府的直属局，由政府领导，编制 8 人。1982 年和 1986 年，分两期在档案馆原址新建三层砖混结构的档案馆舍，面积 850 平方米，其中库房面积 450 平方米。1993 年，内设办公室、档案业务指导室、档案保管调阅室和编研室。1997 年 8 月，调整内设机构为办公室和档案管理指导股，定编 8 人。1999 年，内设机构调整为办公室和档案业务监督指导股。2000 年 12 月，“绩溪县名人档案馆”大楼竣工使用，总投资 62.2 万元，新建馆舍面积 740.2 平方米，档案馆舍总面积达 1510.2 平方米，专门开设“绩溪名人档案陈列室”“绩溪名人书画陈列室”和“绩溪胡氏集右军书”3 个陈列室。2001 年 3 月，成立绩溪县名人档案馆，与县档案局（馆）合署办公，形成“一局两馆”格局。2002 年 3 月，县委党史办公室、县政府地方志编纂办公室并入县档案局（馆），形成“一局两馆两办”体制，为县委、县政府的直属事业单位，列入县委直属事业单位序列，内设办公室、监督指导股、档案管理股、行政审批服务股和党史方志股 5 个职能股室，定编 15 人。同年，县档案馆（名人档案馆）被县委、县政府命名为“全县爱国主义教育基地”。2003 年 1 月，县档案馆晋升为省一级档案馆。同年 12 月，县档案局（馆）被人事部、国家档案局授予“全国档案系统先进集体”荣誉称号。

旌德县档案局（馆） 1956 年，县委、县人委分别设有档案室。1958 年 10 月，县档案馆成立，1961 年 4 月对外办公，库房面积 83 平方米。1963 年 12 月，县档案管理科成立，与档案馆合署办公。1980 年 1 月，县档案局成立，与档案馆合署办公。1984 年，新建 180 平方米砖混结构档案库房。1998 年在县委大院内动工新建县档案馆楼，2000 年 4 月交付使用，建筑面积 1444.96 平方米，其中库房 926.56 平方米，办公用房

518.40 平方米。2001 年 12 月，晋升为省一级档案馆。2002 年 4 月，县档案局（馆）、方志办、党史办合署办公，内设办公室、档案管理股、档案业务指导股、方志股和党史股，核定事业编制 15 名。

铜陵市郊区档案局 铜陵市郊区档案局（地方志办公室与其合署）成立于 2002 年 8 月，为区政府直属事业单位，正科级，编制 2 名，领导职数 1 名，无内设机构，档案用房 40 平方米，配有 10 组五节柜。

铜陵县档案局（馆） 1959 年 6 月 1 日，铜陵县档案馆成立。1963 年 9 月 19 日，铜陵县档案管理科成立，与县档案馆合署办公，属县委办公室领导。1980 年 3 月 12 日，县档案局成立，与档案馆合署办公，由县委办公室领导。1985 年 9 月 4 日，县档案局（馆）被列入县政府编制序列，划归县政府领导。1997 年 9 月，县地方志办公室并入县档案局（馆），一个机构、三块牌子，内设人秘股（法制教育股）、监督指导股、管理利用股和编研股，事业编制 13 名。2002 年 10 月，明确县档案局（档案馆、地方志办公室）为县政府直属事业单位，内设人秘股、监督指导股、管理利用股和方志编辑股，事业编制 10 名。该馆馆址历经两次变迁。1959—1988 年馆址设在县委大院，面积 180 平方米。1989 年迁至县政府大院，面积扩增至 890 平方米，配有空调、除湿机、吸尘器、灭火器等防护设备，并配备微机、复印机等现代化管理设备。2000 年 11 月，晋升为省二级档案馆。2005 年 10 月，面积为 1723 平方米的新馆动工兴建。

池州市贵池区档案局（馆） 1958 年，贵池县档案馆成立，配备档案人员 4 人。1964 年 5 月 16 日，县委设立档案科。1980 年 9 月 18 日，县委档案科改称档案局，作为行政单位与县档案馆合署办公。1984 年，县档案局由党委序列改划为政府序列。1985 年，正式列为政府组成局，仍实行局、馆合一，事业性质、行政管理，正科建制，定编 8 人。1988 年，贵池撤县设市，贵池县档案局（馆）随之更名为贵池市档案局（馆）。1990 年，内设业务指导科、编研管理科。1997 年，列为党委直属事业单位，参照公务员管理，性质、级别、编制不变，内设办公室（人事科）、监督指导科、编研管理科。2000 年，贵池撤市改区，贵池市档案局（馆）更名为贵池区档案局（馆）。2002 年，列为党委、政府直属事业单位，参照公务员管理，正科建制，定编 7 人，内设办公室、综合指导科、编研管理科。贵池区（县、市）原档案馆始建于 20 世纪 70 年代，建筑面积 320 平方米，使用面积 280 平方米，另有资料室 60 平方米。2001 年，因城市建设需要被拆除，租借池州市档案局（馆）房屋约 150 平方米，用于办公和保管档案。

青阳县档案局（馆） 1958 年 12 月，青阳县档案馆成立，定编 5 名。1964 年 1 月，县档案科成立，与档案馆合署，人员精简至 3 名。1973 年成立县革命委员会档案馆，实配 2 人，1977 年增至 5 人。1979 年 12 月，县档案局成立，同时将县革委会档案馆改为县档案馆，局馆合署，定编 6 名，由县委办公室归口管理。1984 年 9 月，县档案局列入县政府机构序列，仍与县档案馆合署，由县委办公室管理，内设档案管理股、业务指导股，定编8名。1985年9月，县档案局改由县政府直接领导，与县档案馆两块牌子、一套人员。1997年3月，县档案局（馆）与县地方志办公室合署，为县委、县政府直属事业机构，由县政府领导改为委托县委办公室归口管理，内设政秘、监督指导、保管利用、方志编研4股，定编10名。2002年7月，县委党史研究室、县地方志办公室并入县档案局（馆），为县委直属事业机构，内设政秘股、监督指导股、保管利用股和史志办公室，定编10名。2003年1月，县档案馆晋升为省一级档案馆。县档案馆原址在原县委大院西侧，系1977年由原县人武部弹药库改建的砖木结构平房，总面积232平方米，其中库房3大间131.5平方米。1997年6月，总投资64万元、建筑总面积1063平方米、四层砖混结构的档案馆楼建成启用。2005年6月，计划投资约250万元、总建筑面积2500平方米的新档案综合楼开工建设。

石台县档案局（馆）　石台县档案馆成立于1965年。“文化大革命”开始后，石台县档案馆撤销。1973年，恢复石台县档案馆，属革委会办事组。1981年，成立石台县档案局，与县档案馆合署办公，实行一套人马、两块牌子。1985年，石台县档案局由县委办直接领导改归石台县人民政府领导，列入政府的编制序列，是县政府的直属机构。1998年，确定档案馆（局）为县委、政府直属事业单位，保留行政管理职能，改归县委办公室管理，内设办公室、业务指导股、编研股。1967年石台县档案馆正式建馆，建筑面积200平方米，档案库房82.5平方米。2002年8月，县档案馆综合楼动工兴建，占地面积1255平方米。县档案综合楼为六层楼房，钢筋水泥框架结构，建筑面积1979平方米。档案综合楼三、四、五层均设有档案库房、调阅室和技术用房。档案库房安装档案密集架360立方米，每间库房配置空调、除湿机、空气清新机、温湿度计和干粉灭火器等档案保护设备器材。技术用房根据档案信息化建设要求，配置计算机、打印复印机、彩色扫描仪、刻录机、摄像机、音像防磁柜、档案文件电子消毒柜、空调等设备。2005年10月，县档案馆完成整体搬迁。

东至县档案局（馆）　1954年11月，东流、至德两县县委、县政府分别设立档案室，各配备档案员2人。1959年5月，东流、至德两县合并成立东至县，东至县档案资料馆随之正式成立，定编3人。1974年7月，成立县革命委员会档案馆。1976年5月，在县委办公室下设立档案科，与档案馆合署办公。1980年2月，成立县档案局，同时将县革命委员会档案馆更名为县档案馆，定编5人。1981年4月，列入县政府编制序列。1986年，有工作人员7人。1987年，被评为全省先进档案局（馆），受到省委、省政府表彰。1993年3月，县地方志办公室与县档案局（馆）合署办公，属县政府组成局。1997年8月，明确为县委直属事业单位，正科级建制，内设办公室、征集编研股、监督指导股和档案管理股，定编8人。2002年，编制调整为6人。县档案馆建于1983年，位于县委院内，面积1031平方米，其中库房面积200平方米。2001年1月，晋升为省二级档案馆。2003年，建成现行文件服务中心。2005年，安装密集架120立方米。

九华山风景区档案局（馆） 1981年，九华山档案馆成立，副科级建制，系财政全额拨款的事业单位，编制3人。2002年12月，省编办批复重新组建九华山风景区档案馆，正科级建制，仍为财政全额拨款的事业单位，编制5人。2005年4月，风景区编委批准成立风景区档案局，与档案馆合署，两块牌子，一套人马，正科级建制，属参照公务员管理的事业单位，编制5人。现有馆舍始建于1996年，为两层砖混结构的普通办公用房，外观为皖南古民居风格，建筑面积318平方米（其中库房面积105平方米），总投资19.2万元，内设库房、办公室、会议室（整理室）、接待室、值班室等。

怀宁县档案局（馆） 1958年12月24日，以县委、县人委两个机关档案室合并为基础，正式成立怀宁县档案馆。1963年成立县档案科，与档案馆合署办公。1975年，成立县革委会办事组档案小组、县革委会档案馆。1980年12月，成立县档案局，馆、局合署办公，属县委办公室领导。1985年10月，县委、县政府明确规定县档案管理机构既是党的机构，又是政府机构，局、馆合署办公，列入政府编制序列，受县政府直接领导。1996年，县档案馆定为县委直属事业单位。1998年，县委批准县档案局（馆）设监督指导股、档案管理股，另配秘书1名，定编10人。2003年7月，县档案馆建立怀宁县现行文件利用中心。11月，县档案馆被县委宣传部、县教育局命名为“怀宁县爱国主义教育基地”。2005年2月，县委研究决定成立怀宁县档案局（馆）党组。1987年5月，县档案局（馆）荣获全省档案工作先进单位。2003年12月、2005年12月，县档案馆先后晋升为省二级、省一级档案馆。1986年，县档案馆位于县委大院组织部老楼三楼西，有档案库房7间，接待室1间，共计196平方米。1989年，迁至新政府大楼四楼，面积为339平方米，其中库房259平方米。2003年，位于新县城机关大院内的新档案馆投入使用，总投资180万元，规划建筑面积2500平方米，已建成投入使用面积1880平方米，设有办公室、档案利用服务中心、会议室、展览室、整理室、微机室、库房等，配备计算机、复印机、自动防火防盗报警系统、密集架、空调器、扫描仪等设施设备。

桐城市档案局（馆） 1958年10月1日，桐城县档案馆成立。1959年2月12日，更名为“桐城县档案资料馆”。1960年4月13日，恢复“桐城县档案馆”原称。1962年10月10日，县委办公室设立“桐城县档案管理科”，与县档案馆合署办公，一个机构，两块牌子。1968年8月，成立县革委会档案室。1975年8月13日，县委决定县革委会办事组设立档案小组，并恢复县档案馆。1979年10月，撤销县档案小组，保留县档案馆，归县委办公室主任领导。1980年3月13日，桐城县档案局成立，与桐城县档案馆合署办公，直属县委和县革委会领导。1983年，县档案局（馆）被省委、省政府表彰为档案工作先进集体。1987年，县档案馆楼投入使用，面积1055平方米。1991年，被省档案局、省人事局表彰为全省档案系统先进集体。1993年11月，桐城撤县建市，桐城县档案馆更名为桐城市档案馆。1994年5月，明确内设档案业务指导股、档案管理股，另配专职秘书1名。1996年6月，县编委批准县档案馆增挂县档案局牌子，为县委、县政府直属机构。1997年1月，晋升为省一级档案馆。2000年档案馆扩建，增加用房面积1164.8平方米，总投资105万元，2002年建成使用。

枞阳县档案局（馆）　1959年6月25日，枞阳县档案资料馆成立。1971年，县革委办事组建立档案小组。1978年3月，县档案馆恢复。1980年5月，枞阳县档案局成立，与县档案馆合署办公，直属县委和县政府领导。1984年体制改革，保留县档案局（馆），由县委办公室代管。1985年9月，县委将县档案局划归为县政府领导，作为县政府的直属机构，局、馆合署办公。1994年，县档案馆晋升为省一级档案馆。1997年，明确县档案局（馆）为县委直属事业单位，正科级建制，内设办公室、业务监督指导股、档案管理股，事业编制12名。建馆初期，县档案馆设在县委办公大楼的三楼，面积只有60平方米。1963年6月，档案库房迁至县委机关会议室，面积为100平方米，办公仍在县委办公室。1975年，在县委机关的后院兴建档案库房500平方米，共两层楼房。1985年，扩建档案库房600平方米，1986年10月投入使用。至2005年，档案馆总建筑面积1588平方米，其中库房面积1100平方米。

潜山县档案局（馆）　1958年12月，潜山县档案馆成立，受县委和县人委两个办公室领导，档案用房共7间平房，砖木结构，建筑面积200平方米，其中库房150平方米。1963年成立县档案科，科、馆合署办公。1978年，定编3人。1980年，县档案局成立，局、馆合署办公，由县委办公室主任直接领导。1982年，增加事业编制1人。1984年，定编7人，其中行政编制2人，事业编制5人。1986年3月，县委、县政府调整档案工作领导体制，明确规定档案管理机构既是党的机构，又是政府机构，县档案馆、局合署办公。1990年，投资31.68万元在县委大院内建成档案馆大楼，占地面积300多平方米，建筑面积1153平方米，其中库房面积450平方米。1996年，明确县档案局、县档案馆一个机构、两个牌子，为县委、县政府直属事业单位（正科级），由县委办公室管理，局（馆）进行合理分工，定员定岗，定事业编制8人，不设置内部机构。1997年，县档案馆晋升为省一级档案馆。2002年，确定县档案局（馆）为县委、县政府直属事业单位，仍为正科级，设办公室和监督指导股，定事业编制7名。2003年10月，县档案馆被批准为县级爱国主义教育基地。2003年2月，县档案馆建立县现行文件资料利用服务中心。

太湖县档案局（馆）　1956年6月，太湖县委秘书室改称县委办公室，下设秘书、档案、行政3个小组，其中档案室定编4人、实配1人。1958年12月，县委档案室、县人委档案室合并成立“太湖县档案资料馆”。1977 年 7 月，太湖县档案科成立。1981 年 10 月，太湖县档案局成立。1983 年，县委、县政府决定设立县档案馆，保留档案局名义，为事业机构、事业编制。1986 年，县委、县政府调整档案工作体制，县档案局既是党的机构，又是政府机构，列入政府编制系列，与县档案馆仍合署办公，由原县委办公室领导改由县政府领导，是县政府的直属局。1989 年在太湖新城动工新建档案馆，征地 1750 平方米，建筑面积 1039 平方米，造价 24 万元，1991 年正式迁入办公。1991 年 9 月，增定事业编制 3 人，总编制 10 人。1997 年 1 月，县档案局（馆）改为县委、县政府直属局，由县委办公室分管，定编 10 人。1997 年 12 月，县档案馆晋升为省一级档案馆。2001 年 3 月，县档案局（馆）被省人事厅、省档案局授予“全省档案系统先进集体”称号。

宿松县档案局（馆） 1958 年 12 月，宿松县档案馆成立。1959 年 1 月，改为宿松县档案资料馆。1964 年 1 月，宿松县档案资料管理科成立，科、馆合署办公。“文化大革命”期间，档案馆工作陷于停顿。1968 年 8 月，档案工作由县革委会办事组秘书小组负责。1973 年 8 月，恢复档案馆名称。1975 年 8 月，设立县革委会办事组档案小组，组、馆合署办公。1977 年 3 月，县革委会办事组档案小组改为县委办公室档案科。1981 年 10 月，成立县档案局，局、馆合署办公。宿松县档案馆自建立以来，馆库曾先后搬迁 5 次，现位于县委办公大楼一楼，有库房 11 间，建筑面积为 198 平方米。

望江县档案局（馆） 1958 年 11 月，望江县委档案室、望江县人委档案室合并成立望江县档案馆。“文化大革命”期间，档案馆工作被迫停止。1975 年 3 月，望江县革命委员会在办事组下设档案小组，档案馆恢复工作。1977 年 1 月，望江县委办公室设立档案科，科、馆合署办公，隶属于县委办公室。1981 年 3 月，撤销档案科，同时成立望江县档案局。档案局（馆）一个机构、两块牌子，属县委工作部门。1986 年 6 月，档案局（馆）纳入政府序列。1996 年 12 月，档案局（馆）改为县委、政府直属事业单位，由县委办公室管理。2001 年定编 8 名，内设档案管理股、编研征集股，实有人员 9 名。2001 年 9 月 12 日，局（馆）由原县委大院搬迁租用县城大北门外原县饲料厂的办公楼和仓库。2002 年 9 月，内设档案管理股、监督指导股，另设秘书 1 名。2002 年 12 月，建立现行文件利用服务中心。2004 年 7 月，加挂“望江县档案事务所”牌子。至 2004 年年底，定编 8 名，实有人员 8 人，其中具本科学历者 3 人、大专 4 人、中专 1 人。

岳西县档案局（馆） 1980 年前，县委办公室设立档案科。1980 年 1 月，撤销档案科，成立档案局，与县档案馆一个机构、两块牌子。1985 年 9 月，县档案局列入政府编制序列。1997 年 10 月，列为县委直属事业单位（正科级），设监督指导股、综合管理股，编制 6 名。1998 年 5 月开工兴建档案馆大楼，2001 年 1 月投入使用，占地 310 平方米，建筑面积1060平方米，投资60万元。2002年1月，县档案馆晋升为省一级档案馆。2003年7月，被县委命名为全县“爱国主义教育基地”。2005年，安装50立方米密集架，添置档案柜，并对原旧馆进行改造。

黄山市屯溪区档案局（馆） 1958年12月27日，屯溪市档案资料馆成立，编制2人。1959年与休宁县档案馆合并，1961年1月撤销，同年8月恢复，1963年9月再度撤销，1975年4月恢复成立屯溪镇档案馆，与同时成立的镇革委会办事组档案小组合署办公。1976年1月，镇档案馆改称屯溪市档案馆，1981年7月成立市档案局，与市档案馆合署办公，机构仍设在市委。1987年4月，市档案局（馆）列入政府编制序列，局编制3人，馆编制5人。1988年3月，屯溪由市改区，市档案局（馆）改为黄山市屯溪区档案局（馆）。1997年9月29日，明确屯溪区档案局与屯溪区档案馆一个机构、两块牌子，为区委、区政府直属事业单位（正科级），内设办公室、业务指导科、档案管理科、档案编研科，事业编制8名。档案馆原在屯溪市委大楼四楼，库房连办公室面积仅50平方米。1985年兴建一幢三层钢筋混凝土档案馆楼，面积645平方米，一楼为办公室、值班室、整理室，二楼为档案库房和阅览室，三楼为档案库房和资料室，馆内有复印机、去湿机、吸尘器、温湿度自动控制仪、照相机、缝纫机、灭火器等设备。

黄山市徽州区档案局（馆） 1990年9月，徽州区档案馆成立，隶属于区政府办公室。1991年3月，成立黄山市徽州区档案局（挂“区档案馆”牌子），是区政府直属事业机构，副科级建制。1996年12月，成立区地方志编纂委员会办公室，与区档案局（馆）合署办公，三块牌子、一套班子，为区政府直属事业单位，事业编制5名。1997年1月，区档案局（馆）升格为正科级建制。1998年，区档案局（馆）列入政府序列，参照公务员管理，核定事业编制5名，内设综合科1个科室，在编人员5人。区档案馆建筑面积共60平方米，配专用橱柜40余组，电脑5台，激光打印机2台，复印机1台，空调机2台。

黄山市黄山区档案局（馆） 1958年12月，太平县档案资料馆成立。1959年3月，太平县和石台县合并，两县档案馆随之合并，人员编制4人。7月，成立太平县档案工作委员会。1960年，编制增加到5人。1976年，正式建立太平县档案馆。1981年3月，县档案局成立，与县档案馆合署办公，归县委办公室领导。1983年12月，太平县撤销，成立县级黄山市，太平县档案馆更名为黄山市档案馆，人员编制为10人，实有4人。1987年9月，档案馆划归市政府领导，人员增至6人。1988年7月，撤市建区，黄山市档案馆更名为黄山区档案馆，人员增至8人。1989年1月，人员增至9人。1995年11月，人员增至11人。同年12月，晋升为省二级档案馆。到2005年，编制为10人，内设办公室、业务指导科、档案调阅科、档案编研科。1966年馆库面积为240平方米，1981年面积为174平方米。1989年9月，总投资30万元的档案馆楼建成使用，总面积 1058 平方米，配置安装闭路电视监控系统，共有五节铁皮档案柜 200 余组，配置空调机、防磁柜、消毒柜、除湿机、复印机、扫描仪、打印机、电脑、照相机等专业设施设备。

歙县档案局（馆） 1958 年 11 月 30 日，歙县档案馆成立，有专职档案人员 2 名。1959 年 1 月 4 日，“歙县档案馆”改称“歙县档案资料馆”，编制 4 人，县委办公室主任兼任馆长。1963 年 10 月 28 日，歙县档案管理科成立，与档案资料馆合署办公，编制 3 人，实有工作人员 2 人。1970 年 8 月 21 日，成立歙县革委会办事组档案室，隶属于县革委会办事组秘书小组，有工作人员 2 人。1975 年 7 月 21 日，成立歙县革委会办事组档案小组和歙县档案馆，隶属于县革委会办事组，编制 4 人，实有 2 人。1976 年 11 月 25 日，撤销县革委会办事组，同时成立歙县县委、县革委会办公室，下设档案组，编制 4 人，实有 4 人。1980 年 1 月 16 日成立歙县档案局，与县档案馆合署办公，一个机构、两块牌子，编制 5 人。1984 年编制增至 8 人，1990 年增至 9 人。至 2005 年年底，实有人员 8 人，内设办公室、业务监督指导股、宣传编研股。档案馆建立初期，使用县委大院内的 3 间小平房，仅 80 平方米。1981 年 6 月，新建档案馆大楼，总面积增至 900 平方米，其中库房面积 600 平方米。档案馆楼采用钢筋混泥土结构，外立面为封闭式走廊，共四层，投资总额为 10 多万元。1998 年，建成 80 平方米的徽州历史档案展厅。2001 年 12 月，县档案馆被命名为县级爱国主义教育基地，同年晋升为省一级档案馆。2003 年 10 月，建立县现行文件资料利用服务中心。自 1986 至 2005 年，该局馆连续 4 次被评为全省档案系统先进集体。

休宁县档案局（馆） 1958 年 9 月 17 日，休宁县档案馆成立。1959 年 4 月 22 日，改称休宁县档案资料馆，1960 年 2 月 18 日，复称休宁县档案馆。“文化大革命”开始后，机构瘫痪。1972 年 3 月 29 日，恢复成立休宁县档案馆。1976 年，投资 4 万元兴建建筑面积为 460 平方米的两层档案楼。1980 年 6 月 27 日，成立休宁县档案局，与县档案馆合署办公，归县委办公室领导。1986 年 10 月 31 日，明确县档案局（馆）为县政府直属机构。1997 年 4 月 16 日，县委、县政府决定县档案局改为县委、县政府直属事业单位（正科级），与县档案馆一个机构、两块牌子，内设办公室、指导科和管理科，在职人员 6 人。1998 年 5 月 26 日，总造价 77 万元、总建筑面积 1050 平方米（其中库房面积 700 平方米）的四层档案楼投入使用。2002 年 12 月，县档案馆晋升为省一级档案馆。

黟县档案局（馆） 1958 年 12 月，黟县档案馆成立，有专职人员 2 人。1959 年祁门、黟县合并，档案机构撤销。1961 年 4 月，祁门、黟县分县，档案馆恢复。1981 年 4 月 22 日，黟县档案局（馆）恢复成立，属县委、县政府直属机构，两块牌子，一套人马，由县委办公室主任分管。1984 年 2 月，县档案局（馆）被定为政府直属机构，由副县长分管，定行政编制4人、事业编制3人。1988年4月建成档案馆楼，建筑面积620平方米，其中库房面积407平方米。1997年5月，县档案局（馆）改为县政府正科级直属事业单位，内设办公室、监督指导股和管理股，事业编制7名。2003年，县档案馆晋升为省二级档案馆。

祁门县档案局（馆）　祁门县档案馆于1958年12月由中共祁门县委档案室与县人委档案室合并成立。“文化大革命”期间，祁门县档案工作处于瘫痪状态。1986年3月17日，恢复县档案局（馆），局、馆合署办公，编制8名，其中行政编制6名、事业编制2名，内设办公室、业务指导股、档案资料管理股、档案资料征集编撰股。1997年12月，明确内设机构为办公室、保管利用股、监督指导股、编纂法规股，实有人数8人。1982年6月，在县委大院南侧建成档案馆楼，二层钢筋水泥结构，面积320平方米。1988年新建档案馆，1990年年底竣工使用，三层砖混结构，具徽派风格，总建筑面积为1037平方米，其中库房619平方米，技术用房20平方米，教育展示厅20平方米。

第三章　档案收集保管利用

档案的收集、保管和利用是档案馆（室）的基础业务工作。安徽省各级国家档案馆依照法律法规的规定，负责定期接收本区域各国家机关、团体、企业事业单位和其他组织需要长久保存的档案，对档案进行科学整理、鉴定、保管和保护，并通过举办档案展览、编辑出版档案资料等多种形式，开发档案信息资源，为社会各方面提供档案信息服务。

第一节　档案收集

档案接收　《中华人民共和国档案法》和《中华人民共和国档案法实施办法》（以下分别简称《档案法》《档案法实施办法》）规定：中央和县以上地方各级各类档案馆，是集中管理档案的文化事业机构，负责接收、收集、整理、保管和提供档案利用各分管范围内的档案。机关、团体、企业事业单位和其他组织必须按照规定，定期向档案馆移交档案。属于中央级和省级、设区的市级国家档案馆接收范围的档案，立档单位应当自档案形成之日起满 20 年即向有关的国家档案馆移交；属于县级国家档案馆接收范围的档案，立档单位应当自档案形成之日起满 10 年即向有关的县级国家档案馆移交。经同级档案行政管理部门检查和同意，专业性较强或者需要保密的档案，可以延长向有关档案馆移交的期限；已撤销的单位的档案或者由于保管条件恶劣可能导致不安全或者严重损毁的档案，可以提前向有关档案馆移交。

民国档案接收　1985 年以前，民国档案接收、移交工作基本结束。1986 年以后，省档案馆对民国档案进行一些补充性的收集。1987 年，从省公安厅接收民国时期中国银行、中央银行、中国交通银行、中国农民银行档案 90 箱（约 2000 卷），以及该厅后库保存的零星档案、资料及名册。1988 年下半年，接收省公安厅民国时期银行档案、资料 11 麻袋，后经鉴定、整理，组成案卷 100 卷。1990 年 6 月，从屯溪银行接收民国时期驻皖金融机构形成的会计档案 176 箱，经分类整理，共组成会计档案案卷 6526 卷。这部分档案全部并入民国档案“银行系统全宗汇集”。

中华人民共和国时期档案接收　1985 年 6 月 4 日，安徽省财政厅、安徽省档案局印发《关于清理、鉴定会计档案几点具体意见的通知》，对如何清理、鉴定积存的会计档案，提出意见。1986 年 9 月，安徽省财政厅、安徽省档案局在合肥联合召开省直机关清理会计档案工作动员大会，同年 10 月 5 日，在砀山县联合召开全省会计档案工作会议，明确清理鉴定会计档案的范围、时间和要求。随后，全省会计档案清理工作得以普遍开展。到 12 月底，全省有 9245 个会计核算单位完成清理任务，共清理会计档案 5303530 卷。

会计档案的清理、鉴定，为档案馆接收奠定了基础。1990 年上半年，省档案馆对省直 60 个单位的会计档案进行摸底，确定其中 19 个单位会计档案向省档案馆移交。下半年，省档案馆组织人员对将移交进馆的案卷质量进行进一步检查，并协助立档单位进行整改。1990 年，省档案馆共接收档案 5996 卷，其中会计档案为 4374 卷。

安徽省档案馆 1990 年度档案接收进馆情况一览表

表 3-1

全宗号	全宗名称	文书档案数量（卷）	会计档案数量（卷）	总数量（卷）	起止时间
J003	中共安徽省委及其办公厅	861	-	861	1949—1980
J006	安徽省委统战部	-	61	61	1951—1966
J018	安徽省档案局	212	-	212	1987—1988
J022	安徽省政府及其办公厅	-	3334	3334	1969—1985
J030	安徽省交通厅	-	27	27	1955—1965
J063	安徽省统计局	-	19	19	1962—1966
J066	安徽省财政厅	401	-	401	1970—1978
J067	建设银行安徽省分行	-	17	17	1962—1966
J068	交通银行安徽省分行	-	2	2	1954—1956
J078	安徽省税务局	-	4	4	1962—1965
J083	安徽省气象局	-	546	546	1954—1966
J085	安徽日报社	-	51	51	1950—1965
J087	安徽省卫生厅	-	46	46	1950—1966
J090	安徽省标准计量局	-	15	15	1960—1966
J093	安徽省新闻出版局	-	34	34	1952—1966
J094	安徽省体委	-	32	32	1952—1966
J095	安徽省广播电视厅	-	157	157	1956—1966
J098	安徽省妇联	-	29	29	1950—1966
J168	安徽省化工研究所	148	-	148	1958—1975
	合　计	1622	4374	5996	-

1986年10月4日，安徽省国防科工办、安徽省档案局联合印发《关于省属三线厂调整中档案交接问题的通知》。1987年，省档案馆组织人员对下放调整的省属“小三线”企（事）业单位各门类档案进行全面调查摸底，并确定淮河机械厂为接收试点单位。1988年6月，安徽省档案局与安徽省国防科工办共同举办为期一个月的档案整理培训班，采取“自带档案、集中授课、分头实践、分类指导、检查验收”方式，传授档案整理技能和知识，为档案整理、移交做准备。1987—1991年，省档案馆分四次将22个下放调整的省属“小三线”企（事）业单位的14307卷档案接收进馆。1989年，从上海市政工程处设计院接收皖南“小三线”工程设计档案51卷、底图799张。1990年，接收与江西省档案馆交换的关于皖南“小三线”工程底图档案29卷。两次接收的江南“小三线”档案，分别按地区整理后，移交给相关地、市档案馆。

安徽省属“小三线”企（事）业单位档案移交进馆情况一览表

表3-2

全宗号	全宗名称	档案数量（卷）	进馆年度	起止时间
J115	安徽省淮河机械厂	574	1987	1965—1986
J120	安徽省通用机械厂	518	1987	1965—1986
J134	安徽省浦信化工厂	602	1988	1966—1986
J135	安徽省皖中医院	154	1988	1966—1987
J137	安徽省先锋机械厂	593	1988	1967—1986
J138	安徽省皖东机械厂	556	1988	1965—1986
J139	安徽省皖江机械厂	658	1988	1965—1988
J140	安徽省淮海机械厂	1038	1988	1965—1986
J142	安徽省长江计量所	105	1988	1974—1986
J144	安徽省皖中机械厂	586	1988	1965—1986
		2702	1991	1963—1986
J145	安徽省红旗木材厂	355	1988	1969—1988
J146	安徽省江淮机械厂	652	1988	1965—1986
J148	安徽省向阳机械厂	490	1988	1966—1986
J149	安徽省皖西医院	192	1989	1969—1986
J150	安徽省江南机械厂	513	1989	1966—1986
J151	安徽省利群机械厂	521	1989	1966—1986
J152	安徽省红星机械厂	715	1989	1965—1986
J153	安徽省江北机械厂	574	1989	1966—1986
J154	安徽省东风机械厂	637	1989	1964—1986
J155	安徽省皖淮机械厂	717	1989	1965—1986
J160	安徽省皖西化工厂	321	1989	1967—1986
J161	安徽省皖西机械厂	534	1989	1965—1986
	合　计	14307	–	–

1987 年，省档案馆印发《关于省直二级机构档案接收试点工作情况和意见的通知》及《关于省档案馆 1987 年档案接收工作的通知》。随后，进行多方面工作，终将 24 个二级机构的档案接收进馆。进馆档案总数为 8702 卷。1989 年，又接收省文化厅所属 8 个单位档案 592 卷进馆。

1991 年，省档案馆接收 16 个单位的档案进馆，进馆档案总数为 5753 卷。其中文书档案 1884 卷、会计档案 3603 卷、科技档案 266 卷、照片档案 5 册、录音档案 4 盒。

1992 年 6 月 22 日，安徽省档案局印发《关于收集珍贵声像档案的通知》，明确省直机关形成的珍贵声像档案提前接收或复制进馆的范围和方法。省档案局组织省直宣传、新闻等 9 个相关单位召开珍贵声像档案收集座谈会。全年共接收档案 740 卷，其中文书档案 166 卷、会计档案 358 卷、声像档案 216 盒。

1993 年，接收民革安徽省委员会档案 296 卷、省社教办档案 77 卷、省清房工作领导小组档案 48 卷。

1994 年 7 月 20 日，省档案馆印发《关于省直机关机构改革变动单位档案管理的实施意见》，对省直机关机构改革中撤销、升格、分设、合并、改制等变动单位的档案管理提出具体实施意见。当年，接收中共安徽省委农村工作部档案 390 卷，中共安徽省纪律检查委员会档案 190 卷、录音档案 15 盘、照片档案 47 张，安徽省化工厅档案 31 卷，中央档案馆移交的属于安徽省档案馆留存的档案 245 卷，各种资料 5170 册。

1995 年，省档案馆接收皖南农学院档案 916 卷，革命历史档案 1 卷，缩微胶片 1 盘，录音档案 1 盒，底片 4 张，各种资料 5464 册。

1997 年 1 月 30 日，安徽省档案局印发《关于如何处理破产企业档案的紧急通知》，对如何处理各类型破产企业档案提出指导性意见。9 月 25 日，安徽省档案局、安徽省经济体制改革委员会、安徽省经贸委印发《关于企业改革中档案处置的意见》，明确企业改革中档案处置应遵循的基本原则及档案的归属与流向，规定兼并、合并、拍卖企业，改建为股份制、股份合作制企业，中外合资、合作企业，承包、租赁企业，破产企业的档案处置办法。当年共接收档案资料 5527 卷（册）。

1998 年，省档案馆共接收档案资料 6257 卷（册）。

1999 年，省档案馆启动省直机关到期档案接收进馆工作，6 月 30 日，安徽省档案馆印发《安徽省档案馆接收省直机关档案进馆暂行规定》，安排接收省直机关 1988 年以前形成的需要永久和长期保管的各门类档案进馆，并对接收范围、案卷质量作出规定。同时，召开省直机关协作组组长会议，研究机读目录与档案同步移交进馆事宜。当年接收中共安徽省委组织部档案 1743 卷，安徽省商务厅档案 822 卷，安徽省总工会档案 1840 卷，各种资料 5198 册，首次接收安徽省商务厅、安徽省总工会移交的案卷级机读目录。

2000年3月17日，中共安徽省委办公厅、安徽省人民政府办公厅转发《安徽省档案局关于在机构改革中加强档案管理的意见》，对机构变动部门和单位的档案管理、归属与流向作出明确规定。2000—2005年，省档案馆先后接收安徽省机械工业厅、安徽省电子工业局、安徽省建材工业局、安徽省农村经济办公室、安徽省轻工业厅、安徽省纺织总会、安徽省商业厅、安徽省水产局、安徽省化学工业厅、安徽省冶金工业厅、安徽省经济体制改革委员会、安徽省中小企业发展局等撤并单位档案29357卷（件）。接收中共安徽省委统战部、安徽省计划委员会、中共安徽省委讲师团、中国人民银行安徽省分行、中共安徽省委纪律检查委员会、安徽省劳动和社会保障厅、安徽日报社、安徽省广播电影电视局、中共安徽省委宣传部、安徽省外事办公室、安徽省省直机关事务管理局、安徽省农业委员会、安徽省国防科工办、安徽省科学技术厅、安徽省体育局、安徽省交通厅、中共安徽省委组织部、中共安徽省委及其办公厅、安徽省卫生厅、安徽省质量技术监督局、安徽省民族事务委员会、安徽省统计局、安徽省水利厅、安徽省新闻出版局、安徽省妇女联合会、安徽省工商业联合会、中共安徽省委保持共产党员先进性教育活动领导小组办公室、共青团安徽省委员会到期档案64630卷（件）。2000—2005年共接收各种图书资料19505册。

安徽省档案馆档案接收情况一览表

表3-3

全宗号	全宗名称	档案数量（卷）	进馆年度	起止时间
J004	中共安徽省委组织部	1743	1999	1976—1987
J057	安徽省总工会	1840	1999	1968—1988
J104	安徽省商务厅	822	1999	1970—1979
J006	中共安徽省委统战部	1247	2000	1976—1993
J084	中国人民银行安徽省分行	1759	2000	1970—1990
J100	安徽省计划委员会	1673	2000	1969—1987
J180	安徽省电子工业局	1636	2000	1969—1992
J183	安徽省建材工业局	1568	2000	1977—2000
J191	中共安徽省委讲师团	72	2000	1982—1987
J009	安徽省农村经济委员会	2433	2001	1986—2000
J011	中共安徽省委纪律检查委员会	918	2001	1979—1987
J048	安徽省轻工业厅	2802	2001	1983—2000
J058	安徽省劳动和社会保障厅	2731	2001	1970—1990

续表 3-3

全宗号	全宗名称	档案数量（卷）	进馆年度	起止时间
J072	安徽省水产局	1407	2001	1983—2000
J085	安徽日报社	301	2001	1949—1987
J104	安徽省商业厅	2936	2001	1980—2000
J181	安徽省纺织总会	2080	2001	1978—2000
J005	中共安徽省委宣传部	1185	2002	1975—1990
J034	安徽省省直机关事务管理局	1136	2002	1961—1989
J046	安徽省机械工业厅	4036	2002	1970—2000
J048	安徽省轻工业厅	110	2002	1978—2000
J065	安徽省化学工业厅	4365	2002	1975—2000
J071	安徽省农业委员会	4767	2002	1970—2000
J080	安徽省外事办公室	701	2002	1978—1989
J095	安徽省广播电影电视局	407	2002	1977—1987
J181	安徽省纺织总会	77	2002	1978—1999
J004	中共安徽省委组织部	927	2003	1999—2002
J005	中共安徽省委宣传部	81	2003	1976—1992
J030	安徽省交通厅	5589	2003	1962—1995
J064	安徽省冶金工业厅	3800	2003	1970—2000
J094	安徽省体育局	1296	2003	1953—1990
J200	安徽省国防科工办	2267	2003	1964—1992
J212	安徽省科学技术厅	5400	2003	1953—1987
J003	中共安徽省委及其办公厅	5735	2004	1986—1994
J005	中共安徽省委宣传部	4947（枚）	2004	毛主席像章
J063	安徽省统计局	3297	2004	1970—1987
J087	安徽省卫生厅	3360	2004	1952—1990
J090	安徽省质量技术监督局	947	2004	1972—1990
J116	安徽省民族事务委员会	338	2004	1978—1989
J222	安徽省经济体制改革委员会	889	2004	1984—2001
J055	安徽省水利厅	4242	2005	1967—1988
J082	安徽省工商业者联合会	762	2005	1951—1990
J086	共青团安徽省委员会	765	2005	1970—1990

续表 3-3

全宗号	全宗名称	档案数量（卷）	进馆年度	起止时间
J093	安徽省新闻出版局	1928	2005	1970—1990
J098	安徽省妇女联合会	1140	2005	1972—1988
J204	安徽省中小企业发展局	396	2005	1976—1988
J231	中共安徽省委保持共产党员先进性教育活动领导小组办公室	1129	2005	2005—2005
	合 计	93987	-	-

2003年5月29日，安徽省非典防治工作总指挥部办公室、安徽省档案局联合转发《全国防治非典型肺炎指挥部办公室国家档案局关于做好防治非典型肺炎工作文件材料收集归档工作的通知》，并对非典型肺炎防治文件材料的收集归档工作提出具体要求。安徽省非典防治总指挥部的档案单独成立全宗（J223），以“件”为单位进行整理，共形成档案3160件，于2006年接收进省档案馆。

2004年2月27日，接收中共安徽省委宣传部捐赠毛主席像章4947枚。像章制作年代以1968年和1969年两个年度为主，制作单位除安徽省外，还涉及其他23个省（自治区、直辖市）和军队系统的20多个单位。像章直径最大的120毫米，最小的11毫米。制作材料分别为金属（铜、铝）、塑料、胶木、竹质、陶瓷、搪瓷和玻璃等。其中：金属类3051枚，塑料类1616枚，陶瓷类237枚，竹质类142枚，木质类5枚，搪瓷类2枚，玻璃类1枚。

2004年5月至2005年8月，省档案局在和县开展以整合资源、创新机制、强化服务为核心内容的档案管理模式改革试点。试点期间，和县档案馆将县房管局档案室整体划归档案馆管理，成立县档案馆房产档案管理中心，将建设局、交通局、国土局等单位形成的科技、专门档案，经规范整理后移交县档案馆，至2005年7月底，接收科技和专门档案78080卷，使馆藏档案数量由3.82万卷增至11.63万卷，专业档案与文书档案的结构由21 ：100上升为104 ：100。2005年11月30日，安徽省委、省政府在和县召开由各市、县分管领导参加的全省档案管理模式改革现场会，推广和县经验，在全省范围内全面推行档案管理模式改革工作。

2005年6月15日，中共安徽省委保持共产党员先进性教育活动办公室、安徽省档案局联合印发《保持共产党员先进性教育活动文件材料归档范围》，规范全省保持共产党员先进性教育活动文件材料归档和移交工作。中共安徽省委保持共产党员先进性教育活动领导小组办公室的档案单独成立全宗（J231），以“件”为单位进行整理，共形成文书档案3530件，照片档案1卷17张，分别于2005年和2006年接收进省档案馆。

1986年以来，安徽省各市、县（区、市）国家综合档案馆，认真贯彻落实《档案法》，根据各地工作特点，按照档案接收计划和档案移交进馆质量标准，分期分批接收同级机关到期应移交的档案；根据不同阶段的工作任务和要求，适时开展撤区并乡档案、破产企业档案、企业改革中形成的档案、乡（镇）党政机构改革中形成的档案、农村土地二轮承包档案的接收工作；及时接收防治非典型肺炎、保持共产党员先进性教育活动等临时机构的档案；开展地方特色档案、民生档案、重大活动和重大建设项目档案的接收工作。

1996年，阜阳撤地建市期间，阜阳市档案馆组织人员对撤销的原阜阳市74个市直机关、团体及企事业单位的全宗档案及时进行接收，并于2003—2004年进行全面清理和整理归档，有效地保护了反映这一历史时期真实面貌的原始资料。2004年，金寨县档案馆认真贯彻省档案局印发的《关于如何处理破产企业档案的紧急通知》精神，主动与各企业改制组取得联系，落实相应的措施，对已进入破产程序的十几家企业的档案处置进行跟踪指导。2005年，接收破产企业各类档案6299卷，托管破产企业档案4885卷。2004年4月，马鞍山市档案局根据全市档案工作发展形势，制订《关于全市重大活动声像资料集中收集管理的实施意见》，在全省率先建立起重大活动声像档案资料集中接收管理工作机制。当年共接收重大活动声像档案662张（盘），2005年接收党和国家领导人和省委省政府主要领导在马鞍山活动及马鞍山市重大政治、经济、文体、社会活动照片600余张。

各市、县（区、市）具体接收情况见表3–4。

安徽省各级国家综合档案馆档案接收统计表

表3–4　　单位：卷

年度＼项目	合计	省档案馆	市档案馆	县（区、市）档案馆
1986	174984	7184	29592	138208
1987	137212	10483	22136	104593
1988	69113	9097	8510	51506
1989	184334	9760	49085	125489
1990	82417	12500	6475	63442
1991	77922	6068	20252	51602
1992	168969	527	14741	153701
1993	103330	421	38401	64508

续表 3-4

年度＼项目	合计	省档案馆	市档案馆	县（区、市）档案馆
1994	98953	924	31721	66308
1995	103806	916	25696	77194
1996	101748	1865	28970	70913
1997	125593	589	40381	84623
1998	88556	582	68691	19283
1999	128516	4405	52535	71576
2000	143883	10018	23571	110294
2001	183418	15616	29802	138000
2002	231940	15673	63877	152390
2003	224549	18985	58285	147279
2004	310110	14564	124449	171097
2005	745698	9233	78602	657863
合　计	3485051	149410	815772	2519869

档案征集　档案征集，是指档案馆按照国家规定收集散存在社会上的档案。1986—2005 年，全省各级档案馆开展了卓有成效的档案征集工作。

在档案征集渠道上，通过召开专题会议或举办有关活动，发布征集主题，向社会广泛宣传，动员广大群众提供征集线索，开展征集工作；结合业务指导或执法检查，发现线索，及时征集；围绕编研课题进行征集；围绕大型专题展览进行征集；积极参与重大活动、重要会议，并全程跟踪活动或会议结束后，将形成的档案资料及时收集；积极开展馆际档案资源共享，进行档案资料的互换、交流、复制。在征集方式上一般根据档案资料的所有情况和持有者意愿，采取接受捐赠、接受寄存、收购、代为保管、征购、复制副本等多种方式进行征收。

1986—1996 年间，省档案馆主要开展民国档案资料和革命历史档案的征集。

1986 年 8 月，省档案馆把民国时期省政府公报列入重点收集工作。安徽公报、安徽省政府公报、安徽省公报（汪伪安徽省政府）共发行 5075 期，省档案馆已存 1298 期。1987—1988 年，省档案馆从省图书馆、省博物馆、安徽大学、安徽师范大学等单位收集复制 2800 多期。1989 年，先后从江西省档案馆、北京图书馆、大连图书馆、上海市档案馆、上海藏书楼、上海交大图书馆、南京图书馆、南京大学图书馆、中国第二历史档案馆、湖北省档案馆、湖北省图书馆、武汉大学图书馆和复旦大学收集复制 600 期。1987 年，征集历史资料 949 件，其中《程氏人物志》及“大悲陀罗尼”木刻刊板等都是十分珍贵的档案资料，“大悲陀罗尼”木刻刊板丰富了馆藏档案的载体形式。1989年，省档案馆从大连图书馆征集到日本人编写的《中国省别志 · 安徽志》图书1套4本；从桐城征集明代宰相何如宠家族的《何氏宗谱》18卷；从歙县征集歙东竦源济阳江氏族谱4卷、济阳江氏金鳌派宗谱20卷、梅溪济阳江氏宗谱4卷。1991年，从歙县征集《冯氏宗谱》25册；从南京市图书馆和中国第二历史档案馆征集到安徽1918—1931年水灾情况档案261件。

1986年以来，革命历史档案资料收集工作已成为全省各级档案部门的经常性工作。1986年2月7日，省档案馆印发《关于进一步收集革命历史档案的通知》，对1949年皖南、皖北行署成立前后，各分区、中心县及外地党政军群组织，著名人物，各专员公署和市、县形成的档案；散存在社会各部门和个人手中的革命历史档案；长期由个人珍藏的革命历史档案的收集工作作出明确规定。当年，省档案馆征集革命历史档案2893件。1987年，安徽省档案馆组织人员先后到宿州地区及其各县、巢湖地区及其各县、淮南市及凤台县、上海、浙江等10个市县进行革命历史档案收集工作，全年共征集革命历史档案2206件，照片47张，核对阜阳地区及临泉县移交的革命历史档案11110张。1989年，省档案馆从省党史办收集复制1928年7月8日萧县县委产生经过的报告，从岳西县党史办收集1930年红军第34师标语口号和布告。1991年6月，省档案馆印发《关于进一步做好历史档案、资料征集工作的通知》，确定对散失在机关、单位和民间的历史档案资料征集的范围、原则和方法。1992年，省档案馆从省公安厅一名职工手中收集复制革命烈士曹云露1939年5月30日给其弟曹云青和曹云屏的信、周恩来1938年3月19日给曹云屏的信及1939年8月23日给曹云青和曹云屏的信、叶挺1938年2月23日给曹云屏的信。

1996年11月，省档案馆编研处改为征集利用处以后，加大了档案征集范围。1997年到2005年间，省档案馆征集的档案主要分四类：党和国家领导人到皖活动档案、重大活动（事件）档案、名人档案和地方特色档案。

1997年10月27日，中共安徽省委、安徽省人民政府办公厅印发《关于收集党和国家领导人在安徽公务活动中形成的档案资料的通知》，在全省范围内开展收集党和国家领导人在安徽公务活动中形成的档案资料的工作。到12月底，省档案馆即征集到毛泽东、刘少奇、邓小平等党和国家领导人在皖活动的照片及声像材料603件（份）。

1998年，省档案馆重点征集党和国家领导人在安徽公务活动中形成的档案材料和1998年安徽抗洪档案资料，共征集档案资料116卷（件）。

1999年，省档案馆征集工作的重点是征集党和国家领导人在皖公务活动中形成的材料。3月4日，省馆召开党和国家领导人到皖公务活动档案材料征集工作座谈会，并向全省印发《关于进一步做好党和国家领导人来皖公务活动档案资料征集接收工作的通知》。

1999、2000年两年间，省档案馆先后同人民日报社安徽记者站、新华社安徽分社、省委办公厅、省政府办公厅等32家中央驻皖新闻机构、省直单位以及企业建立党和国家领导人来皖公务活动档案资料征集联络员队伍，确定联络员59人。1999年上半年正式开始互相联络，交流档案征集信息，为征集工作的开展奠定基础。1999年，共征集党和国家领导人在皖公务活动各种档案资料594件。

2000年10月12日，省档案局馆征集利用处制定《安徽省档案馆关于地方特色重要珍贵档案资料的征集办法》，确定征集内容及范围、征集形式和办法、征集进馆档案的质量鉴定、征集进馆档案的管理与利用。

11月23日，安徽省国家安全厅向省档案馆捐赠侵华日军档案资料，省档案馆组织召开捐赠仪式并向省国家安全厅颁发捐赠证书。

同年，省档案馆不断拓宽征集渠道、扩大征集范围，在重点加强对党和国家领导人在皖公务活动档案材料征集的同时，还进一步加大对散存在社会上重要珍贵档案资料的征集工作，全年共征集档案资料1292件（份）。其中：中共中央总书记江泽民、国务院总理朱镕基为合肥高新技术开放区、合肥矿山机器厂的题词及签名手迹原件3份；华国锋、邓小平等党和国家领导人接见出席五届人大一次会议代表、全国财贸学大庆学大寨会议代表合影照片3张；江泽民、李鹏、朱镕基等党和国家领导人来皖公务活动照片265张；赞比亚共和国总统奇卢巴及夫人访问安徽省照片264张；侵华日军军事地图186张；国民党军队军事地图321张；中国人民解放军华东军区军事地图57张；太原王氏宗谱（首任中共安徽省委书记王步文家谱）16本；明清、民国时期各种鱼鳞册、卖田契、契尾、执照、归户清册、田赋串票、法院诉状等122件（册），档案征集数量超过1995—1999年五年的总和，其中征集到的侵华日军军事地图还填补了省档案馆馆藏空白。

2001年，省档案馆征集党和国家领导人在皖公务活动形成的档案材料和全国农村税费改革试点工作会议材料2527件。

2002年，省档案馆共征集各种档案资料2116份。其中：纸质档案71件（份）；照片2010张；录像带35盘（盒）。内容主要包括：党和国家领导人来皖公务活动档案资料；从黄山歙县征集到一部素有“徽州方志”之称的《汪氏统宗正脉》宗谱一套共九本。至2005年，国内只有北京图书馆、南京图书馆和安徽省档案馆收藏有《汪氏统宗正脉》。

2003年，省档案馆加强知名人士档案资料征集，不断改善馆藏结构，增强利用服务功能。与著名黄梅戏电视连续剧导演胡连翠，全国著名民歌手殷光兰，渡江女英雄马毛姐，全国劳动模范龙冬花、许方华等进行联系，先后共达成数百件（份）重要档案资料捐赠协议。全年共征集各种档案资料 2316 件（份）。其中：纸质档案 96 件（份），照片 2214 张，录像带及光碟 6 盘（盒）。

2004 年 5 月 1 日，《安徽省档案征集办法》颁布施行，为档案征集工作的开展提供依据和保障。

同年，省档案馆积极开展老照片征集工作，先后征集到各种珍贵老照片 1822 张，并经有关专家评选、鉴定，从中选出 429 张老照片上报国家档案局参加“全国老照片精品展”。其中：慈禧太后葬礼仪式照片、国民党派代表团到延安与毛泽东等中共领导人谈判合影照、歙县各界及美国飞行员为在反法西斯战争中捐躯的壮士举行追悼会的合影、叶挺拍摄的黄山风景组照等较为珍贵。全年省档案馆共征集到各种档案资料 1503 件（份），其中名人档案资料 350 多件（份）。

2005 年，省档案馆共征集到各种档案资料 1950 件（份），内容主要包括：党和国家领导人来皖活动档案 1889 件；皖巢《何氏宗谱》、合肥《许氏宗谱》《蓝氏宗谱》等皖籍名人档案以及反映安徽地方特色档案共 57 卷 28 册。

同年，抗日战争胜利六十周年之际，省档案馆向社会广泛征集抗日战争档案史料，先后从省内外有关单位及个人手中征集到昭和十二年至昭和十八年（1937—1943 年）间，日军侵华部队和日本朝日新闻、东京日日、大阪每日、东洋文化交流协会等新闻机构出版发行的全日文《中国事变画报》《中国事变写真全集》《中国事变圣战写真史》《兴亚杂志》《画报跃进之日本》，以及日军侵华部队当年绘制的军事地图和日本帝国主义掠夺、开采中国各地盐矿资源、加工运输、消费流通图等档案资料。至 2006 年 6 月中旬，省档案馆征集的日军侵华罪证档案资料，填补了中国档案馆馆藏空白，这批档案资料全面详细地记录了日本侵略者悍然发动的侵略战争所犯下的滔天罪行。

1986 年，原徽州地区档案馆开始对散存在徽州民间的历史档案进行征集。1999 年，随着徽学研究的不断深入，散存在民间的历史档案大量外流的状况日益突出，黄山市档案馆进一步加大征集力度，至 2005 年，共征集徽州历史档案 8939 件（册），主要内容有五代十国、明、清、民国四个历史时期的契约、借据、串票、账簿、贡卷、族谱、司法文书、医药典籍等，最珍贵的南唐喻祭文距今已有 1000 余年。

1997 年以来，各市县国家综合档案馆建立有效的征集机制，征集到一批有地方特色的档案材料。黄山市档案馆征集黄山市旅游节档案；安庆市档案馆征集 1998 年抗洪抢险档案材料和黄梅戏艺术档案资料；凤阳县档案馆征集小岗村实行农业大包干档案资料；金寨县、绩溪县档案馆分别征集将军档案和名人档案。

2001 年，安庆市档案馆重点征集黄梅戏档案和陈独秀研究资料。六安市档案馆征集的档案主要有：位于六安市境内的淠史杭水利枢纽工程建设初期的档案资料和图片资料，元代兽医学鼻祖喻氏兄弟所著的中国第一部兽医学著作《元亨疗马集》，六安籍开国上将洪学智将军生平图片电子版及相关资料，皖西革命历史纪念馆陈列的222位烈士生平档案等。泾县档案馆征集一批反映新四军活动和宣纸业发展的档案、资料。宣城、池州和萧县、灵璧、埇桥、金寨、霍邱等市、县（区）档案馆，也积极开展具有当地特色的历史档案资料征集工作。在征集的同时，一些档案馆还开展了对重大活动档案的收集工作。芜湖市档案馆收集了该市举办的茶叶博览会、旅游产品博览会、建筑材料博览会等重大活动档案材料。

2002年，合肥市档案馆重点征集中国当代画家、“新金陵画派”的创始人和推动者亚明的110幅绘画作品。地方国家综合档案馆一次征得一位名人百幅以上画作，在安徽省尚属首次。

2004年，以实施《安徽省档案征集办法》、参加全国档案馆精品老照片展览为契机，各级档案部门积极宣传、广泛发动，征集一大批珍贵历史档案资料和地方特色档案材料。据统计，2004年全省各级国家综合档案馆共征集档案资料3277件（册），接收档案捐赠5090件（册）。

2005年，重大活动档案收集管理逐步规范，六安市建立重大活动档案管理新机制，亳州、马鞍山、黄山、九华山等地开展重大活动档案材料收集工作。

1991—2005年，全省各级国家综合档案馆共征集档案资料29197件（册），接受捐赠档案8347件（册）。这些档案资料征集进馆，一定程度上改善了馆藏结构，提升了馆藏质量。

安徽省档案馆征集档案情况统计表

表3–5

年份	征集档案（件/册）		接受捐赠档案（件/册）	
	全省档案馆	全省国家综合档案馆	全省档案馆	全省国家综合档案馆
1991	1002	789	–	–
1992	175	160	3	–
1993	51	36	5	2
1994	41	41	29	27
1995	82	80	–	–
1996	61	61	23	23
1997	118	118	184	184
1998	194	194	107	107

续表 3-5

1999	1596	996	34	34
2000	1425	1422	877	875
2001	6618	6618	928	928
2002	4215	4215	115	115
2003	7114	4995	1269	669
2004	5471	3277	5090	5090
2005	6195	6195	293	293
合计	34358	29197	8957	8347

数据来源：1991—2005年度全国档案事业统计综合年报

第二节　档案整理鉴定

档案价值鉴定　档案价值鉴定是档案工作的核心环节。鉴定内容涉及到归档、进馆、存毁、开放等多个方面。省档案局出台多项措施，指导机关、团体、企事业单位做好文件材料归档范围界定、档案保管期限划分、档案鉴定销毁等工作。

机关档案鉴定工作　1988 年 1 月，省档案局转发国家档案局《机关档案工作业务建设规范》，要求各机关制定本机关的保管期限表，定期开展档案鉴定工作。同时，还规定了档案鉴定工作的领导体制和工作机制。同年，省档案局转发国家档案局《机关文件材料归档和不归档的范围》，以清单方式分别列出归档材料和不归档材料名称，以便予操作。对于归档文件材料保存年限的划分，省档案局根据国家档案局规定，颁发《安徽省省、地、市、县机关文书档案保管期限表》，对期限的确定进行细化和明晰。

企业档案鉴定工作　1987 年 4 月，省档案局、省经委、省计委转发国家档案局、国家经委、国家计委《国营企业档案管理暂行规定》，确定企业文件材料归档的基本范围，并对企业档案鉴定工作提出 5 条具体要求：企业必须根据国家和有关部门的规定，编制文件材料的归档范围和档案保管期限表，档案保管期限分为永久、长期、短期 3 种，对企业有长远利用价值的档案应永久保存，对企业在一定时期内有利用价值的档案分别为长期或短期保存，凡是介于两种保管期限之间的档案保管期限一律从长；鉴定工作要组织由企业领导、专业技术人员和档案人员参加的鉴定小组，直接对档案进行鉴定，每次鉴定要写出鉴定报告，在保管单位备考表中注明鉴定意见，由小组负责人签名，并且注明鉴定日期；鉴定工作应该定期进行，具体由企业根据实际需要确定；档案通过鉴定，应达到划定保管期限准确、保管单位质量达到标准规定的要求，鉴定中发现档案不准确、不完整，企业应及时责成有关部门和人员负责修改、补充；销毁档案必须严格掌握、慎重从事，销毁前要造具清册，提出销毁报告，经企业领导审批，并报送有关档案管理机关备案，销毁档案时要严格执行保密规定。2002 年 8 月，省档案局、省经贸委、省发改委转发国家档案局、国家经贸委、国家计委《企业档案管理规定》，要求企业根据有关规定，确定档案保管期限，划定档案密级；企业应对保管期限已满的档案进行鉴定，对确无保存价值的档案应登记造册，按有关规定经企业法定代表人批准后进行监销。2004 年 5 月，省档案局、省国资委转发国家档案局、国务院国资委《国有企业文件材料归档办法》，详细规定国有企业党群工作、行政管理工作、经营管理工作、生产技术管理工作、产品生产（业务开发）工作、科学技术研究工作、基本建设（技术改造）工作、设备仪器管理工作、会计工作、职工个人管理工作等形成的文件材料的归档范围和归档质量要求。

专业（专门）档案鉴定工作　1987 年 5 月，省档案局、省计委转发国家档案局、国家计委《基本建设项目档案资料管理暂行规定》，要求各项目建设单位切实执行《基本建设项目文件材料归档范围和保管期限表》，并规定：基本建设项目档案资料的保管期限分为永久、长期、短期 3 种，长期保管的基本建设项目档案资料实际保管期限不得短于建设项目的实际寿命；对超过保管期限的基本建设项目档案资料必须进行鉴定，对已失去保存价值的档案资料，经过一定的审批手续、登记造册后方可处理；保密的档案资料应按保密规定进行管理。自 2002 年开始，指导实施档案行业标准《国家重大建设项目文件归档要求与档案整理规范》，要求各项目建设单位、勘察设计单位、施工单位和监理单位切实执行《国家重大建设项目文件归档范围和保管期限表》，做好建设项目文件材料收集归档和鉴定工作。1986 年 11 月，省财政厅、省建设银行、省档案局在印发的《安徽省会计档案管理实施办法》中，专列一章，对会计档案的鉴定和销毁作出具体规定。1999 年，省财政厅、省档案局重新制发《安徽省会计档案管理办法实施细则》，明确会计档案归档范围，规定会计档案的保管期限分为永久、定期两类，定期保管期限分为 3 年、5 年、10 年、15 年、25 年 5 类。同时，对保管期满的会计档案的鉴定销毁程序提出明确要求：由本单位档案机构会同会计机构提出销毁意见，编制会计档案销毁清册，列明销毁会计档案的名称、档号、册数、起止年度、应保管期限、已保管期限、销毁时间等内容；单位负责人在会计档案销毁清册上签署意见；销毁会计档案时，应当由档案机构和会计机构共同派员监销；国家机关销毁会计档案时，应当由同级财政部门、审计部门派员参加监销；财政部门销毁会计档案时，应当由同级审计部门派员参加监销；监销人在销毁会计档案前，应当按照会计档案销毁清册所列内容清点核对所要销毁的会计档案；销毁后，应当在会计档案销毁清册上签名盖章，并将监销情况报告本单位负责人；保管期满但未结清的债权债务原始凭证和涉及其他未了事项的原始凭证，不得销毁，应当单独抽出立卷，保管到未了事项完结时为止；单独抽出立卷的会计档案，应当在会计档案销毁清册和会计档案保管清册中列明；项目正在建设期间的建设单位，其保管期满的会计档案不得销毁。省档案局与省直有关部门、单位在制发的其他专业（专门）档案管理办法、规定中，也对相关专业（专门）档案鉴定工作提出要求，指导鉴定工作规范有序开展。

档案整理 档案整理，是指将零散的和需要进一步条理化的文件或档案，进行基本的分类、组合、排列、编目，组成有序的档案整体的工作过程。档案整理是档案实体整理和档案内容整理的统称，是档案管理的一项重要内容。

从中华人民共和国成立初至20世纪80年代，文书档案主要以全宗为单位，组成大卷进行整理；1987年12月，国家档案局发布《机关档案工作业务建设规范》和《文书档案案卷格式》，在文件材料整理上，要求以小卷取代原先的大卷。2000年12月6日，国家档案局颁布《归档文件整理规则》，规定归档文件以“件”为单位整理。科技档案依照国家质量技术监督局颁布的《科学技术档案案卷构成的一般要求》（GB/T 11822–2000）按“卷”整理，其中科研档案还可按国家档案局颁发的《科学技术研究课题档案管理规范》（DA / T2–92）执行。基建工程档案按照国家档案局、国家计委1988年颁发的《基本建设项目档案资料管理暂行规定》执行。会计档案按照财政部、国家档案局1998年发布的《会计档案管理办法》进行整理。

省档案馆档案整理工作 1987年，省档案局制定《安徽省档案馆著录实施细则（试行稿）》《安徽省档案馆建国后档案分类大纲（试行稿）》《安徽省档案馆主题词标引细则（草稿）》《安徽省档案馆主题词附表有关项目填报表》。完成档案整理编目的全部扫尾工作，系统化排列省级档案和政治档案卡片28685张，补抄案卷目录1708条。整理中央领导视察安徽时的照片，组成30册；整理原省委秘书长张秉伦笔记本167本，组成19卷。

1988年，整理安徽省财政厅会计档案2430卷。6月，举办档案整理培训班，讲授档案整理的方法和技能。

1987—1988年，整理1986年以来征集进馆的革命历史档案，剔除重件，3449件组成241卷，26件插卷。

1989年，整理皖赣铁路指挥部、濉阜铁路指挥部工程图纸及零散档案，组成171卷，抄制案卷目录502条，文件目录970条。整理旧政权档案、照片71卷，抄写文件目录437条。从省公安厅接收的11麻袋民国时期的银行档案，区分全宗，组成100卷。整理政府公报1180期，装订、编号、书写案卷封面、抄制目录，共组成62卷，装订目录78册。拟订《安徽省档案馆档案分类法》，分类标引中共安徽省委、安徽省人民政府全宗著录卡片25368张。1990年，清理、整理16426卷（册）档案资料。

1989—1990年，抄写明清档案186卷，19063页，计180万字。

1991年2月，完成从1988年开始抄制中华人民共和国成立后档案卡片和革命历史档案著录工作，共计119个全宗、227个目、70730卷档案，著录卡片1125025张。标引皖南行署全宗1592卷，24440张。整理档案691卷，零散照片1131张、102盒（册），撤销机关移交的各种钢印、公章463枚，录音带456盒，缩微胶片80盒。

1992年，审订、修改案卷目录148个全宗、78922条案卷题名。分类排列文件级卡片33273张。

1993年2月至1994年，共装订11个全宗34个目6392卷历史档案，整理12个全宗26个目3646卷档案，抄写卷内目录166818条。整理省化工厅零散档案、历史档案、中央档案馆移交档案共336卷。

1991—1995年，开展档案缩微前处理工作，整理中共安徽省委、安徽省革命委员会及皖南北行署档案共计3685卷，补做卷内文件目录。1993—1995年，审订修改案卷目录2581条，整理19638卷档案，加盖填写档号章171278个，抄写案卷、文件目录20255条，制卡1548张，装订档案112册。

1997—1998年，安徽省档案馆目标管理升级，全面清查整理馆藏档案，共整理档案18.2万卷，案卷级分类18.2万卷。

1999年，整理1995—1998年征集进馆档案605件。2000年，组织完成中共安徽省委、安徽省人民政府全宗2187卷永久档案的缩微前处理工作。库房改造工程结束后，重新排列全部柜架，33万卷册档案资料彻底清扫。2001年，完成11万多卷档案的倒架，三楼库房423套五节柜换成52列516节八层开放式档案架，五楼214套木柜换成268套铁柜。2002年，重新整理馆藏明清档案，以件为单位，排列、立卷、换卷盒、编号、著录和抄目，对3172件档案案卷完成目录数字化。

2004年，开展馆藏中华人民共和国成立后文书档案文件级目录数字化工作，整理皖南行署档案1241卷，21179条文件目录。研究制定毛泽东主席像章分类方案和编目细则，整理毛泽东主席像章908种，5044枚。其材质包括金属、塑料、竹、木、玻璃、陶瓷、搪瓷等。

2005年，对馆藏皖南北行署档案33375条文件级目录进行前处理，并对21680条文件级目录进行质量检查，双机互校录入18206条文件目录。

市、县档案馆档案整理工作　合肥市档案馆为适应现代化管理的需要，从1998年开始有计划、有步骤地对馆藏档案进行重新整理。至2003年年底，共整理52个全宗23921卷档案，案卷质量明显提高。2004年5月，为晋升省一级档案馆，又对馆藏8个全宗1886卷档案进行重新整理，并完成13359册资料的重新分类和古老、珍贵档案的复制工作。

淮北市档案馆对接收进馆的档案，按照区分全宗、分类、案卷编定和排列、编制案卷目录等基本程序进行档案整理工作。对已接收进馆的零散文件和不分级别、没有鉴定的档案案卷目录，检查、整理、破页裱糊，去除金属装订物，进行科学分类和系统排列。

1991 年，蚌埠市档案馆以晋升省一级档案馆为契机，对馆藏档案进行全面整理，共清点核实馆藏 57 个全宗 32713 卷档案，并系统排列、编目，编定档号；重新整理 401 种 21089 册资料，编目上架；建立全宗卷和各种管理表册；更换近 6000 卷档案盒，对其中 5000 余卷重拟案卷标题或重抄卷内文件目录；对 2906 卷历史档案重新整理加工，编目装盒；案卷目录、卷内目录、专题目录、人名索引等检索工具全部打印或复印。根据库房小隔间的特点，将档案按全宗相对集中，结合保管期限重新合理排放。1998 年，对馆内过去分段排列的档案进行调整，重新更换柜橱标签，使档案排架趋于科学、合理，便于检索利用。2003 年，对馆藏的照片档案进行整理、编目，共完成 77 册 3308 张照片档案的整理工作，并对馆藏 314 张珍贵的照片进行数字化；将分散在各楼层 7545 卷（册）的会计档案进行科学排架并编制存放索引。2004 年，对馆藏资料重新进行调整、编目。五河县档案馆于 2004 年组织人员对馆藏 3 万多卷文书档案重新整理，并对破损的珍贵档案进行修复。

2003 年起，阜阳市档案馆组织 4 个档案整理组开展大规模的档案规范整理工作，共整理档案 5.8 万卷，形成案卷目录 42 本。1996—2002 年，界首市档案馆共整理市委办、市人大、市政府、市政协等单位文书档案、会计档案等合计 15 万余卷。1996—2005 年，临泉县档案馆共指导、整理全县机关档案 153330 卷、25806 件。颍上县档案馆对接收进馆的一批破产企业档案进行鉴定和重新整理，共整理出县造纸厂和木材公司档案近 6000 卷。

滁州市档案馆为做好档案目标管理的基础性工作，2000 年 4 月至 11 月组织全馆人员对馆藏档案进行清查。制定质量标准，设置《查档案初审登记表》《审查案卷进度表》《复查处理情况》，对每卷档案更换卷盒和内封面、加盖档号章，确保整理工作有序优质。

截至 2005 年，芜湖市档案馆先后整理市教委、市委宣传部、宗教局、物价局等 20 个全宗档案，对利用率较高的劳动局、市委、市政府、市委组织部、市人事局等单位档案进行前处理工作，对破损，字迹退化、标题不能揭示内容的 6 万多卷档案登记，以备采取措施，抢救修裱。芜湖市鸠江区档案馆 1986—2005 年共整理 5000 余卷文件材料。

1998 年、1999 年，池州市档案馆利用两年时间对馆藏 67 个立档单位、4914 卷文书档案和部分会计档案、科技档案、资料进行重新整理、全宗划分、价值鉴定，2000 年，池州地区档案馆晋升省二级档案馆。

1991年，安庆市档案馆对不适宜利用的38个单位的案卷目录进行修改，抄写案卷目录8473条。1994年，整理完成组织部移交的革委会时期材料38卷；清理并整理编目原金鸡笼煤矿职工档案1953卷。1995年，对撤销单位1465卷档案拟定全宗划分，整理1772卷积存档案，完善6550卷档案质量；重新系统排列库房档案1.2万卷。

1996年，安庆市档案馆晋升省一级档案馆，补缺补差，共调整全宗12个6506卷档案，重新整理档案1973卷，底图144张，蓝图7000余张，照片档案33册3241张，实物35件，补抄案卷文件目录3109卷66122条。调整档案柜254套1270节，对馆藏94639卷（册）档案资料重新排列上架。1998年，对市纺织局、原地委组织部等14个单位1441卷档案重新拟写案卷标题，填写案卷目录号，补抄卷内目录及插卷，整理市企改办及原地、市直单位积存档案847卷册。

2000年，安庆市档案馆对馆内全部118906卷（册）档案资料，对照目录逐卷进行清点、核对，对新征集的个人档案、安庆解放50周年展览图片和安庆历史名人图片、地委组织部会议记录401卷（张）进行整理编目，完成市统战部、人事局及地委、地革委3787卷档案的插卷、编号、调整工作及市电信局1900卷科技档案整理工作，对逐年来购置移交进馆的2147册文件汇集、图书进行整理、编目、上架。对地区历史档案全宗进行重新组卷。2001年，《归档文件整理规则》试点，对馆藏1999—2000年的文件，按新规则进行整理，共整理归档文件1507件。2002年，集中整理黄梅戏档案、陈独秀研究资料、馆藏照片330册（卷）。2004年，对馆内27000余册资料进行清点、登记、贴柜签、上架，将50余册黄梅戏资料调整到特色库房，对新接收进馆的1万余卷档案进行整理上架，补抄目录，对字迹模糊、褪变色的档案资料进行复制。2005年，对馆藏44779（册）档案进行清点、核实、倒架、填写柜签等。

档案开放鉴定 1986年2月7日，经国务院批准，国家档案局印发《档案馆开放档案暂行办法》。该办法规定："各级各类档案馆保管的档案，自形成之日起，满30年（除未解密或需要控制使用的部分外），均应分期分批地向社会开放。"1986年3月，安徽省档案局向全省档案部门转发此文。各地档案局分别制定《档案馆开放档案资料实施细则》。

1987年9月5日，《中华人民共和国档案法》的颁布为档案开放提供法律依据。1987年12月，省档案馆制定《安徽省档案馆开放档案实施办法》。随后，市县档案馆也相继制定开放档案的具体规定。

1988年6月20日至23日，安徽省开放档案业务讨论会在安庆市召开。会议研究档案开放的具体事宜。

1988年7月1日，安徽档案馆首批正式向社会开放中华人民共和国成立前后已满

30 年档案资料 97866 卷（册），其中中华人民共和国成立后档案 12932 卷，中华人民共和国成立前档案 41200 卷，各种资料 42734 册。

1989 年上半年，省档案馆集中人力组织完成馆藏中华人民共和国成立后满 30 年（1957 年前）档案的开放鉴定工作，共计完成开放档案 41 个全宗，73 个目，8270 卷，计 189335 件档案的审定、划控任务。其中列为控制使用的档案 2157 卷，28867 件；实际开放档案 6113 卷，160468 件。

1991 年 11 月 4 日，省档案局、省国家保密局联合转发《各级国家档案馆馆藏档案解密和划分控制使用范围的暂行规定》。

1997 年 8 月 7 日，省档案馆印发《安徽省档案馆第三批开放档案鉴定办法》。1998 年，根据《中华人民共和国档案法》和省档案馆目标管理升级要求，省档案馆对馆藏 1958—1967 年 43501 卷档案逐卷进行鉴定划控，其中开放 33687 卷，控制 9814 卷，并编制应开放、已开放、控制使用档案及所在全宗一览表和簿式开放目录，按规定向社会开放所有到期应开放的档案。

2005 年，省档案馆对馆藏 1968—1975 年文书档案组织实施鉴定、划控和开放准备工作。研究制定《关于对馆藏建国后档案进行鉴定、划控、开放的工作安排》和《1968 年至 1975 年文书档案开放划控原则》，共计完成馆藏 103 个全宗 27610 卷档案的鉴定、划控和开放工作，控制 18378 卷，开放 9232 卷，开放比例为 33.44%。

根据《中华人民共和国档案法》关于馆藏档案一般自形成之日起满 30 年向社会开放的规定，各市县档案馆成立鉴定专家小组，定期对馆藏档案进行鉴定，对符合开放要求的档案进行解密划控，编制开放档案目录，并在报纸或其他媒体上公布，向社会公众开放利用。

合肥市档案局（馆）于 2000—2003 年，对馆藏 1970 年以前形成的 55 个全宗 10156 卷档案进行开放鉴定。截至 2003 年年底，已审定开放的档案数为 53 个全宗 5278 卷，不开放和部分控制使用档案数为 4878 卷，并在原案卷目录和文件目录上加盖控制使用章代替开放档案目录。合肥市档案局（馆）对到期档案进行价值鉴定。1998 年，会同市建设银行对馆藏该全宗 2917 卷会计档案进行价值鉴定，销毁 2562 卷，并对剩余案卷重新组卷。1999 年，对馆藏市知青办公室档案进行价值鉴定，共鉴定并销毁档案 264 卷。同年，对中共合肥市委组织部 4583 卷“清理干部档案”进行鉴定，因失去保存价值，全部退还该单位自行销毁。截至 2005 年 12 月底，市档案局（馆）依据国家有关规定，鉴定并销毁失去保存价值的档案共 7409 卷，大大提高馆藏质量。

宿州市各级国家档案馆现存年满 30 年，符合开放条件的档案均已按时向社会开放。宿州市档案馆于 1987 年开展档案开放准备工作，对 1976 年前的档案，先后分 3 次进行对外开放，共计 6081 卷。第一次是对馆藏 1957 年前的档案，于 1988 年 1 月 1 日起正式向社会开放，开放档案1493卷；第二次是对馆藏1958—1966年的档案，于1997年7月3日起正式向社会开放，开放档案2581卷；第三次是对馆藏1967—1976年的档案，于2003年12月1日起正式向社会开放，开放档案2007卷。全市档案馆共开放档案39667卷，其中宿州市档案馆6081卷。开放档案的门类主要有文书档案、科技档案、会计档案、统计档案等。

蚌埠市档案馆于1991年对馆藏档案进行全面鉴定，鉴定出300多卷短期卷，清理出200余卷全宗间交叉的档案，拆除28个不科学的小全宗编号，重新确定馆藏档案的保管期限。组织人员进行开放档案的审查、鉴定工作。2004年，完成市政府、市劳动局1970年以前13942件开放档案的鉴定工作，编制机读和纸质两套开放档案检索工具。至2006年年底，全市已依法累计向社会开放档案52969卷。

阜阳市档案馆开放革命历史档案2个全宗，文件级档案目录236条。

淮南市档案馆分别于1990年、1991年、1998年、2002年分四次共向社会开放67个全宗，7833卷档案。

1989年9月，滁州市档案馆首批向社会开放28个全宗2231卷档案，即除需要保密或控制使用的外，馆藏1957年年底以前形成的档案，均已向社会开放。全市各国家综合档案馆1957年以前的档案24956卷，边审定边开放，已审定21270卷，向社会开放10700卷。

1988年，六安地区档案局组成鉴定小组，共鉴定馆藏档案6560卷，向社会开放5779卷。

马鞍山市档案馆于1988年8月10日首次将满30年的馆藏档案向社会开放，共开放1125卷，1988年8月12日，马鞍山市档案馆制发《关于开放市档案馆卅年以上档案的通知》，1999年、2002年、2003年、2004年、2005年分五批共开放档案6344卷。

芜湖市档案馆根据社会各界需要，对拟开放档案列入范围，加强登记和鉴别，成立开放档案鉴定小组，陆续在媒体、档案网站等可开放场所，开放档案6800卷91785件。

宣城地区档案馆于1988年1月18日制定《宣城地区县（市）档案资料开放暂行实施细则》，并经行署同意付诸实施。7月29日《宣城地区档案馆开放档案资料实施办法》经行署批准实施。截至2005年，宣城地区各级档案馆共开放500个全宗、152000卷（件）档案。

1986年7月8日，铜陵市档案馆制定《铜陵市档案馆开放档案、资料试行办法》，1987年制定《铜陵市档案馆档案开放细则》。截至2005年年底，开放档案包括中华人民共和国成立前1个全宗，90卷；中华人民共和国成立后12个全宗，581卷。开放档案案卷级目录700条，文件级目录3500条。

池州市档案馆对馆藏档案进行全面鉴定，确定应开放档案516卷（册）。

安庆市档案馆，1987 年 6 月开始向社会开放 1957 年前的档案。1988 年，安庆市档案馆把开放档案作为市档案馆和辖区八县档案馆贯彻落实《中华人民共和国档案法》的首要任务来抓，市馆和八县档案馆抽调精干力量，从事到期档案的审卷工作，累计审定向社会开放档案 20354 卷，其中安庆市档案馆开放档案 1409 卷。1988 年 6 月 18 日，市档案馆召开档案开放新闻发布会，宣布市档案馆开放档案的范围、时间、内容和利用手续。全市（含八县）1988 年全年利用开放档案为 2103 人次，6715 卷次，较好地发挥开放档案的社会效益。1989 年 10 月 23 日，安庆市档案馆对保存的 1957 年以前应开放的档案开始依法向社会开放。1989 年 11 月 27 日，市档案馆召开“安庆市开放第二批档案新闻发布会”，会上作《关于进一步做好开放档案工作问题的汇报》。同年 11 月 29 日，市档案馆为深入贯彻实施《中华人民共和国档案法》，结合档案开放新闻发布会，举行一次“就档案开放有关问题答记者问”。1997—2005 年间，安庆市档案馆陆续开展到期档案的审定开放工作，共开放档案 11171 卷（件）。

黄山市档案馆于 1988 年 10 月首次向社会开放档案。1986—2005 年，开放中华人民共和国成立前档案 236 卷，中华人民共和国成立后档案 8502 卷。

截至 2005 年年底，安徽省各级国家综合档案馆向社会开放档案，共计 4122 个全宗 887969 卷，以件为保管单位档案 413179 件，开放案卷级档案目录 70.75 万条、文件级档案目录 197.18 万条。

安徽省三级国家综合档案馆开放档案情况统计表

表 3-6

	中华人民共和国成立前档案			中华人民共和国成立后档案			开放档案目录	
	全宗	案卷	以件为保管单位档案	全宗	案卷	以件为保管单位档案	案卷级	文件级
	个	卷	件	个	卷	件	万条	万条
合计	235	80686	10666	3887	807283	30651	70.75	197.18
安徽省档案馆	72	60693	9728	151	64311	-	10.35	-
地（市、州）档案馆	37	5947	23	631	59735	-	5.29	34.01
县（区、市）档案馆	126	14046	915	3105	683237	30651	55.11	163.17

数据来源： 2005年度全国档案事业统计综合年报

第三节　档案保管保护

档案保管　安徽省县（市）级以上综合档案馆共有79个，其中省级综合档案馆1个，市级综合档案馆17个，县（市）级综合档案馆61个。综合档案馆舍大多始建于20世纪50年代末。随着经济社会的发展，档案馆舍情况逐步得到改进，档案保管的其他条件也有改观。

省档案馆档案保管　安徽省档案馆楼位于合肥市长江中路39号中共安徽省委院内，建成于1981年，建筑面积5845平方米，为五层钢筋混凝土预制构件结构，内设环形回廊，每层库房设整理间1个，大小库房4个。1989年，扩建1800平方米技术楼，并与库房楼相连，作为缩微、技术保护、档案信息化等办公和技术用房。1999—2000年，省档案馆又在五楼库房顶上加盖一层轻钢结构房。至此，省档案馆建筑面积达到8640平方米，其中库房面积4525平方米。1997年，为适应胶片、录音录像等非纸质载体档案保管需要，省档案馆在库内另辟特殊载体档案用房。1998年，对档案库房进行改造，封闭库房窗户，隔断库房总门两边的环廊通道。2002年7月，建立特藏室，将明清及其以前档案、革命历史档案、党和国家领导人到安徽视察活动档案、名人档案、实物档案（主要有毛主席像章、领导人手迹、印章、票证、胸牌、臂章、地图等）、日军侵华系列画报（主要包括《中国事变画报》《中国战时写真》《中国事变写真集》《中国事变圣战写真史》《画报跃进之日本》）等珍贵、重要、有特殊意义的档案存放该室保管。2004年，将一楼库房存放的部分档案调整至二楼档案库房，重新安装档案密集架，作为档案代寄存和托管库房。

档案装具更换情况：2001年，将三楼、五楼库房的423套铁皮五节柜换成52列516节开放式档案架，五楼214套木柜换成268套铁皮五节柜。2003年，将二楼库房的铁皮五节柜换成32列150节固定式档案架。2005年年底，库房计有固定式档案资料架122列、铁质五节柜500套、期刊架16组、目录柜15组、卡片柜4组。

设施设备改进情况：1998年，档案库房分层设立机械通风、控温和防火防盗监视系统，库区配有消防设施和器材，库内配有空调、温湿度仪、除湿机、吸尘器、空气净化器、消毒罐等设备。2000年7月，局馆设监控室，统一管理库房电路和各监视控制系统。1999—2000年，对库房电路、通风系统进行改造，更新库房电路，将库房日光灯改为防爆白炽灯，对原通风管道进行保温包装，新增2台空调机组和2台冷热水泵，改善库房空气质量。2002年6月，建立温湿度巡检系统，实现计算机存储打印数据。2004年，对防火报警、防盗监视系统进行改扩建，摄像机由原来的3台增加到7台，监控镜头将局（馆）关键区域纳入监视范围，可多路同时录像，多画面同时回放，具备搜索和查询功能，提高防盗监视能力和备查功能。

规章制度建立情况：从 1998 年开始，档案馆升级期间，先后制定《库房管理制度》《通风控温设备操作规程》《电梯使用管理制度》和《库房启用通风控温设备登记制度》等，明确库房内灭火器材的品种、数量和摆放位置，规定库房管理人员不在库房内办公，使库房管理及设施设备操作、使用和维护有章可循。1999 年，制定《出入库房登记制度》《下班关灯锁门登记制度》《非库房人员进出库房规定》《库房卫生清扫制度》等，使档案管理的规章制度逐步形成一个完整的体系。2004 年 3 月 24 日，安徽省档案局印发《关于安徽省档案安全管理暂行规定的通知》，对档案库房安全管理、档案保管保护设备设施安全管理、档案实体安全管理、档案信息安全管理等依法作出明确规定，提升档案安全管理规范化、科学化、制度化水平。安徽省档案馆认真对照检查，梳理修订档案保管、保密、统计、安全保卫制度、监控室值班制度、监控室操作程序、电梯管理与使用规定等规章制度，制定火警处置程序、人员进出库房登记制度、档案库房温湿度调控规定等管理制度，完善各种安全管理登记表，使档案管理制度更具规范性、科学性和可操作性。

市、县档案馆档案保管　安徽省 17 个市级档案馆，有 15 个市建设了档案馆舍，建筑面积 1274 平方米至 1.1 万平方米不等，70% 的档案馆建筑面积都在 2000 平方米以上。亳州市档案局（馆）因成立时间不长，没有档案馆，也没有档案，黄山市档案馆因建筑新馆，2001 年 9 月临时搬迁至市委、市政府大楼附楼四楼。61 个县（市）级档案馆，有 53 个县（市）建设了档案馆舍，除界首市、和县、无为县、南陵县、泾县 5 个县（市）建筑面积在 2000 平方米以上外，其余 48 个县（市）档案馆建筑面积均在 2000 平方米以下。

合肥市档案馆新馆于 2005 年年底交付使用，新馆坐落于合肥市政务文化新区，建筑面积 1.1 万平方米，库房面积 6000 平方米。分为档案库房区、查阅档案用房区、档案业务和技术用房区、宣教活动用房区、办公用房区和其他用房区等。库房区共有档案库房 13 间。配置有中央空调系统、恒温恒湿系统、智能密集架、自动监控报警系统。配备计算机、扫描仪等现代化管理设备 28 台，空调、去湿机等档案保护设备 19 台，各种档案、资料装具 490 组。馆藏档案以全宗为单位，按类排列。

滁州市档案馆于 1987 年 11 月投入使用，建筑总面积 2064 平方米，其中库房面积 875 平方米。档案馆共四层，二楼设文书档案库房、资料室和报刊库房，三楼设滁州市名人档案展厅、馆藏图片资料展厅和字画库房。2000 年起，市档案馆加强档案馆软硬件建设，硬件方面：更换大小不一的木柜、木橱，安装 200 立方米档案密集架，添置五节柜 100 套、资料架 32 组、报纸架 18 组，每间库房都配备空调、灭火器材、温湿度仪、除湿机、吸尘器等设备，将库房内电线由暗改明、日光灯由白炽灯改为防爆灯，配置消火栓和灭火器材，安装防火防盗报警设备。软件方面：制定档案库房防火、人员出入库房管理、档案库房安全检查和档案保密等各项规章制度。规定库区内严禁吸烟和存放易燃易爆物品，参观、维护库房及设备等人员进出库房需经领导批准，由库房管理人员全程陪同并进行登记，设置专门值班室，坚持24小时值班。档案库房统一编号，各库房所存档案、资料的主要内容及各全宗档案所在密集架的架号，用示意图标明。

马鞍山市档案馆于1982年2月迁至市湖东中路12号新建的馆舍，1989年又投资扩建1200平方米的档案库房，1999年为库房加建人字型屋顶。到2005年年底，市档案馆建筑总面积为2321平方米，其中库房面积为1571平方米。1997年，档案馆配置各类档案柜架350余套，不同类型空调器10台，去湿机4台，及温湿度自动记录仪、除尘器、消防安全装置等档案保管设备。1999年购置安装档案密集架32组201立方米。按照档案保管的要求，凡属一个立档单位的档案作为一个全宗集中在一起保管，零散进馆的档案，经过考证，确定其所属全宗及目录后编号上架，每确立一个全宗，编制一个全宗号。全宗内档案，根据档案的多少，依次编制目录号，每个目录号下按流水号编制卷号。2001年6月，档案馆建立“档案库房计算机安全监管系统”，该系统是一套全面监控档案库房实时情况的电子管理软件，具有“记录查询”“系统设置”“控制方式”和“视频调整”四大功能。通过挂载的摄像头、防盗监控电子眼、烟感探头等配套设施，组建成一个安全管理监控网络，实现空调和除湿机与主控系统的联动，根据设定的温湿度，可自动开启空调与除湿机。

安庆市档案馆呈“工”字型，前楼为4层，后楼为5层，于2001年建成并投入使用，建筑总面积5014平方米。前楼为办公区，建筑面积1694平方米，设有办公用房、教室、会议室、展厅等。中间部分和后楼一层为业务办公用房，设有目录中心、裱糊室、整理间、消毒室、计算机房、查档接待室，政府信息公开查阅场所，现行文件资料利用服务中心、查档阅览室等。后二至五层为档案库，建筑面积3320平方米，全封闭回廊式结构，设有档案库房、资料库房、特藏室等。馆藏档案装具以手动式密集架为主，采用空调、除湿机控制库房温湿度，库区安装消防栓，配有二氧化碳干粉灭火器、吸尘器、防盗设备等，为档案的安全保管和有效利用提供坚实保障。安庆市档案馆建立健全档案资料查阅利用制度、档案安全保密制度、档案开放查阅制度、资料接收与征集制度、档案资料统计制度、档案销毁鉴定制度、馆藏档案资料检查制度、档案资料管理与库房管理制度等一系列长效的机制和管理制度，认真抓好贯彻落实。

怀远县档案馆严格控制库房温湿度，坚持做好库房每日温湿度记录，采用物理通风的办法保持库房空气清新。库房门窗采用密闭性较好的材料，并配备防光、防水窗帘，做到防尘、防光、防潮和防止有害气体进入室内。每月定期除尘一次，工作人员进入库房需更衣、换鞋，保持库房清洁卫生。每年逐卷逐盒对库房档案数量、质量进行一次全面清点检查，每二年更换一次防霉、防虫剂，防止档案虫蛀、鼠咬、霉变。此外，档案人员还做好档案库房的保密防盗工作，非库房管理人员未经批准不得擅自入库，对出入库房的档案，严格进行清点和登记。

界首县档案馆楼为主体三层、局部四层的框架结构，档案库房与办公区隔离，档案库房按功能划分为：文书档案库、专业档案库、资料库、整理室、消毒室。库房装具有移动密集架 80 立方米、固定密集架 120 立方米，图纸档案柜 10 套、五节档案柜 150 套。配有除湿机、温湿度计、档案消毒柜、防磁柜，消防栓、干粉灭火器等设施设备。在档案管理工作中，逐步健全完善档案管理、保密、鉴定销毁、开放利用、安全与消防、温湿度巡查等一系列制度，制订《档案馆应急方案》。

金寨县档案馆总建筑面积 1805 平方米，其中库房建筑面积 1021 平方米，1985 年 9 月投入使用。档案馆楼为砖混结构，楼体外墙三面水涮石，顶部和底层分别作隔热和防潮处理。档案馆楼分为南北两个部分，南端为档案库楼，共三层，内设环形走廊，每层设大小三个库房。档案装具主要是铁质五节柜和木制柜架。2005 年，安装档案密集架 183 立方米，添置档案柜 20 套，更换部分木制柜架。库房内采取防鼠、防光措施，配备气体灭火器、温湿度测量仪、去湿机等，每层库房均安装电子监控设备。设置特藏柜，保管珍贵档案。健全档案安全保管各项制度。

南陵县档案馆 2002 年前为三层独立砖混小楼，装具以铁皮柜、木制柜为主，设备设施相对简陋。至 2005 年，档案馆为党政综合大楼西侧二层裙楼，框架结构，底层架空，建筑面积约 2500 平方米。档案库房安装消防自动报警设备和 CO2 自动灭火系统，装配 350 立方米档案密集架，120 组铁皮五节柜等档案装具，安装立式空调 3 台，档案管理设施得到极大改善。

歙县档案馆建立初期，办公及库房为三间小平房，建筑面积仅 80 平方米。1981 年 6 月，新建档案馆楼，建筑总面积 900 平方米，其中库房建筑面积 600 平方米。档案馆楼为钢筋混泥土结构，共四层，内设封闭式走廊，一层为办公室、调阅室、会议室、资料室，二、三层为档案库。档案装具主要有木质档案橱柜 140 组，铁质档案橱柜 80 组，密集架 40 立方米，铁质资料柜 24 组。馆藏文书档案排架按照全宗号、年度、保管期限的顺序流水排架；专业档案排放按门类和形成时间顺序排架存放；历史档案由特藏室专门存放。建立完善档案库房管理制度，采取消防、防虫、遮光、防盗、防尘、防霉等措施，采用空调设备调节库房温湿度，保证档案整洁、有序、安全无损。库房档案实行专人调阅和专人管理，档案调出和归还都要逐卷清点并办理借调手续。每年定期对馆藏档案进行全面检查，逐卷查看每卷（件）档案的完好状况，发现档案缺少或严重破损等问题，及时采取措施，妥善处理。

档案保护　档案保护技术就是根据档案制成的特性及其损毁规律，为保护档案，延长档案的寿命而采取的一系列技术方法。其内容主要包括：改善档案保管条件，用科学的手段最大限度地延长档案的寿命；修复破损档案，复制档案等等。

安徽省档案馆 1987 年修裱档案 9698 张，缩微拍摄《安徽省政府公报》等档案资料 420 期（册），计 9 盘 22343 画幅。

安徽省档案局档案科研技术处 1988 年 4 月正式成立，确立缩微技术和电子计算机技术应用等档案保护技术工作重点。全年共复印档案资料 297119 张。修裱档案 3502 张，先后于 6 月 27 日—7 月 25 日和 10 月 21 日—11 月 4 日举办两期档案修裱技术培训班，培训地、市、县档案局等有关单位档案修裱人员 20 人。抽调人员进行业务培训，加强缩微工作。对库房内电梯和去湿设备进行全面检查和维修，保证正常运行和使用。

1989 年，复印革命历史档案、开放档案目录、编研资料等 185000 多张，其中明清档案 61 卷 2438 页。拟定档案缩微工作程序和设备仪器的操作规范，缩微 572 期《安徽公报》，计 9 盘 22334 画幅，裱糊抢救省政府、邮电、气象等历史档案 1 万余张。

1990 年，对中国第一历史档案馆馆藏清代宫中履历引进摺（安徽部分）缩微胶片进行还原，对 876 卷档案进行缩微前处理，调查选型 35 毫米缩微拍照机。复印档案资料 8 万多张。完成 12 盘 26344 画幅的缩微任务。对局馆部分人员进行档案修裱技术培训，全年共修裱档案 3800 多张。对新接收的 5000 多卷旧政权会计档案进行灭虫处理。

1991 年，全年缩微胶片 67 盘 155195 画幅，修裱档案 1.1 万多张，复印档案资料 12 万张。

1992 年，完成 69 盘 155195 画幅的缩微拍摄任务，对 119 盘缩微胶片进行校对和质量检验，购置并安装调试 35 毫米拍照机、A3 图纸阅读复印机。对皖北矿务局、淮北矿务局、宿县行署及蚌埠市档案馆的档案缩微进行可行性调查。修裱档案 7464 张，复印档案文件 9 万张。

1993 年，修改形成《业余修裱档案方案》，培训考核业余修裱人员，全年共修裱档案 10453 张，复印档案资料 6.5 万多张。缩微拍摄 43 盘 99623 画幅，对 790 卷档案进行缩微前处理，有关人员赴港培训。

1994—1995 年，共复印档案资料 193740 张，修裱档案 51881 张，缩微档案 135 盘 301248 画幅。

1996 年，省档案馆对电器设备、配电线路及保护技术设施等提出维护改造和施工方案。缩微拍摄 35 毫米 10 盘 4430 画幅。修裱档案 2448 张，复印档案资料 60385 张。

1997 年 6 月 10 日，省档案局（馆）承担的国家计委、国家档案局 1996 年重点科技攻关项目“档案修裱机样机”通过国家验收，这台“国内外首创，水平领先”的档案修裱机的研制成功，标志着中国档案修裱从传统的手工操作进入机械化的新时代。1997年，省档案局档案缩微技术服务中心正式成立，对外提供技术服务。省档案馆实现档案库房空气净化、防火防盗自动报警、温湿度检测和电视监控的集中控制。

1998年，省档案馆对各层库房档案进行防虫处理。全年修裱档案87卷7200张，缩微拍摄35毫米胶片33盘18150画幅，16毫米胶片87盘217500画幅，合计235650画幅。为肥东、肥西、长丰三县档案馆修裱抢救档案3000张。

1999—2000年，省档案馆缩微拍摄35毫米胶片34盘17680画幅，16毫米胶片245盘58.8万画幅。2000年，起草《保护技术工作制度》《保护技术岗位职责》和《安徽省档案馆档案资料防虫、防霉办法》。对档案库房空气质量进行检测。完成档案库房电路、空调改造工程。全年机械修裱档案7536张。

2002年，安徽省档案保护技术实验室一期工程完成，省档案馆对档案保护实验室工作人员进行专业培训，开展省档案馆白蚁防治工作。缩微档案资料37盘88800画幅，协助安徽大学档案系安装调试缩微设备。修裱各类破损档案7000张，对安徽大学档案系毕业生和研究生进行档案修裱技术培训。

2004年，省档案馆特邀安徽大学生命科学学院和档案专业的教授及研究生，对安徽省部分市级综合档案馆库房做有害生物检测，掌握大量第一手资料。2004、2005年省档案馆对库房存在的虫害进行抽检和防治，对3412卷档案进行消毒杀虫。修裱各类破损档案1.7万余张。

阜阳市档案馆9间档案库房均配备空调、除湿机、吸尘器、温湿度计，安装防爆白炽灯、防紫外线窗帘、防盗门窗。每年定期投放防霉、防虫药物；梅雨季节和冬夏季及时开启除湿机、空调调节库房温湿度，确保档案资料在恒温恒湿环境中得到妥善保管。自2005年起，市档案馆开展馆藏重点档案抢救和保护工作，采取复印、修裱、数字化和更换卷皮、卷盒等方式方法，以复印件来替代原件提供利用，最大限度地保护档案原件的使用寿命。

淮南市档案馆采取经常性技术管理措施，控制与调节库房温湿度、防光、防火、防水、防污染物、防有害生物、防机械性损坏等。对馆藏部分纸张老化、残缺，字迹不清的民国档案，进行修裱，恢复字迹，对部分珍贵档案进行复制，用复制件代替原件提供利用，保护档案原件。

六安市档案馆内设置20平方米重点档案特藏室，配备有声像档案柜、电子消毒柜等设施设备；完成1240卷国家重点档案抢救保护工作，对馆藏革命历史档案和283卷重点档案进行修裱、去污、加固和字迹恢复工作。将破损的档案卷皮全部更换成标准统一的硬卷盒密封保存，修裱破损档案800件；对字迹褪色和调阅频繁的380卷（件）国家重点档案全部复制、扫描，进行计算机管理。

马鞍山市档案馆自建馆以来每年两次投放防虫防霉药剂，有效防止档案虫蛀和发霉现象的发生。

芜湖市档案馆先后添置空调、去湿机、摄像机、刻录机、照相机、消防器材等设施设备。每天坚持温湿度记录，采取措施适时调节库房温湿度。坚持管护并举，对利用率较高的解放初期军管会布告等珍贵档案及时修裱，截至 2005 年年底，共修裱 1014 张。

宣城市档案馆认真落实“八防”要求，安装使用自动报警装置，防止档案损坏，延长档案寿命。加大对馆藏珍贵档案保护和抢救工作。局（馆）成立国家重点档案抢救工作领导小组，档案管理科具体负责重点档案抢救工作计划和组织实施工作。重点开展馆藏明清档案、革命历史档案、名人档案、重大活动档案等保护抢救工作，坚持每年对馆藏案卷的质量、数量、破损情况进行检查，更换破损装具，修裱破损档案。

铜陵市档案馆为延长档案寿命，坚持“预防为主，防治结合”的方针，结合实际，采取 “八防”措施， 截至到 2005 年，共抢救国家重点档案 10192 卷。

庐阳区档案馆对馆藏 3 个全宗 1800 多卷档案进行检查，修复破损档案 33 卷、225 页。

肥东县档案馆耗时 6 年，托裱修补档案 3670 卷，2.4 万多张。将破损严重的档案送到安徽省档案馆进行修复。对党和国家领导人及知名人士为渡江战役纪念馆的题词、殷光兰材料进行重点保护，重点档案库房安装和公安局联网的报警系统。

肥西县档案馆于 1986 年对中华人民共和国成立前（1948—1949 年）部分革命历史档案、历史档案进行复制、裱糊，抢救纸张老化、字迹褪变的档案；1991 年修裱破损档案 2104 张，复印褪色档案 404 页；1992 年整理与抢救老化档案 809 卷，装订报刊资料 1230 册；1998 年加强抢救工作，裱糊老化档案 15 卷，计 2000 余页；1999 年加工整理档案近万卷，修裱老化档案 660 卷，5 万余页；2000—2005 年建立健全各项档案安全保护制度，加强对早期不规范档案的整理和抢救。

濉溪县档案馆将县委、县政府两个全宗中永久、长期的重要档案进行复制、修裱加工，共复制 3323 页，修裱 1141 页。

界首市档案馆馆藏中华人民共和国成立前革命历史档案 25 卷，由于受保管条件限制，部分档案出现纸张受损、字迹模糊的现象。2004 年，市档案馆将损毁程度最严重的 12 卷革命历史档案进行拆卷，逐页修裱、扫描。

霍山县档案馆截至 2005 年复制破损清朝县志 5162 页、修裱破损计生档案和文书档案 3062 页。

繁昌县档案馆在 20 世纪 90 年代中期开展档案抢救和保护工作。馆藏国家重点档案——旧政权档案，原先存放在县公安局仓库里，没有整理，零乱地分散在 30 多包麻袋中，并有不少已被虫蛀，残缺、破损现象较严重，1995 年县公安局开展档案升级工作时，发现这批档案并及时将其移交县档案馆，县档案馆对其进行修补，并系统整理，共整理出记录和反映民国时期政治、经济、军事、教育、建设等情况档案300余卷，对研究繁昌的历史具有重要的参考作用。

南陵县档案馆主要采取消毒、修裱、复制、扫描和刻录等档案保护技术。根据“濒危优先、分步实施”的原则，确定优先抢救字迹褪化比较严重的敌伪档案、目莲戏剧本等国家重点档案。

宁国市档案馆1994—1996年对馆藏的“土改”档案从除虫、除尘、修裱到编目、装订、立卷进行系统抢救整理工作，共组卷1556卷。同时清理和整理中华人民共和国成立初期的房地买卖契约、农业税清册以及其他零散案卷4216卷，对馆藏的大部分永久、长期案卷进行一次全面检查和加工。2002年10月，对馆藏的全部档案、资料进行全面清查。

怀宁县档案局于1987—1995年共抢救历史档案2679卷，对纸张老化、字迹褪变的档案进行修裱和字迹恢复。共修裱档案1.3万余页，手工恢复字迹近7000页。1999—2005年共抢救国家重点档案246卷

潜山县档案馆于1995—2003年，共抢救国家重点档案2980卷。

黄山区档案馆自1989年开始组织人力对馆藏档案进行全面检查，对破损、褪色、霉变的档案重新抄写和复制，共抢救档案574卷、6130多份。

休宁县档案馆1984年接收的4000余卷“鱼鳞册”等历史档案非常珍贵，部分档案霉烂、残缺现象严重。为抢救这部分历史档案，1986—1987年，县档案馆聘请一名专业人员进行抢救修补立卷工作，完成3000多卷的整理立卷。1993年将已整理好历史档案全部集中上架。

国家重点档案抢救　1987年7月，国家档案局、财政部联合印发《全国重点档案抢救补助费管理办法》，并于1996年12月、2001年4月先后两次予以修订。安徽省重点档案抢救工作始于1984年。“七五”（1986—1990年）期间，中央和省各级地方财政共拨付档案抢救经费210万元，其中，中央财政拨款80万元，省财政拨款60万元，地、市、县财政拨款70万元。本着专款专用，保障重点的原则，安徽省共组织4600余人次计抢救整理重点档案14386卷，包括缩微5300余卷，复印档案资料10364卷96万余页，手工抄写明清档案402卷计2.6万页；编制卡片300万张，抄写目录500多万条；更换卷皮10万多个；征集档案2408卷（件），其中文天祥手迹、南宋光宗皇帝御封填补了中国馆藏宋代档案的空白。

“九五”（1996—2000年）期间，财政部、国家档案局共分配安徽省全国重点档案抢救费125万元，省财政配套拨款270万元，共计投入档案抢救费395万元。全省共组织7000余人次，抢救重点档案19万余卷，其中缩微1300余卷，复印档案30300卷120万页，抄写明清档案802卷约12.6万页，修裱档案1.6万余卷，编制卡片500

多万张，抄写、著录卷内目录800余万条，更换卷皮19万多个。

自2001年以来，财政部、国家档案局分配安徽省全国重点档案抢救费130万元，省财政匹配档案抢救费200万元，共计投入档案抢救费330万元（不含市、县的匹配）。“十五”（2001—2005年）期间，安徽省共抢救全国重点档案118150卷，计10069631件。其中，明清以前档案554卷，计11080件；明清时期档案8479卷，计423950件；革命历史档案17470卷，计698800件，民国档案63856卷，计7407296件；其他档案27791卷，计1528505件。主要采用修裱后缩微、复印、抄写等方式制作复制件，占应抢救档案的54%。

第四节　档案利用

档案开放利用　省档案馆档案利用方式主要是设立阅览室，提供档案阅览和复制服务。中国大陆的公民凭单位介绍信或本人身份证、工作证、离退休证等有效证件可以查阅已开放档案；中国台湾、香港、澳门地区同胞和海外华侨如查取本人及其亲属历史证明，可持本人回乡证或护照等有效证件，利用已开放档案；外国组织和个人经中国有关主管部门介绍或馆长批准，可以利用已开放档案；利用未开放档案，需持有县（团）级以上单位介绍信，并限定查阅内容。

省档案馆阅览室配备有《安徽省档案馆指南》、案卷目录、文件目录、分类目录、专题目录、人名索引、资料目录等手工检索工具，配置有安装《世纪科怡档案管理系统》软件的计算机5台、缩微胶片阅读器1台，供利用者进行档案资料目录的手工和电子检索。

1985年，省档案馆利用档案者为7328人次，利用档案96129卷（件）；1986、1987年两年间，因编史修志工作的普遍开展，省档案馆利用档案的人次迅速攀升，利用档案者分别达到16216人次、18624人次，利用档案125648卷（件）、116889卷（件），其中编史修志利用档案分别达到121675卷（件）、112916卷（件），分别占利用档案总数的96.8 %、9 6.6%。

1988—1990年，省档案馆利用档案年均 8231人次、60566卷（件），与1986、1987年相比均大幅减少。除用于编史修志和机关工作查考外，主要是为个人工龄、学历、劳模待遇、评定职称、调整工资等提供凭据。

1991年，省档案馆利用档案者达7612人次，利用档案68994卷(件)，与1990年相比，利用档案人次增加36.95%，利用档案资料数量增加67.25%。查档人次、数量的增加，主要缘起房产纠纷、土地登记、农转非等问题的解决和抗洪救灾、编写人物传记、拍摄电视专题片的需要。

省档案馆档案利用工作中注重建立信息反馈渠道，听取意见，改进工作，档案查准率、查全率不断上升。1992 年，全年接待利用者 3537 人次，利用档案 43034 卷（件），其中仅 17 人次未调到档案，占总利用人次的 0.56%。

1993—1996 年间，省档案馆累计接待利用者 12691 人次，提供利用档案 205211 卷（件）。其中，为安徽农业大学筹办 60 周年校庆提供档案资料 100 余卷；为全省纪念抗日战争胜利 50 周年，为省水产局、皖西机械厂等单位开展房改前期摸底，为落实全省民办教师转正政策等，提供大量第一手资料。

1997 年，省档案馆接待利用者 2019 人次，调阅档案资料 38223 卷（件）。其中，为编史修志、工作查考、学术研究、经济建设查阅档案分别为 33446、1785、44、2926 卷（件），为其他工作查阅档案 22 卷（件）。全年利用档案数量与馆藏总数之比为 12.38%，达到省档案馆晋升国家一级档案馆要求。

1998 年，以晋升国家一级档案馆目标管理考评为契机，省档案馆进一步完善《安徽省档案馆利用档案试行办法》《档案馆接待工作规程》《开放档案检索工具使用说明》《阅览须知》等一系列规章制度，促使档案对外利用工作趋于规范化、制度化。

同年，为纪念改革开放 20 周年、迎接中华人民共和国成立 50 周年，一大批社会利用者步入档案馆，为档案利用工作带来新气息。省档案馆先后接待中央电视台《凤阳之路》《新中国》《世纪 · 女性》三个大型电视专题片的编导人员到馆拍摄素材。

1999 年，为庆祝中华人民共和国成立 50 周年、服务编史修志成为省档案馆档案利用工作的热点。其中，省委、省政府为纪念邓小平视察黄山 20 周年，省委组织部、省水利厅、省国税局等为编写《安徽五十年》《国脉千秋》，安徽电视台、合肥市电台为宣传报道中华人民共和国成立 50 年以来安徽的巨大成就，中央及省直有关单位为编写《中共党史人物传（顾卓新）》《马长炎传》《姚克传》《徽州文化全书 · 科技卷》《安徽名人园》《安徽百年新闻大事记》等，到馆查阅利用档案资料络绎不绝。全年共接待利用者 752 人次，提供利用档案资料 6324 卷、件（册）。

2000 年，省档案馆制定《调阅室人员岗位操作程序》《调阅室人员工作操作规程》等业务管理规章制度；为及时了解利用者的需求，推广使用《档案资料利用效果登记表》，建立利用信息反馈制度。全年，省档案馆以阅览室为服务窗口，为领导决策、机关工作查考、编史修志、落实职工待遇、解决产权纠纷等，接待利用者 717 人次，提供档案资料 9614 卷（件）。

2001 年，为机构改革和纪念建党 80 周年服务成为省档案馆档案利用工作新特点。省政府机构改革方案公布后，省直机关有关厅、局，及省教育工会、省建委医院等事业单位纷纷到馆查阅本单位成立批文、内设机构、人员编制等档案资料。根据省委领导的指示，省档案馆和省公安厅及时提供 1979 年邓小平视察黄山的档案材料，为省委筹办有关重大活动提供重要参考。在纪念建党 80 周年活动中，省档案馆为大型文献电视片《新四军》、电视专题片《血与火铸就的岁月》和《安徽革命史画册》等提供大量翔实的档案史料。此外，还为编纂《张震军事文集》《曾希圣传》《安徽省情》（第六卷）、《中国粮票发行史》、桐城中学《百年校史》等提供大量档案资料。

2002 年，省委党史研究室、省委组织部、省农委、解放军总参谋部等单位为编写《中国共产党安徽省历次党代表大会文献汇编》《中共安徽省委文件选编》《曾希圣传》《张劲夫回忆录》《彭宗珠传》《全军侦察史》等，多次到省档案馆查阅利用档案资料。同年，省档案馆还为中国社会科学院近代史研究所、上海师范大学、安徽大学的学者撰写《文明的撞击与困惑——近代江淮地区社会经济研究》《抗战时期歙县地方政府如何控制物价》《民国时期徽州商会发展》等论文，开展学术研究，提供大量翔实的档案资料。

2003—2004 年，省档案馆为《安徽省志 · 军事志》《中国人民解放军体育史 · 新四军卷》《南陵十案》《交通银行 · 芜湖分行志》《郑抱真传》《征程与回眸》等的编写，提供大量的第一手资料；为省委、省政府、省信访办、省国资委、省科技厅、省纺织工业协会等单位制定有关政策、处理上访案件、清算国有资产、行政复议、省直“三优文明”单位复查评审等，提供大量档案史料；此外，为公众评聘职称、解决退休、落实下放补助和社会养老保险等待遇问题提供凭证。

2005 年，省档案馆接待利用者 1168 人次，提供利用档案资料 8032 卷（件）次。与 2004 年相比，利用人次增加 47.98%，利用档案资料卷（件）次增加 26.1%。其中，为加强党风廉政建设，办理大案、要案，提供政策依据及关键性的原始凭证；为省委统战部提供皖南、皖北行署有关宗教房地产登记档案，落实宗教界房地产政策，维护社会稳定，提供决策依据；为安徽电视台、合肥电视台、《安徽日报》《新安晚报》等媒体开展纪念抗日战争胜利 60 周年专题宣传活动，提供大量档案资料。

安徽省档案馆档案利用情况统计表

表 3-7

项目 年度	利用档案资料（人次）	利用档案（卷、件次）	利用资料（册次）
1986	16216	125648	21566
1987	18624	116889	15425
1988	10212	61124	2399
1989	9043	79322	10970
1990	5439	41251	7354
1991	7612	68994	7374
1992	3537	43034	4380
1993	2481	50835	930

续表 3-7

项目 年度	利用档案资料 （人次）	利用档案（卷、件次）	利用资料 （册次）
1994	5028	58992	6520
1995	2496	36171	3631
1996	2686	59213	852
1997	2019	38089	134
1998	1162	7033	201
1999	752	6135	189
2000	717	9403	211
2001	866	10021	621
2002	1133	10694	3521
2003	860	9211	52
2004	784	6241	162
2005	1168	7822	210
合计	92835	846122	86702

数据来源：1986—2005年度全国档案事业统计综合年报

全省各级档案馆积极开展档案利用工作，把档案利用作为增强档案馆活力的关键，主动了解社会需求，编制各种形式的检索工具，采用多种方式做好档案利用服务工作。1986—2005 年全省各级各类档案馆共计接待利用者 1699177 人次，提供档案利用 5836901 卷（件）次，提供资料 756678 册次。在制定规划、领导决策、城市建设、体制机制改革、编史修志、复查案件、落实政策、排解纠纷、改善和服务民生等方面取得显著的社会效益。

安徽省各级各类档案馆档案利用情况统计表

表 3-8

项目 年度	利用档案资料 （人次）	利用档案（卷、件次）	利用资料 （册次）
1986	173945	815634	54155
1987	168447	722331	53056
1988	125976	452991	49625
1989	96222	383318	51807
1990	86566	295961	50313

续表 3-8

年度 \ 项目	利用档案资料（人次）	利用档案（卷、件次）	利用资料（册次）
1991	101945	311852	80900
1992	75674	275105	66846
1993	74652	235378	27664
1994	75212	281147	27725
1995	55551	175019	35690
1996	66903	219679	36719
1997	63815	183814	41095
1998	53038	140475	26565
1999	54099	123502	23084
2000	53430	163339	18093
2001	63881	190077	22368
2002	70069	208725	20949
2003	77295	216424	13562
2004	77820	223956	24756
2005	84637	218174	31706
合计	1699177	5836901	756678

数据来源：1986—2005年度全国档案事业统计综合年报

合肥市档案馆的档案检索工具分为手工和计算机检索两种。手工检索工具主要为簿册式，共 666 本，其中案卷目录 278 本、文件目录 297 本、人名索引 85 本、专题目录 6 本；另有《合肥市档案馆指南》《合肥市档案馆概览》等介绍性检索工具。合肥市档案馆于 1997 年 10 月建立馆藏档案文件级目录数据库；至 1999 年，录入合肥市、县两级国家综合档案馆馆藏革命历史档案目录 312 条，建立革命历史档案数据库。2003 年，对局域网进行升级改造，加快档案信息化步伐。至 2005 年年底，馆藏 56 个全宗 22736 卷 399659 件档案实现计算机检索。1986—2005 年年底，合肥市档案馆共接待档案利用者 30202 人次，调阅档案资料 79744 卷次，提供档案复制件 217632 张。

淮北市档案馆积极创新服务机制，为社会各界提供档案利用服务。1986—2005 年，共接待查阅利用 27520 人次。

自 1958 年宿州地区（市）、县档案馆建立至 2007 年，全市档案馆共接待调阅 271415 人次，调阅档案资料 484124 卷（册）次。其中宿州市档案馆接待调阅 44610 人次，调阅档案资料 79422 卷（册）次。

2003年，阜阳市档案馆将撤地建市接收进馆的零散文件整理归档，并编制目录索引，为社会大众解决落实政策、平反冤假错案、转正定级、转干招干、产权产籍、编史修志、养老社保等问题提供档案。

蚌埠市各级各类档案馆，采取电话预约、来馆查询等多种服务方式为利用者服务。自 1991—2006 年，全市各级档案馆共接待利用者 35878 人次，调阅档案资料 77529 卷（册）。其中，市档案馆接待利用者 4933 人次，调阅档案资料 22633 卷（册）。

随着淮南市档案馆馆藏档案种类及数量的增加，来馆查阅档案资料的人员急增。仅 2005 年市档案馆全年共接待各类利用者 1400 多人次，有效提供利用各类档案资料 3360 卷（件）。

六安市(地区)档案馆积极提供档案资料为社会各界服务。据不完全统计，自 1959—2005 年年底，共接待利用者 56650 人次，提供档案资料 118660 卷（件、册），复制 35780 页。

巢湖市（地区）档案馆建立全宗卷，编制有案卷目录 150 本、资料目录 15 本、改制企业会计档案目录 41 本。自成立以来，为党政机关、团体、企事业单位及社会各界人士编史修志、工作查考、落实人事、劳动保障、工资待遇，解决房产纠纷等，提供大量的第一手材料。1984—2005 年，接待利用者 4450 人次，调阅档案资料 13680 卷次。

芜湖市档案馆编制有案卷目录 364 本、全引目录 715 本。积极开展档案利用工作，为领导决策、工作查考、编史修志、学术研究、宣传教育、知识青年下放、人员精简、招工顶替等方面提供大量翔实的原始凭证。截至 2005 年共接待利用者 18600 人次、调阅档案资料 37560 卷次。

截至 2005 年年底，池州市（地区）档案馆共接待利用者 500 人次，调阅档案资料 2100 余卷（件），复印 5000 余页。

1986—2005 年，铜陵市档案馆共接待利用者 16106 人次，调阅档案资料 65256 卷（册）。

1986—2005 年，宣城市各级综合档案馆编制有案卷目录、文件级目录、专题目录、全宗介绍、档案馆指南等检索工具，共接待利用者 5.1 万余人，调阅档案资料 21.64 万余卷，复制摘录档案材料 8.22 万余页，为编史修志、解决山林纠纷、房产管理、土地征用、产权界定、平冤纠错、排忧解难、落实政策等提供及时有效服务。

黄山市档案馆编制的检索工具有全宗名册 1 本，全宗介绍 91 本，全引目录 74 本，案卷目录 131 本，人名卡片 138092 张，人名卡片索引 18 本。黄山市档案馆自成立以来，接待大量省内外各界的利用者，为党政机关、团体、企事业单位、社会组织制定政策、工作查考、编史修志、纠正冤假错案及落实人事待遇、调解房产纠纷等方面提供大量的第一手的材料。据统计，1965—1988 年共接待利用者 29343 人次，调阅档案资料 117482 卷次；1989—2003 年年底，共接待利用者调阅 7977 人次，调阅档案资料 25719 卷（件）次。

随着对外开放的深入，国（境）外的一些组织和个人也陆续到档案馆查阅档案资料。1995 年，美国加州大学洛杉矶分校的日本留学生唐泽靖彦到省档案馆查阅大量明清档案。2005 年，全省各级各类档案馆接待利用者共计 87775 人次，其中，接待台港澳同胞 9 人次，接待外国人 98 人次。

现行文件利用　2002 年 4 月，中共安徽省委办公厅、安徽省人民政府办公厅联合发文《关于向省档案局报送现行文件的通知》，要求省直各单位向省档案局（馆）报送无密级、可公开的现行文件。2002 年 7 月 31 日，省档案局（馆）“现行文件资料利用服务中心”挂牌成立，正式面向社会开展现行文件利用服务工作。截至 2002 年年底，共接收省直 78 个厅（局）7330 份文件，接待利用者 459 人次，咨询电话 527 人次，提供文件复印件 1247 页。

2003—2004 年，省档案局（馆）现行文件资料利用服务中心共接收各种现行资料共 3845 份（件），共接待利用者 445 人次，提供现行文件资料 239 份（件），复印现行文件资料 1297 页。内容主要涉及企业改制、劳动保障、福利待遇、复转军人安置、土地房屋迁建等。

2005 年，省档案局（馆）共接收现行文件资料 1492 份，并将现行文件目录全部录入计算机，实现文件的快速检索，提高公开现行文件的服务质量和服务水平。全年共接待利用者 11 人次，复印文件资料 89 份（件）456 页。

2004 年以来，随着信息化技术的广泛应用，社会公众获取政府公开信息的渠道从档案馆拓展到报纸、电视、政府公报、政府信息公开网站、政务公告栏等，安徽省各市县档案局馆也相继成立现行文件资料服务中心向社会提供现行文件服务，来省档案馆查阅现行文件资料的人数逐年减少。

各市县档案部门积极配合依法行政、政务公开，开展现行文件利用工作。

2002 年 6 月 4 日，安庆市档案局“现行文件资料利用服务中心”在全省率先挂牌成立，向市民提供查阅服务。至 12 月底，已收集市直 35 个单位文件 6066 份，文件资料汇集 190 册，接待利用者 61 人次。2003—2004 年，共接收市直 15 个单位 337 件现行文件。2005 年，安庆市档案局在档案网站上向社会公布现行文件查阅指南，现行文件资料利用服务中心共收集现行文件 1073 件，接待 227 人次，提供现行文件 634 件次。

“六安市现行文件资料利用服务中心”于 2002 年 6 月在六安市档案馆正式挂牌，并向社会提供市委、市人大、市政府、市政协及其所属工作部门制定印发的现行有效、可公开的规范性文件资料。

巢湖市档案馆于 2002 年 7 月 11 日设立现行文件资料利用服务中心，共接收 40 多个市直单位形成的现行有效、无密级、可公开的规范性文件3555份，其形成时间为1995到2000年，内容涉及养老保险、民政优抚、复退军人安置、房改等社会生活的方方面面，方便社会各界和广大人民群众查询。

池州市档案馆于2002年7月设立“池州市现行文件服务中心”。截至2005年年底，更新现行文件300余件，提供利用70人次，调阅现行文件85件，内容涉及工伤、房产、林权改革、医保、工资、就业等方面。

合肥市档案馆于2002年8月1日成立现行文件服务中心。当年即收集已公开现行文件602份（件），各种汇编性资料238册，软盘1张；2003—2005年年底又收集现行文件3664份，资料165册。现行文件服务中心成立后，接待电话咨询和利用者最多时达每日二三十人次。截至2005年12月底，该中心共接待利用者2032人次，调阅现行文件4062件次，复制材料4510张。查阅内容主要涉及房屋拆迁、房改、劳动保险、民政优抚、复退安置、工资待遇等社会热点问题。

滁州市档案局（馆）现行文件服务中心成立于2002年8月2日，负责提供市委、市政府和市直有关部门、单位制发的正在执行使用的、与全市经济建设和社会发展密切相关或涉及人民群众政治经济生活的规定、意见、办法，分为政务文件、办事指南、法律法规和有关参考资料四大类。共收录50多家单位的现行文件、办事指南、参考资料1000余件。自中心成立以来，接待利用者300余人，利用文件500余份。利用者多为离退休干部、企业下岗职工、在校学生等，查阅内容多为住房改革、医疗保障、复转军人安置、土地征收和拆迁安置政策等。来安县档案局现行文件服务中心成立于2003年6月18日。南谯区档案局现行文件服务中心于2003年8月1日成立。

2002年8月5日，马鞍山市档案馆现行文件阅览中心正式成立。现行文件阅览中心汇集1994年以来市委、市人大、市政府及所属各部门制定印发的现行有效的、属于公开执行的、无密级的规范性文件。

“淮南市现行文件利用中心”于2002年8月8日在淮南市档案馆正式向社会开放，随后，各县区“现行文件利用中心”也已陆续向社会开放。

蚌埠市现行文件服务中心于2002年9月5日正式向社会各界开放，采取设立现行文件查询服务热线、制作现行文件目录公布栏和送“红头文件”进区入户等措施，开展便民服务。到2005年年底，市现行文件服务中心共收到现行文件2188件份，接待查阅现行文件利用者666人次，提供现行文件1682份。蚌埠市各县、区档案馆也先后建立现行文件服务中心，开展已公开现行文件服务工作，全市现行文件服务中心增至8个。

“铜陵市现行文件资料服务中心”于2002年11月28日正式对社会开放。2002至2005年，共接待现行文件利用者合计256人次，提供现行文件684件。

“宿州市现行文件利用服务中心”于2002年12月正式挂牌成立。该中心收集有市委、市政府、市直有关部门关于政治、经济、人事等方面的政策性、法规性现行文件和资料2261份。从2002至2005年累计利用850人次，提供现行文件资料980件次。

截至2005年，全省各级国家综合档案馆共建成现行文件资料利用中心77个。现行文件利用服务收到一定效果，仅2005年，全省各级现行文件中心共接待利用者近2.5万人次，提供利用现行文件近3万件，较好地满足广大人民群众了解政策、维护权益的需要。

档案编研　档案编研是档案馆的一项重要业务，其内容为利用档案编写各种参考资料、编辑出版档案史料和文件汇集、参与编史修志等。

全省各级档案馆在开展编研工作初期，主要是从编写大事记、组织沿革、基础数字汇集、专题概要等各类参考资料入手，对馆藏档案资料进行研究，选择专题、汇编成册，为党政机关、企事业单位工作查考服务。

1986—1995年年底，省档案馆设有编研处，专门从事档案编研工作，独编、合编、参与编研的档案史料共21册，总计730.1万字；编研成果大多作为馆藏本，有的是内部发行，少数为公开出版发行。

安徽省档案馆档案史料编研成果一览表

表3-9

序号	出版物名称	出版单位	出版时间	字数（万）
1	安徽概览（整理再版）	内部发行	1986	52
2	安徽省现代革命史料丛书：	内部发行		
	安徽省早期传播马克思主义史料选		1986.12	18
	安徽早期党团组织史料选		1987.3	34
	五卅运动在安徽		1988.5	24.3
	国民革命军北伐进军安徽		1988.12	13.1
3	安徽革命历史文件汇集：	馆存本		
	第一册　第一次国内革命战争时期党团组织文件		1987.8	19
	第二册　中共安徽省临委及省委文件		1987.1	38
	第三册　安庆、芜湖、徽州工委等组织文件		1989.10	43
	第四册　合肥、六安、寿县中心县委及阜阳、蚌埠、宿县等县委文件（上下）		1988.12	45.5
4	渡江战役史料选	档案出版社出版	1989	30
5	安徽省档案馆明清档案目录	内部发行	1990	13

续表 3-9

序号	出版物名称	出版单位	出版时间	字数（万）
6	鄂豫皖革命根据地（共 4 册）	河南人民出版社出版	1990. 9	179
7	安徽动委会史料选编	安徽人民出版社出版	1991	41
8	安徽省档案馆指南	中国广播电视出版社出版	1992. 12	25
9	中共皖北皖南区委文件选编（1949—1951） 中共安徽省委文件选编（1952—1954） 中共安徽省委文件选编（1955—1957）	内部发行 内部发行 内部发行	1994. 10 1994. 10 1994. 10	41. 2 47 47
10	日本侵华在安徽的罪行	内部发行	1995	20
11	徽州历史档案总目提要	黄山书社出版	1996. 8	65
12	档案典型事例汇编	馆存本	1997	5
13	安徽省改革开放大事记	馆存本	1997	2
14	《中国发展全书 · 安徽卷》第五篇发展文献	国家行政学院出版社出版	1997. 12	13
15	安徽农村改革之路	内部发行	1999. 5	30
16	安徽’98 抗洪救灾资料剪辑	馆存本	1999	60
17	中国档案精粹 · 安徽卷	香港零至壹出版有限公司出版	2001. 5	
18	安徽省各级各类档案馆概览	中国科学技术大学出版社出版	2002. 12	35. 4
19	中国共产党安徽省历次代表大会（代表会议）文件资料汇编（1952. 12—2002. 5）	内部发行	2003. 10	82. 1
20	中共安徽省委文件选编（1958—1962） 中共安徽省委文件选编（1963—1965）	内部发行 内部发行	2004. 11 2004. 11	42 41
21	安徽省民众抗日事迹选编	内部发行	2005	12. 6
22	徽州文书档案	安徽人民出版社出版	2005. 5	34. 9

1995 年，安徽省档案局和安徽电视台联合摄制安徽省第一部档案题材的电视专题片《走向未来》。该片将安徽的历史遗存特别是经典档案串连起来，以史迹、史料角度再现安徽的发展与变迁，主题鲜明，题材厚重。1996 年 9 月 2 日至 7 日的北京第十三届国际档案大会期间及此后，该片被中央电视台多次播放，这在各省（市、区）推荐的同类专题片中是唯一的。随后，先后荣获“开放的安徽对外宣传电视片大赛一

等奖”，“中国电视奖1996年电视社教节目一等奖”和安徽省精神文明建设“五个一工程”第六届电视片类“入选作品奖”。

1996年11月，省档案局编研处改为征集利用处，档案编研仍属该处职责。

1996年，安徽省档案学会承担的安徽省“八五”哲学社会科学规划重点课题研究成果《徽州历史档案总目提要》一书正式出版，被选送到第六届国际图书博览会展览，并荣获安徽省精神文明建设“五个一工程”第六届图书类“入选作品奖”。

1997年，配合档案馆目标管理考评工作，省档案馆编写完成《档案典型事例汇编》（5000字）和《安徽省改革开放大事记》（2万字），参与编写《中国发展全书·安徽卷》第五篇发展文献（13万字）。

1998年，即中国共产党第十一届三中全会和改革开放20周年之际，安徽省档案馆利用馆藏档案资料汇编30余万字的《安徽农村改革之路》，并于1999年2月出版发行。同年，汇编11期《安徽98抗洪救灾资料剪辑》，60万字，作为馆藏资料保存。

2001年5月，省档案馆与香港零至壹出版有限公司合作出版《中国档案精粹·安徽卷》画册，时任安徽省人民政府副省长田维谦作序，著名书法家张良勋题写书名。该画册影印104件（组）档案，对于每件（组）档案分别予以中英文说明。这些档案从不同角度显现安徽自南宋嘉泰元年（1201年）至中华人民共和国成立后的近800百年间的历史片段。

2002年，省档案馆编辑出版《安徽省各级各类档案馆概览》，全书35.4万字，全面介绍安徽省各级各类档案馆基本概况和馆藏档案内容。

2003年、2004年两年间省档案馆先后与省委组织部、省委办公厅、省委党史研究室等单位合作编纂完成《中国共产党安徽省历次代表大会（代表会议）文件资料汇编(1952.12—2002.5)》(82.1万字)、《中共安徽省委文件选编（1958—1962）》（42万字）、《中共安徽省委文件选编（1963—1965）》（41万字）。

为纪念抗日战争胜利60周年，揭露日本侵华罪行，2005年省档案馆编辑出版《安徽省民众抗日事迹选编》（12.6万字）一书。

2005年5月，省档案馆严桂夫、王国健编写的《徽州文书档案》一书由安徽人民出版社出版发行，全书共34.9万字。该书叙述徽州文书档案的发现、收藏、整理过程，介绍徽州文书档案的种类和特点，并详细介绍徽州各历史时期的文书档案，同时对徽州文书档案中所反映出来的一些新的明清徽州社会和经济史问题进行思考。此书对徽学研究及其他相关学术研究都有一定的借鉴和参考价值。

合肥市档案局（馆）自1986年以来，先后编写、参与编写《合肥市四十年经济史料选编》《安徽省各级各类档案馆概览》《中共安徽省合肥市组织史资料》《光辉的足迹》《中国共产党合肥市历次代表大会简介》等24种资料，总字数达100多万字，具有较高的参考价值。

宿州市档案局编辑出版《宿州籍在外人员通讯录（北京篇）》《宿州之窗》《可爱的宿州》《宿州年鉴》等书籍。

蚌埠市档案馆自1991年以来，充分发挥馆藏优势，先后组织编写《蚌埠市大事记》《四年零三个月全国解放大事记》《蚌埠市大中型企业简介汇编》《蚌埠市历届党代会简介》《小平四次到蚌埠》《蚌埠解放》《珠城精英》《档案法规与档案管理》《档案工作指南》等17种、约67.5万字的参考资料。

淮南市档案馆编研工作从1996年开始逐步走上正规，明确机构，配备专业人员。编研工作围绕党和政府中心工作、重大决策、重大活动以及社会热点、难点，积极主动开放档案信息为社会服务做出突出的成绩。到2005年，共编撰《中央领导人视察毛集镇专题档案》《淮南市组织史》《淮南市四次较大的机构改革简况》和《淮南市档案工作大事记》等编研成果40多种，约100多万字，其中《淮南市档案馆指南》作为优秀社会科学研究成果荣获政府奖。

滁州市档案馆利用馆藏档案自编或与有关单位合编史料及专题资料汇编，1988至2001年编辑资料共计16种、96.7万字。其中有《滁县地区档案志》《滁县地区档案馆指南》《中共蚌埠专区组织史资料索引》《中共滁县地区组织史资料》《滁县地区行政区划沿革》《蚌埠专区档案情况介绍》《滁县地区大事记续编》《皖东档案》（一）、《皖东档案》（二）、《滁州市人大会议简介》《滁州市档案馆概览》《滁州市档案馆革命历史全宗概览》《滁州市档案馆档案利用效益事例》《简明文书学》《档案保护技术学》等。

六安市档案馆根据馆藏内容，编纂有《六安十年》《辉煌十年》《六安地区自然灾害概况》《抗洪救灾记》《六安市档案志》《六安市档案馆指南》《新农村建设档案工作指南》等资料。

巢湖市档案馆根据馆藏资料编写《巢湖地区自然灾害历史资料汇篇》《巢湖地区1991年抗洪救灾百日志》《太平军在巢湖史料辑注》《巢湖专署1950年至1951年中小学概况汇集》。

芜湖市档案馆1986至2005年主要编研成果有：《芜湖市解放初期布告汇编》《芜湖市隶属关系与行政区划文件汇编》《中共芜湖市历届党代表会议简介》（1950—1994）、《芜湖市历届人民代表大会简介》（1954—1991）、《过去现在未来——芜湖市档案工作巡礼》电视专题片、《双赢的交流》《芜湖制造》《档案工作文件选编》（一）（二）（三）（四）等。

马鞍山市档案馆1989年11月拍摄完成档案电视专题片——《档案揽胜》，这是一次采用电视媒介直观地宣传档案、《中华人民共和国档案法》的有益探索和尝试。

安庆市档案馆利用馆藏优势和安庆地方特色，编辑出版档案史料39种，见表3-10。

安庆市档案局（馆）档案史料编研成果一览表

表3-10

序号	题　名	字数（万）	册数	编纂时间	编纂方法	备　注
1	《安庆市历届党代会概况》	1.2	600	1986	自编	内部发行
2	《安庆市历届人代会概况》	1.5	600	1986	自编	内部发行
3	《安庆市工作会议大事记》	1	1	1986	自编	内部参考
4	《（1950—1986年）安庆市党政群机关编制数、实有人数统计表》	3.5	1	1987	自编	内部参考
5	《安庆市布告汇集》	3	1000	1987	自编	内部发行
6	《安庆市1199年至1988年农业自然灾害丛编》	3.5	600	1987	自编	内部发行
7	《安庆市1949至1988年出席全国、省、市先进个人名录》	3.4	600	1988	自编	内部发行
8	《安庆市档案馆指南》	13	700	1988	自编	内部发行
9	《安庆市1949—1988年大事记》	25	1	1988	自编	内部参考
10	《“文化大革命”期间安庆市大事记》	3.5	100	1988	自编	内部参考
11	《安庆市1949—1988年党政机关、人民团体机构沿革概况》	5	1	1989	自编	内部参考
12	《1949—1988年安庆地区大事记》	24	5	1989	自编	内部参考
13	《安庆市档案工作大事记》	3	7	1989—1994	自编	内部参考
14	《安庆市政协历届会议概况》	1.5	1	1990	自编	内部参考
15	《（1949—1959）安庆地、市、县以上干部任职汇集》	10	1	1991	自编	内部参考
16	《安庆市档案志》	5.6	600	1994	自编	内部发行
17	《档案利用效益实例选编》	1.2	1	1994	自编	内部参考
18	《安庆市铁路、民航、煤气三大工程简介》	1	1	1996	自编	内部参考
19	《全市档案工作介绍》	5	-	1996	自编	内部参考
20	《安庆市和安庆地区整风反右运动概况》	2	-	1997	自编	内部发行

续表 3-10

序号	题　名	字数（万）	册数	编纂时间	编纂方法	备　注
21	《百年安庆》	–	–	1998—2004	参与	公开出版
22	《安庆之最》	10	–	1999	参与	公开出版
23	《安庆历史上的今天》	1	1	1999	自编	内部参考
24	《安庆地名掌故》	12	–	2000	参与	公开出版
25	《黄梅戏之最》	6	500	2000	自编	内部发行
26	《安庆地方党组织历史上的今天》	2	1	2001	自编	内部参考
27	《安庆市档案馆概览》	0.8	–	2001	自编	省局汇编公开出版
28	《安庆历史上的人口》	0.4	–	2001	自编	公开出版
29	《档案信息参考》（不定期出刊）	–	–	2002 年开始	自编	内部发行
30	续修《安庆市档案志》	0.8	–	2003	自编	公开出版
31	《兰台风采》——安庆市档案工作先进集体、先进个人事迹汇编	15	1000	2003	自编	内部发行
32	《党和国家领导人视察安庆简介》	–	1	2004	自编	内部参考
33	《安庆市机关、企事业单位档案管理升级达标情况汇编》	1	1	2004	自编	内部参考
34	《安庆先锋》——1989—2004 年出席全国、全省、全市劳动模范、先进工作者名录	12	1000	2005	自编	内部发行
35	《干部职工离退休、退职文件索引》	–	1	2005	自编	内部参考
36	《省、市人民政府废止制发的部分政策性文件汇编》	–	1	2005	自编	内部参考
37	历年《安庆年鉴 · 档案》	–	–	–	自编	公开发行
38	《历年全市档案工作大事记》	4	1	–	自编	内部参考
39	《历年档案利用效益实例选编》	–	1	–	自编	内部参考

池州市档案局（馆）自 1986—2005 年独编、合编、参与编研的档案史料有：《池州地区档案志》《改革开放中的池州》《池州地区志》《池州地区组织史》《池州地区地直单位组织机构沿革概要》等。

宣城市各级档案馆自 1986—2005 年共编辑出版档案编研成果 228 篇 384 万余字。宣城市档案馆编撰有《宣城地区志 · 大事记》《中国共产党宣城地区组织史资料》《宣城服务要览》《宣城年鉴》。郎溪县档案馆编印有《郎溪县志》《党史大事记》和《抗洪大事记》。宁国市档案馆编辑有《土改档案专题介绍》。旌德县档案馆编辑有《知青档案汇编》《结离婚证档案汇编》等。

黄山市档案馆1986—2005年自编、参与编辑档案资料有：《徽州档案》《徽州学概论》《徽州历史档案总目提要》《徽州历史档案与敦煌历史档案研究》等。

2005年，全省各级各类档案馆共编辑出版档案资料达95种、550万字，其中公开出版11种、130万字，为社会各方面的需要提供良好的服务。

全省档案馆编研档案资料情况统计表

表3-11

年度	全省档案馆				全省国家综合档案馆			
	公开出版		内部参考		公开出版		内部参考	
	种	万字	种	万字	种	万字	种	万字
1986	10	144.6	242	604	10	144.6	240	592
1987	3	93	215	342	2	91	209	283
1988	无	无	122	255	无	无	114	203
1989	2	63	132	850	1	30	121	393
1990	7	233	125	547	3	42	221	252
1991	8	193	293	989	4	119	135	402
1992	6	209	209	800	5	208	119	302
1993	9	219	172	80134	4	164	107	79930
1994	8	163	134	451	5	119	80	252
1995	14	44	97	311	9	36	64	179
1996	5	94	107	320	4	89	72	150
1997	12	159	130	12472	8	156	99	274

续表 3-11

年度	全省档案馆				全省国家综合档案馆			
	公开出版		内部参考		公开出版		内部参考	
	种	万字	种	万字	种	万字	种	万字
1998	17	48	126	16717	8	5	78	4469
1999	10	75	132	706	3	33	98	329
2000	9	84	126	626	6	27	73	389
2001	8	102	130	338	4	76	78	148
2002	111	320	101	409	107	293	53	177
2003	10	126	126	550	2	40	78	351
2004	14	212	66	434	10	105	44	204
2005	11	130	84	420	6	43	42	140

数据来源：1986—2005年度全国档案事业统计综合年报

爱国主义教育基地建设 开展爱国主义教育，是档案部门发挥档案以史鉴今、资政育人作用，拓展档案服务领域，强化社会教育功能的重要举措，也是档案部门责无旁贷的历史使命。

举办档案展览是档案机构开展爱国主义教育的有效形式。1989 年，省档案馆举办“安徽省档案馆建馆 30 周年展览”，展示省档案馆建馆 30 年来的发展历程和珍贵馆藏。20 世纪 90 年代以来，省档案馆在五楼设立陈列室，陈列馆藏档案珍品。1991 年，省档案馆选送明代卖山契、鱼鳞册及凤阳的“农业大包干”等档案参加国家档案局在北京举办的“中国档案事业成就展”。

1996 年 9 月 2 日至 7 日，第 13 届国际档案大会在北京召开期间，省档案馆成功举办中国档案事业成就展览（安徽馆）。展品以黄山档案和黄梅戏档案为主，旨在体现安徽特色，弘扬安徽文化，宣传安徽档案工作。展览设计精巧，以独特的徽派建筑牌坊形式和丰富多彩的内容吸引着中外观众，5 天展期共有 4 万多人参观，国际档案理事会主席让·皮埃尔·瓦洛和国家档案局局长王刚亲临参观并签名。其间，由省建设厅主办、省档案局协办的“安徽省城市建设档案展览”在合肥成功举办。展览反响热烈，6 天时间 1.2 万多人次参观。

1997 年，经省委、省政府同意，安徽省精神文明建设指导委员会命名安徽省档案馆为省级爱国主义教育基地。作为省级爱国主义教育基地，省档案馆以馆藏档案资料为依托，以档案展览为主要平台，面向社会，面向公众，回顾历史，介绍省情，积极配合省委省政府的中心工作开展宣传教育，充分发挥档案在全面建设小康社会中的特殊作用。基地建立以后，省档案馆从省馆和部分地市县档案馆的大量档案中精选出反映安徽特色，史料价值较高，其中有许多是首次向社会公开的档案，在省档案馆库房楼一楼举办“安徽省档案珍品展”。展览汇集全省档案珍品 316 件，展览以基本陈列的方式常年展出，展览分为 6 个部分：第一部分是毛泽东、邓小平、江泽民等党和国家领导人视察安徽的照片；第二部分是伟人、名人手迹和安徽省部分领导同志为档案工作的题词；第三部分为古代档案；第四部分为民国档案；第五部分是革命历史档案；第六部分是中华人民共和国成立后档案。展览以专题与历史时期相结合的方式，通过展示不同时期的有代表性的珍贵档案，为观众勾勒出 800 年来安徽经济、社会和文化发展的历史轮廓。该展览自 1998 年 4 月 11 日正式展出，先后接待全国政协、国家档案局，省委、省人大、省政府和省政协的领导，省直有关部门和各市县领导、省级机关干部，全省档案系统工作人员、在合肥的大中专院校师生、驻地武警和公安干警以及兄弟省市档案界同行等，至 2005 年年底，共计接待观众 324 批，3937 人次。

1999 年，省档案馆将“安徽省档案珍品展”拍摄成片长 70 多分钟的电视资料片，使其内容将更加丰富和生动，受众范围大大扩展，影响程度大幅度提高。

2001 年，按照属地管理的原则，安徽省档案馆向合肥市精神文明建设指导委员会提出申报，经实地考核审查后，由省精神文明建设指导委员会批准再次确认为省级爱国主义教育基地。

2004 年 2 月，中共中央、国务院印发《关于进一步加强和改进未成年人思想道德建设的若干意见》。6 月，省档案局制发《关于充分发挥档案馆爱国主义教育基地在加强和改进未成年人思想道德建设中的作用的意见》，根据该意见要求，省档案馆爱国主义教育基地从 2004 年 9 月起正式免费向未成年人开放，接待集体组织的中小学生参观，同时节假日免费向社会开放。

2005 年，省档案馆举办“纪念中国人民抗日战争胜利 60 周年图片展”。展览分为七大部分：日本侵华暴行；日本侵略军在安徽暴行；中国人民奋起反抗日本侵略者；抗日烽火在安徽大地上燃烧；世界人民对中国抗日战争的巨大支持；中国人民取得抗日战争的伟大胜利；前事不忘，后事之事。共展出档案图片 200 多件。展览于同年 8 月 14 日正式展出，先后在合肥花园街广场、省委、省人大、省政府、省政协、省财政厅、中国科学技术大学、安徽大学、合肥九中和合肥四十二中巡回展出，共接待观众 4 万多人，在青少年中引起强烈反响，省、市电视台和报纸多次报道展览情况。

省档案馆爱国主义教育基地建立以来，通过举办陈列展览、巡回展览等多种方式，共接待观众约5万人次，从观众的反馈和留言可以看出，展览使参观者受到爱国主义教育，取得良好的社会效益。

各市县档案馆积极开发馆藏档案资源，通过举办展览、拍摄专题片、编纂书籍等形式，展现当地历史文化内涵，宣传“三个文明”建设成果，广泛进行爱国主义教育和宣传。

马鞍山市档案馆和市档案学会于1990年12月13日举办“马鞍山市首届声像档案展览”。共有92个单位参展，展出展板51块、展册120本、照片5132张、录音56盒、录像带69盘、电影片3部。展览历时15天，共有2000多人参观。

安庆市档案馆于2000年11月27日被中共安庆市委组织部、安庆市教育委员会联合批准为市级爱国主义教育基地。2001年6月底7月初，安庆市档案馆与市委宣传部、市文化局等单位联合举办“纪念建党80周年革命历史文物（革命历史档案）展”。2001年10月，安庆市档案局主办的“可爱的安庆”档案陈列展，通过近200幅照片、178件档案资料，展现安庆人民在中国共产党领导下开展新民主主义革命和在社会主义建设时期特别是改革开放中所取得的建设成就，宣传安庆悠久的历史文化和革命先辈的光辉业绩。展览共接待国内外参观者2000多人次。2002年5月下旬，安庆市档案馆、安庆市政协文史委和安庆市陈独秀研究会共同举办“纪念陈独秀逝世六十周年图片资料展”。

宿州市档案馆2003年被授予市级爱国主义教育基地。

淮北市档案馆于2003年被市委宣传部列入全市爱国主义教育基地。基地设有档案陈列室，充分展示淮北城市发展历程、地方风土人情、名人志士档案资料，向社会公开展出。

池州市档案馆于2003年10月被池州市委宣传部批准为市级爱国主义教育基地。

滁州市档案馆于2002年制作“馆藏图片资料展览”和“滁州市名人档案展览”；以“蔚然深秀映兰台”为题，摄制一部反映滁州市档案事业发展状况的档案专题片，并在滁州日报刊发，系统地介绍滁州历史沿革和档案事业的发展。2004年9月3日，滁州市档案馆被滁州市委、市政府批准为“爱国主义教育基地”。2005年，滁州市档案馆与滁州市文明办、教育局联合筹办“滁州市建国55周年图片展览”，先后在市委和市政府大院、人民广场、南湖公园和大、中院校及工厂进行巡回展览，历时一个月时间，深受广大干部、市民、学生、职工的欢迎，教育激发人们“爱滁州、建设滁州”的热情。

阜阳市档案馆于2004年10月被阜阳市委、市政府批准为阜阳市爱国主义教育基地。

2005年，国家档案局发布《国家档案馆爱国主义教育基地工作规范》，为安徽省国家档案馆爱国主义教育基地建设提供指南和依据。截至2005年年底，全省各级国家综合档案馆共建成爱国主义教育基地54个。

档案利用效果选介　1986年以来，全省各级各类档案机构馆（室）藏档案资源数量日益丰富、门类日趋齐全、结构日臻完善，社会档案意识逐渐增强，档案利用率逐步提高，档案在党和国家各项事业建设、人民群众生产生活的各个方面发挥积极作用，取得显著的经济效益和社会效益。全省各级档案馆和各类档案室档案利用典型事例如下：

服务领导决策　1992年6月，原滁县地委、行署（1993年元月之后为滁州市委、市政府）决定建立滁州经济技术开发区。在开发区选址问题上一直存有争议，最初拟定在津浦铁路附近，后经调阅档案资料发现，该地区地势低洼、易涝。最后经反复论证，地委、行署决定改在清流办事处建设经济技术开发区，十多年时间过去了，其间不乏大旱大涝，但开发区的建设、发展始终没受到影响，实践证明改变开发区选址的决策是正确的。

保护合法权益　2002年5月，美国商务部对进口美国结构型钢的7个国家和中国台湾地区作出裁决，马钢税率由159%降至0%，这标志着马钢应诉美国H型钢反倾销获得胜诉。在美方长达一年的调查取证过程中，涉及内容最多的就是档案资料。令美方专家感到惊讶的是，通过查阅马钢大量的档案资料，其中每一个数据报表所反映的情况都难以挑剔，美方专家不得不称道：马钢是一个国际规范化上市公司。正如承担马钢应诉辩护律师的美迈斯律师事务所合伙人潘诺顿先生说，马钢应诉成功，是因为所有有效的信息被真实收集起来，从而使得美方调查机构确定马钢没有进行倾销活动。如在美方调查马钢H型钢反倾销过程中，美方认为中国是非市场经济国家，将马钢所有的生产要素价格必须按替代国的价格来套算，并要求马钢翔实回答ACD问卷，内容涉及企业基本情况、组织机构、成本核算、原材料采购、进出口贸易和公司的生产经营状况等，其中回答每个问题都必须以事实为依据。为此，律师事务所要求马钢提供大量的档案资料，内容十分详尽，如：董事会有关决议、组织机构图、成本核算流程图、进出口合同、会计凭证及报关凭据、生产工艺流程图以及生产H型钢消耗的原材料、辅材、能耗及人工成本数据等会计凭证、报表等。如果没有这些档案资料作为依据，其结果可想而知。

1997年，涡阳县教育系统26位民办教师，利用档案证明材料，直接转为国家公办教师的消息，在当地传为佳话。20世纪60年代初，涡阳县锁必英等26人，响应党的“精简下放，全党大办农业，支援农业第一线”的号召，离开公办教师岗位当起农民，后又相继担任民办教师。1995年，省人事厅、省教委等六家单位发文规定，“原为国家正式职工，精简下放的（必须有原始证明），经考核合格可免试直接选招为公办教师”。

锁必英等26人得知这一消息先后来到县档案馆，要求查阅他们当年“精简下放”的原始材料。县档案馆及时为他们提供证明材料。锁必英等人终于如愿以偿。

2001年，国家出台政策，对20世纪60年代精简下放农村的全民所有制单位职工给予最低生活补助。知悉这一政策后，歙县二轻局干部洪灶和来到县档案馆，连续多天翻阅查找1961—1964年县手工业管理局下放的职工名单。在当时下放的200多人当中，找到符合政策可享受补助的76人，并复印有关下放的文件批复、下放证明书等档案材料。据此，为这76名老人办理生活困难补助手续，使他们能按规定享受每月100 ~ 160元的生活补助。

2003年9月，安庆市检察院退休干部何为申之女给安庆市档案馆打来电话，请求查找其父何为申1949年9月在市公安局参加工作的档案材料。何女说，与其父同时参加工作的同事全部办理离休，其父因工作多次变动等原因，人事档案不完善，单位只得在1987年给他办理退休手续。退休17年来，何为申因为缺少中华人民共和国成立前参加工作的档案作依据，对本应离休变成退休之事，一直哀声叹气，还说什么“死不瞑目”。子女们也被老父亲闹得不安宁，希望档案馆能为老人查找到入伍档案，了却老人有生之年的最大心愿。市档案馆工作人员经过仔细查阅案卷，终于从1950的“干部简明登记表”上查到老人1949年9月参加工作的原始依据。市委组织部依据原始档案，在当年12月以庆组字〔2003〕79号文批复：“经研究，同意何为申参加工作时间由1949年10月更改为1949年9月。”老人拿着市委组织部虽然整整迟到17年的批复，仍激动不已。第一时间打电话向市档案馆报喜，说：“感谢档案馆为我提供的原始档案，我的伍龄组织上已发文件同意更改，退休可以改离休了”。2004年元月，老人开始享受离休待遇，但他仍念念不忘档案馆那一纸泛黄的档案登记表的“功劳”。为此，老人亲自找到加工店，做了一面 “为民楷模”的锦旗，并买了喜糖，带着子女们欢天喜地地送到市档案馆，表达他们全家发自肺腑的感激之情。

2003年6月6日上午，马鞍山市金属制品总厂拉丝厂指派两名工作人员到马鞍山市档案馆查找该厂数十名职工有关招工、下放等方面档案材料。该厂属市改制企业，在企业改制过程中发现该厂部分职工档案材料遗失，致使数十名职工无法办理相关手续，影响企业改制进展，危及职工切身利益。市档案馆工作人员经过耐心细致地查找，共查阅市劳动局、市轻工局、市知青办等单位档案30余卷，为该厂20多名职工提供当年的下放登记表、招工批复等档案材料，证明这些职工参加工作的时间，为企业的改制和职工办理买断工龄、退休、养老保险等手续提供可靠依据。

2005年5月，庐江县砖桥乡巴滩村蔡某某来到县档案馆，要求查找他本人参加路线教育工作队档案材料。蔡某某原为巴滩村民办教师，1977年因工作需要从学校抽调参加路线教育工作队至1978年年底。1997年，民办教师转公办时，因蔡先生离校两年工龄间断，条件不够，县教委不予办理转公办手续。蔡某某提出这是组织安排与个人无关，应当承认连续工龄，县教委责其查找依据证实确实参加了工作队。但他多方查找未果，后经别人提醒，他来到县档案馆查找。县档案馆工作人员很快在路线教育工作档案中查到 1977 年工作队员花名册，详详细细记载了蔡某某的情况，并复制了有关材料。凭借这些档案材料，蔡某某的民办教师转公办教师手续得以及时办妥。

2005 年 8 月 23 日，阜阳市颍州区程集镇小学的李老师匆匆忙忙来到阜阳市档案馆，迫切地想查询到他因超生受到处罚的档案材料。原来，2005 年 7 月，颍州区清理计划生育超生摸底排查，李老师作为被清查对象。虽在 2003 年被有关部门作了超生处罚并下了结论，但他本人的处罚结论文件已经丢失，到镇里和其他部门也未能查到。若再查不到处分结论文件，不能证明他超生已被处分的事实，有关部门将要重新进行处理，甚至可能被开除公职。万般无奈之际，李老师抱着试试看的想法来到市档案馆。档案二科的工作人员接待了他，在并了解具体情况后，耐心细致地从计划生育办公室全宗里查到他当年被处分的文件，并将盖有档案证明章的复印件交到李老师手里，他满含眼泪连声道谢："这一份档案可救了我，使我不再受处分。"

明确产权归属　坐落在凤阳山的韭山洞，地处滁州市凤阳、定远两县交界处，两县多年来围绕韭山洞开发权的争端时有发生，并严重妨碍韭山洞的开发。1999 年滁州市为解决争端，成立一个调查组，在两县境内查阅大量资料，走访相关人员。据有关人员回忆，1960 年前后两县县委、县政府曾就韭山洞的归属权有个协议，但两县档案馆却查无档案。滁州市档案馆闻讯后，迅速查阅相关档案，找到当年的那纸协议档案，为解决多年来悬而未决的土地归属争议、开发权争端提供有力证据。至此，两县共同遵守协议、携手开发韭山洞，使皖东第一洞的旅游资源得到进一步开发，现已成为皖东的热门旅游景点。

宣城地区农科所是原芜湖地区专门从事农业科研单位。建所初期，由于农业科研需要，经国家有关部门批准，将芜湖县围山乡 800 多亩土地划拨给农科所使用。30 多年后，由于芜湖市城市建设的发展，该所已处于市区位置。为适应城市建设需要，该所将部分土地出售给有关单位建房。周围的一些农民见有利可图，遂多次向农科所索要土地，并到农科所闹事。芜湖、宣城两地政府多次调解无效。宣城市档案馆闻讯后，及时组织查阅有关档案，并向农科所提供这批土地征用手续档案材料，终于化解了这场土地纠纷。2003 年，该所土地被转让给芜湖市，并获转让费 3500 万元。

2003 年，安庆长江大桥因规划建设需要，征迁一座码头。该码头历史上为安庆市航运管理局（现安庆市地方海事局）所建，其后为激活水运市场，服务水运主体，该局将该码头租赁给安庆市农资公司经营。由于历史较长，承租方安庆市农资公司负责人几经更替，其现任领导就码头产权与市地方海事局产生纠纷。为维护合法权利，市地方海事局及时从安庆市档案馆调阅复印20世纪60年代该码头建设及租赁初始档案材料。一个月后，双方确认产权关系归属市地方海事局。市地方海事局为此获得码头征迁补偿款100万元。

解决权属纠纷　龙感湖位于安徽宿松县、湖北黄梅县交界处。1996年，两县渔民因界址争端引发冲突，导致“8 · 22”流血事件，双方损失惨重。事件发生后，宿松县水产局、县民政局、县渔政站组成联合调查组，到宿松县档案馆查阅档案材料，开展地界纠纷调处工作。宿松县档案馆及时提供1953年7月由宿松、黄梅两县渔民代表就两县水域界址划分签订的“湖面界址协议书”，时任宿松县县长程文显致黄梅县政府关于“双方政府教育渔民遵守湖界协议书”的函件及有关档案材料。特别是“湖面界址协议书”是经两县渔民代表大会通过，两县政府确认，并经双方共同遵守达43年有效文件。为妥善解决两县水域争端提供有力证据。1998年，经安徽、湖北两省、市、地区及两县有关单位协同处理，妥善解决了两县水域界址争端，宿松县成功地收回被侵占的水面达8000余亩，较好地维护了水产养殖的秩序和有力保护了当地渔民的合法财产权。

2001年3月19日，安徽省石油公司宿州分公司王克彪一行3人，急匆匆地来到宿州市埇桥区档案馆，刚进门就说：“没法上班了，急死了”。原来石油公司油库坐落在埇桥区沱河办事处崔园村，一段时间里，双方相安无事，随着地价的不断攀升，当地农民因征地赔偿问题与该公司不断发生纠纷。2001年1月17日，崔园村部分老人、孩子、妇女聚集该公司，要求赔偿人民币100万元，致使该公司无法正常开展工作。该公司因拿不出土地权属证据，只好与当地农民进行谈判，经过多次谈判，最后农民坚持要求赔偿30万元，而公司只同意补偿3万元，双方意见分歧较大，事态面临升级的可能。为此，该公司派人来到区档案馆寻求帮助，请求查找征地的有关档案资料。区档案馆根据其所提供的信息，经认真查找，最终在原宿县民政局1972年永久38卷中，查出该公司当时的征地批复、双方签订的协议、图纸等档案材料，为该公司圆满解决这一纠纷提供了有力的证据。

泾县巧峰村历来重视档案管理工作，1999年9月通过验收并获得安徽省档案局颁发的合格证。巧峰村因为档案齐全完整，给平时的工作带来极大的便利，在解决山场、土地、赡养、侵占和赔偿纠纷等问题时，都是通过档案来解决，使得“两委”的工作受到广大村民的交口赞誉。特别是在“林改”工作中，巧峰村的档案起到不可估量的作用。巧峰村的小东组和现在的晏社区湖冲村村民组比邻，交界处有一块近百亩的山场。由于山场界线不清，在20世纪50年代末，双方就开始发生矛盾纠纷，引发暴力事件。1976年6月24日，当时的公社主要领导将双方村、组负责人组织在一起协商解决。双方很快达成一致意见，明确界线，并签订协议。数年来，双方依据协议一直未发生争议。1981年年底林业“三定”时，工作组依据此协议的山场界线描述，作为双方山场四至写入“林权证”。2004年年末，湖冲村村民组的年轻村民，因为不了解当时情况，对此有争议的百亩山场开发经营，再次引发山场界线纠纷。镇政府、县林业局等部门多次现场调解，但双方总是争执不下，山场归属问题一直得不到解决。巧峰村委会为解决山场归属问题，在档案中调出当年的协议，县林业局依据此份协议作出裁决。湖冲村村民看到这份协议不得不承认历史事实，放弃这片山场。通过这次事件，参与调解的工作人员及事件的当事人都感到档案在这次事件调处过程当中发挥重要作用，为巧峰村挽回重大经济损失，并使大家重新认识到档案规范管理的重要性。大家都说：“真是千年的纸笔会说话。”

服务市政建设　淮北市重点工程东岗楼立交桥兴建过程中，需拆迁的建筑面多量大。其中白天鹅酒楼，不但面积大、楼层高，而且处在立交桥的关键部位，拆迁进度关系到工程进展。如果用人工拆迁，时间长，费用大，用爆破拆除，但又不知大楼结构。正在工程指挥部为难之际，淮北市城建档案馆及时提供该酒店工程档案，很快确定大楼的主体框架、隐蔽管线等主要位置。工程爆破单位依据该酒楼工程建设档案，精心测算，周密组织，于1996年4月26日一举成功爆破，大大加快工程拆迁进度。据专家计算，仅爆破拆除就为国家节约经费60余万元。

恢复工业生产　1995年11月，浙江金华造漆厂树脂车间突发大火，车间内自控系统及设备化为一堆扭曲的废物，整个造漆系统顿时瘫痪。时间就是金钱，早一天投产，便少一分损失。厂方成立专门机构，广泛征求各方面意见，最后一致认为：最简捷有效的方法是直接套用原树脂车间的设计图纸，否则只得重新开工设计，这样恢复投产的时间只能在半年之后，按停产每月亏损60万元计算，直接经济损失就有360万元之多。金华厂档案室翻橱倒柜，东找西寻，就是找不到建厂的图纸，抱着一线希望，他们找到当时金华厂造漆系统的设计单位——化学工业部第三设计院。该院档案部门及时向他们提供原树脂车间自控、土建等专业设计图纸档案资料374张、设备采购及说明资料两本279页。凭借这些档案资料，厂房修复、设备采购工作紧锣密鼓地进行着，仅用两个月的时间，树脂车间便又机器轰鸣。单是利用工程设计档案，便缩短建设工期四个月，金华厂就挽回经济损失240万元。

服务农业生产　1992年安徽省发生棉铃虫害，棉花生产受到严重危害，全省损失棉花2.8万吨。1993年全省又发生棉铃虫害971.78万亩次，但经过上下各方努力，取得防治棉铃虫害的全面胜利。这其中重要措施之一，是省植保总站科技人员根据以往棉铃虫发生的情报资料和建立的病虫档案，及时准确地作出虫害发生的预测预报，为有关部门正确防治提供重要依据。

助力抢险救灾　1998年8月2日，长江安庆站水位达到汛期以来最高水位——

18.50 米，仅次于 1954 年的水位。长江堤防全线告急，险情不断，省委、省政府宣布全省进入紧急防汛期。位于安庆市郊区境内的长江广济圩干堤是安庆市防洪的重要屏障，保护着城郊 50 万人民生命财产的安全。在长达两个多月高水位的浸泡下，该堤虽发生多处险情，但一方面经过各级领导的正确决策和指挥，广大军民的奋力抢险，另一方面，由于成功地编制防洪抢险预案，都一一化险为夷。

防洪抢险预案是档案工作者和工程技师人员共同劳动的结晶，是档案资料发挥作用的集中体现，被人们称之为战胜洪魔的"法宝"。汛前，安庆市郊区水利、长江河道管理部门工程技术人员在档案部门积极配合下，查阅大量档案资料，特别是 1954 年长江发生百年一遇洪水时的水文、气象资料，以及现有长江堤防工程现状、防洪能力、重要险工险段的图文资料，为防洪预案的制定提供技术支持和理论依据。据此制订的安庆市郊区《广济圩干堤防御"五四"型洪水防汛抢险预案》《新洲乡永乐圩、东三滩圩防御（17.5 ~ 18.74 米）洪水防汛抢险预案》等 3 个预案，对长江水位达到一定高度时，可能出现的险情、处理措施、抢险措施、抢险材料、抢险力量以及人员、物资转移，医疗保卫等进行细致周到的考虑和安排，在险情发生时，能保证抢险工作有条不紊地进行。两个多月的抗洪斗争实践证明，防洪预案发挥巨大的作用。长江大堤广济圩发生的险情都在预案的预料之中，随之采取的技术处理措施也都未超出预案范围。正是有了防洪抢险预案，发生的各种险情才得到迅速、有效的排除。

服务旅游发展　1999 年 4 月，遵照省委、省政府和中共中央文献研究室、国家旅游局的要求，省档案馆及时调出邓小平同志 1979 年 7 月 15 日在黄山接见中共安徽省委常委和徽州地委领导同志时谈话记录，为《邓小平论旅游》这部光辉历史文献的编辑出版，提供珍贵的第一手档案资料。

2003 年 7 月，中央电视台《走遍中国》栏目组到安庆市拍摄《走遍中国》（安庆）专辑。安庆市档案馆为摄制组提供陈独秀故居、家庭生活和 1927 年 3 月以陈独秀为首的上海工人第三次武装起义胜利后工人武装在上海总工会门口的留影、1937 年陈独秀在江苏南京第一监狱中写作的照片及第一次被捕坐牢在狱中所写的"自供状"；提供柏文蔚、熊成基等革命志士系列珍贵照片资料；还提供朱镕基接见黄梅戏演员的合影，丁永泉、严凤英、潘泽海等黄梅戏著名演员的舞台照片以及安庆曲艺、杂技等方面文字资料，解放初期安庆城区、东片工业区（振风塔边）鸟瞰图。2003 年 10 月，中国安庆第三届黄梅戏艺术节开幕之际，《走遍中国》（安庆）在中央电视台播放。

促进技术进步　2001 年，安庆石化总厂炼油厂"焦化吸收稳定装置扩能改造"技改项目设计人员，利用档案室提供的所有焦化吸收稳定装置图纸档案，重新设计有关数据，节省投资 30 万元，就使价值 3000 万元的吸收稳定装置扩大 10% 的生产能力，产生显著的经济效益。

服务工程建设　国家曾在20世纪50年代决定兴建芜湖长江大桥，于1956年组织建桥专家和工程技术人员到芜湖，花了近5年时间进行了一系列的前期勘测设计工作，后来由于种种原因大桥项目下马，建桥基础勘测资料被整理成11卷档案。这为芜湖长江大桥的兴建提供了重要技术参数和地质参数，节省了预可行性研究时间，仅此一项使大桥建设提前了三年。芜湖长江大桥于1997年3月22日正式开工，2000年9月建成通车。

西气东输工程是中国西部大开发的标志性工程，也是中国天然气发展战略的重点建设项目，其长途输气管线途经合肥市。2002年，合肥市环境监测中心站承担该项目的两项任务，一是配合环境影响评价单位——环境保护科学研究所进行环境监测；二是向项目贷款方提供环境背景资料。该站档案部门主动服务，为科技人员调阅大量环境监测档案，提供合肥市近年大气环境和降水等一系列监测数据。由于数据详实，提供及时，不仅使环评报告顺利通过，同时也为合肥市争取到外资1.5亿美元，保证了重点工程建设。

助力案件查处　1996年12月25日凌晨，马鞍山市雨山区西园路30号的一个体电子游戏机室发生一起抢劫案，店主朱某被犯罪分子捅伤，并被抢走现金2000元、18K金戒指一枚、双狮手表一只。马鞍山市公安局雨山分局警方经过多方查证，获悉犯罪嫌疑人可能劳教过，可能是陕西人。于是他们来到市公安局综合档案室调阅劳教案卷。一名1994年因盗窃被劳教的陕西人陈某引起调档干警的注意，档案人员及时为他们提供陈某的案卷，恰好案卷中有一张印有陈某照片的身份证复印件，后经有关人员辨认，确认陈某就是该案的犯罪嫌疑人。这起抢劫案因档案相助，在案发仅12小时后就被警方破获。

黄山市1996届高考学生王轶因考分超过重点线8分，但未能被本科院校录取，只录取到本人没有填志愿的湘潭高等专科学校。1998年4月13日，王轶及其父亲（黄山市徽州区一中教师）王攻赋、母亲（徽州区一中职工）汪赛香因不满王轶当年高考录取结果，将黄山市教委告上法庭。诉讼理由两条：一是黄山市教委在本科招生办扣压王轶档案未交省招办；二是黄山市招办工作人员在考生档案袋上的“无条件服从”手写条未经考生同意是侵权行为。原告方要求赔偿其物质、精神损失费等76560.30元。此案轰动了新闻界，《周末报》曾于1999年4月9日周末刊以近一个版面进行题为《高考学生状告教委——全国第一案》报道，社会上也纷纷为其鸣不平，国内十几家报刊纷纷炒作。黄山市教委几乎陷入千夫所指的尴尬境地。为应诉，黄山市教委查找当年招生时形成的大量档案资料，从中找到省招办计划组于1996年8月6日向黄山市招办发出的（004）号调档通知1份，内容为：要求将文科527分、理科528分以上考生档案全部交省招办；省招办调档名册1份，其中黄山市专业理科考生档案共222份，其中王轶名列第174位，名册上有省招办接收档案人员和黄山市招办送档人员的签名。这些档案材料说明黄山市招办没有压档。同时，经与有关方面联系，还在安徽财贸学院查找到当年省招办向该校投标名册1份，内容为1996年8月18日一次性向该校交理科考生档案共136份，其中王轶列为第20位；该校退档单1份，共退档13人，其中王轶退档理由是专业不服从，外语、语文成绩差，以及省招办和王轶母校屯溪一中分别出具的关于调剂志愿有关问题的证明。由于市教委提供的相关档案材料详实细致，法院一审、二审均驳回原告上诉请求，至1999年12月16日，历时达三年零五个月之久的“黄山市高考考生状告教委”案终于结案。

第四章　档案信息化

档案信息化，是指在档案行政管理部门规划和组织下，在档案管理活动中全面应用现代信息技术，对档案信息资源进行处置、管理和提供利用的活动和过程。

全省各级党委、政府和档案行政管理部门对档案信息化工作高度重视，把档案信息化放在档案信息资源开发开放的优先位置，实施信息化带动战略，促进档案事业各项工作的开展。在信息化建设过程中，本着“统一规划、分级建设、经济实用、安全保密、突出特色”的方针，坚持文档一体化原则、电子文件与纸质文件并存原则、确保网络安全原则，积极部署，逐步推进，着力加强信息化基础设施建设，不断推进基础数据库和应用系统建设。

2000 年，安徽省档案局成立档案信息化工作小组，起草《安徽省档案系统信息化建设三年实施方案》（2001—2003 年），明确档案信息化的指导思想、总体任务和年度分解任务。

2001 年 5 月 1 日，省人民政府办公厅《关于印发安徽省“十五”国民经济和社会发展信息化三年实施意见的通知》，将档案信息化纳入安徽省“十五”重要领域信息化范围。7 月 5 日，安徽省计划委员会和安徽省档案局联合发出的《关于印发安徽省档案事业发展“十五”计划的通知》，将档案信息化作为一项主要任务，并将安徽省电子文件中心项目和安徽省分布式档案基础数据库建设省档案馆一期工程项目作为重点实施项目。9 月 18 日，省档案局根据《全国档案事业发展“十五”计划》和《安徽省档案事业发展“十五”计划》要求，印发《关于开展档案信息化建设试点工作的通知》，在蚌埠、芜湖、安庆及界首、宁国等市开展档案信息化建设试点，通知就信息化试点的目标、任务、内容和保障措施提出明确要求。至此，全省档案信息化试点工作全面启动，全省档案信息化工作进入实施阶段。12 月 31 日，《安徽省“十五”国民经济和社会信息化发展规划》将档案信息化确定为全省 18 个重点发展领域之一，要求积极推进档案数字化、建立可不断扩充和易于交流的档案数据库系统，面向社会提供公共档案查询服务。同年，省市部分直属机关、事业单位和公安、法院、检察院、工商、税务、电力、保险、金融等系统将档案信息化纳入机关办公自动化同步建设，一些大型企业将档案工作融入企业信息化，开始实现档案目录和原文的网上利用服务。

2002年10月14日，在2000年成立的安徽省档案局档案信息化工作小组的基础上，研究成立安徽省档案信息化工作领导小组，负责全省档案信息化建设的统筹规划、组织领导和实施指导、监督工作。下设办公室、档案馆数字化工作小组和安徽省电子文件归档与管理工作小组。

到2003年，全省档案信息化建设试点工作圆满完成，试点地区除蚌埠市以外均已建成计算机局域网，各试点单位都开展档案文件级目录录入工作，宁国市档案馆录入案卷级和文件级目录28.9万条，蚌埠市近30万条，界首市17万条，芜湖市20万条，安庆市16.9万条，巢湖市居巢区8.3万多条。

2004年7月13日，省档案局制定并发布《安徽省档案信息化建设实施意见（2003—2007）》，确定安徽省档案信息化建设的指导思想、基本原则、主要目标和重点任务。6月8日，安徽省质量技术监督局批准发布安徽省档案工作第一个地方标准《文书档案文件级目录数据库结构与著录细则》（DB34/T 450-2004）。2005年8月2日到5日，省档案局在合肥召开全省档案信息化建设暨《文书档案文件级目录数据库结构与著录细则》地方标准宣传贯彻会议，各市、县（区）档案局分管领导和业务指导科（股）科（股）长参加培训，全省档案信息化进一步向标准化方向迈进。为使档案信息工作得到有效保障，2005年3月，省档案局向省政府报送《关于将档案信息化列入"数字安徽"建设的请示》，要求将档案信息化列入"数字安徽"建设的范围。4月，省政府常务副省长任海深、省政府秘书长张俊分别作出重要批示，肯定档案局的做法，并要求省发改委和省信息产业厅专门研究提出方案。5月，"数字安徽"建设工作领导小组第二次会议正式增补省档案局为"数字安徽"建设工作领导小组成员单位、局长李学香为成员。10月，在安徽省制定"十一五"信息化发展规划时，省档案局同相关单位积极协调，要求将档案信息化列入安徽省"十一五"信息化发展规划。2007年1月22日，安徽省人民政府印发的《安徽省"十一五"国民经济和社会信息化发展规划》明确要求："建成全省电子文件中心，逐步实现文档电子化管理""建成基础数据资料库、分布式档案基础数据库、共享信息资源库和公益性信息资源交换服务中心，为信息资源共享奠定基础。"

第一节　信息化基础设施建设

设施设备　从1986至2005年的20年间，计算机、服务器、网络等设施设备在档案信息化中扮演越来越重要的角色，无论是机关、单位档案室还是各级各类档案馆档案的管理和日常工作对计算机的依赖程度逐渐加大，计算机和网络设施的配备已完全普及。计算机（微机）、服务器、信息点的逐年配置统计情况如下：

安徽省档案系统微机数量统计表

表 4-1　　　　　　　　　　　　　　　　　　　　　　　单位：台

<table>
<tr><th colspan="2">年度
单位</th><th>1987</th><th>1988</th><th>1989</th><th>1990</th><th>1991</th><th>1992</th><th>1993</th><th>1994</th><th>1995</th><th>1996</th><th>1997</th><th>1998</th></tr>
<tr><td rowspan="3">国家综合档案馆</td><td>省</td><td>1</td><td>2</td><td>2</td><td>2</td><td>3</td><td>3</td><td>3</td><td>3</td><td>3</td><td>4</td><td>16</td><td>17</td></tr>
<tr><td>地（市）</td><td>–</td><td>–</td><td>–</td><td>1</td><td>3</td><td>5</td><td>7</td><td>9</td><td>11</td><td>23</td><td>35</td><td>45</td></tr>
<tr><td>县（区、市）</td><td>–</td><td>–</td><td>–</td><td>–</td><td>1</td><td>1</td><td>2</td><td>9</td><td>9</td><td>10</td><td>22</td><td>29</td></tr>
<tr><td rowspan="2">国家专门档案馆</td><td>省</td><td>–</td><td>–</td><td>–</td><td>–</td><td>8</td><td>–</td><td>–</td><td>–</td><td>–</td><td>–</td><td>–</td><td>–</td></tr>
<tr><td>地（市）</td><td>–</td><td>–</td><td>–</td><td>–</td><td>3</td><td>6</td><td>16</td><td>24</td><td>20</td><td>32</td><td>40</td><td>58</td></tr>
<tr><td rowspan="2">部门档案馆</td><td>省</td><td>–</td><td>–</td><td>3</td><td>5</td><td>–</td><td>10</td><td>9</td><td>13</td><td>18</td><td>6</td><td>20</td><td>21</td></tr>
<tr><td>地（市）</td><td>–</td><td>2</td><td>4</td><td>5</td><td>–</td><td>–</td><td>–</td><td>–</td><td>–</td><td>–</td><td>–</td><td>–</td></tr>
<tr><td colspan="2">大型企业档案馆</td><td>–</td><td rowspan="2">13</td><td rowspan="2">35</td><td>12</td><td>14</td><td>10</td><td>8</td><td>19</td><td>19</td><td>25</td><td>24</td><td>24</td></tr>
<tr><td colspan="2">中型企业档案馆</td><td>–</td><td>–</td><td>–</td><td>–</td><td>–</td><td>–</td><td>–</td><td>–</td><td>–</td><td>–</td></tr>
<tr><td colspan="2">文化事业单位档案馆</td><td>–</td><td>–</td><td rowspan="2">1</td><td rowspan="2">2</td><td>–</td><td>–</td><td>3</td><td>–</td><td>–</td><td>–</td><td>1</td><td>1</td></tr>
<tr><td colspan="2">科技事业单位档案馆</td><td>–</td><td>–</td><td>–</td><td>3</td><td>3</td><td>5</td><td>4</td><td>4</td><td>4</td><td>7</td></tr>
<tr><td rowspan="9">档案室</td><td>省直机关</td><td>8</td><td>9</td><td>9</td><td>11</td><td>12</td><td>15</td><td>20</td><td>26</td><td>35</td><td>36</td><td>47</td><td>66</td></tr>
<tr><td>地（市）直机关</td><td>–</td><td>–</td><td>45</td><td>61</td><td>74</td><td>–</td><td>–</td><td>–</td><td>–</td><td>–</td><td>–</td><td>–</td></tr>
<tr><td>县（区、市）直机关</td><td>–</td><td>–</td><td>29</td><td>55</td><td>74</td><td>–</td><td>–</td><td>–</td><td>–</td><td>–</td><td>–</td><td>–</td></tr>
<tr><td>大型企业</td><td>–</td><td>–</td><td>–</td><td>54</td><td>60</td><td>67</td><td>80</td><td>56</td><td>46</td><td>66</td><td>124</td><td>134</td></tr>
<tr><td>中型企业</td><td>–</td><td>–</td><td>–</td><td>–</td><td>–</td><td>–</td><td>–</td><td>–</td><td>–</td><td>–</td><td>–</td><td>–</td></tr>
<tr><td>省级以上文化事业单位</td><td>–</td><td>–</td><td>–</td><td>–</td><td>–</td><td>–</td><td>2</td><td>1</td><td>2</td><td>5</td><td>8</td><td>11</td></tr>
<tr><td>县团级文化事业单位</td><td>–</td><td>–</td><td>–</td><td>–</td><td>–</td><td>–</td><td>–</td><td>–</td><td>–</td><td>–</td><td>–</td><td>–</td></tr>
<tr><td>地师级以上科技事业单位</td><td>–</td><td>–</td><td>–</td><td>–</td><td>9</td><td>10</td><td>18</td><td>20</td><td>22</td><td>28</td><td>38</td><td>48</td></tr>
<tr><td>县团级科技事业单位</td><td>–</td><td>–</td><td>–</td><td>–</td><td>–</td><td>–</td><td>–</td><td>–</td><td>–</td><td>–</td><td>–</td><td>–</td></tr>
</table>

续表 4-1

单位 \ 年度		1999	2000	2001	2002	2003	2004	2005
国家综合档案馆	省	17	56	58	59	66	68	70
	地（市）	53	60	64	90	104	119	138
	县（区、市）	40	59	74	109	143	173	191
国家专门档案馆	省	–	–	–	–	–	–	–
	地（市）	65	54	48	38	55	61	92
部门档案馆	省	16	21	26	31	45	49	64
	地（市）	–	1	1	1	1	1	2
大型企业档案馆		12	18	15	30	38	38	38
中型企业档案馆		–	–	–	–	–	–	–
文化事业单位档案馆		1	1	1	1	1	2	2
科技事业单位档案馆		11	17	21	28	31	36	44
档案室	省直机关	133	100	123	124	138	140	147
	地（市）直机关	–	–	944	1000	866	1318	1754
	县（区、市）直机关	–	–	2248	2524	2991	3183	3803
	大型企业	187	224	246	283	314	343	404
	中型企业	–	–	88	92	109	67	84
	部属文化事业单位	14	15	17	17	20	21	25
	县团级文化事业单位	–	–	13	12	14	17	15
	地师级以上科技事业单位	75	68	90	70	82	61	74
	县团级科技事业单位	–	–	63	36	30	37	38

安徽省档案系统服务器数量统计表

表 4–2　　　　　　　　　　　　　　　　　　　　　　　　　　单位：台

单位		1999	2000	2001	2002	2003	2004	2005
国家综合档案馆	省	–	1	2	2	3	3	3
	地（市）	1	2	2	5	10	11	11
	县（区、市）	–	–	–	2	6	6	7
国家专门档案馆	省	–	–	–	–	–	–	–
	地（市）	4	6	6	4	5	6	8
部门档案馆	省	–	1	1	1	1	3	3
	地（市）	–	–	–	–	–	–	–
大型企业档案馆		1	1	1	1	2	2	2
中型企业档案馆		–	–	–	–	–	–	–
文化事业单位档案馆		–	–	–	–	–	–	–
科技事业单位档案馆			1	1	–	1	1	2
档案室	省直机关	9	1	–	–	–	1	4
	地（市）直机关	–	–	–	13	30	39	80
	县（区、市）直机关	–	–	–	2	9	1	8
	大型企业	8	8	6	7	9	7	11
	中型企业	–	–	5	6	3	4	4
	部属文化事业单位	1	–	–	–	–	–	–
	县团级文化事业单位	–	–	–	–	–	–	–
	地师级以上科技事业单位	3	1	1	1	2	1	8
	县团级科技事业单位	–	–	–	1	–	1	3

安徽省档案系统网络信息点数量统计表

表 4-3 单位：个

单位 \ 年度		1999	2000	2001	2002	2003	2004	2005
国家综合档案馆	省	–	153	153	153	153	153	153
	地（市）	4	10	14	30	70	68	81
	县（区、市）	–	–	–	5	19	19	20
国家专门档案馆	省	–	–	–	–	–	–	–
	地（市）	4	18	16	28	14	48	37
部门档案馆	省	4	60	100	102	114	110	110
	地（市）	–	–	–	–	–	–	–
大型企业档案馆		7	10	14	2	76	76	83
中型企业档案馆		–	–	–	–	–	–	–
文化事业单位档案馆		–	–	–	–	–	–	–
科技事业单位档案馆		5	5	5	6	6	9	6
档案室	省直机关	53	11	19	18	41	35	36
	地（市）直机关	–	–	231	202	144	393	681
	县（区、市）直机关	–	–	5	8	73	45	66
	大型企业	32	37	38	25	68	65	89
	中型企业	–	–	15	15	333	324	336
	部属文化事业单位	2	3	1	3	5	4	3
	县团级文化事业单位	–	–	–	–	–	–	–
	地师级以上科技事业单位	29	22	32	35	65	35	178
	县团级科技事业单位	–	–	4	119	4	14	13

局域网建设　安徽省档案局馆局域网建设始于1999年。1999年下半年，档案科技处开始编制《安徽省档案局计算机局域网建设方案》，经过多次修改和论证，于1999年年底完成方案的设计。2000年1月6日，采取邀请投标的方式对多家有资质的公司发出邀请投标函，2000年1月17日由安徽建筑工业学院新技术发展中心中标建设安徽省档案局局域网工程。工程于2000年3月28日开始，4月18日结束，历时20天，完成档案局办公楼、科技楼、六楼活动室、会议室的内、外网隔离的局域网工程建设，共计内外网信息点153个，共投资57439.60元。

2002年，安庆、铜陵、界首、宁国市和巢湖市居巢区档案局建成局域网。

接入党政网、互联网　在建设档案局局域网以前，1998年安徽省档案局就采用拨号的形式接入联合国全球贸易网络（CCIECC），设计省馆主页，并开通电子邮箱。2001年8月，档案科技处编制《安徽省档案局（馆）数据库建设和局域网外联方案》，并与省经济信息中心和省委机要局协调，将省档案局局域网经省委机要局再通过省经济信息中心接入党政网和互联网，接入工程在同年10月完成施工。

2004年，芜湖、宁国、繁昌、淮南市田家庵区档案局开展档案目录因特网查询服务。

第二节　电子文件管理

电子文件中心建设　《安徽省档案事业发展"十五"计划》将安徽省电子文件中心建设列为"十五"期间档案信息化工作的重点实施项目。2003年，省档案局在对全省电子文件管理状况调研的基础上，确定芜湖市新芜区作为区直机关电子文件管理试点单位，开展电子文件中心建设试点工作。2004年，省档案局发文对100多个省直机关的电子文件管理状况进行调查，在调查分析以及对国内外电子文件管理经验学习的基础上，确定电子文件中心建设的思路和方法，组织编制《安徽省电子文件中心可行性报告》，并邀请相关专家多次进行建设咨询和研究论证。2005年2月，省电子文件中心项目通过专家论证；6月，省档案局召开电子文件中心建设咨询研讨会。6月17日，省政府信息化工作办公室印发《2005年"数字安徽"建设重点调度项目》，明确安徽省电子文件中心为电子政务重点项目。8月，省财政厅、省信息产业厅批准、分配15万元作为省电子文件中心项目引导资金。10月19日，安徽省电子文件中心建设启动仪式在省档案局六楼会议室举行，省委常委、省委秘书长张学平，省政府秘书长张俊出席会议，并为安徽省电子文件中心揭牌。张俊代表省委、省政府对省电子文件中心建设给予充分肯定。启动仪式成为中国首家省级电子文件中心全面开展建设的标志。12月16日，省长办公会议作出决定，批准投资300万元用于该项目建设。12月《中国档案》杂志评选出2005年十大档案新闻，"2005年10月19日，安徽省电子文件中心启动仪式在省档案局举行”入选，这是安徽省档案工作首次入选十大档案新闻，也是十大档案新闻中唯一由省级档案部门开展的档案工作。安徽省率先启动省级电子文件中心建设，得到国家档案局、安徽省委省政府的充分肯定，也得到社会各界的热情关注。国家档案局原局长毛福民称赞：“创造了全国第一。”国家档案局局长杨冬权称赞：“为全国档案工作者趟出一条新路，干出好的成绩，作出了很大贡献。”国家档案局副局长段东升批示：“省电子文件中心，是安徽省档案局在全国率先探索的一项重大创新，这件事意义重大，它吹响了信息时代档案管理体制、服务机制创新的新号角；同时，也是信息化确保国家档案资源建设、档案完整与安全的重要保障。”《人民日报》就此发表评论，认为安徽省电子文件中心建设是档案传统管理向现代管理的重大变革。2006 年 5 月，省电子文件中心项目骨干成员承担的行业标准《电子文件管理细则》，被正式批准立项。同年，省电子文件中心完成一期工程招标和施工任务。

电子文件归档　安徽省在 20 世纪 90 年代开始探索电子文件归档工作，主要是利用计算机档案管理软件进行部分单位的电子文件归档实践。随着办公自动化进程的加快，对电子文件认识的加深，传统档案管理软件对原生电子文件的管理越来越不相适应。2000 年 5 月，省档案局邀请中国档案学会副理事长、中国人民大学档案学院院长、博士生导师冯惠玲到省档案馆考察，并为省暨合肥市直属机关档案干部作了题为“电子档案及其管理”的学术研究报告，介绍电子文件的特点和管理方法。同年 12 月 10 日全国档案工作会议通过《全国档案事业发展“十五”计划》，该计划在“档案信息化建设”部分提出：“加快现有档案的数字化进程，在北京、天津、辽宁、上海、安徽、陕西、青岛等地开展档案工作应用数字化和网络化技术的试点”，加快了安徽省电子文件归档工作的进程。

2001 年 5 月 18 日，安徽省《CAD 电子文件光盘存储、归档与档案管理要求》国家标准试点工作在信息产业部 38 所、化三院和省电力设计院展开。

2004 年，省政府办公厅、省财政厅、省国税局等单位实现文档一体化管理。

第三节　档案目录数字化

档案目录数字化是采用数据库技术对原有非数字化目录进行加工、录入，将其转化为结构化、可共享的数字化目录数据库的过程。档案目录数字化遵循以下程序：首先是制定计划。其次是选择著录项目，确定数据库结构。第三是前期准备。第四数据录入。第五是质量检查。第六是数据入库。第七是数据备份。

省档案馆目录数字化　1988 年，省档案馆开始编制档案目录的录入打印程序，组织人员对馆藏皖南北区党委、省总工会等全宗 10038 条目录进行录入、打印。

1989—1990年，省档案馆共录入、校对、打印省委和省茶叶公司两个全宗目录19119条。

1991年，省档案局举办6期微机培训班，培训微机操作技术人员73人；省档案馆完成8406条目录的录入、校对、打印和15876条目录的标引、抽词、关键词的规范化，实现32111条卷内目录的微机检索。

1992—1995年，省档案馆微机录入、打印档案案卷目录共计107731条，完成全部馆藏档案案卷目录录入打印工作。

1998年，省档案馆录入档案专题目录8010条，打印开放档案目录488本14913页，完成省档案馆32万条档案目录的数据维护和备份工作。

1999年，安徽省总工会向省档案馆移交档案的同时，移交案卷级机读目录，标志省直机关档案室与省档案馆之间开始实现计算机检索目录的对接。同时，省档案馆认真落实国家档案局、中央档案馆下达的重点建设任务，全力开展革命历史档案文件级机读目录著录工作。至2000年，省档案馆完成革命历史档案文件级机读目录的著录、校对和全省革命历史档案文件级机读目录的报送。省档案局召开省直各协作组长和各移交档案单位座谈会，明确规定移交档案的同时必须同步移交机读文件级目录数据。

2003年9月，省档案馆提出《安徽省档案馆馆藏建国后文书档案卷内文件目录数字化工作方案》，10月下旬和11月底，分别到江苏省、浙江省档案馆学习考察档案数字化工作。

2004年2月中旬，省档案馆组成完善馆藏中华人民共和国成立后文书档案文件级目录工作项目小组，完成工作方案和相关附件；3月30日，该项目小组正式开展工作，至年底，共完成皖南行署档案1241卷共21179条文件目录的著录工作。

2004年6月15日，安徽省档案系统第一个地方标准《文书档案文件级目录数据库结构与著录细则》（DB34 / T450–2004）颁布实施。该标准规定文书档案文件级目录数据库结构与著录细则的术语和定义、数据库结构和著录项目，对文书档案目录录入格式作出统一规定。

2005年，项目小组完成馆藏皖南北行署档案33375条文件级目录前处理和21680条文件级目录质量检查工作，采用双机互校录入文件目录18206条。至2005年年底，安徽省档案馆数字化馆藏档案案卷级目录396389条，文件级目录825768条。

市、县档案馆目录数字化　合肥市档案局（馆）于1997年10月开始建设馆藏档案文件级目录数据库。1999年，录入市、县两级国家综合档案馆馆藏革命历史档案目录312条，建立革命历史档案数据库。2003年，按照省档案局（馆）的统一要求，将档案管理软件更换为“世纪科怡”软件，先期录入的16万条目录数据全部安全转入“科怡”数据库。至2005年年底，馆藏56个全宗22736卷399659件档案实现计算机检索。

2003 年，蜀山区档案馆输入机检目录 14176 条。肥东县档案馆 2002—2005 年共录入案卷级目录 48046 条，文件级目录 639842 条。2005 年，肥西县档案馆录入案卷级目录 10360 条，文件级目录 12567 条。

合肥市城建档案馆建立可以通过互联网查询的档案目录信息中心，向用户提供更多的档案利用信息。市房产局产权处档案资料室提出“依法有序，高效优质”的服务口号，自行研究编制一套可用于房地产权属交易和档案管理的软件，建立具有 50 万条数据的档案信息数据库。在档案利用工作中，每年为利用者提供档案达 2 万多件次，为产权人维护合法权益、国有企业改制、司法部门办案取证等提供大量重要凭据。

蚌埠市档案馆于 1998 年开始对馆藏档案进行文件级数据录入工作，至 2006 年年底，累计录入文件级目录 53 万多条；并将重要档案原件全文数字化，用光盘存储。蚌山区档案馆 1995 年起开始档案目录录入工作，陆续录入各种门类档案目录 10 多万条、任免干部人名索引 2000 条。怀远县档案馆将县劳动局移交的全县 1970—1980 年招工、转正人员信息输入计算机，为相关人员办理退休、社保等手续提供极大方便。2005 年起，五河县档案馆对招工档案等利用率高的馆藏档案目录进行计算机录入，累计录入文件级目录 5 万多条。

淮南市档案馆从 1999 年开始进行馆藏档案目录数字化工作，至 2005 年，已将案卷级、文件级目录约 25 万条录入计算机。全市各级综合档案馆积极开展档案目录数字化，截至 2005 年，共录入文件级目录 45 万余条，田家庵区档案馆还实现 4742 条目录网上查询服务。谢家集区档案馆完成案卷级目录数字化 2503 条、文件级目录数字化 3420 条。专业档案中馆藏婚姻登记、光荣证档案已全部实现目录数字化、全文数字化。凤台县档案馆截至 2005 年，共录入目录 3 万多条。

滁州市档案馆 2003 年将运行数年的单机版档案管理软件系统升级为网络版档案管理系统，建成局域网，开始对馆藏档案进行文件级目录录入。录入包括市委、市政府、纪委、人事局、劳动局、教育局、民政局、经委、计委、卫生局、物价局、审计局、财政局、水产局、水利局、工业局、轻工业协会、农委、建委、广电局、物资局等 33 个单位的案卷级目录 1663 条、文件级目录 362762 条，基本实现由传统手工检索向计算机检索转变，大大提高档案利用的便捷性和准确性。滁州南谯区档案馆截至 2005 年，完成文件级目录 1.5 万余条。来安县档案馆完成计算机录入档案案卷级目录 1.2 万条、文件级目录 1.9 万条。

宣城市档案馆从 2003 年开始聘请人员开展馆藏档案目录数字化，到 2005 年年底，共录入档案案卷级和文件级目录 15 万条。宁国市档案馆 2002—2003 年年底，完成馆藏婚姻登记、招工、知青下放、土改、林业“三定”等利用率较高的档案文件级目录的录入工作，录入文件级目录 28.9 万余条。2004 年录入市人事局、二轻局等单位文书档案文件级目录10万条，2005年录入市民政局、教体局等单位文书档案文件级目录9万条，档案数据库文件级目录达到48万条。旌德县档案馆截至2005年年底共录入案卷级目录5000余条、文件级目录3万余条。

阜阳市档案馆于2004年年底成立档案数字化工作领导小组，建立信息化工作制度，组织相关科室人员着手馆藏档案目录数字化录入工作。截至2005年年底，完成市委、市政府、市委组织部、市人事局、市劳动局、市卫生局、市教育局等22个全宗的目录录入工作，共录入文件级目录192101条、案卷级目录10129条。界首市档案馆2000年安装世纪科怡档案管理软件，对馆藏档案进行案卷级和文件级目录著录。截至2005年年底，建立机读目录276564条，其中案卷级目录31960条、文件级目录244604条。

巢湖市档案馆2005年将馆藏永久、长期档案的案卷目录进行数字化，共录入11239条。居巢区档案馆档案目录数据库已达16万条。和县档案馆录入文书档案、房产档案、工程档案、地籍档案目录近5万条，并开始全文数字化。

淮北市档案馆利用“科怡档案管理软件”对馆藏档案、现行文件等进行目录数字化，录入目录10万余条，初步实现部分馆藏档案数字化、信息化管理。

安庆市档案馆于2000年3月开展计算机管理档案工作，至2005年年底，共录入案卷级目录11.7万条、文件级目录201万条。怀宁县档案馆2005年年底，共录入档案目录43978条，其中案卷级条目9695条、文件级条目34283条。潜山县档案馆1997年录入案卷级目录31359条。岳西县档案馆利用泰利特档案管理软件，录入文件级档案目录3万多条。

六安市档案馆购置有柯达i55高速扫描仪、数码相机、高性能电脑等设施设备。按照《文书档案文件级目录数据库结构和著录细则》标准，著录馆藏档案文件级目录5万余条。对征集的重点档案资料《元亨疗马集》《皖西革命烈士生平档案》等进行全文数字化扫描，合计3000余页。至2005年，金安区档案馆数字化案卷级目录2478条、文件级目录23437条。

芜湖市档案馆共录入案卷级目录19137条、文件级目录405005条。芜湖市鸠江区档案馆截至2005年共录入目录案卷级4623条、文件级49231条。新芜区档案馆自编一套文书档案管理软件配合《归档文件整理规则》实施，截至2005年年底，共录入文件级目录93580条。南陵县档案馆截至2005年底，录入下放知青、知青待业、林业“三定”、独生子女、婚姻民政等专题档案文件级目录近40万条，案卷级目录近10万条。繁昌县档案馆1999年试行电子计算机辅助档案管理，录入知青下放、林业“三定”、婚姻登记、招工等利用率较高的档案目录15万条，备份各单位软件数据25万条，方便社会各界和人民群众网上查询档案。2005年，繁昌县档案局和芜湖市档案局共同组织研制的金鸠兹档案信息管理系统，通过安徽省软件评测中心登记、鉴定测试和市科技局组织的成果鉴定，该系统具备快速、简便的档案录入、查询、打印等功能，在知青、山林、婚姻登记等专门档案的管理上具有创新性。

宿州市档案馆截至2005年共著录档案目录5000条，灵璧县档案馆录入革命历史档案、土地证存根、现行文件和知青办档案文件级目录2.5万多条。

黄山市档案馆共著录案卷级目录19464条、文件级目录37365条。黄山区档案馆至2005年，已完成2万条案卷级目录的录入。

铜陵市档案馆2002年购入世纪科怡档案管理软件，并开始对馆藏档案目录进行数字化。截至2005年，共录入案卷级目录0.9万条、文件级目录2.1万条。

马鞍山市档案馆从1995年开始逐步将馆藏档案目录输入计算机档案管理系统，到2005年年底，录入文件级目录共229458条。

池州市青阳县档案馆2002年起，结合档案馆目标管理，着手档案目录数字化，开始使用计算机录入档案目录，截至2005年年底，共录入文书档案目录近2万条。

亳州市蒙城县档案馆截至2005年年底共录入文件级目录21835条。

企事业单位档案目录数字化　马钢集团（控股）公司档案处（馆）档案信息化起步较早，最早的管理软件是1994年由档案馆和自动化部联合开发，基于novell网络，采用FOXPRO 2.5开发的档案目录管理系统，后被移植到windows NT系统下。1999年购买东软的SEAS2000商品软件和相应的硬件并对其购买的档案管理软件进行定制和二次开发。

安徽省科学技术档案馆建立计算机检索系统，完成文书档案和科技档案案卷级及文件级目录计算机录入工作。

第四节　档案信息管理应用系统建设

档案管理软件应用　安徽省档案管理软件应用起步于20世纪80年代，从无到有，经历引进、消化、开发、推广的过程。

1987—1995年间，部分综合档案馆、城建档案馆、企业档案馆开始计算机档案管理。

1987年，省档案局馆选派秦家友参加在贵阳举办的全国电子文件计算机培训班和在上海举办的文书档案软件应用培训班，同时充实技术人员力量，正式筹建微机室，开展电子计算机管理档案的研究工作，拉开安徽省档案管理软件应用的序幕。

1988年，省档案局馆自主完成档案目录的输入和打印程序的编制，应用该软件完成皖南区党委、皖北区党委、省总工会、省茶叶公司等全宗1万多条档案文件目录的录入和打印。同年，从浙江省引进CDS/ISIS档案检索系统，在消化吸收的基础上将录入计算机的数据加载进检索系统，供利用调阅。

1989—1990 年间，省档案局完成对引进的软件系统功能的消化，对其可行性进行评估，认为该软件适合在省档案馆使用；组织对软件进行改造升级，制订微机室《计算机操作规程》《计算机文档录入规则》。

1991 年 4 月，省档案局馆引进国家档案局档案科研所的《微机档案管理通用软件》系统。同年，举办 6 期微机培训班，共有 64 个单位派员参加培训，其中包括档案局馆、机关、厂矿、学校等在内的 40 个单位购置该软件，并实行微机辅助档案管理。省档案馆应用该软件完成 8406 条目录标引，32111 条目录计算机检索。

1992 年，省档案局馆开展微机档案管理软件的开发和推广，完成案卷级目录库结构及打印程序的设计。完成两期档案微机统计软件培训班。

从 1993—1996 年，每年采用档案管理软件录入案卷目录，录入数量分别为 2.4 万条、31688 条、16902 条、27800 条。

为适应档案管理需要，1996 年，在部分地、市、县推广使用由广东佛山绍林信息技术有限公司开发的绍林文档管理软件，使安徽省档案管理软件应用步入正规化和规模化。

1997 年，省档案局馆通过考试录用 2 名专业计算机人才，开发优化馆藏档案管理软件，组织人员录入案卷级目录 24 万条。

1998 年，省档案局人事处和科技处联合举办两期局馆人员计算机培训班。省档案局馆采用计算机录入文件级目录 10316 条。省档案局制定并发布全省计算机机读档案目录数据结构标准，与北京泰利特公司和广东绍林信息技术有限公司合作，对泰利特公司的 A&S 档案管理软件和广东绍林信息技术有限公司的 SLWS 软件进行多次改版，使之符合安徽省档案馆和机关档案室的档案管理实际，并开始在各级档案馆、机关、企事业单位推广。举办一期 A&S 档案管理软件操作技能培训班，在广东佛山和合肥举办三期全省机关企事业单位档案管理软件培训班。同时，进一步加强软件推广工作，在铜陵市档案馆开展泰利特档案管理软件试点，印发《关于现在全省统一推广使用两个软件的通知》，并在中国档案报发表推广软件的文章，在合肥东怡大酒店举办绍林软件推广展示会，开展多种形式的售后服务工作。

2000 年，省档案馆建立计算机档案信息管理中心，马鞍山市档案馆建立档案计算机信息管理中心，大多数市、县档案馆配置计算机，积极开展档案信息的计算机辅助管理。3 月 20 日，首次同步接收省计委 1673 卷档案的案卷级和文件级目录，并入省档案局馆档案数据库，与档案馆原有数据一道由档案馆档案管理系统统一管理、利用。

为适应归档文件整理规则，实现“文档一体、综合管理、馆室衔接”，2001 年省档案局在全省范围内推广使用《安徽科怡 2000 档案管理系统》和《安徽科怡综合档案馆管理系统》。

2002 年，省档案局馆购置《安徽科怡综合档案馆管理系统》大型网络版，并采用该软件完成 20 万条文件级目录的录入。其他市、县档案局馆也开展录入和扫描工作，一些市、县档案局馆配置计算机，采用《安徽科怡 2000 综合档案馆管理系统》，开展文件级目录的录入工作。

从 2003 到 2005 年，档案管理软件的应用在省、市、县三级的档案局馆和企事业单位的普及率逐年升高。

网站建设 1999 年，安徽省政府启动政府上网工程，省档案局成立政府网站工程领导小组，具体由省档案局科技信息处负责档案信息网的建立。局法规处负责提供网站内容；科技信息处负责网站内容上传和技术维护。2003 年 7 月，安徽省档案信息网建成并上线运行（网址为 http://www.ahda.gov.cn）。

2004 年 4 月，安徽省档案信息网首次改版。安徽档案信息网宗旨是发布档案政务信息，宣传全省档案工作，提供档案信息服务。局科技信息处承担网站日常管理、技术维护、信息发布、页面设计制作、内容更新及备份、网站论坛监管、材料归档等工作。局法规处承担栏目设置、来稿登记统计、材料编辑、网站电话接听、承办咨询、通讯员队伍建立等工作。其他各处室确定专人负责向网站提供稿件。网站设有五大栏目，分别为局馆介绍（包括改版致辞、机构职责和馆藏介绍）、政策法规（不分子栏目，包括档案法律、法规、规章、标准及有关规范性文件）、信息快递（主要反映档案工作动态）、档案文件查阅（包括查档指南、档案目录和省直机关已公开文件）和视频专区（包括音像档案、档案图片展、档案画册和档案音像出版物）。

第五章　档案教育科学研究

随着改革开发的深入发展，安徽省档案教育工作得到加强，为全省档案事业发展提供智力支持和人才保障。1983 年以来，安徽省先后在安徽大学、安徽广播电视大学、合肥经济管理学校开办档案学专业高等和中等教育。2002 年，安徽大学档案学专业开始招收硕士研究生。全省各级档案部门和专业主管机关，采取多种形式，加强对在职档案干部的培训。省档案局从 1986—2005 年，共计举办档案专业继续教育班 63 期，培训人员 11537 人次；从 2001—2005 年，累计进行岗位培训 13765 人次。从 1986—2005 年，安徽省档案科研工作开拓奋进，组织一批具有国际和国内领先水平的科研项目，为全省档案事业发展提供技术支持和智力支持。

第一节　档案教育

全日制教育

高等教育　1983 年，经中共安徽省委常委会研究决定、教育部批准，安徽大学在历史系设立档案学专业，每年招收四年制学生 50 名。1998 年，安徽大学成立管理学院，档案学专业被并入其中。随后，档案学专业更名为文秘与档案学系。1986—2005 年，安徽大学档案学专业每年招生约 46 人，20 年间毕业学生近千人。截至 2005 年，安徽大学档案学专业共有教职员工 14 人，其中教授 4 人、副教授 5 人、讲师 3 人、实验员 2 人。档案学专业所开设的课程大致分为三类，一是专业课目，有文书学、档案管理学、档案文献编纂学、档案学史、科技档案管理学、档案保护技术学等。二是与信息学、情报学相关的课目，具体为保护与修复技术、电子计算机技术、现代情报技术、科技史、社会与经济史、目录学等。三是与其他学科共有的课目，如历史学、社会学、法学、生物学、化学等。

2002 年，安徽大学档案学专业开始招收硕士研究生。2002—2005 年，招收硕士研究生人数分别为 10 人、5 人、19 人、19 人。硕士研究生所学课程主要为档案学理论与实践、外国档案管理、信息资源管理、档案工作现代化等方向。

中等教育　1990 年 5 月 18 日，经省计委、省教委批准，安徽省档案局委托合肥经济管理学校从 1990 年秋季开办档案专业中等学历教育。1990—1992 年，每年招生 50 人，

1993 年、1994 年停止招生。1995—2002 年，每年招生在 35 人左右。2003 年，合肥经济管理学校撤销档案专业。招生期间，该校配有档案专业教师 14 人，其中讲师 4 人、助教 10 人。其间开设的档案专业课目有文书工作、档案管理、档案保护技术、文献编纂、科技档案整理等。

干部在职教育培训

健全干部在职教育培训制度　建立档案专业技术人员继续教育证书制度。1997 年，省档案局与省人事厅联合发布《安徽省档案专业技术人员继续教育证书制度实施办法》。该办法规定，继续教育任务是增强档案专业技术人员的工作技能，完善知识结构，提高创造能力和专业技术水平。继续教育的对象是各级档案部门及企事业单位从事档案专业技术工作的人员。该办法要求，各级档案部门及企事业单位要建立继续教育档案，连续记载档案专业人员接受继续教育情况，继续教育的考核结果作为专业技术人员晋级、晋升和专业技术职务聘任的重要依据。

制定档案人员持证上岗实施办法。2000 年 4 月，安徽省档案局、安徽省人事厅联合印发《安徽省档案人员持证上岗实施办法》。该办法要求，凡本省行政区域内的国家机关、党派、团体、企业事业单位从事档案工作的人员，除应具备规定的政治素质和学历要求外，必须依据本办法取得“档案工作资格证书”，方能从事档案工作。“档案工作资格证书”是对档案人员必备的专业知识和技能的合法认定，是档案人员上岗任职的必备条件。该办法同时规定，资格证书的获得须接受《文书工作基础知识》《档案工作基础知识》《档案现代化管理知识》《档案政策法规》四门课的系统培训，并经考试合格。对于档案人员持证上岗工作组织管理，该办法规定，省档案局主管全省档案人员持证上岗工作，市、地、县（市、区）档案局根据省档案局统一部署，负责本行政区域内档案人员持证上岗工作。该办法还规定每年考试次数、形式及免试条件等。

制定档案部门领导干部能力建设计划。2002 年 2 月，安徽省档案局制定《安徽省档案部门领导干部能力建设计划》（以下简称《计划》）。该《计划》分指导思想、基本目标、能力建设对象、能力建设主要任务、能力建设途径和形式、能力建设学习参考资料、能力建设的监督措施 7 个部分。该《计划》规定，省、市、县（区）档案局（馆）以及各专业档案馆领导班子成员，省直各部门档案机构主要负责人，省直事业单位及大型企业档案机构主要负责人，省档案局（馆）处级领导干部为能力建设对象。有关能力建设的任务，该《计划》确定，旨在全面提高档案部门领导干部的理论素养、领导水平和业务能力。在此基础上，把增强适应能力，提高协调水平，培养创新精神作为能力建设的主要任务。有关能力建设的途径和形式，该《计划》强调三点，即倡导个人自学、集中强化培训和辅之其他形式。

编印在职教育培训教材　编印《文书立卷程序》。为贯彻实施国家档案局颁布的

《机关档案工作业务建设规范》，1998 年 12 月，安徽省档案局编印《文书立卷程序》。《文书立卷程序》计分文书立卷的概念和作用、文书部门立卷制度、文件材料的收集、确定立卷归档范围、分类、组合案卷、系统排列与编目、办理案卷移交、文书立卷“三字经”等九个部分，特别是对有关一事一卷的具体做法和要求进行系统介绍。

编印《归档文件整理手册》。2000 年 12 月，国家档案局从“简化整理、深化检索”的目的出发，制发《归档文件整理规则》（以下简称《规则》）。《规则》的核心内容就是将整理单位由原来的“卷”改为“件”。《归档文件整理手册》对归档文件的概念、整理单位的确定以及归档文件的分类、排列、编号、编目、装盒等进行系统介绍。该《手册》的编写与发行，为全省各级机关实施《归档文件整理规则》起到广泛的指导作用。

出版《安徽省档案专业岗位培训教程》。2000 年 4 月，安徽省档案局、安徽省人事厅联合制发《安徽省档案人员特证上岗实施办法》。该办法要求对新上岗的档案人员进行档案业务培训和考试，考试成绩合格者由省档案局颁发档案工作资格证书。为适应培训、考试要求，省档案局组织人员编写《安徽省档案专业岗位培训教程》，并于 2002 年 6 月由黄山书社出版。全书为 29.5 万字，分文书工作、档案管理、档案管理现代化、档案法制概论四编。各编均以档案工作的法律、法规和标准、规范为依据，反映当时档案工作的最新实践。该书在章节安排、文字表述等方面，均侧重介绍档案工作的基本技能、基本方法，可操作性较强。该书出版后，广受欢迎，以致两次加印，发行量达到 1.5 万册。

编印“安徽省档案行政执法人员资格认证培训教程”。2003年，省档案局组织编写《安徽省档案行政执法人员资格认证培训教程》，作为档案行政执法人员资格认证培训教材，《教程》分档案法规、档案行政执法、档案法规结构与内容、档案行政执法实务、档案行政复议和行政诉讼五章，计 7.2 万字。

编印《文书档案文件级目录数据库结构与著录细则辅导手册》。2004 年 6 月 8 日，安徽省质量技术监督局发布安徽省第一个档案工作标准——《文书档案文件级目录数据库结构与著录细则》。为宣传、贯彻这一标准，安徽省档案局组织有关人员，编写《文书档案文件级目录数据库结构与著录细则辅导手册》。该手册分编制说明、术语和定义、数据库结构、著录细则四章，计 10.9 万字。该手册广泛用于全省档案信息化培训班。

出版《岗位培训教程》《档案学原理》。2004 年 5 月，为适应档案人员上岗培训和继续教育的需要，省档案局决定对 2002 年出版的《安徽省档案专业岗位培训教程》进行修订，同时编写出版《档案学原理》。截至 2005 年年底，这两本教材已完成定稿工作，其中，《岗位培训教程》分文书工作、档案管理、档案信息化、档案法规四编，计 24.6 万字。《档案学原理》分档案、档案工作、档案事业、档案学四编，计 18.2 万字。随后，由黄山书社出版。

举办各类在职教育培训 继续教育深入开展。1986—2005年，省档案局计举办档案专业继续教育班63期，培训人员11537人次。教育形式多种多样。1986年，省档案局委托安徽大学举办档案干部专修班。30余位档案干部系统学习档案管理、编研、保护等知识。1993年，省档案局与省计委联合在黄山市黄山区举办全省重点工程建设项目档案管理培训班，114名档案人员参训。同年，省档案局还与省乡镇企业局联合举办乡镇企业档案管理培训班。1994年，安徽省档案局分别与广东省、陕西省档案局联合举办档案专业继续教育培训班。1999年1月20日，省档案局在省委俱乐部举办"二十一世纪信息革命讲座"，中国科技大学教授孙适应邀为省暨合肥市机关500余名档案人员讲授二十一世纪电子计算机的发展趋势及其在档案部门的应用。2003年8月18日至26日，省档案局在合肥举办全省首期档案部门领导干部能力建设培训班。培训内容涉及到档案工作的创新与发展，现代新型档案馆、档案信息化、国家档案资源建设的要求与思路等。培训方式为讲课、讨论交流、撰写论文等，2001年以后任职的市、县、区档案局局（馆）长36人参加培训。

岗位培训普遍推行。2000年4月，省档案局与省人事厅在全省范围内联合制定档案人员持证上岗制度。在此之前，省档案局开展广泛的岗位培训。培训内容主要是文书学、档案管理学、档案编纂学、科技档案管理学和档案保护技术学。培训人员达到9037人次。2001—2005年，岗位培训迈入制度化轨道。5年累计培训人员13765人次。其中2002年，全省计有7000余人接受《文书工作》《档案管理》《档案管理现代化》《档案法制概论》四门课的培训。培训过后，计有5437人分别在全省68个考点参加档案工作资格考试。

开展在职学历教育 1986年，省档案局委托安徽广播电视大学开办档案专业班。1988年，全省计有1000余名学员获得档案专业大专毕业证书。

1990年年初，省档案局委托安徽广播电视大学开办档案专业证书班。全省分15个教学点，讲授《档案学概论》《文书学》《档案管理学》《档案史料编纂学》《科技档案管理学》《档案保护与复制技术》等6门课。经考试，1530人成绩合格获得专业证书。此证书在档案系统内视同大专毕业证书。1997年，开办第二期档案专业证书班。全省共设10个教学点，375人参加学习。

1993—1995年，省档案局与省自考办一起举办档案专业自学考试，计有180位学员通过考试，获得由省自考办颁发的大专毕业证书。

1998年下半年，档案学专业（独立本科段）如期开考。截至2004年年底，共有36人完成学业，获得自学考试本科毕业证书。

2004年，省档案局委托安徽大学开办档案学专业硕士研究生课程进修班，首期招生21人。

第二节　档案科学研究与学术交流

科研管理　20 世纪 80 年代以来，安徽省不断加强档案科研管理工作，为安徽省各级各类单位开展档案科研工作提供保障，促进了科研成果的转化和应用，有效提高了档案工作科技水平和能力。

1988 年，安徽省档案局转发国家档案局《关于申报一九八七年科研成果奖和一九八八年科研项目》的文件。为扩大档案科研的影响力，多次与省科委成果处联系，争取将档案科研成果列入省科技成果奖范围。1989 年，省科技进步奖评委会办公室印发《安徽省科学技术进步奖档案科技成果评审范围和标准》。为开阔视野、扩大安徽省档案科研的影响，1991 年，省档案局选派科技人员参加东亚、东南亚地区防止档案遭受环境污染及灾害事故研讨会并发言。同年，派员参加以档案科技为主题的华东六省一市第九次档案工作协作会。2002 年 1 月 29 日，省档案局在合肥召开全省档案科教工作会议。这是安徽省第一次召开的全省档案科教工作会议。省档案局副局长丁双林作《贯彻科教兴国战略，促进档案事业发展》的工作报告。各市档案局长、分管档案科教的副局长和科教科负责人，省直各档案工作协作组组长，安徽大学文秘与档案学系、合肥经济管理学校负责人、省档案局各处室、各单位负责人参加会议。

省档案局认真履行科研管理职责，有力推动档案科研工作发展。1990 年，省档案局组织完成省化工研究所《化工科研档案在科技成果推广应用中的作用》和省气象局《安徽省气象台主要历史沿革档案管理检索》等 2 项档案科研成果的初评、报奖工作。1992 年，组织召开《档案文件微波保护处理科研课题》《档案自动标引词典库的开发研究》《科技档案管理与促进技术进步的研究》等 3 项课题的鉴定会，组织申请国家档案局科技进步奖。1993 年，组织并通过黄山市档案局《中草药对档案资料防霉杀虫技术研究》课题鉴定。1995 年，省档案学会开展第 3 次档案学优秀成果评选活动，推荐 3 项成果参加省第三次社科优秀成果奖的评选，并组织推荐 3 篇论文参加全国档案学首届青年学术论文交流。同时，省档案局加强对省直单位和地、市、县档案部门科技咨询和指导工作，通过对合肥矿机厂等单位的调研，对计算机管理档案工作进行研究和指导；组织完成省档案馆、省水利设计院档案科研成果鉴定和无为县档案馆、芜湖市城建档案馆科研成果的报奖工作。1996 年，组织参与《城市地下管网档案动态管理》和《微机光盘档案信息网络系统》科研成果的省级鉴定，完成档案修裱机科研立项及生产厂家的调研。1998 年，积极组织实施“科教振兴档案事业”战略，向国家档案局申请档案修裱机研制的专项经费。1999 年，承办由国家档案局在安徽省档案馆主持召开的档案修裱机演示会，标志着安徽省档案局馆研制的档案修裱机实现由科研成果向商品化生产的过渡。2000 年，完成安徽省重点科研项目《关于档案事业建设列入国民经济和社会发展规划指标体系研究》《档案库房空气过滤介质对比研究》《江淮区域市、县综合档案馆建筑结构分析》《档案修裱机技术标准》《县乡村农业农村科技档案信息网络建设与应用》等的立项工作，其中《关于档案事业建设列入国民经济和社会发展规划指标体系研究》《档案库房空气过滤介质对比研究》被列入国家档案局科研课题，并获 4 万元经费支持；《档案修裱机技术标准》申报成功，并组织完成档案修裱机项目申报 2001 年国家科技进步二等奖的工作，完成“档案修裱机”科研成果在省科委登记工作。同时，完成国家档案局 1995—1999 年度科研课题情况调研调查报告。

2001 年，省档案馆《综合档案馆馆藏档案动态管理模式的研究》《档案修裱机推广应用》课题列入国家档案局 2001 年度重点科研项目。12 月 20 日，组织专家对档案修裱机技术改造项目进行论证，并敦促实施改造。2002 年，完成全省 3 项档案科研课题 3 立项工作，其中省档案馆《档案修裱机智能控制系统研制》课题被列入国家档案局 2002 年重点科研项目，并获专项资助。2003 年，《国家档案信息资源建设研究》和《徽州家族档案文化对建立现代家庭档案影响研究》课题获 2003 年国家档案局科技立项。

科研成果 从 1986 年到 2005 年年底，安徽省档案科研成果硕果累累，组织完成一批具有国际和国内领先水平的科研项目。

1987 年，在总结华东其他省市经验的基础上，安徽省档案局投入力量，研究制定《安徽省档案著录实施细则》（试行稿）、《安徽省档案馆建国后档案分类大纲》（试行稿）、《安徽省档案馆主题词标引细则》（试行稿）。

1988 年，省档案局完成《档案馆库建筑及设备在档案保护技术中的作用》研究。

1989 年，省档案局组织申报的阜阳地区档案局（馆）《开发科技档案资源为工农业生产发挥经济效益》、省科技档案馆《开发利用档案资源为科技工作服务方式的研究》、省档案馆《建国后档案开放实施方案的研究》三项档案科技成果，均获得省级科技进步四等奖，实现档案科技成果获得省级科技进步奖“零”的突破。

1990 年，省档案局《气流网膜法机械化托裱档案》通过原理论证，该课题引起国家档案局、中国人民大学档案学院的高度重视。同时开展修裱档案的干燥试验、浆糊选择试验、压平试验。省档案局组织申报的省化工研究所《化工科研档案在科技成果推广应用中的作用》和省气象局《安徽省气象台主要历史沿革档案管理检索》2 项档案科研成果获得安徽科技进步四等奖。

1991—1995 年，在档案基础理论、现代化技术应用、档案驱虫防霉、档案库房温湿度控制、档案机械化托裱、徽州历史档案等方面取得一批研究成果。全省档案系统共交流学术论文 1200 余篇，有 18 项科研成果通过省部级鉴定，其中获省科技进步奖 8

项、省社会科学成果奖 2 项、中国档案学会优秀成果奖 5 项、首届中国档案学会青年档案学术奖 2 项。

1991 年，省档案局申报的《推行企业档案全面质量管理的实践与效果》获省科研成果四等奖，省档案馆《档案机械化修裱装置》和黄山市档案局《中草药防治档案生虫、霉变》列入国家档案局科研课题。

1992 年，省档案局组织完成《档案自动标引词典库的开发研究》课题研究任务，通过省级鉴定，并作为省级科技成果登记。省档案馆《档案机械化修裱装置》课题取得积极进展，初步完成绝对湿度检测计的研制；完成机械化托裱机的机械部分、电器主控部分的图纸设计，主控部分安装完毕；开展浆糊的选配试验。

1993 年，省档案馆《机械化托裱档案试验》课题组试制成功档案修裱机原理样机。省档案局组织申报的涡阳化肥厂《科技档案管理与促进企业技术进步的研究》和芜湖市城建档案馆《档案文件微波保护处理》2 项科研成果分别获省科技进步三等奖和四等奖。

1994 年 9 月底，省档案馆《机械化托裱档案试验》课题通过国家档案局组织的专家鉴定，评价为“国内首创，水平领先”。无为县档案馆《档案库房防潮控温设计研究》课题通过鉴定并进行成果登记。省档案学会《徽州历史档案的开发和利用》课题列入安徽省哲学社会科学“八五”规划重点课题。

1995 年，省档案馆完成档案修裱机改进型图纸绘制任务，并开始组织生产。《徽州历史档案的开发和利用》课题通过省部级鉴定，评价为“是近年来国际国内徽学研究和档案学研究领域中的一项最新成果”“一项杰出新研究重大成果”。无为县档案馆《档案库房防潮控温设计研究》获省科技进步四等奖。

1996 年，省档案馆组织完成档案修裱机首台样机的图纸设计、研制、生产、测试任务，确定其配套用纸的生产工作，开展修裱用浆糊的研制工作。省档案局申报的《水灾破坏档案的预防和抢救》科研成果，获省科技进步四等奖。

1997 年 6 月 10 日，国家重点科技项目、省档案局（馆）研制的档案修裱机样机通过国家验收组验收。验收组认为，该样机的研制填补了国内外空白。验收前，中共安徽省委副书记方兆祥，省委常委、省委秘书长季家宏，省人大常委会副主任王秀智，省政府秘书长骆惠宁会见验收组专家和课题组全体成员，并观摩样机演示。

1998 年，省档案馆档案修裱机开发项目经过多次协调和 30 多次技术攻关，完成产品总体结构图的设计、修改工作。《档案修裱机胶粘剂的研究》和《档案修裱机配套用纸的研究》双获 1998 年度国家档案局科技进步四等奖。合肥市档案馆《城市地下管网档案动态管理》项目荣获省科技进步三等奖。

1999 年 4 月，安徽省档案馆承担的档案修裱机及其“人”字型毛刷获国家知识产权局“实用新型专利证书”。8月，档案修裱机样机生产、安装调试成功。马鞍山市城建档案馆承担的《库房温湿火盗无人值守自动监管系统》通过省档案局组织的鉴定。

2000年3月16日，首台档案修裱机商品机运抵广州市档案馆，安装调试成功，标志档案修裱机的商品化取得突破。10月，档案修裱机项目获国际档案局2000年优秀科技成果特等奖。同年，安徽大学《档案学专业教学改革与实践》获安徽省2000年优秀教学成果特等奖，

2001年4月16日，档案修裱机项目通过国家科技进步二等奖初审。

2002年，历经两年多的研究，由安徽省档案局完成的《中国档案事业建设指标体系研究》，通过国家档案局组织的评审。评审组认为，该成果具有重要的理论和现实指导意义，属国内首创，水平领先。同年，安徽省《文书档案文件级目录数据库结构与著录细则》地方标准开始进行起草；完成安徽省档案保护技术实验室一期工程建设。

2003年，《中国档案事业建设指标体系研究》项目获国家档案局优秀科技成果一等奖。《档案修裱机智能控制系统研制》和《档案库房空气过滤介质对比研究》通过国家档案局鉴定。第二代“DAXBJ- Ⅱ档案修裱机”研制成功，实现中国机械化修裱技术向数字化修裱技术的跨越，标志着档案修裱机已达到国际领先水平。2003年9月，该机参加国家档案局在北京举办的档案装具用品展，获得广大档案保护技术工作者的一致好评。

2004年，省档案馆承担的《档案修裱机智能控制系统的研制》《档案库房空气过滤介质对比研究》双获国家档案局2004年优秀科技成果三等奖。芜湖市城建档案馆《信息技术发展对档案事业宏观管理影响研究》，通过省档案局组织的专家鉴定。省档案馆完成《文书档案文件级目录数据库结构与著录细则》地方标准的制定工作，6月8日由安徽省质量技术监督局发布，并于6月15日开始实施。

档案学会

安徽省档案学会第二届理事会工作概述

省档案学会第二届理事会于1985年11月4日经省档案学会第二次会员代表大会选举产生，至1991年4月19日省档案学会第三次会员代表大会召开，历经五年有余。

组织建设。截至1991年3月底，省档案学会已有会员416人。全省16个地、市均成立档案学会。省直机关的党群口、科委口、机械口、高教口、邮政口、宣传口、化工口先后成立省档案学会会员小组。

主要工作。其间，省档案学会共召开各种类型的学术讨论会、报告会15次，举办各种研讨班、业务培训班17次，编写出版专著5部，编辑发行《安徽档案》杂志30余期。

地、市学会活动。在省档案学会指导下，合肥、安庆、黄山、铜陵、马鞍山等地、市档案学会计举办档案业务培训班217次，受训人员达10799人次；召开学术交流会、

学会年会39次，交流学术论文773篇。各地、市档案学会都创办旨在普及档案业务知识、交流信息的会刊。

安徽省档案学会第三次会员代表大会

1991年4月19日，省档案学会第三次会员代表大会在合肥召开。省档案学会第二届理事会理事长黄秀成作《安徽省档案学会第二届理事会工作报告》。副理事长郑守德对省档案学会第三届理事会人选情况作了说明。省档案学会第二届理事会常务理事、秘书长严桂夫对修改《安徽省档案学会章程》进行解释。大会选举学会领导机构，通过《安徽省档案学会章程》，制定《安徽省档案学会1991—1995年学术活动计划要点》和《安徽省档案学会团体会员、个人会员缴纳会费办法》。安徽大学历史系教授吴寿祺，安徽省民政厅、省社科联、省科协有关职能处室的负责人分别讲话。

会议选举才红、王志铨等50人为省档案学会第三届理事会理事。同日，第三届理事会召开第一次全体理事会议，选举出理事会顾问、理事长、副理事长等，具体名单如下：

顾　问：王书赓 黄秀成 田荣耕 吴寿祺

理 事 长：王志铨

副理事长：郑守德 朱全斌 严桂夫

秘 书 长：严桂夫

副秘书长：崔海燕（女） 姜德法

常务理事：才 红 王志铨 王黎明 邓敦宇 毕长春 朱全斌 刘思雄 陈声苗 严桂夫 郑守德 姜德法 贾新生 曹定炎 崔海燕（女）程敦敏（女） 窦晓光 戴培钧

安徽省档案学会第三届理事会工作概述

组织建设。本届理事会坚持会员标准，共吸收会员668名，约占省档案学会会员总数1104名的60%。同时，吸收省纺织、石化系统和特大型企业马钢总公司、中国十七冶的档案学会为本会团体会员。向中国档案学会推荐会员，其中有147人被批准，使安徽省中国档案学会会员达到263人。

主要工作。开展广泛的学术活动。举办多种形式的档案业务培训班，先后举办继续教育培训班、岗位培训班，档案执法员培训班计16期，受训人数为1700人次。组织芜湖市城建档案馆、潜山汉皮纸厂、蚌埠市五金厂有关档案消毒、用纸、装具产品参与中国档案学会举办的档案设备用品展销会。

团体会员活动。截至1996年3月，省档案学会共有团体会员20个。5年中，各团体会员都在每年的9月上旬开展档案法宣传活动。马鞍山市档案学会通过《学会小报》与会员保持联系。合肥市档案学会举办的“撤区并乡档案工作研讨会”，马钢公司档案学会举办的“马钢档案利用典范效益展览”，省化工档案学会坚持每年召开年会，都取得良好效果。

安徽省档案学会第四次会员代表大会

1996年3月28日，省档案学会第四次会员代表大会在合肥市召开。省档案学会第三届理事会理事长王志铨作《安徽省档案学会第三届理事会工作报告》。省档案学会第三届理事会副理事长兼秘书长严桂夫作《安徽省档案学会章程》修改说明。省档案学会第三届理事会副理事长郑守德就第四届理事会理事候选人推荐情况进行解释。会议选举产生省档案学会第四届理事会，制定《安徽省档案学会1996—2000年学术活动计划要点》及《安徽省档案学会1996年工作安排》，通报省档案学会第三届理事会期间经费收支情况，通过修改后的《安徽省档案学会章程》和《安徽省档案学会团体会员、个人会员会费缴纳、管理办法》。会议授予王书赓、黄秀成、田荣耕、吴寿祺、王志铨安徽省档案学会工作荣誉奖。安徽省民政厅社团管理处陈正和、省社科联副主席邵长兴、省档案学会第四届理事会理事长濮德祥在会上分别讲话。

会议选举翟连发、王兆奖等59人为省档案学会第四届理事会理事。同日，第四届理事会召开第一次全体理事会议，选举出常务理事、理事长、副理事长及秘书长。具体名单如下：

理 事 长：濮德祥

副理事长：郑守德 严桂夫

秘 书 长：严桂夫（兼）

常务理事：王世清 王效金 王樵山 任佳雨 李克章 李银标 陈声苗 陈源斌 张建国 严桂夫 吴淇雁 岳端正 邵德品 郑守德 胡仲华 郭秀萍 贾成功 曹定炎 崔海燕 窦晓光 濮德祥

安徽省档案学会第四届理事会（1996年至2005年）工作概述

组织建设。安徽省档案学会第四届理事会因故十多年没有换届。截至2005年，省档案学会团体会员共有32个，个人会员达到1209人。学会先后17次组织会员赴外地学习考察，并对合肥市档案学会、芜湖市档案学会、省直宣口会员组、合肥地区高校会员组、马钢分会等学会工作先进集体，方丽等学会工作先进个人进行表彰。

主要工作。省档案学会除开展学术活动外，还着力培训档案人员，计办各类培训班15期，培训人数为1700人次。会员独自承担和参与科研课题32项，其中，档案修裱机研制、中国档案事业建设指标体系研究，分获国家档案局优秀科技成果特等奖、一等奖。

学术刊物

1986年1月至1991年3月期间《安徽档案》概况

《安徽档案》是省档案局、省档案馆、省档案学会合办的刊物。刊物的宗旨是开展档案学术研究，推广档案科研成果，交流档案工作信息，指导档案事业建设，普及档案业务知识。围绕这一宗旨，五年中，《安徽档案》累计发刊 32 期，发表各类文章约 280 万字。其间，《安徽档案》设置的主要栏目有：业务交流、理论探讨、问题研究等栏目。1990 年 5 月和 10 月，《安徽档案》编辑部组织通讯员分别在颍上县和黄山市进行实地采访，形成多篇质量上乘的稿件。《安徽档案》在档案学基础理论、档案学史、档案学应用理论研究方面计发稿 47 篇，其中有 13 篇被中国人民大学复印报刊资料中心转载或摘发。

1991 年 4 月至 1996 年 3 月期间《安徽档案》概况

1991 年，《安徽档案》在全国同类期刊中较早采用彩色胶印封面和内文激光照排。5 年中，共出版 30 期，发稿 1200 多篇、180 多万字，发行量突破万份，《安徽档案》增加诸如江淮风情、安徽人物、皖档风流等具有地方特色的栏目，知识性、实用性、社会性和可读性进一步增强。《安徽档案》在提高自身质量的同时，结合时间节点，开展一系列活动。1993 年，围绕毛泽东百年诞辰，开展征文活动。1994 年，举行杂志创刊 10 周年纪念活动。省领导方兆祥，国家档案局副局长刘国能，中国人民大学档案学教授吴宝康、陈智为为《安徽档案》撰文或题词。1995 年，为纪念抗日战争胜利 50 周年，《安徽档案》分期公布部分日军祸皖档案，并召开纪念会。1996 年，第十三届国际档案大会在北京召开，《安徽档案》举行征文和庆祝活动。

1996 年 4 月至 2005 年 12 月期间的《安徽档案》

截至 2005 年 12 月，共发刊 57 期，所发文章 1850 篇，计 466 万字。其间，《安徽档案》侧重刊发徽州文化及徽州历史档案研究的文章，展现古徽州地方文化别具一格的风采，宣传徽州文化，促进徽学研究，因而体现出浓郁的地域特色、学术特色和较高的文化品味。

学术研究

省档案学会第二届理事会期间的学术研究

召开学术研讨会。1986—1990 年，省档案学会相继召开“档案接收范围研讨会”“档案保管期限研讨会”“企业档案管理升级评审员研讨会”等，这些研讨会旨在针对现实工作中的问题，提出解决办法。其中，1988 年 5 月，省档案学会利用中国档案学会自动化技术委员会在皖开会时机，举办“实施《中华人民共和国档案法》研讨班”。档案学家吴宝康、刘振伙、王明哲、张仲仁与会。这次会议从理论到实践，从历史到现实，从国内到国外，对《中华人民共和国档案法》的实施进行深入研讨，并编印研讨文集，为安徽省贯彻实施《中华人民共和国档案法》提供学术指导。

开展学术论文交流。1986 年年初，省档案学会开展学术论文交流活动。此次活动经过自下而上地筛选和推荐，收到学术论文 64 篇。这些论文质量较高，其中一些深入研究档案学理论、探索档案工作改革的理论与实践等论文引人关注。经过论文评审委员会的评审，有 25 篇论文获奖，其中一等奖 3 篇，二等奖 7 篇，三等奖 15 篇。

出版发行学术专著。5 年中，省档案学会部分会员独立或参与编著一系列档案学科的专著。其中有濮德祥编著的《档案管理学》，王志铨主编的《人事档案管理》，窦晓光主编的《文件管理》，姚正坦参与编写的《中国档案事业》。

参与其他学术活动。省档案学会派员参加中国档案学会举办各种学术活动达 27 次，提交论文 21 篇。同时，积极参加省社联开展的相关学术活动。5 年中，省档案学会计有 9 项学术成果获得省社联奖励。

省档案学会第三届理事会期间的学术研究

召开学术研讨会。1992 年，省档案学会举办“档案工作面对新形势如何开创新局面”的专题研讨会，来自全省具有档案专业中级以上职称的 90 多人参与研讨。这次研讨会对于安徽省档案部门在新形势下深化改革、扩大开放，进一步繁荣档案学术研究具有积极作用。1993 年，省档案学会召开档案学会工作研讨会，专门就如何做好学会工作进行深入研讨。1993 年 12 月，召开毛泽东诞辰 100 周年纪念会，就毛泽东的史料观问题进行研讨。1994 年，召开“乡镇企业档案工作研讨会”，就加强乡镇企业档案工作的措施与方法进行探讨。

出版发行学术专著。省档案学会会员严桂夫等编著的《徽州历史档案总目提要》，是安徽“八五”哲学社会科学重点研究项目，于 1995 年 9 月通过省部级鉴定。会员窦晓光参与编者的《中国档案事业史》《档案学概论教学大纲》，经国家教委审定，作为高校教材分别于 1994 年由中国人民大学出版社、1995 年高教出版社出版。

参与其他学术活动。1992 年，经省档案学会评选与推荐，计有 5 项档案学成果获得中国档案学会奖励。其中《论汉唐的史官与档案工作》获二等奖。同年，省档案学会有 3 项成果获省社科联奖励，4 项成果获省科技进步三等奖。

省档案学会第四届理事会期间（1996—2005 年）的学术研究

举办学术报告会。1996 年 4 月至 2005 年 12 月，省档案学会共举办 8 场档案学术报告会。其中，中国科学技术大学孙适教授的“二十一世纪信息技术革命”、中国人民大学副校长冯惠玲的“电子文件及其管理”，国家档案局原局长毛福民的“档案价值与档案工作的社会功能”等报告会，以其高起点、新理论受到会员欢迎。

开展学术研讨活动。省档案学会每年举办 1 ~ 2 次档案学术研讨活动。研讨专题涉及档案资源建设、档案信息化、档案馆公共服务、重点建设项目档案管理、新农村建设档案工作等。在历次研讨中，共印制论文集 9 本，入集论文为 1476 篇，其中 274 篇在国家或省级报刊上发表。

开展档案学优秀成果评奖活动。1997 年，省档案学会制定《安徽省档案学优秀成果评奖办法》。该办法规定档案学优秀成果的评选对象、申报程序、奖励等级和评审方法。截至2005年年底，省档案学会共组织9次评奖活动，计收到申报成果397项，评出优秀成果131项，其中一等奖7项，二等奖24项，三等奖48项，纪念奖52项。

参与其他学术活动。省档案学会分别根据中国档案学会、省科协、省社联的布置，先后7次组织会员参加不同类型的学术研讨会，计报送论文54篇，其中37篇获得不同奖项。

学术交流

1991年9月，安徽省档案局副局长王志铨参加国家档案局赴苏联举办《中华人民共和国档案建设历史》展览。

1991年12月，安徽省档案局副局长王志铨随国家档案局代表团赴缅甸考察档案工作。

1995年10月，安徽省档案局局长濮德祥参加中国档案工作考察团出访荷兰、比利时。

1997年1月、6月，美国马里兰大学历史系教授、校全球华人事务研究中心中国委员会主任张曙光先生到安徽省档案馆参观、访问，并与省档案馆馆长严桂夫洽商徽州历史档案研究事宜。

1997年6月，安徽省档案局局长严桂夫参加国家档案局档案工作考察团出访英国、新加坡。

1997年9月，新加坡国家档案馆副馆长林源福先生到安徽访问，并与安徽省档案馆馆长严桂夫会谈。

1998年6月，由国家档案局和美国马里兰大学倡议、安徽省档案局主办的徽州历史档案与徽州文化国际研讨会在黄山市召开。

1999年12月，安徽省档案馆馆长严桂夫率中国安徽档案代表团赴美国出席徽州历史档案和徽州文化国际研讨会。研讨会由美国国家档案文件管理局、安徽省档案馆和美国马里兰大学共同举办。这是安徽省档案界第一次在国外举办并冠以安徽省地方区域名称的国际文化交流活动。

2000年1月，安徽省档案局副局长崔海燕参加中国档案代表团前往日本访问、考察。

2000年6月，安徽省档案局副局长丁双林参加中国档案代表团前往芬兰、匈牙利进行档案业务考察与交流任务。

2000年11月，安徽省档案局纪检组长金来根随中国档案保护技术考察团赴意大利、奥地利学习考察档案保护技术。

2001年6月，省档案局副局长丁双林率安徽档案代表团出访加拿大和美国，实地考察加拿大渥太华国家档案馆、美国国家档案馆。

2001 年 10 月，美国马里兰州档案局局长爱德华·C·佩本弗斯夫妇访问安徽，并与安徽省档案局局长严桂夫签订中国安徽省档案局与美国马里兰州档案局交流与合作协议。

2004 年 8 月，安徽省档案局副局长崔海燕随中国档案代表团赴奥地利维也纳参加第 15 届国际档案大会，并随团参观考察奥地利和德国档案工作。

2005 年 11 月，安徽省档案局副局长黄玉明随中国档案信息化专业培训团赴澳大利亚参加档案信息化专业培训。

第六章　档案事业管理

1987年9月5日通过的《中华人民共和国档案法》对档案工作原则作出规定：“档案工作实行统一领导，分级管理的原则，维护档案完整与安全，便于社会各方面的利用”。安徽省各级档案行政管理部门主管本行政区域内的档案事业，并对本行政区域内机关、团体、企事业单位和其他组织的档案工作实行监督和指导。

第一节　管理原则与模式改革

管理原则　1987年9月5日，第六届全国人民代表大会常务委员会第22次会议通过的《中华人民共和国档案法》（以下简称《档案法》）确定档案事业管理原则，界定各级档案行政管理部门职责及各机关、团体、企事业单位档案工作职责。该法第五条对档案工作原则作出规定：“档案工作实行统一领导，分级管理的原则，维护档案完整与安全，便于社会各方面的利用”。

该法第六条界定各级档案行政管理部门职责：“国家档案行政管理部门主管全国档案事业，对全国档案事业实行统筹规划，组织协调，统一制度，监督和指导。县级以上地方各级人民政府的档案行政管理部门主管本行政区域内的档案事业，并对本行政区域内机关、团体、企事业单位和其他组织的档案工作实行监督和指导。乡、民族乡、镇人民政府应当指定人员保管本机关的档案，并对所属机关的档案工作实行监督和指导”。

该法第七条界定各机关、团体、企业事业单位档案工作职责：“机关、团体、企业事业单位和其他组织机构或者档案工作人员，负责保管本机关的档案，并对所属机构的档案工作实行监督和指导”。

《档案法》还对档案的管理、档案的利用和公布以及法律责任等做了明确的规定。

1997年11月2日，安徽省第八届人民代表大会常务委员会第34次会议通过的《安徽省档案条例》，根据《档案法》有关规定，重申了档案工作原则，细化了县以上地方各级人民政府档案行政管理部门的职责和各机关、团体、企业事业单位、社会组织档案工作职责。

档案管理模式改革　2004年2月，中共安徽省委对省档案局馆领导班子进行调整。

2004年5月，省档案局馆新班子在省委、省政府领导支持下，在和县开展档案管理模式改革试点。经过一年多的努力，至2005年7月，试点取得成功，建立了与市场经济相适应的档案管理新模式。这一新模式，具有由分散到集约、由封闭到开放、由服务功能单一到“一站式”服务的“三大特征”，实现了档案资源集约化、人员素质现代化、业务建设标准化、管理工作规范化、服务社会优质化的“五化”目标，破除了过去经费国家投入、资源部门分割、难以服务社会的档案管理旧模式，建立起国家档案资源属地集中统一管理、“一站式”服务的新模式，真正实现了档案资源国家所有、社会共享。

2005年11月30日，中共安徽省委、省政府在和县召开全省档案管理模式改革现场会，在全省范围内推广和县经验，部署全省档案管理模式改革工作。会议由省人民政府秘书长张俊主持。和县县委、县政府汇报开展档案管理模式改革试点经验。省档案局局长李学香部署档案管理模式改革工作目标任务和措施要求。国家档案局副局长李明华到会指导，并在讲话中指出：“安徽省委、省政府决定召开由市、县分管领导参加的档案管理模式改革现场会，是贯彻党的十六届五中全会精神，推动档案事业跨越式发展的新举措，为全国档案管理模式改革带了一个好头。安徽推行的档案管理模式改革，是适应市场经济建设需要，以国家档案资源整合为主导，实现档案工作体制改革根本性突破的重大举措，是创新档案管理模式的重大探索。”中共安徽省委常委、秘书长张学平代表省委、省政府讲话，指出：改革档案管理模式，是省委、省政府的一项重要决策，是更好地发挥档案资源决策资政功能和服务社会功能的重要举措。各级党委、政府和有关部门要进一步把思想统一到省委、省政府的部署上来，切实把档案管理模式改革工作提上重要议事日程，把握关键环节，加强组织领导，精心谋划实施，确保档案管理模式改革任务的顺利完成。各市、县党委、政府分管档案工作领导共90多人参加现场会。

2005年12月12日，中共中央政治局候补委员、中央书记处书记、中央办公厅主任王刚对新华社《国内动态清样》刊发的《整合资源 创新体制 强化服务——安徽探索建立国家档案管理利用新模式》一文专门作出重要批示，指出：“整合档案信息资源、创新档案服务机制，是推动档案工作更好地为党和国家工作大局服务的重要举措。安徽省档案部门认真探索建立国家档案管理利用新模式的做法值得肯定。各级档案部门要从实际出发借鉴这些经验，要坚持以科学发展观统领档案工作全局，解放思想，实事求是，与时俱进，科学整合并合理开发档案信息资源，进一步发挥档案工作在全面建设小康社会中的特殊作用”。

2005年12月16日，省人民政府省长王金山主持召开第20次省长办公会议，听取省档案局工作汇报，研究档案管理模式改革等工作，并号召各级各部门学习省档案局这种认真探索和积极创新的精神，要求对全省档案管理模式改革工作进展情况进行督查。

2006年1月12日，中共安徽省委办公厅、安徽省人民政府办公厅印发《安徽省档案管理模式改革实施方案》，明确档案管理模式改革的指导思想、工作目标、主要任务和工作要求，确定用2至3年的时间，在全省范围内建立起“归属明晰、运转协调，门类齐全、结构合理，管理科学、服务高效”的国家档案资源管理利用新模式，实现档案资源集约化、人员素质现代化、业务建设标准化、管理工作规范化、服务社会优质化。

第二节　行政管理

档案馆工作　档案馆是档案事业的主体，是档案行政管理的重点所在。省档案局加强统筹规划和监督指导，实施档案馆升级和目标管理考评、健全档案馆网体系、整合国家档案资源、拓展档案馆功能等措施，推动全省档案馆工作发展。

加强档案馆馆舍建设　1986年1月，省档案局转发国家档案局《档案馆内各类用房面积规定》，指导档案馆用房建设。到1986年年底，全省档案馆库面积为41474平方米，比1985年年底增加7051平方米。据1988年统计，全省国家综合档案馆总建筑面积为44025平方米。“七五”期间（1986—1990年），省财政每年安排专项补助费，促进档案馆库建设。1989年1月，省档案局印发《关于档案馆建馆补助费及重点档案抢救费使用及管理规定的通知》，对县档案馆建馆补助费的申报条件、使用管理作出规定。同年，省档案局组织对庐江、潜山等县档案馆基建情况进行调研，省计委下发《关于补助庐江等五县档案馆建设投资的通知》。自1983—1991年，省计委共安排档案馆建馆补助费136.5万元，补助25个县新建、改造、扩建档案馆面积2.7万平方米。“八五”期间（1991—1995年），全省各级各类档案馆新增库房面积3.1万平方米，国家综合档案馆总建筑面积达10.7万平方米。“九五”期间（1996—2000年），省档案馆实施改造，全省新建国家综合档案馆13个，档案馆总建筑面积达12.7万平方米。2000年，省档案局就宣州市、广德县档案馆拆久未建进行调查。2001年7月，省档案局、省发改委联合印发《安徽省档案事业发展“十五”计划》，要求省会城市档案馆建筑面积不少于10000平方米，其余各市档案馆建筑面积不少于5000平方米，县（市、区）档案馆建筑面积不少于2500平方米，并确定省、市两级设立现代新型国家综合档案馆建设补助资金。同年，省档案局、省发改委联合下发《全省重点国家综合档案馆建设补助资金使用管理办法》，对补助的原则、范围、申报条件、申报办法、地方配套资金的落实以及资金使用情况的督查与检查等，提出明确要求。为保证档案馆建筑的规范性，省档案局要求全省档案馆无论新建、扩建或改建，其设计图纸都必须先报送省档案局审查，符合要求后再施工。2001—2004 年，省档案局先后 3 次组织对省下达的档案馆建设补助资金使用情况进行专项督查。2004 年上半年，省档案局组织对全省国家综合档案馆馆库建设情况进行专题调研。同年 12 月，组织督查组到无为等 7 个县督查新建档案馆工程。2005 年，省人大教科文卫工委开展市、县（市、区）档案馆建设执法调研。“十五”期间（2001—2005 年），省发改委、省财政厅从省统筹、财政自筹资金中每年安排不少于 100 万元用于重点国家综合档案馆建设补助资金，有的市发改委也为所辖县档案馆下达建馆配套资金，全省新建、扩建和改建国家综合档案馆 23 个，至 2005 年年底，全省国家综合档案馆总建筑面积达到 16.5 万平方米。一部分新档案馆的建成，不仅大大改善档案安全保管条件，同时也为当地文化设施建设增添亮点，成为当地文化设施的标志性建筑。

开展档案馆升级和目标管理考评　按照国家档案局《关于在省级和副省级市、计划单列市档案馆开展目标管理考评活动的通知》要求，1997 年开始，省档案馆全体动员，放弃休息日和节假日，开展争创国家一级档案馆活动。1998 年 5 月 9 日，经国家档案局组织评审，省档案馆成功晋升为国家一级档案馆。国家档案局副局长、中央档案馆副馆长郭树银，省政府副省长卢家丰出席国家档案局召开的颁奖大会并讲话。8 月 6 日，省政府发出通报，对省档案馆晋升国家一级档案馆进行嘉奖。

从 1991—2005 年，省档案局组织开展全省档案馆升级和目标管理考评活动。1991 年 3 月，发布《安徽省各级综合档案馆升级评审暂行办法》和《安徽省各级综合档案馆升级评分标准》，正式启动档案馆升级工作。1998 年 4 月，印发《安徽省地、市、县（区）综合档案馆目标管理考评内容及评分细则》，以档案馆目标管理考评取代升级评审。1999 年 4 月，马鞍山市档案馆成为全省首家通过目标管理省一级考评的档案馆。2004 年 12 月，省档案局转发国家档案局办公室《关于在档案馆试行〈全国文明城市测评体系（试行）〉的通知》，档案馆目标管理纳入文明城市测评内容。为加强宣传、推进档案馆目标管理，省档案局创办《安徽省档案馆目标管理升级工作简报》《安徽省县区综合档案馆目标管理工作简报》，不定期编发。至 2005 年年底，全省共有 64 家档案馆通过目标管理考评，晋升为省一级、省二级档案馆。

健全档案馆网体系　1992 年 4 月，省档案局转发国家档案局《全国档案馆设置原则和布局方案》，对各级国家档案馆（含综合档案馆、专门档案馆）、部门档案馆和企业、事业单位档案馆等的设置作出规定。1997 年 11 月《安徽省档案条例》颁布，其中第十一条明确规定：“综合档案馆按县级以上行政区划设置。专门档案馆和部门档案馆的设置由省档案行政管理部门统筹规划，报省人民政府批准。综合档案馆、专门档案馆和部门档案馆收集档案的范围，由省档案行政管理部门会同省有关主管部门制定。企业、事业单位设置档案馆及其收集档案的范围，按国家和省有关规定执行。”

为适应农业和农村档案工作深入发展的需要，2000 年 1 月 12 日，安徽省第一家乡镇综合档案馆——淮南市毛集镇档案馆正式成立。省档案局局长严桂夫，中共淮南市委常委、秘书长殷光临，淮南市人民政府副市长谢广祥为毛集镇档案馆揭牌。为服务“两山一湖”的开发开放，2002 年 12 月，省机构编制委员会办公室批复同意组建黄山风景区档案馆、九华山风景区档案馆；2003 年 6 月，省档案局批复同意黄山风景区档案馆、九华山风景区档案馆工作职责设置。至 2005 年年底，全省共有各级国家档案馆 124 个，档案馆网体系进一步健全。

整合国家档案资源　1986 年 2 月，省档案局印发《关于进一步收集革命历史档案的通知》，部署做好革命历史档案收集工作。1991 年 6 月，印发《关于进一步做好历史档案、资料征集工作的通知》，确定对散失在机关、单位和民间的历史档案资料征集的范围、原则和方法。1992 年 6 月，印发《关于收集珍贵声像档案的通知》，将省直主要机关形成的珍贵声像档案复制和提前接收进省档案馆。1997 年 10 月，省委办公厅、省政府办公厅印发《关于收集党和国家领导人在安徽公务活动中形成的档案资料的通知》，部署将中华人民共和国成立以来党和国家领导人在安徽省各地公务活动中形成的文字材料（包括题词手迹原件）、照片（包括底片）、录音、录像等移送进省档案馆。2004 年 5 月，省档案局决定在和县开展国家档案资源整合试点。经过一年多的努力，至 2005 年 7 月，和县档案馆接收城建、房产、地籍、公证、纪检案件、计划生育、婚姻登记、企业退休职工、知青档案等 20 多类专业（专门）档案进馆，馆藏档案资料达 19 万多卷（册），试点取得成功，建立了与市场经济相适应的档案管理新模式。2005 年 11 月 30 日，省委、省政府在和县召开由各市、县分管领导参加的全省档案管理模式改革现场会，在全省范围内全面推进档案管理模式改革工作。至 2005 年年底，全省国家档案馆馆藏档案资料达 694 万卷（件）。

拓展档案馆功能　1997 年，省档案馆开辟面积近 300 平方米的档案珍品展览，通过不同历史时期形成的大量珍贵档案，展示安徽省的历史发展轨迹，反映安徽人民不畏艰苦、走向未来的开拓创新精神。12 月，省档案馆被省精神文明建设指导委员会命名为安徽省爱国主义教育基地。2002 年 7 月，省档案馆现行文件资料利用服务中心挂牌成立。2003 年、2004 年、2005 年，省档案局分别开展全省各级档案馆爱国主义教育基地建设、已公开现行文件利用工作、发挥社会服务功能情况调研，推进档案馆功能拓展与转型发展。2004 年 6 月，印发《关于充分发挥档案馆爱国主义教育基地在加强和改进未成年人思想道德建设工作中的作用的意见》，要求全省各级档案部门进一步增强责任意识和机遇意识，大力加强基地建设和资源建设，认真实施展播工程和开放工程，努力把档案馆爱国主义教育基地建设成为加强和改进未成年人思想道德建设的特殊课堂。2005 年 10 月，省档案馆在全国省级档案馆中率先挂牌成立安徽省电子文件中心，省委常委、秘书长张学平，省政府秘书长张俊为中心揭牌。大多数市、县（市、区）档案馆按照“四位一体”功能要求，在加强档案保管基地建设的同时，加强爱国主义教育基地、档案信息利用服务中心和现行文件利用服务中心建设。绩溪县借助优越的文化积淀，积极开展名人档案征集工作，建成面积达800多平方米的名人档案馆，2001年9月开始对外展出151个本县重点名人的档案资料，参观人员络绎不绝，社会反响很好。至2005年年底，全省共有54家档案馆被命名为爱国主义教育基地，77家档案馆开展已公开现行文件利用服务工作，32家档案馆被确定为当地政府信息公开场所。

夯实档案馆基础业务　1986年1月，省档案局转发国家档案局《档案馆温、湿度管理暂行规定》，要求做好库房温、湿度控制。2月，对巢湖地区档案馆全宗划分和档号编制方案提出指导性意见。1987年3月，印发《关于编写档案馆指南的通知》，规范各地档案馆指南编制工作。1988年6月，在安庆召开全省开放档案工作业务研讨会，讨论通过《档案馆开放档案工作几个问题的意见》，对开放档案的指导思想、时间期限、确定开放和控制使用档案的范围、审阅案卷和处理控制案卷标记、编制开放档案检索工具、档案史料编研、档案保护等提出明确要求，并正式印发实施。1990年4月，省档案局、省国家保密局转发《档案工作中国家秘密及其密级具体范围的规定》（国档发〔1990〕1号），5月，省档案局专门发出《关于贯彻国档发〔1990〕1号文件的通知》，调整充实局保密小组成员，要求按照国家保密范围规定，做好确定密级工作。1990年8月，省档案局印发《安徽省各级综合档案馆建设规范（试行）》，从档案馆的体制、机构、经费、人员，建筑、设备与档案保护，档案收集与管理，档案资源开发利用，档案馆制度建设等方面提出要求，全面指导档案馆工作。1991年11月，转发国家档案局《各级国家档案馆馆藏档案解密和划分控制使用范围的暂行规定》，对馆藏档案解密与划控工作提出明确要求。1994年7月，省档案局批复芜湖市档案馆全宗划分和档号编定方案。1998年8月，对宿州市档案馆档案接收工作作出批复。1999年2月，对当涂县档案馆案卷排列与编号工作作出批复。6月，印发《安徽省档案馆接收省直机关档案进馆暂行规定》，对省直单位档案移交、接收进馆工作提出具体要求。2000年4月，省档案局组成两个调研组，对阜阳、巢湖市县以上综合档案馆工作进行调研。2001年4月、6月，省档案局分别致函黄山市、亳州市人民政府，要求依法确保黄山市档案馆、涡阳县档案馆馆藏档案安全。2002年5月，省档案局局长严桂夫赴池州专题调研九华山档案馆建设和佛教档案管理。2003年8月，省档案局印发《安徽省档案馆火灾应急处置预案》，加强应急管理。2004年12月，对太和县土地档案进馆问题进行批复，要求太和县档案馆依法将30个乡镇的27万余卷土地档案接收进馆，确保土地档案的完整与安全。2005年7月，转发《国家档案局中央档案馆关于加强档案信息资源开发利用工作的意见》，对加强档案信息资源开发利用工作作出专门部署。

机关（团体）档案工作　1986—2005年，全省机关档案工作持续健康发展。

促进省直机关档案工作业务开展　调研、召开会议推进机关档案工作。1986年5月，省档案局组织开展机关档案工作调查。在此基础上，于1986年9月召开省直机关档案工作会议。省政府秘书长赵怀寿出席会议并讲话，要求档案工作要适应新形势发展需要，进一步加强档案干部队伍建设，各级领导都要关心、支持档案工作。10月，印发《关于省直二级机构档案工作情况的通报》，要求各主管厅局充分发挥对二级机构档案工作的指导、监督和检查作用，省直二级机构都要做好向省档案馆移交档案的准备工作。经过试点，到1986年年底，省档案馆接收8个省直二级机构1921卷档案进馆。1990年2月，省档案局再次召开省直机关档案工作会议，局长田荣耕作工作报告，要求增强法制观念，坚持依法治档，努力提高省直机关档案工作水平。1993年2月，第三次召开省直机关档案工作会议，省档案局局长濮德祥讲话，要求加快档案工作改革步伐，深入学习《档案法》，推进机关档案管理升级和档案室建设，做好机关文件材料立卷归档工作，加强对省直所属单位和所属系统档案工作的监督和指导，做好档案信息资源开发利用工作，加强省直机关档案干部队伍建设。开展协作活动。1989年7月，印发《安徽省省直机关档案工作协作组章程》，省直机关档案工作协作组正式组建，共组建13个协作组。1999年5月，对章程进行修订，重新制定《安徽省省直机关档案工作协作组规则》。2001年1月，对协作组进行调整、充实，所有省直机关都加入协作组。此后，协作组又吸收部分省直机关二级机构成员。协作组通过开展档案业务学习、交流和研讨等活动，有力推进省直机关档案工作发展，成为省直机关档案工作相互联系的平台，成为省档案局与省直机关联系的桥梁。开展档案年检和执法检查。1988年8—9月，省档案局组织对119个厅局级单位贯彻实施《档案法》情况进行检查。1990年10月，开始在省直机关试行“档案工作监督通知书”制度。1992年10月，省档案局组织7个档案执法检查小组，对127个省直单位实施《档案法》和《安徽省档案管理办法》的情况进行检查。《安徽政办通报》刊文，报道省档案局开展省直机关档案执法检查情况。1998年4月，省档案局印发《关于在省直机关实行档案工作年检制度的通知》，开始在省直机关全面实行档案工作每年定期检查制度。2000年8月、2001年7月，印发《安徽省省直机关档案工作年检暂行办法》《安徽省省直机关档案工作年检办法》，年检办法和标准不断完善。2002年9月，印发《关于调整档案工作年检方式的通知》，自当年起年检由普检改为抽检，并适当扩大对省直单位二级机构抽检的比例。开展评比表彰。2002年1月，印发《关于在省直单位开展年度档案工作评先活动的通知》，当年评比表彰先进协作组3个，先进单位34个，先进工作者74名。此后，每年均评选出省直机关年度档案工作先进协作组、先进单位和先进工作者，并由省档案局通报表彰。

开展机关档案工作业务指导　1987年9月，省档案局转发省纪检委、省委组织部《关于对党员干部执行纪律处分材料归档问题的通知》，对党员干部执行纪律处分材料归档问题作出规定。1987年10月至1988年3月，省公安厅、省档案局部署完成各级保卫组织档案材料清理、立卷、归档和保存工作。1989年1月，省档案局、省委组织部制发《关于在职改和晋升专业技术职务工作中形成文件材料的管理意见》，就在职改和晋升专业技术职务工作中形成文件材料的管理提出意见。1990年11月，省清理整顿公司领导小组、省档案局等发出《关于做好清理整顿公司中形成文件材料的立卷归档工作的通知》，要求做好清理整顿公司中形成文件材料的立卷归档工作。1991年7月，省档案局、省方志办印发《关于认真做好编修地方志工作中形成的档案材料管理工作的通知》，就编修地方志工作中形成的档案材料的收集归档范围、分类和立卷、归档要求等作出规定。8月，省档案局、省委组织部、省委党史工作委员会联合发文《关于认真做好组织史资料管理和整理归档工作的通知》，对建立健全组织史文件、资料集中管理制度、做好组织史资料立卷归档和移交、善后工作提出明确要求；1994年5月，又联合发出通知，推广黄山区组织史资料工作档案整理移交的经验和做法。1992年2月，省委办公厅、省政府办公厅印发《关于做好撤区并乡档案管理工作的通知》，部署做好撤区并乡档案管理工作。1994年2月，省委办公厅、省政府办公厅转发《省档案局关于认真做好机构改革中档案工作的几点意见的报告》，7月，省档案局印发《关于省直机关机构改革变动单位档案管理的实施意见》，部署做好全省和省直机关机构改革中撤销单位、升格和分设单位、合并单位、改制单位的档案工作。1998年8月，省档案局专门向沿江四市、一地区档案局下发通知，要求做好长江防汛抗洪斗争中档案资料收集工作。1999年6月，省档案局制定出台《安徽省各级政协提案档案管理办法（试行）》。2000年3月，省委办公厅、省政府办公厅转发《省档案局关于在机构改革中加强档案管理的意见》，要求在新一轮机构改革中加强档案管理，依法、规范做好档案处置工作，确保党和国家档案资源安全。同时，省档案局派员深入21家撤销和变动的省直单位，现场指导文件材料的清理、收集和规范整理、归档工作。10月，省档案局又专门印发《关于加强乡、镇党政机构改革中档案工作意见的通知》，就加强乡、镇党政机构改革中的档案管理作出部署。2001年2月，省经贸委、省档案局发出通知，部署要求原工商厅局档案全部移交省档案馆。12月，省人大教科文卫工委到省档案局检查安徽省机构改革中档案处置工作。同年2月，省档案局分别就妥善处理"三讲"教育中形成的文件材料问题、认真做好党政领导干部个人保存的公务文件材料收集和管理工作作出规定。5月，全国档案工作为党的建设服务座谈会在北京召开，省档案局、省纪委党风廉政室以《建好党风廉政档案，为党风廉政建设服务》为题作会议交流发言。

6月，省档案局、省纪委组织赴宿州、蚌埠，深入有关市直、县直单位调研党风廉政档案工作。8月，省委副秘书长方一本主持召开档案工作为党的建设服务工作会商会，研究、协调推进安徽省档案工作为党的建设服务工作。9月，省档案局印发《全国档案工作为党的建设服务座谈会的基本精神及安徽省的贯彻意见》，并与省纪委、省委组织部、省委宣传部联合派员对天津市档案工作为党的建设服务工作进行考察学习。2002年1月，省纪委、省委组织部、省监察厅、省档案局联合印发《安徽省党风廉政档案管理暂行办法》。2月，省计委、省粮食厅、省档案局就抓紧做好全国粮食清仓查库文件材料归档工作作出专门部署。2003年5月，省非典防治工作总指挥部办公室、省档案局发文要求做好防治非典型肺炎工作文件材料的收集归档工作。2005年3月，省档案局就做好保持共产党员先进性教育活动文件材料收集归档工作作出部署，并于6月份制发《保持共产党员先进性教育活动文件材料归档范围》，指导工作开展。9月，省卫生厅、省档案局联合印发《安徽省卫生监督档案管理办法》。此外，省档案局还分别与省土地局、省城乡建设环境保护厅、省水利厅、省公安厅、省文化厅等部门和单位就开展土地管理、环境保护、人口普查、水利、公安、艺术等档案工作作出规定。

推动机关文书立卷改革　1989年1月，省档案局编印《文书立卷程序》，举办文书立卷学习班。3—4月，在省粮油食品局开展文书立卷改革试点。9月，总结并推广试点工作经验，以“一事一卷”方法取代传统的组卷方法。到1989年年底，省直146个单位中已有112个文书立卷改革经过检查验收，领取合格证。2000年10月，召开省直机关文书立卷改革工作研讨会，讨论安徽省文书立卷改革实施方案，组织赴深圳、湖南学习文书立卷改革工作先进经验。2001年4月，正式实施《归档文件整理规则》，省直机关自2001年起、市县（区）乡镇机关自2002年起，在其职能活动中形成的、办理完毕、应作为文书档案保存的各种纸质文件材料，根据新规则按“件”整理。同年，省档案局组织编写《归档文件整理规则讲义》，供广大档案人员学习、培训使用。另外，省档案局还自1986年12月开始积极推行文书部门（或业务部门）立卷制度，1989年6月颁发《安徽省省、地、市、县机关文书档案保管期限表》，2004年8月至9月调查省直单位电子公文归档管理情况，指导机关档案工作开展。

施行机关档案工作目标管理考评　1988年11月，省档案局印发《安徽省直属机关档案工作升级实施细则（试行）》，在省直机关开展档案工作升级活动。1990年3月，制定《安徽省机关档案管理升级试行办法》和《安徽省机关档案管理升级评分标准》，正式在全省范围内开展机关档案管理升级活动。9月，在滁州召开全省机关、企业档案管理升级工作座谈会，就机关档案管理升级工作作出安排。1993年4月，根据国家档案局、最高人民法院部署要求，全省各级人民法院开始参加本省机关档案管理升级活动。1994年2月、10月，省档案局分别与省土地局、省武警总队联合发出通知，开展全省土地管理系统、武警支队级机关档案管理升级工作。1996 年 9 月，省工商局、省档案局联合下发通知，部署开展全省工商行政管理系统档案管理升级工作。至 1997 年年底，省检察院率先完成全系统 122 个检察院的档案管理升级工作，省档案局发出通报予以表扬。省委宣传部狠抓宣传口省直单位档案工作目标管理，至 1998 年年底，创下宣传口 15 个单位档案工作升级达标“一片红”的佳绩，省委宣传部、省档案局联合下发表彰决定。1999 年 5 月，省档案局出台《安徽省机关档案工作目标管理考评办法》和《安徽省机关档案工作目标管理考评内容和评分标准》，以机关档案工作目标管理考评取代档案管理升级评审，当年即有芜湖市地税局、安庆市迎江区法院、来安县工商局、明光市工商局等 4 家机关档案工作目标管理晋升省特级，260 家机关档案工作目标管理晋升省一级。据不完全统计，仅在 1999 至 2005 年，全省就有 3673 家机关档案管理晋升省二级以上等级。

科技、企事业单位档案工作　随着改革开放和经济建设的加速推进，安徽省科技档案工作得到迅猛发展。

规范科技档案管理　1985 年年底至 1986 年 4 月，省科委、省档案局对全省科研项目档案材料归档和管理情况进行检查，抽查 9 个地市、100 多个科研院所、大学和厂矿企业的 160 项重大科研项目档案材料，评出先进集体和先进个人 23 个（名）。1986 年 11 月，省政府办公厅转发省科委、省档案局《关于全省科研项目档案管理检查情况和今后意见的报告》，省科委、省档案局联合印发《安徽省科学技术研究档案管理办法（试行）》，对科研档案工作管理体制和科研档案人员职责，科研文件材料的形成、积累和归档，科研档案的整理、保管和鉴定，科研档案的开发利用等作出规定。同月，省科委、省档案局组织对首次授省级科技进步奖项目档案材料检查验收。12 月，全国科技档案工作会议在北京召开，芜湖市市长赵衡遽在会上作题为《政府既要重视发挥科技档案的现实作用，又要积极为科技档案事业提供良好的服务》的发言。1987 年 5 月，省经委、省计委、省科委、省档案局联合召开全省科技档案工作会议。省档案局局长黄秀成作工作报告，省委常委、副省长孟富林讲话，要求提高全社会对科技档案工作的认识，强化档案事业管理机构，加强对科技档案工作的领导。会议为全省 155 个先进集体和 119 名先进个人颁发奖状、证书。7 月，又联合印发《关于加强我省科技档案工作的意见》，要求积极进行科技档案工作的改革，把提高经济效益放在首位，抓好各类科技档案工作，提高科技档案干部队伍的素质，加强对科技档案工作的指导。同年，省档案局编印《安徽省科技档案利用效益选编》（第二集）、《安徽省科技档案工作经验材料选编》。1988 年，省编委批复成立安徽省科学技术研究成果档案馆；1989 年 7 月，省科委、省档案局印发《安徽省科学技术研究成果档案馆主要职责和具体任务》等三个文件，明确规定省科学技术研究成果档案馆的职责、任务和收集档案范围。1990 年 8 月，省档案局发出通知，要求加强档案管理，为沿江地区经济开发开放服务。10 月，省科委、省档案局、省国家保密局联合表彰全省科技保密、科研档案工作先进单位 41 个，先进工作者 64 人。1993 年 6 月，省档案局、省计委、省对外经济贸易委员会就加强境外投资、承包工程、设计咨询、科技合作和劳务合作项目档案工作作出规定。9 月，省经委、省档案局发出通知，对认真做好“853”工程档案工作提出要求。1997 年 8 月，省教委、省档案局印发《安徽省高校档案工作检查评比标准》。2005 年 8 月，省档案局、省教育厅联合对省属高等院校贯彻执行档案法律法规情况进行检查，分南、北两片抽查 14 所高校。省档案局还对规范和加强开发区档案管理、清产核资档案管理工作、第三次全国工业普查档案资料工作等作出规定。

引导企业档案工作　1986 年 6 月，省经委、省档案局转发国家经委、国家档案局《关于做好技术改造和技术引进中档案资料工作的通知》，要求建立健全企业档案资料管理制度，坚持集中统一管理原则，逐步做到档案资料管理现代化与企业管理现代化同步进行。10 月，省国防科工办、省档案局印发《关于省属三线厂调整中档案交接问题的通知》，对省属三线厂科技、文书、财会、统计等档案移交进省档案馆提出要求。同年，省档案局、省工业普查领导小组办公室组织全省大中型工业档案工作普查。1991 年 8 月，省档案局转发国家档案局《工业企业档案分类试行规则》，加强企业档案业务管理，促进企业档案工作的整体建设。同年，编辑《安徽省企业档案利用效益选编》，引导企业增强档案意识，开发利用档案信息资源，以用促建。为指导企业档案工作制度建设，1994 年 7 月转发《马鞍山钢铁股份有限公司档案管理办法》。1994 年 9 月，省档案局、省工商银行在来安召开现场会，部署推进全省工商银行系统档案工作。1995 年 3 月，省对外经济贸易委员会、省经济贸易委员会、省档案局联合转发对外贸易经济合作部、国家经济贸易委员会、国家档案局《关于印发〈外商投资企业档案管理暂行规定〉的通知》，加强外商投资企业档案管理。1996 年 2 月，省档案局、省经贸委联合召开省直有关主管部门分管档案工作的负责人会议，要求加强协调，通力合作，深化企业档案工作改革，加强档案执法监督，实行企业档案目标管理，抓好企业改制、改造、改组中的档案管理。1997 年 1 月，省档案局印发《关于如何处理破产企业档案的紧急通知》，对破产企业档案的处置提出 5 条指导性意见。1997 年 4 月，省档案局、省经贸委在马鞍山召开全省企业档案工作座谈会，省档案局局长严桂夫讲话，要求立足实际，加大力度，全面加强企业档案工作，为企业“三改一加强”服务。9 月，省档案局、省经济体制改革委员会、省经贸委印发《关于企业改革中档案处置的意见》，对安徽省国有企业及其他所有制企业改制过程中档案的归属和流向提出具体处置办法。该文件的制发，社会反响热烈，安徽广播电台等新闻媒体对此作报道，各地、市相继转发并结合实际提出贯彻意见。中共十五届四中全会通过的《中共中央关于国有企业改革和发展若干重大问题的决定》发布之后，1999 年 10 月，省档案局制发《关于认真贯彻党的十五届四中全会和省委六届九次全会精神加强国有企业档案工作的意见》，提出新形势下国有企业档案工作的方针、目标和任务。同年，省档案局与省经贸委组成联合调查组，对安庆、铜陵、芜湖、马鞍山和蚌埠等地 12 家国有企业档案工作展开深入调查，对档案工作为国有企业改革和发展服务进行积极探索。2000 年 6 月，省档案局在全国企业档案工作座谈会上作题为《做好企业档案工作，为企业改革和发展服务》的典型经验介绍。2002 年 5 月，省委企业工委、省档案局印发《关于省档案局与省属企业建立档案业务指导关系有关问题的通知》，省档案局依法建立与省属企业的档案业务指导关系，负责对省属企业的档案工作进行监督、指导。2003 年 4 月，省属企业档案工作协作组成立，26 家省属重点企业全部加入协作组。2004 年 10 月，省档案局、省国资委联合印发《关于进一步加强省属企业档案工作的意见》，要求坚持企业档案工作集中统一管理的原则，创新企业档案工作管理体制和管理模式，加强企业档案资源建设，推进企业档案信息化建设，提高企业档案工作服务质量和水平，培养、造就热爱档案工作、适应现代企业档案工作需要的企业档案人员队伍。10— 12 月，省档案局、省国资委组织对省属企业档案工作进行检查。2005 年 6 月，省档案局转发国家档案局《关于加强企业档案信息化建设的意见》，促进企业档案信息化建设健康发展。省档案局还加强调研、指导和检查，积极引导和推进非国有企业档案工作。

通过组织开展档案管理升级和目标管理认定活动，企业、事业单位档案工作得到极大加强，取得显著成效。开展企业档案管理升级和目标管理认定。1987 年 12 月，省档案局转发国家档案局《企业档案管理升级试行办法》，印发《安徽省企业档案管理升级实施细则（试行）》和《安徽省企业档案管理升级评分标准（试行）》，同时在中国化学工程总公司第三建设公司开展企业档案管理升级试点，安徽省企业档案管理升级全面启动。1988 年 10 月，印发《关于做好企业档案管理升级工作的通知》，要求各级企业主管部门和所有企业必须把企业档案管理升级纳入企业管理基础工作考核范围，在考核企业管理基础工作时请有关档案部门参加。至 1988 年年底，全省有 6 家企业档案管理升级，其中国家二级 3 家，省级 3 家。1988 年、1989 年，省档案局先后举办第一次、第二次全省企业档案管理升级工作研讨班，研究推进全省企业档案管理升级工作。1989 年 4—11 月，省档案局分别与省国防科工办、省电力局、省劳改局、省电子工业局联合印发通知，对军工企业、电力企业、劳改劳教系统企业、电子工业企业开展档案管理升级工作提出要求。7 月，省企业管理指导委员会、省经委、省档案局联合印发《关于开展企业档案管理升级工作几个问题的通知》，正式将企业档案管理升级列为企业升级考核的重要内容。1990 年 3 月，省档案局修订《安徽省企业档案管理升级评分标准》，改进考评记录办法。随着改革的推进，1991 年 10 月，企业档案管理升级考评工作暂停。企业档案管理升级活动开展以来，全省共有 725 家企业档案管理升级。1996 年 12 月，省档案局、省经贸委、省建设厅、省科委制定《安徽省实施企业档案工作目标管理办法细则》，开始组织开展企业档案工作目标管理活动。12 月 27 日，马钢总公司（股份公司）通过企业档案工作目标管理国家一级认定，成为安徽省首家获此殊荣的企业，国家档案局副局长刘国能、冶金部副部长王万宾、省政府副省长张平致电祝贺。1997 年 4 月，省档案局召开企业档案工作目标管理省级评审员研讨会，研究规范和推进企业档案工作目标管理。自 1996—2002 年，全省共有 487 家企业档案工作目标管理达标晋级，其中安徽省电力局所属单位全部通过档案工作目标管理认定，省档案局专门发出通报予以表扬。开展事业单位档案管理升级。1992 年 1 月，省档案局、省科委、省建设厅制定《安徽省实施〈科学技术事业单位档案管理升级办法〉细则》，组织开展科学技术事业单位档案管理升级活动。7 月，省驷马山引江工程管理处通过考评，成为安徽省首家科学技术事业单位档案管理国家二级先进。1996 年 2 月，省档案局、省建设厅、省科委联合召开省直有关主管部门开展科技事业单位档案目标管理座谈会，要求全面部署，抓好典型，树立样板，加速推进科学技术事业单位档案管理升级工作。2001 年 4 月，省档案局分别与省气象局、省建设厅联合印发《关于气象部门开展档案工作目标管理活动的通知》《关于进一步加强勘察设计单位档案工作目标管理的通知》，部署推进全省气象部门、勘察设计单位档案工作目标管理。自 1996—2002 年，全省共有 183 家事业单位档案工作目标管理达标晋级。档案管理升级和目标管理认定强化各级主管部门、企事业单位领导及工程技术人员、科研人员的档案意识，促进企事业单位档案工作综合整体管理体制的建立和健全，文件材料形成、积累和归档“三纳入”落到实处，归档率、完整率、准确率明显提高，档案库房、设备设施得到改善，人员素质得到提高，档案分类、整理、提供利用等业务建设得到加强，发挥明显的经济效益。2003 年 1 月，省档案局转发《国家档案局关于印发国务院决定取消的第一批行政审批项目中国家档案局有关项目的通知》，相应取消企业档案工作目标管理、科技事业单位档案管理升级，改变管理手段，进一步依法加强宏观管理职能。

专业（专门）档案工作　专业（专门）档案是国家档案资源的重要组成部分。在省档案局组织协调和监督指导下，安徽省城市建设、会计和其他许多领域专业（专门）档案工作逐步规范。

城市建设档案工作　1986 年 6 月，省城乡建设环境保护厅、省档案局印发《城建档案馆工作检查评比办法》，部署开展全省各市城建档案馆工作检查评比活动。11 月，在合肥联合召开全省城建档案工作评比总结暨省城建档案学术委员会成立大会，评出芜湖、合肥、马鞍山、淮南 4 个城建档案馆为先进单位。1987 年 12 月，联合转发建设部、国家档案局《城市建设档案管理暂行规定》，明确要求各市建立起以市城建档案馆为中心、以各城市建设单位档案室为基础的城建档案管理网络。1988 年，联合对各市贯彻执行《城市建设档案管理暂行规定》情况进行全面检查。截至 1989 年 8 月，8 个省辖市都建立城建档案馆，共有编制 76 名，馆库面积 1.2 万平方米；宣州、池州、六安、阜阳、亳州地区建立城建档案室，城建档案工作走上规范有序发展的轨道。1991 年 10 月，省城乡建设环境保护厅、省档案局对淮北、阜阳、六安、淮南等市城建档案工作机构设置、人员配备、收取竣工图保证金和城建档案收集、管理等情况进行重点抽查。1993 年 2 月，省建设厅、省档案局印发《安徽省城建档案管理试行办法》，对城建档案工作管理体制、城建档案馆（室）接收档案的范围、竣工图的编制和竣工档案的报送、城建档案的管理等作出详细规定。在试行的基础上，1994 年 6 月，省政府颁布实施《安徽省城市建设档案管理办法》。同年，省建设厅、省档案局印发关于该办法的实施意见，并组织对各市和部分县贯彻执行该办法和实施意见的情况进行检查。1996 年 12 月，合肥市城建档案馆、马鞍山市城建档案馆晋升国家二级。1997 年 4 月，省建设厅、省档案局组织对 9 个地、市及其所属的 9 个县（市）城建档案工作执法检查。8 月，省档案局转发国家档案局《城市建设档案归属与流向暂行办法》，对城市建设档案归属与流向、城市建设档案报送与接收予以规范。2001 年 5 月、2002 年 5 月，省档案局分别下发意见、通知，要求在机构改革中加强城建档案工作，适应相关法规的调整继续做好城市建设档案工作。2005 年 4 月，省建设厅、省档案局对芜湖市城建档案馆等 22 个“全省城建档案工作先进集体”和铜陵市城建档案馆丁耀德等 45 名“全省城建档案工作先进工作者”进行通报表彰。

会计档案工作　1986 年 3 月，省财政厅、省档案局开始在宿县、滁县进行清理会计档案工作试点。9 月，在合肥召开省直机关会计档案清理工作会议，对省直机关清理会计档案工作作具体部署。10 月，在砀山召开全省会计档案工作会议，会议明确要求各地、市、县直属单位在年底以前完成 1966 年以前的积存会计档案的清理鉴定和 1967 年以后的会计档案的整理归档工作。1987 年，组织省直机关清理会计档案工作检查评比，召开总结表彰会议，表彰先进集体 22 个，先进个人 2 人。通过清理会计档案工作，完成安徽省中华人民共和国成立以来近 40 年的会计档案清理工作，实现会计档案集中统一管理，会计档案工作纳入整个档案管理体系。1986 年 11 月，省财政厅、省建设银行、省档案局联合制定出台《安徽省会计档案管理实施办法》（以下简称《办法》）。《办法》分总则、会计档案的性质和归档范围、会计档案的分类和整理、会计档案的排列与编号、会计档案的保管和利用、会计档案的鉴定和销毁、附则 7 章，计 31 条。《办法》的颁布实施，对规范和加强全省会计档案管理，使档案工作更好地为发展社会主义市场经济服务具有重要意义。为适应改革开放和现代化建设的发展，1999 年省财政厅、省档案局又重新制发《安徽省会计档案管理办法实施细则》，对会计档案的归档范围、整理立卷、案卷的排列与编号、保管利用、鉴定销毁等作出明确规定。

地名、病历、卫生监督、声像等专业（专门）档案工作　1986年4月，省地名委员会在蚌埠召开全省地名档案工作会议，传达全国地名档案工作座谈会精神，组织参观蚌埠市、滁州市地名办的档案工作，部署开展全省地名建档工作；7月，省地名委员会、省档案局颁发《安徽省地名档案管理实施细则》（以下简称《细则》），内容包括地名档案的分类与归档范围、地名档案的保密与利用、地名档案的管理等方面，该《细则》的颁布实施，对加强全省地名档案的统一管理，保持地名工作的历史面貌，更好地发挥地名档案在党和国家内政、外交、国防、经济、文教、新闻等方面的作用具有重要意义；2001年，省民政厅、省档案局转发民政部、国家档案局《地名档案管理办法》，推进地名档案管理法制化、规范化。1999年，省档案局、省卫生厅印发《关于加强医院病历档案工作的通知》，就加强医院病历档案工作作出部署，并在合肥市组织开展病历档案工作试点，合肥市档案局、卫生局确定市第三、第四人民医院为试点单位，先后制订《合肥市病历档案管理试行办法》和《病案管理分类、编号方案》《病案归档制度》《病案鉴定销毁制度》《病案案卷质量一般要求》等一系列病案管理工作制度。2000年6月，省档案局、省卫生厅在全省推广试点经验。2005年9月，省档案局、省卫生厅联合印发《安徽省卫生监督档案管理办法》，并制定卫生行政处罚档案整理规范。1987年4月，省档案局转发《安徽省对外经济贸易委员会关于做好声像档案收集工作的通知》，对声像档案收集范围、收集的时限和方法、整理与编目提出要求；1991年2月，印发《安徽省声像档案管理暂行办法》，该办法分总则、声像档案的收集范围和要求、声像档案的整理、声像档案的管理、声像档案的移交、声像档案的利用、附则7章，计26条。该办法的颁布实施，对加强全省声像档案的管理，利用声像档案信息资源更好地为社会主义现代化建设服务具有重要意义。省档案局先后会同省司法厅、省审计局、省工商局、省土地局、省民政厅等部门，加强公证、审计、诉讼、商标、地质、水文、土地管理、律师业务、干部人事、收养登记、民间组织登记、人口普查、技术监督、企业职工、个体工商户、纪检监察机关案件、广播电视宣传等档案的管理工作，做到有章可循、有规可依。

农业和农村档案工作　随着农业的发展和农村改革的推进，安徽省农业和农村档案工作顺势而上，不断拓展领域、发挥服务作用。

建立健全农业和农村档案工作组织领导体系。1997年7月，省档案局、省农业厅、省乡镇企业局联合发出《关于进一步加强农业档案工作的通知》，明确要求各级农业主管部门要提高档案意识，切实加强对农业档案工作的领导、把档案工作纳入单位管理工作，列入领导议事日程、关心、支持档案工作，充实、稳定档案干部队伍，保证开展档案工作必须的经费，改善档案工作条件，建立、完善档案工作规范和制度。为贯彻落实党的十五大、全国农业和农村档案工作会议精神，安徽省建立全省农业和农村档案工作联席会议制度，根据工作进程和工作内容，不定期由省委、省政府分管领导召集召开联席会议，省档案局和省直各涉农部门、单位领导参加，统一部署和协调落实全省农业和农村档案工作。

1998 年 1 月，省委副秘书长赵培根主持召开第一次联席会议，省政府秘书长骆惠宁讲话，会议传达全国农业和农村档案工作会议精神，研究安徽省农业和农村档案工作试点方案和调查提纲。5 月，经省农业和农村档案工作联席会议批准，省级乡镇村档案工作、农业科技档案工作、乡镇企业档案工作和县乡村农业科技档案信息工作网络四种类型的试点同时在淮北地区、江淮之间、大别山区和皖南山区四个区域 15 个单位展开；各市、地、县在协助抓好省级试点的同时，还确定各自的试点，其中市地级试点单位 7 个、县级试点单位 134 个。庐江县作为全省农业和农村档案工作试点重点县，具体承担四种类型的试点，均获成功。同月，省档案局在宿松召开全省农业和农村档案工作研讨会，研究推进试点工作。7 月，省政府副秘书长王坦主持召开第二次联席会议并讲话，要求精心组织，抓好农业和农村档案工作试点。至 10 月底，全省 156 个单位试点工作基本结束。11 月，省档案局、省农业厅、省乡镇企业局在庐江联合召开全省农业和农村档案工作试点座谈会，肯定试点工作的成绩，总结试点经验，开始全面推进农业和农村档案工作。1999 年 3 月，省档案局在宣城、淮南分别召开南、北片农业和农村档案工作会议，就进一步推广试点经验、全面推进农业和农村档案工作作出部署。8 月，省委副秘书长赵培根主持召开第三次联席会议，副省长卢家丰作讲话，要求各级党委和政府切实加强对农业和农村档案工作的领导，联席会议各成员单位要加强协作和配合，共同推进全省农业和农村档案工作有效开展。2000 年 3 月，省档案局印发《关于做好 2000 年农业和农村档案工作意见的通知》，要求各地加大工作力度，拓展工作领域，加强检查，完成预定目标任务。为加强宣传，省档案局创办《安徽省农业和农村档案工作简报》，定期编发。为指导各地开展农业和农村档案工作，收集汇总相关管理办法、业务规范和全国典型经验材料，编印第一辑、第二辑《农业和农村档案工作资料选编》。为促进革命老区做好农业和农村档案工作，省档案局组织青年志愿者赴岳西县协助开展乡镇村建档工作。安徽省农业和农村档案工作的经验、做法和成效，得到国家档案局的关注和肯定。1999 年 1 月，国家档案局、中央档案馆农业和农村档案工作调研组到安徽省调研；1999 年 5 月、2001 年 2 月，安徽省开展农业和农村档案工作的经验材料分别在全国农业和农村档案工作座谈会、现场经验交流会上作会议交流；安徽省、庐江县分别被国家档案局确定为全国农业和农村档案工作宏观管理、全国农业科技档案管理典型区域的联系单位。

乡镇村档案工作。1989 年 6 月，省档案局颁发《安徽省区、乡、镇机关文书档案保管期限表》。1997年7月，颁布实施《安徽省乡（镇）、村档案管理暂行办法》。1998年7月，出台《安徽省乡镇档案工作基本标准（暂行）》《安徽省行政村档案工作基本标准（暂行）》。经过努力，到2003年年底，安徽省已有1643个乡镇建档，建档率100%，其中1339个乡镇达到合格标准，合格率81.3%；18036个村建档，建档率72.2%，其中10046个村达到合格标准，合格率40.6%。2003年10月，南陵县九连乡建立全省首家融现行文件、档案资料和科技图书为一体的乡镇级现行文件资料服务中心。2004年10月，绩溪县上庄镇宅坦村建立安徽省首家村级建档示范点。至2005年年底，安徽省乡镇村档案工作整体水平进一步提升，乡镇档案工作合格率达85%，部分乡镇通过档案工作目标管理认定，行政村建档率达86%，合格率也有新的提高，达到51%。

乡镇企业、小城镇建设档案工作。1986年11月，省乡镇企业局、省档案局转发芜湖市郊区政府《关于区、乡、村企业建立档案工作的意见》，要求抓好乡镇企业建档工作；1989年3月，省乡镇企业局、省档案局联合印发《关于加强乡镇企业档案管理工作的通知》，要求适应乡镇企业抓管理、上等级、全面提高素质的需要，加强乡镇企业档案管理，将乡镇企业档案管理升级纳入乡镇企业升级考核的范围；1990年8月，省档案局、省乡镇企业局联合转发国家档案局、农业部《乡镇企业档案管理暂行规定》，促进乡镇企业档案工作健康发展；1993年11月，制订《安徽省乡镇企业“1235”工程档案工作试点方案》，选择合肥市郊区常青镇、花冲村和淝河钢窗厂进行试点；1994年，省政府办公厅转发省档案局《关于进一步做好乡镇企业档案工作的报告》；10月，在宁国县耐磨材料总厂召开全省乡镇企业“1235”工程档案现场会，12个单位在会上交流经验，会议要求进一步提高认识，加强领导，明确职责，加大投入，搞好规划，突出重点，分类指导，分步实施，促进全省乡镇企业档案工作；1998年7月，印发《安徽省乡镇企业档案工作目标管理办法》，在全省范围内启动乡镇企业档案工作目标管理。至1999年年底，全省有70多家乡镇企业通过档案工作目标管理认定。2001年5月，省档案局、省建设厅联合部署开展小城镇建设档案管理情况调查；2001年9月至2002年5月，在固镇县曹老集镇、桐城市双港镇、繁昌县孙村镇、岳西县店前镇开展省级小城镇建设档案工作试点；2001年11月，推广试点先进做法，转发固镇县曹老集镇《小城镇建设档案分类大纲》《小城镇建设档案归档范围》；2002年11月，印发《安徽省小城镇建设档案工作试点验收标准》；12月，省级试点单位通过验收；各市组织开展市级试点，提高小城镇建设档案工作水平，全省200个中心建制镇小城镇建设全部建档。

农村税费改革、土地二轮承包、农业科技等专项档案工作。1994年5月，省档案局、省农业厅发出通知，转发《铜陵市农业科学技术档案管理制度》《铜陵市农业科学技术档案业务建设规范（试行）》，指导各地建立健全制度，加强农业科技档案管理。2000年，中共中央、国务院决定进行农村税费改革试点工作，安徽是中央确定的全国以省为单位进行农村税费改革的唯一试点省。2001年9月，省档案局、省农村税费改革领导小组办公室在全国率先出台农村税费改革档案管理办法，对农村税费改革档案工作的管理职责和制度建设、文件材料归档范围及收集整理归档要求、档案信息的提供利用、档案的安全管理、各级农村税费改革领导机构档案的归属等作具体规定。2003年上半年，省档案局、省农村税费改革领导小组办公室组织开展农村税费改革档案管理检查，规范农村税费改革档案管理。2001年8月，省农委、省档案局发出《关于加强我省农村土地二轮承包档案管理的通知》，要求加强农村土地二轮承包文件材料的收集、整理归档工作，加强档案保管，加强对农村土地二轮承包档案工作的领导和监督指导。此后，一些地方国家综合档案馆陆续将当地土地二轮承包档案接收进馆。与此同时，安徽省涉农档案工作不断加强，至2005年年底，第一次全国农业普查档案资料及时收集归档，百家农业产业化龙头企业（组织）普遍建档，森林资源档案逐步建立健全。

社区档案工作 进入21世纪以来，随着城市社区建设、管理的大力加强，安徽省社区档案工作经历由起步到发展的阶段。2003年5月，省档案局转发《中共安庆市委办公室、安庆市人民政府办公室关于加强社区档案管理工作的意见》，要求各地学习安庆市的做法，开展社区档案工作。同月，确定蚌埠、马鞍山、铜陵、安庆四市为全省社区档案工作示范试点市。9月，省档案局、省民政厅印发《关于做好城市社区档案工作的意见》，要求提高认识，切实加强对社区档案工作的领导；依法管理，逐步规范社区档案工作；齐抓共管，共同推进社区档案工作；着眼服务，充分发挥档案信息资源作用；加强培训，提高社区档案人员素质。同时，制发《社区档案工作建档标准》《社区档案工作合格标准》和《社区档案归档范围》，以指导全省社区档案工作的开展。10月，全省城市社区建设经验交流会在蚌埠召开，会议明确提出社区档案工作是社区文化建设的新内容，要求各地按照边建设边服务的原则，围绕社区建设的重点，建立健全社区档案工作规章制度，规范社区档案管理，积极开展社区档案利用，确保各项档案材料收集齐全、管理规范，更好地为社区管理和社区居民服务，使社区档案工作与社区其他工作协调发展。2004年6月，省档案局、省民政厅在马鞍山市召开全省社区档案工作经验交流会，马鞍山市档案局、蚌埠市档案局、芜湖市鸠江区档案局、安庆市迎江区政府办公室、淮南市泉山街道西苑社区发言介绍经验，会议还组织参观马鞍山市金家庄区杨桥社区、塘西街道和花山区卜树集社区、杨秣社区的档案工作。

经过2003至2005年的三年努力，全省社区建档工作基本完成，马鞍山市、蚌埠市、合肥市社区档案工作成效尤为显著。马鞍山市于2002年开展社区档案管理规范化试点，2003年制定和完善社区档案业务建设标准，2004年社区建档达标工作全面展开。

至2004年年底，全市87个社区全部建档，合格率达到100%。蚌埠市档案局、民政局于2003年联合印发社区档案管理办法，并利用全省城市社区建设经验交流会在蚌埠市召开的契机，督促协调落实16个社区设置档案用房、配备档案人员、配齐档案用品、整理好各种档案，摸索出“典型引路、统一规范、分类指导、整体推进”的社区档案工作方法；2004年4月，对社区档案人员进行培训，并在全省率先开展社区档案年检工作。截至2005年年底，全市社区建档率达到90%。合肥市社区档案工作于2002年启动，2004年召开全市社区档案工作会议，市档案局还专门编印《社区档案工作指南》分发到全市各社区。至2005年年底，全市（包括三县七区）285个社区档案工作建档率已达100%，合格率60.5%。

重点建设项目档案工作　建设项目档案是建设项目的真实记录，是对建设项目进行稽察、审计、监督、管理、验收以及维护、改造的重要依据。做好建设项目档案工作，是档案工作为经济建设有效服务的一项重要任务。1999年，《国务院办公厅关于加强基础设施工程质量管理的通知》第二十四条明确要求加强项目档案工作，规定“所有建设项目都要按照《中华人民共和国档案法》的有关规定，建立健全项目档案。从项目筹划到工程竣工验收各环节的文件资料，都要严格按照规定收集、整理、归档，项目档案管理单位和档案管理人员要严格履行职责。对失职的单位和人员，要依法严肃处理。”按照国家要求，安徽省认真开展重点建设项目档案工作，取得显著成绩。

省委、省人大、省政府对重点建设项目档案工作高度重视。1997年12月，省委常委、省委秘书长季家宏和省委常委、常务副省长汪洋分别在省档案局报送的铜陵水泥厂竣工档案预验收汇报材料上批示，要求全省重点建设项目都要认真抓好项目竣工档案工作。2001年，省委常委、省委秘书长王明方和副省长张平分别作出批示，充分肯定高界高速公路工程、马钢万能型钢轧机等四项工程档案验收工作，指出要把加强档案管理作为搞好重点工程的一个重要环节，并提出明确的档案工作要求。根据省领导批示，2001年7月，省重点建设项目办公室、省计委重大项目稽察办公室《重点建设管理与稽察》第6期全文转发省档案局关于高界高速公路工程、马钢万能型钢轧机等四项工程档案验收工作的信息通报，并要求坚持项目档案验收制度，各重点工程竣工验收时，必须将档案作为一项重要内容同时验收，对违反国家档案管理法律法规，不按要求收集、移交、报送和接收项目建设档案的，不得通过对项目的整体验收，对失职的单位和人员，要依法严肃处理。2003年，省人大专门听取省档案局关于重点建设项目档案工作情况汇报。2004年6—7月，省人大常委会教科文卫工委组织对马鞍山、芜湖、黄山、安庆、六安、淮南等市9个省重点建设项目档案工作执法情况调研，形成《关于省重点建设项目档案工作执法调研的报告》，由《省人大常委会工作通报》第10期予以印发。该报告不仅总结安徽省重点建设项目档案工作的基本情况，指出存在的问题，并对各级人民政府、发改委、项目主管部门、重点建设项目法人单位、各级档案行政管理部门都提出明确要求，对加强安徽省重点建设项目档案工作具有重要意义。

省档案局依法加强对重点建设项目档案工作的监督和指导。召开会议。1992年3月，合肥国家同步辐射实验室在国家档案局召开的重点建设项目档案资料工作会议上专门作经验交流。1992年11月，省档案局、省计委在淮南召开全省重点建设项目档案工作会议，省档案局局长濮德祥讲话，要求增强责任感、紧迫感，各级档案行政管理部门以及与项目有关的部门、单位要明确职责，协调关系，齐抓共管，坚持档案工作与重点建设项目“三同步”，认真实行档案部门参加重点建设项目竣工验收制度，加强对档案人员的业务技术培训，共同努力做好重点建设项目档案工作，为经济建设服务。1999年10月，省档案局、省计委在铜陵召开全省重点建设项目档案工作座谈会，总结交流经验，省档案局局长严桂夫讲话，要求加大重点建设项目档案工作力度，使档案工作更好地为重点建设项目服务，为国民经济建设服务。加强协调。积极主动联系、协调，配合省计委等部门制发文件，明确对参建单位开展项目文件材料收集、整理归档和竣工图编制工作的要求，并及时转发国家关于项目验收、项目档案验收的办法和规定。1993年，省档案局编印《基本建设文件材料的形成与档案管理》教材，为基建档案管理提供工作指南。2000年11月，省档案局在省高等级公路管理局召开座谈会，协调合铜公路工程档案收集工作，肥西、庐江、枞阳三县政府分管档案工作副县长、档案局局长参加会议。2001年下半年，协调芜湖长江大桥档案收集、归档和移交工作。此外，还会同省水利厅、省林业厅等部门就做好安徽省治淮工程档案工作、加强长江堤防工程档案工作、规范林业重点工程档案管理等作出部署。依法开展检查。1998年4至5月，就《国家重点建设项目档案管理登记办法》《城市建设档案归属与流向暂行办法》的贯彻执行情况进行专项检查。1998年、1999年，省档案局分别与省水利厅、省电力局对水利系统、电力系统重点建设项目档案工作进行检查。2003年12月，会同省重点建设项目领导小组办公室对全省重点建设项目档案工作进行执法检查，重点检查各重点建设项目法人（建设单位、工程建设现场指挥机构）档案工作领导体制、档案管理机制、档案安全保管、档案利用服务等情况。实行项目档案登记。1997年12月，重点建设项目档案管理登记制度开始实施。省档案局每年一季度将国家及省重点建设项目名单印发各市档案局及省直有关部门，每年12月份对全省重点建设项目档案管理登记情况进行汇总、分析。根据登记掌握的信息，对重点建设项目档案工作提前介入、跟踪管理。1999年8月，省重点建设项目档案管理登记纳入档案验收工作内容。组织项目档案验收。1987年5月，省计委、省档案局印发《关于档案部门参加工程建设项目竣工验收的暂行规定》，档案部门开始参加建设项目竣工验收。1989年5月，省计委印发《安徽省基本建设项目竣工验收办法》，正式明确档案部门派员参加项目竣工验收委员会。1992 年 6 月，省计委、省档案局转发国家档案局《建设项目（工程）档案验收办法》，进一步强化项目档案验收工作。据不完全统计，1998—2005 年，省档案局就组织对高速公路、煤矿、水利、冶金、化工、建材、航运、城市防洪、广播电视等 33 个省重点建设项目的档案验收。通过档案验收，促进安徽省重点建设项目档案管理水平的提升。

标准化管理　档案工作标准化对促进档案管理规范化、科学化、现代化具有重要意义。省档案局通过制定检查评比、档案管理职责权限划分、综合评估等标准和细则，加强对全省档案事业的综合管理。1986 年 10 月，省档案局决定开展全省档案工作检查评比，评比先进档案局（馆）、先进档案室（包括科技档案及其他专业档案室）、先进系统（包括协作组）和先进个人。1990 年，省政府办公厅印发《关于切实加强档案事业建设的通知》，对加强全省档案工作提出 5 条意见。1991 年 7 月，省档案局对省直机关档案机构主要职责范围与业务管理权限作出规定。2001 年 6 月，省委办公厅、省政府办公厅转发《省档案局关于进一步加强全省档案工作的意见》，要求加强领导、坚持依法管理档案事业，加强宏观指导、突出发展重点，加强基础建设、加快档案信息化进程，强化两种职能、坚持有中国特色的档案工作体制，加强队伍建设、不断提高档案干部职工综合素质。2002 年 7 月，省档案局印发《安徽省各市档案工作年度评估暂行办法》；12 月，下发《关于开展 2002 年度各市档案工作评估的通知》《安徽省各市档案工作年度评估评分细则》，正式启动各市档案工作年度评估。在各市自评的基础上，省档案局派出 6 个考核小组分赴各市进行重点抽查，报经全省各市档案工作评估委员会评议，评定 2002 年档案工作综合得分第一名为安庆市，第二名为芜湖市，第三名为淮北市，黄山市获档案抢救征集工作优胜奖，铜陵市获档案信息化建设优胜奖，巢湖市获为加快发展富民强省服务创新奖（现代新型档案馆建设优胜奖空缺）。该项综合评估经过三年实施，进一步调动各地争先进位的积极性，有力地促进全省档案工作的全面发展，标志着安徽省档案事业宏观管理从偏重定性管理向定性定量管理并重的转变。2003 年 10 月，省档案局下发《关于加强天长市档案工作的意见》，促进天长市档案部门依法履行档案事业行政管理和档案保管利用两种职能。2004 年 3 月，印发《安徽省档案安全管理暂行规定》，开始对全省档案馆室档案库房安全、档案保管保护设备设施安全、档案实体安全和档案信息安全等进行规范化台账式管理。

在加强综合管理的同时，省档案局认真制定业务标准规范性文件，指导和推进全省各级各单位档案工作按照规范要求开展。2004 年 6 月，省档案局制定的《文书档案文件级目录数据库结构与著录细则》由省质量技术监督局正式发布，成为安徽省第一部档案工作地方标准，有力促进各级各类档案机构档案基础业务建设、档案信息化建设和档案信息资源开发利用工作。据不完全统计，1986 年至 2005 年，省档案局出台关于档案馆和机关、企业事业单位、农业和农村、社区和建设项目档案工作，档案信息化建设，以及文书、科技和其他专业、专门档案管理的规范性文件60多个，使各单位、各领域档案管理以及不同门类和载体档案管理做到有规可依、有章可循。

档案统计 自1982年开始，国家档案局每年制发《档案工作基本情况统计年报》（以下简称《统计年报》）。《统计年报》关于档案馆的统计项目有55个，包括各级各类档案馆数量、人员素质、馆藏档案分类、馆库面积、馆内设备、整理编目、提供利用、编研工作等情况的统计。安徽省档案局每年召开统计人员会议，交流统计方法和心得，对统计人员进行专业培训，保证每年统计年报能按时上报。

1985年经省统计局批准，建立省直机关档案工作统计年报制度。

1987年统计年报的报表名称在《档案工作基本情况统计年报》的基础上修改为《档案事业基本情况统计年报》，调整已有的统计年报结构，扩大统计范围，完善统计指标，增加有关科技档案、档案专业教育、档案事业经费和档案馆基本建设情况统计。

1992年开始，档案统计一改手工计算的形式，开始使用电脑系统录入汇总进行综合填报，大大提高档案统计的效率和准确度。

1999年，国家档案局新修订《全国档案事业统计年报制度》。新修订的《全国档案事业统计年报制度》有关档案馆（室）基本情况的修改内容主要有："文化程度""档案专业教育""电子档案""机读目录""利用目的""电子计算机局域网""消毒设备"等。

2001年起，省档案局决定将安徽省档案事业统计年报的统计范围在原基础上扩大到市、县（区）直属机关，中型企业，县团级科技、文化事业单位。

为提高档案统计年报质量，省档案局先后出台两个档案统计工作评比办法。1997年制定《关于对各地市报送档案统计年报的奖励办法》，规定参评条件、评比办法和奖励三项内容。2002年又在原"办法"的基础上重新修订出台《安徽省各市档案统计年报工作评比奖励办法》，将档案统计分析作为重要评比内容列入评比。1996—2009年，安徽省档案统计年报工作连续14年获得国家档案局的先进表彰。

表彰先进

人事部、国家档案局联合表彰 1991年8月，人事部、国家档案局召开全国档案系统劳动模范和先进集体、先进工作者表彰大会。安徽省受表彰的先进集体是：阜阳地区档案馆、无为县档案馆、金寨县档案馆、马鞍山市档案馆、马鞍山钢铁公司档案馆、合肥化肥厂综合档案室、安徽省科学技术研究成果档案馆。安徽省受表彰的全国档案系统先进工作者是：叶雪凤（女）、朱钟如、苗长贵、周恒旺、袁秀兰、董如德。宿县地区档案局张祚敏被授予"全国档案系统劳动模范"称号。

1995年11月，人事部、国家档案局印发《关于表彰全国档案系统先进集体和先进工作者的决定》，表彰1991—1995年全国档案系统的先进集体、先进工作者。安徽省受表彰的全国档案系统先进集体是：蚌埠市档案局（馆）、宿县地区档案局（馆）。安徽省受表彰的全国档案系统先进工作者是：南陵县档案局（馆）沈德元。

1999年11月，人事部、国家档案局印发《关于表彰全国档案系统先进集体和先进工作者的决定》，表彰1996—1999年的档案系统先进集体、先进工作者。安徽省受表彰的全国档案系统先进集体是：安庆市档案局（馆）、南陵县档案局（馆）。安徽省受表彰的全国档案系统先进工作者是：临泉县档案局（馆）袁渊（女）。

2003年12月，人事部、国家档案局印发《关于表彰全国档案系统先进集体和先进工作者的决定》，表彰2000—2003年档案系统先进集体、先进工作者。安徽省受表彰的全国档案系统先进集体是：安庆市档案局（馆）、绩溪县档案局（馆）。安徽省受表彰的全国档案系统先进工作者是：巢湖市居巢区档案局（馆）唐晓红（女）。

国家档案局、中央档案馆表彰　1995年11月，国家档案局、中央档案馆印发《关于表彰全国档案工作先进集体和模范档案工作者的决定》。安徽省受表彰的全国档案工作先进集体是：中国工商银行安徽省分行文书档案科、亳州古井酒厂档案馆。安徽省受表彰的全国模范档案工作者是：安徽省公安厅办公室档案科曹定炎、马钢总公司办公厅档案处曹冰玉（女）、合肥市城建档案馆徐麟征（女）。

1999年11月，国家档案局、中央档案馆印发《关于表彰全国档案工作优秀集体和优秀档案工作者的决定》。安徽省受表彰的全国档案工作优秀集体共4个，分别是：安徽省驷马山引江工程管理处综合档案室、合肥淝河企业集团公司（合肥郊区王大郢村）档案馆、霍邱县工商行政管理局综合档案室、芜湖发电厂综合档案室。安徽省受表彰的全国优秀档案工作者共3名，分别是：马鞍山市人民检察院综合档案室冷玉梅（女）、铜陵市商务局综合档案室周本荣、安徽省对外经济贸易委员会办公室许美玲（女）。

2003年12月，国家档案局、中央档案馆印发《关于表彰全国档案工作优秀集体和优秀档案工作者的决定》。安徽省受表彰的全国档案工作优秀集体共5个，分别是：淮北矿业（集团）有限责任公司档案馆、马鞍山钢铁股份有限公司档案处（馆）、中共安徽省纪委（安徽省监察厅）综合档案室、安徽省财政厅综合档案室、六安市工商行政管理局机关档案室。安徽省受表彰的全国优秀档案工作者共3名，分别是：池州市人民医院综合档案室程杰梅（女）、合肥市基本建设技术档案馆张友华、安徽省经济贸易委员会办公室综合档案室张红月。

中华全国总工会表彰　2005年4月，中华全国总工会印发《关于表彰全国模范职工之家、全国模范职工小家的决定》。安徽省档案局工会委员会被授予“全国模范职工之家”称号。

安徽省政府表彰　1997年9月，安徽省政府印发《关于表彰安徽省劳动模范、先进工作者和先进集体的决定》，授予安徽省档案局梁朝玉“安徽省先进工作者”称号。

安徽人事厅、安徽省档案局联合表彰　1991年4月，安徽省人事局、安徽省档案局授予合肥化肥厂综合档案室等51个单位“全省档案系统先进集体”称号，授予李保湘等112人“全省档案系统先进工作者”称号，授予叶雪凤（女）等11人“全省档案系统劳动模范”称号。

1996年3月，安徽省人事厅、安徽省档案局授予肥西县档案局（馆）等52个单位“安徽省档案系统先进集体”称号，授予蒲翠霞等119人“安徽省档案系统先进工作者”称号。

2001年3月，安徽省人事厅、安徽省档案局授予合肥市档案局（馆）综合教育处等38个单位“安徽省档案系统先进集体”称号，授予林文德等47人“安徽省档案系统先进工作者”称号。

职称评定

概述　安徽省档案系列职改前，具备档案专业职称的有263人，其中副研究馆员1人，馆员82人，助理馆员112人，管理员68人。

1986年4月，经省职改领导小组批准，安徽省档案职改工作首先在合肥市和凤阳县组织试点。1987年5月，在试点取得经验的基础上，档案职改工作在全省展开。到1988年1月，全省档案系列的职改工作基本结束，首次评定和聘任各档次专业职务共有1156人，其中研究馆员1人，副研究馆员9人，馆员404人，助理馆员485人，管理员196人。

1989年档案系列作为国家29个专业技术系列之一开展职称评审工作，各级档案局馆实行双轨制，档案馆人员评聘专业技术职称，执行专业技术人员工资；档案局人员只评不聘，执行机关行政人员工资。1989年年底，档案系列首次专业技术职务评聘工作基本完成。据统计，全省档案系列共评定各类专业技术职务5589人。

1995年机构改革后，省档案局、馆及大部分市、地、县档案局馆参照执行国家公务员管理制度，不再评聘专业技术职务，原评定的专业技术职务，保留其资格，不与工资挂钩。

2001年起，全省在档案等六个系列逐步开展中、初级专业职务任职资格以考代评试点。2001年在地级巢湖市开展档案系列中级专业技术职务任职资格以考代评试点，2002年9月26日，安徽省档案局、安徽省人事厅联合印发《安徽省档案专业技术资格考试暂行规定》，要求：安徽省档案系列中、初级专业技术资格试行全省统一考试制度，不再进行档案系列中、初级专业技术职务任职资格的评审；按规定通过全省统一考试获得中、初级档案专业技术资格的人员，仅表明其已具备相应的专业技术水平和能力。资格不与工资待遇挂钩；档案系列中、初级专业技术资格考试采取书面闭卷方式进行，考试科目为基础理论知识、档案工作实务。报考人员在一个考试年度内，必须同时通过两个科目的考试。

2002年12月11日，安徽省人事厅复函，根据《安徽省财政拨款事业单位审核职称制度改革若干问题的意见（试行）》关于“推行专业技术人员评聘分开制度”的要求和档案部门专业性、技术性较强的特殊情况，同意全省档案局（馆）在参照执行公务员制度后，除局机关处（科、股）室外，对在档案馆从事档案专业技术工作的专业技术人员，并符合申报高级专业技术职务任职资格条件的，可在核定的结构比例范围内评审高级专业技术职务任职资格，只评不聘，不兑现专业技术职务工资。

评审组织　1986年，根据安徽省职称改革工作领导小组和国家档案局规定，安徽省成立档案专业职称改革工作领导小组，负责全省档案专业职称改革工作。1993年1月18日，安徽省档案局职称改革小组及其办公室撤销，日常工作由省档案局办公室负责。

1986年，安徽省职称改革领导小组转发《安徽省档案干部实行专业职务聘任制度的实施细则》，安徽省成立省、地（市）、县三级评审委员会。县级评审委员会，负责评审管理员专业职务，经过县职称改革领导小组核准后，向上一级评审委员会推荐助理馆员以上职务；地（市）级评审委员会负责评审助理馆员专业职务，经地（市）职称改革领导小组核准后，向上一级评审组织推荐馆员以上专业职务；省级评审委员会负责评审馆员以及专业职务，经过省职称改革领导小组核准后，向国家局高级评委会推荐并委托代评高级专业职务。

1988年，根据中央职称改革领导小组适当下访评审权限的精神，调整评审组织，成立安徽省档案专业高级职务评审委员会，把中级职务的评审权限下放给具备条件的地市。先后有芜湖、阜阳、六安、宿县、黄山、合肥、铜陵、蚌埠、安庆9个地市成立中级档案专业职务评审委员会，淮南、淮北、宣城、巢湖、滁县、马鞍山6个地市成立临时中级评委会，池州地区成立初级评委会。

1988年5月18日，安徽省档案专业高级职务评委会召开第一次评委会，对推荐的110名申报高、中、初级职务人员任职资格进行评审。

1998年，根据《关于做好1998年度全省专业技术职务评聘工作的通知》，要求各级评审组织建立评委会专家库，安徽省档案系列分别建立副高级和中级专业技术职务任职资格评审委员会评委库。

安徽省历届档案专业高级职务（资格）评审组织、委员情况一览表

表6–1

年份	名称	主任委员	副主任委员	委员
1988	安徽省档案专业高级职务评审委员会	濮德祥	王志铨	郑守德、朱全斌、张祚敏、刘振明、毕长春、才　红

续表 6-1

年份	名称	主任委员	副主任委员	委员
1991	安徽省副高级档案专业职务评审委员会	濮德祥	王志铨	才　红、邓敦宇、王继伦、朱全斌、刘振明、毕长春、严桂夫、张祚敏、陈　霆、陈声苗、郑守德、姜德法、姚正坦、徐麟征、童荣富 1993 年增补：吴寿祺、傅玉璋、王樵山、徐召勋
1995	安徽省副高级档案专业职务评审委员会	濮德祥	王志铨 严桂夫	才　红、邓敦宇、王孝海、王继伦、王樵山、方春东、尹慧道、刘振明、毕长春、张祚敏、郑守德、陈声苗、姚正坦、姜德法、徐廷骠、徐麟征、崔海燕、曹冰玉
1998	安徽省档案系列副高级专业技术职务任职资格评审委员会评委库	严桂夫	–	濮德祥、丁双林、刘振明、徐廷骠、姜德法、崔海燕、张　敏、方春东、孙振华、黄庆新、秦建平、吴祚绵、郝竹芳、李高潮、陈肇炎、冯莉君、朱心毅、刘美琴、项安玲、陈育林、周继萍、尹慧道、窦晓光、王晓莉、王孝海、郭秀萍、杨　金、田胜利、刘飞云、张新年、王茂跃、贺友朋、纪贵秀、董淑媛、王忠英
2002	安徽省档案系列副高级专业技术职务任职资格评审委员会评委库	严桂夫	濮德祥 丁双林 崔海燕	张　敏、胡仲华、罗　培、方春东、孙振华、黄庆新、陈肇炎、吴祚绵、秦建平、胡天生、李　伟、窦晓光、尹慧道、周继萍、吴文革、陈育林、蔡灶林、王茂跃、梁红宁、丁毅信、张新年、项安玲、詹晓荣、王慧芝、查满林、左抗援、王晓莉、张友华、冷占联、刘　杰、马兴起、刘晓虎 2003 年增补：秦加友 2004 年增补：李学香
2005	安徽省档案系列副高级专业技术职务任职资格评审委员会评委库	李学香	丁双林 崔海燕 黄玉明	罗　培、张　敏、胡天生、孙振华、黄庆新、刘争鸣、陈肇炎、吴祚绵、秦建平、冯莉君、王元祺、蔡　莽、张友华、张顺涛、宋　侠、刘　杰、刘晓虎、左抗援、王晓莉、窦晓光、李财富、马仁杰、丁毅信、吴文革、蔡灶林、王茂跃、汪孔德、周继平、范梅珍、朱翠萍、范玲莉、查满林、郝红红、项安玲、徐晓萍

安徽省历届档案专业中级职务（资格）评审组织、委员情况一览表

表 6–2

年份	名称	主任委员	副主任委员	委员
1986	安徽省档案专业中级职务评审委员会	黄秀成	濮德祥 王志铨	郑守德、张祚敏、刘振明、邵华山 1987 年增补：朱全斌、邓敦宇
1991	安徽省档案局档案专业中级评审委员会	王志铨	王克祥 王家惠	方春东、尹慧道、叶良富、卢秀芳、刘培君、李银标、金来根、鲍家祝 1993 年增补：沈培源、徐廷骠
1995	安徽省档案局中级档案专业技术职务评审委员会	严桂夫	王家惠 卢秀芳	王克祥、叶良富、刘培君、沈培源、李银标、金来根、罗　培、周继萍、曹定炎、蒲翠霞
1998	安徽省档案局档案专业中级技术职务任职资格评审委员会评委库	丁双林	–	金来根、卢秀芳、李银标、唐美英、刘鲁平、胡仲华、程潜龙、孙启新、胡华平、梁朝玉、张皖生、束维兵、黄玉明、王　勇、罗　培、秦加友、蒯世伟、马荣林、李树成、岳端正、刘文开、张佐瑞　李淑华、窦晓光、周继萍、王晓莉、陈正银、杨秀梅、张宏月、尘　梅、魏志达

第三节　法制管理

法制建设　《中华人民共和国档案法》颁布以后，安徽省通过制定档案法规、规章，建立档案执法机构、队伍，健全档案执法制度、规定等方式，不断加强档案法制建设。全省档案事业逐步迈入依法管理轨道。

制定档案法规、规章　《安徽省档案管理办法》的制定。1992 年 3 月 20 日，安徽省人民政府第 12 次常务会议讨论通过《安徽省档案管理办法》。同年 5 月 6 日，省政府以第 33 号令发布施行。《安徽省档案管理办法》计 6 章 33 条，内容涉及到档案工作的领导体制、集中统一管理档案的原则、档案机构及其职责、档案管理的要求与方法、档案开放及公布的权限等多个方面。《安徽省档案管理办法》发布和施行，为巩固和发展全省档案工作取得的成绩，解决存在的各种问题，提供法制依据。1998 年，《安徽省档案管理办法》被《安徽省档案条例》所取代。

《安徽省档案条例》的制定。1996 年 7 月，安徽省档案局开始起草《安徽省档案条例》。1997 年 7 月 22 日，安徽省人民政府第 134 次常务会议通过《安徽省档案条例》草案，并提请省人大常委会审议。1997 年 11 月 2 日，安徽省第八届人民代表大会常务委员会第三十四次会议审议通过《安徽省档案条例》，并规定自 1998 年 1 月 1 日起在全省施行。《安徽省档案条例》是安徽省第一部关于档案和档案工作的地方性法规。它是根据修改后的《中华人民共和国档案法》，并结合安徽档案工作实际制定的，具

有较强的可操作性和适用性。《安徽省档案条例》的颁布施行，对加强全省档案管理，保障档案事业持续健康发展，使档案工作更好地为全省改革开放和现代化建设服务具有重要意义。

《安徽省档案条例》分总则、档案机构及其职责、档案的管理、档案的利用和公布、法律责任、附则 6 章，计 44 条。其中，有关档案行政管理部门的执法主体地位、各级各类档案馆的职责及设置、档案人员持证上岗、重大活动档案登记、重点建设工程和重大科技项目档案验收、国家综合档案馆收集档案的重点、档案出境程序、档案公布采用计算机网络传输、档案利用和公布中的知识产权保护、档案违法行为的罚款数额等规定，在当时均为创制性条款。

为与《中华人民共和国行政许可法》保持一致，2004 年 6 月 26 日，安徽省第十届人民代表大会常务委员会第十次会议通过《关于修改〈安徽省档案条例〉的决定》。该决定将第十二条修改为："从事档案工作和档案鉴定、评估的人员，应当具备专业知识"，删除原条款中要求"取得资格证书"的内容。同时，将第二十四条修改为："属于国家所有的档案和本条例第二十三条第一款所列的档案以及这些档案的复印件，单位和个人需要携带、运输、邮寄出境的，应报省档案行政管理部门审批。海关凭批准文书查验放行"，删除原条款中经市（地）、县（市、区）档案行政管理部门初审的内容。

《安徽省档案征集办法》的制定。2004 年 3 月 16 日，安徽省人民政府第 12 次常务会议审议通过《安徽省档案征集办法》，省长王金山签署安徽省人民政府第 163 号令予以发布，自 2004 年 5 月 1 日起施行。《安徽省档案征集办法》对档案征集主体、征集范围、征集方式、征集程序以及相应的法律责任予以明确。它的颁布实施，对于加强和规范全省档案征集工作，防止档案的损毁和流失，维护档案的完整与安全，具有重要意义。

建立执法机构和执法队伍 1996 年，安徽省档案局设立法规处，具体负责档案法律、法规、规章的调研、起草、修订及宣传贯彻工作。此后，市、县（区）档案局或设置档案法制工作机构，或指定有关科室负责档案法制工作。

1999 年 4 月，安徽省档案局成立由局长任组长的安徽省档案行政执法责任制工作领导小组，负责全省档案行政执法责任制的领导和考核工作。领导小组下设办公室，具体负责推行执法责任制的日常工作。全省 17 个市档案局也建立相应的领导机构。2001 年起，安徽省档案局分别将档案行政执法责任制列入全省档案事业发展"十五""十一五"规划和年度计划，并指定专门机构、人员负责落实。

2003 年，中共安徽省委、安徽省人民政府印发《安徽省档案局（安徽省档案馆）职能配置、内设机构和人员编制方案》，将省档案局由过去的"省委、省政府直属事业单位”，改为“省委、省政府直属单位”，并给5个行政编制，从而解决困扰省档案局多年的执法主体资格问题。

在行政执法队伍建设方面，安徽省档案局在全省档案系统全面推行行政执法人员资格认证制度，要求各市档案行政执法人员不得少于4人，县（市、区）不得少于2人。1998—2005年，省档案局与省政府法制办联合举办7期档案行政执法人员资格认证培训班，共有405人接受行政执法基础理论、行政执法专业知识以行政执法人员综合应用法律、法规或规章的能力培训，并经考试合格后，均取得由省政府法制办颁发的行政执法资格证书。

健全档案执法制度　梳理执法依据。2005年4月，安徽省档案局组织人员梳理执法依据，形成《安徽省档案局行政执法依据》文本。该文本分执法机关、执法依据、执法职权三个部分，其中执法依据涉及法律、行政法规、地方性法规、规章等17个。行政执法职权分别列出“行政许可与非行政许可审批项目”“行政处罚”“行政征收”“其他行政行为”四项，从而使执法权限、依据等一目了然。

清理档案行政许可项目和非行政许可审批项目。清理后，行政许可项目保留的有：出卖、转让、赠送非国有档案；赠送、交换、出卖国有档案复制件；档案出境；机关、团体、企事业单位以及中国公民利用档案馆保存的未开放档案。非行政许可审批项目有：专业工作业务标准和技术规范的审定；销毁国有企业资产与产权变动档案备案；专门档案馆、部门档案馆设置的审查。

分解岗位职责。对照《安徽省档案局行政执法依据》中“行政执法权”的内容，安徽省档案局制定《行政执法责任制度》，明确局长、分管副局长，局办公室、法规处、标准化建设处、保管处、征集利用处的执法职责。

建立相关配套保障制度。安徽省档案局相继建立有关行政执法程序、错案追究、重大行政处罚备案、执法公示、执法人员学习培训、规范性文件备案审查等制度，形成较完备的制度体系。

法制宣传　档案法制宣传对于档案法制建设乃至档案事业发展具有基础保障作用。安徽省档案局通过加强领导、扩大宣传等多种方式做好这一工作。

对档案法制宣传工作的领导　省档案局分别成立“二五”“三五”“四五”普法工作领导小组。濮德祥为“二五”领导小组组长。严桂夫为“三五”“四五”领导小组组长。领导小组下设办公室，负责档案法制宣传的具体工作。

省档案局分别制定“二五”“三五”“四五”档案法制宣传教育规划。规划明确宣传教育的指导思想、总体目标、主要任务及工作要求。1991—2005年，在规划基础上，制定每年的宣传教育计划，以明确宣传教育的内容、方法和步骤。

在实施过程中，省档案局对档案法制宣传工作进行布置。1988年4月，经省政府批准，省档案局召开“全省贯彻实施《档案法》会议”。省政府秘书长赵怀寿到会作题为《增强档案意识，坚持以法治档》讲话。1997 年 3 月，省档案局召开全省档案法制暨教育工作会议，对“三五”普法教育中《中华人民共和国档案法》的宣传贯彻作出部署。1997 年 11 月，省档案局、省司法厅联合下发通知，对各级档案部门学习宣传《安徽省档案条例》提出意见和要求。1999 年 7 月，省档案局发文要求各级档案部门认真学习、积极宣传、坚决贯彻修改后的《〈中华人民共和国档案法〉实施办法》。2004 年 4 月，省档案局对《安徽省档案征集办法》的宣传贯彻，又发文提出具体要求。

对档案工作人员的宣传　1987 年 12 月 29 日，省档案局暨合肥市档案局举办“学习贯彻《中华人民共和国档案法》报告会”，濮德祥作题为《大力宣传〈档案法〉认真贯彻〈档案法〉》的报告。190 多位档案工作者参加会议。1988 年、1992 年、1998 年，《安徽档案》杂志均设置“档案法制宣传”专栏，分别对《中华人民共和国档案法》《安徽省档案管理办法》《安徽省档案条例》的内容进行讲解释义。2002 年 6 月，省档案局编写出版《安徽省档案专业岗位培训教程》，作为档案人员上岗培训和职称考试的基本教材。在这本教材中，“档案法制概论”为主要内容，对此实行单科考试，规定学习时间不少于 40 学时。同年 9 月，为纪念《中华人民共和国档案法》颁布 15 周年、《安徽省档案条例》颁布 5 周年，省档案局组织 1.1 万名档案工作人员参加档案法制知识竞赛活动。

对社会公众的宣传　发表电视讲话。1987 年 9 月 5 日，《中华人民共和国档案法》颁布。12 月 20 日，省政府秘书长赵怀寿发表《认真实施〈档案法〉，加快我省档案事业发展》的电视讲话。1997 年 11 月 2 日，省人大常委会第三十四次会议通过《安徽省档案条例》后，省人民政府副省长杨多良发表电视讲话，要求各级政府领导干部带头学习、了解和掌握《安徽省档案条例》的主要内容和意义，切实加强对档案工作的领导；要求各级档案部门和广大档案工作人员对《安徽省档案条例》要认真学习、正确领会、准确把握。2000 年，为纪念国际档案理事会成立五十周年，省人民政府副省长卢家丰发表电视讲话，要求“在全省掀起一个学习、宣传、贯彻《中华人民共和国档案法》和《安徽省档案条例》的热潮，推动全省档案事业再上一个新台阶。”

召开新闻发布会。1988 年 3 月 30 日，省档案局召开宣传贯彻《中华人民共和国档案法》新闻发布会。安徽人民广播电台、安徽电视台、安徽日报等 9 家新闻媒体与会并作报道。省档案局局长田荣耕通报全省宣传贯彻《档案法》情况，介绍全省档案事业发展的形势和各级档案部门所面临的任务，并就档案开放等问题回答记者的提问。会后，计发表文稿 36 篇约 7 万字。

2004 年 4 月 7 日下午，安徽省人民政府就《安徽省档案征集办法》的实施召开新闻发布会。安徽日报、安徽电视台、中安网等 21 家新闻单位的记者到会并作报道。会上，省档案局局长李学香介绍全省档案征集工作情况，提出征集工作存在的问题，要求以贯彻《安徽省档案征集办法》为契机，建立档案征集网络，积极筹措征集经费，推动征集工作的开展。

开展街头宣传。为纪念《中华人民共和国档案法》颁布十周年，省档案局在合肥市花园街举办展览，宣传档案法律法规。2002 年 9 月，省档案局与合肥市档案局一起，举办档案法律法规知识图片展，在合肥市政府广场，安徽省委办公厅、省委党校等地巡回展出。据不完全统计，观展人数达万人左右。

法制监督

全国人大常委会法工委、国务院法制局、国家档案局的执法检查　全国人大常委会法工委、国务院法制局、国家档案局联合组成检查组，于 1989 年 4 月 25 日至 5 月 3 日，对安徽省宣传、贯彻、执行《档案法》情况进行检查。省人大常委会副主任郑锐，省委常委、副省长邵明，省政协副主席赵怀寿听取检查组反馈的意见。在安徽期间，检查组听取省档案局局长田荣耕有关依法管理档案事业的情况汇报，并实地检查合肥、南陵、歙县、宁国等地的档案工作。检查组在肯定安徽依法管理档案事业所取得成绩的同时，也指出存在的问题，即档案馆建设严重滞后，致使到期档案不能按时进馆、进而影响档案的安全保管和有效利用。检查组要求安徽省各级政府要把档案事业建设列入国民经济和社会发展规划。

2002 年 8 月 4 日至 11 日，国家档案局局长、中央档案馆馆长毛福民率国家档案行政执法检查组到安徽检查工作。5 日下午，中共安徽省委书记王太华，省委常委、省委秘书长王明方会见检查组一行。在省政府秘书长徐立全的主持下，检查组听取省档案局局长严桂夫关于全省依法管理档案事业情况的汇报，并先后对安徽省纪委、省经贸委、省高速公路管理局、中国科技大学、马鞍山钢铁公司和省档案局（馆）以及合肥、安庆、池州、宣城、芜湖、马鞍山等地的档案工作进行检查。检查组认为，安徽省档案工作具有四个明显特点：第一，各级领导依法切实加强对档案工作的领导，对档案工作的重视和支持落在实处。第二，重视档案法制建设，全省档案工作步入法制化轨道。第三，采取有效措施加强宏观管理，紧紧围绕党和国家工作大局，充分发挥档案和档案工作的社会功能。第四，注重科学管理，档案工作创新思路清晰。与此同时，检查组也希望安徽省政府能进一步推动、帮助市县级档案行政管理部门解决一定的行政编制，使全省档案行政执法主体资格更加规范；在经济逐步发展的同时，继续给档案事业增加必要的投入，配备必要的设施。

省人大常委会及其所属教科文卫工委的执法检查和调研　2002 年 10 月下旬，省人大常委会副主任苏平凡率档案执法检查组，对部分省直单位实施档案法情况进行检查。检查组肯定省直单位贯彻档案法律法规方面所取得的成绩，指出存在的六个问题，即档案管理体制不健全、工作机制尚待完善、档案散失现象不同程度存在、档案管护条件有待加强、档案利用工作薄弱、档案法律法规宣传乏力。随后，省档案局针对省人大常委会指出的问题，提出一系列改进措施，并向省侨联、省旅游局发出限期整改通知书。2003 年 4 月 28 日，省人大常委会教科文卫工作委员会在省档案局召开会议，听取省直单位档案执法问题整改情况的汇报。副主任苏平凡到会并讲话。省档案局主持工作的副局长丁双林汇报整改情况。在听取汇报后，苏平凡指出，省档案局对省人大常委会关于省直单位贯彻实施档案法律法规存在问题的整改意见和建议非常重视，认真研究，专题部署，加强指导和督查，大多数被检查单位积极整改，有力推动省直单位档案工作的发展。对于省档案局今后的工作，苏平凡要求：一是坚持依法管理档案事业，继续加强对省直被抽查单位和后进单位实施《中华人民共和国档案法》存在问题整改情况的督查，狠抓落实，绝不能不了了之。二是继续了解省直单位档案工作存在的问题，分析原因、分类指导、重点推动。三是要调查和分析各市、县档案工作存在的问题、分清类型、加强指导，促进全省档案事业协调发展。四是坚持电子文件与纸质文件并存原则，把电子文件与电子档案管理纳入到“数字安徽”整体建设，科学规划，分期试点，逐步推进。五是加强对改革开放以来安徽省具有开创性工作形成的档案材料的收集归档工作。六是加大力度，积极解决档案人员特殊岗位津贴问题。

1999 年 5 月 17 日至 21 日，省人大常委会教科文卫工委、省档案局联合组成两个调研组，对芜湖、宣城、阜阳、六安四地市执行档案法律法规情况进行调研。调研组分别由省人大常委、省人大教科文委工委副主任许占山，省人大常委会教科文卫工委副主任江立强任组长，省档案局局长严桂夫、副局长丁双林为副组长。调研组认为，四地市各级人民政府根据档案法律法规规定，均不同程度地加强对档案工作的领导，使发展档案事业的环境得到一定改善。调研组在肯定成绩的同时，也指出存在的问题，即部分地、市、县没有严格按照《中华人民共和国档案法》第四条规定实施对档案工作的领导，有的没有把档案事业建设列入当地国民经济和社会发展规划。为此，调研组向省人大常委会、省政府建议：全省各级人大常委会和人大工作委员会要把监督档案法律、法规执行情况纳入本级人大职责范围，经常听取同级人民政府贯彻执行《中华人民共和国档案法》情况的汇报，并有计划、有重点地开展档案执法检查，切实加强对档案行政执法工作的监督和支持。

2004 年 6 月 28 日至 7 月 1 日，省人大常委会委员、省人大教科文卫工委副主任江孝鸿、江立强分别带队，先后对马钢公司建筑用薄板项目、当涂县城电网改造、芜湖市奇瑞经济型轿车项目、黄山机场、安庆长江公路大桥、安庆电厂、临淮岗洪水控制工程、合肥至西安高速整公路合叶段、顾桥矿井及选煤厂等重点建设项目依法管理情况进行调研。调研组认为，重点建设项目档案工作从总体上看，是比较好的。大多数重点建设项目档案工作，已作为项目工作的内容之一受到项目法人单位的重视，明确分管领导，建立档案管理机构，配备专职或兼职档案人员对档案进行收集、整理。同时，调研组也指出个别重点建设项目档案工作的不足之处，如体制不健全，档案人员业务素质低，档案保管条件有待改善等问题。

2005 年 9 月，省人大常委会教科文卫工委组织执法调研组，分别对合肥、亳州、巢湖、宣城四市及部分县、区实施《中华人民共和国档案法》《安徽省档案条例》情况进行调研。调研之后，省人大常委会教科文卫工委形成题为《加强综合档案馆建设提高档案信息利用效率》的调研报告，刊发在省人大常委会办公厅主办的《调研与视察》2006 年第 1 期上。调研报告肯定全省档案事业建设所取得的成绩，指出存在的主要问题，即档案工作发展不平衡、综合档案馆建设严重滞后，档案馆服务功能薄弱、档案信息化建设力度不够等。为此，报告建议进一步加强对档案工作的领导，进一步加强档案馆舍等基础设施建设、进一步加强档案信息化建设、进一步加强对档案法律法规执行情况的监督检查。2006 年 2 月，省委常委、省委秘书长张学平，省人大常委会副主任黄岳忠，省政府秘书长张俊分别对调研报告作出批示，要求各地各部门采取措施，切实解决档案工作中存在的问题。

省政府的监督　1988 年 5 月 20 日，省政府办公厅发出《关于对贯彻实施〈中华人民共和国档案法〉情况进行检查的通知》，决定成立联合检查组，省政府秘书长赵怀寿任组长，省档案局、省人大法工委、省司法厅、省政府办公厅法制机构负责人为成员。在省政府的统一领导和组织下，自 1988 年 8 月下旬至 9 月下旬，在各地和有关单位自查的基础上，先后抽查 139 个省直单位和 49 个地（市）县（市）档案局（馆），3 个城建档案馆。此次检查，促进《中华人民共和国档案法》的贯彻实施。

省档案局与有关部门的监督　1999 年 10 月 18 日至 22 日，省档案局、省法制局联合组成检查组，对滁州、蚌埠、淮北、淮南四市贯彻执行档案法律法规情况进行检查。检查组认为。四市在实施《中华人民共和国档案法》《安徽省档案条例》方面做大量工作，其表现是档案法律法规宣传成绩突出，对档案工作领导和投入得到加强，档案工作初步迈入法制轨道。对检查中发现的档案行政执法部门主体资格不明问题，省档案局、省法制局联合向省政府提交书面报告。

2003 年 4 月，省档案局与省重点建设工程项目领导小组办公室联合对全省重点建设工程项目贯彻执行档案法律法规情况进行检查，促进全省重点建设项目法人单位将档案工作纳入法人责任制、招标投标制、工程监理制和合同管理制之中。

2005 年 8 月 8 日至 15 日，省档案局、省教育厅联合组成两个检查组，对合肥学院、安徽职业技术学院等 14 所高等院校贯彻执行档案法律法规情况进行检查。从检查情况看，省属高校贯彻实施档案法律法规总体情况是好的，具体表现为：档案工作领导体制依法建立，档案管理机制初步形成，档案保管条件有所改善，档案利用服务初见成效。检查组也发现受检高校档案工作存在的问题，即高校档案工作发展不平衡，有关档案工作的规章制度落实不力，档案保管条件仍显不足，档案信息化工作滞后。对于检查情况，省档案局与省教育厅联合进行通报，要求受检高校对存在的问题进行梳理，并予以整改。

附　录

安徽省档案条例

（1997年11月2日安徽省第八届人民代表大会常务委员会第三十四次会议通过；根据2004年6月26日安徽省第十届人民代表大会常务委员会第十次会议通过，2004年6月26日安徽省人民代表大会常务委员会公告第40号公布，自2004年7月1日起施行的《安徽省人民代表大会常务委员会关于修改〈安徽省档案条例〉的决定》第一次修正；根据2010年8月21日安徽省第十一届人民代表大会常务委员会第二十次会议通过，2010年8月23日安徽省人民代表大会常务委员会公告第27号公布，自公布之日起施行的《安徽省人民代表大会常务委员会关于修改部分法规的决定》第二次修正）

第一章　总则

第一条　为了加强档案事业建设，有效地保护和利用档案，为国民经济和社会发展服务，根据《中华人民共和国档案法》和有关法律、法规，结合本省实际，制定本条例。

第二条　本条例所称档案，是指过去和现在的国家机构、企业事业单位、社会组织以及个人从事政治、军事、经济、科学、技术、文化、宗教等活动直接形成的对国家和社会有保存价值的各种文字、图表、声像等不同形式的历史记录。

第三条　本省行政区域内的国家机关、党派、团体、武装部门、企业事业单位和其他组织（以下统称单位）以及公民都有保护档案的义务。

第四条　各级人民政府应当加强对本行政区域内档案工作的领导，把档案事业的建设列入国民经济和社会发展计划，建立健全档案机构，确定必要的人员编制，统筹安排发展档案事业所需的经费，逐步实现档案管理现代化。

第五条　各单位应当加强对档案工作的管理，为档案工作创造条件，保障档案工作的开展。

第六条　档案工作实行统一领导、分级管理的原则，维护档案的完整与安全，便于社会各方面利用。

第七条　各级人民政府应当对在档案工作中作出显著成绩的或者向国家捐赠重要、珍贵档案的单位和个人给予表彰和奖励。

第二章　档案机构及其职责

第八条　省档案行政管理部门主管全省档案事业，对全省的档案工作实行统筹规划，组织协调、监督和指导。

市（地）、县（市、区）档案行政管理部门主管本行政区域内的档案工作，并实行监督和指导。

乡（镇）人民政府应当确定专人负责本机关的档案工作，并对所属单位和村民委员会、居民委员会的档案工作进行指导。

第九条　县级以上人民政府档案行政管理部门应积极开展档案法律、法规的宣传工作，依法行使档案执法监督检查权，加强对企业事业单位档案工作的监督和指导，并依法对违反档案法律、法规的行为进行查处。

第十条　各单位的档案机构及其工作人员负责保管本单位的档案，并对所属单位的档案工作进行监督和指导。

省人民政府各部门的档案机构，经省档案行政管理部门审定，可以制定本系统专业档案工作的业务标准和技术规范。

第十一条　县级以上各级各类档案馆,是集中管理档案的文化事业机构,负责接收、收集、整理、保管和提供利用各分管范围内的档案。

综合档案馆按县级以上行政区划设置。专门档案馆和部门档案馆的设置由省档案行政管理部门统筹规划，报省人民政府批准。综合档案馆、专门档案馆和部门档案馆收集档案的范围，由省档案行政管理部门会同省有关主管部门制定。

企业、事业单位设置档案馆及其收集档案的范围，按国家和省有关规定执行。

第十二条　从事档案工作和档案鉴定、评估的人员，应当具备专业知识。

第三章　档案的管理

第十三条　单位及其工作人员在公务活动中形成的材料，按照国家有关规定属于归档范围的，应定期完整地向本单位档案机构或者档案工作人员移交，集中管理，其它部门和个人不得据为己有或者拒绝归档。

第十四条　单位必须按国家规定，定期向档案馆移交档案。

第十五条　举办重大的政治、经济、科学、技术、文化、卫生、体育、外事、宗教等活动，组织和承办单位应当通知同级档案行政管理部门；活动中形成的材料应当收集齐全，并在活动结束之日起60日内到同级档案行政管理部门办理档案登记。

第十六条　基本建设工程和技术改造项目验收、科学技术成果鉴定、重要设备开箱和其他技术项目的验收、鉴定，应有本单位的档案工作人员参加，验收应当归档的材料。

县级以上人民政府确定的重点建设工程和重大科学技术研究项目形成的档案，由同级档案行政管理部门和有关主管部门的档案机构验收。

第十七条　综合档案馆应当加强对具有地方特色的档案、重大事件档案和著名人物档案的收集和保护。

第十八条　综合档案馆和专门档案馆可以向社会征集、征购档案，可以接受捐赠寄存的档案。

第十九条　档案所有权的确认和变更，按照国家和省有关规定执行。

第二十条　档案馆和其他档案机构应当建立、健全档案管理制度，配置适宜保管档案的库房、设施和设备，采用先进技术和消防措施等，确保档案的安全。

第二十一条　销毁档案必须按国家规定的程序和办法进行。禁止擅自销毁档案。

第二十二条　禁止出卖属于国家所有的档案。

属于国家所有的档案的复制件，需要赠送、交换、出卖的，按国家有关规定办理。

第二十三条　集体所有的和个人所有的对国家和社会具有保存价值或者应当保密的档案，档案所有者应当妥善保管。

前款所列档案，档案所有者可以向综合档案馆和专门档案馆捐赠、寄存或者出卖。需要向综合档案馆和专门档案馆以外的单位或者个人出卖的，应当按照国家有关规定由县级以上人民政府档案行政管理部门批准。禁止倒卖牟利。禁止卖给或者赠送给外国人。

第二十四条　属于国家所有的档案和本条例第二十三条第一款所列的档案以及这些档案的复印件，单位和个人需要携带、运输、邮寄出境的，应报省档案行政管理部门审批。海关凭批准文书查验放行。

第四章　档案的利用和公布

第二十五条　档案馆和其他档案机构应当改善条件，简化手续，为各方面利用档案服务。

第二十六条　利用和公布档案，应当遵守国家保密规定，不得损害国家、集体或者个人的合法权益；涉及知识产权的，必须遵守法律、法规有关保护知识产权的规定。

第二十七条　档案馆应当按国家规定向社会开放档案；定期公布开放档案的目录。

综合档案馆和专门档案馆保管的档案，按国家法律法规规定的期限和条件向社会开放。已到开放期限的档案，档案馆必须审查。涉及国家安全或者重大利益以及其他到期需要保密不宜开放的档案，可以延期开放。

第二十八条　档案馆提供利用的档案，应当用复制件或者缩微品代替原件。档案的复制件和缩微品，盖有档案保管单位印章的，具有与档案原件同等的效力。

第二十九条　单位和个人持有介绍信或者工作证、身份证等合法证明，可以利用已经开放的档案。利用未开放的档案，必须经档案保管单位同意，必要时应报其上级主管部门审查批准。

外国组织或者外国人利用已经开放或未开放的档案，必须遵守我国有关法律法规的规定。

第三十条　利用档案不得擅自抄录、复制，不得勾画、涂改、伪造、损毁和丢失。

第三十一条　档案馆提供利用档案和开展咨询服务，按国家和省有关规定收取费用。

单位或者个人利用其移交、捐赠、寄存的档案，档案馆应当无偿服务并优先提供。

档案馆向社会提供利用寄存的档案，应当征得寄存者的同意。

第三十二条　向社会公布档案，除按《中华人民共和国档案法实施办法》的规定执行外，还可以采取计算机网络传输的形式。

第三十三条　属于国家所有的档案，在档案馆保管的，由档案馆公布。重要档案的公布应征得档案形成单位的同意，或者报有关主管部门批准。

其他档案机构保管的档案，由所在单位公布。重要档案的公布需报有关主管部门批准。

个人所有的档案，档案所有者有权公布，但必须遵守国家有关规定。

任何单位和个人不得擅自公布不属于自己所有的档案。

第三十四条　档案馆和其他档案机构应当加强对档案的研究、整理，有计划地编辑出版档案材料。

第五章　法律责任

第三十五条　有下列行为之一的，由县级以上人民政府档案行政管理部门责令限期改正，并可视情节轻重，提出处分意见，由有关主管部门对直接负责的主管人员或者其他直接责任人员给予行政处分：

（一）擅自设置档案馆的；

（二）擅自从事档案鉴定、评估活动的；

（三）未按国家规定办理档案登记的；

（四）未按国家规定向社会开放和提供利用档案的。

第三十六条　有下列行为之一的，由县级以上人民政府档案行政管理部门、有关主管部门对直接负责的主管人员或者其他直接责任人员依法给予行政处分；构成犯罪的，依法追究刑事责任：

（一）损毁、丢失属于国家所有的档案的；

（二）擅自提供、抄录、公布、销毁属于国家所有的档案的；

（三）涂改、伪造档案的；

（四）擅自出卖或者转让档案的；

（五）倒卖档案牟利或者将档案卖给、赠送给外国人的；

（六）未按国家规定归档或者未按期移交档案的；

（七）明知所保存的档案面临危险而不采取保护措施，造成档案损失的；

（八）档案工作人员玩忽职守，造成档案损失的。

在利用档案馆的档案中，有前款第一项、第二项、第三项违法行为的，由县级以上人民政府档案行政管理部门给予警告，对单位可以并处 2000 元以上 10000 元以下罚款，对个人可以并处 200 元以上 1000 元以下罚款；造成档案损失的，责令赔偿损失。赔偿的数额依据所损失档案的价值及损坏程度确定。

有本条第一款第四项、第五项违法行为的，由县级以上人民政府档案行政管理部门给予警告，可并处 500 元以上 10000 元以下罚款；有违法所得的，没收违法所得，并依法征购所出卖或者赠送的档案。

第三十七条　违反本条例第二十四条的规定，擅自携带、运输、邮寄档案或者档案复制件出境的，由海关予以没收，可以并处罚款；并将没收的档案或者档案复制件移交档案行政管理部门；构成犯罪的，依法追究刑事责任。

第三十八条　收缴罚款必须使用省财政部门统一制发的罚款收据。罚款和没收违法所得全额上交国库。

第三十九条　有关主管部门对违反本条例第三十五条、第三十六条所列行为的人员给予行政处分，应将处分结果告知同级档案行政管理部门。

第四十条　拒绝、阻碍档案行政管理部门及其工作人员依法执行职务的，由公安机关依照《中华人民共和国治安管理处罚法》的规定处罚；构成犯罪的，依法追究刑事责任。

第四十一条　当事人对行政处罚决定不服的，可以依法申请行政复议或者提起诉讼。当事人逾期不履行处罚决定的，由作出处罚决定的机关申请人民法院强制执行。

第六章　附则

第四十二条　本条例适用中的具体问题由省档案行政管理部门负责解释。

第四十三条　外商投资企业档案的管理按国家有关规定执行。

第四十四条　本条例自 1998 年 1 月 1 日起施行。

安徽省档案征集办法

2004年3月16日安徽省人民政府第12次常务会议通过，安徽省人民政府令（第163号）2004年3月20日发布，自2004年5月1日起施行。

第一条　为了征集散存、散失的档案，防止档案的损毁和流失，维护档案的完整与安全，根据《中华人民共和国档案法》和《安徽省档案条例》等法律、法规的规定，结合本省实际，制定本办法。

第二条　本办法所称档案，是指过去和现在的国家机构、社会组织以及个人从事政治、军事、经济、科学、技术、文化、宗教等活动直接形成的对国家和社会有保存价值的各种文字、图表、声像等不同形式的历史记录。

本办法所称档案征集，是指本省各级国家档案馆（以下简称“档案馆”）依照本办法规定，将散存、散失的档案收集进馆的行为。

第三条　县级以上地方人民政府应当加强对档案征集工作的领导，将档案征集所需经费列入财政预算，对向国家捐赠重要、珍贵档案以及在档案征集工作中取得显著成绩的单位和个人给予表彰、奖励。

第四条　县级以上地方人民政府档案行政管理部门主管档案征集工作，指导、监督同级或者下级档案馆征集档案，查处档案征集中的违法行为。

第五条　本省行政区域内的单位和个人，对档案征集工作应当予以支持和协助。

第六条　档案馆负责征集本馆保管范围内的档案。

第七条　散存、散失的具有永久保存价值的下列档案，应当予以征集：

(一) 中华人民共和国成立以前，安徽地区的单位以及个人形成的档案；

(二) 中华人民共和国成立以后，对国家和社会具有保存价值或者应当保密的档案，主要包括：

1．中国共产党领导人、国家领导人在安徽从事公务活动形成的档案；

2．原籍安徽或者曾在安徽活动过的知名人士、专家学者、革命烈士、有影响的华侨和境外华人的档案；

3．外国和国际组织领导人、知名人士在安徽活动形成的档案；

4．安徽境内的国家、省、市重点建设工程和重大科学技术研究项目形成的档案；

5．安徽境内的重大活动、重大事件和严重自然灾害形成的档案；

6．安徽境内的世界自然遗产、文化遗产、历史文化名城、历史文化保护区、风景名胜区、自然保护区档案；

7. 具有安徽地方特色的其他档案。

第八条　征集档案的方式：

(一)接受捐赠；

(二)接受寄存；

(三)收购；

(四)代为保管；

(五)征购；

(六)接受移交；

(七)其他合法方式。

第九条　档案馆征集档案，应当有 2 名以上工作人员共同进行。征集档案时，档案征集人员应当主动出示表明身份和工作任务的证明文件。

档案征集人员应当自征集完成之日起 10 日内将征集到的档案交档案馆。档案馆应当将征集的档案登记造册。

第十条　在征集中，对档案的真伪或者价值有异议的，档案馆或者档案所有人可以将其提请档案鉴定委员会鉴定、评估。

档案鉴定委员会由省档案行政管理部门聘请有相关知识的专家组成。鉴定、评估档案，应当有 3 名以上相关专家共同进行。

第十一条　鼓励单位和个人向档案馆捐赠档案。

接受捐赠的档案馆，应当向捐赠者颁发档案捐赠荣誉证书。

向档案馆捐赠档案的单位和个人，对其捐赠的档案有优先和无偿利用的权利，并可以对所捐赠的档案中不宜向社会公开的部分提出限制他人利用的意见，档案馆应当维护捐赠者的合法权益。

第十二条　属于集体、个人所有以及其他不属于国家所有的档案，档案所有人可以向档案馆寄存。接受寄存的档案馆与寄存人应当签订档案寄存书面协议。

第十三条　属于集体、个人所有以及其他不属于国家所有的档案，档案所有人可以向档案馆出售。档案的收购价格，由档案馆与出售人协商确定。

前款所述档案，其所有人向档案馆以外的单位或者个人出售的，应当经县级以上地方人民政府档案行政管理部门批准。

第十四条　属于集体、个人所有以及其他不属于国家所有的档案，由于保管条件恶劣或者其他原因可能严重损毁、灭失、丢失的，档案馆有权采取代为保管措施。

采取档案代为保管措施的，档案馆应当向档案所有人出具代为保管凭证，并不得收取代为保管的费用。

公布或者提供他人利用代为保管的档案，档案馆应当征得档案所有人的同意。

第十五条　属于集体、个人所有以及其他不属于国家所有的档案，由于保管条件恶劣或者其他原因可能严重损毁、灭失、丢失的，档案所有人不愿向档案馆捐赠、寄存或者出售的，档案馆可以征购。征购档案的价格，由档案鉴定委员会评估确定。

第十六条　本办法第七条所列档案，属于国家所有的，档案持有人必须按照档案法律、法规的规定，向所在单位的档案室或者有关的档案馆移交。

国家所有的档案，禁止出售或非法转让。

第十七条　档案馆可以跨区域或者向境外征集档案。

第十八条　档案馆应采取有效措施，确保征集进馆档案的安全

第十九条　档案征集人员将征集的档案据为已有的，由县级以上地方人民政府档案行政管理部门责令其交档案馆，并依法给予行政处分；造成损失的，依法赔偿损失；构成犯罪的，依法追究刑事责任。

第二十条　违反本办法第十一条第三款、第十四条第三款规定，给档案所有人造成不利影响或者损失的，档案馆应当消除影响、赔偿损失，并依法给予直接负责的主管人员或者其他直接责任人员行政处分。

第二十一条　违反本办法第十六条第一款规定，不移交持有的国家所有的档案的，由县级以上地方人民政府档案行政管理部门责令其限期移交；逾期拒不移交的，由县级以上地方人民政府档案行政管理部门申请人民法院强制执行。国家工作人员持有国家所有的档案拒不移交的，由有关主管部门给予行政处分。

第二十二条　违反本办法第十六条第二款规定，擅自出售、转让国家所有的档案，情节严重的，依法追究刑事责任。

第二十三条　本办法自 2004 年 5 月 1 日起施行。

安徽省地方标准 DB34/T 450-2004

《文书档案文件级目录数据库结构与著录细则》

本标准由安徽省档案馆起草，安徽省质量技术监督局2004年6月8日发布，2004年6月15日实施

1 范围

本标准规定了文书档案文件级目录数据库结构与著录细则的术语和定义、数据库结构和著录细则。

本标准适用于档案馆、档案室建立中华人民共和国成立以来的文书档案文件级目录数据库，亦可作为编制相关档案管理软件、档案全文数据库和多媒体数据库的目录管理系统以及建立其他专门档案目录数据库的参考。

2 规范性引用文件

下列文件中的条款通过本标准引用而成为本标准的条款。凡是注日期的引用文件，其随后所有的修改单（不包括勘误的内容）或修订版均不适用于本标准，然而，鼓励根据本标准达成协议的各方研究是否可使用这些文件的最新版本。凡是不注日期的引用文件，其最新版本适用于本标准。

GB/T1988-1989 信息处理 信息交换用七位编码字符集

GB 2312-1980 信息交换用汉字编码字符集 基本集

GB 11714-1997 全国组织机构代码编制规则

GB/T 15418-1994 档案分类标引规则

GB 18030-2000 信息技术 信息交换用汉字编码字符集 基本集的扩充

DA/T 1-2000 档案工作基本术语

DA/T 13-1994 档号编制规则

DA/T 18-1999 档案著录规则

DA/T 19-1999 档案主题标引规则

DA/T 22-2000 归档文件整理规则

档案出版社 中国档案分类法（1997年）

档案出版社 中国档案主题词表（1995年）

国家档案局 编制全国档案馆名称代码实施细则（国档发〔1987〕4号）

3 术语和定义

DA/T 1-2000确立的以及下列术语和定义适用于本标准。

3.1 著录项目 items of description

揭示档案内容和形式特征的记录事项。包括题名、文件编号、责任者、密级与保管期限、控制标识、时间、分类号、档案馆代码、档号、缩微号、组织机构代码、电子文档号、脱机载体编号、稿本、载体形态、主题词和关键词、人名、附件、提要与附注等。

3.2 著录格式 format of description

著录项目（3.1）在条目中的排列顺序及其表达方式。

3.3 数据库 database

按照概念结构组成的存储档案内容和形式特征的数据的集合。

3.4 数据字段 data field

数据库（3.3）中与著录项目相对应的描述档案某一特定内容或形式特征的数据集合。

3.5 字段名 field name

标识数据字段（3.4）名称的一组符号。

3.6 字段类型 field type

各字段对应内容的数据类型。本标准涉及4种数据类型：定长字符型、数值型（整型）、文本型、可变长字符型。

3.7 字段长度 field width

数据字段（3.4）中可存放数据的最大字节数。

3.8 数据记录 data record

数据库（3.3）中由若干数据字段（3.4）组成，描述著录条目的数据集合。

3.9 电子文档号 code of electronic records

档案馆（室）管理电子文件的一组代码。

3.10 脱机载体编号 code of off-line medium

反映归档电子文件的脱机存储载体排列顺序的一组代码。

3.11 题名 title

又称标题、题目，是表达档案中心内容、形式特征的名称。

3.12 责任者 name of author

也称作者，是指对档案内容进行创造、负有责任的团体或个人。

3.13 文件编号 record number

文件制发过程中由制发机关、团体或个人赋予文件的顺序号。

3.14 控制标识 control identifier

档案馆对已开放或应控制使用的档案所赋予的标记。

3.15 分类号 classified code

依据《中国档案分类法》和 DA/T 18 的有关规定标识的类目代码。

3.16 缩微号 code of archival microform

档案馆（室）赋予档案缩微制品的编号。

3.17 载体类型 type of medium

档案信息载体物质形态的种类。

3.18 载体数量 quantity of medium

档案信息载体物质形态的统计数字。

3.19 载体单位 unit of medium

档案信息载体物质形态的统计单位。

3.20 载体规格 specification of medium

档案信息载体物质形态的尺寸及型号。

4 数据库结构

文件级目录数据库中的数据记录，由 36 个数据字段组成（见表 1）

表 1　文件级目录数据库数据字段一览表

字　段（著录项目）	字段名	字段类型	字段长度	档案馆		档案室	
				必著	可否空	必著	可否空
题　名	TM	C	254	*	△	*	△
文件编号	WJBH	C	50	*		*	
责任者	ZRZ	C	100	*	△	*	△
密　级	MJ	C	4	*		*	
保密期限	BMQX	C	8	*		*	
保管期限	BGQX	C	4	*	△	*	△
控制标识	KZBS	C	4	*			
时　间	SJ	C	8	*	∧	*	△
分类号	FLH	C	30				
档案馆代码	DAGDM	C	6	*	△		
全宗号	QZH	C	4	*	△	*	
目录号	MLH	C	8	*			

续表 1

字　段（著录项目）	字段名	字段类型	字段长度	档案馆		档案室	
				必著	可否空	必著	可否空
室编卷号	SBAJH	N	6			*	△△
馆编卷号	GBAJH	N	6	*	△△		
室编件号	SBJH	N	4			*	△
馆编件号	GBJH	N	6	*	△		
页　号	YH	C	10	*	△△	*	△△
年　度	ND	N	4	*	△△△	*	△
机构（问题）	JG	C	20			*	
盒　号	HH	N	5				
档　号	DH	C	50	*	△	*	△
缩微号	SWH	C	21	*		*	
组织机构代码	ZZJGDM	C	9	*		*	
电子文档号	DZWDH	C	180	*		*	
脱机载体编号	TJZTBH	C	18	*		*	
稿　本	GB	C	6				
载体类型	ZTLX	C	4	*		*	
载体数量	ZTSL	N	4	*	△	*	△
载体单位	ZTDW	C	4				
载体规格	ZTGG	C	10				
主题词	ZTC	C	50				
关键词	GJC	C	50				
人　名	RM	Text					
附　件	FJ	Var Char	254				
提　要	TY	Var Char	254				
附　注	FZ	Var Char	254				

注1：文件级目录数据库结构，按以上所给出的字段名称及其它属性进行定义。

注2：字段类型中的“C”表示定长字符型，“N”表示数值型（整型），“Text　　T”表示文本型，“Var Char”表示可变长字符型，如果使用的数据库管理系统不支持可变长字符型，可以用相应长度的定长字符型代替。

注3：数据字段中的字符代码应符合GB/T 1988、GB 2312、GB 18030的规定。

注4：本表中“*”表示为必著项目；“△”表示该项不能为空值；“△△”表示著录按立卷方式整理的档案文件级目录时，该项不能为空值；“△△△”表示著录按《归档文件整理规则》整理的档案文件目录时，该项不能为空值。

5 著录细则

5.1 题名

5.1.1 正题名

5.1.1.1 正题名是档案的主要题名，一般指单份文件文首的题目。照原文著录。

5.1.1.2 单份文件没有题名，应依据其内容拟写题名，并加“[ ]”号

5.1.1.3 单份文件题名不能揭示或不能全面揭示其内容时，原题名照录，并根据其内容另拟题名附后，加“[ ]”号。

5.1.1.4 单份文件题名过于冗长时，在不丢失重要信息和损伤原意的情况下，可删去冗余部分，节略内容用“...”号表示。

5.1.1.5 正文与附件一般为一件，用正文题名作为本件题名。附件题名必要时在附件项中著录。

5.1.1.6 转发文与被转发文一般为一件，用转发文题名作为本件题名。转发文题名不能揭示被转发文主要内容时，原题名照录，同时著录被转发文题名或另拟能揭示被转发文主题的题名附后，并加“[ ]”号。

5.1.1.7 来文与复文为一件时，用复文题名作为本件题名。

5.1.2 副题名及说明题名文字

5.1.2.1 副题名是解释或从属于正题名的另一题名。正题名能够揭示档案内容时，副题名不必著录。必要时副题名照原文著录在正题名之后。

5.1.2.2 说明题名文字是指在题名前后对档案内容、范围、用途等的说明文字。一般不需著录，必要时照原文著录在正题名之后。

5.1.2.3 副题名及说明题名文字前加“：”号。

示例：强化目标管理 推动机关档案工作发展：章明同志在市直机关档案工作会议上的讲话

5.1.3 并列题名

并列题名是以第二种语言文字书写的与正题名对照并列的题名，与正题名一并著录在题名项中，并列题名前加“=”号。

5.2 文件编号

5.2.1 文件发文字号一般由机关代字、年度和顺序号三部分组成。年度用4位阿拉伯数字表示，著录于“〔 〕”号内。顺序号用阿拉伯数字表示。其余照原文字著录。

5.2.2 科研实验报告流水号、标准规范类文件的统编号、图号等，依原文件编号据实著录。

5.2.3 文件上有多个文件编号时，一般只著录主办单位的文件编号，若立档单位是联合发文机关之一的，也必须著录立档单位的文件编号。文件编号之间以“；”号分隔。

5.3 责任者

5.3.1 责任者为团体责任者和个人责任者两种。

5.3.2 责任者只有一个时，照原文著录。

5.3.3 责任者有多个时，著录列居首位的责任者。主办单位是责任者的必须著录，立档单位是责任者的必须著录，上级主管部门是责任者的必须著录，其余视需要著录。被省略的责任者用“[等]”表示。责任者之间以“；”号分隔。多个责任者具有同一职责或身份又必须著录时，可将职责或身份置于最末一个责任者后的“( )”号中，责任者之间以“，”号分隔。同一责任者有多个职责或身份又必须著录时，可将多个职责或身份置于责任者后的“（ ）”号中，职责或身份之间以“，”号分隔。

5.3.4 机关团体责任者必须著录全称或规范的简称，并保持前后一致。

5.3.5 个人责任者一般只著录姓名，必要时在姓名后著录职务、职称，并加“（ ）”号，个人责任者有多种职务时，只著录与形成文件相关的职务；外国责任者姓名前应著录易于识别的国名简称，其后著录统一的中文译名，必要时著录姓氏原文和名的缩写，国别、姓氏原文和名的缩写均加“（ ）”号；少数民族个人责任者在著录时应按民族的署名习惯著录。

5.3.6 文件所署责任者为别名、笔名时，均照原文著录，将其真实名称附后，并加“（ ）”号。

5.3.7 未署责任者的文件，应著录根据其内容、形式特征考证出的责任者，并加“[]”号；考证无结果时，用三个“□”代之。

5.3.8 文件责任者不完整时，应照原文著录，将考证出的完整责任者附后，并加“[]”号。

5.3.9 文件责任者有误，应照原文著录，将考证出的真实责任者附后，并加“[]”号。

5.3.10 考证出的责任者根据不足时，在其后加“？”号，一并著录于“[]”号内。

5.4 密级与保管期限

5.4.1 密级

5.4.1.1 密级分为公开级、限制级、秘密级、机密级、绝密级。

5.4.1.2 密级的标识采用汉字代码，即“公开”“限制”“秘密”“机密”“绝密”。

5.4.1.3 一般按文件形成时所定密级著录。对已升、降密级的文件，应著录新的密级；对已解密的文件，应著录“解密”；公开级可不著录。

5.4.2 保密期限

据实著录。

5.4.3 保管期限

5.4.3.1 保管期限是指根据档案价值确定的档案应该保存的时间，一般分为永久、长期、短期三种。据实著录。

5.4.3.2 保管期限更改的，应著录新的保管期限。

5.5 控制标识

控制标识分为开放、控制两种。确定为开放的档案，著录为“开放”；确定为控制利用的档案，著录为“控制”。

5.6 时间

5.6.1 成文时间

是指文件形成时间。一般公私文书、信札为发文时间，决议、决定、命令、法令、规程、规范、标准、条例为通过或发布时间，条约、合同、协议为签署时间，技术评审证书、技术鉴定证书为通过时间，获奖证书、发明证书、专利证书为颁发时间，学术论文为发表时间等。

5.6.2 考证时间

时间系考证得出的，应在附注中加以说明。

5.6.3 时间表示方法

基本格式为 CCYYMMDD，用 8 位阿拉伯数字表示，其中 [CCYY] 表示一个日历年，[MM] 表示日历年内日历月的顺序数，[DD] 表示日历月中日历日的顺序数。时间不详时用数字“0”表示，同时在附注中加以说明。

示例：00000728，即表示年度不详，月、日为 7 月 28 日。

5.7 编号

5.7.1 分类号

依据《中国档案分类法》和 GB/T 15418 等有关规定进行著录，多个分类号之间以“+”号分隔。

5.7.2 档案馆代码

依据《编制全国档案馆代码实施细则》所赋予的代码，据实著录。

5.7.3 档号

按立卷方式整理的档案，依据 DA/T 13 的规定进行著录。

按《归档文件整理规则》整理的档案，依据 DA/T 22 等有关规定著录归档文件编号。

5.7.3.1 全宗号

档案馆给定每个全宗的代码。据实著录。

5.7.3.2 目录号

全宗内案卷所属目录的代码。据实著录。

5.7.3.3 室编卷号

档案室编制的案卷顺序号。据实著录。

5.7.3.4 馆编卷号

档案馆编制的案卷顺序号。据实著录。

5.7.3.5 室编件号

按立卷方式整理的档案，依据卷内文件的顺序号著录；按 DA/T 22 整理的档案，依据分类方案的最低一级类目内的文件排列顺序号著录。

5.7.3.6 馆编件号

按进馆要求标注。

5.7.3.7 页号

一般著录案卷内每一件文件的首页号，最后一件文件著录起讫页号 5.7.3.8 年度

依据文书立卷和按 DA/T 22 整理档案时年度分类结果著录。以 4 位阿拉伯数字标注公元纪年。

5.7.3.9 机构（问题）

依据文书立卷和按 DA/T 22 整理档案时机构（问题）分类结果著录。

5.7.3.10 盒号

档案盒的排列顺序号。据实著录。

5.7.4 缩微号

著录文件首页所在画幅的缩微号。

5.7.4.1 缩微卷片号

由组织机构代码、盘号和画幅号组成。据实著录。

5.7.4.2 缩微平片号

由组织机构代码、平片号和画幅号组成。据实著录。

5.7.5 组织机构代码

依据 GB 11714 所赋予的代码著录。单位档案机构著录本单位的组织机构代码，档案移交进馆后重新著录档案馆的组织机构代码。

5.7.6 电子文档号

由档号、电子文件数位号、文件扩展名三部分组成，其格式为“档号（电子文件数位号）. 扩展名”。

示例 1：档号为“××××-×××××××××-×××××××-×××××××”的纸质文件，所对应的电子文件仅 1 份，为 TXT 格式，则该电子文件的电子文档号表示为“××××-×××××××××-×××××××-×××××××（1–1）.TXT”。

示例 2：档号为“××××-×××××××××-×××××××-×××××××”的纸质文件，所对应的电子文件有 2 份，第一份文件为 TXT 格式，则该电子文件的电子文档号表示为“××××-×××××××××-×××××××-×××××××（2–

1）.TXT”；第 2 份文件为 RTF 格式，则该电子文件的电子文档号表示为“××××-××××××××-××××××-××××××（2-2）.RTF”。电子文档号依次著录，用“||”分隔。

5.7.7 脱机载体编号

由组织机构代码、存储载体代码、排列顺序号三部分组成。其格式为“组织机构代码-存储载体代码-排列顺序号”，组织机构代码按 5.7.5 规定标识；存储载体代码用字母表示，“CD”表示光盘，“MT”代表磁带，“MD”代表磁盘；顺序号用阿拉伯数字表示。

示例：485001801-CD-1，表示安徽省档案局（安徽省档案馆）-光盘-第 1 盘。

5.8 稿本

稿本是指档案文件的文稿、文本。稿本项依实际情况著录为草稿、定稿、手稿、草图、原图、蓝图、正本、副本、试行本、修订本、影印本、各种文字本等。

5.9 载体形态

5.9.1 载体类型

一般可区分为纸张、胶片、磁带、磁盘、光盘等。以纸张为载体的档案一般不予著录，其他载体类型据实著录。用汉字表示。

5.9.2 载体数量

用阿拉伯数字表示。

5.9.3 载体单位

一般用“页”“卷”“盒”“盘”“米”“片”等来标识。

5.9.4 载体规格

据实著录。

5.10 主题词和关键词

5.10.1 主题词

依据《中国档案主题词表》和 DA/T 19 及本专业、本单位的规范化词表进行著录，各词之间用 1 个空格分隔。

5.10.2 关键词

著录取自文件题名或正文用以表达档案主题并具有检索意义的词或词组，各词之间用 1 个空格分隔。

5.11 人名

著录档案内容中所涉及的具有检索意义的人名，方法参照 5.3.5，多个人名之间以“，”号分隔。

5.12 附件

正文题名不能揭示附件主题，或附件具有独立检索意义时，著录附件题名，方法参照 5.1。附件之间以“+”号分隔。

5.13 提要与附注

5.13.1 提要

提要项是对文件内容的简介，应反映其主要内容、重要数据。提要内容依汉语的语法和标点符号使用法著录。

5.13.2 附注

著录档案中需要解释和补充的事项。附注项的内容依各项目的顺序著录，项目以外需要解释和补充的列在其后。附注之间以一个空格分隔。

5.13.2.1

各著录项目中需要注明的事项。

a) 题名附注：注明同一文件的不同题名或其他称谓。

示例：题名又称“工业三十条”

b) 时间附注：时间系考证得出的，著录“时间系考证”；时间项著录的是非文件形成时间，应在附注中说明系何种时间。

5.13.2.2 著录项目以外需要注明的事项

a) 被著录文件有不同稿本者应予注明。

b) 被著录文件另有其他载体形式者应予注明。

c) 被著录文件的来源为捐赠、购买、交换、复制、寄存、征购、代为保管等情况时应予注明。

d) 被著录文件经考证为赝品者应予注明。

e) 被著录文件关系密切的相关文件应予注明。

f) 除上述附注内容外，需要注明的其他事项。

附录 A

（资料性附录）

标识符号

a）	[ ]	置于自拟题名、被考证出内容及标识责任者省略时“等”字的两端。
b）	…	标识节略的内容。
c）	:	置于副题名及说明题名文字前。
d）	=	置于并列题名前。
e）		置于发文字号中年度的两端。
f）	;	置于多个文件编号之间、多个责任者之间。

g）　　( )　　置于有关说明文字及电子文件数位号的两端。

h）　　,　　用于同一职责、身份的多个责任者之间，同一责任者的不同职责、身份之间，多个人名之间。

i）　　□　　以图形字符表示每一个残缺文字和未考证出的中文文字。

j）　　?　　用于不能确定的著录内容，一般与“[ ]”号配合使用。

k）　　||　　置于多个电子文档号之间。

l）　　+　　置于多个附件及多个分类号之间。

m）　　-　　用于档号、电子文档号、脱机载体编号的各层次之间的连接。

安徽省档案馆开放档案实施办法

（1988年3月1日施行）

第一条　为开发档案信息资源，为社会主义现代化建设服务，根据《中华人民共和国档案法》的有关规定，结合我省具体情况，制定本办法。

第二条　档案馆应本着既维护档案完整与安全，又便于社会各方面利用的原则，分期分批地开放档案。

第三条　档案馆保管的档案，自形成之日起满30年的，除少量需要控制使用的以外，均向社会开放。国家档案局规定开放期限少于30年的，按国家档案局规定的期限向社会开放。

第四条　档案馆定期对有密级的档案提出解密意见，征得形成机关或有关主管机关同意后向社会开放。

第五条　下列档案控制使用：

（一）各级党委、党组的会议记录；

（二）涉及党内历史上有争议、尚未作出结论的重大问题的档案；

（三）各级领导干部批评与自我批评的档案；

（四）各级领导干部和社会著名人物的政治历史档案；

（五）有关审干、信访、干部惩处的档案；

（六）有关国家军事、外交、经济、技术、重要资源以及中外产权、债权等方面的机密档案；

（七）开放后不利于国际团结、党内团结、民族团结、国家统一和统战工作等的档案。

第六条　向社会开放与控制使用的档案，要严格区分，做到界限清楚，标记显明。

第七条　开放的档案均应整理编目，并备有检索工具，供利用者查找。

第八条　珍贵档案，应以复制件代替原件提供利用。

第九条　凡我国公民和组织持有合法证明，办理调阅登记手续，均可查阅开放的档案。需要复制的，须经档案馆工作人员同意并交其办理；大量复制档案须经馆长批准。档案原件不得外借。

第十条　港澳、台湾同胞和侨胞利用档案馆开放的档案，须由有关机关介绍。

第十一条　外国人(含外籍华人)利用档案馆开放的档案，须由有关主管机关介绍，经省以上档案事业管理部门同意。

第十二条　档案利用者要爱护档案。涂改、损毁和盗窃档案的，按档案法第二十四条规定处理。

第十三条　档案馆的档案的公布、出版权属于档案馆、档案形成机关和经过授权的有关部门；未经同意，任何单位和个人不得公布和出版。

第十四条　档案可以采取自编、与有关单位合编、委托有关单位或个人编辑等形式，编辑出版档案史料。可以通过刊物、报纸、电视、广播和举办展览等方式公布档案。

第十五条　开放的档案可以在著述中引用，引用时应注明出处。

第十六条　利用档案，应缴纳少量的档案保护费。但移交、寄存档案的组织和个人利用本组织和本人的档案不缴费。具体收费办法另订。

第十七条　本办法自一九八八年三月一日起施行。

安徽省各级综合档案馆建设规范（试行）

（1990年8月20日施行）

第一章　总则

第一条　为促进我省各级综合档案馆工作发展，提高档案科学管理水平，充分发挥档案在社会主义现代化建设中的作用，根据《中华人民共和国档案法》《档案馆工作通则》和我省档案馆工作实际情况，特制订本规范。

第二条　本规范既是我省各级综合档案馆建设的依据，又是衡量其建设水平高低的尺度。

第二章　档案馆体制、机构、经费、人员

第三条　明确档案馆是文化事业机构，归口档案局管理。

第四条　制订档案馆事业发展计划，并列入当地国民经济和社会发展计划。

第五条　档案馆经费列入当地财政预算科目，其事业费随着档案馆事业发展应逐年增加。

第六条　档案馆内部设置适应工作需要的机构。地、市、县（市、区）档案馆应设置管理、编研职能机构，并确定专人负责档案保护技术工作。

第七条　档案馆按国家规定确定人员编制，并按合理的人才结构逐步配齐。

第八条　正副档案馆长应有大专以上学历或中级以上专业技术职称。

第九条　档案馆人员应具备中专（含高中）以上文化程度，其中具有大专以上学历的，省档案馆应占55%以上，地、市档案馆应占45%以上，县（市、区）档案馆应占35%以上。

第十条　档案馆人员应全部经过档案专业系统培训，并按标准评聘专业技术职务。

第十一条　档案馆人员应坚持四项基本原则，热爱本职工作，具有良好的职业道德。

第三章　档案馆建筑、设备与档案保护

第十二条　档案馆建筑符合《档案馆建筑设计规范》的技术要求，有适应全面开展档案馆工作的档案库房、办公室、调阅室和各种技术工作用房等。档案馆建筑总面积，省档案馆应为5000平方米以上，地、市档案馆应为1500平方米以上，县（市、区）档案馆应为1000平方米以上。

第十三条　有适应档案安全保护需要和方便利用的装具、去湿机、复印机、吸尘器、

空调器、照像机、收录机等。省档案馆和有条件的地、市档案馆应另配置电子计算机等现代化设备。

第十四条 档案馆库房应配置自动报警、灭火装置和比较先进的温湿度测试仪表等。

第十五条 档案保护措施全面落实。档案库房温湿度应符合国家档案局规定的标准，即温度控制在 14—24℃，相对温度控制在 45%—60%。

第十六条 对进馆的档案进行除尘、除虫和消毒处理。对馆藏档案的保管情况定期全面检查或抽查，对破损、褪色、霉变的档案进行修复和复制。

第十七条 对声像档案要单独保管，需要复制的要及时复制。

第十八条 对古老的珍贵的档案进行复制和缩微，用复制件代为调阅利用。

第十九条 馆区环境优美，馆内清洁、整齐、美观。

第四章 档案收集与管理

第二十条 接收本级机关、团体到期的永久保存的文书档案，地、市、县（市、区）档案馆同时接收长期保存的文书档案（国家另有规定的除外）。

第二十一条 接收本级各机关、团体的声像档案、经过鉴定的永久保存的会计档案和工业企业普查、农业资源调查、土壤普查、计划生育、林业“三定”等一些专业档案。

第二十二条 县（市、区）档案馆接收乡、镇机关形成的永久和长期保存的档案。

第二十三条 接收本级各直属机关、团体所属的分管某一方面工作的管理机关（如水利部门下属的水利工程局、交通部门下属的航运局和其它一些行政性质的公司等）形成的档案。

第二十四条 有选择地接收一些有代表性的本级各直属机关、团体所属的企业事业单位（如文化部门下属的文化馆、剧团，教育部门下属的学校，卫生部下属的医院，工业部下属的生产地方传统名优产品或具有特种生产工艺的工厂等）形成的具有特殊价值或地方特色的档案。

第二十五条 接收本级各单位中华人民共和国成立以前的档案。

第二十六条 接收本级撤销单位的各种档案。

第二十七条 经协商同意，接收或代存本级民主党派形成的档案。

第二十八条 经协商同意，接收或代存集体所有制单位和典型个体户、专业户形成的有重要价值的档案和著名人物形成的档案。

第二十九条 广泛地征集散存在社会上的档案史料，使馆藏档案史料具有明显的地方特色。

第三十条 收集、征购经典著作、史书、志书、工具书和其它与档案有关的资料。馆藏资料数量，省档案馆应在 2 万册以上，地、市档案馆应在 1 万册以上，县（市、区）

档案馆应在 5 千册以上。

第三十一条　馆藏档案按省档案局规定划分全宗，并建立全宗卷。

第三十二条　馆藏档案全部整理，组成案卷，案卷质量符合要求，并按省档案局规定进行系统化排列、编目和编定档号。

第三十三条　档案、资料存放和橱柜排列符合规定，并编制档案、资料存放位置示意图。

第三十四条　档案收进、移出要有严格的登记、签收和审批手续。

第五章　档案鉴定与统计

第三十五条　开展到期档案的鉴定销毁工作，销毁档案要严格按规定履行手续。

第三十六条　及时准确地完成档案馆情况统计报表填报任务。

第三十七条　建立档案设备、人员、经费、档案、资料、检索工具、编研成果等统计表册。

第六章　档案资源开放利用

第三十八条　对馆藏档案编制档案馆指南、全宗介绍、案卷目录、案卷文件目录和常用档案的专题介绍、专题目录、人员索引等。

第三十九条　对馆藏资料编制图书分类目录（或书名目录）、期刊目录、报纸目录和专题资料目录等。

第四十条　按期开放应开放的档案，编制供利用者自行检索的案卷目录、案卷文件目录和一些专题介绍、专题目录等。

第四十一条　根据《档案著录规则》，进行档案著录。

第四十二条　各种检索工具质量应符合要求。

第四十三条　各种检索工具根据使用方便可采取书本形式或卡片形式。书本式检索工具要打印和铅印。

第四十四条　开展档案咨询、来函代查与复制服务，设置珍贵档案资料陈列、展览室。

第四十五条　系统研究档案内容，并根据历史档案和其它各项工作要求，进行档案资料编纂工作。主要编纂：本地区大事记、本地区党代会简介、本地区人代会简介、本地区政协会简介、本地区档案资料汇编等。档案资料汇编，省档案馆应在 20 种以上，地、市档案馆应在 10 种以上，县（市、区）档案馆应在 5 种以上。

第四十六条　参与历史研究和编史修志工作。

第四十七条　做好档案查调借阅登记，并定期分析研究，使档案的查全率达 95% 以上，查准率达 98% 以上。

第四十八条　做好档案利用效果登记，能够比较准确地计算和说明利用档案的经济效益和社会效益。

第七章　档案馆制度建设

第四十九条　档案馆应建立以下制度：

档案馆各级人员岗位责任制；

档案接收与征集制度；

档案调阅、借阅、开放、利用与保密制度；

档案管理与库房管理制度；

档案统计、鉴定与销毁制度；

档案开放利用情况综合分析制度。

第八章　附则

第五十条　本规范自发布之日起施行。

安徽省声像档案管理暂行办法

（1991 年 2 月 21 日）

第一章 总则

第一条 为加强声像档案的管理，更好地开展利用声像档案信息资源，为社会主义现代化建设服务，特制定本办法。

第二条 声像档案是国家机构、社会组织及个人在社会公务活动中直接形成的，对国家和社会具有保存价值的照片、录音带、录像带、影视片等特殊载体的历史记录。

第三条 声像档案是一个机关单位档案的组成部分，必须由档案机构实行集中统一管理。

第四条 声像档案由摄录人员或承办部门整理后定期交本单位档案机构或档案管理人员归档，任何个人不得据为已有。

第二章 声像档案的收集范围和要求

第五条 声像档案的收集范围：

上级机关领导人到本地、本单位视察档案工作或从事其他工作活动的照片、录音带、录像带；

本单位主要领导人在其重大活动中的照片、录音带、录像带；

外宾访问本地、本单位的照片、录音带、录像带；

本单位劳动模范、知名人士和受上级表彰的先进人物及其在重要活动中的照片、录音带、录像带；

本单位举行的重要会议和重大纪念、庆祝活动的照片、录音带、录像带；

本单位在涉外活动中的照片、录音带、录像带；

本单位荣获省级以上奖励的文艺创作节（剧）目、体育运动项目以及在国内外参加表演竞赛等活动的照片、录音带、录像带；

本单位重大科技发明，荣获省级以上奖励的科研成果、名优特产品的照片、录像带；

国内外著名专家、学者、艺术家、知名人士在本地、本单位讲话、表演及从事其他重要活动的照片、录音带、录像带；

本单位专家、学者参加国内外重大学术活动和被授予荣誉学位、荣誉称号的照片、录音带、录像带；

本单位荣获县级以上领导机关授予的奖品、证书的照片、录像带；

本单位参加省级以上展览会的展品的照片、录像带；

记录本单位重大工程的基地原貌、建设过程以及竣工验收的照片、录音带、录像带；

本地区具有历史意义的建筑物、名胜古迹的照片、录像带；

本地区发生的重大自然灾害、重大事故、重大事件的现场照片、录像带；

县以上各级党、政、军机关所在地的照片；

本单位名称牌匾的照片；

本单位历任负责人的照片；

本地区解放前各个历史时期群团组织和著名人物的遗物、资料的照片；

其它具有特殊意义和保存价值的照片、录音带、录像带；

散存在社会上和个人手中的，具有重要历史意义和保存价值的照片、录音带、录像带。

第六条　新闻单位声像档案收集除执行本办法外，还要按中央宣传部、国家档案局制发的《新闻单位宣传报导档案管理暂行办法》办。

第七条　声像档案的归档要求：

照片档案的底片、照片、文字说明齐全；底片与照片的影像符合；无底片的重要照片，应进行翻拍复制底片；对拍摄张数较多的会议照片，应从中选取最能反映会议情况的一定数量的照片归档；凡需归档的声像档案应当图像清晰，音质良好。

第三章　声像档案的整理

第八条　声像档案的整理应以有利于保持声像档案的有机联系，便于保管和利用为原则。

第九条　声像档案应采取按年代——问题（专题）或问题（专题）——年代的方法进行分类组卷。不管采取哪一种分类方法，在一个全宗内，应保持前后一致，不能随意变动。

第十条　照片档案由底片、照片和文字说明三部分材料组成。照片与底片各自分类编号，并互相注明参见号。

第十一条　录音带、录像带（影视片）分别进行整理，按作者或内容、盘顺序排列，按盘编定案卷目录。一盘多作者或内容的，应编制卷内目录。

第四章　声像档案的管理

第十二条　声像档案应单编所在全宗的目录号，按不同种类、载体和编目顺序分别专库或专柜存放。

第十三条　存放声像档案的库房和装具应有较好的防火、防盗、防光、防尘、防虫、防潮、防有害气体以及能够保证适当的温湿度的设备。磁带档案应竖立存放在远离磁场的专用柜架内。底片档案要单独存放，并应立放在柜内。

第十四条　定期检查声像档案保管情况。对长期保存且不常用的录音带、录像带，一般应每隔半年重绕一次。对使用比较频繁和已受损的录音带、录像带，要及时进行技术处理和复制。照片档案如发现有变质、变形等现象应及时采取措施加以补救。

第十五条　已归档保存的声像档案，任何人不得私自抽出，清洗、消磁和涂改。

第十六条　销毁声像档案应由档案部门经过鉴定，报经主管领导审批，并在案卷目录中注销。

第十七条　建立健全声像档案统计制度，做好声像档案的收进、移出登记，保管基本情况统计，提供利用及其效果统计等项工作。

第五章　声像档案的移交

第十八条　依照《档案馆工作通则》的规定，声像档案应随立档单位其它载体形态的档案同时向档案馆移交。

第十九条　机构撤销或合并，声像档案应随同其它载体形态的档案移交给同级档案馆或合并后单位的档案管理机构，不得转移和随意销毁。

第二十条　移交声像档案，应办理移交手续，其具体移交方法与其它载体形态档案相同。

第六章　声像档案的利用

第二十一条　建立声像档案借阅、利用制度，严格审批手续。原版声像档案一般不得外借。

第二十二条　配备必要的录音、录像、放像设备，编制必要的声像档案目录、卡片等检索工具，方便提供利用。

第二十三条　配合党的中心工作，利用声像档案举办展览会、报告会，编辑综合性或专题性画册，主动提供服务。

第二十四条　声像档案在保管和利用过程中，如发现有损毁、倒卖、私带出境等违反法律行为，应按《档案法实施办法》有关条款处理。

第七章　附则

第二十五条　各单位可根据本办法，结合本单位具体情况制订声像档案管理制度。

第二十六条　本办法自发布之日起执行。

中共安徽省委办公厅、安徽省人民政府办公厅关于转发《省档案局关于在机构改革中加强档案管理的意见》的通知

厅〔2000〕10号

各市、地、县委，各市人民政府、行署，各县人民政府，省直各单位：

省档案局关于在机构改革中加强档案管理的意见》已经省委、省政府负责同志同意，现转发给你们，请结合实际认真执行。

加强机构变动部门和单位的档案管理，是我省机构改革中的一项重要工作。各有关部门和单位要高度重视，密切配合，采取切实有效的措施，确保档案得到妥善处置，档案工作得到进一步加强。

中共安徽省委办公厅
安徽省人民政府办公厅
2000年3月17日

省档案局关于在机构改革中加强档案管理的意见

为加强我省档案机构改革中的档案管理工作，确保档案的安全，根据《中华人民共和国档案法》和《安徽省档案条例》等有关法律、法规的规定，现提出以下意见。

一、机构改革中档案的处置是一项十分重要的工作，各级党委、政府及其机构变动部门和单位要将档案处置工作列入机构改革的重要议事日程，与机构改革中的其他各项工作同步进行。

二、各级档案管理部门和国家档案馆要加强对机构改革中档案处置工作的组织协调、监督、检查和指导，并努力创造条件，积极做好准备工作，接收应该移交进馆的档案。

三、机构变动部门和单位在机构改革中必须认真做好档案的收集、整理、保管、利用和清理、交接工作，并按规定向同级国家档案馆移交档案。凡新设置的部门和单位都应及时建立健全档案管理制度，做好档案的收集、整理、保管和利用工作。

四、省级、市地级机构变动部门和单位在 1980 年以前（含 1980 年）形成的、反映本机关基本职能活动的档案，县级机构变动部门和单位在 1990 年以前（含 1990 年）形成的、反映本机关基本职能活动的档案，都应移交同级国家档案馆，具体接收范围由同级人民政府档案管理部门确定。

五、省级、市地级机构变动部门和单位在 1981 年以后（含 1981 年）形成的档案，县级机构变动部门和单位在 1991 年以后（含 1991 年）形成的档案，其归属与流向按以下规定执行：

1、撤销的部门和单位（包括临时机构），其档案原则上全部向同级国家档案馆移交；确因工作需要，经同级人民政府档案管理部门同意，可由其职能归属的主要部门或单位代管，不得分散。

2、两个或两个以上部门或单位合并组成新的部门或单位时，原部门或单位的档案经同级人民政府档案管理部门同意，可由新组建的部门或单位单列入全宗保存和利用。

3、一个部门或单位的职能和内部机构分解到两个以上部门或单位时，其档案不得分散，应作为一个全宗移交给同级国家档案馆；或经同级人民政府档案管理部门同意，由继承原部门或单位主要职能的部门或单位单列全宗保存，并同有关部门或单位商定该部分档案的共同利用及其他有关问题。

4、机构保留但名称更改或职能与业务范围部分发生变动的部门或单位，其原来形成的档案由该部门或单位继续保管，不得分散。

5、主要职能未改变，但规格下降、归口管理的部门或单位，其档案暂时仍由该部门或单位管理。

六、机构变动部门和单位应根据上述规定，提出本部门或单位档案的归属与流向意见，报告同级人民政府档案管理部门和同级国家档案馆。已经确定向各级国家档案馆移交的档案，应符合接收标准，并附有立档单位组织沿革、全宗介绍等有关资料。

七、机构改革中，凡发生档案归属争议等问题，有关部门和单位应及时向同级人民政府管理部门报告，以便共同协商，妥善处理。

八、在机构改革中，凡撤销、合并的部门和单位，在档案未清理、交接完毕前，有关人员均不得离岗。任何部门、单位和个人不得私自带走、留存、转移和销毁档案。对于明知所保存的档案面临危险而不采取措施保护，造成档案损毁、流失或泄密的，要依法追究有关责任人的责任。

中共安徽省委办公厅、安徽省人民政府办公厅关于转发《省档案局关于进一步加强全省档案工作的意见》的通知

厅〔2001〕28号

各市、县委，各市、县人民政府，省直各单位，各大学：

《省档案局关于进一步加强全省档案工作的意见》已经省委、省政府负责同志同意，现转发给你们，请结合实际，认真贯彻执行。

中共安徽省委办公厅
安徽省人民政府办公厅
2000年6月13日

省档案局关于进一步加强全省档案工作的意见

“九五”期间，全省档案工作以邓小平理论为指导，坚持“围绕中心抓重点，服务全局求发展”，不断促进档案事业向前发展，为全省国民经济和社会发展做出了积极贡献。“十五”时期，是我省加快发展、向第三步战略目标迈进的重要时期。新的形势、新的任务对档案事业提出了新的要求，也给档案事业的发展提供了广阔的空间。为加快发展全省档案事业，提高档案的管理、开发和利用水平，使档案工作更好地为实现“加快发展、富民强省”宏伟目标服务，现提出如下意见。

一、加强领导，坚持依法管理档案事业

档案工作与党和国家的各项事业息息相关，是一项政治性很强的工作。党中央、国务院历来十分重视档案工作，重视档案事业的发展。各级党委、政府要加强对档案工作的领导，把档案工作摆上议事日程，加强督促检查，帮助解决档案工作中的实际问题，把档案事业列入本地区国民经济和社会发展计划，并根据档案保管数量的增加和载体形态、技术手段的变化，逐年增加档案事业经费的投入，努力做到档案事业与当地国民经济和社会各项事业协调发展。各级档案部门要认真履行职责，坚持依法管理档案事业，保证党和国家关于档案工作的方针政策和法律法规得到全面贯彻落实。

二、加强宏观指导，突出发展重点

根据国家和省“十五”计划的要求，正确把握档案事业发展趋势，结合本地、本部门实际，科学制订档案事业发展计划。注意发挥计划的宏观指导作用，重点加强现代新型国家综合档案馆建设和档案信息化建设，加快建立符合国家档案事业整体要求、与我省国民经济和社会发展相适应的档案事业体系。

三、加强基础建设，加快档案信息化进程

档案馆、档案室是一个地方、一个单位文明程度和管理水平的重要标志之一。“十五”期间，全省要建设一批现代新型档案馆，各级都要建设一批标准化档案室。“十五”期间，省、市两级继续设立重点档案馆（库）建设补助资金。加强国家档案资源基础建设，以文书立卷改革为重点，全面推行《归档文件整理规则》（国家行业标准）。把档案信息化建设作为促进档案资源开发和利用的重要业务建设，纳入国民经济和社会信息化建设的总体格局，坚持文档一体化原则、电子文件与纸质文件并存原则、确保网络安全原则，统一部署，整体推进。

四、强化两种职能，坚持有中国特色的档案工作体制

档案局、档案馆一个机构、两块牌子，履行档案事业行政管理和档案保管利用两种职能，是适应党政机构改革和经济体制改革总体要求的有中国特色的档案工作体制。各级党委 、政府要按照《中华人民共和国档案法》和《安徽省档案条例》的规定，继续坚持这一体制，在机构改革中妥善解决档案机构设置、人员编制和职能配置方面存在的问题，保证各级档案局、档案馆依法履行职能。

各级档案部门和广大档案工作者，要高举邓小平理论伟大旗帜，坚持档案工作为促进社会先进生产力发展、促进先进文化建设、维护最广大人民群众的根本利益服务的方向，围绕“加快发展、富民强省”的宏伟目标，脚踏实地，努力工作，开拓创新，不辱使命。“十五”期间，在继续服务于农业和农村工作、国有企业改革和发展、重点工程（项目）等的同时，不断拓宽服务领域，重点为党的建设和基层政权建设、信息化建设、农村税费改革、小城镇建设以及发展旅游业、房地产业和个体私营经济等方面提供更加优质高效的服务。

五、加强队伍建设，不断提高档案干部职工综合素质

各级档案部门要把档案干部职工队伍建设放在重要位置，协助组织人事部门，按照德才兼备和干部队伍革命化、年轻化、知识化、专业化方针，选拔一批热爱档案事业、有开拓进取精神、具备现代科技知识和较强组织协调能力的中青年干部充实到各级档案部门领导岗位，把档案部门的领导班子建设好。采取切实措施，不断提高档案干部职工的政治素质、文化素质和专业素质，努力建设一支政治强、业务精、作风好的档案干部职工队伍。

编纂始末

按照安徽省地方志编纂委员会的统一部署和要求，《安徽省志·档案志（1986—2005）》由省档案局负责编纂。

2008年10月，省档案局成立以局长李学香为主任，副局长崔海燕、黄玉明、刘鲁平、副巡视员李萍为副主任，省档案局机关各处室主要负责人为委员的《安徽省志·档案志》编纂委员会。编委会下设编辑室，崔海燕副局长任主编，征集利用处张敏处长任副主编，从机关各处室抽调束维兵、王国健、袁有响、周建武、徐向东、汪海峰、何依群、曹俊任编辑，承担档案志的撰写任务。何依群承担编辑室的日常工作，负责志稿的编辑。

11月，编辑室参照首轮《安徽省志·档案志》及其他省市《档案志》的篇目设置设计出篇目初稿，经多方征求意见，反复研究讨论修改后报请省地方志办公室审核。12月16日，省档案局召开《安徽省志·档案志》编纂工作会议，编委会副主任崔海燕在会上宣读了《〈安徽省志·档案志〉编纂方案》，按照“做什么、管什么、写什么”的原则，分解了档案志各章节的编纂任务，明确了承编处室，编纂工作正式启动。

12月24日，向各市档案局印发《关于〈安徽省志·档案志〉征集资料通知》，全省17个市档案局根据通知要求报送了资料，收集资料约60万字。12月26日，邀请省地方志办公室省志处处长王晖作了《方志编纂基本方法》专题培训，各处室撰稿人参加培训。

2009年1月，各处室编纂人员按照《〈安徽省志·档案志〉编纂方案》要求，开始搜集资料、撰写初稿。7月20日，召开了编纂情况汇报会，各处室编纂人员通报了承编内容的撰写情况并提出了撰写过程存在的问题。

2010年11月29日，何依群负责完成《安徽省志·大事记（档案）》的编纂工作，经局编委会主任审定签发报省地方志办公室。12月，鉴于人事变动，对《安徽省志·档案志》编委会成员作了调整，局长潘祖华为主任，副局长崔海燕、黄玉明、刘鲁平为副主任，省档案局机关各处室主要负责人为委员。

2011年4月26日，根据各处室在编纂过程中所缺资料情况，省档案局向全省27家国家专门档案馆、部门档案馆、企业档案馆、事业单位档案馆印发《关于征集〈安徽省志·档案志〉有关资料通知》。10月，《安徽省志·档案志》草稿完成，但该稿存在问题很多，如内容重复之处较多、有的章节内容较少、有的内容记述过于琐碎、流水账式记述较多、图表格式不规范等。为此，编辑室统稿人员对草稿进行了集中修改，经省地方志办公室同意对篇目进行了调整，由原来的6篇19章80节调整为6章21节，在记载内容、资料使用、图表设置等方面也作了较大修改。

2011年11月至2012年4月，何依群完成了《安徽省志·档案志》重要文献电子版本的辑录、照片的收集扫描、概述的撰写和《安徽省志·档案志》初稿的修改统稿工作，形成20余万字的统编初稿。初稿分为档案资源、档案机构、档案收集保管利用、档案信息化、档案教育科学研究、档案事业管理6章。

2014年8月，副局长程潜龙完成初稿的审定，对志稿整体框架结构、篇目设置以及需要核实、补充、增加的内容提出了具体的修改意见。其中需要补充的内容有：县（市、区）档案馆馆藏档案、档案收集、档案整理鉴定、档案保管保护、全省各级档案馆典型档案利用实例。需要增加的内容有：档案抢救、档案馆建设情况、档案统计、职称评定等。根据需要增加和补充的内容情况，9月1日，省档案局向全省各市、县、区档案馆印发《关于征集〈安徽省志·档案志〉有关资料的函》。

12月8日，省档案局印发皖档办〔2014〕132号文件，调整《安徽省志·档案志》编纂委员会组成人员，正式任命副局长程潜龙为编辑室主编，增加张莹为编辑，负责办公室承编内容的修改和完善。

2015年1月15日，省档案局召开《安徽省志·档案志》编纂工作推进会。会议通报了编纂工作进展情况并对下一阶段工作作了具体安排。2月1日至6月9日，各撰稿人完成志稿初稿修改完善，何依群完成志书初稿的统稿，经张敏副主编审阅后形成27万余字的内审稿。6月10日至9月30日，将内审稿送局领导、各处室负责人和毕长春等知情退休老同志审阅，并提出修改意见。

11月23日，《安徽省志·档案志》稿评议会在省档案局召开。省地方志办公室主任朱文根、副主任吴静、省志处处长吴良琴和责任编辑李宇涵，省人大法工委副主任纪荣荣，省档案局领导、老同志代表、编辑室全体人员参加会议。评议会后，编辑室根据评议会提出的修改意见和建议，及时制订修改方案，对评议稿的有关内容进行调整、修改，2016年7月完成送审稿，报送省地方志办公室和方志出版社同步审定。

2016年4月，局长黄玉明担任《安徽省志·档案志》编纂委员会主任。

2017年3至8月，编辑室根据省地方志办公室和方志出版社的审稿意见进行修改。

2018年5月8日，省地方志办公室主任郭德成、副主任吴静，省档案局局长黄玉明、副局长程潜龙对《安徽省志·档案志》稿进行出版前的集中会审，省地方志办公室省志处吴良琴、余祖本、李宇涵，《安徽省志·档案志》编辑室部分同志参会。编辑室根据会审意见对志稿的图片说明、正文章节名称、编纂始末以及志书的规范格式等内容进行了修改、完善，形成最终出版稿。

《安徽省志·档案志》在编纂过程中，得到了省地方志办公室和全省各级各类档案部门的大力支持。安徽大学外语系傅悦对志书目录进行了翻译，省地方志办公室特约编辑李宇涵、前期特约编辑苏爱梅对志书编纂提出了具体指导意见。全省各级各类档案馆为志书编纂提供了大量资料、图片等，在此一并表示感谢。因搜集资料不够全面、编纂水平有限，本志难免有疏漏和不当之处，敬请批评指正。

《安徽省志·档案志（1986—2005）》编辑室

2018年6月